하둡인 프랙티스
Hadoop in Practice

알렉스 홈즈 지음 / 유윤선 옮김

85가지
고급 예제로
배우는
실전 해법서

MANNING

위키북스

하둡 인 프랙티스
Hadoop in Practice

지은이 알렉스 홈즈 | 옮긴이 유윤선
펴낸이 박찬규 | 엮은이 이대엽 | 디자인 북누리 | 표지디자인 아로와 & 아로와나

펴낸곳 위키북스 | 전화 031-955-3658, 3659 | 팩스 031-955-3660
주소 경기도 파주시 문발로 115, 311호 (문발동, 세종출판벤처타운)

가격 40,000 | 페이지 652 | 책규격 188 x 240

초판 발행 2013년 09월 16일
ISBN 978-89-98139-33-9 (93000)

등록번호 제406-2006-000036호 | 등록일자 2006년 05월 19일
홈페이지 wikibook.co.kr | 전자우편 wikibook@wikibook.co.kr

HADOOP IN PRACTICE by Alex Holmes
Original English language edition published by Manning Publications.
178 South Hill Drive, Westampton NJ 08060 USA.
Copyright (c) 2012 by Manning Publications Co..
Korean edition copyright (c) 2013 by WIKIBOOKS.
All rights reserved.

이 책의 한국어판 저작권은 대니홍 에이전시를 통한 독점 계약으로 위키북스가 소유합니다.
신 저작권법에 의해 한국 내에서 보호를 받는 저작물이므로 무단 전재와 복제를 금합니다.
이 책의 내용에 대한 추가 지원과 문의는 위키북스 출판사 홈페이지 wikibook.co.kr이나
이메일 wikibook@wikibook.co.kr을 이용해 주세요.

이 도서의 국립중앙도서관 출판시도서목록 CIP는
e-CIP 홈페이지 http://www.nl.go.kr/cip.php에서 이용하실 수 있습니다.
CIP제어번호 CIP2013017518

하둡 인 프랙티스
Hadoop in Practice

[목차]

1부 **배경과 기초**

01 하둡 살펴보기·· 28
　1.1 하둡이란?··· 29
　1.2 하둡 실행··· 40
　1.3 정리··· 51

2부 **데이터 로지스틱스**

02 하둡 데이터 이동·· 54
　2.1 주요 인그레스 및 이그레스 고려 요소······································· 56
　2.2 하둡으로 데이터 옮기기··· 58
　　기법 1. 플룸을 활용한 HDFS로의 시스템 로그 발행················ 62
　　기법 2. HDFS로의 파일 자동 복사 메커니즘····························· 73
　　기법 3. 우지를 활용한 정기적인 인그레스 활동 예약··············· 79
　　기법 4 맵리듀스를 활용한 데이터베이스 인그레스·················· 86
　　기법 5. 스쿱을 활용해 MySQL 데이터 불러오기······················ 93
　　기법 6. HDFS로의 HBase 인그레스·· 105
　　기법 7. HBase를 데이터 소스로 활용하는 맵리듀스··············· 109
　2.3 하둡 밖으로 데이터 옮기기··· 112
　　기법 8. HDFS 외부로의 파일 복사 자동화······························· 113
　　기법 9. 스쿱을 활용한 MySQL로의 데이터 내보내기············ 114
　　기법 10. HBase로의 HDFS 이그레스······································· 119
　　기법 11. 맵리듀스에서의 HBase 데이터 싱크 활용················ 121
　2.4 정리··· 123

03 데이터 직렬화 텍스트 및 고급 데이터 형식 ························· 126
3.1 맵리듀스에서의 입출력 이해 ································· 127
3.2 자주 사용하는 직렬화 형식의 처리 ······························ 135
　　기법 12.　맵리듀스와 XML ································· 136
　　기법 13.　맵리듀스와 JSON ································ 141

3.3 빅 데이터 직렬화 형식 ····································· 146
　　기법 14.　시퀀스파일의 활용 ································ 150
　　기법 15.　맵리듀스에서의 프로토콜 버퍼 연동 ······················ 160
　　기법 16.　쓰리프트 활용 ·································· 170
　　기법 17.　맵리듀스의 차세대 데이터 직렬화 방식 ···················· 175

3.4 커스텀 파일 형식 ·· 184
　　기법 18.　CSV용 입력 및 출력 형식 쓰기 ························ 185

3.5 정리 ··· 197

3부　빅 데이터 패턴

04 빅 데이터에 맵리듀스 패턴 적용하기 ······························ 200
4.1 조인 ··· 201
　　기법 19.　리파티션 조인 최적화 ·····························203
　　기법 20.　세미조인의 구현 ································· 211

4.2 정렬 ··· 220
　　기법 21.　2차 정렬의 구현 ································ 221
　　기법 22.　여러 리듀서를 이용한 키 정렬 ························228

[목차]

4.3 **샘플링** ··231
    기법 23. 저장소 샘플링 ·· 232

4.4 **정리** ···236

05 빅 데이터를 위한 HDFS 스트리밍 ································ 238

5.1 **작은 파일의 처리** ··239
    기법 24. 애브로를 활용한 여러 개의 작은 파일 저장 ································ 239

5.2 **압축을 활용한 효과적인 저장** ···249
    기법 25. 데이터에 적합한 압축 코덱의 선택 ·· 249
    기법 26. HDFS, 맵리듀스, 피그, 하이브에서의 압축 활용 ······················· 253
    기법 27. 맵리듀스, 하이브, 피그에서의 분할 가능한 LZOP 활용 ············· 260

5.3 **정리** ···267

06 성능 문제 진단 및 튜닝 ··· 268

6.1 **맵리듀스 및 환경의 측정** ··269

6.2 **성능을 저해하는 원인의 파악** ···272
    기법 28. 입력값의 갑작스러운 증가 여부 조사 ·· 275
    기법 29. 맵사이드 데이터 불균형 문제 진단 ··· 276
    기법 30. 맵 태스크 쓰루풋이 전반적으로 낮은지 여부 판단 ···················· 278
    기법 31. 작은 파일 ··· 280
    기법 32. 분할 불가능한 파일 ··· 282
    기법 33. 지나치게 적거나 많은 리듀서 개수 ··· 284

CONTENTS

    기법 34. 리듀스사이드 데이터 불균형 문제 판단·················· 285
    기법 35. 리듀스 태스크의 낮은 쓰루풋 여부 판단·················· 287
    기법 36. 느린 셔플 및 정렬·················· 290
    기법 37. 경쟁 잡과 스케줄러 병목·················· 292
    기법 38. 스택 덤프를 활용한 최적화되지 않은 사용자 코드 진단·················· 293
    기법 39. 하드웨어 장애 감지·················· 296
    기법 40. CPU 경쟁·················· 297
    기법 41. 메모리 스와핑·················· 299
    기법 42. 디스크 건강·················· 300
    기법 43. 네트워킹·················· 303

6.3 시각화·················· 306
    기법 44. 태스크 실행 시간의 추출 및 시각화·················· 307

6.4 튜닝·················· 310
    기법 45. 맵 및 리듀스 태스크의 프로파일링·················· 310
    기법 46. 리듀서 제거·················· 314
    기법 47. 필터 및 투영·················· 315
    기법 48. 컴바이너의 활용·················· 317
    기법 49. 비교기를 활용한 고속 정렬·················· 319
    기법 50. 불균형적 데이터 수집·················· 325
    기법 51. 리듀스 데이터 불균형 문제 최소화·················· 326

6.5 정리·················· 333

[목차]

4부 데이터 사이언스

07 데이터 구조 및 알고리즘의 활용 ································· 336
  7.1 그래프를 활용한 데이터 모델링 및 문제 해결 ················337
      기법 52. 두 사용자 사이의 최단 거리 찾기 ····················· 339
      기법 53. 친구의 친구 계산 ··································· 348
      기법 54. 웹 그래프에서의 페이지랭크 계산 ····················· 356

  7.2 블룸필터 ···363
      기법 55. 맵리듀스에서의 병렬적 블룸필터 생성 ················· 365
      기법 56. 블룸필터를 활용한 맵리듀스 세미조인 ················· 370

  7.3 정리 ···373

08 통계 및 그 이상을 위한 R과 하둡의 연동 ··················· 374
  8.1 R과 맵리듀스 연동 기술의 비교 ·····························375
  8.2 R 기본 ···376
  8.3 R과 스트리밍 ···379
      기법 57. 주가의 일 평균 가격 계산 ···························· 379
      기법 58. 주식의 누적 이동 평균 주가 계산 ····················· 384

  8.4 Rhipe—클라이언트사이드 R 및 하둡 연동 툴 ·················389
      기법 59. Rhipe를 활용한 이동 평균 주가 계산 ·················· 389

  8.5 RHadoop—R과 하둡의 경량 클라이언트사이드 연동 툴 ··········393
      기법 60. RHadoop을 활용한 이동 평균 주가 계산 ················ 394

  8.6 정리 ···397

CONTENTS

09 머하웃을 활용한 예측적 분석 ························· 398
9.1 추천 시스템을 활용한 제품 추천 ···················· 399
    기법 61. 영화 평점을 활용한 항목 기반 추천 ············· 404
9.2 분류기 ···························· 408
    기법 62. 머하웃을 활용한 스팸 분류기 훈련 및 테스트 ············· 416
9.3 K-평균을 활용한 클러스터링 ···················· 422
    기법 63. 합성 2D 데이터셋의 K-평균 ············· 424
9.4 정리 ···························· 431

5부 코끼리 길들이기

10 하이브 공략하기 ························· 434
10.1 하이브의 기본 ···················· 435
10.2 하이브를 활용한 데이터 분석 ···················· 437
    기법 64. 로그 파일 로딩 ············· 438
    기법 65. UDF 및 압축 파티션 테이블 쓰기 ············· 445
    기법 66. 하이브 조인 튜닝 ············· 454
10.3 정리 ···························· 465

[목차]

11 피그를 이용한 파이프라인 프로그래밍 ··· 466
  11.1 피그의 기본 ··· 467
  11.2 피그를 활용한 로그 데이터 분석 및 악의적인 사용자 찾기 ············· 469
    기법 67. 풍부한 스키마를 갖춘 아파치 로그 로딩 ······················· 470
    기법 68. 필터 및 투영을 활용한 데이터 줄이기 ·························· 477
    기법 69. IP 주소 그루핑 및 개수 계산 ······································ 480
    기법 70. 분산 캐시를 활용한 IP 위치 판단 ································ 486
    기법 71. 피그와 스크립트의 결합 ·· 490
    기법 72. 피그에서의 데이터 결합 ·· 492
    기법 73. 튜플 정렬 ·· 492
    기법 74. 시퀀스파일로의 데이터 저장 ······································ 495
  11.3 피그에서의 사용자 작업 흐름 최적화 ································· 499
    기법 75. 빠르게 빅 데이터를 처리하기 위한 4단계 프로세스 ········· 499
  11.4 성능 ··· 506
    기법 76. 피그 최적화 ·· 507
  11.5 정리 ··· 510

12 크런치 및 그 외 기술 ·· 512
  12.1 크런치란? ··· 513
  12.2 로그에서 가장 인기 있는 URL 찾기 ································· 521
    기법 77. 크런치 로그 파싱 및 기본적인 분석 ···························· 522
  12.3 조인 ··· 526
    기법 78. 크런치의 리파티션 조인 ·· 527

12.4 캐스케이딩 ·· 530
12.5 정리 ··· 532

13 테스트 및 디버깅 ··· 534
13.1 테스트 ·· 534
　기법 79.　맵리듀스 함수, 잡, 파이프라인의 단위 테스트 ············· 537
　기법 80.　LocalJobRunner를 활용한 잡 테스트 ························· 548

13.2 사용자 공간 문제 디버깅 ·· 552
　기법 81.　태스크 로그 살펴보기 ··· 552
　기법 81.　입력 값 분할에서의 문제 진단 ································· 558
　기법 83.　태스크의 JVM 시작 인자 판단 ································· 562
　기법 84.　디버깅 및 에러 처리 ··· 563

13.3 맵리듀스 주의 사항 ·· 568
　기법 85.　맵리듀스 안티패턴 ·· 568

13.4 정리 ··· 574

부록

부록 A 관련 기술 ·· 576
A.1 하둡 1.0.x 및 0.20.x ··· 576
A.2 플룸 ··· 582
A.3 우지 ··· 582
A.4 스쿱 ··· 583

[목차]

    A.5 HBase ··· 585
    A.6 애브로 ··· 586
    A.7 프로토콜 버퍼 ·· 586
    A.8 아파치 쓰리프트 ·· 588
    A.9 스내피 ··· 589
    A.10 LZOP ··· 592
    A.11 엘리펀트 버드 ·· 596
    A.12 후프 ··· 597
    A.13 MySQL ··· 597
    A.14 하이브 ·· 598
    A.15 피그 ··· 602
    A.16 크런치 ·· 603
    A.17 R ··· 604
    A.18 RHIPE ·· 605
    A.19 RHadoop ·· 606
    A.20 머하웃 ·· 608

부록 B 하둡 내장 인그레스 및 이그레스 툴 ································ 610
    B.1 명령행 ··· 610
    B.2 자바 API ·· 610
    B.3 파이썬/펄/루비에서의 쓰리프트 활용 ·································· 611
    B.4 하둡 퓨즈 ··· 613
    B.5 네임노드 임베디드 HTTP ·· 614

CONTENTS

    B.6 HDFS 프록시 ·· 617
    B.7 후프 ·· 617
    B.8 WebHDFS ·· 620
    B.9 분산 복사 ·· 624
    B.10 WebDAV ·· 625
    B.11 맵리듀스 ·· 625

부록 C HDFS 해부 ·· 629
    C.1 HDFS란? ·· 629
    C.2 HDFS가 파일을 쓰는 방식 ·· 630
    C.3 HDFS가 파일을 읽는 방식 ·· 634

부록 D 최적화된 맵리듀스 조인 프레임워크 ······························ 637
    D.1 최적화된 리파티션 조인 프레임워크 ···································· 637
    D.2 복제 조인 프레임워크 ·· 642

[역자 서문]

하둡 인 프랙티스는 현존하는 책 중 하둡과 관련해 가장 방대한 주제를 다루는 책이다. 이 책에서는 하둡에 대한 기본적인 소개부터 데이터 이동 및 직렬화를 다루는 데이터 로지스틱스, 효과적인 데이터 처리 패턴, 데이터 사이언스, 고수준 추상화 언어를 통한 맵리듀스 활용까지 하둡과 관련한 다양한 궁금증에 대한 답을 85개의 기법을 통해 찾는다. 이 책은 문제/해결책 접근 방식을 이용해 누구든 원하는 궁금증을 빠르게 찾을 수 있는 형태로 돼 있으며, 각 주제에 들어가기에 앞서 다양한 그림과 설명으로 독자가 충분히 관련 주제를 익힐 수 있게 구성돼 있다.

이 책은 처음부터 끝까지 차례로 읽어도 되고, 원하는 주제를 찾아서 해결책을 바로 확인하는 형태로 읽어도 된다. 예를 들어, 맵리듀스에서 XML이나 JSON 형식의 데이터를 처리하는 법이 궁금한 독자라면 데이터 직렬화를 다루는 3장을 살펴보면 되고, 개발 및 배포 환경에서 성능 진단 및 디버깅 이슈를 효과적으로 처리하는 법이 궁금한 독자라면 6장을 살펴보면 된다. 이 책에서 소개하는 85개의 기법은 모두 실전 기법을 다루며, 현업에서 저자를 비롯한 수많은 개발자가 부딪힌 다양한 문제를 토대로 한다. 일례로 이 책에서는 데이터 불균형(data skew)을 효과적으로 해결하는 실전 기법, 캐싱을 활용한 최적화된 조인 방법, LZOP을 활용한 압축 방법, 샘플링을 활용한 효과적인 맵리듀스 파이프라인 최적화 등 실전에서 꼭 필요한 주제이지만 기존 책에서는 다루지 않는 주제들을 엄선해 최고의 모범 기법과 해결책을 제시한다.

이 책을 통해 독자들은 하둡을 가장 효과적으로 활용하는 최고의 모범 기법은 물론, 다양한 상황에서 적합한 데이터 입출력 형식 및 압축 형식, 효과적인 코드 최적화 기법 및 디버깅 방법을 익힐 수 있고, 머하웃, 하이브, 피그, 크런치처럼 하둡 생태계

PREFACE

를 구성하는 다른 프로젝트와의 연동 기법도 익힐 수 있다. 또, 부록에서는 HDFS 내부에서 데이터 읽기/쓰기가 어떻게 진행되는지도 볼 수 있고, 데이터 사이언스 측면에서 빅 데이터를 분석하는 접근 방법에 대한 혜안도 얻을 수 있다.

한 마디로 이 책은 하둡을 소개하는 가장 방대한 지침서이면서 수많은 문제에 대한 해결책이 담긴 모범 가이드다. 이 책을 통해 독자들이 하둡에 대한 새로운 혜안을 얻고, 현업에서 좀 더 효과적으로 하둡을 활용할 수 있게 되기를 바란다.

이 책의 대상 독자

이 책은 하둡 및 맵리듀스에 대해 기본적으로 이해하고 있는 독자를 대상으로 한다. 하둡에 대한 기본 지식이 부족한 독자라도 부록 등을 통해 하둡을 설치하고 예제를 따라 하는 데는 큰 어려움이 없으나, 이 책에서는 맵리듀스에 대한 기본 개념이나 맵리듀스적인 문제 해결 방법에 대해서는 자세히 소개하지 않는다는 점은 염두에 두자. 하둡을 처음 접하는 독자라면 하둡 인 액션(번역서: 거침없이 배우는 하둡, 2012, 지앤선)을 먼저 읽은 후 이 책을 읽을 것을 추천한다.

감사의 글

먼저 이 책의 번역을 맡겨주신 위키북스에 감사하다. 또 좋은 책을 써준 알렉스 홈즈에게도 감사하다. 끝으로 사랑하는 가족과 하나님께도 감사하고 싶다.

[서문]

필자가 하둡을 처음 접한 건 베리사인(Verisign)에서 인터넷 크롤링 및 분석 프로젝트를 하던 2008년 가을이었다. 우리 팀은 너치(Nutch)의 더그 커팅 외 다른 개발자들이 테라바이트 크기의 크롤링 및 분석 데이터를 효과적으로 저장하고 관리하는 방법에 대해 수년 전 알아낸 것과 유사한 사실들을 찾고 있었다. 그 당시 우리는 자체 분산 시스템을 이용해 프로젝트를 진행 중이었지만, 새로운 데이터 스트림의 유입을 감당해야 하고 이 데이터 스트림을 크롤링 데이터와 조인해야 하는 요구 사항은 주어진 시간 내에 기존 시스템에서는 지원할 수 없는 수준이었다.

조사 결과 우리는 우리 목적에 딱 맞는 하둡 프로젝트가 있음을 알게 됐다. 하둡은 대용량 데이터를 저장하는 것은 물론 이를 병합할 수 있는 메커니즘도 제공했다. 우리는 수개월 동안 18개의 노드로 이뤄진 클러스터 상에서 맵리듀스 작업 흐름을 관리하는 관리 시스템과 연계해 다양한 맵리듀스 잡을 아우르는 맵리듀스 애플리케이션을 개발하고 배포했다. 우리가 작성한 맵리듀스 잡이 단 몇 분 만에 데이터를 처리하는 것을 보고 있노라면 경이로운 기분이 들었다. 물론 우리는 맵리듀스 잡을 디버깅하고 성능을 튜닝하는 데 필요한 시간을 제대로 예상하지 못했고, 관리자로서 우리가 맡은 새로운 역할(배포 후 처음 몇 개월 동안 유지 보수를 관리하면서 가장 당혹스러웠던 점은 바로 디스크 장애 횟수였다)을 전혀 예상하지 못했다.

하둡에 대한 경험과 지식이 늘어나면서 하둡을 활용해 확장성 문제를 해결하는 사례도 계속 늘어났다. 또 우리는 우리 조직 내에서 하둡을 사용하도록 권유하기 시작했고, 빅 데이터를 처리해야 하는 다른 프로젝트에도 도움을 줬다.

하둡(구체적으로 맵리듀스)을 사용하면서 접한 가장 큰 과제는 하둡을 활용해 문제

PREFACE

를 해결하는 법을 다시 배우는 것이었다. 맵리듀스는 병렬 프로그래밍을 선호하므로 우리가 익숙한 JVM 내 프로그래밍과는 확연히 다르다. 하둡을 사용할 때 가장 큰 장애는 바로 이 첫 번째 문제(우리 뇌가 맵리듀스에 맞게 생각하게 하는 것. 이 주제는 척 램이 저술한 하둡 인 액션에서 자세히 다룬다)였다.

맵리듀스에 맞게 생각하는 법에 익숙해졌다면 다음으로 만나게 되는 과제는 HDFS로(밖으로) 데이터를 옮기는 법, 하둡 내에서 효과적으로 데이터를 처리하는 방법 등 하둡 로지스틱스와 관련 있다. 이와 같은 하둡 분야는 그동안 많이 다뤄지지 않았으며, 필자가 이 책의 가능성을 본 대목이다. 즉, 이 책에서는 하둡의 기본적인 사용법 외에 하둡에서 처리하기 까다로운 부분과 지저분한 요소들을 모두 다룬다.

많은 저자들과 마찬가지로 필자도 이 책을 처음 집필할 때는 그냥 내가 경험한 것을 글로 옮기면 되겠다고 생각했다. 하지만 현실은 필자의 생각과는 달랐다. 물론 그 과정에서 하둡을 더 효과적으로 활용하는 데 도움되는 새로운 접근법과 툴들을 익혔으니 결과적으로 이 책을 쓴 게 큰 도움이 됐다. 독자들도 필자처럼 이 책을 읽으면서 많은 것을 얻어갈 수 있기를 바란다.

감사의 글

먼저 이 책을 쓰게끔 독려해준 마이클 놀에게 감사하고 싶다. 마이클은 이 책의 초안 원고 몇 장을 검토해줬고 책의 전반적인 골격을 잡는 데 도움을 줬다. 마이클은 이 책을 집필하는 동안 말로 다 할 수 없는 격려와 도움을 줬다.

또 매닝 출판사의 담당 편집자인 신디아 케인에게도 감사한다. 신디아는 이 책을 집필하는 전 과정을 지도해줬고, 소중한 피드백을 제공했다. 특히 신디아와 함께 작업하면서 이 책에서 소개하는 복잡한 개념을 시각적인 그림을 활용해 표현하는 게 좋겠다는 큰 깨달음을 얻었다.

또 이 책의 감수자들에게도 감사하고 싶다. 알렉세이 세르지비치, 알렉산더 루야, 아시프 잔, 아욘 신하, 빌 그래험, 크리스 노로스, 엘리 콜린스, 퍼디 갈레마, 하시 쿠라리아, 제프 골드시라프, 마하 알랍둘얄릴, 마크 켐나, 올렉세이 가이덕, 피터 크레이, 필립 K. 재너트, 샘 리치, 소렌 맥베스, 테드 더닝, 윤케이 장, 젠후 구.

기술 편집자인 조나단 세이드만은 책이 출간되기 전 전체 내용을 꼼꼼하게 검토해줬다. 또, 크런치의 창시자이자, 크런치를 다룬 장을 검토해준 조시 윌리스에게도 매우 감사한다. 아울러 머하웃 장을 검토해준 조시 패터슨에게도 감사의 말을 전한다.

매닝 출판사의 직원들과의 작업은 항상 즐거웠으며, 특히 트로이 모트, 케이티 테넌트, 닉 체이스, 타라 월시, 밥 허브츠만, 마이클 스테판, 마르잔 베이스, 모린 스펜서에게 감사하다는 말을 전하고 싶다.

끝으로 밤늦게까지 일하는 남편을 이해해준 아내 미셸에게 감사하고 싶다. 아내는 이 책을 집필하는 내내 가장 큰 힘이 됐다.

하둡의 창시자인 더그 커팅은 하둡을 빅 데이터를 위한 커널이라고 부르기를 좋아하

ACKNOWLEDGMENTS

는데, 필자도 이에 동의하는 편이다. 분산 저장소와 연산 능력을 갖춘 하둡은 대용량 데이터셋을 얼마든지 처리할 수 있는 능력이 있는 기술이다. 필자에게 있어 하둡은 구조적 데이터(RDBMS)와 비구조적 데이터(로그 파일, XML, 텍스트)를 서로 연결해주고, 이들 데이터를 쉽게 조인할 수 있게 해주는 기술이다. 이는 OLTP와 로그 파일을 결합하는 전통적인 사용 사례에서 페이스북에서 보듯 데이터 웨어하우징에 하둡을 사용하는 사례와 데이터에 대한 새로운 사실을 찾아내고 연구하는 데이터 사이언스 분야로의 발전을 의미한다.

  이 책에서는 다양한 중급 및 고급 수준의 하둡 예제를 살펴보고 이를 문제/해결책 형식으로 제시한다. 85개의 기법은 모두 개별 과제(플룸을 활용해 로그 파일을 하둡으로 옮기는 법, 머하웃을 활용한 예측적 분석 등)를 소개한다. 이처럼 제시된 각 문제를 단계별로 살펴보고, 독자들은 이 과정을 통해 하둡과 빅 데이터 세계에 점점 더 친숙해질 수 있다.

  이 책은 하둡을 사용해본 경험이 있고, 맵리듀스와 HDFS를 기본적으로 이해하는 사용자를 대상으로 한다. 척 램이 저술한 매닝 출판사의 하둡 인 액션에는 이 책에서 다루는 기법들을 이해하고 적용하는 데 필요한 사전 지식이 모두 들어 있다.

  이 책의 예제 대부분은 자바 기반이다. 이 말은 독자들도 중급 수준의 자바 지식이 있어야 한다는 뜻이다. 자바 지식과 상관없이 모든 자바 개발자에게 추천할 만한 책으로 조슈아 블로치가 집필한 이펙티브 자바가 있다.

[책 소개]

로드맵

이 책에는 총 13개의 장이 있으며, 5부로 구성된다.

1부에는 이 책의 소개에 해당하는 하나의 장만 들어 있다. 이 장에서는 하둡에 대한 기본적인 내용을 설명하고, 단일 호스트에서 하둡을 실행하는 법을 설명한다. 1장은 맵리듀스 잡을 작성하고 실행하는 과정을 살펴보는 것으로 마친다.

2부 '데이터 로지스틱스'는 하둡에서 데이터를 가져오고, 데이터를 집어넣는 법, 다양한 데이터 형식을 처리하는 법 등 데이터와 관련한 기본적인 처리에 필요한 기법과 툴을 다룬다. 하둡을 사용할 때 하둡에 데이터를 집어넣는 과정은 가장 먼저 부딪치는 난관 중 하나인데, 2장에서는 자주 사용하는 엔터프라이즈 데이터 소스를 대상으로 다양한 툴을 활용해 데이터를 집어넣는 법을 살펴본다. 3장에서는 XML과 JSON 같은 데이터 형식을 맵리듀스에서 활용하는 법을 다루고, 이어서 빅 데이터 처리에 좀 더 적합한 데이터 형식을 살펴본다.

3부 '빅데이터 패턴'에서는 대용량 데이터를 효과적으로 처리하는 데 도움되는 기법을 살펴본다. 4장에서는 맵리듀스 조인과 정렬 작업을 최적화하는 법을 살펴보고, 5장에서는 수많은 작은 파일을 처리하는 법과 압축을 활용하는 법을 다룬다. 6장에서는 맵리듀스 성능 이슈를 디버깅하는 법을 살펴보고, 잡이 빠르게 실행될 수 있게 도와주는 다양한 기법을 소개한다.

4부는 '데이터 사이언스'에 할애하며, 데이터의 의미를 파악하는 데 도움되는 툴과 방법론을 자세히 다룬다. 7장에서는 맵리듀스에서 데이터를 그래프와 같은 형태로 표현하는 법을 다루고, 그래프 데이터를 처리할 수 있는 알고리즘도 몇 개 살펴본다. 8장에서는 인기 있는 통계 및 데이터 마이닝 플랫폼인 R을 하둡과 연동하는 법을 다룬다. 9장에서는 맵리듀스와 머하웃을 연계해 확장 가능한 데이터셋을 예측적으로 분석하는 법을 살펴본다.

5부 '코끼리 길들이기'에서는 맵리듀스를 활용하기 쉽게 도와주는 여러 기술을 살펴본다. 10장과 11장에서는 고수준 추상화를 제공하기 위한 맵리듀스 도메인 특화 언어

ABOUT THIS BOOK

(DSL)인 하이브와 피그를 다룬다. 12장에서는 자체 맵리듀스 추상화를 제공하는 자바 라이브러리인 크런치와 캐스케이딩을 살펴보고, 13장에서는 단위 테스트를 작성하고 맵리듀스 문제를 디버깅하는 기법을 소개한다.

부록은 부록 A부터 시작한다. 부록 A에서는 이 책에서 다루는 하둡 및 관련 기술에 대한 설치 설명이 나와 있다. 부록 B에서는 2장에서 다루는 저수준 하둡 인그레스/이그레스 메커니즘을 다룬다. 부록 C에서는 HDFS가 읽기 및 쓰기를 어떻게 지원하는지 살펴보고, 부록 D에서는 필자가 작성하고 4장에서 활용하고 있는 맵리듀스 조인 프레임워크에 대해 설명한다.

조판 관례 및 코드 내려받기

예제나 설명에 있는 모든 소스 코드는 고정 너비 폰트를 사용해 일반 텍스트와 다르게 표시한다. 또, 많은 예제에서 코드 설명을 첨부해 중요한 요점을 강조했다.

이 책의 모든 설명과 예제는 하둡 0.20.x(및 1.x)를 대상으로 하며, 대부분의 코드는 새로운 org.apache.hadoop.mapreduce 맵리듀스 API를 사용해 작성했다. 일부 예제에서 과거 org.apache.hadoop.mapred 패키지를 사용하는 이유는 주로 연동하는 서드파티 라이브러리나 유틸리티에서 과거 API만을 지원하기 때문이다.

이 책에서 사용하는 모든 코드는 https://github.com/alexholmes/hadoop-book에 있는 깃허브나 출판사 웹사이트인 www.manning.com/HadoopinPractice에서 내려받을 수 있다.

코드를 빌드하려면 자바 1.6 이상, 깃(git), 메이븐 3.0 이상이 있어야 한다. 깃은 소스 관리 시스템이며, 깃허브(Github)는 깃 저장소 호스팅 서비스를 제공한다. 메이븐은 빌드 시스템으로 사용된다.

[책 소개]

다음 명령을 사용하면 필자의 깃허브 저장소를 복제(내려받기)할 수 있다.

```
$ git clone git://github.com/alexholmes/hadoop-book.git
```

소스를 내려받은 후에는 다음과 같이 코드를 빌드할 수 있다.

```
$ cd hadoop-book
$ mvn package
```

그럼 target/hadoop-book-1.0.0-SNAPSHOT-jar-with-dependencies.jar라는 자바 JAR 파일이 생성된다. 코드는 안에 들어 있는 bin/run.sh를 사용해 간단히 실행할 수 있다.

CDH 배포판에서 작업 중이라면 설정 없이도 코드를 실행할 수 있다. 만일 다른 배포판을 사용한다면 하둡 설치 디렉터리를 가리키게끔 HADOOP_HOME 환경 변수를 설정해야 한다.

bin/run.sh 스크립트는 첫 번째 인자로 예제의 전체 자바 클래스명을 받고, 이어서 예제 클래스에서 기대하는 인자를 받는다. 예를 들어, 1장의 역인덱스 맵리듀스 코드를 실행하려면 다음과 같이 하면 된다.

```
$ hadoop fs -mkdir /tmp
$ hadoop fs -put test-data/ch1/* /tmp/

# 아래 경로를 하둡 설치 경로로 대체한다.
# CDH3를 실행 중이라면 이렇게 하지 않아도 된다.
export HADOOP_HOME=/usr/local/hadoop

$ bin/run.sh com.manning.hip.ch1.InvertedIndexMapReduce \
 /tmp/file1.txt /tmp/file2.txt output
```

앞의 코드는 하둡이 설치돼 있지 않으면 제대로 동작하지 않는다. CDH 배포판의 설치 설명은 1장을 참고하고, 아파치 배포판 설치 설명은 부록 A를 참고하자.

ABOUT THIS BOOK

서드파티 라이브러리

이 책에서는 편의상 여러 개의 서드파티 라이브러리를 사용한다. 이들 라이브러리는 메이븐에서 빌드하는 JAR에 이미 포함돼 있으므로 독자들이 추가로 할 일은 전혀 없다. 다음 표에는 이 책의 코드 예제에서 주로 활용하는 라이브러리 목록이 나와 있다.

자주 사용하는 서드파티 라이브러리

라이브러리	링크	상세 설명
아파치 커먼즈 IO	http://commons.apache.org/io/	자바에서의 입력 및 출력 스트림 처리를 도와주는 헬퍼 함수. 스트림 커넥션을 닫고, 파일의 내용을 문자열로 읽어오는 데 IOUtils를 여러 차례 사용한다.
아파치 커먼즈 Lang	http://commons.apache.org/lang/	문자열, 날짜, 컬렉션의 활용을 도와주는 헬퍼 함수. 토큰화에 StringUtils를 여러 번 사용한다.

데이터셋

이 책에서는 다양한 예제를 다루기 위해 세 가지 종류의 데이터셋을 처리한다. 모든 데이터셋은 처리하기 쉽게끔 크기가 작다. 예제에 사용된 정확한 데이터는 https://github.com/alexholmes/hadoop-book/tree/master/test-data에 있는 깃허브 저장소 내 디렉터리에서 내려받을 수 있다. 또, 간혹 특정 장의 주제에 적합한 별도 데이터를 사용하기도 하는데, 이 데이터는 같은 깃허브 위치에서 각 장의 하위 디렉터리에서 내려받을 수 있다.

나스닥 주가 정보

필자는 Infochimps(http://mng.bz/xjwc 참고)에서 나스닥 일간 주가 정보를 내려받았다. 그런 다음 이 데이터셋을 다섯 개의 종목으로 줄였고, 시작 연도를 2000년부터 2009년으로 줄였다. 이 책에서 사용하는 데이터는 https://github.com/alexholmes/hadoop-book/blob/master/test-data/stocks.txt에 있는 깃허브에서 내려받을 수 있다.

[책 소개]

이 데이터는 CSV 형태이며, 필드는 다음 순서를 따른다.

Symbol,Date,Open,High,Low,Close,Volume,Adj Close

아파치 로그 데이터

필자는 가짜 클래스 E IP 주소와 더미 리소스 및 응답 코드를 사용해 아파치 공통 로그 형식(http://mng.bz/L4S3 참고)으로 예제 로그 파일을 만들었다. 이 파일은 https://github.com/alexholmes/hadoop-book/blob/master/test-data/apachelog.txt에 있는 깃허브에서 내려받을 수 있다.

이름

http://mng.bz/LuFB에서 이름을 조회하기 위해 정부 인구 조사를 활용했으며, 이 자료는 https://github.com/alexholmes/hadoop-book/blob/master/test-data/names.txt에서 내려받을 수 있다.

도움 받기

하둡을 사용하다 보면 으레 질문이 생길 것이다. 다행히 위키와 사용자 커뮤니티를 활용하면 여러분의 궁금증에 대한 속 시원한 답을 찾을 수 있다.

메인 위키는 http://wiki.apache.org/hadoop/이며, 메인 위키에는 유용한 프레젠테이션, 설정 정보, 문제 해결 방법이 잘 나와 있다.

하둡 Common, HDFS, 맵리듀스 메일링 리스트도 http://hadoop.apache.org/mailing_lists.html에서 찾을 수 있다.

Search Hadoop(http://search-hadoop.com/)은 하둡 및 관련 생태계 프로젝트를 모두 인덱싱하고 완전한 텍스트 검색 기능을 제공하는 유용한 사이트다.

또, 하둡에 대한 최신 정보 및 현안들을 시시각각 알 수 있게 구독해야 할 블로그도 여러 개 있다. 여기서는 이 중 필자가 가장 좋아하는 블로그 몇 개만을 선별했다.

ABOUT THIS BOOK

- 클라우데라(http://www.cloudera.com/blog/)는 하둡의 실전 활용법에 대한 글이 끊임없이 올라오는 블로그다.
- Hortonworks 블로그(http://hortonworks.com/blog/)도 구독할 만하다. 이 블로그에는 하둡의 활용법과 향후 로드맵에 대한 글이 올라온다.
- 마이클 놀(http://www.michael-noll.com/)은 하둡에 대한 자세한 설정 정보를 제공하는 최초의 블로거 중 한 명이며, 계속해서 실전에서 하둡을 활용하는 방법을 소개하고 있다.

그 외에 애런 머피(@acmurthy), 톰 화이트(@tom_e_white), 에릭 새머(@esammer), 더그 커팅(@cutting), 토드 립콘(@tlipcon) 등 트위터에서 팔로우 할 만한 하둡 사용자가 여러 명 있다. 하둡 프로젝트 자체의 트위터 주소는 @hadoop이다.

저자 온라인 포럼

하둡 인 프랙티스를 구매한 독자라면 매닝 출판사에서 운영하는 웹 포럼에 무료로 접근해 책에 대한 의견을 남기거나, 기술 문의 사항을 질문하고 저자나 다른 사용자로부터 도움을 받을 수 있다. 이 포럼에 가입하고 포럼을 구독하려면 웹 브라우저에서 manning.com/HadoopinPractice나 www.manning.com/holmes로 이동하면 된다. 이 페이지에는 등록 후 포럼을 사용하는 법, 포럼에서 제공하는 정보의 유형, 포럼 사용 규정 등의 정보가 나와 있다.

매닝 출판사에서는 개별 독자와 다른 독자 및 저자가 서로 의미 있는 대화를 나눌 수 있는 장을 마련하기 위해 노력했다. 이 책의 포럼에 참여하는 저자의 활동은 모두 무보수로 진행되며, 저자가 특정 수준 이상 활동해야 한다는 강제 조건은 없다. 따라서 저자가 독자들의 질문 사항에 계속 관심을 가질 수 있게 저자에게 다양하고 유익한 질문을 해줄 것을 권장한다.

저자 온라인 포럼과 기존 아카이브 자료는 책의 인쇄판이 판매되는 한 계속해서 출판사의 웹사이트를 통해 볼 수 있다.

1부
배경과 기초

이 책의 1부에서는 하둡의 구성 요소와 생태계를 살펴본다. 그런 다음 이 장에서는 단일 호스트에 의사 분산(pseudo-distributed) 모드로 하둡을 설치하고 책의 모든 예제를 실행할 수 있는 시스템을 설정한다. 또한, 기본적인 하둡 설정법과 새 설정 환경에서 맵리듀스 잡(job)을 실행하는 법도 살펴본다.

1부에서 다루는 내용

01 하둡 살펴보기

하둡 살펴보기

이 장에서 다루는 내용
- 하둡 생태계 이해
- 하둡 내려받기 및 설치
- 맵리듀스 잡 실행

우리는 빅 데이터 시대에 살고 있다. 지금은 우리가 날마다 처리하는 데이터의 양이 단일 호스트에서 보관하고 처리할 수 있는 수준을 이미 넘어섰다. 빅 데이터는 두 가지 과제를 안겨준다. 바로 방대한 크기의 데이터를 저장하고 이를 처리해야 한다는 점과 좀 더 중요하게는 데이터를 이해하고 이를 경쟁력 있게 활용하는 방법이다.

하둡은 많은 양의 데이터를 효과적으로 저장하고 이를 위한 연산 기능을 제공함으로써 시장의 요구에 부응하고 있다. 하둡은 분산 파일시스템으로 구성된 분산 시스템이며 장비 클러스터에서 프로그램을 병렬적으로 실행할 수 있게 해준다(그림 1.1 참고). 하둡은 이미 야후!, 페이스북, 트위터 같은 거대 기술 기업에서 빅 데이터를 처리하기 위해 채택한 만큼 아직 하둡을 직접 사용해본 경험이 없는 독자들조차도 은연중에 하둡을 이미 접하고 있다. 아울러 하둡은 이제 모든 산업 영역으로 진출하고 있다.

이 책을 읽는 독자라면 하둡과 자바를 이용해 실전 경험을 쌓고자 하는 사람들일 것이다. 따라서 이 책에서는 간단히 개요를 소개하고 하둡을 설치하는 법과 맵리듀스 잡을 실행하는 법부터 설명을 시작하겠다. 이 장을 마치고 나면 하둡을 구성하는 각종 구성 요소에 대해 자세히 알 수 있고, 이 지식은 향후 하둡을 좀 더 깊이 이해할 수 있는 기초가 될 것이다[1].

---

[1] 이 책의 독자라면 척 램이 저술한 매닝 출판사의 하둡 인 액션(번역서로 『거침없이 배우는 하둡』(지앤선, 2012)이 있다)과 조슈아 블로치가 지은 이펙티브 자바(번역서로 『Effective Java』(대웅출판사, 2009)가 있다)에서 소개하는 개념을 잘 이해하고 있어야 한다.

그럼 하둡에 대한 자세한 개요부터 시작해보자.

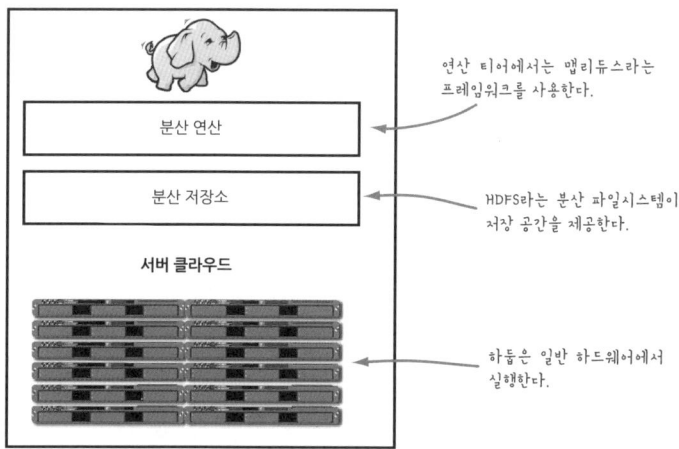

그림 1.1 하둡 환경

1.1 하둡이란?

하둡은 분산 저장소와 연산 기능을 모두 제공하는 플랫폼이다. 하둡은 본래 오픈소스 크롤러이자 검색 엔진인 너치(Nutch)[2]에서의 확장성 문제를 해결하기 위해 처음 등장했다. 당시 구글은 자신들이 새로 개발한 분산 파일시스템인 구글 파일 시스템(GFS; Google File System)과 병렬 처리를 위한 연산 프레임워크인 맵리듀스를 소개하는 논문을 발표했다. 너치를 통해 이들 논문의 내용이 성공적으로 구현되자 프로젝트가 두 개의 별도 프로젝트로 나뉘게 됐고, 이 중 두 번째 프로젝트가 아파치의 1급 프로젝트인 하둡이 됐다.

이 절에서는 설계적인 관점에서 하둡을 살펴보고 산업 분야에서 하둡을 어떻게 사용하는지, 또 하둡의 취약점은 무엇인지 배운다. 하둡의 배경 설명을 모두 마치면 하둡을 설치하고 맵리듀스 잡을 실행하는 법을 살펴본다.

그림 1.2에서 볼 수 있듯 하둡은 저장을 위한 하둡 분산 파일 시스템(HDFS; Hadoop Distributed File System)으로 구성된 마스터-슬레이브 아키텍처[3]와 연산을 위한 맵리듀스로 이뤄진다. 하둡은 기본적으로 대용량 데이터셋의 데이터 파티셔닝(분할)과 병렬 처리에 맞게끔 설계됐다. 하둡의 저장 공간과 연산 능력은 하둡 클러스터에 호스트를 추가함에 따라 늘어나고, 수천 개의 호스트를 클러스터에 추가해 페타바이트 크기의 데이터까지 처리할 수 있다.

---

[2] 너치 프로젝트 및 이를 확장한 하둡은 더그 커팅과 마이크 캐퍼렐라가 이끌었다.
[3] 마스터라고 부르는 한 프로세스가 슬레이브라고 부르는 하나 이상의 다른 프로세스를 제어하는 통신 모델이다.

이 절에서는 먼저 HDFS와 맵리듀스 아키텍처를 살펴본다.

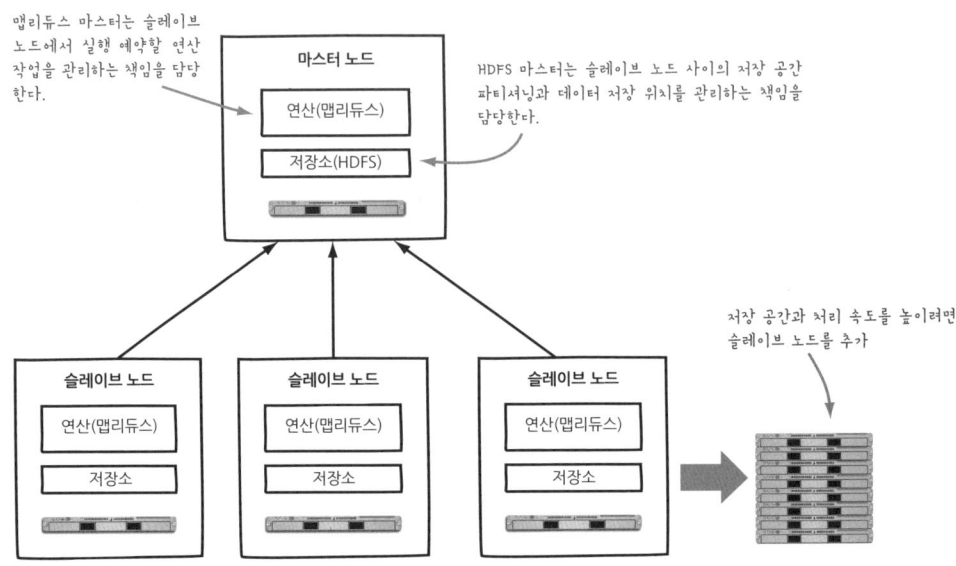

그림 1.2 고수준 하둡 아키텍처

핵심 하둡 컴포넌트

하둡의 아키텍처를 이해하기 위해 여기서는 HDFS의 기본부터 살펴본다.

HDFS

HDFS는 하둡의 저장소 컴포넌트다. HDFS는 구글 파일 시스템(GFS) 논문[4]을 따라 모델링한 분산 파일시스템으로 높은 쓰루풋(throughput)에 최적화돼 있으며 대용량 파일(기가바이트 이상)을 읽을 때 가장 효과적이다. 이런 쓰루풋을 지원하기 위해 HDFS는 파일시스템으로서는 이례적으로 큰 블록 크기 및 데이터 로컬리티(data locality)를 통한 최적화를 활용해 네트워크 입/출력(I/O)을 줄인다.

확장성과 가용성 또한 HDFS의 핵심 특징이다. 이는 어느 정도 데이터 복제 및 내고장성(fault-tolerance) 덕분에 가능하다. HDFS는 설정된 횟수만큼 파일을 복제하고, 소프트웨어 및 하드웨어의 장애를 견뎌낼 수 있으며, 장애가 생긴 노드에서는 데이터 블록을 자동으로 재복제한다.

---

[4] http://research.google.com/archive/gfs.html에서 '구글 파일 시스템' 참고

그림 1.3에서는 HDFS 컴포넌트의 논리적인 구성을 보여준다. 이 그림에서는 네임노드와 데이터노드를 볼 수 있다. 또, 하둡 파일시스템 라이브러리를 사용해 HDFS에 접근하는 애플리케이션도 볼 수 있다.

이제 HDFS에 대한 지식을 조금 쌓았으니 하둡의 연산 엔진인 맵리듀스를 살펴보자.

맵리듀스

맵리듀스는 구글의 맵리듀스 관련 논문[5]을 따라 모델링한 배치 기반의 분산 컴퓨팅 프레임워크다. 맵리듀스는 대용량 데이터에 대한 병렬 작업을 지원하므로, 웹 로그를 OLTP 데이터베이스에서 가져온 관계형 데이터와 결합해 사용자가 웹사이트와 어떻게 상호작용하는지를 모델링하는 등의 작업을 할 수 있다. 일반적인 직렬 프로그래밍 기법을 사용하면 며칠 이상 걸리는 작업도 하둡 클러스터에서 맵리듀스를 사용하면 몇 분 만에 마칠 수 있다.

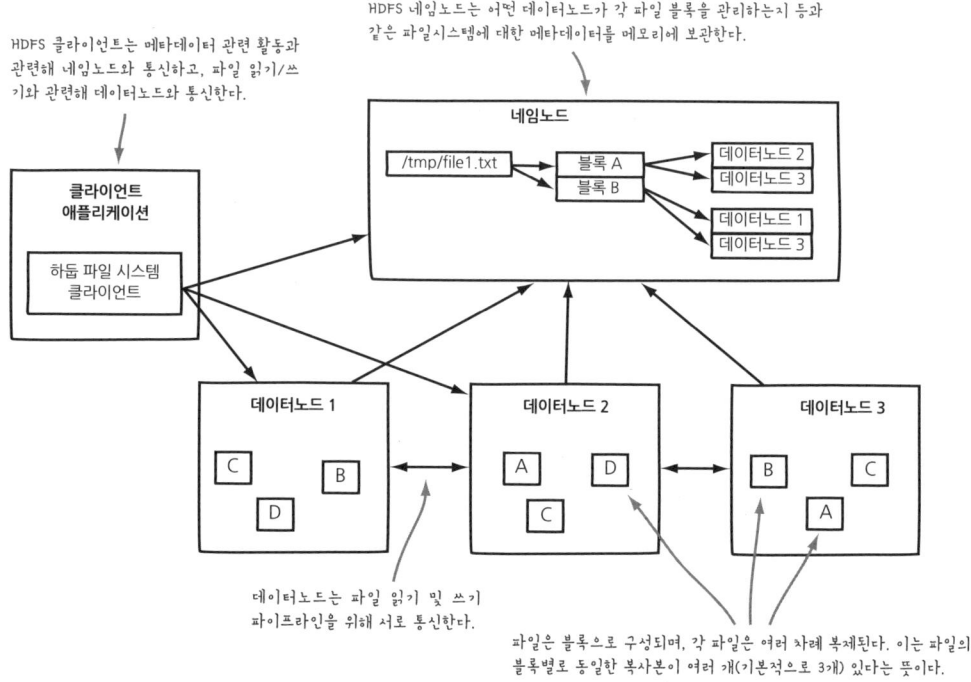

그림 1.3 HDFS 아키텍처는 HDFS 클라이언트가 마스터 네임노드 및 슬레이브 데이터노드와 통신하는 사실을 보여준다.

---

5 http://research.google.com/archive/mapreduce.html에서 '맵리듀스: 대용량 클러스터상에서의 단순화된 데이터 처리' 참고

맵리듀스 모델은 연산 병렬화, 작업 분산, 비안정적 하드웨어 및 소프트웨어를 다루는 복잡성 같은 요소를 추상화함으로써 병렬 처리를 단순화해준다. 이런 추상화 덕분에 맵리듀스를 통해 프로그래머는 분산 시스템의 복잡성에는 신경 쓰지 않고 비즈니스 요구 조건을 처리하는 데만 집중할 수 있다.

맵리듀스는 그림 1.4와 같이 클라이언트에서 전송한 잡을 병렬화된 작은 맵과 리듀스 작업자로 분배한다. 맵리듀스에서 사용하는 맵과 리듀스 개념은 리스프(Lisp)의 함수형 프로그래밍 언어에서 가져온 개념으로, 원하지 않는 동기화 지점이나 상태 공유를 초래할 수 있는 병렬 실행 상호 의존성을 모두 제거하기 위해 무공유 모델(shared-nothing model)[6]을 사용하고 있다.

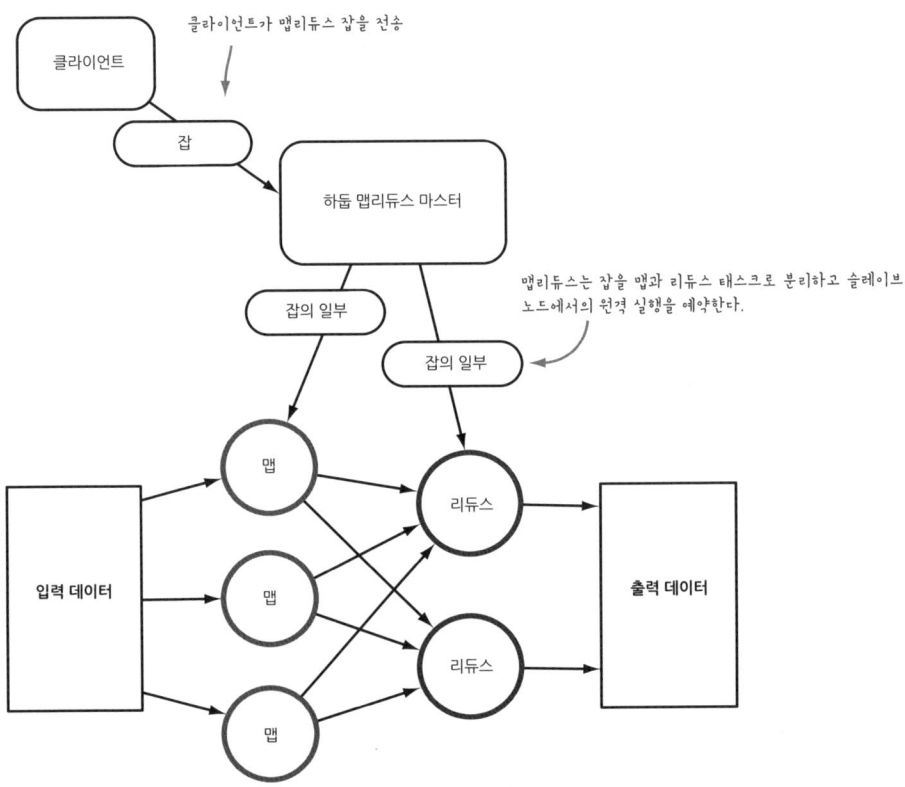

그림 1.4 맵리듀스로 잡을 전송 중인 클라이언트

---

6 무공유 아키텍처는 각 노드가 서로 독립적이며 자급자족적임(self-sufficient)을 나타내는 분산 컴퓨팅 개념이다.

프로그래머가 할 일은 맵과 리듀스 함수를 정의하는 것이다. 이때 맵 함수는 키/값 튜플(tuple)을 출력하고, 이렇게 출력된 튜플은 리듀스 함수에 의해 처리돼 최종 결과를 도출한다. 그림 1.5에서는 입력 및 출력과 관련한 맵 함수의 의사 코드 정의를 볼 수 있다.

맵 함수는 입력 데이터 소스의 논리적 레코드를 나타내는 키/값 쌍을 입력값으로 받는다.
파일의 경우 이 값은 한 줄이 될 수 있고, 입력 소스가 데이터베이스의 테이블인 경우 한 행이 될 수 있다.

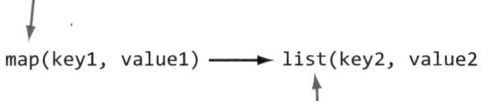

맵 함수는 한 개의 입력값 쌍에 대해 0개 이상의 출력 키/값 쌍을 내보낸다. 예를 들어 맵 함수가 필터링 맵 함수이면 특정 조건이 리듀스 함수에서는 충족될 때만 결과를 출력할 수 있다. 또는 한 개의 입력 키/값이 여러 개의 키/값 출력 쌍을 반환하는 역다중화 작업을 수행할 수도 있다.

그림 1.5 맵 함수의 논리적인 형태

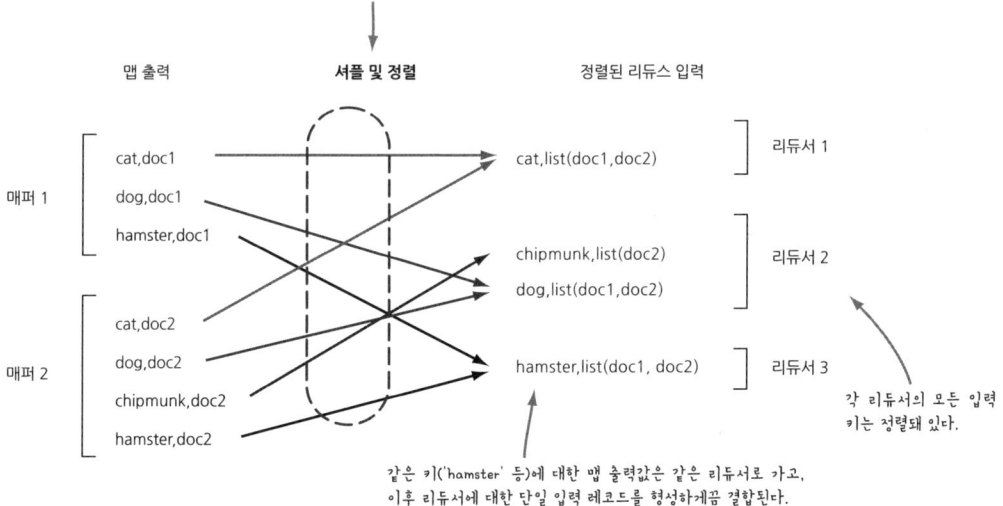

그림 1.6 맵리듀스의의 셔플 및 정렬

그림 1.6에서 볼 수 있듯 맵리듀스의 강력한 힘은 맵의 출력 결과와 리듀스의 입력 결과 사이에서 셔플 및 정렬을 수행함으로써 일어난다.

그림 1.7에서는 리듀스 함수의 의사 코드 정의를 볼 수 있다.

하둡의 맵리듀스 아키텍처는 HDFS의 마스터-슬레이브 모델과 유사하다.

그림 1.8에는 맵리듀스의 주요 컴포넌트가 논리적인 아키텍처대로 표시돼 있다.

이제 맵리듀스와 HDFS에 대한 기본 지식을 익혔으니 하둡 생태계, 그중에서도 특히 이 책에서 다루는 프로젝트에 대해 알아보자.

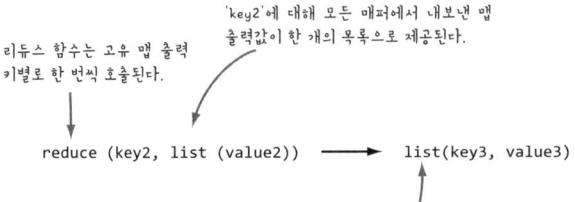

리듀스 함수는 고유 맵 출력 키별로 한 번씩 호출된다.

'key2'에 대해 모든 매퍼에서 내보낸 맵 출력값이 한 개의 목록으로 제공된다.

reduce (key2, list (value2)) ⟶ list(key3, value3)

맵 함수와 마찬가지로 리듀스 함수도 0개 이상의 키/값 쌍을 출력할 수 있다. 리듀서 출력값은 HDFS 내 플랫 파일에 쓰거나, NoSQL 데이터베이스에서 행을 삽입/업데이트하거나, 다른 요구 조건에 따라 임의의 데이터 싱크에 쓸 수 있다.

그림 1.7 리듀스 함수의 논리적인 모습

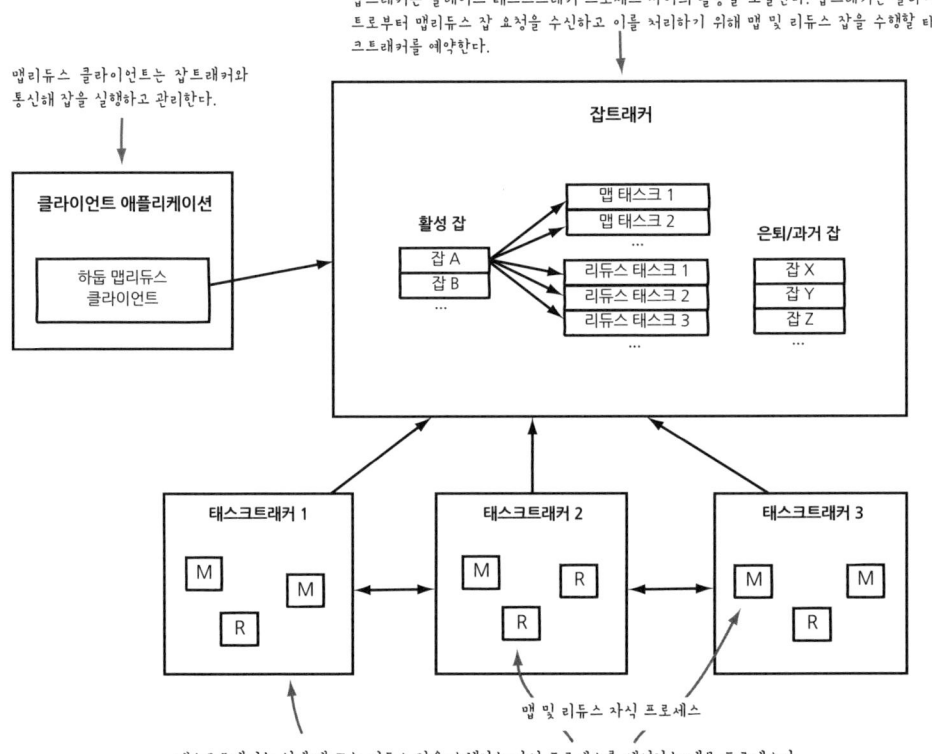

잡트래커는 슬레이브 태스크트래커 프로세스 사이의 활동을 조정한다. 잡트래커는 클라이언트로부터 맵리듀스 잡 요청을 수신하고 이를 처리하기 위해 맵 및 리듀스 잡을 수행할 태스크트래커를 예약한다.

맵리듀스 클라이언트는 잡트래커와 통신해 잡을 실행하고 관리한다.

맵 및 리듀스 자식 프로세스

태스크트래커는 실제 맵 또는 리듀스 잡을 수행하는 자식 프로세스를 생성하는 데몬 프로세스다. 맵 태스크는 주로 HDFS에서 입력값을 읽고 출력 결과를 로컬 디스크에 쓰는 일이다. 리듀스 태스크는 네트워크 상에서 맵 출력값을 읽고 출력 결과를 HDFS에 다시 쓰는 일이다.

그림 1.8 맵리듀스의 논리적인 아키텍처

하둡 생태계

하둡 생태계는 방대하고 날이 갈수록 커지고 있다. 따라서 크고 작은 형태로 하둡과 연동하는 다양한 프로젝트를 모두 살펴보기란 불가능하다. 따라서 이 책에서는 그림 1.9에 나온 것처럼 사용자들이 현재 가장 많이 채택하는 툴만 중점적으로 다룬다.

맵리듀스를 초보자가 구현하기에는 무리가 있다. 따라서 이런 하둡 관련 프로젝트는 대부분 프로그래머와 비프로그래머 모두를 대상으로 하둡에 대한 접근성을 높여주는 게 목적이다. 이 책에서는 그림 1.9에 나열한 기술을 모두 다루고 있으며 각 기술은 별도의 장에서 자세히 설명한다. 아울러 부록 A에는 이들 기술에 대한 설명 및 설치 방법도 수록했다.

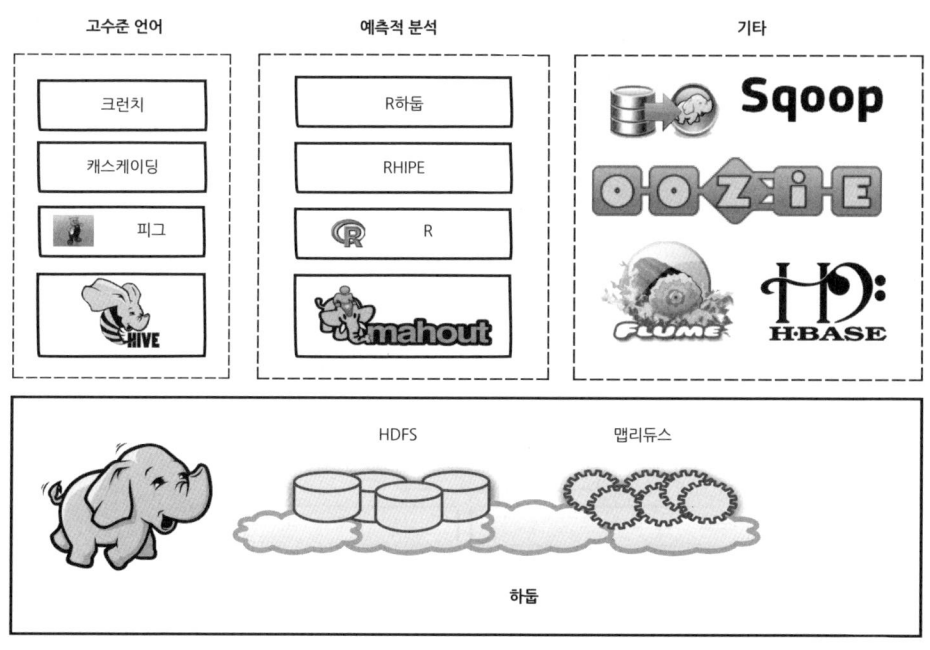

그림 1.9 하둡 및 관련 기술

이제 이런 컴포넌트를 여러분의 환경에서 호스트로 분산 배포하는 법을 살펴보자.

물리적 아키텍처

물리적 아키텍처는 다양한 컴포넌트를 설치하고 실행할 수 있는 기초가 된다. 그림 1.10에는 하둡 및 생태계를 포함하는 하둡 물리적 아키텍처의 예제와, 하둡이 물리적인 호스트 사이에서 어떻게 분산되는지 보여준다. 주키퍼는 홀수 개의 쿼럼(quorum)[7]을 필요로 하며, 보통

---

[7] 쿼럼은 시스템이 온라인에서 계속 동작하는 데 필요한 최소한의 멤버 개수를 나타내는 고가용성(High Availability) 개념이다.

웬만한 크기의 클러스터에서는 최소 세 개의 쿼럼을 사용하는 것을 권장한다.

이번에는 CPU, 램, 디스크, 네트워크를 아우르는 하둡의 물리적 아키텍처를 살펴보자. 이들 요소는 모두 클러스터의 쓰루풋과 성능에 영향을 미치기 때문이다.

일반 하드웨어(commodity hardware)는 하둡의 하드웨어 요구 조건을 설명할 때 종종 사용하는 용어다. 물론 하둡은 오래된 서버에서도 구동할 수 있지만, 그렇다 하더라도 클러스터는 성능이 좋아야 하고 매번 하드웨어 문제가 생길 때마다 운영 부서를 들락거리는 것도 바람직하지 않다. 따라서 일반 하드웨어라는 용어는 듀얼 소켓, 에러를 수정할 수 있는 램을 가능한 한 많이 갖추고 있으며 RAID 저장소를 위해 최적화된 SATA 드라이브를 갖춘 중급 수준의 서버를 뜻한다. 하지만 HDFS는 이미 복제 및 에러 검사 기능을 내장하고 있는 만큼 데이터노드에서는 RAID 사용을 권장하지 않는다. 대신 네임노드에서는 추가적인 안정성을 위해 RAID를 사용할 것을 권장한다.

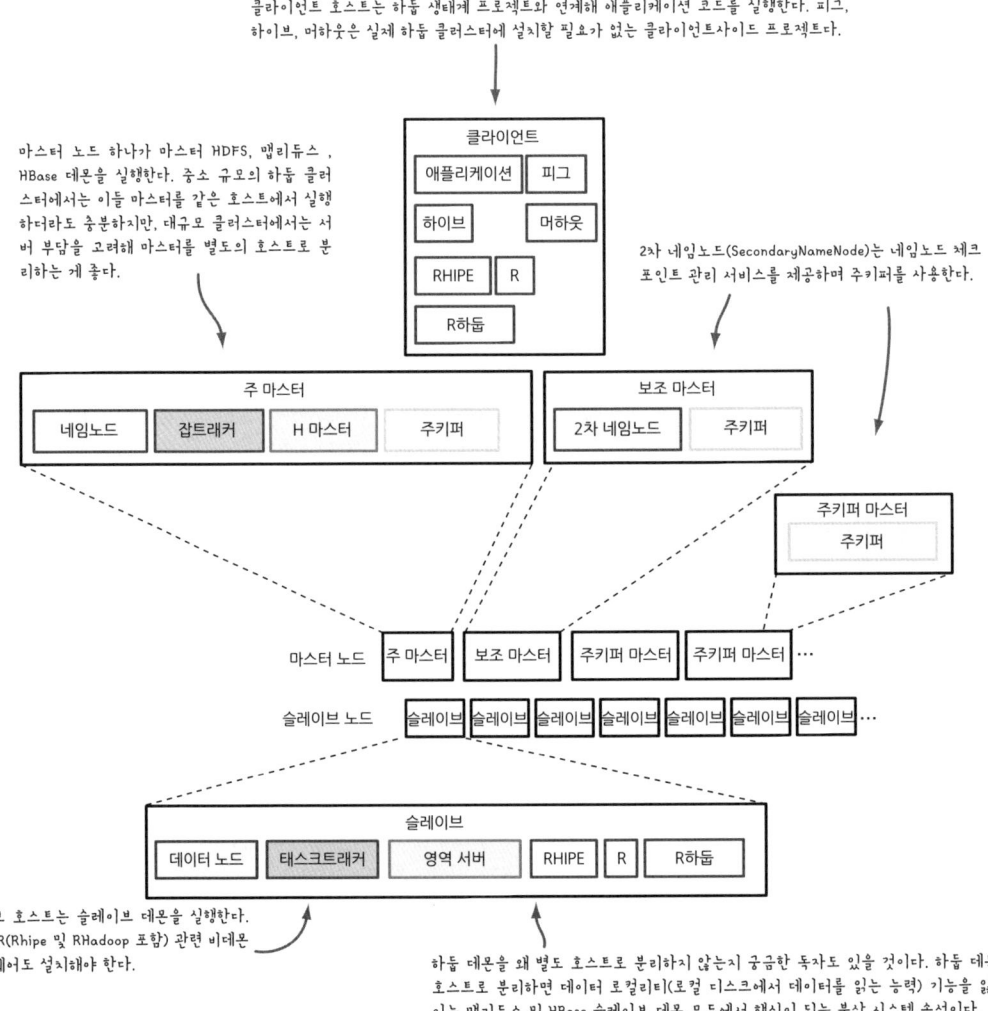

그림 1.10 하둡의 물리적 아키텍처

스위치 및 방화벽과 관련한 네트워크 토폴리지 관점에서 보면 모든 마스터 및 슬레이브 노드는 서로 커넥션을 열 수 있어야 한다. 클러스터가 작다면 모든 호스트가 한 개의 고품질 스위치에 연결된 1GB 네트워크 카드를 실행해도 된다. 더 큰 클러스터에서는 듀얼 중앙 스위치로 최소 1GB의 다중 업링크를 가진 10GB의 스위치를 사용한다. 클라이언트는 모든 마스터 및 슬레이브 노드와 통신할 수 있어야 하는데, 필요에 따라 이 접근은 클라이언트 측에서만 연결을 맺을 수 있게 제한하는 방화벽 내에서 이뤄질 수 있다.

이제 하둡의 물리적 아키텍처에 대해 배웠으니 하둡을 잘 활용하는 사람들이 누가 있는지 궁금할 것이다. 이번에는 현재 하둡을 활용 중인 기업을 살펴보고 하둡의 어떤 기능을 사용 중인지 알아보자.

하둡을 사용하는 기업

하둡은 최신 기술을 선도하는 기업에서 폭넓게 사용 중이며 엔터프라이즈(부즈 앨런 해밀턴, J.P. 모건), 정부(미 국가안보국), 의료 분야 등 다양한 분야에서도 활용되기 시작했다.

페이스북에서는 데이터 웨어하우징, 실시간 애플리케이션 지원[8]을 위해 하둡, 하이브, HBase를 사용한다. 페이스북의 데이터 웨어하우징 클러스터는 크기가 페타바이트이며, 노드는 수천 개에 이른다. 페이스북에서는 메시지 및 실시간 데이터 분석을 위해 별도의 HBase 주도 실시간 클러스터를 사용한다.

트위터에서는 데이터 분석, 시각화, 소셜 그래프 분석, 기계학습(machine learning)을 위해 하둡, 피그(Pig), HBase를 사용한다. 트위터에서는 모든 데이터를 LZO로 압축하고 직렬화에 프로토콜 버퍼를 사용한다. 이들 기술은 모두 저장소와 컴퓨팅 자원 사용을 최적화하기 위한 것이다.

야후!는 데이터 분석, 기계학습, 검색 순위, 이메일 스팸 방지, 최적화, ETL[9] 등에 하둡을 사용한다. 야후!는 총 170PB의 저장소를 갖춘 40,000개 이상의 하둡 구동 서버를 갖추고 있다.

이베이, 삼성, 랙스페이스(Rackspace), J.P. 모건, 그루폰, 링크드인, AOL, Last.fm, 스텀블어폰 또한 하둡에 막대한 투자를 하는 업체들이다. 마이크로소프트도 호톤웍스(Hortonworks)와 함께 자사의 플랫폼에서 하둡이 구동되게끔 하는 작업에 착수했다.

---

8 http://www.facebook.com/note.php?note_id=468211193919 참고
9 ETL(추출, 변형, 로드)은 외부 소스로부터 데이터를 추출한 후 이를 프로젝트 요구 조건에 맞게 변형한 후, 타깃 데이터 싱크로 로드하는 과정을 말한다. ETL은 데이터 웨어하우징에서는 흔한 처리 절차다.

구글은 자사의 맵리듀스 논문에서 자체적인 맵리듀스 버전을 사용해 크롤 데이터[10]로부터 웹 인덱스를 생성했음을 밝혔다. 또 구글은 맵리듀스를 활용할 수 있는 분산 grep, URL 접근 빈도(로그 데이터로부터), (호스트의 인기 키워드를 판단하는) 용어 벡터(term vector) 알고리즘 같은 응용 사례도 강조했다.

하둡을 사용하는 기관은 날이 갈수록 늘고 있고, 포춘지 선정 500대 기업에서 일하고 있다면 대부분 일정 규모의 하둡 클러스터를 사용하고 있을 것이다. 또, 하둡이 점차 성숙할수록 하둡을 채택하는 비율도 점점 더 늘어날 것이다.

다른 모든 기술이 그러하듯 하둡을 효과적으로 활용하려면 하둡의 단점을 잘 이해하고, 가능한 한 이런 단점을 최소화하게끔 솔루션을 설계해야 한다.

하둡의 제약

흔히 HDFS와 맵리듀스의 약점으로 가용성과 보안을 꼽는다. 이들 기술의 마스터 프로세스는 모두 단일 장애 지점(single points of failure)에 해당한다(물론 커뮤니티에서 고가용성 버전에 대한 작업이 활발히 진행 중이지만). 보안은 하둡의 또 다른 아킬레스건이다. 물론 이 분야도 최근에 집중적인 관심을 받고 있다.

고가용성

하둡 2.x가 출시되기 전까지 HDFS와 맵리듀스는 단일 마스터 모델을 사용했다. 이 때문에 결과적으로 단일 장애 지점[11]이 생기게 됐다. 하둡 2.x 버전에서는 네임노드와 잡트래커 고가용성(HA) 지원 기능을 모두 제공한다. 2.x 네임노드 HA 설계에는 네임노드 메타데이터를 위한 공유 저장소가 필요한데, 이를 위해서는 값비싼 HA 저장소가 필요할 수 있다. 하둡 2.x는 별도 랙(rack) 상에서의 단독 네임노드도 지원한다.

보안

하둡에서는 보안 모델을 제공하기는 하지만 기본적으로 비활성화돼 있다. 보안 모델이 비활성화된 상태에서 하둡에 존재하는 유일한 보안 기능은 HDFS 파일과 디렉터리 레벨의 소유권 및 권한뿐이다. 하지만 악의적인 사용자가 다른 사람의 신원을 훔치는 일은 쉽게 일어날

---

10 2010년 구글은 카페인(http://googleblog.blogspot.kr/2010/06/our-new-search-index-caffeine.html)이라는 실시간 인덱싱 시스템으로 이전했다.
11 실제로는 HDFS의 단일 장애 지점 문제가 그렇게 심각한 건 아니다. 자세한 내용은 http://goo.gl/1iSab 참고.

수 있다. 기본적으로 다른 모든 서비스는 완전히 열려 있으며, 아무 사용자나 아무 잡(이를테면 다른 사용자의 맵리듀스 잡을 죽이는)을 마음대로 할 수 있다.

하둡은 네트워크 인증 프로토콜인 커베로스(Kerberos)와 연동하도록 설정할 수 있다. 이를 위해서는 클라이언트(사용자 및 다른 하둡 컴포넌트)를 인증할 하둡 데몬이 필요하다. 커베로스는 기관의 기존 액티브 디렉터리(Active Directory)와 연동할 수도 있으며, 이를 통해 사용자에게 싱글사인온 기능을 제공할 수 있다. 끝으로 정부 기관에서 활용할 때 가장 중요한 보안과 관련해 언급하자면, 하둡에는 저장소 또는 통신 레벨에서의 암호화가 전혀 없다. 전반적으로 보안을 적용해 하둡을 설정하기란 무척이나 까다롭다.

이어서 개별 시스템의 단점 몇 가지를 살펴보자.

HDFS

HDFS의 약점은 주로 고가용성 부족과 관련이 있으며, 작은 파일을 효율적으로 처리하지 못한다는 점과 투명한 압축 방식의 부재 등을 꼽을 수 있다. HDFS는 한결같은 쓰루풋을 위한 최적화로 인해 크기가 작은 파일에 대한 랜덤 읽기에 비효율적이게끔 설계됐다. 커뮤니티에서는 파일 지원 기능이 첨부되기를 기다리고 있다. 이 기능은 현재 거의 배포 단계에 이른 상태다.

맵리듀스

맵리듀스는 배치 기반의 아키텍처다. 이 말은 맵리듀스가 실시간 데이터 접근을 해야 하는 사용 사례(use case)에는 적합하지 않다는 뜻이다. 전역 동기화나 수정 가능 데이터의 공유 같은 작업은 맵리듀스에는 부적합하다. 이는 맵리듀스의 무공유 아키텍처 때문이며, 일부 알고리즘에서는 이 방식을 사용할 경우 문제가 생길 수 있다.

하둡 생태계의 버전 호환성

하둡 실행과 관련한 버전 의존성 문제도 있다. 예를 들어 HBase는 배포 준비 중인 하둡 버전과는 호환되지 않는다. 이는 HDFS의 동기화 요구 조건 때문이다(동기화란 스트림에 대한 모든 쓰기가 모든 복제본의 디스크에 쓰이게끔 하는 메커니즘이다). 하둡 버전 0.20.205와 최신 버전(1.x 및 2.x 포함)에는 동기화 지원 기능이 있으며, HBase와 연동된다. 하이브와 하둡 사이에는 다른 버전 문제도 존재한다. 하이브는 빌드 시점에 지원 대상에 포함되지 않은 하둡 버전과 함께 사용하려면 컴파일을 다시 해야 한다. 피그에도 복잡한 문제가 있다. 예를 들어 피그 0.8 출시 버전은 하둡 0.20.203과 호환되지 않으므로 두 버전이 서로 호환되게 하려면 개발자가 직접 관여해야 한다. 아파치 이외의 하둡 배포판을 사용하면 이런 호환성 문제가 해결돼 있다는 장점이 있다.

눈여겨볼 만한 프로젝트 중 하나로 현재 아파치 인큐베이터 프로젝트인 빅톱(http://incubator.apache.org/projects/bigtop.html) 프로젝트가 있다. 이 프로젝트는 클라우데라가 자신들의 자동 빌드 및 승인 시스템을 오픈소스화하기 위해 공헌한 프로젝트다. 이 안에는 주요 하둡 생태계 컴포넌트가 모두 들어 있으며 서로 각 컴포넌트가 잘 연동하게끔 다양한 연동 테스트를 수행한다.

이제 하둡의 아키텍처와 그 단점을 살펴봤으니 소매를 걷어붙이고 하둡을 사용해보고 싶을 것이다. 여기서는 하둡용 클라우데라 배포판(CDH)[12]을 내려받고 시스템에서 실행하는 법을 살펴본다. 이렇게 설치 과정을 마치고 나면 이 책의 모든 예제를 실행할 수 있다.

1.2 하둡 실행

이 절의 목적은 여러분의 호스트에서 맵리듀스 잡을 실행하는 법을 보여주는 것이다. 이를 위해서는 클라우데라의 하둡 배포판을 설치하고, 명령행과 설정 옵션을 마친 후 맵리듀스 코드를 조금 작성해야 한다.

하둡 내려받기 및 설치

클라우데라에는 하둡 클러스터를 여러 노드에서 실행하게끔 설정하는 데 필요한 모든 서비스와 설정 관리 툴을 갖춘 클라우데라 매니저가 있다. 이 절에서는 단일 호스트에 하둡을 설치할 예정이므로 클라우데라에서 제공하는 개별 패키지를 살펴본다. CDH에는 레드햇, 데비안, SUSE 및 파생 OS 같은 최상위 수준의 리눅스 배포판을 위한 OS 네이티브 설치 패키지가 들어 있다. 사전 설치된 CDH에는 tarball과 가상 머신 이미지도 들어 있다. 사용할 수 있는 전체 옵션은 http://www.cloudera.com/hadoop/에서 볼 수 있다.

그럼 레드햇 기반의 리눅스 시스템에서 설치하는 데 필요한 설명을 살펴보자(여기서는 CentOS를 사용한다). 부록 A에는 CDH tarball과 아파치 하둡 tarball용 설치 설명을 모두 볼 수 있다.

레드햇은 설치에 RPM이라는 패키지를 사용하고, Yum을 원격 Yum 저장소에서 RPM을 가져오는 패키지 설치 파일로 사용한다. 클라우데라는 하둡 RPM이 들어 있는 자체 Yum 저

---

[12] 여기서는 설치가 간단하고 사용하기 쉽다는 점에서 CDH를 선택했다.

장소를 호스팅하므로 이를 설치할 때 사용하면 된다.

여기서는 의사 분산 설치 설명을 따른다[13]. 의사 분산 설정에서는 모든 하둡 컴포넌트를 단일 호스트에서 구동한다. 이를 위해서는 우선 '부트스트랩' RPM을 내려받고 설치해야 한다. 이렇게 하면 클라우데라의 원격 Yum 저장소를 포함하게끔 로컬 Yum 설정이 업데이트된다.

```
$ sudo -s    ←——— 루트 권한으로 wget을 실행하고 rpm 명령을 실행해야 한다.
$ wget http://archive.cloudera.com/redhat/cdh/cdh3-repository-1.0-1.noarch.rpm
$ rpm -ivh cdh3-repository-1.0-1.noarch.rpm
```

다음으로 Yum에서 다운로드되는 RPM의 상태를 확인할 수 있게 클라우데라의 RPM 서명 키를 가져온다.

```
$ rpm --import \ ❶
    http://archive.cloudera.com/redhat/cdh/RPM-GPG-KEY-cloudera
```

❶ 여기서는 이 명령을 두 줄로 분할했다는 점에 주의하자. 이로 인해 새 줄을 이스케이프하기 위해 '₩' 문자를 사용했다.

마지막으로 할 일은 의사 분산 RPM 패키지를 설치하는 일이다. 이 패키지에서는 모든 의존성이 다른 모든 코어 하둡 RPM에 들어 있다. 이 과정에서 이 책에서 나중에 사용할 피그, 하이브, 스내피(하둡 네이티브 패키지에 포함됨)도 설치한다.

```
$ yum install hadoop-0.20-conf-pseudo hadoop-0.20-native \
    hadoop-pig hadoop-hive
```

이로써 하둡 설치를 마쳤다. 이 책에서는 우지, Hbase 등 다른 프로젝트와도 함께 연동하지만 이와 관련한 내용은 해당 기술을 다루는 절에서 설명한다.

> **자바 버전**
>
> 하둡을 사용하려면 오라클 자바 개발 킷(JDK)의 자바 버전 1.6 업데이트 8 이상이 필요하다. 이 JDK는 자바 SE 다운로드 페이지(http://www.oracle.com/technetwork/java/javase/downloads/index.html)에서 내려받을 수 있다.

이제 기본적인 컴포넌트는 모두 설치했다. 이어서 하둡을 설정해보자. 여기서는 클러스터를 시작하고 멈추는 데 사용할 수 있는 기본 명령을 살펴본다.

---

[13] https://ccp.cloudera.com/display/CDHDOC/Installing+CDH3+on+a+Single+Linux+Node+in+Pseudo-distributed+Mode를 참고하자.

하둡 설정

앞 절의 설명에 따라 설치 과정을 마치고 나면 아무 설정 파일도 수정하지 않아도 소프트웨어는 바로 사용할 수 있는 준비 상태가 된다. 하지만 하둡의 기본적인 설정 방법을 알아두면 도움이 되므로 여기서는 설정에 대해 간단히 짚고 넘어간다. CDH에서 하둡 설정 파일은 /etc/hadoop/conf에 있다. 여기서는 서로 다른 하둡 컴포넌트별로 설정 파일을 볼 수 있는데, 이들 설정 파일에 대한 내용은 표 1.1에 간단히 정리돼 있다.

표 1.1 하둡 설정 파일

파일명	설명
hadoop-env.sh	환경 관련 설정은 이곳에 들어간다. 현재 JDK가 시스템 경로 내에 있지 않다면 이 파일을 열어서 JAVA_HOME을 설정해야 한다. 또 이곳에서는 다양한 하둡 컴포넌트용 JVM 옵션을 지정할 수도 있다. 로그 디렉터리와 마스터 및 슬레이브 파일의 위치도 이곳에서 수정할 수 있다. 물론 기본적으로 앞서 CDH 설정에서 설명한 설정은 아무것도 설정하지 않아도 된다.
core-site.xml	시스템레벨의 하둡 설정 항목(예를 들어 HDFS URL, 하둡 임시 디렉터리, 랙을 인식하는 하둡 클러스터용 스크립트 위치) 등을 포함한다. 이 파일에 들어 있는 설정은 core-default.xml에 들어 있는 설정보다 우선시된다. 기본 설정은 http://hadoop.apache.org/docs/r1.0.4/core-default.html에서 볼 수 있다.
hdfs-site.xml	기본 파일 복제 횟수, 블록 크기, 권한 적용 여부 같은 HDFS 설정을 담고 있다. 기본 설정은 http://hadoop.apache.org/docs/r1.0.4/hdfs-default.html에서 볼 수 있다. 이 파일에 있는 설정은 hdfs-default.xml의 설정을 대신한다.
mapred-site.xml	기본 리듀스 작업 개수, 기본 최대/최소 메모리 크기, 투기적 실행(speculative execution) 같은 DFS 설정은 이곳에서 한다. 기본 설정은 http://hadoop.apache.org/docs/r1.0.4/mapred-default.html에서 볼 수 있다. 파일에 들어 있는 설정은 mapred-default.xml을 대신한다.
masters	하둡 마스터인 호스트 목록을 담고 있다. 이 파일명은 다소 오해의 소지가 있으며 secondary-masters라고 부르는 게 좀 더 적절하다. 하둡을 실행하면 하둡은 start 명령을 내보낸 로컬 호스트에서 네임노드와 잡트래커를 구동한다. 그런 다음 이 파일에 있는 모든 노드에게 SSH를 보내 SecondaryNameNode를 구동한다.
slaves	하둡 슬레이브인 호스트 목록이 들어 있다. 하둡을 실행하면 하둡에서는 이 파일 내 각 호스트로 SSH를 통해 데이터노드와 태스크트래커 데몬을 구동한다.

사이트 XML 파일(파일명에 site가 들어 있는 파일들)은 하둡 클러스터를 커스터마이징하다 보면 점점 늘어나고, 그럼 어떤 내용을 수정했는지, 설정 내용이 기본 설정 값과 어떤 관련이 있는지 알기가 점점 더 어려워진다. 이 때문에 독자들의 이해를 돕기 위해 저자들은 기본 파일과 사이트 파일을 비교하는 코드[14]를 작성해, 어떤 속성이 바뀌었는지 표시하고 철자를 잘못 지정한 속성도 알 수 있게끔 했다. 다음 코드에는 유틸리티의 예제 출력 결과가 들어 있다. 여기서는 CDH core-default.xml과 core-site.xml 파일의 차이점을 보여준다.

---

14 https://github.com/alexholmes/hadoop-book/blob/master/src/main/java/com/manning/hip/ch1/ConfigDumper.java

```
core-default.xml
Site file: core-site.xml
                                Name       Final    Default                        Site
                       fs.default.name     false    file:///     dfs://localhost:8020
              fs.har.impl.disable.cache    false      true                         null
          hadoop.proxyuser.oozie.groups      -         -                              *
```

클라우데라 팀에서는 정적 및 동적 방식을 사용해 하둡에서 어떤 옵션을 지원하는지 판단하고 애플리케이션과 하둡 설정 사이의 불일치를 찾아내는 고급 기법도 연구했다[15].

기본 CLI 명령

이제 실행하는 데 필요한 기본 명령을 살펴보자. 먼저 클러스터를 시작해야 한다. 이 명령을 실행하려면 사용자에 대한 의사 접근이 필요하다(이 명령은 init.d 스크립트를 통해 하둡 서비스를 구동한다).

```
$ for svc in /etc/init.d/hadoop-0.20-*; do sudo $svc start; done
```

데몬 로그 파일은 모두 /var/log/hadoop에 저장된다. 예를 들어 네임노드 파일은 hadoop-hadoop-namenode-〈HOSTNAME〉.log에 기록되는데, 이 파일은 HDFS를 가져오는 데 문제가 있을 때 살펴보면 도움된다. 하둡이 제대로 실행되는지 테스트하는 방법에는 몇 가지가 있다. 먼저 HDFS의 루트 디렉터리에 있는 파일을 모두 나열하는 명령을 내보내자.

```
$ hadoop fs -ls /
```

경로명 확장자

디렉터리 내용을 나열하는 간단한 하둡 파일시스템 명령에는 주의할 점이 없다고 생각하기 쉽지만, 저자를 비롯해 많은 사용자에게 애를 먹인 기능이 있다. bash나 다른 셸에서는 파일시스템 명령에 * 와일드카드를 첨부하는 일이 흔하고, 셸에서 프로그램을 실행하기 전에 경로를 확장할 것이라고 생각한다. 따라서 hadoop fs -ls /tmp/* 명령이 제대로 동작할 것이라고 (잘못) 생각하기 쉽다. 하지만 이 명령을 실행하면 /tmp 경로가 파일시스템에 존재할 경우 셸에서는 로컬 파일시스템상의 /tmp 내용을 기반으로 경로를 확장하고, 이들 파일명을 하둡으로 전달한다. 이 경우 하둡은 로컬 시스템상에 있는 HDFS 내의 파일 목록을 나열한다. 이런 동작을 막으려면 경로를 큰따옴표로 감싸야 한다. 이 경우 실행 명령은 hadoop fs -ls "/tmp/*"가 된다.

---

15 http://www.cloudera.com/blog/2011/08/automatically-documenting-apache-hadoop-configuration/ 참고.

이 명령이 제대로 동작하면 HDFS가 구동 중인 것이다. 맵리듀스를 활용하려면 어떤 잡이 실행 중인지 볼 수 있는 명령을 실행해야 한다.

```
$ hadoop job -list
0 jobs currently running
JobId   State   StartTime   UserName   Priority   SchedulingInfo
```

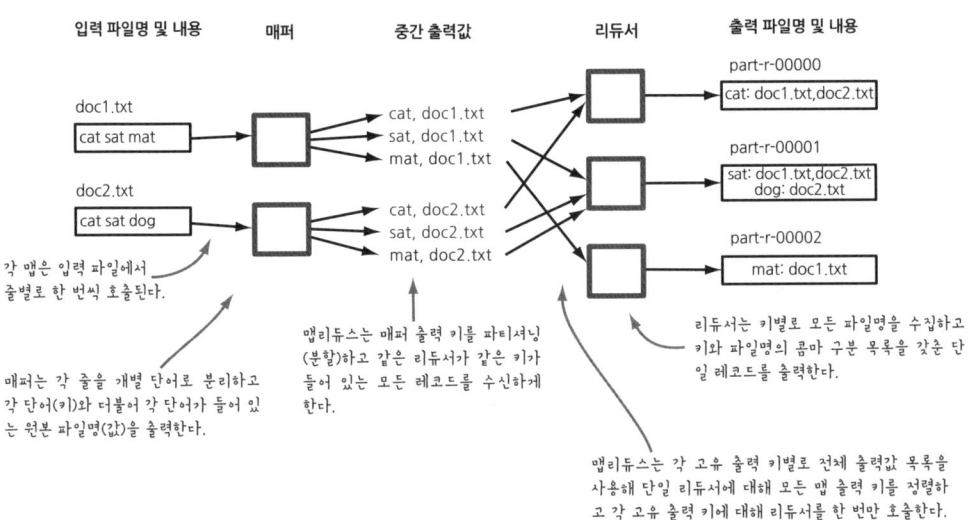

그림 1.11 맵리듀스에서 역인덱스를 생성하는 예시

이제 필요한 사항을 모두 갖췄다. 명령행에서 사용할 수 있는 명령이 궁금하다면 HDFS는 http://hadoop.apache.org/docs/r1.0.4/file_system_shell.html, 맵리듀스 잡 명령은 http://hadoop.apache.org/docs/r1.0.4/commands_manual.html#job을 참고하자.

끝으로 클러스터를 중단하는 과정은 시작 방식과 거의 유사하다.

```
$ for svc in /etc/init.d/hadoop-0.20-*; do sudo $svc stop; done
```

이제 기본적인 내용은 모두 익혔으니 이어서 새 클러스터에서 실행할 수 있는 맵리듀스 잡을 작성해보자(생각보다 어렵지 않으니 걱정하지 않아도 된다).

맵리듀스 잡 실행

역 인덱스를 개발하고 싶다고 가정하자. 맵리듀스는 인덱스 생성 작업을 병렬적으로 할 수 있는 만큼 이런 작업에 효과적이며, 실제로 자주 활용되고 있다. 입력값은 텍스트 파일의 개수가 되고, 출력값은 튜플 목록이 된다. 이때 각 튜플은 단어 및 이 단어가 들어 있는 파일 목록이다. 표준 처리 기법을 사용하면 모든 단어를 합칠 수 있는 메커니즘이 필요하다. 초보 개발자라면 메모리 상에서 이런 결합 작업을 수행할 테지만, 이 경우 고유 키가 많으면 메모리 부족이 일어날 수 있다. 물론 중간 데이터 저장소를 데이터베이스로 활용할 수도 있지만, 이 또한 비효율적이다.

이 방식보다는 각 줄을 토큰(token)화하고 줄별 단어를 포함하는 중간 파일을 생성하는 방식이 더 낫다. 그런 다음 각 중간 파일을 정렬하면 된다.

마지막으로 할 일은 정렬된 중간 파일을 모두 열고 각 고유 단어별로 함수를 호출하는 것이다. 이게 바로 맵리듀스가 하는 일이다(물론 분산 방식으로).

그림 1.11은 맵리듀스에서 생성한 간단한 역 인덱스의 예를 보여준다. 먼저 매퍼를 정의하는 것부터 시작하자. 리듀서에서는 입력값에 들어 있는 단어별로 각 줄을 생성할 수 있어야 하므로 맵 출력 키는 맵리듀스에서 모든 단어를 합칠 수 있게끔 입력 파일에 있는 각 단어가 돼야 한다. 각 키의 값은 단어가 들어 있는 파일명이 되며, 이는 도큐먼트의 ID가 된다. 다음은 매퍼 코드다.

```
public static class Map                                    ❶
    extends Mapper<LongWritable, Text, Text, Text> {

  private Text documentId;      ← 입력값의 도큐먼트 ID(파일명)를 저장할 Text 객체

  private Text word = new Text();   ← 객체 생성을 줄이기 위해 단일 Text 객체를 생성하고 재사용.


  @Override                                                ❷
  protected void setup(Context context) {
    String filename =    ← 컨텍스트에서 파일명을 추출
       ((FileSplit) context.getInputSplit()).getPath().getName();
    documentId = new Text(filename);
  }


  @Override                                    ❸
  protected void map(LongWritable key, Text value,
                 Context context) throws IOException, InterruptedException {
    for (String token :
         StringUtils.split(value.toString())) {
                                                ❹
```

```
        word.set(token);
        context.write(word, documentId);    ←──────── ❺
      }
    }
}
```

❶ 맵리듀스 매퍼 클래스를 상속할 때는 입력 및 출력 키/값 쌍을 지정한다. 맵리듀스는 기본적으로 InputFormat 을 잡에 사용한다. InputFormat은 입력 파일에 바이트 오프셋으로 키를 제공하고, 값을 파일 내 각 줄로 제공한다. 맵에서는 텍스트 키/값 쌍을 내보낸다.

❷ 이 메서드는 맵 시작 시점에 맵 메서드가 호출되기 전에 한 번 호출된다. 이때 이 맵에 대한 입력 파일명을 저장한다.

❸ 이 맵 메서드는 입력값별로 한 번만 호출된다. 맵 태스크는 입력 파일 서브셋에 대해 병렬로 실행된다.

❹ 값에는 파일의 전체 줄이 들어 있다. StringUtils(String.split보다 훨씬 빠르다)를 사용해 각 줄을 토큰화한다.

❺ 단어별로 맵에서는 단어를 키로, 도큐먼트 ID를 값으로 내보낸다.

리듀서의 목적은 단어별로 출력 줄을 생성하고, 각 단어가 들어 있는 도큐먼트 ID 목록을 생성하는 것이다. 맵리듀스 프레임워크는 도큐먼트 ID 목록을 사용해 매퍼에서 내보낸 고유 키별로 리듀서를 호출하는 일을 자동으로 처리해준다. 따라서 다음 코드에서 볼 수 있듯 리듀서에서는 도큐먼트 ID를 모두 결합하고 이를 리듀서에서 한 번만 출력하면 된다.

```
public static class Reduce
    extends Reducer<Text, Text, Text, Text> {    ←──────── ❶
  private Text docIds = new Text();
  public void reduce(Text key, Iterable<Text> values, Context context)    ←──────── ❷
      throws IOException, InterruptedException {

    HashSet<Text> uniqueDocIds = new HashSet<Text>();    ←──── 특정 키에서 찾은 도큐먼트 ID를 모두 보관

    for (Text docId : values) {    ←──── 키별로 모든 도큐먼트 ID를 순회

      uniqueDocIds.add(new Text(docId));    ←──────── ❸
    }

    docIds.set(new Text(StringUtils.join(uniqueDocIds, ",")));

    context.write(key, docIds);    ←──────── ❹
  }
}
```

❶ 맵 클래스와 마찬가지로 리듀서를 정의할 때도 입력 및 출력 키/값 클래스를 둘 다 지정해야 한다.
❷ 리듀스 메서드는 고유 맵 출력 키별로 한 번씩 호출된다. Iterable을 사용하면 특정 키로 내보낸 모든 값을 순회할 수 있다.
❸ 도큐먼트 ID를 세트에 추가. 새 Text 객체를 생성하는 이유는 맵리듀스가 값을 순회할 때 Text 객체를 재사용하기 때문이다. 따라서 새로운 복사본이 필요하다.
❹ 리듀서에서는 특정 단어가 들어 있는 도큐먼트의 ID를 콤마 구분 목록 형태로 출력한다.

끝으로 맵리듀스 잡이 실행되게 하는 데 필요한 속성을 모두 설정하는 드라이버 코드를 작성해야 한다. 프레임워크에는 맵 및 리듀스 함수에 어떤 클래스를 사용해야 할지 알려줘야 하고, 입력 및 출력 데이터의 위치도 알려줘야 한다. 기본적으로 맵리듀스에서는 텍스트 작업을 한다고 가정한다. 복잡한 텍스트 구조를 가지고 작업하거나 다른 데이터 저장 기술을 함께 사용한다면 맵리듀스에게 데이터 소스 및 싱크에서 읽고 쓰는 방법을 알려줘야 한다. 다음은 전체 드라이버 코드다.

```
public static void main(String... args) throws Exception {

  runJob(
    Arrays.copyOfRange(args, 0, args.length - 1),         ❶
    args[args.length - 1]);
}

public static void runJob(String[] input, String output)
    throws Exception {
  Configuration conf = new Configuration();
  Job job = new Job(conf);                                ❷

  job.setJarByClass(InvertedIndexMapReduce.class);        ❸

  job.setMapperClass(Map.class);          잡에 사용할 맵 클래스를 설정

  job.setReducerClass(Reduce.class);      잡에 사용할 리듀스 클래스를 설정

  job.setMapOutputKeyClass(Text.class);          ❹
  job.setMapOutputValueClass(Text.class);        맵 출력값 클래스를 설정

  Path outputPath = new Path(output);
  FileInputFormat.setInputPaths(job, StringUtils.join(input, ","));     ❺

  FileOutputFormat.setOutputPath(job, outputPath);   잡에 사용할 HDFS 출력 디렉터리를 설정
```

```
            outputPath.getFileSystem(conf).delete(outputPath, true);    ◀──────
                                                                              ❻
            job.waitForCompletion(true);    ◀──────
        }                                         ❼
```

❶ 입력값은 한 개 이상의 파일이므로 입력 인자에서 맵리듀스 잡 출력 디렉토리에 해당하는 배열의 마지막 항목을 제외한 서브 배열을 생성.

❷ 잡 설정용 설정 컨테이너. 여기서 설정한 내용은 맵 및 리듀스 클래스에서 사용할 수 있다.

❸ Job 클래스의 setJarByClass 메서드는 인자로 전달한 클래스가 들어 있는 JAR 파일을 지정한다. 이 클래스는 내부적으로 하둡에 의해 클러스터로 복사되고, 맵/리듀스 클래스에서 사용할 수 있게 Task의 클래스패스에 설정된다.

❹ 맵 출력 키/값 타입이 입력 타입과 다르다면 하둡에게 출력 타입을 알려줘야 한다. 이 경우 맵에서는 각 단어 및 파일을 키/값 쌍으로 출력한다. 둘 다 Text 객체다.

❺ 잡에 사용할 HDFS 입력값 파일을 설정. 하둡에서는 여러 개의 입력 파일이 콤마로 구분돼 있다고 가정한다.

❻ 디렉토리가 존재할 경우 기존 HDFS 출력 디렉토리를 삭제. 이 작업을 하지 않으면 디렉토리가 이미 존재할 경우 잡이 실패한다.

❼ 잡트래커가 잡을 시작하고 잡이 끝날 때까지 잡을 차단하도록 명령

이제 코드가 어떻게 동작하는지 살펴보자. 여기서는 두 개의 간단한 파일을 사용한다. 먼저 파일을 HDFS로 복사해야 한다.

```
$ hadoop fs -put test-data/ch1/file*.txt /    ◀──── file1.txt와 file2.txt를 HDFS에 복사
$ hadoop fs -cat /file1.txt             ◀──── /file1.txt HDFS 파일의 내용을 콘솔에 덤프
cat sat mat
$ hadoop fs -cat /file2.txt             ◀──── /file2.txt HDFS 파일의 내용을 콘솔에 덤프
cat sat dog
```

이어서 맵리듀스 코드를 실행한다. 이때는 셸 스크립트를 사용하고, 잡 출력 디렉토리와 함께 두 개의 입력 파일을 인자로 전달한다.

```
$ export JAVA_HOME=<JDK 설치 디렉토리 경로(bin 디렉토리가 포함된)>
$ bin/run.sh com.manning.hip.ch1.InvertedIndexMapReduce \
    /file1.txt /file2.txt output
```

잡이 실행을 마치면 잡 출력 파일을 HDFS에서 찾아서 그 내용을 확인할 수 있다.

```
$ hadoop fs -ls output/
Found 3 items
output/_SUCCESS
output/_logs
```

```
output/part-r-00000

$ hadoop fs -cat output/part-r-00000
cat     file2.txt,file1.txt
dog     file2.txt
mat     file1.txt
sat     file2.txt,file1.txt
```

이때 맵과 리듀스 로그 파일이 어디에 저장되는지 궁금한 독자도 있을 것이다. 로그 파일을 보려면 잡의 ID를 알고 있어야 한다. 그럼 로컬 파일시스템 내 logs 디렉터리에서 해당 로그 파일을 찾아볼 수 있다. 명령행에서 작업을 실행할 때는 잡 ID가 다음과 같이 표시된다.

```
...
INFO mapred.JobClient: Running job: job_201110271152_0001
...
```

이 ID를 알고 있으면 로컬 파일시스템 내 맵 태스크와 리듀스 태스크가 들어 있는 디렉터리로 이동한다. 이들 태스크는 디렉터리명에 있는 m과 r을 통해 구분할 수 있다.

```
$ pwd
/var/log/hadoop-0.20/userlogs/job_201110271152_0001
$ ls -l
attempt_201110271152_0001_m_000000_0
attempt_201110271152_0001_m_000001_0
attempt_201110271152_0001_m_000002_0
attempt_201110271152_0001_m_000003_0
attempt_201110271152_0001_r_000000_0
```

앞의 코드에서 각 디렉터리에는 표준 출력, 표준 에러, 시스템 로그(인프라스트럭처 태스크 코드뿐 아니라 여러분의 log4j 로그도 포함)에 해당하는 세 개의 파일이 들어 있다.

```
$ ls attempt_201110271152_0001_m_000000_0
stderr   stdout   syslog
```

앞의 의사 분산 설정에서는 모든 잡이 여러분의 로컬 호스트에서 실행 중이므로 한곳에서 모든 내용을 쉽게 볼 수 있다는 점을 기억하자. 하지만 실제 분산 클러스터에서는 이런 로그가 원격 태스크트래커 노드의 로컬 로그가 되므로 확인하는 게 조금 더 어렵다. 이런 불편 사항 때문에 하둡 잡트래커와 태스크트래커 UI가 제공된다. 그림 1.12와 1.13에서는 잡과 관련한 잡트래커 요약 페이지와, 맵 태스크의 태스크트래커 UI를 볼 수 있다. CDH에서는 http://localhost:50030/jobtracker.jsp를 통해 잡트래커 UI에 접근할 수 있다.

이로써 하둡을 실행하는 과정을 모두 살펴봤다.

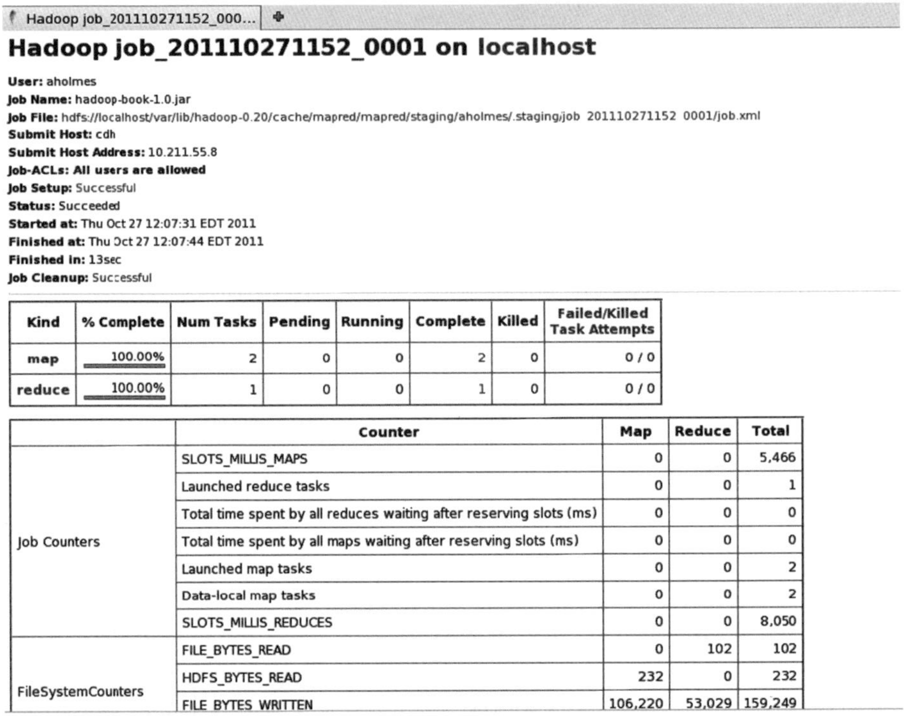

그림 1.12 하둡 잡트래커 사용자 인터페이스

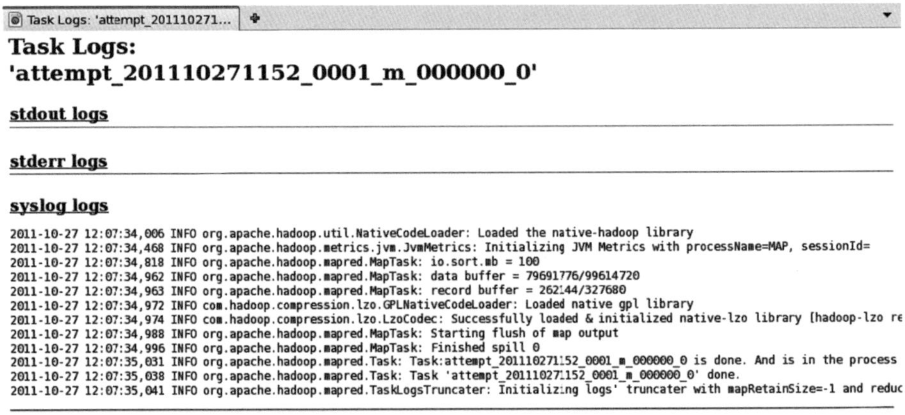

그림 1.13 하둡 태스크트래커 사용자 인터페이스

1.3 정리

하둡은 대용량 데이터셋을 처리, 생성, 저장하기 위해 설계된 분산 시스템이다. 하둡의 맵리듀스 구현체는 대용량 데이터 분석을 위한 내고장성 메커니즘을 제공한다. 또, 하둡은 대규모의 이종적 및 비구조적 데이터 소스를 처리하는 데도 탁월하다.

이 장에서는 기능적인 관점과 물리적인 아키텍처 관점에서 하둡에 대해 설명했다. 또 하둡을 설치하고 맵리듀스 잡도 실행해봤다.

이 책의 나머지 장은 하둡을 사용할 때 자주 접하는 문제들을 해결하는 실전 기법이 주를 이룬다. 이 과정에서 독자들은 HDFS부터 맵리듀스, 피그, 하이브에 이르기까지 다양한 주제를 소화할 수 있을 것이다. 또, 데이터 분석 기법을 살펴보고 머하웃과 Rhipe 같은 기술에 대해서도 들여다본다.

2장에서는 하둡으로 데이터를 가져오는 법과 하둡에서 데이터를 가져오는 법을 배운다. 그럼 바로 시작해보자.

2부

데이터 로지스틱스

배포 환경에서 하둡을 활용하는 법이 궁금한 독자를 위해 이 책의 2부에서는 여러분이 넘어야 할 두 가지 우선적인 장애물을 다룬다. 2부의 각 장에서는 하둡에서 데이터를 관리할 때 종종 간과하기 쉽지만 핵심적인 주제에 대해 상세히 다루고 있다.

2장에서는 대용량 데이터를 하둡으로 옮기고 하둡에서 가져오는 방법을 살펴본다. 이 과정에서 RDBMS의 관계형 데이터, 구조화된 파일, HBase를 활용하는 예제를 살펴본다.

3장에서는 XML과 JSON처럼 서로 다른 형식으로 저장된 데이터를 처리하는 법을 주로 다룬다. 이를 통해 빅 데이터 및 하둡과 가장 잘 연동되는 쓰리프트와 애브로 같은 데이터 형식을 이해하는 데 도움되는 기초 지식을 쌓는다.

2부에서 다루는 내용

02 하둡 데이터 이동
03 데이터 직렬화 텍스트 및 고급 데이터 형식

하둡 데이터 이동

이 장에서 다루는 내용

- 데이터 인그레스 및 이그레스 툴에 대한 핵심 설계 고려 사항의 이해
- 로그 파일의 HDFS 및 하이브로의 이동
- 관계형 데이터베이스와 HBase를 데이터 소스 및 데이터 싱크로 활용하기

하둡으로 데이터를 집어넣고, 하둡에 들어 있는 데이터를 가져오는 작업(이 장에서는 각각 데이터 인그레스[ingress] 및 이그레스[egress]라고 부름)은 외부 시스템에서 내부 시스템으로 데이터를 옮기거나 그 반대로 옮기는 과정을 말한다. 하둡은 HDFS 및 맵리듀스를 통해 저수준에서 인그레스 및 이그레스를 지원한다. 파일은 HDFS 안으로 옮기거나 HDFS 밖으로 옮길 수 있으며, 데이터도 외부 데이터 소스에서 가져오거나 맵리듀스를 활용해 외부 데이터 싱크로 보낼 수 있다. 그림 2.1에서는 하둡의 인그레스 및 이그레스 메커니즘의 일부를 볼 수 있다.

데이터가 다양한 위치에서 여러 형태로 존재한다는 사실은 인그레스 및 이그레스 절차를 어렵게 만든다. OLTP(온라인 업무 처리) 데이터베이스에 있는 데이터를 어떻게 가져와야 할까? 또, 수만 대의 서버에서 생산하는 로그 데이터를 어떻게 가져올 수 있을까? 아니면 방화벽 뒤에 있는 바이너리 데이터와 어떻게 연동해야 할까?

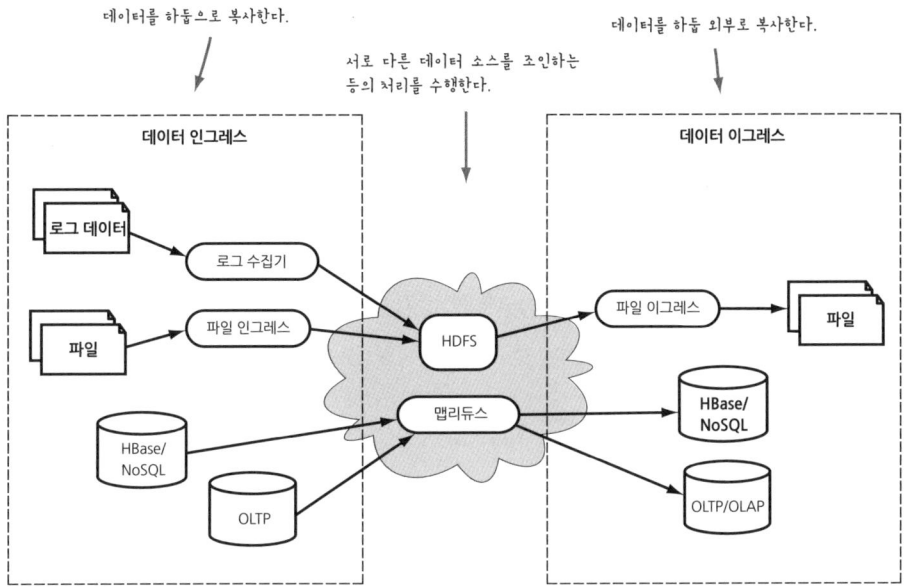

그림 2.1 하둡 데이터 인그레스 및 이그레스는 외부 시스템과 내부 시스템 사이에서 데이터를 전송한다.

더 나아가 데이터를 주기적으로 옮기도록 데이터 인그레스 및 이그레스 절차를 자동화하려면 어떻게 해야 할까? 자동화는 데이터의 정확하고 안전한 전송을 보장하는 데이터 정합성 모니터링과 더불어 데이터 이동 과정에서 핵심적인 부분이다.

이 장에서는 하둡으로 데이터를 옮기거나 하둡에서 데이터를 가져오는 절차를 단순화하는 툴을 살펴본다. 또, 로그 파일의 이동을 자동화하는 방법도 살펴본다. 로그 파일은 하둡 데이터 소스에서 흔히 볼 수 있지만, 환경 전체에 흩어져 있는 만큼 모두 수집하고 취합하기가 쉽지 않다. 아울러 플룸(Flume)을 활용해 로그 데이터를 하둡으로 옮기는 법을 다루고, 이 과정에서 로그를 취합하는 툴인 추크와(Chukwa)와 스크라이브(Scribe)를 알아본다.

또, 관계형 데이터를 하둡에 집어넣고 꺼내는 법도 살펴본다. 이는 최근 새롭게 떠오르고 있는 사용 패턴으로서, 하둡을 활용해 관계형 데이터베이스에 있는 데이터를 다른 소스(예를 들어 로그 파일)와 결합한 후 결과를 다시 데이터베이스에 집어넣는 방식이다. 끝으로, 데이터베이스 인그레스 및 이그레스 활동에 스쿱(Sqoop)을 사용하는 법을 배우고, HBase에서 데이터를 인그레스 및 이그레스하는 방법을 살펴본다.

이 장에서는 많은 기초 지식을 다루고 있다. 아마도 독자들은 인그레스 및 이그레스하고 싶은 특정 데이터 유형이 있을 것이다. 그렇다면 필요한 상세 내용을 다루고 있는 특정 절로 바로 이동해도 상관없다. 아울러 저수준 HDFS 인그레스 및 이그레스 옵션을 찾고 있다면 WebHDFS 및 Hoop 같은 툴을 사용하는 법을 설명한 부록 B를 살펴보자.

그럼, 핵심 인그레스 및 이그레스 시스템 고려 사항부터 살펴보자.

2.1 주요 인그레스 및 이그레스 고려 요소

대용량 데이터를 하둡에 집어넣거나 하둡에서 가져오는 작업은 일관성 보장, 데이터 소스 및 이동 위치에 미치는 리소스 영향을 비롯해 여러 가지 해결해야 할 과제를 안고 있다. 따라서 구체적인 기법을 살펴보기 전에 데이터 인그레스 및 이그레스 작업을 할 때 염두에 둘 만한 설계 요소에 대해 먼저 살펴보자.

멱등성

멱등적인(idempotent) 작업은 실행 횟수와 상관없이 항상 같은 결과를 내놓는다. 보통, 관계형 데이터베이스에서 삽입은 멱등적이지 않다. 삽입을 여러 차례 실행하면 데이터베이스의 상태가 동일하게 유지되지 않기 때문이다. 그에 반해 업데이트는 같은 결과를 내놓으므로 종종 멱등적이다.

데이터를 쓸 때는 항상 멱등성을 고려해야 한다. 하둡에서 데이터 인그레스 및 이그레스 작업을 할 때도 마찬가지다. 분산 로그 컬렉션 프레임워크가 데이터 재전송을 얼마나 잘 처리하는가? 여러 개의 태스크가 병렬적으로 데이터베이스에 삽입하는 맵리듀스 잡에서 멱등성을 어떻게 보장할 수 있을까? 이런 질문에 대한 답은 이 장에서 나중에 찾을 수 있다.

취합

데이터 취합 과정에서는 여러 데이터 요소를 취합한다. 데이터 인그레스 과정에서는 데이터 취합이 도움될 수 있다. 수많은 작은 파일을 HDFS로 옮길 경우 네임노드 메모리 부족이 일어날 수 있고, 맵리듀스 실행 시간도 그만큼 느려지기 때문이다. 파일이나 데이터를 함께 취합할 수 있는 기능은 이런 문제를 줄여주는 만큼 고려해야 할 요소다.

데이터 형식 변형

데이터 형식 변형 과정에서는 한 데이터 형식을 다른 형식으로 변환한다. 종종 소스 데이터가 맵리듀스 같은 툴에서 처리하기에 적합하지 않을 때가 있다. 예를 들어 소스 데이터가 여러 줄의 XML이나 JSON 형식이라면 전처리 절차를 고려하는 게 좋다. 이런 전처리 과정에서는 현재 데이터를 줄별로 JSON이나 XML 엘리먼트처럼 분할할 수 있는 형태로 변환하거나 애브로(Avro) 같은 형식으로 변환하면 된다. 데이터 형식에 대해서는 3장에서 자세히 다룬다.

복구 가능성

복구 가능성은 작업이 실패하더라도 인그레스 또는 이그레스 툴에서 재시도할 수 있는 기능을 말한다. 어떤 데이터 소스나 데이터 싱크 또는 하둡 자체도 100퍼센트 가용성을 보장할 수는 없는만큼 작업이 실패할 때 인그레스나 이그레스 작업을 재시도할 수 있는 게 중요하다.

정확성

데이터 전송 시에는 정확성을 검사해 데이터 전송 과정에서 데이터 훼손이 일어나지 않았는지 확인해야 한다. 하둡 데이터 인그레스 및 이그레스 툴과 같은 이종 시스템과 연동하는 경우 서로 다른 호스트, 네트워크, 프로토콜 사이에서 전송되는 데이터가 전송 과정에서 문제를 일으킬 확률이 그만큼 늘어난다. 저장 장치 같은 로(raw) 데이터의 정확성을 검사하기 위해 자주 사용하는 방식으로는 CRC(Cyclic Redundancy Checks)가 있다. HDFS에서 블록 수준의 정합성을 유지할 때도 내부적으로 CRC를 사용한다.

리소스 소비 및 성능

리소스 소비 및 성능은 시스템의 리소스 사용량 및 시스템 효율을 측정하는 기준이 된다. 데이터의 양이 상당하지 않다면 인그레스 및 이그레스 툴에서는 보통 심각한 시스템 로드(리소스 소비)를 일으키지는 않는다. 성능 측면에서는 툴에서 인그레스 및 이그레스 작업을 병렬적으로 수행하는지 확인하고, 병렬적으로 수행하는 경우 병렬 처리량을 조절하기 위해 어떤 메커니즘을 제공하는지 확인해야 한다. 예를 들어 데이터 소스가 배포용 데이터베이스라면 데이터를 불러오기 위해 많은 양의 동시 맵 태스크를 사용하지 말아야 한다.

모니터링

모니터링은 자동화된 시스템에서 기능이 예상대로 동작하는지 확인할 수 있게 해준다. 데이터 인그레스 및 이그레스 작업에서 모니터링은 두 부분으로 나뉜다. 즉, 인그레스 및 이그레스에 관여하는 프로세스(들)가 살아 있는지 확인하고, 소스 및 옮길 위치의 데이터가 예상대로 생성되는지 확인해야 한다.

이제 구체적인 기법을 살펴보자. 먼저 하둡의 내장 인그레스 및 이그레스 메커니즘을 활용하는 법부터 알아보자.

2.2 하둡으로 데이터 옮기기

하둡에서 데이터와 연동할 때 첫 번째로 할 일은 하둡에서 데이터에 접근할 수 있게 하는 것이다. 이 장에서 앞서 말한 것처럼 하둡으로 데이터를 옮길 때 사용할 수 있는 주된 방법에는 두 가지가 있다. 바로 HDFS 레벨에서 외부 데이터를 쓰는 방식(데이터 푸시)과 맵리듀스 레벨에서 외부 데이터를 읽는 방식(풀 방식에 가깝다)이다. 맵리듀스에서 데이터를 읽으면 작업을 쉽게 병렬화할 수 있고 내고장성을 확보할 수 있다는 장점이 있다. 하지만 맵리듀스에서 모든 데이터에 접근할 수 있는 것은 아니다. 예를 들어 로그 파일의 경우 다른 시스템에 의존해 HDFS로 데이터를 전송해야 한다.

이 절에서는 하둡으로 소스 데이터를 옮기는 방법을 살펴본다. 여기서는 이 절차를 데이터 인그레스라고 부른다. 이 절에서는 앞 절에서 설명한 데이터 인그레스 설계 고려 사항을 평가 기준으로 활용하고 다양한 툴을 소개하고 배운다.

여기서는 여러 데이터 소스로 하둡 데이터 인그레스를 살펴본다. 먼저 로그 파일, 반구조화된(semistructured) 파일 또는 바이너리 파일을 살펴보고 이어서 데이터베이스, 끝으로 HBase를 살펴본다. 그럼 먼저 로그 파일의 데이터 인그레스부터 알아보자.

저수준 하둡 인그레스 메커니즘

이 절에서는 하둡으로 데이터를 집어넣는 작업을 쉽게 자동화하는 고수준 데이터 인그레스 툴에 초점을 맞춘다. 하지만 이들 툴은 모두 하둡에서 데이터를 집어넣고 꺼낼 수 있게 제공하는 저수준 메커니즘 가운데 하나를 사용하고 있다. 이런 메커니즘에는 하둡의 자바 HDFS API, WebHDFS, 새로운 하둡 0.23 REST API, 맵리듀스 등이 있다. 이들 메커니즘과 툴에 대한 자세한 설명은 이 장의 범위를 벗어나지만 부록 B에서는 독자들이 참고할 수 있게 이에 대한 설명을 실었다.

하둡에 로그 파일 집어넣기

로그 데이터는 오랫동안 많은 애플리케이션에서 사용했지만 하둡은 배포 시스템에서 생산하는 대용량의 로그 데이터를 처리할 수 있는 능력을 갖추고 있다. 네트워크 장비와 운영체제부터 웹 서버와 애플리케이션에 이르기까지 다양한 시스템에서 로그 데이터를 생성한다. 이런 로그 파일은 시스템 및 애플리케이션이 어떻게 동작하고 사용되는지에 대한 소중한 혜안을 제공하는 귀중한 자료가 된다. 로그 파일은 주로 텍스트 형식으로 이뤄지고, 줄 중심이라는 공통점이 있으므로 처리하기가 쉽다.

이 절에서는 소스에서 HDFS로 로그 데이터를 전송하는 데 도움되는 툴을 살펴본다. 또, 이런 툴 가운데 하나를 깊이 들여다보고 시스템 로그 파일을 HDFS와 하이브로 전송하는 방법도 살펴본다. 여기서는 자동화된 로그 수집 및 배포 기반 기술을 설정 및 구동하는 데 필요한 지식을 배우고 나만의 로그 데이터마이닝 작업을 시작해본다.

플룸, 추크와, 스크라이브의 비교

플룸, 추크와, 스크라이브는 HDFS를 로그 데이터의 데이터 싱크로 활용하는 로그 수집 및 배포 프레임워크다. 이들 프레임워크는 기능이 동일하므로 차이점을 비교하는 게 쉽지 않다.

플룸

아파치 플룸(Flume)은 스트리밍 데이터를 수집하기 위한 분산 시스템이다. 이 프로젝트는 인큐베이터 상태에 있는 아파치 프로젝트로, 본래 클라우데라(Cloudera)에서 개발했다. 플룸은 필요에 따라 조절할 수 있는 다양한 수준의 안정성과 전송 보장 기능을 제공한다. 플룸은 사용자 설정을 폭넓게 지원하며 커스텀 소스 및 데이터 싱크를 추가할 수 있는 플러그인 아키텍처를 지원한다.

그림 2.2에서는 플룸의 아키텍처를 볼 수 있다.

추크와

추크와(Chukwa)는 하둡의 아파치 하위 프로젝트로서, HDFS에서 데이터를 수집하고 저장할 수 있는 대규모 메커니즘을 제공한다. 이 프로젝트도 인큐베이터 상태다. 추크와의 안정성 모델은 두 레벨을 지원한다. 이 중 하나는 단대단(end-to-end) 안정성 모델이고, 다른 하나는 레이턴시(latency)를 최소화하는 고속 경로 전달(fast-path delivery) 모델이다. HDFS에 데이터를 쓰고 난 후 추크와는 맵리듀스 잡을 실행해 데이터를 별도 스트림으로 역다중화(demultiplex)한다. 추크와에서는 시스템 성능을 시각화해주는 웹 인터페이스인 HICC(하둡 인프라스트럭처 케어 센터) 툴도 제공한다.

그림 2.3에서는 추크와의 아키텍처를 볼 수 있다.

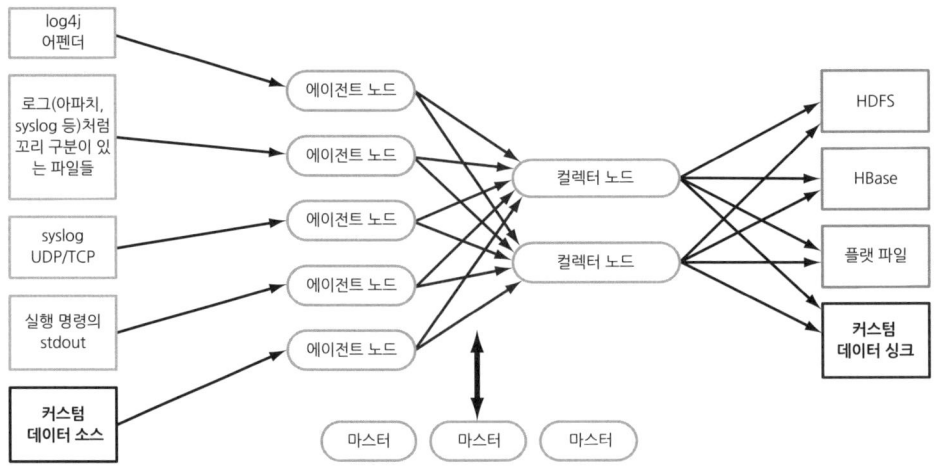

그림 2.2 스트리밍 데이터 수집을 위한 플룸의 아키텍처

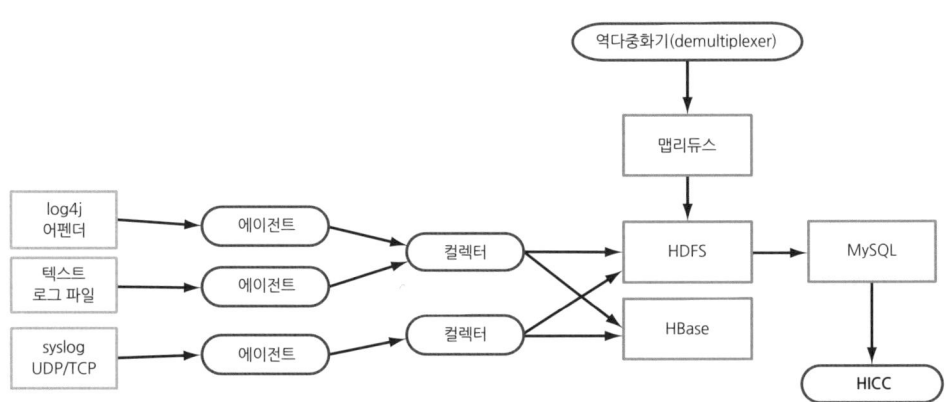

그림 2.3 데이터를 수집하고 HDFS에 저장하기 위한 추크와의 아키텍처

스크라이브

스크라이브(Scribe)는 기초적인 스트리밍 로그 분산 서비스로서, 페이스북에서 개발했으며 폭넓게 사용 중이다. 로그를 수집하는 스크라이브 서버는 모든 노드에서 실행되며, 로그를 중앙 스크라이브 서버로 전송한다. 스크라이브는 HDFS, 일반 파일시스템, NFS를 비롯한 여러 데이터 싱크를 지원한다. 스크라이브는 서버가 다운스트림 서버에 접근할 수 없을 때 로컬 디스크에 영속화하는 파일 기반 메커니즘을 통한 안정성 모델을 제공한다.

플룸이나 추크와 달리 스크라이브에는 로그 데이터를 가져올 수 있는 편의 메커니즘이 전혀 없다. 대신 사용자가 직접 소스 데이터를 로컬 시스템에서 구동 중인 스크라이브 서버로 스트리밍해야 한다. 예를 들어 아파치 로그 파일을 푸시하고 싶다면 로그 데이터를 스크라이브 서버로 전송하는 데몬을 작성해야 한다. 그림 2.4에는 스크라이브의 아키텍처가 나와 있다. 스크라이브 프로젝트는 깃허브 프로젝트로, https://github.com/facebook/scribe 에서 호스팅한다.

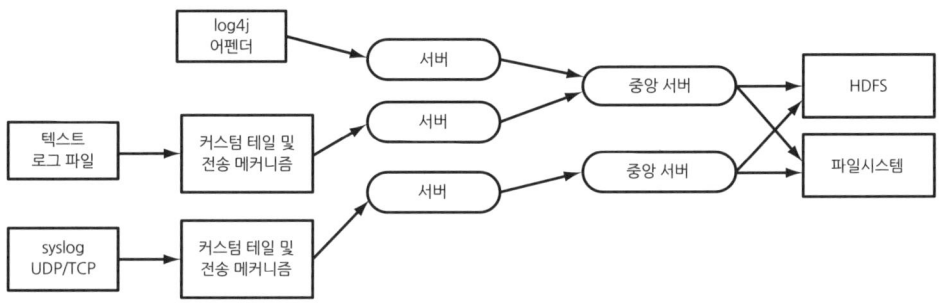

그림 2.4 스크라이브 아키텍처에서도 로그 데이터를 HDFS로 푸시한다.

표 2.1 로그 수집 프로젝트의 기능 비교

프로젝트	중앙화된 설정	안정성	장애 극복	문서화 수준	상업용 지원	인기도(2011년 8월 11일 기준 메일링 리스트의 메시지 개수)
플룸	예	예 • 최대한 노력 • 디스크 장애 극복 • 단대단	예 • 없음 • 직접 설정 가능 • 자동화된 설정	높음	예 (클라우데라)	높음(348)
추크와	아니오	예 • 고속 • 단대단	예 • 없음 • 직접 설정 가능 • 자동화된 설정	낮음	아니오	중간(85)
스크라이브	아니오	예 • 디스크 기반 (단대단 아님)	아니오	낮음	아니오	중간(46)

이들 세 툴은 각 로그 데이터를 HDFS로 푸시하는 메커니즘을 제공하기 위한 기준을 충족할 수 있다. 표 2.1에서는 안정성과 설정 같은 기능을 토대로 각 툴을 비교하고 있다.

전반적으로 이들 툴 사이에는 큰 기능상의 차이점은 별로 없다. 다만 스크라이브에서는 단 대단 전송 보장 기능을 제공하지 않는다는 점이 큰 차이점일 뿐이다. 또, 추크와와 스크라이브의 주된 단점으로는 문서화 부족을 꼽을 수 있다. 아울러 이들 프레임워크의 메일링 리스트 활동도 비교적 활발하지 않은 편이다.

필자는 이 장에서 사용할 툴로 플룸을 선택했다. 플룸을 선택한 이유는 플룸의 중앙화된 설정, 유연한 안정성 및 장애 극복 모드, 메일링 리스트의 인기도 때문이었다.

그럼 문제/해결책 시나리오를 토대로 플룸을 설정하고 배포해 로그를 수집하는 법을 알아보자. 이 장의 나머지 설명에서는 계속해서 이 방식으로 각 기법을 소개한다.

기법 1. 플룸을 활용한 HDFS로의 시스템 로그 발행

여러 서버의 애플리케이션 및 시스템에서 생산하는 수많은 로그 파일이 있다. 물론 이런 로그 파일에는 중요한 정보도 들어 있다. 하지만 이런 정보를 분석하려면 먼저 분석을 수행할 수 있게끔 하둡 클러스터로 로그 파일을 옮기는 작업부터 해야 한다.

문제
배포 서버의 시스템 로그 파일을 모두 HDFS에 집어넣으려고 한다.

해결책
여기서는 데이터 수집 시스템인 플룸을 활용해 리눅스 로그 파일을 HDFS에 집어넣는다. 또, 분산 환경에서 플룸을 실행하는 데 필요한 설정을 살펴보고, 플룸의 안정성 모드에 대해서도 설명한다.

문제 풀이
그림 2.5에서는 전체 플룸 배포 환경을 볼 수 있다. 이 환경은 네 개의 주요 컴포넌트로 이뤄진다.

- **노드** – 데이터 소스에서 데이터 싱크로 데이터를 옮기는 플룸 데이터 경로다. 에이전트와 컬렉터는 많은 데이터 소스를 효율적이고 안정적으로 처리할 수 있게 배포한 단순 플룸 노드일 뿐이다.
- **에이전트** – 로컬 호스트에서 스트리밍 데이터를 수집해 컬렉터에게 전달한다.
- **컬렉터** – 에이전트가 보낸 데이터를 취합해 HDFS에 데이터를 쓴다.
- **마스터** – 설정 관리 작업을 수행하고 안정적인 데이터 흐름을 돕는다.

이 그림에서는 데이터 소스와 데이터 싱크도 볼 수 있다. 데이터 소스는 다른 곳으로 전송하려는 데이터가 들어 있는 위치를 스트리밍한다. 이런 위치의 예로는 애플리케이션 로그 및 리눅스 시스템 로그, 커스텀 데이터 소스로 지원할 수 있는 비텍스트 데이터 등이 있다. 데이터 싱크는 해당 데이터의 목적지로서, HDFS, 플랫 파일, 커스텀 데이터 싱크로 지원할 수 있는 임의의 데이터 타깃이 될 수 있다.

여기서는 플룸을 의사 분산 모드로 실행한다. 이 말은 플룸 컬렉터, 에이전트, 마스터 데몬을 단일 호스트에서 실행한다는 뜻이다. 우선 CDH3 설치 가이드[1]를 통해 플룸, 플룸 마스터, 플룸 노드 패키지를 설치해야 한다. 패키지를 모두 설치하고 나면 마스터 및 에이전트 데몬을 시작한다.

```
$ /etc/init.d/flume-master start
$ /etc/init.d/flume-node start
```

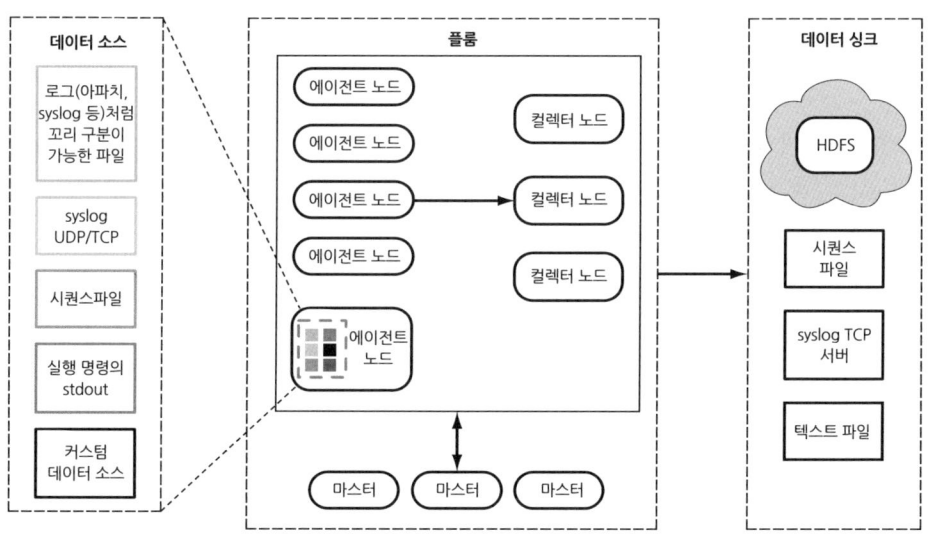

그림 2.5 스트리밍 데이터 수집을 위한 플룸 배포 환경의 예

---

1 부록 A에는 플룸과 관련한 설치 설명 및 추가 자료가 나와 있다.

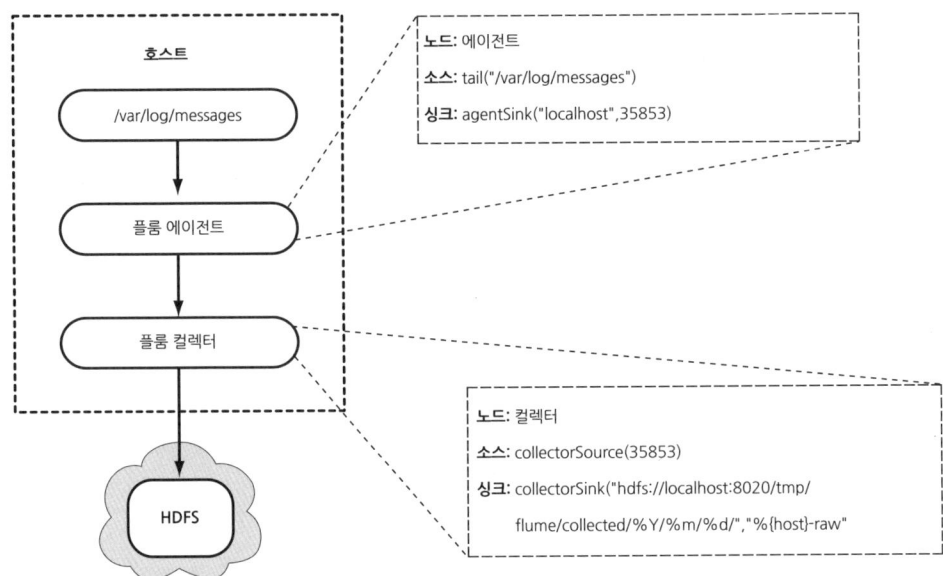

그림 2.6 /var/log/messages에서 HDFS로 데이터가 이동한다.

이 예제에서 데이터 소스는 리눅스에서 시스템 메시지를 보관하는 핵심 파일인 /var/log/messages이며, 최종적으로 데이터를 옮길 위치는 HDFS다. 그림 2.6에서는 이 데이터 흐름을 볼 수 있으며, 데이터 전송에 필요한 에이전트 및 컬렉터 설정도 확인할 수 있다.

기본적으로 플룸은 애브로 JSON 형식(이 형식은 잠시 후 살펴본다)으로 데이터를 쓴다. syslog 파일은 원본 형식을 유지해야 하므로 여기서는 flume-site.xml을 생성하고 수정해 raw 출력 형식을 지정해야 한다. 이 파일의 내용은 대략 다음과 같이 작성하면 된다.

```
$ cat /etc/flume/conf/flume-site.xml
<?xml version="1.0"?>
<?xml-stylesheet type="text/xsl" href="configuration.xsl"?>
<configuration>
  <property>
    <name>flume.collector.output.format</name>
    <value>raw</value>
  </property>
</configuration>
```

LZO 압축을 사용해 클러스터를 설정했다면 flume-env.sh 파일을 생성하고 네이티브 압축 코덱이 들어 있는 디렉터리를 설정해야 한다.

```
$ cp /usr/lib/flume/bin/flume-env.sh.template \
    /usr/lib/flume/bin/flume-env.sh
$ vi /usr/lib/flume/bin/flume-env.sh
#  64비트 환경에서는 다음 줄을 추가
export JAVA_LIBRARY_PATH=/usr/lib/hadoop/lib/native/Linux-amd64-64
# 또는 32비트 환경에서는 다음 줄을 추가
export JAVA_LIBRARY_PATH=/usr/lib/hadoop/lib/native/Linux-i386-32
```

표 2.2 플룸 UI 엔드포인트

데몬	URL
플룸 마스터	http://localhost:35871
플룸 노드(에이전트)	http://localhost:35862
플룸 노드(컬렉터)	http://localhost:35863

또, 플룸의 lib 디렉터리로 LZO JAR를 복사해야 한다.

```
$ cp /usr/lib/hadoop/lib/hadoop-lzo-0.4.1* /usr/lib/flume/lib/
```

플룸은 flume 사용자로 실행되므로 데이터 소스 파일(예를 들어 /var/log 아래의 파일들)을 읽을 수 있는 권한을 flume 사용자에게 부여해야 한다.

앞서 플룸 마스터와 노드를 실행했을 때는 노드 short였다. 이번에는 컬렉터 임무를 수행하기 위해 collector라는 이름으로 또 다른 노드를 실행해보자.

```
$ flume node_nowatch -n collector
```

각 플룸 데몬은 웹 사용자 인터페이스를 포함하고 있다. 앞의 설명을 따라 했다면 표 2.2에서 해당 웹 인터페이스를 사용할 수 있는 위치를 볼 수 있다.

플룸 마스터를 사용하면 한곳에서 설정 변경 사항을 지정하고 이를 플룸 노드에서 가져올 수 있다는 장점이 있다. 플룸 마스터에서 설정을 변경하는 방법은 두 가지다. 이 중 하나는 UI를 사용하는 방식이고, 다른 하나는 플룸 셸을 사용하는 방식이다. 여기서는 UI를 사용해 설정을 지정하는 법을 살펴본다.

여기서는 그림 2.6에 나온 설정에 따라 에이전트와 컬렉터 노드를 설정해야 한다. 그림 2.7과 같이 플룸 마스터 UI에 접속해 상단에서 설정 메뉴를 선택한다. 드롭다운 상자에는 모든 노드가 들어 있는데, 이 중 에이전트 노드를 선택한다. 에이전트 노드는 실행 중인 호스트 네임과 이름이 같다(필자의 경우 cdh). 드롭다운 메뉴에서는 collector라는 또 다른 노드도 볼 수 있는데, 이 노드는 나중에 설정한다. 에이전트 노드에서는 데이터 소스가 syslog 파일의 tail이고 데이터 싱크가 컬렉터가 실행될 포트라고 지정해야 한다.

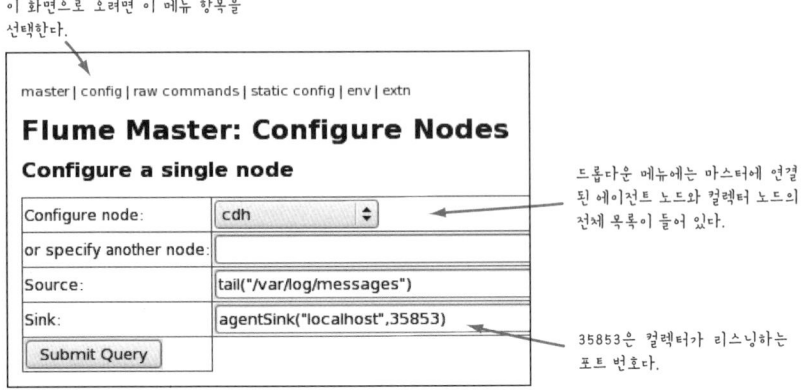

그림 2.7 플룸 에이전트 노드 설정

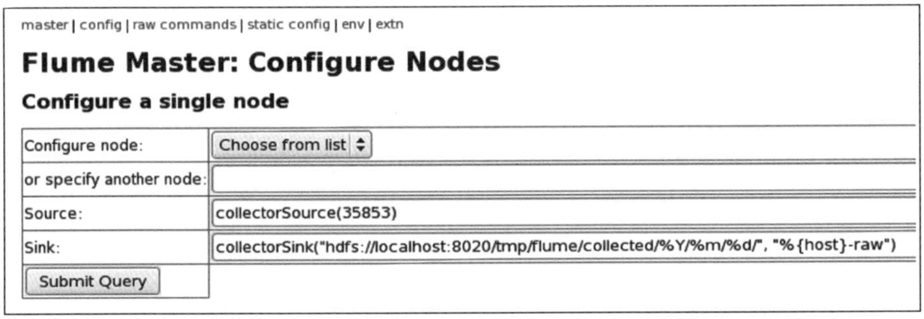

그림 2.8 플룸 컬렉터 노드 설정

이번에는 드롭다운 메뉴에서 collector를 선택하고 같은 방식으로 데이터 소스(리스닝할 로컬 포트)와 데이터 싱크(로그 데이터를 보관할 HDFS 내 최종 위치)를 지정한다. 그림 2.8에서는 이 설정을 볼 수 있다.

메인 플룸 마스터 화면에서는 그림 2.9와 같이 모든 노드와 설정 데이터 소스 및 싱크를 보여준다.

방금 전에 수행한 작업은 모두 플룸 셸에서도 수행할 수 있다. 다음은 방금 전 UI에서 본 정보를 셸에서 보는 방법이다. 입력한 텍스트를 구분하기 쉽게끔 셸 프롬프트는 대괄호로 감쌌다. 첫 번째 명령은 35873 포트(기본 플룸 마스터 포트)에서 플룸 마스터로 접속하는 connect 명령이고, 두 번째 명령은 노드의 현재 설정을 덤프하는 getconfigs 명령이다.

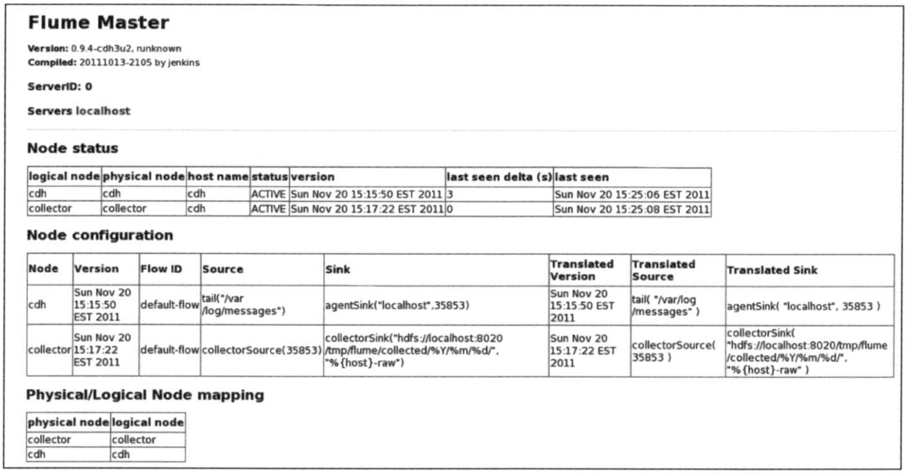

```
Flume Master
Version: 0.9.4-cdh3u2, runknown
Compiled: 20111013-2105 by jenkins
  ServerID: 0
  Servers localhost

Node status
logical node | physical node | host name | status | version                     | last seen delta (s) | last seen
cdh          | cdh           | cdh       | ACTIVE | Sun Nov 20 15:15:50 EST 2011 | 3                   | Sun Nov 20 15:25:06 EST 2011
collector    | collector     | cdh       | ACTIVE | Sun Nov 20 15:17:22 EST 2011 | 0                   | Sun Nov 20 15:25:08 EST 2011

Node configuration
Node | Version | Flow ID | Source | Sink | Translated Version | Translated Source | Translated Sink
cdh  | Sun Nov 20 15:15:50 EST 2011 | default-flow | tail("/var/log/messages") | agentSink("localhost",35853) | Sun Nov 20 15:15:50 EST 2011 | tail("/var/log/messages") | agentSink( "localhost", 35853 )
collector | Sun Nov 20 15:17:22 EST 2011 | default-flow | collectorSource(35853) | collectorSink("hdfs://localhost:8020/tmp/flume/collected/%Y/%m/%d/", "%{host}-raw") | Sun Nov 20 15:17:22 EST 2011 | collectorSource(35853) | collectorSink("hdfs://localhost:8020/tmp/flume/collected/%Y/%m/%d/", "%{host}-raw")

Physical/Logical Node mapping
physical node | logical node
collector     | collector
cdh           | cdh
```

그림 2.9 노드 설정을 마친 후 플룸 마스터 UI의 메인 화면

```
$ flume shell
[flume (disconnected)] connect localhost:35873
[flume localhost:35873:45678] getconfigs
NODE        FLOW           SOURCE                          SINK
collector   default-flow   collectorSource(35853)          collectorSink(...)
cdh         default-flow   tail("/var/log/messages")       agentSink(...)
```

UI에서 설정을 변경하고 나면 몇 초 후 플룸 노드에서도 설정 변경 사항이 반영된다. 그럼 에이전트는 syslog 파일의 파이핑(piping)을 시작하고, 출력값을 컬렉터로 전달하며, 컬렉터는 주기적으로 출력 결과를 HDFS에 쓴다. HDFS를 통해 진행 상황을 점검해보자.

```
$ hadoop fs -lsr /tmp/flume
/tmp/flume/collected
/tmp/flume/collected/2011
/tmp/flume/collected/2011/11
/tmp/flume/collected/2011/11/20
/tmp/flume/collected/2011/11/20/cdh-raw20111120-133115126-...
/tmp/flume/collected/2011/11/20/cdh-raw20111120-134449503-...
/tmp/flume/collected/2011/11/20/cdh-raw20111120-135653300-...
...
```

지금까지 데이터 파이프라인을 설정하는 데 필요한 핵심 개념을 설명하지 않고 많은 작업을 진행했다. 이번에는 다시 앞의 과정으로 돌아가 앞에서 한 일을 자세히 들여다보자. 첫 번째로 살펴볼 내용은 데이터 소스의 정의다.

플룸 데이터 소스

데이터 소스는 에이전트 노드와 컬렉터 노드를 모두 필요로 한다. 데이터 소스는 데이터를 수집할 위치를 지정한다. 에이전트 노드의 데이터 소스는 HDFS로 전송하려는 애플리케이션 또는 시스템 데이터이고, 컬렉터 노드의 데이터 소스는 에이전트의 데이터 싱크다. 그림 2.10에서는 에이전트 노드에서 지원하는 데이터 소스 중 일부를 보여준다.

이 그림에서 볼 수 있듯이 플룸은 다양한 에이전트 소스를 지원한다. 플룸에서 지원하는 에이전트 소스의 전체 목록은 클라우데라의 웹사이트인 http://archive.cloudera.com/cdh/3/flume/UserGuide/index.html#_flume_source_catalog에서 볼 수 있다. 그림 2.7에서는 tail("/var/log/messages")로 출력값을 캡처하려는 파일을 지정해 tail 데이터 소스를 사용하고 있다. 이는 첨부 또는 회전한 텍스트 파일에 적합하다.

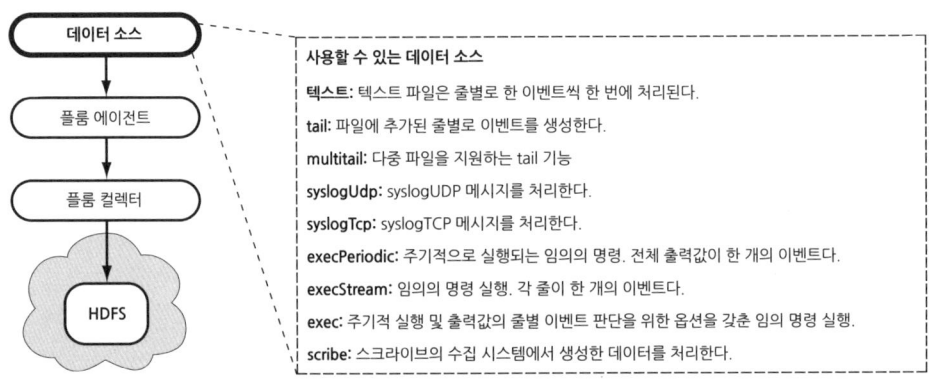

그림 2.10 에이전트 노드에서 지원하는 플룸 에이전트 노드 데이터 소스

표 2.3 플룸 에이전트의 데이터 싱크 안정성 모드

약어	설명
E2E(end to end)	이벤트가 플룸으로 들어오면 이벤트가 엔드 데이터 싱크로 전달되게끔 보장한다.
DFO(disk failover)	이벤트를 다운스트림 노드로 전송하는 과정에서 장애가 발생하면 이벤트를 로컬 디스크에 영속화한다. 다운스트림 노드에서 승인 메시지를 보내면 영속화된 데이터가 삭제된다.
BE(best effort)	다운스트림 노드와의 통신에서 장애가 발생하면 이벤트가 드롭된다.

tail 데이터 소스는 전체 파일을 이벤트로 내보내거나 파일의 현재 끝에서부터 시작하게끔 설정할 수 있다. 기본값은 전체 파일을 모두 읽는 것이다. multitail 데이터 소스는 파일명 목록을 받으며, tailDir은 정규식을 사용해 tail할 파일을 걸러낸 디렉터리명을 받는다.

플룸은 syslog로부터 로그를 수신할 수 있는 TCP/UDP 데이터 소스도 지원한다. 이들 데이터 소스명은 syslogd의 경우 syslogUdp, syslog-ng의 경우 syslogTcp다.

아울러 플룸은 execPeriodic 데이터 소스를 통해 주기적으로 명령을 실행하고 그 결과를 캡처해 처리를 위한 이벤트로 사용할 수 있다. exec 데이터 소스는 프로세스 출력의 각 줄을 별도 메시지로 간주할지, 전체 출력 결과를 메시지로 간주할지 지정해 좀 더 상세한 제어를 할 수 있다. 아울러 exec 데이터 소스도 주기적으로 실행할 수 있다.

플룸은 기본적으로 다양한 데이터 소스를 지원하며, http://archive.cloudera.com/cdh/3/flume/UserGuide/index.html#_arbitrary_data_flows_and_custom_architectures에 문서화돼 있는 것처럼 커스텀 데이터 소스를 사용해 확장할 수 있다.

에이전트 싱크

에이전트 싱크는 에이전트 데이터 소스의 목적지다. 플룸은 표 2.3에 정리한 것처럼 세 가지 서로 다른 수준의 안정성을 제공한다.

또, 플룸에서는 표 2.4에 나와 있듯 세 가지 레벨의 가용성도 제공한다. 그림 2.11에서는 플룸의 장애 극복 옵션이 동작하는 방법을 보여준다. 이런 안정성 및 가용성 모드를 조합하면 그림 2.12와 같이 9가지 서로 다른 에이전트 싱크 옵션을 구성할 수 있다.

표 2.4 플룸 장애 극복 옵션

장애 극복 모드	설명
없음	에이전트가 단일 컬렉터에 쓰게끔 설정한다. 컬렉터가 다운되면 에이전트는 컬렉터가 다시 서비스를 재개할 때까지 기다린다.
수동 장애 극복	각 에이전트에 주 컬렉터 이외에 하나 이상의 컬렉터를 설정한다. 주 컬렉터가 다운되면 이벤트는 백업 컬렉터로 라우팅된다.
자동 장애 극복	이 모드에서는 플룸 마스터가 장애 극복 컬렉터를 컬렉터가 장애를 일으킨 에이전트에 할당한다. 이렇게 하면 플룸이 에이전트/컬렉터 이벤트 링크의 균형을 맞출 수 있으므로 단일 컬렉터에 과부하가 쏠리는 것을 막을 수 있다. 또, 컬렉터를 추가/제거하는 일반 상황에서도 재밸런싱이 일어난다.

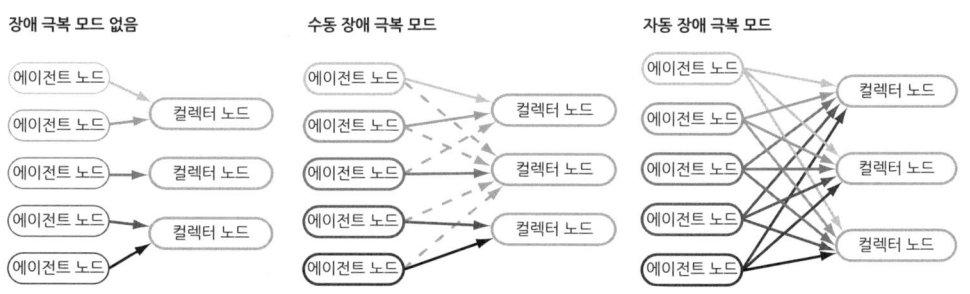

그림 2.11 플룸 장애 극복 아키텍처는 세 가지 레벨을 보여준다.

에이전트 싱크는 모두 컬렉터 노드 호스트와 리스닝하는 포트를 인자로 받는다. 그림 2.7의 예에서는 기본 agentSink 옵션을 사용했다. 이렇게 하면 단대단 전달은 보장되지만, 장애 극복 지원 기능은 없다. 컬렉터는 35853 포트 상의 동일 호스트에서 실행된다.

    agentSink("localhost",35853)

플룸 컬렉터 데이터 싱크

플룸은 collectorSink라고 하는 한 개의 컬렉터 데이터 싱크를 포함한다. 이 싱크는 로컬 디스크나 HDFS에 디렉터리를 쓰게끔 설정할 수 있다. 싱크는 두 개의 파라미터를 받는다. 바로 디렉터리와 해당 디렉터리에 파일을 쓸 때 사용할 파일명 접두어다. 두 인자 모두 출력값 버케팅(output bucketing)이라는 플룸 기능을 지원한다. 이 기능은 매크로 대체 기능을 지원한다. 컬렉터 싱크를 설정하는 법을 살펴보자.

    collectorSink("hdfs://localhost:8020/tmp/flume/collected/%Y/%m/%d/","%{host}-raw")

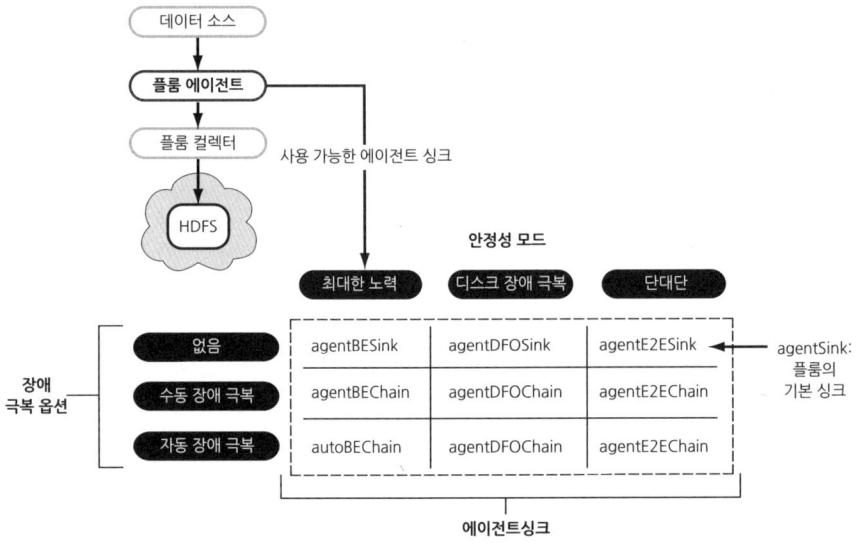

그림 2.12 사용할 수 있는 플룸 에이전트 싱크

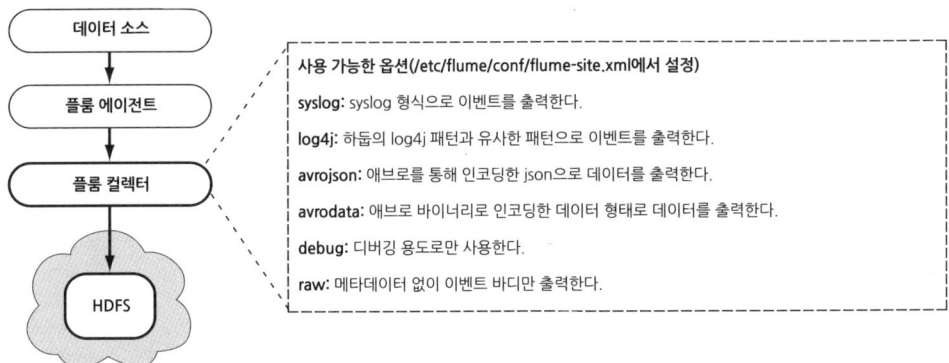

그림 2.13 플룸 컬렉터 데이터 싱크는 다양한 출력 형식 옵션을 지원한다.

%Y, %m, %d는 이벤트를 수신한 날짜로 치환되는 날짜 이스케이프 시퀀스다. %{host}는 이벤트를 일으킨 에이전트 호스트로 치환된다. 이스케이프 시퀀스의 전체 목록은 http://archive.cloudera.com/cdh/3/flume-0.9.1+1/UserGuide.html#_output_bucketing에서 볼 수 있다.

컬렉션 데이터 싱크는 이벤트와 관련해 다양한 옵션을 지원하는데, 이 중 일부는 그림 2.13에서 볼 수 있다.

이 장에서는 앞서 flume-site.xml 파일을 생성하고 raw를 출력 형식으로 지정했다. 기본적으로 플룸은 avrojson을 출력 형식으로 사용하는데, 이를 사용한 예제는 다음 코드에서 볼 수 있다. body 필드에는 syslog의 각 줄의 로(raw) 콘텐츠가 담겨 있다.

```
{
  "body":"Nov 20 13:25:40 cdh aholmes: Flume test",
  "timestamp":1321813541326,
  "pri":"INFO",
  "nanos":2748053914369042,
  "host":"cdh",
  "fields":{
    "AckTag":"20111120-132531557-0500.2748044145743042.00000145",
    "AckType":"msg",
    "AckChecksum":"\u0000\u0000\u0000\u00004\u0002?g",
    "tailSrcFile":"messages",
    "rolltag":"20111120-132532809-0500.2748045397574042.00000021"
  }
}
```

여기서는 플룸을 활용해 syslog를 캡처하고 이를 HDFS에 쓰는 법을 보여준다. 이 방식은 다양한 줄 기반 텍스트 파일에도 그대로 적용할 수 있다.

정리

여기서는 모든 것이 로컬 호스트와 표준 포트에서 실행된다고 가정하는 기본 설정을 사용해 단일 장비에서 플룸을 사용했다. 실제 분산 설정이라면 다음 예제에서 볼 수 있듯 노드 호스트에서 플룸 마스터의 위치를 flume-site.xml에 지정해야 한다. 좀 더 자세한 설명은 http://goo.gl/8YNsU에서 사용자 가이드를 참고하자.

```xml
<?xml version="1.0"?>
<?xml-stylesheet type="text/xsl" href="configuration.xsl"?>

<configuration>
  <property>
    <name>flume.master.servers</name>
    <value>flume-master1,flume-master2,flume-master3</value>
  </property>
</configuration>
```

그럼 실행해야 할 플룸 마스터의 개수를 어떻게 판단할 수 있을까? 예를 들어 두 개의 마스터 플룸 노드에서 장애 극복을 지원하고 싶다고 가정하자. 실행해야 할 플룸 마스터의 개수를 판단하려면 장애를 일으킬 수 있는 플룸 마스터의 개수를 구한 후, 이 값에 2를 곱하고 1을 더하면 된다. 플룸에서는 각 마스터 데몬에서 임베디드 주키퍼를 사용한다. 하지만 환경 내에 주키퍼가 이미 존재한다면 외부 주키퍼를 사용하게끔 설정할 수 있다.

아파치 로그를 캡처한다면 웹서버가 플룸 애드혹 노드를 실행하게 하고 로그 출력 결과를 플룸으로 파이핑하게끔 설정할 수 있다. 이 노드가 원격 컬렉터와 통신한다면 아쉽지만, 클라이언트 노드는 자동 장애 극복이나 단대단 안정성을 지원하게끔 설정할 수 없다. 노드는 플룸 마스터로 관리할 수 없기 때문이다. 이를 우회하는 방법은 애드혹 노드가 안정성 및 장애 극복 속성을 가질 수 있는 로컬 플룸 에이전트 노드로 포워드하게 하는 것이다.

플룸에는 log4j 어펜더도 들어 있다. 이에 대한 자세한 내용은 http://archive.cloudera.com/cdh/3/flume/UserGuide/index.html#_logging_via_log4j_directly에서 볼 수 있다.

로그 분산에 플룸을 사용하면 다른 제품과 비교해 많은 장점이 있다. 특히 플룸의 문서 수준과 사용 편리성, 커스터마이징이 가능한 안정성 모드가 큰 도움이 된다.

지금까지 로그 데이터를 HDFS로 자동 전달하는 방법을 살펴봤다. 이번에는 하둡으로 옮기려는 데이터가 로그 데이터가 아니라 반구조화된 데이터나 바이너리 데이터 같은 좀 더 처리하기 까다로운 데이터인 경우를 생각해보자.

반구조화된 데이터 및 바이너리 파일 집어넣고 가져오기

앞에서는 플룸 같은 로그 수집 툴을 활용해 데이터를 HDFS로 옮기는 법을 배웠다. 하지만 이런 툴은 반구조화된 데이터나 바이너리 데이터를 기본으로 지원하지 않는다. 이 절에서는 이런 파일을 HDFS로 자동으로 옮기는 데 도움되는 기법을 살펴본다.

운영 네트워크에는 보통 하둡 클러스터가 다른 운영 애플리케이션과 분리된 네트워크 사일로가 있다. 이런 경우 하둡 클러스터는 다른 데이터 소스로부터 데이터를 가져올 수 없으며, 따라서 이때는 하둡으로 데이터를 푸시하는 방법밖에 없다.

여기서는 리눅스의 rsync 툴과 비슷한 방식으로 임의 형식의 파일을 HDFS로 복사하는 과정을 자동화할 메커니즘이 필요하다. 이 메커니즘에서는 HDFS로 쓰는 파일을 압축할 수 있어야 하고 데이터 파티셔닝을 위해 HDFS 저장 위치를 동적으로 판단할 수 있는 기능도 제공해야 한다.

기법 2. HDFS로의 파일 자동 복사 메커니즘

플룸, 스크라이브, 추크와 같은 기존 파일 전송 메커니즘은 로그 파일 지원에 초점을 맞춘다. 그런데 파일 형식이 반구조화된 파일이거나 바이너리 파일처럼 서로 다를 때는 어떻게 해야 할까? 하둡 슬레이브 노드에서 직접 접근할 수 없게끔 파일이 분리돼 있다면 파일 인그레스를 돕기 위해 우지(Oozie)를 사용할 수도 없다.

문제

원격 서버에 있는 파일을 HDFS로 복사하는 과정을 자동화하고 싶다.

해결책

HDFS 파일 슬러퍼(File Slurper) 오픈소스 프로젝트는 임의 형식의 파일을 HDFS 안팎으로 복사할 수 있다. 이 기법에서는 HDFS 파일 슬러퍼를 설정하고 HDFS로 데이터를 복사하는 법을 다룬다.

문제 풀이

필자가 자동화를 돕기 위해 작성한 HDFS 파일 슬러퍼 프로젝트[2]를 사용하면 된다. HDFS 파일 슬러퍼는 로컬 디렉터리에서 HDFS로 파일을 복사하거나 그 반대로 복사하는 작업을 지원하는 간단한 유틸리티다. 그림 2.14에서는 파일 복사에 슬러퍼를 사용하는 예제와 함께

---

[2] https://github.com/alexholmes/hdfs-file-slurper 참고

슬러퍼를 둘러싼 전체 그림을 확인할 수 있다. 슬러퍼는 소스 디렉터리에 있는 파일을 읽는데, 이때 선택적으로 대상 디렉터리에서의 파일 위치를 판단할 수 있는 스크립트를 참조할 수 있다. 그런 다음 파일을 대상 위치에 쓰고, 선택적으로 확인 절차를 거칠 수 있다. 끝으로 앞의 모든 절차가 성공하고 난 후 소스 파일을 완료된 폴더로 옮긴다.

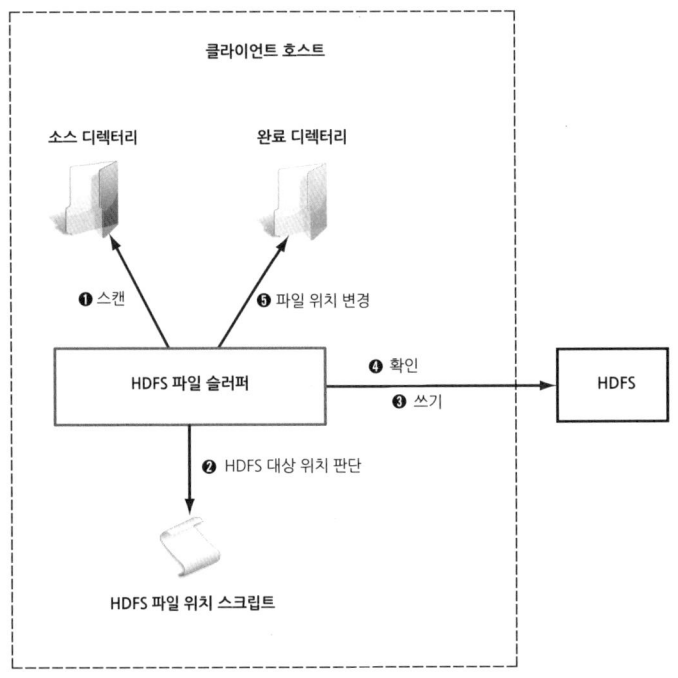

그림 2.14 파일 복사를 위한 HDFS 파일 슬러퍼 데이터 흐름의 다섯 단계

이 기법을 사용할 때는 꼭 처리해야 할 몇 가지 과제가 있다.

- 모든 내용을 단일 디렉터리에 쓰지 않게끔 HDFS에 대한 쓰기를 어떻게 효과적으로 파티셔닝할까?
- 이미 복사 중인 파일을 읽지 않게끔 처리 준비가 끝난 HDFS 내의 데이터를 어떻게 판단할 수 있을까?
- 유틸리티의 주기적인 실행을 어떻게 자동화할까?

우선 코드를 내려받고 빌드해야 한다. 다음 코드에서는 독자들이 깃, 자바, 버전 3.0 이상의 메이븐을 로컬에 설치했다고 가정한다.

```
$ git clone git://github.com/alexholmes/hdfs-file-slurper.git
$ cd hdfs-file-slurper/
$ mvn package
```

다음으로 /usr/local 디렉터리 아래에 빌드가 생성되게끔 tarball 파일의 압축을 푼다.

```
$ sudo tar -xzf target/hdfs-slurper-<버전>-package.tar.gz \
  -C /usr/local/

$ sudo ln -s /usr/local/hdfs-slurper-<버전> /usr/local/hdfs-slurper
```

설정

코드를 실행하기 전에 /usr/local/hdfs-slurper/conf/slurper-env.sh를 수정하고 자바 홈과 하둡 홈 디렉터리를 설정해야 한다.

슬러퍼는 소스 및 대상 디렉터리에 대한 상세 정보 같은 옵션이 담긴 /usr/local/hdfs-slurper/conf/slurper.conf를 기본으로 갖고 있다. 이 파일에는 여러분이 수정할 수 있는 다음과 같은 기본 설정이 담겨 있다.

```
DATASOURCE_NAME = test          ← ❶

SRC_DIR = file:/tmp/slurper/in  ← ❷

WORK_DIR = file:/tmp/slurper/work ← ❸

COMPLETE_DIR = file:/tmp/slurper/complete ← ❹

ERROR_DIR = file:/tmp/slurper/error  ← 복사 도중 에러가 생기면 소스 파일이 이 디렉터리로 이동한다.

DEST_DIR = hdfs:/tmp/slurper/dest  ← 소스 파일을 최종적으로 옮길 디렉터리

DEST_STAGING_DIR = hdfs:/tmp/slurper/stage ← ❺
```

❶ 전송되는 데이터의 이름. 잠시 후 살펴볼 리눅스 init 데몬 관리 시스템을 통해 실행할 때 로그 파일명에 사용된다.

❷ 소스 디렉터리. 이 디렉터리로 이동한 파일은 중간 디렉터리로 복사되는 잠깐의 과정을 거쳐 자동으로 대상 디렉터리로 복사된다.

❸ 작업 디렉터리. 소스 디렉터리의 파일들은 대상 위치로의 복사가 시작되기 전에 이 디렉터리로 옮겨진다.

❹ 복사가 완료된 후 파일은 작업 디렉터리에서 완료 디렉터리로 이동한다. 또는 REMOVE_AFTER_COPY 설정을 사용해 소스 파일을 지울 수도 있다. 이 경우 COMPLETE_DIR 설정은 지원하지 않는다.

❺ 중간 단계 디렉터리. 파일은 대상 파일시스템 상의 이 디렉터리로 먼저 복사된다. 그런 다음 슬러퍼는 파일이 복사된 후 대상 디렉터리로의 원자적 이동을 수행한다.

여기서는 모든 디렉터리명이 HDFS URI인 것을 볼 수 있다. HDFS는 이런 식으로 서로 다른 파일시스템을 구분한다. file:/ URI는 로컬 파일시스템상의 경로를 나타내고, hdfs:/ URI는 HDFS 내 경로를 나타낸다. 사실 슬러퍼는 하둡에서 사용하도록 설정하는 한 모든 하둡 파일시스템을 지원한다.

실행

기본 설정을 사용하고, /tmp/slurper/in이라는 로컬 디렉터리를 생성한 후 이 안에 빈 파일을 쓰고, 유틸리티를 실행해보자. 환경을 CDH가 아닌 하둡 분산 환경에서 실행 중이라면 하둡 설치 경로에 맞게 HADOOP_HOME 환경 변수를 설정해야 한다.

```
$ mkdir -p /tmp/slurper/in
$ touch /tmp/slurper/in/test-file.txt

$ cd /usr/local/hdfs-slurper/
$ bin/slurper.sh --config-file conf/slurper.conf

Copying source file 'file:/tmp/slurper/work/test-file.txt'
to staging destination 'hdfs:/tmp/slurper/stage/1354823335'

Moving staging file 'hdfs:/tmp/slurper/stage/1354823335'
to destination 'hdfs:/tmp/slurper/dest/test-file.txt'

File copy successful, moving source
file:/tmp/slurper/work/test-file.txt to completed file file:/tmp/slurper/complete/test-file.txt

$ hadoop fs -ls /tmp/slurper/dest
/tmp/slurper/dest/test-file.txt
```

슬러퍼 설계에서 중요한 특징 중 하나는 부분적으로 쓰인 파일과 연동되지 않는다는 점이다. 파일은 소스 디렉터리로 자동으로 옮겨져야 한다(리눅스[3] 및 HDFS 파일 시스템에서는 파일이 자동으로 옮겨진다). 또는 슬러퍼에서 무시하는 점(.)으로 시작하는 파일명으로 작성하고, 파일 쓰기가 완료된 후 점 접두어를 없앤 이름으로 파일명을 바꿀 수도 있다.

---

3 소스 디렉터리와 대상 디렉터리가 같은 파티션에 있을 때만 파일 이동이 원자적으로 수행된다. 다시 말해 NFS 마운트에서 로컬 디스크로 파일을 옮길 때는 원자적이지 않은 복사가 이뤄진다.

슬러퍼를 사용할 때 염두에 둘 또 다른 고려 사항은 복사되는 파일이 전 세계적으로 고유해야 한다는 점이다. 그렇지 않으면 슬러퍼는 HDFS에서 해당 파일을 덮어쓰므로 원하지 않는 결과가 초래된다.

동적인 대상 경로

앞의 접근 방식은 매일 작은 개수의 파일을 HDFS로 옮길 때 적합하다. 하지만 많은 양의 파일을 처리해야 한다면 별도 디렉터리로 파티셔닝하는 것을 고려해야 한다. 이렇게 하면 맵리듀스 잡의 입력 데이터로 사용할 데이터를 상세히 제어할 수 있다는 장점이 있을 뿐 아니라 파일시스템에서 데이터의 전반적인 관리에도 도움이 된다(독자들도 지금 사용하는 컴퓨터에서 모든 파일을 한 디렉터리에 넣지는 않을 것이다).

그럼 슬러퍼에서 사용하는 대상 디렉터리 및 파일명을 어떻게 동적으로 제어할 수 있을까? 슬러퍼는 SCRIPT 옵션(DEST_DIR 옵션과 상호 배타적인)이 포함된 설정 파일(slurper.conf)을 제공한다. 바로 이 파일에서 소스 파일과 대상 파일을 동적으로 매핑하는 스크립트를 지정할 수 있다.

작업 중인 파일의 파일명에 날짜가 들어 있고, HDFS에서 데이터를 날짜별로 관리하기로 했다고 가정하자. 이 상황에서 이런 매핑 작업을 수행할 스크립트를 작성해보자. 다음 예제는 이 작업을 수행하는 파이썬 스크립트다.

```python
#!/usr/bin/python

import sys, os, re

# 표준 입력으로부터 로컬 파일을 읽는다.
input_file=sys.stdin.readline()

# 파일에서 파일명을 추출한다.
filename = os.path.basename(input_file)

# 파일명에서 날짜를 추출한다.
match=re.search(r'([0-9]{4})([0-9]{2})([0-9]{2})',filename)

year=match.group(1)
mon=match.group(2)
day=match.group(3)

# 대상 HDFS 파일을 생성한다.
hdfs_dest="hdfs:/data/%s/%s/%s/%s" % (year, mon, day,filename)

# 표준 출력에 쓴다.
print hdfs_dest,
```

이제 /usr/local/hdfs-slurper/conf/slurper.conf를 수정해 SCRIPT를 설정하고 DEST_DIR은 주석 처리한다. 이렇게 하면 설정 파일이 다음과 같이 된다.

```
# DEST_DIR = hdfs:/tmp/slurper/dest

SCRIPT= /usr/local/hdfs-slurper/bin/sample-python.py
```

슬러퍼를 다시 실행해 결과를 확인한다.

```
$ touch /tmp/slurper/in/apache-20110202.log

$ bin/slurper.sh --config-file conf/slurper.conf

Copying source file 'file:/tmp/slurper/work/apache-2011-02-02.log' to staging destination 'hdfs:/slurper/staging/1787301476'

Moving staging file 'hdfs:/slurper/staging/1787301476' to destination 'hdfs:/slurper/in/2011-02-02/apache-2011-02-02.log'
```

압축 및 확인

출력 파일을 HDFS에서 압축하고, 복사가 제대로 됐는지도 확인하고 싶다면 어떻게 해야 할까? 이때는 COMPRESSION_CODEC 옵션을 사용하고 값으로 CompressionCodec 클래스명을 지정해야 한다. 슬러퍼는 검증 기능도 지원한다. 이 기능에서는 복사가 완료된 후 대상 파일을 다시 읽어서 대상 파일의 체크섬이 소스 파일과 일치하는지 확인한다. 슬러퍼에서 Snappy를 압축 코덱으로 사용하고 복사 결과를 확인하고 싶다면 slurper.conf 파일을 수정해 다음 코드 줄을 추가하면 된다.

```
COMPRESSION_CODEC = org.apache.hadoop.io.compress.SnappyCodec
VERIFY= true
```

그런 다음 다시 슬러퍼를 실행한다.

```
$ touch /tmp/slurper/in/apache-20110202.log

$ bin/slurper.sh --config-file conf/slurper.conf

Verifying files
CRC's match(0)
Moving staging file 'hdfs:/tmp/slurper/stage/535232571'
to destination 'hdfs:/data/2011/02/02/apache-20110202.log.snappy'
```

연속 작업

이제 기본 활용 기능은 갖췄으니 마지막으로 툴을 데몬으로 실행함으로써 계속해서 전송할 파일을 찾게끔 해야 한다. 이렇게 하려면 inittab respawn[4]과 연동하게끔 설계된 bin/slurper-inittab.sh라는 스크립트를 사용해야 한다. 이 스크립트는 PID 파일을 생성하거나 nohup을 수행하지 않는다. 둘 다 inittab이 프로세스를 관리하므로 respawn에서는 불필요하기 때문이다. 대신 DATASOURCE_NAME 설정 값을 사용해 로그 파일명을 생성한다. 이 말은 여러 개의 슬러퍼 인스턴스를 서로 다른 설정 파일과 함께 실행해 로그 파일을 분리할 수 있다는 뜻이다.

정리

슬러퍼는 로컬 파일시스템에서 HDFS로 데이터를 옮길 수 있는 편리한 툴이다. 슬러퍼는 HDFS에서 로컬 파일시스템으로의 이그레스도 지원한다. 슬러퍼는 맵리듀스에서 파일시스템에 접근할 수 없는 상황이나 전송되는 파일이 플룸 같은 툴과 호환되지 않을 때 유용하다.

이번에는 맵리듀스가 데이터 소스에 접근할 수 있을 때 자동화된 풀링을 사용하는 방법을 살펴보자.

기법 3. 우지를 활용한 정기적인 인그레스 활동 예약

데이터가 하둡 클러스터에서 접근 가능한 파일시스템, 웹 서버, 기타 시스템에 있을 때는 정기적으로 데이터를 하둡으로 풀링할 수 있는 방법이 필요하다. 물론 로그 파일을 푸싱하고 데이터베이스로부터 데이터를 풀링하는 작업을 도와주는 툴(이 장에서 나중에 다룬다)이 존재하지만 다른 시스템과 상호작용하려면 데이터 인그레스 작업을 직접 처리해야 한다.

이와 같은 데이터 인그레스 절차는 두 부분으로 나뉜다. 우선, 다른 시스템에서 하둡으로 데이터를 불러와야 하고, 두 번째로 데이터 전송 작업을 정기적으로 수행하게끔 예약해야 한다.

문제

HTTP 서버에서 HDFS로 콘텐츠를 내려받는 일간 태스크를 자동화하고 싶다.

---

[4] Inittab은 프로세스가 다운되면 이를 감독해 재시작할 수 있는 리눅스 프로세스 관리 툴이다. http://unixhelp.ed.ac.uk/CGI/man-cgi?inittab+5를 참고하자.

해결책

우지는 HDFS로 데이터를 인그레스하는 데 사용할 수 있으며, 맵리듀스 잡을 실행해 인그레스된 데이터를 처리하는 등 인그레스 이후 활동을 수행하는 데도 활용할 수 있다. 아파치 프로젝트인 우지는 야후!에서 시작됐다. 우지는 데이터 처리 활동을 관리하는 하둡 워크플로우 엔진이다. 우리 시나리오에서는 데이터 및 시간 트리거를 기반으로 작업 흐름을 시작할 수 있는 우지의 조율기(coordinator) 엔진을 사용한다.

문제 풀이

이 기법에서는 우지를 사용해 24시간마다 다양한 URL을 내려받는 작업을 수행함으로써 작업 흐름과 일정을 관리한다. 전체적인 진행 방식은 그림 2.15에서 볼 수 있다.

우지는 부록 A에 나온 설명에 따라 설치하면 된다.

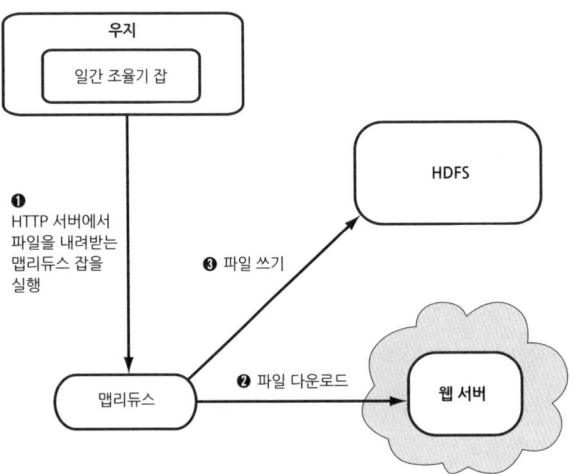

그림 2.15 우지 인그레스에서 작업 흐름 및 스케줄링 관리를 위한 3단계 데이터 흐름

여기서는 우지의 데이터 트리거 기능을 활용해 맵리듀스 잡을 24시간마다 실행한다. 우지에는 조율기 잡이라는 개념이 있으며, 이를 통해 고정 주기에 따라 잡을 실행할 수 있다. 우선 조율기의 XML 설정 파일부터 살펴보자. 이 파일은 우지의 조율기 엔진에서 잡을 언제 시작해야 할지 판단할 때 사용한다. 우지는 다음 코드에서 볼 수 있듯 JSP 표현 언어로 파라미터화를 수행한다. coordinator.xml이라는 파일을 생성하고 그 내용을 다음 예제 코드[5]로 채운다.

---

5 깃허브 소스 — https://github.com/alexholmes/hadoop-book/blob/master/src/main/oozie/ch2/http-download/coordinator.xml

> 우지는 JSP를 사용해 파라미터화를 수행한다

```xml
<coordinator-app name="http-download"
    frequency="${coord:days(1)}"          ← ❶
    start="2011-11-18T00:00Z"              ← ❷
    end="2016-11-29T00:00Z"                ← 잡의 종료 일자
    timezone="UTC"
    xmlns="uri:oozie:coordinator:0.1">

  <controls>
    <concurrency>1</concurrency>           ← 동시에 실행할 수 있는 작업 흐름 개수를 지정한다.
  </controls>

  <action>
    <workflow>
      <app-path>
        ${nameNode}/user/${coord:user()}/http-download
      </app-path>
      <configuration>
        <property>
          <name>inputData</name>
          <value>
${nameNode}/user/${coord:user()}/http-download/input-urls.txt
          </value>                         ← 맵리듀스 잡의 입력 파일명
        </property>
        <property>
          <name>outputData</name>
          <value>
        ${nameNode}/user/${coord:user()}/http-download/output/
   ⇒    ${coord:formatTime(coord:nominalTime(),"yyyy/MM/dd")}   ← 맵리듀스 잡의 출력 디렉터리
          </value>
        </property>
      </configuration>
    </workflow>
  </action>
</coordinator-app>
```

❶ 얼마나 자주 조율기를 실행할지 분 단위로 지정한다. 조율기 제한자를 이용하면 분(minutes) 등의 값을 제공하는 days 같은 우지 정의 함수에 접근할 수 있다.

❷ 잡의 시작 일자. 이 예제에서 오늘은 2011년 11월 18일이다. 우지에서 날짜는 UTC 기반이며 W3C의 YYYY-MM-DDTHH:mmZ 형식을 따른다.

우지의 조율기와 관련해 start와 end 시간이 작업을 실행하는 실제 시간과 관련이 없다는 점을 헷갈리기 쉽다. 이 시간은 작업 흐름이 이뤄지는 시간과 관련이 있다. 이는 정기적인 주기로 생성되는 데이터를 갖고 있고, 특정 시간으로 돌아가 데이터에 대해 작업을 수행할 때 유용하다. 이 예제에서는 과거 시간으로 돌아가지는 않고 앞으로 24시간마다 주기적으로 작업을 예약한다. 하지만 다음 날까지 기다리는 대신 시작일을 어제로 설정하고 종료일을 먼 미래의 특정일로 설정한다.

다음으로 실제 작업 흐름을 정의해야 한다. 이렇게 정의한 작업 흐름은 과거의 주기마다 실행되고 앞으로도 해당 주기가 도래할 때마다 계속 실행된다. 이를 정의하려면 workflow. xml 파일을 생성하고 내용을 다음과 같이 채운다[6].

우지의 조율기를 활용한 과거 작업 흐름의 정의

```
<workflow-app xmlns="uri:oozie:workflow:0.1" name="download-http">
  <start to="download-http"/>
  <action name="download-http">
    <map-reduce>
      <name-node>${nameNode}</name-node>
      <prepare>
        <delete path="${outputData}"/>       ← 맵리듀스 잡을 실행하기 전에 출력 디렉터리를 삭제한다.
      </prepare>
      <configuration>
        <property>
          <name>mapred.mapper.class</name>
          <value>com.manning.hip.ch2.HttpDownloadMap</value>   ← 맵 클래스
        </property>
        <property>
          <name>mapred.input.dir</name>        ← 잡의 입력 디렉터리
          <value>${inputData}</value>
        </property>
        <property>
          <name>mapred.output.dir</name>       ← 잡의 출력 디렉터리
          <value>${outputData}</value>
        </property>
      </configuration>
    </map-reduce>
```

---

[6] 깃허브 소스 — https://github.com/alexholmes/hadoop-book/blob/master/src/main/oozie/ch2/http-download/workflow.xml

```
        <ok to="end"/>
        <error to="fail"/>   ← 잡이 실패했을 때는 이에 대처해야 한다. 에러 메시지 로그를 남긴다.
    </action>
    <kill name="fail">
        <message>Map/Reduce failed,error
            message[${wf:errorMessage(wf:lastErrorNode())}]
        </message>
    </kill>
    <endname="end"/>
</workflow-app>
```

끝으로 속성 파일을 정의해야 한다. 여기서는 HDFS, 맵리듀스, HDFS에서 식별한 앞의 두 XML 파일에 접근하는 법을 정의한다. job.properties 파일을 생성하고 내용을 다음 코드로 채운다.

```
nameNode=hdfs://localhost:8020
jobTracker=localhost:8021
queueName=default

oozie.coord.application.path=${nameNode}/user/${user.name}   ← 두 xml 파일의 HDFS 위치
                    /http-download
```

앞의 코드 예제에서 oozie.coord.application.path 값은 이 장에서 앞서 작성한 coordinator.xml 및 workflow.xml의 HDFS 위치다. 이제 XML 파일, 입력 파일, 맵리듀스 코드가 들어 있는 JAR 파일을 HDFS로 복사해야 한다.

```
$ hadoop fs -put src/main/oozie/ch2/http-download http-download
$ hadoop fs -put test-data/ch2/http-download/input/* http-download/
$ hadoop fs -mkdir http-download/lib
$ hadoop fs -put \
    target/hadoop-book-1.0.0-SNAPSHOT-jar-with-dependencies.jar \
    http-download/lib/
```

끝으로 우지에서 잡을 실행한다.

```
$ oozie job -config src/main/oozie/ch2/http-download/job.properties \
-run
job: 0000000-111119163557664-oozie-oozi-C
```

잡에 대한 정보는 잡 ID를 사용해 얻을 수 있다.

```
$ oozie job -info 0000000-111119163557664-oozie-oozi-C
JobID: 0000000-111119163557664-oozie-oozi-C
------------------------------------------------------------------
Job Name : http-download
App Path : hdfs://user/aholmes/http-download/coordinator.xml
Status   : RUNNING
------------------------------------------------------------------
ID                                          Status      Nominal Time
0000000-111119163557664-oozie-oozi-C@1      SUCCEEDED   2011-11-18 00:00
------------------------------------------------------------------
0000000-111119163557664-oozie-oozi-C@2      SUCCEEDED   2011-11-19 00:00
------------------------------------------------------------------
```

이 출력 결과를 보면 잡이 두 번 실행됐다는 것과, 각 실행 시간을 볼 수 있다. 전체 상태는 RUNNING으로, 이 상태는 잡에서 다음번 주기가 일어나기를 기다리고 있음을 뜻한다. 전체 잡이 완료되면(종료일이 도래한 후) 상태가 SUCCEEDED로 전환된다.

잡이 두 번 실행됐으므로 HDFS에서는 두 개의 실행일에 해당하는 두 개의 출력 디렉터리를 확인할 수 있다.

```
$ hadoop fs -ls http-download/output/2011/11
/user/aholmes/http-download/output/2011/11/18
/user/aholmes/http-download/output/2011/11/19
```

잡을 중단하려면 -suspend 옵션을 사용하면 된다.

```
$ oozie job -suspend 0000000-111119163557664-oozie-oozi-C
```

잡이 실행되는 동안 잡은 종료일 전까지 계속 실행된다. 이 예제에서 종료일은 2016년으로 설정됐다.

정리

여기서는 주기적인 우지 작업 흐름을 실행하는 cron 같은 기능을 제공하는 우지 조율기의 사용법을 살펴봤다. 우지 조율기는 데이터 가용성을 기반으로 작업 흐름을 트리거하는 용도로도 사용할 수 있다. 예를 들어 외부 프로세스가 있거나 정기적으로 데이터를 생성하는 맵리듀스가 있다면 우지의 데이터 주도 조율기를 활용해 작업 흐름을 트리거해 데이터를 취합하거나 처리할 수 있다.

이 절에서는 데이터 인그레스 용도로 활용할 수 있는 두 개의 자동화된 메커니즘을 다뤘다. 첫 번째 기법에서는 데이터를 HDFS로 자동으로 푸시하는 간단한 툴인 HDFS 파일 슬러퍼를 살펴봤다. 두 번째 기법에서는 우지를 활용해 HDFS나 맵리듀스로 데이터를 풀링하는 맵리듀스 잡을 주기적으로 실행하는 법을 들여다봤다.

이들 기법은 작업 중인 데이터가 바이너리 형태이거나 반구조화된 형태일 때, 또는 HTTP나 FTP 같은 인터페이스로만 접근할 수 있을 때 특히 큰 도움이 된다.

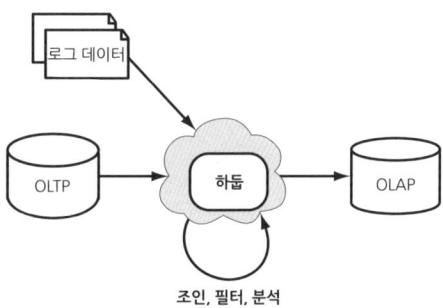

지금까지 로그 파일 푸싱, 일반 파일시스템에서의 파일 푸싱, 웹 서버를 통한 풀링 방식을 살펴봤다. 대부분 기관에서 주로 활용하는 또 다른 데이터 소스로는 OLTP 데이터베이스에 있는 관계형 데이터가 있다. 다음으로 살펴볼 내용은 이런 데이터에 접근하는 방법이다.

그림 2.16 하둡을 활용한 데이터 인그레스, 조인, OLAP으로의 이그레스

데이터베이스로부터의 데이터 풀링

대부분의 기관에서 핵심 데이터는 여러 OLTP 데이터베이스에 존재한다. 이런 데이터베이스에 저장된 데이터에는 사용자, 상품, 다양한 주요 항목에 대한 정보가 들어 있다. 이런 데이터를 분석하려면 전통적인 방식에서는 주기적으로 데이터를 OLAP 데이터 웨어하우스로 복사해야 했다.

하둡은 이 분야에서 두 가지 역할을 수행한다. 첫 번째로 데이터 웨어하우스를 대체하는 역할이고, 두 번째 역할은 구조화된 데이터 및 반구조화된 데이터와 데이터 웨어하우스 사이를 연결하는 역할이다. 그림 2.16에서는 두 번째 역할을 잘 보여준다. 이 그림에서 하둡은 OLAP 시스템(비즈니스 인텔리전스 애플리케이션에서 주로 사용하는 플랫폼)으로 데이터를 내보내기 전에 대규모 조인 및 취합을 위한 메커니즘으로 사용된다.

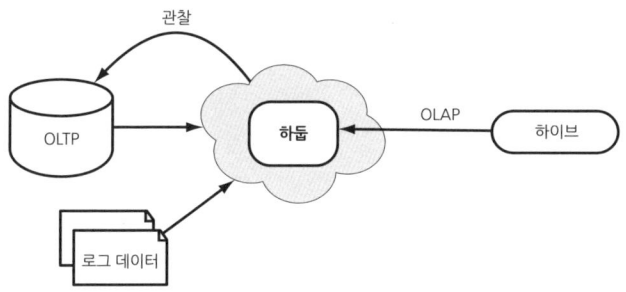

그림 2.17 OLAP을 위한 하둡 사용 및 OLTP 시스템으로의 피드백 전달

페이스북은 하둡과 하이브를 OLAP 플랫폼으로 활용해 페타바이트 규모의 데이터를 처리하는 대표적인 기업이다. 그림 2.17에서는 페이스북의 아키텍처와 유사한 아키텍처를 볼 수 있다. 이 아키텍처에는 OLTP 시스템으로 피드백을 집어넣는 피드백 루프도 들어 있다. 이런 피드백 루프는 사용자에 대한 추천 기능처럼 하둡에서 찾아낸 새로운 정보를 푸시하는 데 사용된다.

앞의 그림에 나와 있는 두 사용 모델 모두 관계형 데이터를 하둡으로 가져오는 방법과 이를 관계형 데이터베이스로 내보내는 방법이 필요하다. 다음 기법에서는 데이터베이스 인그레스에 사용할 수 있는 두 가지 메커니즘을 살펴본다. 첫 번째 메커니즘에서는 내장 맵리듀스 클래스를 사용하고, 두 번째 메커니즘에서는 커스텀 코드를 작성하는 수고를 덜어주는 편리한 툴을 제공한다.

기법 4. 맵리듀스를 활용한 데이터베이스 인그레스

중요한 고객 데이터가 관계형 데이터베이스에 들어 있다고 가정하자. 여러분은 앞의 기법 중 하나를 사용해 사용자 활동 정보가 담긴 로그 데이터를 웹 서버에서 HDFS로 푸시했다. 이제 로그 데이터를 분석하고 이를 관계형 데이터베이스에 들어 있는 사용자에 대한 정보로 연계하려고 한다. 그럼 관계형 데이터를 HDFS로 어떻게 옮길 수 있을까?

문제
관계형 데이터를 맵리듀스를 사용해 불러오려고 한다.

해결책
이 기법에서는 DBInputFormat 클래스를 활용해 관계형 데이터를 HDFS로 불러오는 법을 다룬다. 또, 관계형 데이터베이스에 대한 동시 연결을 지나치게 많이 맺지 않게끔 하는 메커니즘도 살펴본다.

문제 풀이
맵리듀스에는 DBInputFormat 및 DBOutputFormat 클래스가 있다. 두 클래스는 JDBC를 통해 데이터베이스에서 데이터를 읽고 쓰는 데 사용할 수 있다. 그림 2.18에서는 우리가 사용할 클래스가 나와 있다.

여기서는 주식 데이터(주식 데이터에 대한 자세한 설명은 이 책의 서문에 나와 있다)를 활용한다. 3장에서는 Writable 인터페이스 및 StockPriceWritable(주식 데이터를 나타내는)

이라고 부르는 Writable 구현체에 대해 좀 더 자세히 다룬다. DBInputFormat 클래스는 불러올 테이블을 나타내는 빈을 필요로 하는데, 이 빈은 Writable 및 DBWritable 인터페이스를 모두 구현한다. 여기서는 DBWritable 인터페이스도 구현해야 하므로 아래 코드[7]와 같이 StockPriceWritable 클래스를 상속해 이를 구현한다.

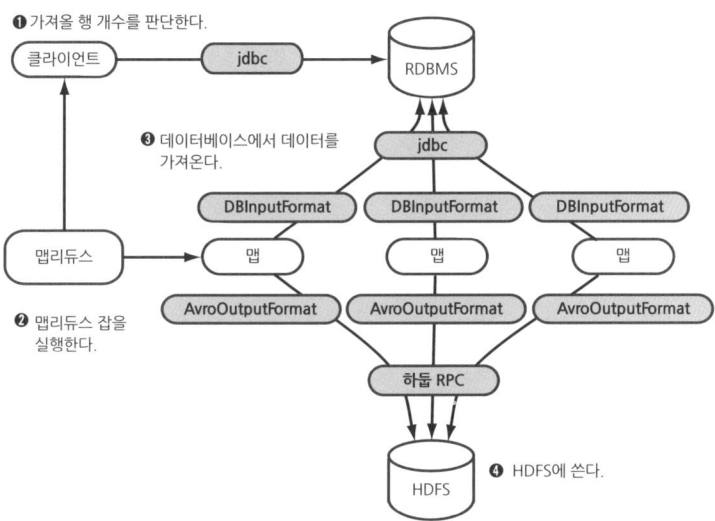

그림 2.18 DBInputFormat을 데이터베이스에서 데이터를 가져오는 데 사용한 맵리듀스 예제의 4단계 설명

StockPriceWritable 클래스의 확장

```
public class StockRecord extends StockPriceWritable
    implements Writable, DBWritable {
  private final static SimpleDateFormat sdf =
      new SimpleDateFormat("yyyy-MM-dd");
  public static String [] fields = { "symbol", "quote_date",
      "open_price", "high_price", "low_price", "close_price",
      "volume", "adj_close_price"};            ← 테이블 칼럼명 배열

  @Override                                        ❶
  public void readFields(ResultSet resultSet)  ←
      throws SQLException {
    int idx=2;
    setSymbol(resultSet.getString(idx++));
    setDate(sdf.format(resultSet.getDate(idx++)));
```

---

[7] 깃허브 소스 — https://github.com/alexholmes/hadoop-book/blob/master/src/main/java/com/manning/hip/ch2/StockRecord.java

```
      setOpen(resultSet.getDouble(idx++));
      setHigh(resultSet.getDouble(idx++));
      setLow(resultSet.getDouble(idx++));
      setClose(resultSet.getDouble(idx++));
      setVolume(resultSet.getInt(idx++));
      setAdjClose(resultSet.getDouble(idx));
  }

    @Override
    public void write(PreparedStatementstatement)           ❷
        throws SQLException {
      int idx=1;
      statement.setString(idx++,getSymbol());
      try {
        statement.setDate(idx++,
          new Date(sdf.parse(getDate()).getTime()));
      } catch (ParseException e) {
        throw new SQLException("Failed to convert String to date", e);
      }

      statement.setDouble(idx++,getOpen());
      statement.setDouble(idx++,getHigh());
      statement.setDouble(idx++,getLow());
      statement.setDouble(idx++,getClose());
      statement.setInt(idx++,getVolume());
      statement.setDouble(idx,getAdjClose());
    }
}
```

❶ JDBC ResultSet을 제공하는 DBWritable 인터페이스의 readFields 구현체. 이로부터 값을 읽은 후, 빈 속성을 설정한다.

❷ JDBC PreparedStatement를 제공하는 DBWritable 인터페이스의 write 메서드 구현체. 빈 속성을 PreparedStatement에 쓴다.

앞의 코드에서 칼럼명 배열은 나중에 맵리듀스 설정에서 사용한다는 점에 주의하자.

다음 예제[8]에 나와 있는 맵리듀스 잡에서는 한 테이블에서 데이터를 가져온 다음 애브로 형식[9]으로 HDFS에 데이터를 쓴다.

---

8 깃허브 소스 — https://github.com/alexholmes/hadoop-book/blob/master/src/main/java/com/manning/hip/ch2/DBImportMapReduce.java

9 애브로는 데이터 직렬화 라이브러리로, 3장에서 자세히 다룬다.

DBInputFormat을 사용해 관계 데이터베이스에서 HDFS로 데이터를 불러오는 맵리듀스 잡

```
public static void runJob(String mysqlJar, String output)
    throws Exception {

  Configuration conf = new Configuration();

  JobHelper.addJarForJob(conf, mysqlJar);   ◀──────  ❶

  DBConfiguration.configureDB(conf,   ◀──────
    "com.mysql.jdbc.Driver",                         ❷
    "jdbc:mysql://localhost/sqoop_test" +
      "?user=hip_sqoop_user&password=password");

  JobConf job = new JobConf(conf);
  job.setJarByClass(DBImportMapReduce.class);
  Path outputPath = new Path(output);

  outputPath.getFileSystem(job).delete(outputPath, true);

  job.setInputFormat(DBInputFormat.class);   ◀──── DBInputFormat을 잡의 InputFormat 클래스로 설정한다.
  job.setOutputFormat(AvroOutputFormat.class);   ◀──── 출력값을 애브로 형식으로 지정
  AvroJob.setOutputSchema(job, Stock.SCHEMA$);
  job.set(AvroJob.OUTPUT_CODEC, SnappyCodec.class.getName());

  job.setMapperClass(Map.class);
  job.setNumMapTasks(4);   ◀──────  ❸
                                  맵 전용 잡이 필요하므로 리듀서 개수는 0으로 설정한다.
  job.setNumReduceTasks(0);   ◀──────

  job.setMapOutputKeyClass(AvroWrapper.class);
  job.setMapOutputValueClass(NullWritable.class);

  job.setOutputKeyClass(AvroWrapper.class);
  job.setOutputValueClass(NullWritable.class);

  FileOutputFormat.setOutputPath(job, outputPath);

  DBInputFormat.setInput(   ◀──────  ❹
    job,
    StockRecord.class,
```

```
      "select * from stocks",
      "SELECT COUNT(id) FROM stocks");

  JobClient.runJob(job);
}

public static class Map implements
      Mapper<LongWritable, StockRecord,
        AvroWrapper<Stock>, NullWritable> {

  public void map(LongWritable key,
              StockRecord value,
              OutputCollector<AvroWrapper<Stock>,
                            NullWritable> output,
              Reporter reporter) throws IOException {
    output.collect(                                         ❺
      new AvroWrapper<Stock>(writableToAvro(value)),
      NullWritable.get());
  }
}
```

❶ 맵 태스크와 리듀스 태스크가 JAR에 접근할 수 있게 MySQL JAR를 분산 캐시에 추가하기 위해 헬퍼 클래스를 사용한다.
❷ 데이터베이스 설정 단계. 여기서 JDBC 드라이버와 MySQL의 사용자명 및 비밀번호가 담긴 JDBC URL을 지정한다.
❸ 잡의 맵 태스크 개수를 제한한다. 이 값은 낮게 지정해야 하고, 낮게 지정하지 않으면 데이터베이스가 다운될 수 있다.
❹ DBWritable을 구현하는 클래스를 지정하고 행을 가져올 쿼리, 가져올 행의 개수를 판단할 쿼리도 지정한다.
❺ Writable 형태의 Stock을 애브로 형식으로 변환하고 매퍼에서 내보낸다.

이어서 다음 작업을 하기 전에 MySQL 데이터베이스에 접근할 수 있어야 하고 MySQL JDBC JAR[10] 파일을 사용할 수 있어야 한다. 필요한 MySQL 사용자 및 스키마를 생성하고 이 예제에서 사용할 데이터를 로드하는 스크립트는 책에서 제공한다. 이 스크립트에서는 hip_sqoop_userMySQL 사용자를 생성하고 stocks, stocks_export, stocks_staging이라는 세 개의 테이블이 있는 sqoop_test 데이터베이스를 생성한다. 그런 다음 주식 예제 데이

---
10 아직 설치하지 않았다면 부록 A에서 MySQL 설치 방법을 확인할 수 있다. 해당 절에는 JDBC JAR를 내려받을 수 있는 링크도 들어 있다.

터(자세한 내용은 서문 참고)를 stocks 테이블로 로드한다. 이에 해당하는 전 과정은 다음 명령을 실행해 모두 수행할 수 있다.

```
$ bin/prep-sqoop-mysql.sh
```

스크립트, 소스 코드, 테스트 데이터

코드를 실행하는 데 필요한 이 책의 모든 코드, 예제 데이터, 스크립트(run.sh 등)는 https://github.com/alexholmes/hadoop-book에 있는 깃허브 저장소에서 받을 수 있다. 서문에는 예제를 내려받고, 빌드, 실행하는 데 필요한 설명이 나와 있다.

다음 MySQL 클라이언트 명령을 보면 스크립트에서 하는 일을 미리 확인할 수 있다.

```
$ mysql
mysql> use sqoop_test;
mysql> show tables;
+----------------------+
| Tables_in_sqoop_test |
+----------------------+
| stocks               |
| stocks_export        |
| stocks_staging       |
+----------------------+
3 rows in set (0.00 sec)
mysql> select * from stocks;
+----+--------+------------+------------+------------+------------+---
| id | symbol | quote_date | open_price | high_price | low_price  |...
+----+--------+------------+------------+------------+------------+---
|  1 | AAPL   | 2009-01-02 |      85.88 |      91.04 |      85.16 |...
|  2 | AAPL   | 2008-01-02 |     199.27 |     200.26 |     192.55 |...
|  3 | AAPL   | 2007-01-03 |      86.29 |      86.58 |       81.9 |...
...
```

이제 맵리듀스 잡을 실행할 준비가 모두 끝났다. run.sh 유틸리티를 사용하면 다음 코드에 나온 것처럼 DBImportMapReduce 맵리듀스 잡을 실행한다.

```
$ export HADOOP_CLASSPATH=<mysql-connector-jar>        ❶
$ bin/run.sh \        ← 책에서 예제를 실행할 때 계속해서 사용할 스크립트
    com.manning.hip.ch2.DBImportMapReduce \        ← 완전히 한정할 실행할 자바 클래스
    <mysql-connector-jar> \
    output        ← MySQL 서버와 통신할 때 사용할 MySQL JDBC JAR
              ↖ 맵리듀스 잡의 출력 디렉터리
```

❶ 클라이언트 코드에서 사용할 수 있게 MySQL JDBC Jar를 하둡 클래스패스에 추가한다.

맵리듀스 잡의 결과는 SQL 쿼리의 결과가 담긴 출력 디렉터리에 여러 개의 애브로 파일로 저장된다. 애브로 파일의 내용을 보려면 3장에서 살펴볼 AvroStockFileRead 클래스를 사용하면 된다.

```
$ hadoop fs -ls output
/user/aholmes/output/part-00000.avro
/user/aholmes/output/part-00001.avro
/user/aholmes/output/part-00002.avro
/user/aholmes/output/part-00003.avro

$ bin/run.sh com.manning.hip.ch3.avro.AvroStockFileRead \
    output/part-00000.avro

MSFT,2001-01-02,44.13,45.0,42.88,43.38,82413200,17.73
MSFT,2000-01-03,117.37,118.62,112.0,116.56,53228400,47.64
YHOO,2009-01-02,12.17,12.85,12.12,12.85,9514600,12.85
...
```

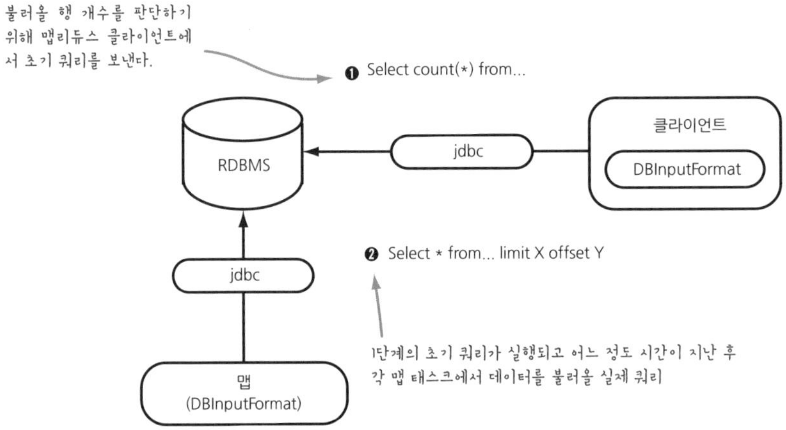

그림 2.19 데이터 불러오기에 사용하는 SQL 쿼리의 2단계 처리 과정

맵 태스크별로 한 개의 파일이 생성되며, 각 파일에는 불러온 데이터의 서브셋이 들어 있다.

정리

이 기법을 사용할 때는 몇 가지 염두에 둘 사항이 있다. 첫 번째로, 지나치게 많은 맵 태스크를 실행하지 않도록 주의해야 한다. 수천 개의 동시 읽기로 데이터베이스에 부하를 주면 십중팔구 DBA에게서 항의 전화가 올 것이다.

아울러 불러오기 및 카운트 쿼리가 멱등이 되게끔 해야 한다. 그림 2.19에서는 초기 카운트 쿼리를 실행한 시점과 맵 태스크에서 이후 쿼리를 실행한 시점 사이의 시간 차를 보여준다. 내보내고 있는 테이블에 있는 데이터가 삽입 또는 삭제되면 중복 레코드가 생길 가능성이 있고, 잠재적인 부작용이 생길 수 있다. 따라서 불러오기 작업은 수정 불가능한 테이블을 대상으로 수행하든지 불러오는 과정에서 결과가 바뀌지 않게끔 쿼리를 주의해서 선택해야 한다.

그림 2.19에서 볼 수 있듯 서로 다른 LIMIT과 OFFSET 설정을 지정한 여러 개의 매퍼가 실행되므로 쿼리는 일관적이고 반복 가능한 순서를 보장하게끔 작성해야 한다. 이 말은 쿼리에서 주 키 같은 고유 키를 활용해야 한다는 뜻이다.

지금까지 관계형 데이터베이스에서 데이터를 불러오는 작업은 생각보다 복잡했다. 이쯤에서 불러오기 작업을 수행하는 더 나은 방법이 있는지 궁금할 것이다.

기법 5. 스쿱을 활용해 MySQL 데이터 불러오기

앞의 기법에서는 Writable 및 DBWritable 인터페이스를 직접 구현하고, 불러오기 작업을 수행하는 맵리듀스 잡도 직접 작성해야 했으므로 작업량이 상당했다. 물론 관계형 데이터를 더 쉽게 불러올 방법이 있다!

문제

관계형 데이터를 클러스터로 불러오고 쓰기 작업이 효과적이면서 멱등성을 보장하게 하고 싶다.

해결책

이 기법에서는 스쿱을 활용해 하둡 클러스터로 관계형 데이터를 불러오는 방법을 살펴본다. 여기서는 MySQL로부터 스쿱으로 데이터를 불러오는 과정을 차례로 살펴본다. 또, 일반 커넥터를 사용하는 방법과 고속 커넥터를 활용한 대용량 임포트 방식을 모두 살펴본다.

문제 풀이

스쿱은 관계형 데이터베이스 임포트/익스포트 시스템이다. 스쿱은 클라우데라에서 개발했으며 현재 인큐베이터 상태의 아파치 프로젝트다.

불러오기를 수행할 때 스쿱은 HDFS, 하이브, HBase에 쓸 수 있고, 내보내기 작업을 수행할 때 그 반대 방향으로 읽을 수 있다. 불러오기 작업은 두 가지 활동으로 나뉜다. 통계 정보 수집을 위해 데이터 소스에 연결하는 과정과, 맵리듀스 잡을 실행해 실제 불러오기 작업을 수행하는 과정이다. 그림 2.20에서는 이 두 단계를 볼 수 있다.

스쿱에는 '커넥터'라는 개념이 있다. 커넥터는 외부 시스템에서 읽고 쓸 수 있는 특수 로직을 담고 있다. 스쿱은 두 개의 커넥터 클래스를 기본으로 제공한다. 일반 읽기 및 쓰기 작업에 사용할 수 있는 공통 커넥터와, 효과적으로 데이터 불러오기를 수행할 수 있는 데이터베이스 전용 배치 메커니즘을 사용하는 고속 커넥터다. 그림 2.11에서는 이들 두 종류의 커넥터 클래스 및 이들 클래스에서 지원하는 데이터베이스가 나와 있다.

작업을 시작하려면 먼저 스쿱을 설치해야 한다. 스쿱 설치와 관련한 설명은 부록 A에서 볼 수 있다. 부록 A에는 MySQL JDBC 드라이버 같은 스쿱 의존성을 설치하는 과정도 들어 있는 만큼 부록 A의 설명을 읽어보기 바란다. MySQL을 설치하고 데이터베이스, 테이블, 사용자를 설정하는 법은 앞의 기법에서 설명했으므로, 아직 이 작업을 마치지 않았다면 앞의 내용으로 돌아가 설명에 따르자.

첫 번째 스쿱 명령은 기본적인 불러오기 명령이다. 이 명령에서는 MySQL 데이터베이스에 대한 연결 정보와 내보내려는 테이블을 지정한다.

```
$ sqoop import --username hip_sqoop_user --password password \
  --connect jdbc:mysql://localhost/sqoop_test --table stocks
```

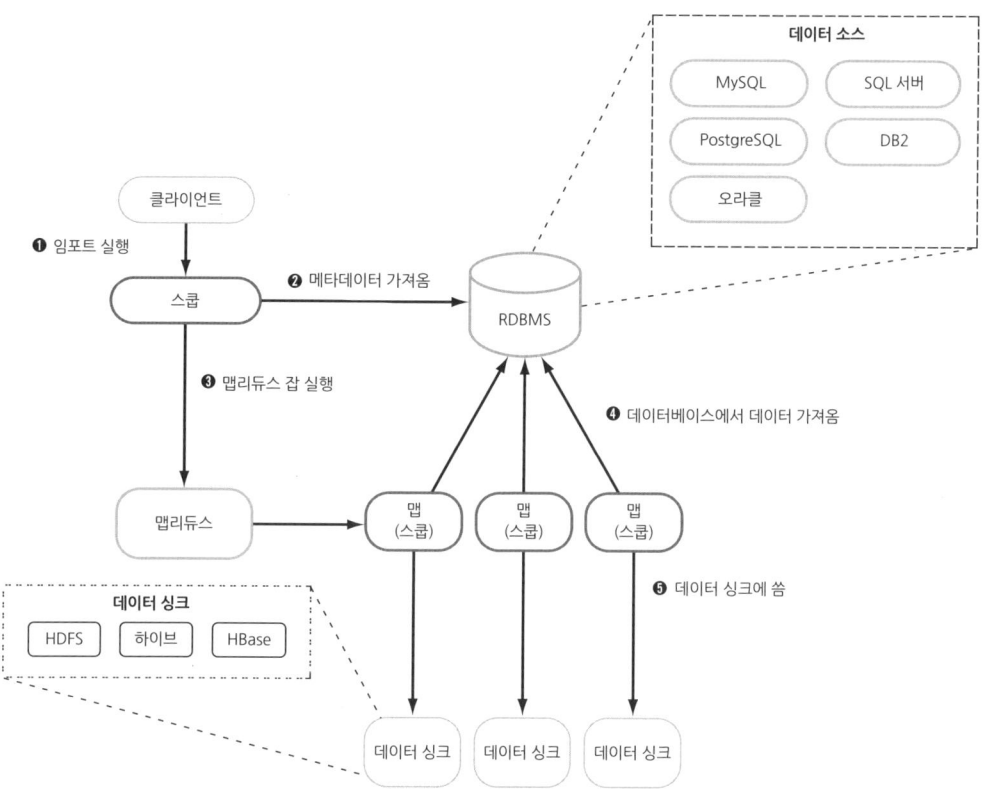

그림 2.20 다섯 단계로 살펴본 스쿱 불러오기 명령. 데이터 소스로의 연결 및 맵리듀스를 활용한 데이터 싱크에 쓰기

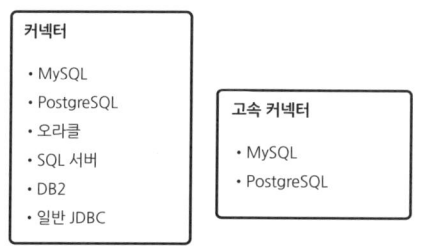

그림 2.21 외부 시스템에 읽고 쓰는 데 사용하는 스쿱 커넥터

 MySQL 테이블명

리눅스에서 MySQL 테이블명은 대소문자를 구분한다. 스쿱 명령에 사용하는 테이블명도 대소문자를 구분해야 한다.

보통 데이터베이스 비밀번호는 스크립트의 인자로 사용하지 않는 게 좋다. 이렇게 하면 불러오기 작업을 할 때 다른 사용자가 ps 같은 명령으로 여러분의 비밀번호를 설정할 수 있기 때문이다. 또 이렇게 지정한 비밀번호는 셸 히스토리 파일에도 남는다. 비밀번호는 스쿱의 옵션 파일에 쓰고, 여러분만 이 파일에 대한 읽기 권한을 갖게 하는 게 가장 좋다.

```
$ cat > ~/.sqoop_import_options.txt << EOF
import
--username
hip_sqoop_user
--password
password
EOF
$ chmod 700 ~/.sqoop_import_options.txt
```

스쿱은 -P 옵션도 지원한다. 이렇게 하면 비밀번호를 묻는 창이 나타난다.

이번에는 앞서 생성한 옵션을 지정해 명령을 다시 실행한다.

```
$ hadoop fs -rmr stocks
$ sqoop --options-file ~/.sqoop_import_options.txt \
  --connect jdbc:mysql://localhost/sqoop_test --table stocks
```

독자 중에는 불러오기 명령을 수행하기 전에 HDFS에서 왜 stocks 디렉터리를 지워야 하는지 궁금한 사람도 있을 것이다. 스쿱은 기본적으로 불러오기 작업을 수행하기 위해 실행하는 맵리듀스 잡에서 테이블명을 HDFS 내 대상 디렉터리로 사용한다. 같은 명령을 다시 실행하면 디렉터리가 이미 존재하므로 맵리듀스 잡이 실패한다. HDFS에서 stocks 디렉터리의 내용을 살펴보자.

```
$ hadoop fs -ls stocks
624 2011-11-24 11:07 /user/aholmes/stocks/part-m-00000
644 2011-11-24 11:07 /user/aholmes/stocks/part-m-00001
642 2011-11-24 11:07 /user/aholmes/stocks/part-m-00002
686 2011-11-24 11:07 /user/aholmes/stocks/part-m-00003

$ hadoop fs -cat stocks/part-m-00000
1,AAPL,2009-01-02,85.88,91.04,85.16,90.75,26643400,90.75
2,AAPL,2008-01-02,199.27,200.26,192.55,194.84,38542100,194.84
3,AAPL,2007-01-03,86.29,86.58,81.9,83.8,44225700,83.8
...
```

불러오기 데이터 형식

앞서 스쿱은 콤마로 구분한 텍스트 파일 형식으로 데이터를 불러왔다. 스쿱에서는 다른 파일 형식도 여러 개 지원하는데, 이런 파일 형식은 표 2.5에 나와 있는 인자를 통해 활성화할 수 있다. 대용량의 데이터를 불러오려고 한다면 압축된 데이터 형식은 애브로 같은 파일 형식을 사용하고 압축 방식과 연계하는 게 좋다. 다음 예제에서는 스내피 압축 코덱을 애브로 파일과 함께 사용하고 있다.

```
$ hadoop fs -rmr stocks
$ sqoop --options-file ~/.sqoop_import_options.txt \
    --as-avrodatafile \
    --compress \
    --compression-codec org.apache.hadoop.io.compress.SnappyCodec \
    --connect jdbc:mysql://localhost/sqoop_test \
    --table stocks
```

명령행에서 지정한 압축 방식은 core-site.xml 설정 파일의 io.compression.codecs 속성을 통해 정의해야 한다는 점에 주의하자. 스내피 압축 코덱을 사용하려면 하둡 네이티브 라이브러리가 설치돼 있어야 한다. 압축 설정에 대한 자세한 내용은 5장을 참고하자.

필자가 만든 애브로 덤퍼 툴을 사용하면 애브로 파일의 구조를 들여다볼 수 있으므로 스쿱에서 레코드를 어떤 식으로 배치하는지 알 수 있다. 스쿱에서는 애브로의 GenericRecord를 사용해 레코드별 데이터를 저장한다(자세한 내용은 3장 참고). HDFS에서 스쿱이 생성한 파일을 대상으로 애브로 덤퍼 유틸리티를 실행하면 다음과 같은 결과를 볼 수 있다.

```
$ bin/run.sh com.manning.hip.ch3.avro.AvroGenericFileDumper \
  stocks/part-m-00000.avro
{"id":1,"symbol": "AAPL", "quote_date": "2009-01-02",
"open_price": 85.88, "high_price": 91.04, "low_price": 85.16,
"close_price": 90.75, "volume": 26643400,"adj_close_price": 90.75}
...
```

표 2.5 불러오기 명령의 파일 형식을 제어하는 스쿱 인자

인자	설명
--as-avrodatafile	데이터를 애브로 파일로 불러온다.
--as-sequencefile	데이터를 시퀀스파일로 불러온다.
--as-textfile	기본 파일 형식. 데이터를 CVS 텍스트 파일로 불러온다.

시퀀스파일과 연계한 스쿱 활용

시퀀스파일을 사용하기 어렵게 하는 요소 중 하나는 시퀀스파일에 있는 데이터에 접근할 수 있는 일반 방식이 없다는 점이다. 이때는 데이터를 쓸 때 사용한 Writable 클래스를 항상 갖고 있어야 한다. 스쿱의 경우 이 파일은 코드에서 생성한다. 이 때문에 큰 문제가 생긴다. 스쿱을 새 버전으로 바꾸면 이 버전에서는 코드 생성기를 수정하고, 기존 코드에서 생성한 클래스가 새 스쿱 버전에서 생성한 시퀀스파일과 호환되지 않을 가능성이 커진다. 이때는 모든 시퀀스파일을 새 버전으로 이관하거나 서로 다른 시퀀스파일 버전과 연동할 수 있는 코덱을 갖고 있어야 한다. 이런 제약 때문에 필자는 스쿱에서 시퀀스파일을 사용하는 것을 권장하지 않는다. 시퀀스파일이 어떻게 동작하는지 좀 더 알고 싶다면 스쿱 임포트 툴을 실행하고 작업 디렉터리에 생성된 stocks.java 파일을 살펴보자.

현업에서는 쿼리를 기반으로 테이블의 서브섹션을 주기적으로 불러오는 일이 더 많다. 하지만 2007년 애플과 구글의 주가 정보를 모두 불러와 커스텀 HDFS 디렉터리에 넣고 싶다면 어떻게 해야 할까? 다음 코드에서는 스쿱을 활용해 이 작업을 수행하는 법을 보여준다.

```
$ hadoop fs -rmr 2007-stocks
$ GLOBIGNORE=*            ❶
$ read -d '' query << "EOF"
select * from stocks
where symbol in ("AAPL", "GOOG")
   and quote_date between "2007-01-01" AND "2007-12-31"
   AND $CONDITIONS        ❷
EOF

$ sqoop --options-file ~/.sqoop_import_options.txt \
    --query "$query" \
    --split-by id \       ❸
    --target-dir /user/aholmes/2007-stocks \
    --connect jdbc:mysql://localhost/sqoop_test
```

❶ 배시는 기본적으로 글로빙을 수행한다. 이 말은 "*" 같은 와일드카드를 확장한다는 뜻이다. 여기서는 다음 줄에서 SQL을 올바르게 생성하기 위해 이 명령을 사용해 이 기능을 비활성화한다.

❷ 쿼리를 쿼리 변수에 저장한다. $CONDITIONS는 쿼리의 WHERE에 반드시 존재해야 하는 스쿱 매크로다. $CONDITIONS는 스쿱에서 mySql 쿼리를 내보낼 때 LIMIT과 OFFSET 옵션을 대체하는 데 사용된다.

❸ 이 인자는 스쿱이 분할에 사용할 테이블 칼럼을 판단할 수 있게 반드시 제공해야 한다.

앞의 코드 조각에 나와 있는 --query SQL은 불러올 테이블의 칼럼 서브셋만을 포함하는 데 사용할 수 있다.

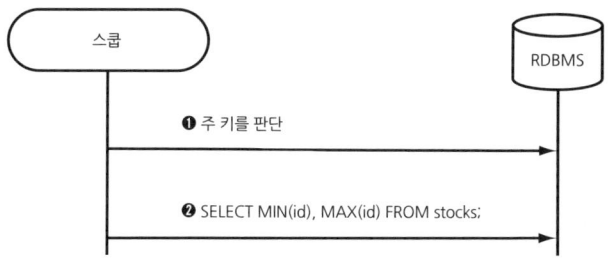

그림 2.22 쿼리 분할을 판단하기 위한 두 단계의 스쿱 전처리

데이터 분할

스쿱에서는 여러 매퍼를 통해 불러오기 작업을 어떤 식으로 병렬화할까[11]? 그림 2.20에서는 스쿱의 첫 번째 단계가 데이터베이스에서 메타데이터를 가져오는 것임을 볼 수 있다. 스쿱은 주 키를 판단하기 위해 데이터를 불러올 테이블을 살펴보고 테이블 내의 하단 및 상단 경계를 판단하는 쿼리를 실행한다(그림 2.22 참고). 이때 델타를 매퍼의 개수로 나눔으로써 최소 키와 최대 키 내에 있는 데이터를 어느 정도 균등하게 분산한다. 그 다음 각 매퍼에 고유 키의 범위가 담긴 고유 쿼리를 제공한다.

스쿱에서는 --split-by 인자를 사용해 주키가 아닌 키(nonprimary key)를 사용하도록 설정할 수 있다. 이 기능은 최솟값과 최댓값 사이에서 주 키 값이 균등하게 분배돼 있지 않은 상황에서 도움이 된다. 하지만 대규모 테이블에서는 최적의 불러오기 시간을 보장하기 위해 --split-by로 지정한 칼럼이 인덱싱되므로 주의해야 한다.

--boundary-query 인자를 사용하면 최솟값과 최댓값을 판단하는 대체 쿼리를 구성할 수 있다.

점진적 불러오기

또, 점진적 불러오기도 수행할 수 있다. 스쿱은 시간이 지나면서 점차 늘어나는 숫자 데이터(자동 증가 키 등)와 호환되는 append 타입과 타임스탬프 데이터에 사용할 수 있는 lastmodified 타입을 지원한다. 두 경우 모두 --check-column을 통해 칼럼을 지정하고, --incremental 인자를 통해 모드를 지정해야 한다(값은 append 또는 lastmodified다). 끝으로 점증적인 변화 값을 판단하는 데 사용할 수 있는 실제 값을 --last-value를 통해 지

---

[11] 기본적으로 스쿱은 네 개의 매퍼를 가지고 실행된다. 매퍼의 개수는 --num-mappers 인자를 통해 제어할 수 있다.

정해야 한다. 이 예제에서 2005년 1월 1일 이후의 주가 데이터를 불러오고 싶다면 다음과 같이 하면 된다.

```
$ hadoop fs -rmr stocks
$ sqoop --options-file ~/.sqoop_import_options.txt \
  --check-column "quote_date" \
  --incremental "lastmodified" \
  --last-value "2005-01-01" \
  --connect jdbc:mysql://localhost/sqoop_test \
  --table stocks
...
tool.ImportTool:  --incrementallastmodified
tool.ImportTool:  --check-column quote_date
tool.ImportTool:  --last-value 2011-11-24 14:49:56.0
tool.ImportTool: ('sqoopjob --create'를 사용해 저장하는 것을 고려)
...
```

스쿱 잡과 메타 저장소

명령 출력 결과에서는 마지막 값을 increment 칼럼에 대해 적용한 것을 볼 수 있다. 그럼 이 값을 재사용하는 프로세스를 자동화하려면 어떤 방법이 가장 좋을까? 스쿱은 잡 개념을 갖고 있으며, 이를 통해 이 정보를 저장하고 향후 실행에서 재사용할 수 있다.

```
$ sqoop job --create stock_increment -- import \
  --append \
  --check-column "quote_date" \
  --incremental "lastmodified" \
  --last-value "2005-01-01" \
  --connect jdbc:mysql://localhost/sqoop_test \
  --username hip_sqoop_user \
  --table stocks
```

여기서는 이 명령의 개념을 스쿱 메타 저장소라는 곳에 저장하고 있다. 스쿱 메타 저장소는 모든 잡을 추적한다. 기본적으로 메타저장소는 .sqoop 아래에 있는 홈 디렉터리에 들어있으며, 여러분의 잡에만 사용된다. 이런 잡을 공유하고 싶다면 JDBC 호환 데이터베이스를 설치하고 잡 명령을 내보낼 때 --meta-connect 인자를 사용해 위치를 지정해야 한다.

앞의 예제에서 실행한 job create 명령은 메타 저장소에 잡을 추가하는 것 외에 아무 작업도 하지 않는다. 잡을 실행하려면 다음과 같이 명시적으로 실행해야 한다.

```
$ sqoop job --list          ← 메타 저장소의 모든 잡을 나열
Available jobs:
  stock_increment
                                      잡을 실행
$ sqoop job --exec stock_increment  ←

$ sqoop job --show stock_increment  ← 잡에 대한 메타데이터 정보를 보여준다.
...
incremental.last.value = 2011-11-24 15:09:38.0   ← ❶
...
```

❶ 메타데이터에는 점증적 칼럼의 마지막 값도 들어 있다. 이 값은 실제로는 명령이 실행된 시간이며, 테이블에서 보이는 마지막 값이 아니다. 이 기능을 사용할 때는 데이터베이스 서버 및 서버와 상호작용하는 클라이언트(스쿱 클라이언트 포함)의 시간이 네트워크 시간 프로토콜(NTP)과 동기화돼 있어야 한다.

아쉽지만 사용자명과 비밀번호를 사용해 로컬 파일을 참조하는 --options-file 인자는 스쿱의 잡에서는 사용할 수 없다. 또, 잡을 생성할 때는 비밀번호도 지정할 수 없다. 대신 스쿱은 잡을 실행할 때 비밀번호를 묻는다. 자동화된 스크립트에서 이를 적용하려면 리눅스 자동화 툴인 Expect를 사용해 스쿱에서 비밀번호를 요구할 때 로컬 파일로부터 비밀번호를 제공해야 한다. 스쿱과 연동되는 Expect 스크립트의 소스는 http://goo.gl/yL4KQ에서 받을 수 있다.

빠른 MySQL 임포트

JDBC를 전부 건너뛰고 고속 MySQL 스쿱 커넥터를 사용해 HDFS로 데이터를 빠르게 로드하고 싶다면 어떻게 해야 할까? 이때는 MySQL에서 제공하는 mysqldump 유틸리티를 사용해 로드를 수행하면 된다. 이 경우 mysqldump가 맵리듀스 작업을 실행하는 사용자의 PATH에 반드시 포함돼 있어야 한다. 고속 커넥터를 사용하려면 --direct 인자를 지정해야 한다.

```
$ hadoop fs -rmr stocks
$ sqoop --options-file ~/.sqoop_import_options.txt \
  --direct \
  --connect jdbc:mysql://localhost/sqoop_test \
  --table stocks
```

고속 커넥터의 단점에는 어떤 게 있을까? 우선 현재 MySQL과 PostgreSQL만 지원한다는 단점이 있다. 또, 고속 커넥터는 텍스트 출력 파일하고만 호환된다. 따라서 애브로나 시퀀스 파일을 출력 형식으로 지정할 수 없다.

하이브로 데이터 불러오기

마지막으로 스쿱을 활용해 데이터를 하이브 테이블로 불러와 보자. HDFS로 불러올 때와 하이브로 불러올 때의 차이점은 하이브로 불러올 때는 그림 2.23에 나온 것처럼 하이브 테이블이 생성되고 로드되는 후처리 과정이 존재한다는 점뿐이다.

스쿱 하이브 임포트(다이어그램에서 4단계)처럼 HDFS 파일이나 디렉터리에서 하이브로 데이터를 로드할 때 하이브는 성능을 위해 데이터를 복사하는 대신(5단계) 디렉터리를 웨어하우스로 옮긴다. 데이터를 불러오고 나면 스쿱 맵리듀스 잡에서 데이터를 쓰는 HDFS 디렉터리는 더는 존재하지 않게 된다.

하이브 임포트는 --hive-import 인자를 통해 트리거된다. 고속 커넥터와 마찬가지로 이 옵션도 --as-avrodatafile 및 --as-sequence-file 옵션과 호환되지 않는다.

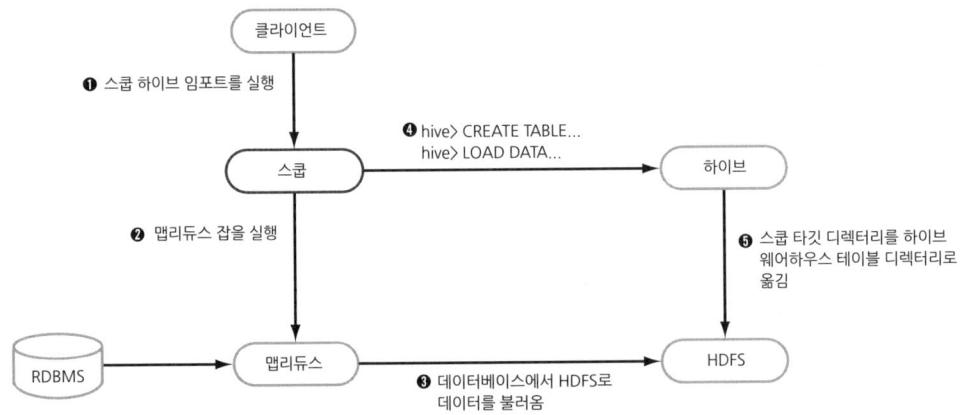

그림 2.23 스쿱 하이브 임포트 이벤트의 5단계

```
$ hadoop fs -rmr stocks
$ sqoop --options-file ~/.sqoop_import_options.txt \
    --hive-import\
    --connect jdbc:mysql://localhost/sqoop_test \
    --table stocks
```

```
$ hive
hive> select * from stocks;
OK
1   AAPL    2009-01-02    85.88    91.04    85.16    90.75    26643400    90.75
2   AAPL    2008-01-02    199.27   200.26   192.55   194.84   38542100    194.84
3   AAPL    2007-01-03    86.29    86.58    81.9     83.8     44225700    83.8
4   AAPL    2006-01-03    72.38    74.75    72.25    74.75    28829800    74.75
...
```

> **하이브 구분자를 담고 있는 문자열 불러오기**
>
> 하이브의 구분자(\n,\r, \01 문자) 중 하나를 포함하는 칼럼을 불러올 때는 다운스트림 처리 문제가 생기기 마련이다. 이런 경우 두 가지 옵션을 사용할 수 있다. 우선 불러오기 과정에서 충돌하는 문자를 제거하는 --hive-drop-import-delims를 지정하는 방법과 충돌하는 문자를 다른 문자로 대체하는 --hive-delims-replacement 옵션이다.

하이브 테이블이 이미 존재한다면 데이터는 기존 테이블에 첨부(append)된다. 만일 이런 동작을 원하지 않는다면 --hive-overwrite 인자를 사용해 불러온 데이터로 기존 테이블을 대체하게 지정할 수 있다.

하이브에 있는 데이터는 압축할 수도 있다. LZOP 압축 코덱은 하둡에서 사용할 수 있는 유일한 분할 가능 코덱[12]이므로(자세한 내용은 5장 참고) 하이브 압축에는 이 코덱을 사용해야 한다. 다음 예제에서는 LZOP 압축 활성화와 연계해 --hive-overwrite를 사용하는 법을 보여준다. 이 작업이 제대로 동작하려면 LZOP(LZOP은 하둡 또는 CDH에서 기본으로 제공하지 않으므로)을 클러스터에 빌드하고 설치해야 한다. 자세한 내용은 5장을 참고하자.

```
$ hive
hive> drop table stocks;

$ hadoop fs -rmr stocks

$ sqoop --options-file ~/.sqoop_import_options.txt \
  --hive-import\
  --hive-overwrite \
  --compress\
  --compression-codec com.hadoop.compression.lzo.LzopCodec\
```

---

[12] bzip2 또한 하둡에서 사용할 수 있는 분할 가능 압축 코덱이지만 쓰기 성능이 매우 떨어지므로 실제로는 거의 사용하지 않는다.

```
--connect jdbc:mysql://localhost/sqoop_test \
--table stocks
```

끝으로 --hive-partition-key 및 --hive-partition-value를 사용해 불러오는 칼럼 값별로 서로 다른 하이브 파티션을 생성할 수 있다. 예를 들어 날짜별로 입력 데이터를 나누고 싶다면 다음과 같이 하면 된다.

```
$ hive
hive> drop table stocks;

$ hadoop fs -rmr stocks

$ read -d '' query << "EOF"
SELECT id, quote_date, open_price
FROM stocks
WHERE symbol = "AAPL" AND $CONDITIONS
EOF

$ sqoop --options-file ~/.sqoop_import_options.txt \
  --query"$query"\
  --split-by id\
  --hive-import\
  --hive-table stocks \
  --hive-overwrite \
  --hive-partition-key symbol\
  --hive-partition-value "AAPL" \
  --connect jdbc:mysql://localhost/sqoop_test \
  --target-dir stocks

$ hadoop fs -lsr /user/hive/warehouse
/user/hive/warehouse/stocks/symbol=AAPL/part-m-00000
/user/hive/warehouse/stocks/symbol=AAPL/part-m-00001
...
```

물론 앞의 예제는 전혀 최적화가 안 돼 있다. 한 번의 불러오기로 여러 개의 하이브 파티션을 생성하는 게 성능상으로는 가장 좋다. 여기서는 단일 키와 값을 지정하도록 제한돼 있으므로 고유 파티션 값별로 임포트를 수행해야 하는 만큼 작업량이 많다. 이보다는 논파티션 하이브 테이블로 불러오고, 데이터가 로드된 후 테이블 상에서 소급해서 파티션을 생성하는 게 더 좋다.

또, 스쿱에 제공하는 SQL 쿼리에서는 파티션에 해당하는 데이터만 포함되게끔 결과 필터링을 처리하는 작업도 수행해야 한다. 다시 말해, 파티셔닝 작업을 직접 하는 대신 스쿱에서 WHERE 절을 symbol="AAPL"로 업데이트하는 게 더 좋다는 뜻이다.

정리

물론 스쿱을 사용하려면 하둡 클러스터가 MySQL 데이터베이스에 접근할 수 있어야 한다. 보통 설정 잘못이나 하둡 노드에서 연결할 수 없어서 문제가 생긴다. 이 경우 하둡 노드 중 한 곳에 로그인하고 MySQL 클라이언트를 사용해 MySQL 서버로 연결을 시도해보고, 고속 커넥터를 사용하는 경우 mysqldump 유틸리티로 접근을 시도해보는 게 좋다.

고속 커넥터를 사용할 때 주의할 또 다른 점은 고속 커넥터에서는 각 하둡 노드에 mysqldump가 설치돼 있고, 맵 태스크를 실행하는 사용자 경로 내에 있다고 가정한다는 점이다.

HBase

하둡으로 데이터를 옮기는 주제와 관련해 마지막으로 HBase를 살펴보자. HBase는 실시간 칼럼 지향 데이터베이스로, 하둡 클러스터와 같은 하드웨어나 하둡 클러스터와 가까운 곳에 위치한다. 맵리듀스에서 HBase 데이터와 직접 연동하는 기능이나 이를 HDFS로 집어넣는 기능은 HBase를 솔루션으로 선택할 때 누릴 수 있는 큰 장점 중 하나다.

이 절에서는 두 가지 기법을 소개한다. 첫 번째 기법에서는 HBase 데이터를 HDFS로 불러오는 방법에 초점을 맞추고, 두 번째 기법에서는 HBase를 맵리듀스 작업의 데이터 소스로 활용하는 법을 다룬다.

첫 번째 기법을 다루는 이 절에서는 HBase 테이블을 HDFS로 복사할 수 있게끔 HBase에서 기본으로 제공하는 툴을 사용하는 법을 배운다.

기법 6. HDFS로의 HBase 인그레스

맵리듀스에서 HDFS 내 데이터와 연계해 활용하려는 고객 데이터가 HBase에 들어 있다면 어떻게 해야 할까? 이때는 HDFS 데이터셋을 입력값으로 받는 맵리듀스 잡을 작성하고, 맵이나 리듀스 코드를 통해 HBase로부터 직접 데이터를 가져올 수 있다. 하지만 때로는 HBase에 있는 데이터 덤프를 HDFS에 직접 집어넣는 게 도움될 때가 있다. 특히 여러 맵리듀스 잡에서 해당 데이터를 사용할 계획이고, HBase의 데이터가 수정 불가능하거나 잘 변하지 않는 경우가 이에 해당한다.

문제

HBase의 데이터를 어떻게 HDFS에 집어넣을까?

해결책

HBase에는 HBase 데이터를 시퀀스파일 형식으로 HDFS에 집어넣는 데 사용할 수 있는 Export 클래스가 있다. 이 기법에서는 불러온 HBase 데이터를 읽는 데 사용할 수 있는 코드를 차근차근 소개하겠다.

문제 풀이

이 기법을 사용하기 전에 먼저 HBase를 구동해야 한다[13]. HBase로부터 데이터를 불러오려면 HBase로 데이터를 로드해야 한다. 필자가 작성한 로더에서는 family, details라는 단일 칼럼을 사용해 stocks_example 테이블을 HBase에 생성한다. HBase 데이터는 바이너리 직렬화된 애브로 데이터로 저장한다. 여기서는 코드를 다루지 않지만, 이 코드는 깃허브(https://github.com/alexholmes/hadoop-book/blob/master/src/main/java/com/manning/hip/ch2/HBaseWriteAvroStock.java)에서 내려받을 수 있다.

그럼 로더를 실행하고 로더를 이용해 예제 주가 데이터를 HBase로 로드해보자.

```
$ bin/run.sh com.manning.hip.ch2.HBaseWriteAvroStock \
    test-data/stocks.txt
```

HBase 셸을 사용하면 로드 결과를 확인할 수 있다. 아무 인자도 지정하지 않고 list 명령을 사용하면 HBase의 모든 테이블을 볼 수 있다. 또 한 개의 인자를 사용해 scan 명령을 사용하면 테이블의 전체 덤프를 볼 수 있다.

```
$ hbase shell

hbase(main):012:0> list
stocks_example
1 row(s) in 0.0100 seconds

hbase(main):007:0> scan 'stocks_example'
ROW               COLUMN+CELL
AAPL2000-01-03    column=details:stockAvro,    timestamp=1322315975123,...
AAPL2001-01-02    column=details:stockAvro,    timestamp=1322315975123,...
...
```

---

[13] 부록 A에서는 HBase에 대한 설치 설명 및 참고할 만한 추가 자료를 볼 수 있다.

이제 데이터가 모두 준비됐으니 이를 HDFS로 내보낼 차례다. HBase에서는 HBase 테이블을 덤프하는 org.apache.hadoop.hbase.mapreduce.Export 클래스를 기본으로 제공한다. Export 클래스를 사용하는 예제 코드는 전체 HBase 테이블을 내보내는 다음 코드에서 볼 수 있다.

```
$ bin/run.sh org.apache.hadoop.hbase.mapreduce.Export\
            stocks_example \         ◀── 내보낼 HBase 테이블
            output                   ◀── 내보낸 테이블을 쓸 HDFS 디렉터리
```

Export 클래스는 단일 칼럼 패밀리 내보내기 기능도 지원하며, 다음 출력 결과를 압축할 수도 있다.

```
$ bin/run.sh org.apache.hadoop.hbase.mapreduce.Export\
  -D hbase.mapreduce.scan.column.family=details \   ◀── 내보낼 칼럼 형식을 지정한다.
  -D mapred.output.compress=true \                  ◀── 출력값을 압축해야 한다고 지정한다.
  -D mapred.output.compression.codec=\              ◀── ❶
org.apache.hadoop.io.compress.SnappyCodec \
  stocks_example output
```

❶ 압축 코덱(이 경우 스내피)을 설정한다. 시퀀스파일은 내부적으로 압축을 적용하는데 여기서는 압축된 내용을 분할할 필요가 없으므로 압축 코덱으로 스내피가 적합하다.

Export 클래스는 HBase 출력 결과를 시퀀스파일 형식으로 쓴다. 이때 HBase의 행키는 org.apache.hadoop.hbase.io.ImmutableBytesWritable을 사용해 시퀀스파일 레코드 키에 저장되고, HBase 값은 org.apache.hadoop.hbase.client.Result를 사용해 시퀀스파일 레코드 값에 저장된다. 그럼 이렇게 내보낸 데이터를 HDFS에서 처리하려면 어떻게 해야 할까? 다음 코드에서는 HBase 시퀀스파일을 읽고 애브로 주식 레코드를 추출하는 예제를 볼 수 있다[14].

애브로 주식 레코드 추출을 위한 HBase 시퀀스파일 읽기

```
...
import static com.manning.hip.ch2.HBaseWriteAvroStock.*;
```

---

[14] 깃허브 소스 — https://github.com/alexholmes/hadoop-book/blob/master/src/main/java/com/manning/hip/ch2/HBaseExportedStock-Reader.java

```java
public class HBaseExportedStockReader {
  public static void main(String... args) throws IOException {
    read(new Path(args[0]));
  }

  public static void read(Path inputPath) throws IOException {
    Configuration conf = new Configuration();
    FileSystem fs = FileSystem.get(conf);

    SequenceFile.Reader reader =          ◀────── 시퀀스파일 리더를 준비
      new SequenceFile.Reader(fs, inputPath, conf);

                                                  애브로 리더를 준비
    HBaseScanAvroStock.AvroStockReader stockReader =  ◀──────
      new HBaseScanAvroStock.AvroStockReader();

    try {
      ImmutableBytesWritable key = new ImmutableBytesWritable();
      Result value = new Result();

      while (reader.next(key, value)) {   ◀────── 모든 시퀀스파일 레코드를 순회한다.

        Stock stock = stockReader.decode(value.getValue(   ◀────── ❶
          STOCK_DETAILS_COLUMN_FAMILY_AS_BYTES,
          STOCK_COLUMN_QUALIFIER_AS_BYTES));

                                                         행키 및 Stock 객체를 표준 출력에 쓴다.
        System.out.println(new String(key.get()) + ": " +   ◀──────
          ToStringBuilder
            .reflectionToString(stock, ToStringStyle.SIMPLE_STYLE));
      }
    } finally {
      reader.close();
    }
  }
}
```

❶ HBase 칼럼 패밀리/한정자 값의 바이트 배열 내용을 Avro Stock 빈에 디코딩한다. 여기서 사용한 상수는 HBaseWriteAvroStock 클래스에 정의돼 있다.

이 코드는 내보내기에 사용한 HDFS 디렉터리를 대상으로 실행할 수 있으며 다음과 같은 결과를 볼 수 있다.

```
$ bin/run.sh com.manning.hip.ch2.HBaseExportedStockReader\
  output/part-m-00000
AAPL2000-01-03: AAPL,2000-01-03,104.87,...
AAPL2001-01-02: AAPL,2001-01-02,14.88,...
AAPL2002-01-02: AAPL,2002-01-02,22.05,...
...
```

HBaseExportedStockReader 클래스는 HBase의 Export 클래스에서 사용한 시퀀스파일의 내용을 읽고 덤프할 수 있다.

정리

HBase에서 HDFS로 데이터를 내보내는 작업은 내장 HBase Export 클래스를 사용하면 훨씬 쉽게 할 수 있다. 그런데 HBase 데이터를 HDFS에 쓰지 않고 맵리듀스 잡에서 직접 처리하고 싶다면 어떻게 해야 할까? 이번에는 HBase를 맵리듀스 잡의 데이터 소스로 활용하는 법을 살펴보자.

기법 7. HBase를 데이터 소스로 활용하는 맵리듀스

내장 HBase Export 클래스는 시퀀스파일을 사용해 HBase 데이터를 쓴다. 하지만 이 파일은 자바 같은 프로그래밍 언어에서 지원하지 않으며, 스키마 진화(evolution)도 지원하지 않는다. 또, 데이터 싱크로 하둡 파일 시스템만 지원한다. HBase에서 내보내는 데이터를 좀 더 제어하려면 내장 HBase 기능 이외의 기능을 찾아봐야 한다.

문제

데이터를 HDFS로 복사하는 중간 과정 없이 HBase 상의 맵리듀스 잡에서 직접 작업하려면 어떻게 해야 할까?

해결책

HBase는 맵리듀스 잡에서 HBase로부터 데이터를 직접 가져오는 데 사용할 수 있는 TableInputFormat 클래스를 제공한다. 이 InputFormat 클래스를 사용해 HDFS에 애브로 파일을 쓰면 된다.

문제 풀이

다음 예제에서는 TableInputFormat을 사용해 HBase로부터 데이터를 읽는 법을 보여준다. 이 예제에서는 데이터를 HDFS에 애브로 형식으로 쓴다[15].

맵리듀스를 사용해 HBase 데이터를 HDFS로 불러오기

```java
public class HBaseSourceMapReduce extends
    TableMapper<Text, DoubleWritable> {

  private HBaseScanAvroStock.AvroStockReader stockReader;
  private Text outputKey = new Text();
  private DoubleWritable outputValue = new DoubleWritable();

  @Override
  protected void setup(
      Context context)
      throws IOException, InterruptedException {
    stockReader = new HBaseScanAvroStock.AvroStockReader();
  }

  @Override
  public void map(ImmutableBytesWritable row, Result columns,
              Context context)
      throws IOException, InterruptedException {
    for (KeyValue kv: columns.list()) {         ❶
      byte[] value = kv.getValue();              ← 값을 추출한다.

      Stock stock = stockReader.decode(value);   ← 칼럼 값에서 애브로 객체를 추출한다.

      outputKey.set(stock.symbol.toString());
      outputValue.set(stock.close);
      context.write(outputKey, outp49utValue);   ← 주가 종목명 및 종가를 출력한다.
    }
  }

  public static void main(String[] args) throws Exception {
    Configuration conf = new Configuration();
```

---

15 깃허브 소스 — https://github.com/alexholmes/hadoop-book/blob/master/src/main/java/com/manning/hip/ch2/HBaseSourceMapReduce.java

```
    Scan scan = new Scan();
    scan.addColumn(STOCK_DETAILS_COLUMN_FAMILY_AS_BYTES,    ←——— ❷
      STOCK_COLUMN_QUALIFIER_AS_BYTES);

Job job = new Job(conf);
job.setJarByClass(HBaseSourceMapReduce.class);

TableMapReduceUtil.initTableMapperJob(    ←——— ❸
    STOCKS_TABLE_NAME, ←——— 잡의 데이터 소스가 되는 HBase의 테이블명
    scan,  ←——— 앞서 정의한 Scan 객체
    HBaseSourceMapReduce.class, ←
    ImmutableBytesWritable.class,    매퍼의 클래스명
    Put.class, ←
    job);           맵 출력 키의 클래스

job.setNumReduceTasks(0);
...
```

❶ 행키의 모든 값을 순회하고 main 메서드에 정의된 조건을 찾는다.
❷ 제공된 기준에 따라 테이블의 내용을 필터링하는 데 HBase가 사용할 HBase Scan 객체를 생성한다. 여기서는 스캔하려는 칼럼 패밀리와 한정자를 지정하고 있다.
❸ 잡의 맵 설정 파라미터를 설정하기 위해 HBase의 헬퍼 메서드를 사용한다.

이 맵리듀스 잡은 다음과 같이 실행하면 된다.

```
$bin/run.sh   com.manning.hip.ch2.HBaseSourceMapReduce output
```

HDFS를 간단히 살펴보면 맵리듀스 잡이 예상대로 동작했는지 확인할 수 있다.

```
$ hadoop fs -cat output/part*
AAPL    111.94
AAPL    14.88
AAPL    23.3
```

이 출력 결과를 보면 맵리듀스 잡이 예상대로 동작한 것을 알 수 있다.

정리

TableInputFormat 클래스는 HBase를 살펴보고 각 HBase 테이블 영역별로 분할된 입력 값을 생성한다. 예를 들어 10개의 HBase 영역이 있다면 10개의 맵 태스크가 실행된다. 또,

입력 분할 값에는 해당 영역을 호스팅하는 서버도 들어 있다. 이 말은 맵 태스크가 데이터를 호스팅하는 HRegionServer와 같은 노드 상에서 실행 예약된다는 뜻이다. 이는 HBase 레벨 및 HDFS 레벨에서 로컬리티를 부여한다. 어느 정도 시간이 지나면 영역의 데이터는 모두 로컬 데이터가 되므로 영역에서 읽는 데이터는 주로 로컬 디스크로부터 가져온다. 여기서는 HRegionServer가 데이터 노드와 같은 호스트에서 실행된다고 가정한다.

이로써 하둡으로 데이터를 옮기는 방법에 대한 설명은 모두 끝났다. 이 과정에서 로그 데이터, 바이너리 데이터, 관계형 데이터 등 다양한 데이터 유형을 다뤘다. 또, 배포 환경에서 데이터 인그레스를 자동화하는 데 유용한 툴도 살펴봤다.

이제 데이터 인그레스 기법을 다뤘으니 하둡 외부로 데이터를 옮기는 주제로 넘어가보자.

2.3 하둡 밖으로 데이터 옮기기

하둡으로 데이터를 가져온 후에는 이 데이터를 다른 데이터셋과 조인해 결과를 만드는 일이 많다. 이 시점에서 결과 데이터는 앞으로의 접근을 위해 HDFS에 보관하거나 하둡 밖으로 내보낸다. 이 예제 시나리오에서는 OLTP 데이터베이스로부터 데이터를 가져오고, 데이터에 대해 기계학습 활동을 수행한 후, 결과를 배포 시스템에서 사용할 수 있게 OLTP 데이터베이스로 다시 복사하는 법을 다룬다.

이 절에서는 일반 파일을 HDFS에서 로컬 파일시스템으로 옮기는 과정을 자동화하는 법을 살펴본다. 또, 관계형 데이터베이스 및 HBase로의 데이터 이그레스 방법도 배운다. 그럼 먼저 HDFS 슬러퍼를 사용해 하둡 외부로 데이터를 복사하는 법부터 살펴보자.

로컬 파일시스템으로의 이그레스

49페이지의 반구조화된 데이터 및 바이너리 파일 집어넣고 가져오기에서는 반구조화 및 바이너리 데이터를 HDFS로 옮기는 두 가지 방법을 살펴봤다. 이들 방법은 각 HDFS 파일 슬러퍼 오픈소스 프로젝트와 우지를 활용한 데이터 인그레스 트리거다. 인그레스와 이그레스에 로컬 파일시스템을 사용할 때의 어려운 점은 클러스터에서 실행 중인 맵 및 리듀스 태스크가 특정 서버의 파일시스템에 접근할 수 없다는 점이다. 이때는 HDFS에서 파일시스템으로 데이터를 옮기기 위해 다음의 세 가지 옵션 중 하나를 활용해야 한다.

- 웹 서버같은 서버에서 프록시 티어를 호스팅한다. 그런 다음 맵리듀스를 사용해 이 호스팅 티어에 쓴다.
- 맵리듀스에서 로컬 파일시스템에 쓰고 후처리 단계에서 원격 서버의 스크립트를 트리거해 데이터를 옮긴다.
- 원격 서버에서 프로세스를 실행해 HDFS로부터 직접 데이터를 가져온다.

이 중 가장 간단하고 효율적인 세 번째 접근 방식을 선호한다. 따라서 이 절에서도 이 방식을 사용한다. 여기서는 HDFS 슬러퍼를 사용해 자동으로 HDFS에서 로컬 파일시스템으로 파일을 옮기는 법을 살펴본다.

기법 8. HDFS 외부로의 파일 복사 자동화

맵리듀스로 HDFS에 쓰는 파일이 있고, 로컬 파일시스템으로의 파일 쓰기 과정을 자동화하고 싶다고 가정하자. 이런 기능은 어떤 하둡 툴에서도 지원하지 않으므로 다른 방법을 찾아봐야 한다.

문제
HDFS에서 로컬 파일시스템으로의 파일 이동을 어떻게 자동화할 수 있을까?

해결책
HDFS 파일 슬러퍼를 활용해 HDFS에서 로컬 파일시스템으로 파일을 복사할 수 있다. 이 기법에서는 HDFS 파일 슬러퍼를 설정하고 실행하는 법을 다룬다.

문제 풀이
이 절의 목적은 HDFS 파일 슬러퍼 프로젝트[16]를 사용해 자동화를 돕는 것이다. HDFS 파일 슬러퍼에 대해서는 73페이지의 반구조화된 데이터 및 바이너리 파일 집어넣고 가져오기에서 자세히 다룬 바 있다(이 절의 내용을 읽기 전에 73페이지의 반구조화된 데이터 및 바이너리 파일 집어넣고 가져오기를 먼저 읽을 것을 권장한다). HDFS 파일 슬러퍼는 HDFS에서 로컬 디렉터리로의 데이터 이동 기능도 지원한다. 이때 해야 할 일은 슬러퍼의 다음 설정 파일에서 볼 수 있듯 소스 디렉터리와 대상 디렉터리를 지정하는 것뿐이다.

```
SRC_DIR = hdfs:/tmp/slurper/in
WORK_DIR = hdfs:/tmp/slurper/work
COMPLETE_DIR = hdfs:/tmp/slurper/complete
ERROR_DIR = hdfs:/tmp/slurper/error
DEST_STAGING_DIR = file:/tmp/slurper/stage
DEST_DIR = file:/tmp/slurper/dest
```

여기서는 소스 디렉터리가 HDFS에 있을 뿐 아니라 작업, 완료, 에러 디렉터리도 HDFS에 있는 것을 볼 수 있다. 이렇게 하는 이유는 파일시스템 사이에서 파일을 복사하는 연산 부담을 주지 않으면서 디렉터리 사이에서 파일을 자동으로 옮길 수 있어야 하기 때문이다.

---
[16] https://github.com/alexholmes/hdfs-file-slurper 참고

정리

이쯤에서 맵리듀스 잡을 사용해 쓴 디렉터리를 복사하게끔 어떤 식으로 슬러퍼를 트리거하는지 궁금한 독자도 있을 것이다. 맵리듀스 잡이 성공적으로 완료되면 작업 출력 디렉터리에 _SUCCESS라는 파일이 생성된다. 이 파일이야말로 콘텐츠를 로컬 파일시스템으로 복사하는 이그레스 프로세스를 시작하게 하는 데 안성맞춤이다. 사실 우지에는 하둡 'success' 파일을 감지할 때 작업 흐름을 트리거할 수 있는 메커니즘이 있다. 하지만 문제는 우지에서 수행하는 작업은 맵리듀스에서 이뤄지므로 전송을 직접 수행하는 데 사용할 수 없다는 점이다.

독자들은 HDFS를 폴링해 완료된 디렉터리를 찾고 파일 복사 프로세스를 트리거하는 커스텀 스크립트를 작성할 수 있다. 이런 파일 복사 프로세스는 슬러퍼이거나 소스 파일을 그대로 보관해야 하는 경우 단순 hadoop fs-get 명령이 될 수 있다.

다음 주제에서는 하둡에서 관계형 데이터베이스로 데이터를 쓰는 법을 살펴본다.

데이터베이스

데이터베이스는 주로 두 가지 상황 중 하나에서 하둡 데이터 이그레스의 타깃이 된다. 즉, 데이터를 배포 시스템에서 사용하기 위해 배포 데이터베이스로 옮기는 경우나 비즈니스 인텔리전스 및 분석을 위해 OLAP 데이터베이스로 데이터를 옮기는 경우다.

이 절에서는 아파치 스쿱을 사용해 하둡에서 MySQL 데이터베이스로 데이터를 내보낸다. 스쿱은 데이터베이스 불러오기/내보내기 작업을 단순화해주는 툴이다. 스쿱은 기법 5에서 자세히 다룬 바 있다.

이번에는 HDFS에서 스쿱으로 데이터를 내보내는 과정을 차근차근 살펴본다. 또, 일반 커넥터를 사용하는 방법과 고속 커넥터를 사용한 대용량 불러오기 방법을 함께 다룬다.

기법 9. 스쿱을 활용한 MySQL로의 데이터 내보내기

하둡은 대부분의 관계형 데이터베이스에서 처리하기 어려운 대규모 연산을 수행하는 데 탁월하다. 이 때문에 OLTP 데이터를 HDFS로 추출해 분석을 수행한 후 다시 데이터베이스로 내보내는 일이 흔하게 일어난다.

문제
관계형 데이터베이스에 데이터를 쓰면서 동시에 쓰기 멱등성을 보장하려면 어떻게 해야 할까?

해결책

이 기법에서는 스쿱을 활용해 텍스트 파일을 관계형 데이터베이스로 내보내는 방법과, 커스텀 필드 및 레코드 구분자를 사용해 파일과 연동하게끔 스쿱을 설정하는 법을 다룬다. 또, 실패한 내보내기 작업이 데이터베이스를 비일관적인 상태로 놔두지 않게끔 멱등적 내보내기를 수행하는 법도 살펴본다.

문제 풀이

이 기법에서는 독자들이 기법 4의 설명대로 이미 MySQL을 설치하고 스키마를 생성했다고 가정한다.

스쿱 내보내기를 하려면 내보낼 데이터베이스가 이미 존재해야 한다. 스쿱은 테이블의 행 삭제 및 업데이트를 둘 다 지원한다.

데이터를 데이터베이스로 내보내는 작업에서는 불러오기 절에서 살펴본 인자를 대부분 사용한다. 차이점은 내보내기 작업에서는 내보낼 HDFS 디렉터리를 알 수 있게끔 --export-dir 인자를 사용한다는 점이다. 또, 명령행에서 안전하지 않게 비밀번호를 제공하지 않게끔 내보내기용 옵션 파일을 별도로 생성해야 한다.

```
$ cat > ~/.sqoop_export_options.txt << EOF
export
--username
hip_sqoop_user
--password
password
--connect
jdbc:mysql://localhost/sqoop_test
EOF
$ chmod 700 ~/.sqoop_export_options.txt
```

우선 다음 명령에 나온 것처럼 작업을 시작할 수 있게 MySQL에서 HDFS로 데이터를 내보낸다.

```
$ hadoop fs -rmr stocks
$ sqoop --options-file ~/.sqoop_import_options.txt \
    --connect jdbc:mysql://localhost/sqoop_test --table stocks
```

스쿱 임포트 결과는 다음 코드에서 볼 수 있듯이 HDFS 내 여러 개의 CSV 파일이 된다.

```
$ hadoop fs -cat stocks/part-m-00000 | head
1,AAPL,2009-01-02,85.88,91.04,85.16,90.75,26643400,90.75
2,AAPL,2008-01-02,199.27,200.26,192.55,194.84,38542100,194.84
...
```

스쿱이 HDFS에서 MySQL로 데이터를 내보낼 때는 타깃 테이블이 stocks_export이고 데이터를 HDFS의 stocks 디렉터리에서 내보내도록 지정한다.

```
$ sqoop --options-file ~/.sqoop_export_options.txt \
    --export-dir stocks \
    --table stocks_export
```

기본적으로 스쿱은 내보내기에서 타깃 데이터베이스 테이블로 삽입을 수행한다. --update-mode 인자를 사용하면 업데이트를 수행할 수도 있다. 이때 updateonly 값을 사용하면 일치하는 키가 없을 경우 업데이트 작업에 실패한다. allowinsert는 일치하는 키가 존재하지 않으면 삽입을 수행한다. 업데이트를 수행하는 데 사용하는 테이블 칼럼명은 --update-key 인자를 통해 지정한다. 다음 예제에서는 주 키를 사용해 업데이트만 수행하게끔 지시한다.

```
$ sqoop --options-file ~/.sqoop_export_options.txt \
    --update-mode updateonly \
    --update-key id \
    --export-dir stocks \
    --table stocks_export
```

입력 데이터 형식 지정

기본 스쿱 설정을 대체하는 데 사용할 수 있는 몇 가지 옵션이 있다. 이런 옵션은 입력 데이터를 파싱하는 데 사용할 수 있다. 표 2.6에는 이들 옵션이 정리돼 있다.

멱등적 내보내기

내보내기를 수행하는 스쿱 맵 태스크는 데이터베이스 쓰기에 다중 트랜잭션을 사용한다. 스쿱 내보내기 맵리듀스 잡이 실패하면 테이블에는 부분 쓰기가 포함될 수 있다. 멱등적 데이터베이스 쓰기를 위해 스쿱이 맵리듀스 쓰기를 중간 테이블에 수행하게 할 수 있다. 잡이 성공적으로 완료되면 중간 테이블은 단일 트랜잭션으로 타깃 테이블로 이동하며, 이는 멱등적이다. 이와 같은 이벤트 흐름은 그림 2.24에서 볼 수 있다.

표 2.6 입력 데이터의 포매팅 옵션

인자	기본값	설명
--input-enclosed-by	(없음)	문자를 감싸는 필드. 모든 필드는 이 문자로 감싸야 한다(필드를 감싸는 문자가 필드 내에 있다면 해당 필드를 감싸기 위해 --input-optionally-enclosed-by 옵션을 사용해야 한다).
--input-escaped-by	(없음)	이스케이프 문자. 다음 글자는 문자 그대로 추출하며, 파싱하지 않는다.
--input-fields-terminated-by	','	필드 구분자.
--input-lines-terminated-by	'\n'	줄 종료자.
--input-optionally-enclosed-by	(없음)	필드를 감싼 문자. 이 인자는 필드 구분 문자가 들어 있는 필드에만 적용된다는 점을 제외하면 --input-enclosed-by와 같다. 예를 들어 CSV에서는 콤마가 들어 있을 때에만 필드를 큰따옴표로 감싸는 일이 자주 있다.

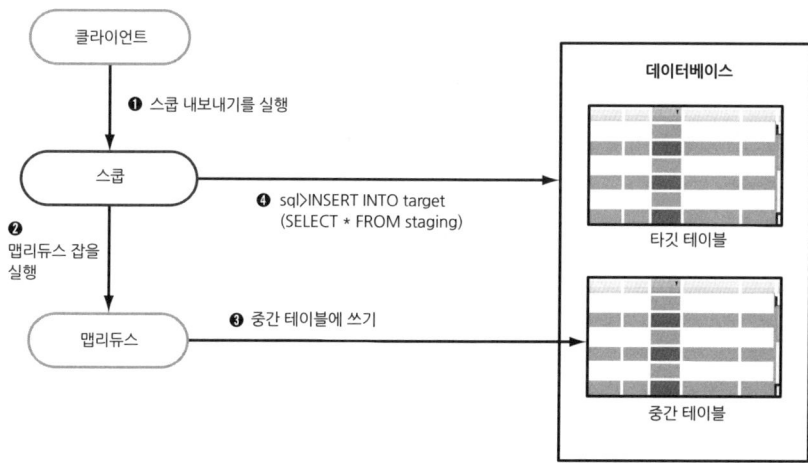

그림 2.24 멱등적 쓰기를 보장하는 데 도움되는 스쿱의 4단계 이벤트 흐름

다음 예제에서 중간 테이블은 stocks_staging이고, 스쿱이 --clear-staging-table 인자를 통해 맵리듀스 잡이 시작되기 전에 테이블을 삭제하게 하고 있다.

```
$ sqoop --options-file ~/.sqoop_export_options.txt \
        --export-dir stocks \
        --table stocks_export \
        --staging-table stocks_staging \
        --clear-staging-table
```

직접 내보내기

앞에서는 불러오기 기법에서 mysqldump를 활용한 최적화의 일환으로 고속 커넥터를 사용한 바 있다. 스쿱 내보내기 기능에서도 고속 커넥터 사용을 지원하며, 이때는 mysqlimport 툴을 사용한다. 클러스터 상의 모든 노드에는 mysqlimport가 설치돼 있어야 하며 맵리듀스 잡을 실행하는 데 사용되는 사용자의 PATH 내에 존재해야 한다. 아울러 불러오기와 마찬가지로 --direct 인자를 사용해 고속 커넥터 사용을 활성화한다.

```
$ sqoop --options-file ~/.sqoop_export_options.txt \
    --direct \
    --export-dir stocks \
    --table stocks_export
```

MYSQLIMPORT를 활용한 멱등적 내보내기

스쿱은 고속 커넥터와 중간 테이블(일반 커넥터를 사용할 때 멱등적 쓰기를 보장하는)을 연동해 사용하는 기능을 지원하지 않는다. 하지만 조금만 노력하면 고속 커넥터를 사용할 때도 멱등적 쓰기를 구현할 수 있다. 이때는 고속 커넥터를 사용해 중간 테이블에 쓰고, 삽입 명령을 트리거해 데이터를 타깃 테이블로 자동으로 복사하면 된다. 그럼 전체 과정이 다음과 같이 진행된다.

```
$ sqoop --options-file ~/.sqoop_export_options.txt \
    --direct \
    --export-dir stocks \
    --table stocks_staging

$ mysql --host=localhost \
    --user=hip_sqoop_user \
    --password=password \
    -e "INSERT INTO stocks_export (SELECT * FROM stocks_staging)"\
    sqoop_test
```

이 명령은 명령행에서 인증 정보를 노출하지 않는 지금까지의 규칙에는 위배되지만, 설정 파일에서 이런 설정을 읽어오는 래퍼 스크립트는 간단히 작성할 수 있다.

정리

스쿱은 맵리듀스에서 제공하는 DBInputFormat 클래스를 사용할 때보다 훨씬 단순화된 모델을 제공한다. 아울러 DBInputFormat 클래스를 사용하면 데이터베이스 내보내기를 수행하는 맵리듀스 잡 내에서 데이터 변형 및 전처리를 할 수 있다는 장점도 있다. 스쿱이 좋은 점은 아무 코드도 작성할 필요가 없고, 중간(staging) 테이블 같은 유용한 개념을 통해 멱등성을 구현할 수 있게 도와준다는 점이다.

이 장 및 이 절에서 마지막으로 살펴볼 주제는 HBase 인그레스 및 이그레스다.

HBase

아파치 HBase는 분산 키/값, 칼럼 지향 데이터 저장소다. 105페이지에서는 HBase에서 HDFS로 데이터를 불러오는 법을 살펴봤고, HBase를 맵리듀스 잡의 데이터 소스로 활용하는 법을 배웠다. 이 절에서는 반대로 HDFS에서 HBase로 대용량의 데이터를 로드하는 법과 HBase를 맵리듀스 잡에서 데이터 싱크로 사용하는 법을 배운다.

이 기법에서는 HBase에서 데이터를 가져오고 이를 다시 HBase에 쓰는 맵리듀스 잡을 작성하는 법을 살펴본다.

기법 10. HBase로의 HDFS 이그레스

웹사이트에서 HBase를 통해 실시간 데이터를 제공하고, 하둡을 백 오피스에서 데이터 분석에 사용한다고 가정하자. 이 경우 주기적으로 HBase에 있는 데이터를 다른 데이터 소스(예를 들어 로그 파일)와 조인하고, 분석을 수행한 후 결과를 다시 HBase에 집어넣어야 한다.

문제

HDFS에서 HBase로 어떻게 데이터를 옮길까?

해결책

이 기법에서는 HBaseExport 클래스를 사용해 HDFS 시퀀스파일을 HBase로 옮긴다.

문제 풀이

HBase는 HDFS에서 HBase 테이블을 로드하는 org.apache.hadoop.hbase.mapreduce.Export 클래스를 제공한다. 먼저 HBase 셸을 사용해 불러올 테이블을 생성하자.

```
$ hbase shell

hbase(main):015:0> create 'stocks_example_import','details'
0 row(s) in 1.0590 seconds
```

여기서는 105페이지의 HBase에서 내보낸 데이터를 그대로 불러온다. 105페이지의 내장 HBase 익스포트 프로세스에서 시퀀스파일을 HDFS에 쓴다고 배운 바 있다. 마찬가지로 HBase 임포트 툴에서는 HBase로 불러올 HDFS 데이터가 같은 형식으로 돼 있어야 한다. 다음 코드는 HBase 임포트에 사용하는 명령이다.

```
$ bin/run.sh org.apache.hadoop.hbase.mapreduce.Import\
    stocks_example_import \    ◀──────── 불러올 HBase 테이블
    output                ◀──────── 내용을 불러올 HDFS 디렉터리
```

HBase 셸을 사용하면 쓰기 명령에 성공했는지 확인할 수 있다.

```
$ hbase shell

hbase(main):017:0> scan 'stocks_example_import'
ROW                COLUMN+CELL
AAPL2000-01-03     column=details:stockAvro, timestamp=1322315975123,
                   value=\x08AAPL\x142000-01-03H...
AAPL2001-01-02     column=details:stockAvro, timestamp=1322315975123,
                   value=\x08AAPL\x142001-01-02\xC3\...
...
```

이 출력 결과를 보면 불러오기 작업이 성공한 것을 알 수 있다.

정리

이 기법은 아무 코드도 작성하지 않고 데이터를 로드할 때 유용하다. 하지만 데이터가 반드시 시퀀스파일 형식으로 돼 있어야 하므로 스키마 진화를 지원하지 못한다는 등의 단점이 있다.

맵리듀스 잡으로 HBase에 쓰려면 코드를 작성해야 한다. 하지만 곧 보겠지만 이 방식을 사용하면 데이터를 특정 파일 형식으로 제한하지 않아도 된다.

기법 11. 맵리듀스에서의 HBase 데이터 싱크 활용

HBase로 로드하고 싶은 HDFS 데이터가 있다고 가정하자. 이 데이터는 대부분 HBase Import 클래스에서 요구하는 시퀀스파일 형태가 아닐 가능성이 크다. 아울러 이 형식으로 데이터를 생성하려면 맵리듀스 작업 흐름 코드에서 추가적인 단계가 필요하다. 이 방식보다는 맵리듀스에서 직접 HBase로 쓰는 게 더 간편하다.

문제
맵리듀스 잡에서 HBase로 직접 쓰려면 어떻게 해야 할까?

해결책
맵리듀스는 HBaseTableOutputFormat 클래스를 사용해 HDFS 데이터를 HBase로 내보낼 수 있다.

문제 풀이
HBase는 맵리듀스에서 HBase를 데이터 싱크로 사용하는 TableOutputFormat 클래스를 제공한다. 아래 코드에 나온 것처럼 매퍼에서는 일반 텍스트 데이터를 읽고 이를 OutputFormat 클래스가 HBase에 쓰는 데 사용하는 Put 클래스로 변환한다[17].

맵리듀스 잡에서 HBase에 쓰기

```java
public class HBaseSinkMapReduce
    extends Mapper<LongWritable, Text, StockPriceWritable, Put> {
  public static StringSTOCKS_IMPORT_TABLE_NAME =
      "stocks_example_import";

  @Override
  protected void map(LongWritable key, Text value,
                  Context context)
      throws IOException, InterruptedException {

    StockPriceWritable stock =
        StockPriceWritable.fromLine(value.toString());
```

---
[17] 깃허브 소스 — https://github.com/alexholmes/hadoop-book/blob/master/src/main/java/com/manning/hip/ch2/HBaseSinkMapReduce.java

```
    byte[] rowkey = Bytes.add(
        Bytes.toBytes(stock.getSymbol()),
        Bytes.toBytes(stock.getDate()));

    Put put = new Put(rowkey);        ◄──────❶

    byte[] colValue = Bytes.toBytes(stock.getClose());
    put.add(STOCK_DETAILS_COLUMN_FAMILY_AS_BYTES,
        STOCK_COLUMN_QUALIFIER_AS_BYTES,
        colValue
    );
    context.write(stock, put);        ◄──────❷
}

public static void main(String[] args) throws Exception {
    Configuration conf = new Configuration();

    createTableAndColumn(conf, STOCKS_IMPORT_TABLE_NAME,
        STOCK_DETAILS_COLUMN_FAMILY_AS_BYTES);

    Job job = new Job(conf);
    job.setJarByClass(HBaseSinkMapReduce.class);

    TableMapReduceUtil.initTableReducerJob(   ◄──────❸
        STOCKS_IMPORT_TABLE_NAME,
        IdentityTableReducer.class,
        job);
...
```

❶ 새로운 Put 객체를 생성하고 생성자에서 행키를 지정한다.
❷ 키와 값을 쓴다. 키는 HBaseTableOutputFormat에서 무시하지만 HBase 쓰기를 수행할 전체 리듀스 사이에서 키를 분산하는 데 도움이 된다.
❸ 잡의 리듀스 설정 파라미터를 설정하기 위해 HBase의 헬퍼 메서드를 사용한다.

이 맵리듀스 잡은 다음과 같이 실행하면 된다.

```
$ hadoop fs -put test-data/stocks.txt stocks.txt

$ bin/run.sh com.manning.hip.ch2.HBaseSinkMapReduce stocks.txt output
```

앞에서와 마찬가지로 HBase에서는 맵리듀스 잡이 예상대로 완료됐는지 알려준다.

```
hbase(main):054:0> scan 'stocks_example_import'
ROW                COLUMN+CELL
AAPL2000-01-03     column=details:stockAvro, timestamp=1322315975123,
                   value=@[\xFC(\xF5\xC2\x8F
AAPL2001-01-02     column=details:stockAvro, timestamp=1322315975123,
                   value=@-\xC2\x8F\(\xF5\xC3
...
```

이 결과를 보면 HBase로의 이그레스가 제대로 완료됐음을 알 수 있다.

정리

맵리듀스는 HBase로 데이터를 옮기는 데도 큰 도움이 된다. 데이터를 데이터베이스로 내보낼 때 병렬적으로 쓰는 맵리듀스 태스크의 개수를 제한하는 것과 달리 HBase에서는 쓰기 쓰루풋이 훨씬 클 수 있다. 이는 HBase의 주된 아키텍처적 기능 중 하나가 바로 높은 병렬적 쓰기이기 때문이다.

하지만 HBase로 높은 병렬적 쓰기를 수행할 때는 영역 핫스포팅(Region Hotspotting) 현상이 초래될 수 있는 만큼 주의해야 한다. 영역 핫스포팅 현상은 모든 쓰기가 단일 영역 서버로 보내지는 것을 말한다. 이런 현상은 시계열 데이터처럼 서로 유사한 행키를 쓸 때 단일 영역 서버로 라우팅됨에 따라 생길 수 있다. 이런 부작용을 막기 위해 주로 키 공간에서 키가 랜덤으로 분산되게끔 키를 해싱하는 방법을 사용한다.

이로써 하둡 이그레스 툴에 대한 설명을 모두 마쳤다. 지금까지 HDFS 슬러퍼를 활용해 데이터를 파일시스템으로 옮기는 법, 스쿱을 활용해 관계형 데이터베이스에 멱등적으로 데이터를 쓰는 법을 다뤘고, 끝으로 이 절에서는 하둡 데이터를 HBase로 이그레스하는 법을 살펴봤다.

2.4 정리

하둡 안팎으로 데이터를 옮기는 기능은 하둡 아키텍처에서 핵심적인 부분이다. 이 장에서는 데이터 인그레스 및 이그레스를 자동화하는 데 사용할 수 있는 다양한 기술을 다뤘고 아울러 다양한 데이터 소스도 활용했다.

하둡에는 임베디드 네임노드 HTTP 서버, 새로 추가 중인 WebHDFS, 후프(Hoop) 인터페이스와 같이 인그레스 및 이그레스 작업을 쉽게 만들어주는 다양한 내장 메커니즘이 들어있다. 하지만 이들 메커니즘은 저수준 메커니즘이며, 전체 인그레스 및 이그레스 프로세스를 관리할 수 있는 완전한 시스템을 제공하지는 않는다. 이 장에서는 쉽게 연동하고 자동화할 수 있는 고수준 툴에 초점을 맞췄다.

이 장에서는 우지를 활용해 맵리듀스를 통해 웹 서버에서 주기적으로 데이터를 가져오는 작업 흐름을 예약하는 법을 살펴봤다. 이 과정에서 다양한 로그 수집 프레임워크를 비교, 대조하고 플룸을 활용해 HDFS 및 하이브에 데이터를 집어넣는 방법도 배웠다. 또, 관계형 데이터베이스 인그레스 및 이그레스에 스쿱을 사용하는 법도 배우고, HBase 불러오기 및 내보내기 작업을 다루면서 장을 마무리했다.

맵리듀스의 연산 병렬화 모델은 다양한 파일 형식과 연동할 때 큰 어려움이 따른다. 따라서 다음 장에서는 XML, JSON 같은 일반 파일 형식과 연동하는 법과 하둡에 좀 더 적합한 시퀀스파일 및 애브로 같은 파일 형식을 선택하는 법에 초점을 맞춘다.

데이터 직렬화 – 텍스트 및 고급 데이터 형식

이 장에서 다루는 내용
- 텍스트, XML, JSON 활용
- 시퀀스파일, 애브로, 프로토콜 버퍼의 이해
- 커스텀 데이터 형식 활용

맵리듀스는 로그 파일 같은 단순한 데이터 형식과 연동할 수 있는 편리한 지원 기능을 제공하며, 그 내용 또한 자세히 문서화돼 있다. 하지만 맵리듀스의 활용 범위는 단순 로그 파일에서 훨씬 더 정교한 텍스트, XML, JSON과 같은 데이터 직렬화 형식으로 발전했고, 문서화나 내장 지원 기능이 이를 충분히 다루지 못하는 수준으로까지 발전했다. 이 장의 목적은 자주 사용하는 데이터 직렬화 형식을 활용하는 법을 배우고, 좀 더 구조화된 형식을 살펴보며, 맵리듀스에서 사용할 때의 장점을 비교하는 것이다.

자주 사용하는 데이터 직렬화 형식인 XML 및 JSON과 연동한다고 가정하자. 이들 형식은 대다수 프로그래밍 언어에서 간단히 처리할 수 있으며, 마샬링과 언마샬링, 유효성 검증을 도와주는 도구도 여러 개 나와 있다. 하지만 맵리듀스에서 XML 및 JSON을 처리할 때는 두 가지 어려운 점이 있다. 우선, 맵리듀스에서 특정 데이터 직렬화 형식의 읽기 및 쓰기를 지원하는 클래스를 요구하기는 하지만 여러분이 사용하려는 직렬화 형식을 지원하는 클래스가 없을 가능성이 크다. 두 번째로 맵리듀스의 강력한 힘은 입력 데이터 읽기를 병렬화하는 능력에 있다. 입력 파일이 크다면(예를 들어 수백 메가바이트 이상) 여러 개의 맵 태스크에서 병렬적으로 읽을 수 있게끔 직렬화 형식을 읽는 클래스에서 대용량 파일을 여러 개로 나눠야 한다.

이 장에서는 먼저 XML 및 JSON 같은 직렬화 형식과 연동하는 법부터 배운다. 그다음 빅데이터와 연동할 때 좀 더 적합한 데이터 직렬화 형식을 비교, 대조한다. 또, 맵리듀스에서 이런 직렬화 형식을 사용하는 법도 살펴본다. 마지막으로 살펴볼 과제는 맵리듀스에서 읽기/쓰기 바인딩이 없는 전용 파일 형식(또는 흔하지 않은 파일 형식)을 처리하는 법이다. 이 장에서는 커스텀 파일 형식을 읽고 쓰는 커스텀 클래스를 작성하는 법도 살펴본다.

맵리듀스에서 데이터 직렬화 지원 기능은 맵리듀스 데이터를 읽고 쓰는 입력 및 출력 클래스의 속성이다. 먼저 맵리듀스가 데이터 입출력을 지원하는 방식부터 전반적으로 살펴보자.

이 장에서는 독자들이 XML 및 JSON 데이터 형식에 익숙하다고 가정한다. 필요하다면 위키피디아에서 XML과 JSON에 대한 배경 지식을 쌓을 수 있다. 또, 맵리듀스 프로그램 개발 경험이 어느 정도 있고, HDFS 및 맵리듀스의 입출력에 대한 기본 개념을 이해한다고 가정한다. 매닝 출판사에서 출간한 척 램(Chuck Lam)의 '하둡 인 액션'을 보면 이 주제에 대해 잘 나와 있다.

3.1 맵리듀스에서의 입출력 이해

데이터는 여러 FTP 서버에 올라와 있는 XML 파일, 중앙 웹 서버에 있는 텍스트 로그 파일, 또는 HDFS에 있는 루씬(Lucene) 인덱스[1]일 수도 있다. 그럼 맵리듀스에서는 이처럼 다양한 저장소에 서로 다른 데이터 직렬화 구조로 저장된 데이터의 읽기/쓰기를 어떻게 지원할까? 특정 직렬화 형식을 지원하려면 이 질문에 대한 답부터 찾아야 한다.

그림 3.1에서는 맵리듀스를 통과하는 고수준 데이터 흐름이 나와 있고 이 흐름에 관여하는 다양한 참여자가 정리돼 있다. 입력 측면에서는 맵 단계 바깥에서 작업(분할 생성)을 수행하고, 나머지 작업은 맵 단계에서 수행한다(분할 읽기). 모든 출력 작업은 리듀스 단계(출력 쓰기)에서 수행한다.

---

1 아파치 루씬은 전문 텍스트 검색에 최적화된 역인덱스 구조로 데이터를 저장하는 정보 검색 프로젝트다. 자세한 정보는 http://lucene.apache.org/ 에서 볼 수 있다.

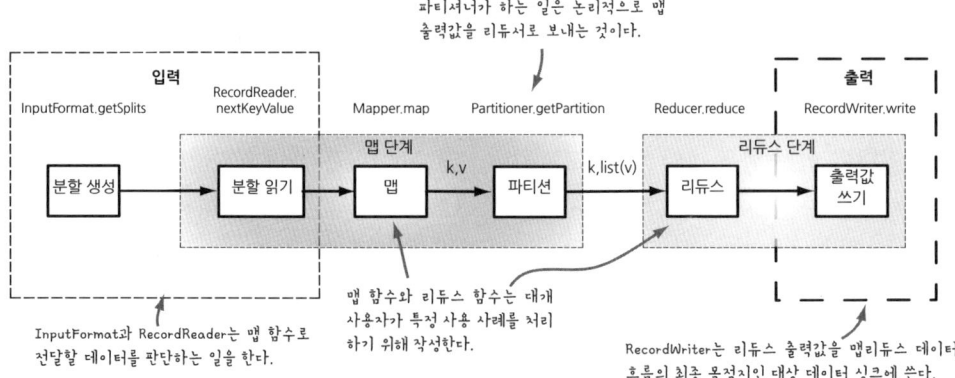

그림 3.1 맵리듀스에서의 고수준 입력 및 출력 참여자

그림 3.2에서는 같은 흐름을 맵 전용 잡에서 보여준다. 맵 전용 잡에서 맵리듀스 프레임워크는 여전히 OutputFormat 및 RecordWriter 클래스를 사용해 데이터 싱크에 직접 출력 결과를 쓴다.

그럼 데이터 흐름을 차례로 따라가면서 각 참여자의 역할을 살펴보자. 이 과정에서 개념을 좀 더 명확히 이해하기 위해 내장 TextInputFormat 및 TextOutputFormat 클래스의 관련 코드도 살펴본다. TextInputFormat과 TextOutputFormat 클래스는 줄 중심(line-oriented) 텍스트 파일을 읽고 쓰는 클래스다.

데이터 입력

맵리듀스에서 데이터 입력을 지원하는 두 클래스는 InputFormat과 RecordReader다. InputFormat 클래스는 입력 데이터를 맵 태스크로 어떻게 분할해야 할지 판단할 때 참조하고, RecordReader 클래스는 입력값으로부터 데이터를 읽는 일을 수행한다.

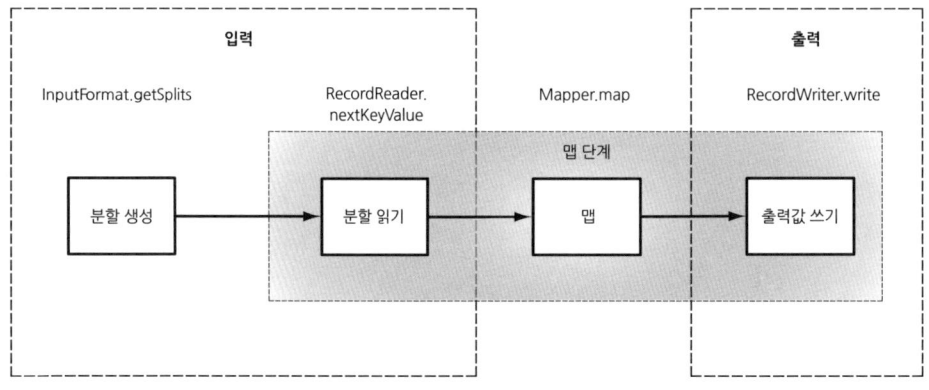

그림 3.2 리듀서가 없는 맵리듀스에서의 입력 및 출력 참여자

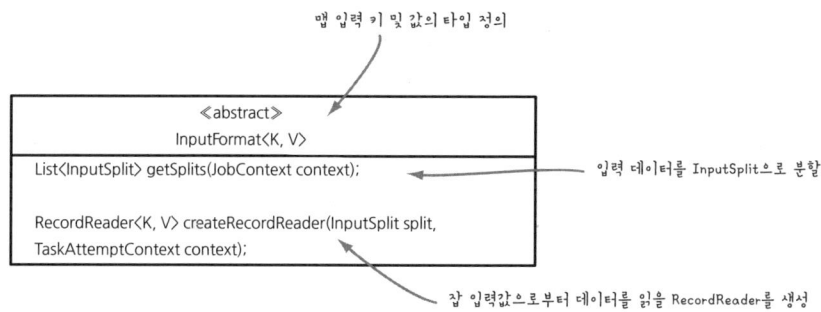

그림 3.3 InputFormat 클래스 및 이 클래스의 세 가지 계약

INPUTFORMAT

맵리듀스에서 모든 잡은 InputFormat 추상 클래스에서 지정한 계약에 따라 입력값을 정의해야 한다. InputFormat 구현체는 세 개의 계약을 반드시 충족해야 한다. 우선 맵 입력 키 및 값에 대한 타입 정보를 제공해야 한다. 두 번째로 입력값을 어떻게 분할할지 지정해야 한다. 마지막으로 소스에서 데이터를 읽는 RecordReader 인스턴스를 지정해야 한다. 그림 3.3에서는 InputFormat 클래스 및 이들 세 개의 계약이 어떻게 정의돼 있는지 볼 수 있다.

아마도 이 중 가장 중요한 계약은 입력 데이터를 분할하는 방식일 것이다. 맵리듀스에서는 이를 입력값 분할(input split)이라고 부른다. 각 분할 영역은 단일 맵 태스크에 의해 처리되므로 입력값 분할은 맵 병렬화에 직접적인 영향을 준다. 한 개의 데이터 소스(파일 등)에 대해 여러 개의 입력값 분할을 생성하지 못하는 InputFormat을 사용할 때는 파일을 순차적으로 처리해야 하므로 맵 단계의 처리가 느려진다.

TextInputFormat 클래스(http://goo.gl/VOMcJ에서 소스 참고)는 InputFormat 클래스의 createRecordReader 메서드 구현체를 제공하지만 입력값 분할 작업을 부모 클래스인 FileInputFormat에게 위임한다. 다음 코드는 TextInputFormat 클래스의 관련 부분을 보여준다.

```
public class TextInputFormat
      extends FileInputFormat<LongWritable,Text>{

  @Override
  public RecordReader<LongWritable, Text>
    createRecordReader(InputSplit split,
                       TaskAttemptContext context){
```

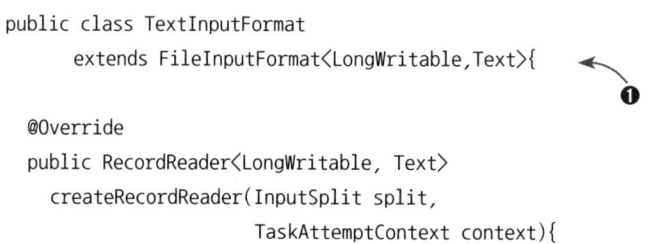

```
    String delimiter = context.getConfiguration().get(
      "textinputformat.record.delimiter");         ❷
    byte[] recordDelimiterBytes = null;
    if(null != delimiter)
      recordDelimiterBytes = delimiter.getBytes();
    return new LineRecordReader(recordDelimiterBytes);     ❸
  }
...
```

❶ 부모 클래스인 FileInputFormat이 모든 입력 분할값 기능을 제공한다.
❷ 기본 레코드 구분자는 새 줄이지만 textinputformat.record.delimiter를 통해 재정의할 수 있다.
❸ 데이터 소스로부터 데이터를 읽을 RecordReader를 생성한다.

FileInputFormat(http://goo.gl/mQfq1에서 소스 참고)에서 입력값 분할을 판단하는 코드는 좀 더 복잡하다. 아래 코드에서는 이 메서드의 핵심 요소만 볼 수 있게 이 코드를 단순화했다.

```
public List<InputSplit> getSplits(JobContext job
                        ) throws IOException {
  List<InputSplit> splits = new ArrayList<InputSplit>();
  List<FileStatus> files = listStatus(job);      ❶
  for (FileStatus file: files) {
    Path path = file.getPath();
                              모든 파일 블록을 조회한다.
    BlockLocation[] blkLocations =
      FileSystem.getFileBlockLocations(file, 0, length);

    long splitSize = file.getBlockSize();        ❷

    while (splitsRemaining()) {
      splits.add(new FileSplit(path,...));       ❸
    }
  }
  return splits;
}
```

❶ listStatus 메서드는 잡의 모든 입력 파일을 판단한다.
❷ 분할 크기는 파일의 블록 크기와 같다. 각 파일의 블록 크기는 서로 다를 수 있다.
❸ 파일 블록별로 분할을 생성한 후 결과에 추가한다.

다음 코드는 MapReduce 잡에 사용할 InputFormat을 지정하는 법을 보여주는 예제 코드다.

```
job.setInputFormatClass(TextInputFormat.class);
```

RECORDREADER

RecordReader 클래스는 맵리듀스가 맵 태스크에서 입력값 분할로부터 데이터를 읽는 데 사용되며, 매퍼에서 사용할 키/값 쌍의 형태로 각 레코드를 제공한다. 태스크는 보통 각 입력값 분할별로 생성되며, 각 태스크는 해당 입력값 분할로부터 데이터를 읽는 책임을 지닌 RecordReader를 한 개 갖고 있다. 그림 3.4에서는 우리가 구현해야 할 추상 메서드를 볼 수 있다.

앞 절에서 본 것처럼 TextInputFormat 클래스는 입력값 분할로부터 레코드를 읽기 위해 LineRecordReader를 생성했다. LineRecordReader는 RecordReader 클래스를 직접 상속하고 LineReader 클래스를 활용해 입력값 분할로부터 줄을 읽는다. LineRecordReader는 파일에 있는 바이트 오프셋을 맵 키로 사용하고, 줄의 내용을 맵 값으로 사용한다. 아래 예제는 LineRecordReader를 단순화한 버전이다(전체 소스는 http://goo.gl/iIS59 참고).

```java
public class LineRecordReader
            extends RecordReader<LongWritable, Text>{
  private LineReader in;

    private LongWritable key = new LongWritable();
    private Text value = new Text();

    public void initialize(InputSplit genericSplit,
                       TaskAttemptContext context) throws IOException{
      FileSplit split = (FileSplit) genericSplit;

      // 파일을 열고 분할 시작 시점을 찾음
      FileSystem fs = file.getFileSystem(job);
      FSDataInputStream fileIn = fs.open(split.getPath());   // 입력값 분할 파일에 대한 InputStream을 연다.
      fileIn.seek(start);   // 입력값 분할의 시작 위치를 찾는다.
      in = new LineReader(fileIn, job);   // 스트림으로부터 줄을 읽을 수 있는 새 LineReader를 생성한다.
```

```
      if (notAtStartOfFile) {
        start += in.readLine(...);    ←
      }                                      ❶
    }
public boolean nextKeyValue() throws IOException {    ←   ❷
                            파일 내 바이트 오프셋을 키로 설정한다.
    key.set(pos);    ←
    return in.readLine(value, ...) > 0;    ←
  }                                               ❸
}
```

❶ 파일 시작 위치가 아니라면 줄을 어디서부터 읽어야 할지 판단해야 한다. 이를 위해서는 새 줄이 나올 때까지 문자를 계속 읽는 방법밖에 없다. 새 줄이 나오면 비로소 맵에 줄을 제공할 수 있는 준비가 끝난다.

❷ initialize 메서드가 호출되고 나면 false 값이 반환될 때까지 맵리듀스 프레임워크에서 이 메서드를 계속 호출한다. false 값이 반환되는 시점은 입력값 분할을 끝까지 읽었음을 의미한다.

❸ 다음 줄을 값으로 읽어들인다. 입력 분할값의 끝을 지나치면 false를 반환한다.

LineReader 클래스는 간단하므로 이 코드는 생략한다. 다음으로 맵리듀스에서 데이터 출력을 어떻게 지원하는지 살펴보자.

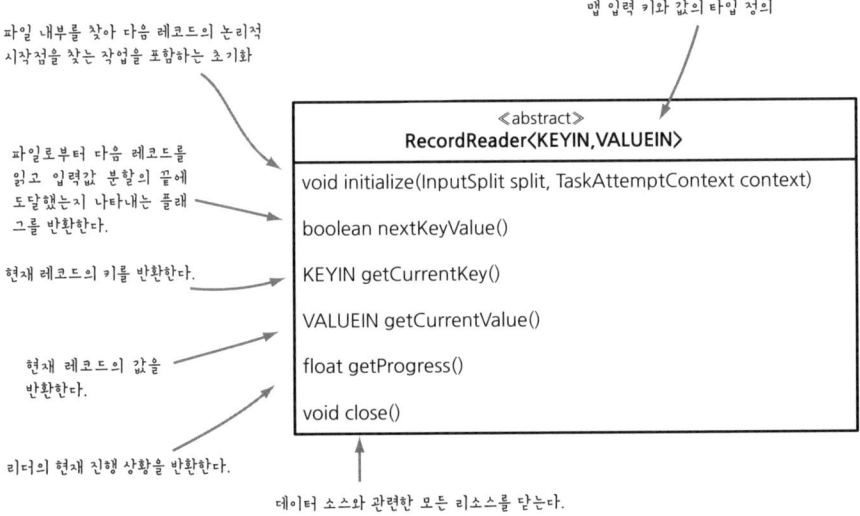

그림 3.4 RecordReader 클래스와 이 클래스의 추상 메서드

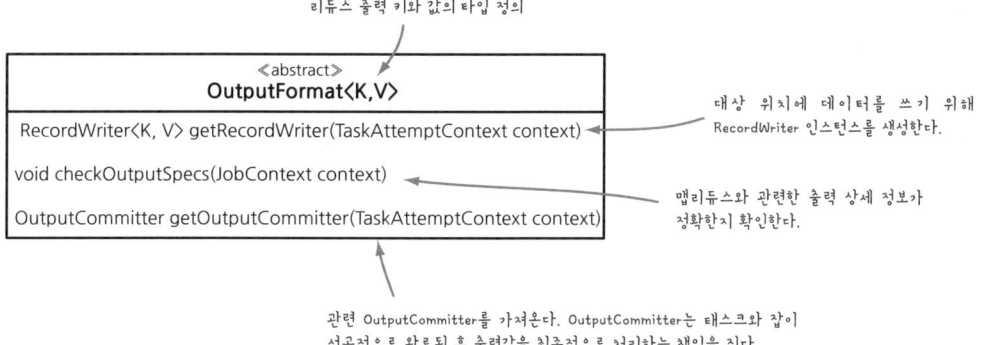

그림 3.5 OutputFormat 클래스

데이터 출력

맵리듀스는 입력 데이터와 마찬가지로 출력 데이터를 지원할 때도 비슷한 절차를 따른다. 이때는 OutputFormat 클래스와 RecordWriter 클래스가 반드시 있어야 한다. OutputFormat은 데이터 싱크 속성에 대한 기본적인 검증을 수행하고, RecordWriter는 각 리듀서의 출력 결과를 데이터 싱크에 쓴다.

OUTPUTFORMAT

InputFormat 클래스와 마찬가지로 OutputFormat 클래스도 그림 3.5와 같이 구현체에서 반드시 구현해야 할 계약을 정의한다. 이런 계약 기능에는 잡 출력과 관련한 정보, RecordWriter 제공, 출력 커미터(중간 쓰기를 처리하고 작업 성공 후 '영속화'하는)의 지정 등이 포함된다.

   TextInputFormat과 마찬가지로 TextOutputFormat도 기저 클래스인 FileOutputFormat을 상속한다. 이 클래스는 출력 커밋 같은 복잡한 로직을 모두 처리해준다. 이 부분은 이 장에서 나중에 보기로 하고 지금은 TextOutputFormat이 수행하는 작업부터 살펴보자(소스는 http://goo.gl/8ab7Z 참고).

```
public class TextOutputFormat<K, V> extends FileOutputFormat<K, V> {
  public RecordWriter<K, V>        getRecordWriter(TaskAttemptContext job
                    ) throws IOException, InterruptedException {
    boolean isCompressed = getCompressOutput(job);

    String keyValueSeparator = conf.get(
```

❶

```
        "mapred.textoutputformat.separator", "\t");
    Path file = getDefaultWorkFile(job, extension);
```
  임시 디렉터리에 리듀서의 고유 파일명을 생성한다.
```
    FileSystem fs = file.getFileSystem(conf);
    FSDataOutputStream fileOut = fs.create(file, false);
```
  출력 파일을 생성한다.
```
    return new LineRecordWriter<K, V>(
        fileOut, keyValueSeparator);           ❷
}
```

❶ 기본 키/값 구분자는 탭 문자이지만 mapred.textoutputformat.separator를 설정해 변경할 수 있다.
❷ 파일을 쓰는 데 사용할 RecordWriter를 반환한다.

다음 코드는 맵리듀스 잡에 사용할 OutputFormat을 지정하는 예제 코드다.

```
job.setOutputFormatClass(TextOutputFormat.class);
```

RECORDWRITER

리듀서 출력 결과를 원하는 데이터 싱크에 쓸 때는 RecordWriter를 사용한다. 그림 3.6에서 볼 수 있듯 이 클래스는 간단한 클래스다.

TextOutputFormat은 파일 쓰기를 수행하기 위해 LineRecordWriter 객체 (LineRecordWriter는 TextOutputFormat의 내부 클래스다)를 반환한다. 아래 코드에서는 이 클래스를 단순화한 버전(전체 소스는 http://goo.gl/8ab7Z 참고)을 볼 수 있다.

```
protected static class LineRecordWriter<K, V> extends RecordWriter<K, V> {

    protected DataOutputStream out;

    public synchronized void write(K key, V value)
        throws IOException {

        writeObject(key);
        out.write(keyValueSeparator);
        writeObject(value);
        out.write(newline);
    }
```
  키, 구분자, 값, 새 줄을 출력한다.

```
private void writeObject(Object o) throws IOException {
  out.write(o);   ◀── 출력 스트림에 Object를 쓴다.
}
```

맵사이드에서는 수행해야 하는 맵 태스크를 판단하는 일을 InputFormat이 하고, 리듀서 측에서는 태스크의 개수를 클라이언트에서 설정한 mapred.reduce.tasks 값만을 기반으로 판단한다(또는 이 값이 설정되지 않았다면 mapred-site.xml에서 값을 가져오거나, 이 값도 없다면 mapred-default.xml에서 값을 가져온다).

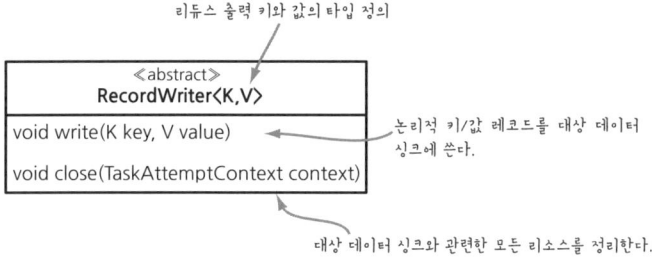

그림 3.6 RecordWriter 클래스의 개요

이제 맵리듀스에서 데이터를 입출력할 때 관여하는 요소들에 대해 충분히 배웠으니 이 지식을 토대로 자주 접할 수 있는 데이터 직렬화 문제를 해결해보자. 첫 번째로 살펴볼 문제는 XML 같은 파일 형식과 연동하는 방법이다.

3.2 자주 사용하는 직렬화 형식의 처리

XML과 JSON은 산업 표준 데이터 교환 형식이다. 기술 분야에서 이들 형식은 데이터를 저장하고 교환하는 곳이라면 어디서나 볼 수 있을 정도로 폭넓게 채택되고 있다.

XML

XML은 1998년부터 기계와 사람 모두 읽을 수 있는 데이터를 표현하기 위한 수단으로 사용됐다. XML은 시스템 간 데이터 교환을 위한 보편적인 언어가 됐다. XML은 오늘날 SOAP과 RSS 같은 여러 표준에서 채택하고 있으며 마이크로소프트 오피스 같은 제품의 공개 데이터 형식으로도 사용 중이다.

기법 12. 맵리듀스와 XML

맵리듀스에서는 텍스트를 처리할 수 있는 InputFormat을 기본으로 제공하지만, XML을 지원하는 클래스는 없다. XML은 데이터 형식 안에 동기화 마커가 들어 있지 않으므로 맵리듀스에서 한 개의 XML 파일을 병렬적으로 처리하기란 까다롭다.

문제
맵리듀스에서 대용량 XML 파일을 나눠 병렬로 처리하려고 한다.

해결책
머하웃의 XMLInputFormat은 HDFS에서 맵리듀스로 XML 파일을 처리하는 데 사용할 수 있다. XMLInputFormat은 특정 XML 시작 태그와 종료 태그로 구분된 레코드를 읽는다. 이 기법에서는 맵리듀스 출력 결과로 XML을 내보내는 법도 다룬다.

문제 풀이
맵리듀스는 XML 지원 기능을 기본으로 제공하지 않으므로 기계 학습 시스템인 아파치 머하웃 프로젝트를 활용해 XML InputFormat을 제공해야 한다. XMLInputFormat의 사용법을 알아보기 위해 머하웃의 XML InputFormat을 사용해 하둡 설정 파일에서 속성명과 값을 읽는 예제를 작성해보자. 첫 번째로 할 일은 잡 설정이다.

```
conf.set("xmlinput.start","<property>"); ❶

conf.set("xmlinput.end","</property>"); ❷

job.setInputFormatClass(XmlInputFormat.class); ❸
```

❶ XML 시작 태그의 문자열 형태를 정의한다. 이 예제의 잡에서는 하둡 설정 파일을 입력값으로 받는데, 이 파일의 각 설정 항목은 property 태그를 사용한다.
❷ XML 종료 태그의 문자열 형태를 정의한다.
❸ 머하웃 XML 입력 형식 클래스를 설정한다.

앞의 코드를 보면 머하웃의 XML InputFormat이 매우 기초적인 기능만 하는 것을 금세 알 수 있다. 이 클래스에는 파일에서 검색할 시작 XML 태그와 종료 XML 태그의 정확한 순서를 알려줘야 한다. InputFormat의 내부 소스를 살펴보면 이 사실을 한 번 더 확인할 수 있다[2].

---
2 깃허브 소스 — https://github.com/alexholmes/hadoop-book/blob/master/src/main/java/com/manning/hip/ch3/xml/XmlInputFormat.java

```
private boolean next(LongWritable key, Text value)
    throws IOException {
  if (fsin.getPos() < end && readUntilMatch(startTag, false)) {
    try {
      buffer.write(startTag);
      if (readUntilMatch(endTag, true)){
        key.set(fsin.getPos());
        value.set(buffer.getData(), 0, buffer.getLength());
        return true;
      }
    } finally {
      buffer.reset();
    }
  }
  return false;
}
```

다음으로 머하웃의 XML InputFormat을 처리할 매퍼를 작성해야 한다. 앞서 XML 엘리먼트를 Text 형식으로 제공했으므로 XML 파서를 사용해 XML로부터 내용을 추출해야 한다.

XML에 사용할 매퍼

```
public static class Map extendsMapper<LongWritable, Text,
    Text,Text> {

  @Override
  protected void map(LongWritable key, Text value,
                    Mapper.Context context)
      throws IOException, InterruptedException {
    String document = value.toString();
    System.out.println("'" + document + "'");
    try {
      XMLStreamReader reader =
          XMLInputFactory.newInstance().createXMLStreamReader(new
              ByteArrayInputStream(document.getBytes()));
      String propertyName = ";
      String propertyValue = ";
      String currentElement = ";
```

```
      while (reader.hasNext()) {
        int code = reader.next();
        switch(code) {
          case START_ELEMENT:
            currentElement = reader.getLocalName();
              break;
          case CHARACTERS:
            if (currentElement.equalsIgnoreCase("name")) {
              propertyName += reader.getText();
            } else if (currentElement.equalsIgnoreCase("value")){
              propertyValue += reader.getText();
            }
            break;
        }
      }

      reader.close();
      context.write(propertyName.trim(), propertyValue.trim());
    } catch(Exception e){
      log.error("Error processing '"+ document + "'", e);
    }
  }
}
```

맵에는 Text 인스턴스를 제공한다. 이 인스턴스는 시작 태그와 종료 태그 사이의 데이터를 String 형태로 갖고 있다. 이 코드에서는 자바의 XML용 내장 스트리밍 API(StAX) 파서를 사용해 각 속성의 키와 값을 추출하고 결과를 출력한다. 클라우데라의 core-site.xml을 대상으로 맵리듀스 잡을 실행한 후 HDFS의 cat 명령을 사용해 결과를 보면 다음과 같은 결과를 확인할 수 있다.

```
$ hadoop fs -put $HADOOP_HOME/conf/core-site.xml core-site.xml

$ bin/run.sh com.manning.hip.ch3.xml.HadoopPropertyXMLMapReduce \
  core-site.xml output

$ hadoop fs -cat output/part*
fs.default.name hdfs://localhost:8020
hadoop.tmp.dir /var/lib/hadoop-0.20/cache/${user.name}
hadoop.proxyuser.oozie.hosts*
hadoop.proxyuser.oozie.groups *
```

이 결과를 보면 맵리듀스에서 XML 입력값 직렬화 작업을 제대로 수행한 것을 알 수 있다. 아울러 이런 XML 파일뿐 아니라 InputFormat에서 XML 분할을 지원하므로 크기가 큰 XML 파일도 지원할 수 있다.

XML 쓰기

이제 XML을 읽는 데 성공했으니 다음으로 XML을 쓰는 법이 궁금할 것이다. 리듀서에는 메인 reduce 메서드가 호출되기 전후에 실행되는 콜백이 있다. 이 콜백을 사용하면 다음 예제[3]에 나온 것처럼 시작 태그와 종료 태그를 내보낼 수 있다.

시작 태그와 종료 태그를 내보내는 리듀서

```java
public static class Reduce
    extends Reducer<Text,Text,Text, Text> {

  @Override
  protected void setup(
      Context context)
      throws IOException, InterruptedException {
    context.write(new Text("<configuration>"), null);
  }

  @Override
  protected void cleanup(
      Context context)
      throws IOException, InterruptedException {
    context.write(new Text("</configuration>"), null);
  }

  private Text outputKey = new Text();
  public void reduce(Textkey, Iterable<Text> values,
                     Context context)
      throws IOException, InterruptedException {
    for (Text value : values) {
      outputKey.set(constructPropertyXml(key, value));
```

setup 메서드를 사용해 루트 엘리먼트의 시작 태그를 쓴다.

cleanup 메서드를 사용해 루트 엘리먼트의 종료 태그를 쓴다.

리듀서에 제공된 각 키/값 조합별로 자식 XML 엘리먼트를 생성한다.

---

[3] 깃허브 소스 — https://github.com/alexholmes/hadoop-book/blob/master/src/main/java/com/manning/hip/ch3/xml/SimpleXmlOutput-MapReduce.java

```
      context.write(outputKey, null);    ← XML 엘리먼트를 내보낸다.
    }
  }

  public static String constructPropertyXml(Text name, Text value) {
    StringBuilder sb = new StringBuilder();
    sb.append("<property><name>").append(name)
        .append("</name><value>").append(value)
        .append("</value></property>");
    return sb.toString();
  }
}
```

이 클래스도 OutputFormat에 집어넣을 수 있지만, 이 작업은 독자들의 몫으로 남겨두겠다. OutputFormat 클래스를 작성하는 법은 3.4.1 절에서 다룬다.

피그

피그에서 XML을 처리하려면 피기뱅크(Piggybank) 라이브러리(사용자가 공헌하는 유용한 피기 코드 라이브러리. 자세한 내용은 10장에서 다룬다)에 있는 XMLLoader를 사용하면 된다. 이 XMLLoader는 이 기법에서 살펴본 내용과 사용 방식이 유사하며 시작 태그와 종료 태그 사이의 내용을 모두 가져와 피그 튜플 내 단일 바이트 배열 필드로 제공한다.

하이브

현재 하이브에서 XML을 처리할 방법은 없다. 따라서 커스텀 SerDe[4]를 작성해야 한다. 이 방법은 10장에서 다룬다.

정리

머하웃의 XMLInputFormat은 XML을 처리할 때 큰 도움이 된다. 하지만 이 클래스는 엘리먼트명의 시작 태그와 종료 태그가 문자열과 정확히 일치해야 한다. 엘리먼트 태그에 변수 값이 포함된 어트리뷰트가 들어 있거나 엘리먼트 생성을 제어할 수 없어서 XML 네임스페이스 한정자가 사용되는 경우 이 접근 방식을 사용하지 못할 수도 있다. 아울러 여러분이 지정한 엘리먼트 이름을 자식 엘리먼트에서 사용할 때도 문제가 생길 수 있다.

---

4 SerDe는 직렬자/역직렬자의 약어이며, 하이브에서 HDFS에 데이터를 읽고 쓰게 해주는 메커니즘이다.

입력값에 있는 XML 구조를 제어할 수 있다면 줄별로 한 개의 XML 엘리먼트만 집어넣음으로써 이 예제를 좀 더 단순화할 수 있다. 이렇게 하면 각 줄을 레코드로 취급하고, 이에 따라 줄별로 데이터를 분할하는 맵리듀스의 텍스트 기반 내장 InputFormat (TextInputFormat 등)을 사용할 수 있다.

또 하나 고려해 볼 만한 옵션으로는 원본 XML을 XML 엘리먼트별로 개별 줄로 변환하거나 아예 시퀀스파일이나 애브로 같은 다른 데이터 형식(두 형식 모두 분할 문제를 해결해준다)으로 변환하는 전처리 단계를 두는 방법이 있다.

StreamXmlRecordReader라는 스트리밍 클래스도 스트리밍 코드에서 XML을 사용할 수 있게 해준다.

이제 XML을 어떻게 다뤄야 할지 배웠으니 또 다른 인기 있는 직렬화 형식인 JSON을 공략해보자.

JSON

JSON은 기계와 인간 모두 읽을 수 있다는 점에서 XML과 성격이 같으며, 2000년대 초반부터 존재했다. JSON은 XML보다 간결하지만 XML에서 사용할 수 있는 풍부한 타입 지정 기능과 유효성 검증 기능은 없다.

기법 13. 맵리듀스와 JSON

스트리밍 REST 서비스에서 JSON 데이터를 내려받아 매시간 HDFS에 파일을 쓰는 코드가 있다고 가정하자. 내려받는 데이터의 양이 크므로 생성되는 각 파일의 크기는 수십 기가바이트에 이른다.

여러분은 이와 같은 대용량 JSON 파일을 입력값으로 받을 수 있는 맵리듀스 잡을 작성하라는 지시를 받았다. 이 경우 우리가 해결해야 할 문제는 두 가지로 요약할 수 있다. 첫 번째 문제는 맵리듀스에서 JSON과 호환되는 InputFormat을 제공하지 않는다는 점이다. 두 번째 문제는 JSON을 분할하는 방식에 대한 문제다. 그림 3.7에서는 JSON 분할과 관련한 문제를 볼 수 있다. 파일 내 랜덤 오프셋이 주어졌을 때 파일을 분할하려면 다음 JSON 엘리먼트의 시작 위치를 판단할 수 있어야 한다. 이 그림에 나온 것처럼 JSON은 계층적 데이터 형식을 갖추고 있고 같은 엘리먼트명이 여러 레벨에서 등장할 수 있는 만큼 JSON을 분할하는 일은 무척 까다롭다.

JSON에는 레코드의 시작이나 종료 위치를 나타내는 토큰(XML에서의 종료 태그 같은)이 없으므로 JSON을 분할하는 일은 XML 같은 형식을 분할하는 것보다 어렵다.

```
{
    "created_at" : "Thu, 29 Dec 2011 21:46:01 +0000",
    "from_user" : "xxx",
    "text" : "Lorem ipsum dolor sit amet",
    "children" : [
        {
            "created_at": "Thu, 29 Dec 2011 21:46:01 +0000",
            "username": "yyy"
        },
        {
            "created_at": "Thu, 29 Dec 2011 21:46:01 +0000",
            "username": "zzz"
        }
    ]
},
{
    "created_at" : "Mon, 26 Dec 2011 21:18:37 +0000",
    "from_user" : "xxx",
    "text" : "consectetur adipisicing elit",
    "children" : [
        {
            "created_at": "Thu, 29 Dec 2011 21:46:01 +0000"
        },
        {
            "created_at": "Thu, 29 Dec 2011 21:46:01 +0000"
        }
    ]
}
```

입력값 분할 N

그림 3.7 JSON 및 다중 분할과 관련한 문제

문제

맵리듀스에서 JSON 입력값을 사용하고, 입력값 JSON 파일을 여러 개의 동시 읽기로 분할하고 싶다.

해결책

엘리펀트 버드(Elephant Bird)의 LzoJsonInputFormat 입력 형식은 JSON 엘리먼트와 연동하는 입력 형식 클래스를 작성하는 기초로 활용할 수 있다. 이 기법에서는 여러 줄의 JSON을 처리할 수 있는 필자의 오픈소스 프로젝트를 사용하는 또 다른 접근 방식도 다룬다.

문제 풀이

엘리펀트 버드[5]는 LZOP 압축을 처리할 때 유용한 유틸리티를 제공하는 오픈소스 프로젝트로서 JSON을 읽을 수 있는 LzoJsonInputFormat을 제공한다(물론 이 경우 입력 파일을 LZOP로 압축해야 한다). 여기서는 LZOP 압축이 필요 없는 커스텀 JSON InputFormat 구현을 위한 기반으로 엘리펀트 버드 코드를 사용한다.

이 해결책에서는 각 JSON 레코드가 개별 줄에 들어 있다고 가정하는 편법을 사용한다. 필자가 작성한 JsonInputFormat은 매우 간단하고, JsonRecordReader를 생성하고 반환하는 것 외에 아무 일도 하지 않으므로 이 코드에 대한 설명은 생략한다. JsonRecordReader는 LongWritable, MapWritable 키/값 쌍을 매퍼로 내보내는데, 이때 MapWritable은 JSON 엘리먼트명 및 값으로 이뤄진 맵이다. 그럼 이 RecordReader가 어떤 식으로 작업을 수행하는지 살펴보자. RecordReader에서는 줄별로 레코드를 내보내는 내장 맵리듀스 리더인 LineRecordReader를 활용한다. 각 줄을 MapWritable로 변환하기 위해 리더는 다음 메서드를 사용한다[6].

```java
public static boolean decodeLineToJson(JSONParser parser, Text line,
                                       MapWritable value) {

  try {
    JSONObject jsonObj = (JSONObject)parser.parse(line.toString());
    for (Object key: jsonObj.keySet()) {
      Text mapKey = new Text(key.toString());
      Text mapValue = new Text();
      if (jsonObj.get(key) != null) {
        mapValue.set(jsonObj.get(key).toString());
      }
      value.put(mapKey, mapValue);
    }
    return true;
  } catch (ParseException e){
    LOG.warn("Could not json-decode string: "+ line,e);
    return false;
  } catch (NumberFormatException e) {
```

---

[5] https://github.com/kevinweil/elephant-bird 참고.
[6] 깃허브 소스 — https://github.com/alexholmes/hadoop-book/blob/master/src/main/java/com/manning/hip/ch3/json/JsonInputFormat.java

```
            LOG.warn("Could not parse field into number: "+ line, e);
            return false;
        }
    }
```

리더는 json-simple[7] 파서를 사용해 각 줄을 JSON 객체로 파싱하고 키를 순회하며 키와 값을 MapWritable에 집어넣는다. 매퍼는 LongWritable, MapWritable 쌍으로 JSON 데이터를 받고 적절히 데이터를 처리한다. 이 맵리듀스 잡의 기본 코드는 깃허브 저장소에서 볼 수 있다.

여기서는 다음 JSON을 사용해 이 해결책을 적용한다.

```
{
  "results":
    [
      {
        "created_at": "Thu, 29 Dec 2011 21:46:01 +0000",
        "from_user" : "grep_alex",
        "text": "RT@kevinweil: After a lot of hard work by ..."
      },
      {
        "created_at": "Mon, 26 Dec 2011 21:18:37 +0000",
        "from_user" : "grep_alex",
        "text": "@migunopull request hasbeen merged, thanks again!"
      }
    ]
}
```

이 해결책에서는 줄별로 JSON 객체가 한 개씩 있다고 가정하므로 우리가 처리하게 될 개별 JSON 파일은 다음과 같다.

```
{"created_at" : "Thu, 29 Dec 2011 21:46:01+0000","from_user" : ...
{"created_at" : "Mon, 26 Dec 2011 21:18:37+0000","from_user" : ...
```

그럼 JSON 파일을 HDFS로 복사하고 맵리듀스 코드를 실행해보자. 맵리듀스 코드에서는 잡 출력 결과로 각 JSON의 키/값을 쓴다.

---

7 http://code.google.com/p/json-simple/ 참고

```
$ hadoop fs -put test-data/ch3/singleline-tweets.json\
  singleline-tweets.json

$ bin/run.sh com.manning.hip.ch3.json.JsonMapReduce \
  singleline-tweets.json output

$ hadoop fs -cat output/part*
text         RT @kevinweil: After a lotofhard work by ...
from_user    grep_alex
created_at   Thu, 29 Dec 2011 21:46:01 +0000
text         @migunopullrequest has beenmerged,thanks again!
from_user    grep_alex
created_at   Mon, 26 Dec 2011 21:18:37 +0000
```

JSON 쓰기

135페이지의 XML에서 XML을 쓸 때 살펴본 것과 유사한 접근 방식을 사용하면 JSON을 쓸 수도 있다.

피그

엘리펀트 버드에는 피그에서 JSON과 연동할 때 사용할 수 있는 JsonLoader와 LzoJsonLoader가 있다. 이들 로더는 줄(line) 기반 JSON과 연동한다. 각 피그 튜플에는 해당 줄의 JSON 엘리먼트를 나타내는 chararray 필드가 있다.

하이브

하이브에는 JSON을 직렬화할 수 있는 DelimitedJSONSerDe가 있지만 아쉽게도 이를 이용해 JSON을 역직렬화할 수는 없다. 따라서 이 SerDe를 사용해서는 하이브에 데이터를 로드할 수 없다.

정리

이 해결책에서는 각 JSON 객체가 한 줄을 차지하게끔 JSON 입력값이 구조화돼 있다고 가정한다. 그럼 JSON 객체가 여러 줄에 걸쳐 있을 때는 어떻게 해야 할까? 깃허브[8]에 있는 실험 프로젝트는 한 JSON 파일에서 여러 줄에 걸친 입력 분할을 처리할 수 있다. 이 접근 방식에서는 특정 JSON 멤버를 찾고 컨테이너가 되는 객체를 조회한다.

---

[8] 여러 줄을 지원하는 JSON InputFormat: https://github.com/alexholmes/json-mapreduce

또, hive-json-serde[9]라는 구글 코드 프로젝트도 참조할 만하다. 이 프로젝트에서는 직렬화 및 역직렬화를 모두 지원한다.

지금까지 본 것처럼 맵리듀스에서 XML과 JSON을 사용하기란 까다로우며 데이터 구조에 대한 엄격한 요구 조건을 준수해야 한다. 아울러 두 형식 모두 자연스럽게 분할되지 않으므로 맵리듀스에서 이들 형식을 지원하는 작업도 복잡하고 오류로 이어지기 쉽다. 따라서 분할 기능을 기본으로 지원하는 대체 파일 형식을 살펴보는 게 좋다.

이번에는 맵리듀스 작업에 적합한 좀 더 복잡한 파일 형식을 비교해보자. 이런 형식에는 애브로와 시퀀스파일이 있다.

3.3 빅 데이터 직렬화 형식

스칼라 데이터나 표 형태의 데이터를 처리할 때는 비구조화된 텍스트가 적합하다. XML과 JSON처럼 반구조화된 텍스트 형식은 복잡한 필드나 계층적 데이터를 비롯한 좀 더 복잡한 데이터 구조를 모델링하는 데 도움된다. 하지만 빅데이터를 처리할 때는 파티셔닝(분할)을 기본적으로 지원하고 스키마 진화 기능을 갖춘 직렬화 형식이 필요하다.

이 절에서는 맵리듀스에서 빅 데이터와 가장 잘 호환되는 직렬화 형식을 비교하고 이를 맵리듀스에서 활용하는 법을 살펴본다.

시퀀스파일, 프로토콜 버퍼, 쓰리프트, 애브로의 비교

파일 형식을 선택할 때는 여러 조건을 잘 고려하는 게 중요하다. 다음은 빅 데이터 직렬화에서 필자가 중요하다고 생각하는 판단 기준이다.

- **코드 생성**: 직렬화/역직렬화에 사용할 수 있는 자바 클래스 및 유틸리티를 생성하는 기능
- **버전 지원**: 하위 버전이나 향후 버전에 대한 호환성을 지원하는 기능
- **언어 지원**: 라이브러리에서 지원하는 프로그래밍 언어
- **투명한 압축**: 파일 형식에서 레코드 압축을 내부적으로 처리하는 기능
- **분할 가능성**: 파일 형식에서 여러 입력값 분할을 지원하는지 여부
- **맵 리듀스의 네이티브 지원**: 네이티브 형식으로 파일을 읽고 쓸 수 있게 지원하는 입출력 형식(다시 말해 데이터 형식 라이브러리에서 직접 생성하는지 여부)
- **피그 및 하이브 지원**: 피그 저장 및 로드 함수(Funcs라 부름) 및 하이브 SerDe 클래스의 데이터 형식 지원 여부

---

[9] http://code.google.com/p/hive-json-serde/ 참고

표 3.1에는 세 가지 데이터 직렬화 프레임워크를 비교 대조한 내용이 정리돼 있다. 이들 기술에 대한 추가적인 정보는 이어지는 절에서 다루고 있다. 그럼 각 형식을 좀 더 자세히 들여다보자.

시퀀스파일

시퀀스파일 형식은 맵리듀스, 피그, 하이브에서 사용할 수 있게 개발된 만큼 이들 툴과 잘 연동된다. 시퀀스파일의 단점은 주로 코드 생성 및 버전 지원 기능, 언어 지원 기능이 취약하다는 점이다.

표 3.1 데이터 직렬화 프레임워크의 기능 비교표

라이브러리	코드 생성	버전 지원	언어 지원	투명한 압축	분할 가능성	맵리듀스 기본 지원	피그 및 하이브 지원
시퀀스파일	아니오	아니오	자바, 파이썬	예	예	예	예
프로토콜 버퍼	예 (선택 사항)	예	C++, 자바, 파이썬, 펄, 루비	아니오	아니오	아니오	아니오
쓰리프트	예 (강제 사항)	예	C, C++, 자바, 파이썬, 루비, 펄	아니오[a]	아니오	아니오	아니오
애브로	예 (선택 사항)	예	C, C++, 자바, 파이썬, 루비, C#	예	예	예	피그 전용 (하이브는 곧 지원예정. (HIVE-895 참고))

[a] 쓰리프트는 압축을 지원하지만, 자바 라이브러리에서는 지원하지 않는다.

프로토콜 버퍼

프로토콜 버퍼 형식은 구글에서 상호 호환을 위해 폭넓게 사용하고 있다. 프로토콜 버퍼의 장점은 버전 관리 기능과 크기가 작은 바이너리 형식이라는 점이다. 하지만 프로토콜 버퍼 직렬화로 생성된 파일을 맵리듀스 및 다른 서드파티 소프트웨어에서 읽을 수 있게 지원하는 기능이 부족하다는 단점이 있다. 하지만 실망할 필요는 없다. 잠시 후 160페이지 프로토콜 버퍼에서는 엘리펀트 버드를 사용해 고수준 컨테이너 파일에서 프로토콜 버퍼 직렬화를 사용하는 법을 살펴볼 것이다.

쓰리프트

쓰리프트는 페이스북에서 데이터 직렬화 및 RPC 프레임워크로 사용하기 위해 개발했다. 쓰리프트는 JSON 및 다양한 바이너리 인코딩을 비롯해 여러 데이터 형식을 지원할 수 있지만 맵리듀스에서 네이티브 데이터 직렬화 형식을 지원하는 기능은 제공하지 않는다. 쓰리프트에는 다양한 유형의 서버에서 사용할 수 있는 RPC 레이어(논블로킹 구현체 포함)도 들어 있다. 이 장에서는 RPC 기능은 무시하고 데이터 직렬화만 중점적으로 살펴본다.

애브로

애브로 형식은 시퀀스파일의 단점을 극복하려고 더그 커팅(Doug Cutting)이 만들었다. 특정 평가 기준에 따르면 애브로 형식은 하둡에서 데이터 직렬화 프레임워크로 사용하기에 가장 적합하다. 시퀀스파일은 하둡과의 내부 연동 기능으로 인해(시퀀스파일은 하둡에서 사용하기 위해 설계됐다) 근소한 차이로 2위를 차지했다.

https://github.com/eishay/jvm-serializers/wiki에서는 직렬화 및 역직렬화 횟수 같은 항목을 토대로 파일 형식을 비교하는 다양한 벤치마크 결과를 볼 수 있다. 여기에는 애브로, 프로토콜 버퍼, 쓰리프트와 더불어 다양한 프레임워크에 대한 벤치마크 결과가 나와 있다.

이제 다양한 데이터 직렬화 프레임워크가 어떻게 다른지 비교해봤으니 이어지는 몇 개의 절에서 이를 활용하는 법을 살펴보자. 먼저 시퀀스파일을 사용하는 법부터 알아보자.

시퀀스파일

시퀀스파일은 맵리듀스에서 사용할 목적으로 개발된 만큼 맵리듀스, 피그, 하이브와 연동할 때 대개 가장 높은 수준의 연동 기능을 제공한다. 시퀀스파일은 키/값 쌍 형태로 데이터를 저장하는 분할 가능한 바이너리 파일 형식이다. 모든 시퀀스파일은 그림 3.8에 나온 헤더 형식을 똑같이 사용한다.

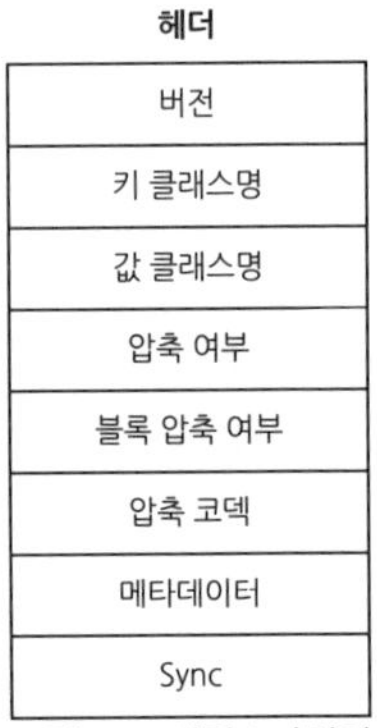

시퀀스파일은 압축을 적용하는 방식에 따라 세 가지 유형이 있다. 아울러 압축 유형별로 자체 Writer 클래스를 갖고 있다.

헤더
버전
키 클래스명
값 클래스명
압축 여부
블록 압축 여부
압축 코덱
메타데이터
Sync

그림 3.8 시퀀스파일의 헤더 형식

무압축

무압축 시퀀스파일은 SequenceFile.Writer 클래스를 사용해 쓴다. 압축을 하면 보통 저장 공간을 줄일 수 있고 읽기 및 쓰기에도 효과적이므로 압축 형식과 비교할 때 이 형식의 장점은 전혀 없다. 이 파일 형식은 그림 3.8에 나와 있다.

레코드 압축

레코드 압축 시퀀스파일은 SequenceFile.RecordCompressWriter 클래스를 사용해 쓴다. 시퀀스파일에 레코드를 추가하면 이 레코드는 바로 압축된 후 파일에 쓰인다. 이 형식의 단점은 블록 압축과 비교해 압축률이 낮다는 점이다. 이 파일 형식 및 무압축 시퀀스파일은 그림 3.9에서 볼 수 있다.

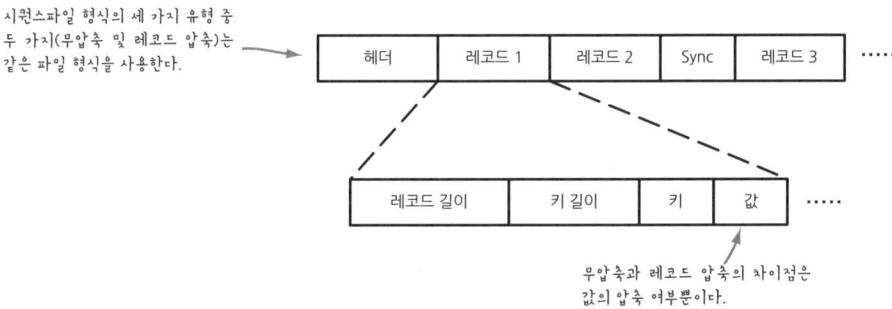

그림 3.9 레코드 기반 시퀀스파일 형식과 무압축 시퀀스파일

블록 압축

블록 압축 시퀀스파일은 SequenceFile.BlockCompressWriter 클래스를 사용해 쓴다. 기본적으로 블록 크기는 HDFS 블록 크기와 같지만, 이 설정은 바꿀 수 있다. 이 압축 형식의 장점은 좀 더 적극적인 압축 방식을 사용한다는 점이다. 즉, 레코드 레벨이 아니라 전체 블록을 압축한다. 데이터는 블록 크기에 도달하기 전까지 쓰지 않으며, 블록 크기에 도달하면 전체 블록을 압축함으로써 전반적으로 더 나은 압축률을 제공한다. 이 형식은 그림 3.10에서 볼 수 있다.

세 가지 유형의 시퀀스파일을 읽을 때 리더 클래스는 한 개(SequenceFile.Reader)만 있으면 된다. 또 SequenceFile.createWriter를 호출해 원하는 형식을 선택할 수 있게끔 Writer도 추상화돼 있고, 이 경우 압축 방식과 상관없이 사용할 수 있는 기저 클래스가 반환된다.

시퀀스파일은 플러그인 형태의 직렬화 프레임워크다. 쓴 키 및 값은 마샬링 및 언마샬링을 위해 관련 org.apache.hadoop.io.serializer.Serializer와 Deserializer를 반드시 갖고 있어야 한다. 하둡에서는 애브로, 자바, 테더(TetherData 클래스에 담긴 바이너리 데이터에 사용), Writable[10](기본 직렬자)라는 네 개의 직렬자를 제공한다.

커스텀 시퀀스파일 직렬화

SequenceFile에서 Writable이나 Serializable이 아닌 객체를 담으려면 커스텀 Serializer를 구현하고 등록해야 한다. 커스텀 직렬자를 등록하려면 core-site.xml을 수정하고 io.serializations 속성에 커스텀 직렬자 구현체의 클래스명을 첨부하면 된다.

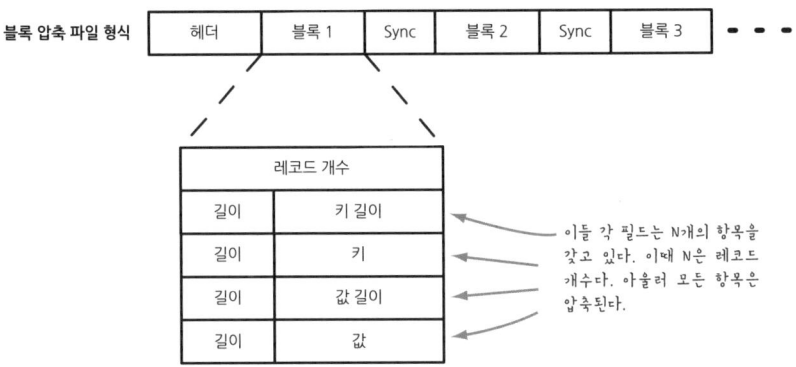

그림 3.10 블록 기반 시퀀스파일 형식

시퀀스파일은 레코드 기반 파일의 경우 파일에서 약 6KiB마다(1킬로바이트는 1,024바이트다) 동기화 마커를 쓰고, 블록 기반 파일의 경우 매 블록 앞에 동기화 마커를 쓰므로 분할 가능하다.

이번에는 맵리듀스에서 시퀀스파일을 사용하는 법을 살펴보자.

기법 14. 시퀀스파일의 활용

리스트나 딕셔너리처럼 복잡한 유형의 데이터를 지원해야 할 때는 맵리듀스의 텍스트 지원 기능만으로는 한계가 있다. 또, 용량이 큰 텍스트 파일을 직접 처리할 때도 압축을 직접 관리해야 하므로 맵리듀스를 사용하는 게 부담스러울 수 있다.

---

10 Writable은 하둡에서 범용적인 데이터 직렬화를 지원하려고 만든 인터페이스로, 하둡 컴포넌트 사이에서 망을 통해 데이터를 전송하는 데 사용한다. 야후!에서는 http://developer.yahoo.com/hadoop/tutorial/module5.html#writable에서 Writable 인터페이스에 대해 잘 소개하고 있다.

문제

복잡한 데이터 구조를 모델링하기 위해 구조화된 파일 형식을 맵리듀스에서 사용하려고 한다. 아울러 압축과 분할 가능한 입력값도 지원하려고 한다.

해결책

이 기법에서는 일반 애플리케이션과 맵리듀스 모두에서 시퀀스파일 형식을 사용하는 법을 살펴본다.

문제 풀이

시퀀스파일 형식은 맵리듀스와 같은 연산 툴과 연동할 수 있는 고수준의 연동 기능을 제공하며 복잡한 데이터 구조를 모델링할 수도 있다. 여기서는 시퀀스파일을 읽고 쓰는 법과 더불어 맵리듀스, 피그, 하이브에서 시퀀스파일을 사용하는 법을 살펴본다.

이 절에서는 주식 데이터를 활용한다. 시퀀스파일을 압축할 때는 주로 Writable 직렬화 방식을 사용하므로 여기서는 주식 데이터를 나타내는 Writable을 작성한다. 복잡한 Writable을 구현할 때 가장 핵심이 되는 사항은 다음과 같이 Writable 클래스를 상속하고 직렬화/역직렬화 메서드를 정의하는 것이다[11].

주가를 나타내는 Writable 구현체

```java
public class StockPriceWritable
    implements WritableComparable<StockPriceWritable>, Cloneable{
  String symbol;
  String date;
  double open;
  double high;
  double low;
  double close;
  int volume;
  double adjClose;

  @Override
  public void write(DataOutput out) throws IOException {
    WritableUtils.writeString(out, symbol);
    WritableUtils.writeString(out, date);
```

이 Writable의 필드를 출력 스트림에 바이트 형태로 쓴다.

---

11 깃허브 소스 — https://github.com/alexholmes/hadoop-book/blob/master/src/main/java/com/manning/hip/ch3/StockPriceWritable.java

```
    out.writeDouble(open);
    out.writeDouble(high);
    out.writeDouble(low);
    out.writeDouble(close);
    out.writeInt(volume);
    out.writeDouble(adjClose);
  }

  @Override
  public void readFields(DataInput in) throws IOException {
    symbol = WritableUtils.readString(in);         ❶
    date = WritableUtils.readString(in);
    open = in.readDouble();
    high = in.readDouble();
    low = in.readDouble();
    close = in.readDouble();
    volume = in.readInt();
    adjClose = in.readDouble();
  }

  public static StockPriceWritable fromLine(String line)
        throws IOException {                        ❷
    CSVParser parser = new CSVParser();
    String[] parts = parser.parseLine(line);

    StockPriceWritable stock = new StockPriceWritable(
      parts[0], parts[1], Double.valueOf(parts[2]),
      Double.valueOf(parts[3]),
      Double.valueOf(parts[4]),
      Double.valueOf(parts[5]),
      Integer.valueOf(parts[6]),
      Double.valueOf(parts[7])
    );
    return stock;
  }
}
```

❶ 바이트 형태의 필드를 Writable로 읽어들인다. 이 메서드는 write 메서드에서 작성한 순서와 같은 순서로 필드를 읽는다는 점에 주의하자.

❷ CSV 줄에서 StockPriceWritable을 가져오는 헬퍼 메서드. CSV를 파싱할 때 오픈소스 OpenCSV 프로젝트를 사용한다.

이제 Writable을 갖췄으니 시퀀스파일을 생성할 코드를 작성할 차례다. 여기서는 로컬 디스크에서 주가 파일을 읽으므로 StockWritable을 생성하고 주식 종목명을 키로 사용해 이를 SequenceFile에 쓴다[12].

```
public static void write(File inputFile, Path outputPath)
    throws IOException {
  Configuration conf = new Configuration();
  FileSystem fs = FileSystem.get(conf);

  SequenceFile.Writer writer =                    ❶
    SequenceFile.createWriter(fs, conf, outputPath, Text.class,
        StockPriceWritable.class,
        SequenceFile.CompressionType.BLOCK,
        new DefaultCodec());
  try {
    Text key = new Text();
    for (String line: FileUtils.readLines(inputFile)){    ❷

      StockPriceWritable stock =
        StockPriceWritable.fromLine(line);          ❸
      key.set(stock.getSymbol());

      writer.append(key,stock);     ← 레코드를 시퀀스파일에 추가한다.
    }
  }finally {
    writer.close();
  }
}
```

❶ 블록 압축 방식을 지정해 새 SequenceFile Writer를 생성한다. 또, 쓰려는 키와 값의 타입도 설정한다. 여기서 타입은 Text 및 IntWritable이다. 시퀀스파일에서는 아무 하둡 압축 코덱이나 사용할 수 있다. 압축에 대해서는 5장에서 자세히 다룬다.

❷ 입력 파일의 모든 줄을 읽은 후 키/값 쌍으로 분할한다.

❸ StockPriceWritable 클래스의 fromLine 헬퍼 메서드를 사용해 StockPriceWritable 인스턴스를 생성한다.

이번에는 Writer에서 생성한 파일을 읽는 법을 알아보자.

---

[12] 깃허브 소스 — https://github.com/alexholmes/hadoop-book/blob/master/src/main/java/com/manning/hip/ch3/seqfile/SequenceFile-StockWriter.java

```
SequenceFile.Reader reader =                    ❶
  new SequenceFile.Reader(fs, inputPath, conf);

try{
  Text key = new Text();
  StockPriceWritable value = new StockPriceWritable();

  while (reader.next(key, value)) {              ❷
    System.out.println(key + "," + value);
  }
} finally{
  reader.close();
}
```

❶ 시퀀스파일로부터 레코드를 읽을 수 있는 리더를 생성한다. 여기서는 파일에서 블록 압축을 사용했다는 점이나 파일에 들어 있는 키/값 타입을 지정하지 않아도 된다는 점을 눈여겨보자.

❷ 리더의 next 메서드는 파일 끝에 도달할 때까지 true를 반환한다. 또, 키와 값도 설정한다.

이어서 파일을 쓰고 읽어봄으로써 이 클래스가 제대로 동작하는지 확인해보자.

```
$ cat test-data/stocks.txt
AAPL,2009-01-02,85.88,91.04,85.16,90.75,26643400,90.75
AAPL,2008-01-02,199.27,200.26,192.55,194.84,38542100,194.84
AAPL,2007-01-03,86.29,86.58,81.90,83.80,44225700,83.80
...
$ bin/run.sh com.manning.hip.ch3.seqfile.SequenceFileStockWriter \
    test-data/stocks.txt  stocks.seqfile

$ bin/run.sh com.manning.hip.ch3.seqfile.SequenceFileStockReader \
    stocks.seqfile
AAPL,StockPriceWritable[symbol=AAPL,date=2009-01-02,open=85.88,...]
AAPL,StockPriceWritable[symbol=AAPL,date=2008-01-02,open=199.27,...]
AAPL,StockPriceWritable[symbol=AAPL,date=2007-01-03,open=86.29,...]
...
```

그럼 맵리듀스에서는 이 클래스를 어떻게 처리해야 할까? 다행히 SequenceFileInputFormat과 SequenceFileOutputFormat 모두 맵리듀스와 잘 연동된다. 이 장에서 앞서 기본 시퀀스파일 직렬화가 Writable 클래스를 어떻게 지원하는지 설명한 내용을 기억할 것이다. Writable은 맵리듀스에서 네이티브 데이터 형식이므로 맵리듀스에서 시퀀스파일을 사용하는 과정은 완전히 투명하다. 그럼 실제로 그런지 확인해보자. 다음 코드[13]는 항등 매퍼와 리듀서[14]를 갖춘 맵리듀스 잡이다.

```
Configuration conf = new Configuration();
Job job = new Job(conf);
job.setJarByClass(SequenceFileStockMapReduce.class);
job.setOutputKeyClass(Text.class);
job.setOutputValueClass(IntWritable.class);
job.setInputFormatClass(SequenceFileInputFormat.class);      ❶
job.setOutputFormatClass(SequenceFileOutputFormat.class);    시퀀스파일의 출력 형식을 지정한다.

SequenceFileOutputFormat.setCompressOutput(job, true);       출력값을 압축한다고 지정한다.

SequenceFileOutputFormat.setOutputCompressionType(job,
        SequenceFile.CompressionType.BLOCK);                 ❷
SequenceFileOutputFormat.setOutputCompressorClass(job,
        DefaultCodec.class);                                 ❸

FileInputFormat.setInputPaths(job, new Path(input));
Path outPath = new Path(output);
FileOutputFormat.setOutputPath(job, outPath);
outPath.getFileSystem(conf).delete(outPath, true);

job.waitForCompletion(true);
```

❶ SequenceFileInputFormat은 Writable 키와 값의 타입을 판단하고 이들 타입을 키/값 쌍으로 매퍼에 내보낸다.
❷ 블록 압축을 지정한다(이 값은 RECORD, BLOCK, NONE으로 설정할 수 있다).
❸ 사용할 압축 코덱을 설정한다. 여기서는 zip 및 gzip 파일 형식에서 사용하는 DEFLATE 압축 알고리즘에 해당하는 기본 코덱을 사용한다.

이번에는 앞서 생성한 주식 시퀀스파일을 대상으로 항등 맵리듀스 잡을 실행 해보자.

```
$ bin/run.sh com.manning.hip.ch3.seqfile.SequenceFileStockMapReduce \
    stocks.seqfile output
```

---

13 깃허브 코드 — https://github.com/alexholmes/hadoop-book/blob/master/src/main/java/com/manning/hip/ch3/seqfile/SequenceFileStockMapReduce.java
14 항등 함수는 인자로 사용된 값과 같은 값을 반환하는 함수를 가리키는 수학 용어다. 맵리듀스에서도 이는 같은 의미로 사용된다. 맵 항등 함수는 리듀서와 마찬가지로 아무런 변형이나 필터링 없이 제공받은 키/값 쌍을 모두 방출한다. 명시적으로 맵 클래스나 리듀스 클래스를 설정하지 않으면 하둡에서는 내장 항등 함수를 사용한다.

여기서 하는 일은 입력값을 출력값으로 그대로 내보내는 것뿐이므로 두 파일의 내용이 같은 것을 확인할 수 있다. 그럼 잡 출력 파일들을 실제 읽어봄으로써 정말 그런지 알아보자. 그런데 출력값이 시퀀스파일인지 어떻게 확인할 수 있을까? 간단하다. 그냥 cat 명령을 사용하면 된다. 이때 처음 3바이트는 SEQ이고, 이어지는 4바이트는 시퀀스파일 버전을 담고 있으며, 이어서 키 및 값 클래스가 나온다.

```
$ hadoop fs -cat output/part*
SEQorg.apache.hadoop.io.Text&com.manning.hip.ch3.StockPriceWritable...
$ reset      ←——— ❶
```

❶ 터미널을 초기화하는 리눅스 명령. 바이너리 데이터를 화면으로 보낸 후 사용할 때 편리하다.

잘 되는 것 같다. 이번에는 방금 전에 작성한 시퀀스파일 리더 코드를 사용해 이를 표준 출력에 출력해보자.

```
$ bin/run.sh com.manning.hip.ch3.seqfile.SequenceFileStockReader \
   output/part-r-00000
AAPL,StockPriceWritable[symbol=AAPL,date=2008-01-02,open=199.27,...]
AAPL,StockPriceWritable[symbol=AAPL,date=2007-01-03,open=86.29,...]
AAPL,StockPriceWritable[symbol=AAPL,date=2009-01-02,open=85.88,...]
...
```

쉽게 이해할 수 있는 내용이었다. 시퀀스파일은 키/값 기반이고 시퀀스파일의 기본 직렬화 형식은 Writable이므로 시퀀스파일을 사용하는 과정은 맵과 리듀스 클래스에서 완전히 투명하다. 우리는 앞서 맵리듀스의 내장 항등 맵 및 리듀스 클래스를 사용해 시퀀스파일을 입력값으로 처리함으로써 이를 보여준 바 있다. 이때 해야 할 일은 맵리듀스에서 기본으로 내장된 시퀀스파일용 입력 및 출력 형식 클래스를 사용하게끔 지시하는 것뿐이다.

피그에서 시퀀스파일 읽기

커스텀 Writable을 구현할 때는 피그 같은 비맵리듀스 툴에서 해야 할 일이 좀 더 늘어난다. 피그는 Text 및 IntWritable 클래스처럼 하둡의 스칼라 Writable과는 잘 연동되지만 커스텀 Writable은 지원하지 않는다. 따라서 커스텀 Writable은 맵리듀스와는 잘 호환되지만 피그의 SequenceFileLoader는 커스텀 Writable과는 호환되지 않으므로 결국 파일을 처리하려면 커스텀 피그 로더를 작성해야 한다.

다음 예제[15]에 나온 것처럼 피그용 LoadFunc는 매우 간단하다. LoadFunc를 작성하는 자세한 방법은 11장을 참고하자.

StockPriceWritable을 피그 튜플로 변환하는 피그 로더 함수

```java
public class SequenceFileStockLoader extends FileInputLoadFunc {

  private SequenceFileRecordReader<Text,StockPriceWritable> reader;

  @Override
  public Tuple getNext() throws IOException {
    boolean next;
    try {
      next = reader.nextKeyValue();
    } catch(InterruptedException e){
      throw new IOException(e);
    }

    if (!next) return null;

    Object value = reader.getCurrentValue();
    if (value == null) {
      return null;
    }
    if (!(value instanceof StockPriceWritable)) {
      return null;
    }
    StockPriceWritable w = (StockPriceWritable) value;
    return TupleFactory.getInstance().newTuple(Arrays.asList(
      w.getSymbol(), w.getDate(), w.getOpen(),
      w.getHigh(),w.getLow(), w.getClose(),
      w.getVolume(), w.getAdjClose()
    ));
  }

  @SuppressWarnings("unchecked")
  @Override
  public InputFormat getInputFormat() throws IOException{
    return new SequenceFileInputFormat<Text, StockPriceWritable>();
```

---

[15] 깃허브 소스 — https://github.com/alexholmes/hadoop-book/blob/master/src/main/java/com/manning/hip/ch3/seqfile/SequenceFileStockLoader.java

```
}

@SuppressWarnings("unchecked")
@Override
public void prepareToRead(RecordReader reader, PigSplit split)
    throws IOException {
  this.reader = (SequenceFileRecordReader) reader;
}

@Override
public void setLocation(String location, Job job)
    throws IOException {
  FileInputFormat.setInputPaths(job, location);
  }
}
```

 피그 설치 및 사용

부록 A와 11장에서는 피그를 설치하고 사용하는 자세한 방법이 나와 있다.

그럼 피그에서 주식 시퀀스파일을 로드하고 출력해보자.

```
$ pig
grunt> REGISTER
        target/hadoop-book-1.0.0-SNAPSHOT-jar-with-dependencies.jar;
grunt> DEFINE SequenceFileStockLoader
            com.manning.hip.ch3.seqfile.SequenceFileStockLoader();
grunt> stocks = LOAD 'stocks.seqfile' USING SequenceFileStockLoader;
grunt> dump stocks;
(AAPL,2009-01-02,85.88,91.04,85.16,90.75,26643400,90.75)
(AAPL,2008-01-02,199.27,200.26,192.55,194.84,38542100,194.84)
(AAPL,2007-01-03,86.29,86.58,81.9,83.8,44225700,83.8)
(AAPL,2006-01-03,72.38,74.75,72.25,74.75,28829800,74.75)
(AAPL,2005-01-03,64.78,65.11,62.6,63.29,24714000,31.65)
...
```

이로써 피그에서 데이터를 읽는 법을 모두 살펴봤다. 그럼 시퀀스파일에 데이터를 쓰려면 어떻게 해야 할까? 이 내용은 11장에서 다룬다.

하이브

하이브에는 시퀀스파일을 지원하는 기능이 내장돼 있지만 두 가지 제약 사항이 있다. 우선 하이브에서는 각 레코드의 키 부분을 무시한다. 두 번째로 기본 내장 기능은 Writable인 시퀀스파일하고만 호환되고, toString()을 수행해 값을 Text 형태로 변환하는 방식을 사용한다. 이 경우 커스텀 Writable을 구현했으므로 Writable을 하이브가 이해할 수 있는 형식으로 역직렬화하는 하이브 SerDe를 작성해야 한다. 이를 위한 최종 DDL 명령은 다음과 같다 (StockWritableSerDe용 코드는 깃허브의 https://github.com/alexholmes/hadoop-book/blob/master/src/main/java/com/manning/hip/ch3/StockWritableSerDe.java 에서 볼 수 있다).

```
$ export HADOOP_CLASSPATH=\
<소스 경로>/target/hadoop-book-1.0.0-SNAPSHOT.jar

$ hive

hive> CREATE TABLE stocks(
    symbol      string,
    dates       string,
    open        double,
    high        double,
    low         double,
    close       double,
    volume      int,
    adjClose    double
)
ROW FORMAT SERDE 'com.manning.hip.ch3.StockWritableSerDe'
STORED AS SEQUENCEFILE;

hive> LOAD DATA INPATH 'stocks.seqfile' INTO TABLE stocks;

hive> select * from stocks;

AAPL  2009-01-02  85.88   91.04   85.16   90.75   26643400  90.75
AAPL  2008-01-02  199.27  200.26  192.55  194.84  38542100  194.84
AAPL  2007-01-03  86.29   86.58   81.9    83.8    44225700  83.8
AAPL  2006-01-03  72.38   74.75   72.25   74.75   28829800  74.75
AAPL  2005-01-03  64.78   65.11   62.6    63.29   24714000  31.65
...
```

커스텀 하이브 SerDe 예제는 10장에서 좀 더 자세히 다룬다.

정리

시퀀스파일은 맵리듀스 작업을 어렵게 하는 두 가지 문제를 해결해준다는 점에서 효과적이다. 바로 네이티브 분할 문제와 사용자에게 투명한 압축 지원 문제다. 하지만 시퀀스파일에는 자바 이외의 언어 지원 부족이라는 단점이 있다. 이 때문에 시퀀스파일을 사용할 수 있는 툴 또한 제한적이다. 하지만 데이터가 주로 HDFS에 들어 있고 맵리듀스 또는 하이브나 피그로 처리한다면 시퀀스파일이야말로 가장 적합한 파일 형식이 될 것이다.

다음으로 살펴볼 내용은 맵리듀스에서 프로토콜 버퍼를 활용하는 법이다.

프로토콜 버퍼

구글 개발자들은 여러 언어로 개발된 서비스 사이에서 간결하고 효율적인 방식으로 데이터를 교환할 수 있게끔 프로토콜 버퍼를 개발했다. 이제 프로토콜 버퍼는 사실상 구글의 표준 데이터 형식이다. 구글에서는 12,183개의 .proto 파일에 48,162개의 서로 다른 메시지 유형이 정의돼 있다[16]. 프로토콜 버퍼는 RPC 시스템은 물론 여러 저장 시스템에서 데이터를 영속화하는 데도 사용된다.

프로토콜 버퍼는 반구조화된 데이터에 대해 크기가 작고 빠른 직렬화 형식을 제공한다. 데이터의 구조는 .proto 파일에 정의하면 되고 프로토콜 버퍼의 코드 생성 기능을 사용해 데이터에 접근할 때 사용할 클래스를 생성하면 된다.

기법 15. 맵리듀스에서의 프로토콜 버퍼 연동

맵리듀스에서 프로토콜 버퍼를 사용하려고 할 때 어려운 점은 프로토콜 버퍼로 직렬화한 파일을 직접 처리할 수 있는 메커니즘이 없다는 점이다[17].

문제

프로토콜 버퍼로 인코딩한 데이터를 맵리듀스에서 읽고 쓰려고 한다.

---

[16] 프로토콜 버퍼의 사용 통계는 http://code.google.com/apis/protocolbuffers/docs/overview.html에서 가져왔다.
[17] 네이티브 프로토콜 버퍼를 위한 맵리듀스 티켓이 2008년 이후 줄곧 열려 있다. 하지만 이 티켓에 대한 활동은 2008년을 기점으로 거의 끝났다. https://issues.apache.org/jira/browse/MAPREDUCE-377을 참고하자.

해결책

엘리펀트 버드에는 프로토콜 버퍼로 인코딩한 레코드를 저장할 수 있는 파일 형식이 있다. 엘리펀트 버드 파일 형식은 압축 및 분할을 지원한다.

문제 풀이

여기서는 맵리듀스 잡에서 프로토콜 버퍼를 활용하는 법을 다룬다. 먼저 스키마를 정의하는 것부터 시작해 스키마로부터 자바 클래스를 생성하고, 이 클래스를 맵리듀스 잡에서 사용하는 식으로 설명을 진행한다.

엘리펀트 버드, LZOP, 프로토콜 버퍼의 설치

프로토콜 버퍼와 엘리펀트 버드를 사용하려면 이를 내려받고 설치하는 것은 물론 시스템에서 LZOP 압축을 설정해야 한다. 엘리펀트 버드는 프로토콜 버퍼 버전 2.3을 필요로 하며, 이 책을 쓰는 현시점을 기준으로 프로토콜 버퍼 2.4 이상 버전과는 호환되지 않는다.

부록 A에는 이들 세 라이브러리를 설치하는 법이 잘 나와 있다.

이 문제를 해결하는 열쇠는 바로 엘리펀트 버드[18]에 있다. 엘리펀트 버드는 트위터에서 관리하는 오픈소스 프로젝트이며, LZOP 압축 유틸리티를 포함하고 있다. 엘리펀트 버드에는 캡슐화된 파일 형식 내에 프로토콜 버퍼를 쓸 수 있는 입력 및 출력 형식이 들어 있다. 트위터에서는 데이터를 저장하고 맵리듀스에서 처리하기 위해 프로토콜 버퍼를 폭넓게 활용하고 있으며[19], 트위터에서 오픈소스로 공개한 이 프로젝트는 여러분의 문제를 해결하는 데도 얼마든지 활용할 수 있다.

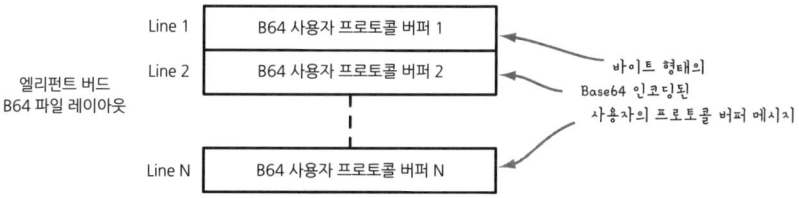

그림 3.11 엘리펀트 버드의 줄 기반 프로토콜 버퍼 레이아웃은 각 줄을 Base64 인코딩된 형식으로 쓴다.

---

[18] https://github.com/kevinweil/elephant-bird 참고
[19] http://engineering.twitter.com/2010/04/hadoop-at-twitter.html 참고

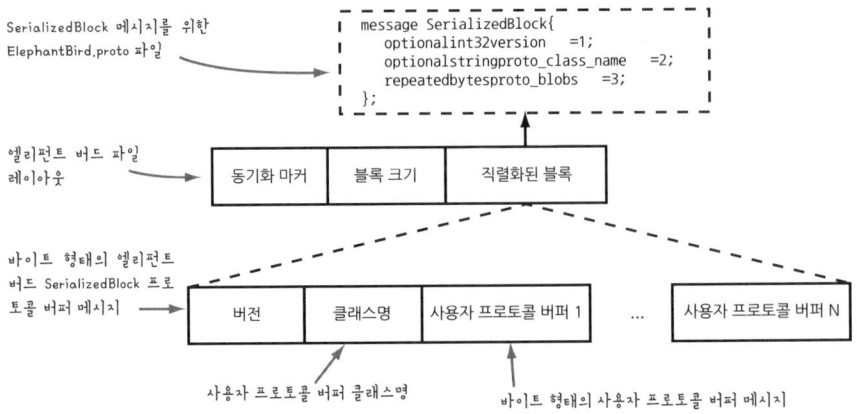

그림 3.12 엘리펀트 버드의 블록 기반 프로토콜 버퍼 레이아웃

    엘리펀트 버드는 프로토콜 버퍼와 관련해 두 가지 인코딩 메커니즘을 지원한다. 바로 줄 기반 레이아웃과 블록 기반 레이아웃이다. 그림 3.11에서 볼 수 있는 줄 기반 메커니즘은 줄마다 각 프로토콜 버퍼 레코드를 Base64 인코딩된 형태로 쓴다.

    그림 3.12에서 볼 수 있는 두 번째 인코딩 옵션인 블록 기반 방식은 재미있는 방식이다. 이 방식에서는 쓰고 있는 프로토콜 버퍼(PB) 객체의 바이트 형태를 메모리에 축적한 후 축적된 PB 객체의 개수가 특정 값(기본값 100)을 넘어서면 논리적 블록 마커를 쓰고, 이어서 블록 크기를 쓴 다음 자체 프로토콜 버퍼의 코드에서 생성한 블록(SerializedBlock)을 통해 프로토콜 버퍼의 직렬화를 사용함으로써 프로토콜 버퍼 객체 바이트를 스트림에 쓴다. 이런 블록 마커는 분할을 가능하게 해준다. 줄 기반 방식과 블록 기반 형식 모두 분할 가능하다.

    표 3.2에는 엘리펀트 버드에서 사용할 수 있는 각 프로토콜 버퍼의 인코딩과 관련한 클래스 개요가 나와 있다.

표 3.2 엘리펀트 버드 인코딩 및 관련 클래스

컨텍스트	줄	블록
리더	N/A	ProtobufBlockReader
라이터	N/A	ProtobufBlockWriter
입력 형식	LzoProtobufB64LineInputFormat	LzoProtobufBlockInputFormat
출력 형식	LzoProtobufB64LineOutputFormat	LzoProtobufBlockOutputFormat
예제 코드	ProtobufMRExample	ProtobufMRExample

스키마 정의

프로토콜 버퍼에서는 모든 작업이 .proto 파일에서 시작한다. 이 파일은 여러분의 '메시지(고유 숫자를 지정한 필드를 여러 개 담고 있는 타입)'를 정의하는 파일이다.

이런 숫자들은 프로토콜 버퍼에서 특정 필드를 식별하는 데 사용하며, 특정 필드에 지정한 숫자 값은 절대 바뀌어서는 안 된다. 다음 코드는 주가 데이터를 정의하는 예제 .proto 파일[20]이다.

```
package proto;

option java_package = "com.manning.hip.ch3.proto";
option java_outer_classname = "StockProtos";

message Stock {
  required string symbol = 1;
  required string date = 2;
  required double open = 3;
  required double high = 4;
  required double low = 5;
  required double close = 6;
  required int32 volume = 7;
  required double adjClose = 8;
}

message StockAvg {
  required string symbol = 1;
  required double avg = 2;
}
```

코드 생성

.proto 파일을 정의했다면 이제 메시지 타입에 사용할 자바 클래스를 생성할 차례다. --java_out 옵션을 사용하면 자바 소스를 생성할 위치를 지정할 수 있다.

```
protoc --java_out=src/main/java/ \
    src/main/java/com/manning/hip/ch3/proto/stock.proto
```

---

[20] 깃허브 소스 — https://github.com/alexholmes/hadoop-book/blob/master/src/main/java/com/manning/hip/ch3/proto/stock.proto

맵리듀스

지금까지 프로토콜 버퍼와 연동을 시작하면서 사용할 수 있는 파일을 여러 개 만들었다. 다음으로 기업별 평균 주가를 계산하는 맵리듀스 잡을 작성해보자. 이 맵리듀스 잡에서는 프로토콜 버퍼 데이터를 소비하고 생성하는 일을 둘 다 수행한다. 이 예제에서는 블록 기반 엘리펀트 버드 프로토콜 버퍼 인코딩을 사용한다.

먼저 엘리펀트 버드 블록 인코딩된 프로토콜 버퍼 파일을 생성해야 한다. 그러려면 다음 코드[21]에 나온 것처럼 예제 주가 파일을 로드하고, LZOP 압축된 프로토콜 버퍼 파일을 써야 한다.

LZOP 압축된 프로토콜 버퍼 파일

```
private static void generateInput(Configuration config,
                                  File inputFile,
                                  Path input) throws IOException {
  FileSystem hdfs = FileSystem.get(config);
  OutputStream os = hdfs.create(input);

  LzopCodec codec = new LzopCodec();              ❶
  codec.setConf(config);
  OutputStream lzopOutputStream =
      codec.createOutputStream(os);

  ProtobufBlockWriter<Stock> writer =             ❷
      new ProtobufBlockWriter<Stock>(
         lzopOutputStream, Stock.class);

  for (String line : FileUtils.readLines(inputFile)){
    Stock stock = createStock(line);
    writer.write(stock);

  }
  writer.finish();
  writer.close();
  IOUtils.closeStream(os);
}
```

❶ LZOP 형식으로 압축된 출력 스트림을 생성한다.
❷ 각 입력 줄로부터 프로토콜 버퍼 Stock 객체를 생성한다.

---

21 깃허브 소스 — https://github.com/alexholmes/hadoop-book/blob/master/src/main/java/com/manning/hip/ch3/proto/StockProtocolBuffersMapReduce.java

```
static CSVParser parser = new CSVParser();

public static Stock createStock(String line) throws IOException {
    String parts[] = parser.parseLine(line);
    return Stock.newBuilder()          ←── ❸
        .setSymbol(parts[0])
        .setDate(parts[1])
        .setOpen(Double.valueOf(parts[2]))
        .setHigh(Double.valueOf(parts[2]))
        .setLow(Double.valueOf(parts[2]))
        .setClose(Double.valueOf(parts[2]))
        .setVolume(Integer.valueOf(parts[6]))
        .setAdjClose(Double.valueOf(parts[2])).build();
}
```

❶ LZOP 코덱을 생성한다. 엘리펀트 버드의 입력 및 출력 형식에서는 꼭 LZOP을 사용해야 한다.
❷ 엘리펀트 버드를 사용해 블록 인코딩된 프로토콜 버퍼 객체를 LZOP 스트림에 쓸 Writer를 생성한다.
❸ 프로토콜 버퍼 객체는 수정 불가능하며 Builder 객체를 사용해 생성해야 한다.

이 예제에서는 프로토콜 버퍼 Stock 객체를 맵과 리듀스 함수 사이에서 주고받는다. 이를 위해서는 ProtobufWritable를 상속하는 커스텀 클래스를 작성하고 이 클래스를 맵 태스크에서 내보내야 한다.

```
public static class ProtobufStockWritable
        extends ProtobufWritable<Stock>{
    public ProtobufStockWritable(){
        super(new TypeRef<Stock>() {
        });
    }

    public ProtobufStockWritable(Stock m) {
        super(m, new TypeRef<Stock>() {
        });
    }
}
```

맵 함수에서는 주가 종목 및 전체 주가 프로토콜 버퍼 객체를 출력값으로 내보낸다. 이때 매퍼로 전달되는 프로토콜 버퍼 Stock 객체를 ProtobufWritable 객체[22]로 감싼다는 점에 주의하자.

```
public static class PBMapper extends
    Mapper<LongWritable, ProtobufWritable<Stock>,        ❶
        Text, ProtobufStockWritable> {
    @Override
    protected void map(LongWritable key,
                       ProtobufWritable<Stock> value,
                       Context context) throws IOException,
        InterruptedException {
      context.write(
          new Text(value.get().getSymbol()),
          new ProtobufStockWritable(value.get()));        ❷
    }
}
```

❶ 맵 함수의 입력값은 입력값의 레코드 바이트 오프셋과 래핑된 Stock 객체다.
❷ 맵 함수는 주가 종목과 ProtobufStockWritable로 감싼 원본 프로토콜 버퍼 Stock 객체를 내보낸다.

리듀서 함수에서는 주가 종목의 모든 가격을 합한 후 평균 주가를 내보낸다[23].

```
public static class PBReducer extends        리듀스 함수의 입력값은 주가 종목과 관련된 모든 Stock 객체다.
    Reducer<Text, ProtobufStockWritable,
        NullWritable, ProtobufWritable> {
  private ProtobufWritable<StockAvg> stockAvg =
      new ProtobufWritable<StockAvg>();

  @Override
  protected void reduce(Text symbol,
                        Iterable<ProtobufStockWritable> values,
                        Context context) throws IOException,
      InterruptedException {
    double total = 0.0;
    double count = 0;
```

---

22 깃허브 소스 — https://github.com/alexholmes/hadoop-book/blob/master/src/main/java/com/manning/hip/ch3/proto/StockProtocolBuffersMapReduce.java
23 깃허브 소스 — https://github.com/alexholmes/hadoop-book/blob/master/src/main/java/com/manning/hip/ch3/proto/StockProtocolBuffersMapReduce.java

```
      for(ProtobufStockWritable d: values) {
        total += d.get().getOpen();
        count++;
      }

      StockAvg avg = StockAvg.newBuilder()
          .setSymbol(symbol.toString())                ❶
          .setAvg(total / count).build();
      stockAvg.set(avg);
      context.write(NullWritable.get(),stockAvg);
                                                      ❷
    }
}
```
← 모든 Stock 객체를 순회하고 시가를 합친다.

❶ 프로토콜 버퍼 코드 생성 과정에서 생긴 빌더를 사용해 프로토콜 버퍼 StockAvg 객체를 빌드한다.
❷ StockAvg 객체를 출력한다. LzoProtobufBlockOutputFormat에서 사용하는 RecordWriter는 출력 키를 무시한다.

끝으로 작업 환경을 설정해야 한다.

```
job.setMapOutputKeyClass(Text.class);                    ❶

job.setMapOutputValueClass(ProtobufStockWritable.class); ❷

job.setInputFormatClass(
    LzoProtobufBlockInputFormat                          ❸
      .getInputFormatClass(Stock.class,
        job.getConfiguration()));

job.setOutputFormatClass(                                ❹
    LzoProtobufBlockOutputFormat.getOutputFormatClass(
      StockAvg.class, job.getConfiguration()));
```

❶ 맵 출력 키는 주가 종목이므로 Text 타입을 사용한다.
❷ 맵 출력값은 Stock 프로토콜 버퍼 객체이며, 여기서는 앞서 작성한 커스텀 클래스를 지정한다.
❸ 블록 기반의 프로토콜 버퍼 인코딩에 엘리펀트 버드 입력 형식을 사용한다고 지정한다.
❹ 블록 기반의 프로토콜 버퍼 인코딩에 엘리펀트 버드 출력 형식을 사용한다고 지정한다.

이 잡을 실행하면 주가 상세 정보가 담긴 입력 텍스트 파일을 읽고 LZOP 압축된 입력 파일을 생성한 후 맵리듀스 파일을 실행한다. 그럼 맵리듀스 잡에서는 이 값을 입력값으로 받아 LZOP 형식으로 압축된 블록 기반의 프로토콜 버퍼 파일 형태로 최종 결과를 출력한다.

```
$ bin/run.sh com.manning.hip.ch3.proto.StockProtocolBuffersMapReduce \
    test-data/stocks.txt stocks.pb.lzo output-pb
```

.lzo 확장자 기억하기

다음 예제를 실행하고 입력 파일명에 .lzo 확장자를 지정하지 않으면 맵리듀스 잡에서 이를 무시한다.

맵리듀스 출력 파일의 내용은 리더 코드를 사용해 내보낼 수 있다(소스는 깃허브의 http://goo.gl/PEyUZ에 있다).

```
$ bin/run.sh \
    com.manning.hip.ch3.proto.StockAvgProtocolBuffersFileReader \
    output-pb/part-r-00000.lzo
StockAvg@5f0ab09f[symbol_=AAPL,avg_=68.631]
StockAvg@900bac2[symbol_=CSCO,avg_=31.148000000000003]
StockAvg@ee51b2c[symbol_=GOOG,avg_=417.47799999999995]
StockAvg@635aed57[symbol_=MSFT,avg_=44.63100000000001]
StockAvg@66941db6[symbol_=YHOO,avg_=69.333]
```

프로토콜 버퍼와 피그

엘리펀트 버드에는 엘리펀트 버드의 직렬화 컨테이너에 있는 LZOP 형식으로 압축된 프로토콜 버퍼 데이터를 읽는 데 사용할 수 있는 로더도 들어 있다.

피그에서 LZOP을 사용하려면 네이티브 하둡 라이브러리를 올바로 가져올 수 있게끔 피그 옵션을 몇 개 내보내야 한다. 피그를 실행하기 전에 다음 명령을 실행하고 스크립트의 출력 문자열을 복사하자.

```
$ bin/pig-native-opts.sh ❶
export PIG_OPTS="$PIG_OPTS -Djava.library.path=/usr/lib/..."

$ export PIG_OPTS="$PIG_OPTS -Djava.library.path=/usr/..."
```

← 내보내기 명령을 복사하고 붙여 넣는다.

❶ 실행할 내보내기 명령을 생성하기 위해 스크립트를 실행한다.

그다음 피그를 실행하고 LZOP 압축된 프로토콜 버퍼의 내용을 표준 출력으로 출력한다.

```
$ bin/pig-native-opts.sh

$ pig
grunt> REGISTER /usr/lib/pig/contrib/piggybank/java/piggybank.jar;
grunt> REGISTER
    target/hadoop-book-1.0.0-SNAPSHOT-jar-with-dependencies.jar;

grunt> DEFINE LzoProtobufBlockPigLoader
    com.twitter.elephantbird.pig.load.LzoProtobufBlockPigLoader
    ('com.manning.hip.ch3.proto.StockProtos$Stock');

grunt> raw = LOAD 'stocks.pb.lzo'
    USING LzoProtobufBlockPigLoader;

grunt> dump raw;

(AAPL,2009-01-02,85.88,85.88,85.88,85.88,26643400,85.88)
(AAPL,2008-01-02,199.27,199.27,199.27,199.27,38542100,199.27)
(AAPL,2007-01-03,86.29,86.29,86.29,86.29,44225700,86.29)
(AAPL,2006-01-03,72.38,72.38,72.38,72.38,28829800,72.38)
(AAPL,2005-01-03,64.78,64.78,64.78,64.78,24714000,64.78)
...
```

Stock 내부 클래스를 지정하려면 $ 문자를 사용해야 한다.

엘리펀트 버드의 피그 로더 덕분에 프로토콜 버퍼와의 연동이 한층 쉬워졌다.

정리

엘리펀트 버드에는 프로토콜 버퍼를 쉽게 사용할 수 있게 도와주는 편리한 클래스가 몇 개 있다. 앞에서 말한 것처럼 프로토콜 버퍼로 직렬화한 파일을 기본적으로 처리할 수 있는 InputFormat 클래스는 없다. 이 절에서 본 것처럼 엘리펀트 버드는 프로토콜 버퍼 객체를 직렬화하는 자체 파일 형식을 도입해 프로토콜 버퍼를 처리할 수 있게 해준다.

엘리펀트 버드의 클래스를 사용한다는 말은 항상 LZOP을 사용해야 한다는 뜻이다. 하지만 하위 클래스를 새로 정의해 LZOP 의존성을 없앨 수도 있다.

맵리듀스에서 프로토콜 버퍼에 기본 지원 기능과 관련해서는 아직 진척사항[24]이 전혀 없다. 맵리듀스에서 프로토콜 버퍼를 기본적으로 지원하기만 하면 프로토콜 버퍼로 직렬화된 파일과 네이티브 연동할 수 있으므로 더할 나위 없이 좋을 것이다.

---

[24] https://issues.apache.org/jira/browse/MAPREDUCE-377 참고

쓰리프트는 또 다른 데이터 형식으로, 프로토콜 버퍼와 마찬가지로 맵리듀스에서 기본으로 지원하지 않는다. 이번에도 엘리펀트 버드를 사용하면 된다. 그 방법은 다음 절에서 살펴본다.

쓰리프트

페이스북에서는 효과적인 데이터 표현과 전송을 위해 쓰리프트를 만들었다. 페이스북은 검색, 로깅, 광고 플랫폼을 비롯해 여러 분야에 쓰리프트를 활용한다.

기법 16. 쓰리프트 활용

프로토콜 버퍼와 마찬가지로 쓰리프트의 데이터 직렬화 라이브러리로 직접 생성한 파일과 호환되는 InputFormat은 전혀 없다.

문제

데이터 직렬화에 쓰리프트를 사용하고 쓰리프트의 코드 생성된(code-generated) 빈을 사용해 맵리듀스에서 데이터를 처리하고 싶다.

해결책

엘리펀트 버드에는 쓰리프트 형식으로 인코딩된 레코드를 저장할 수 있는 파일 형식이 있다. 엘리펀트 버드의 파일 형식은 압축 및 분할을 지원한다.

문제 풀이

프로토콜 버퍼와 마찬가지로 엘리펀트 버드는 쓰리프트를 직렬화할 수 있는 Base64 기반의 줄 기반 메커니즘과 프로토콜 버퍼 제네릭 컨테이너를 사용해 쓰리프트 객체를 쓰는 블록 기반 메커니즘을 제공한다. 이 블록 형식은 그림 3.12에서 살펴본 프로토콜 버퍼와 같은 형식이다.

스키마 정의

쓰리프트의 스키마는 프로토콜 버퍼와 공통점이 많다. 이는 페이스북에 참여한 구글 엔지니어의 숫자를 생각하면 전혀 놀라운 일이 아니다. 다음 스키마[25]를 160페이지에서 살펴본 프로토콜 버퍼의 스키마와 비교해보자.

---

25 깃허브 소스 — https://github.com/alexholmes/hadoop-book/blob/master/src/main/java/com/manning/hip/ch3/thrift/stock.thrift

```
namespace java com.manning.hip.ch3.thrift

struct Stock {
  1: string symbol,
  2: string date,
  3: double open,
  4: double high,
  5: double low,
  6: double close,
  7: i32 volume,
  8: double adjClose
}
struct StockAvg {
  1: string symbol,
  2: double avg
}
```

쓰리프트 버전 및 설치

엘리펀트 버드에서는 쓰리프트 0.5 버전이 필요하며 마찬가지로 LZOP 압축 의존성이 필요하다. 이들 라이브러리를 설치하는 방법은 부록 A를 참고하자.

다음으로 할 일은 자바 코드를 생성하는 것이다. 쓰리프트에는 빌더 패턴을 비롯해 자바 생성된 코드(Java-generated code)에 대한 몇 가지 옵션을 제공한다. 빌더 패턴은 this에 대한 참조를 반환하는 세터를 설정하는 것으로, private-members를 true로 설정해 활성화할 수 있다.

```
$thrift -o src/main/java/ --gen java:private-members=true \
src/main/java/com/manning/hip/ch3/thrift/stock.thrift
```

맵리듀스

엘리펀트 버드는 프로토콜 버퍼 형식과 쓰리프트 형식과 관련해 모두 같은 메서드를 사용하므로 맵리듀스 코드는 프로토콜 버퍼 코드와 거의 같다. 다만 쓰리프트 객체를 감싸기 위해 쓰리프트 전용 클래스를 사용하고 입력 및 출력 클래스를 설정할 때 ThriftWritable, LzoThriftBlockInputFormat, LzoThriftBlockOutputFormat 클래스를 사용한다는 점이

다를 뿐이다. 그것 말고는 다음 코드[26]에 나온 것처럼 쓰리프트 Stock 객체를 생성하고 이 객체를 HDFS에 쓰는 방식만 다르다.

HDFS에 쓰는 데 사용할 Thrift 객체

```
private static void generateInput(Configuration config,
                                  File inputFile,
                                  Path input)throws IOException{
  FileSystem hdfs = FileSystem.get(config);
  OutputStream os = hdfs.create(input);

  LzopCodec codec = new LzopCodec();
  codec.setConf(config);
  OutputStream lzopOutputStream = codec.createOutputStream(os);

  ThriftBlockWriter<Stock> writer =
      new ThriftBlockWriter<Stock>(              ❶
          lzopOutputStream, Stock.class);

  for (String line :FileUtils.readLines(inputFile)) {
    Stock stock = createStock(line);
    writer.write(stock);
  }

  writer.finish();
  writer.close();
  IOUtils.closeStream(os);
}

public static Stock createStock(String line) throws IOException {
  String parts[] = parser.parseLine(line);
  return new Stock()                             ❷
      .setSymbol(parts[0])
      .setDate(parts[1])
      .setOpen(Double.valueOf(parts[2]))
      .setHigh(Double.valueOf(parts[3]))
      .setLow(Double.valueOf(parts[4]))
```

---

26 깃허브 소스 — https://github.com/alexholmes/hadoop-book/blob/master/src/main/java/com/manning/hip/ch3/thrift/ThriftStockMapReduce.java

```
            .setClose(Double.valueOf(parts[5]))
            .setVolume(Integer.valueOf(parts[6]))
            .setAdjClose(Double.valueOf(parts[7]));
}
```

❶ ThriftBlockWriter는 Thrift 객체를 직렬화된 형태로 프로토콜 버퍼 제네릭 객체에 쓴다. 이 객체는 엘리펀트 버드에서 바이너리 데이터의 범용적인 저장 메커니즘으로 사용한다.

❷ 프로토콜 버퍼에서처럼 빌더 클래스를 별도로 분리하는 대신 쓰리프트는 생성된 객체에 있는 빌더 세터를 직접 사용한다.

전체 코드는 깃허브에서 볼 수 있다. 이제 맵리듀스 코드를 실행하고 잡 출력 데이터를 살펴보면 다음과 같은 결과를 볼 수 있다.

```
$ bin/run.sh com.manning.hip.ch3.thrift.ThriftStockMapReduce \
    test-data/stocks.txt stocks.thrift.lzo output-thrift

...

$ bin/run.sh com.manning.hip.ch3.thrift.ThriftStockAvgFileReader \
    output-thrift/part-r-00000.lzo
StockAvg@774acfcd[symbol=AAPL,avg=68.631]
StockAvg@27b62aab[symbol=CSCO,avg=31.14]
StockAvg@28ab54eb[symbol=GOOG,avg=417.47]
StockAvg@8542529[symbol=MSFT,avg=44.63] S
tockAvg@4c53ab04[symbol=YHOO,avg=69.33]
```

피그

엘리펀트 버드에는 블록 인코딩된 쓰리프트와 호환되는 LzoThriftBlockPigLoader 및 LzoThriftBlockPigStorage도 들어 있고, Base64, 줄 인코딩된 쓰리프트와도 호환되는 클래스도 제공한다.

정리

이번에도 엘리펀트 버드 덕분에 쓰리프트 데이터 직렬화를 처리할 수 있었다. 프로토콜 버퍼와 마찬가지로 엘리펀트 버드를 사용할 때는 LZOP 압축을 사용해야 한다는 제약이 있다. 하지만 굳이 LZOP 압축을 사용하고 싶지 않다면 간단히 코드를 복사해 압축 코드를 제거할 수 있다.

또, 참고로 엘리펀트 버드에서는 하이브에서 쓰리프트를 사용할 수 있게 지원해주는 하이브 SerDe 클래스를 제공하지 않는다는 점도 참고하자.

이번에는 지금까지 살펴본 모든 옵션 중 데이터 직렬화 형식으로 가장 적합한 애브로 옵션을 알아보자.

애브로

더그 커팅은 맵리듀스에서의 데이터 상호 교환, 상호 처리, 버전 지원 기능을 개선하기 위해 데이터 직렬화 라이브러리이자 RPC 라이브러리인 애브로를 만들었다. 애브로는 크기가 작은 바이너리 데이터 형식(필요에 따라 압축할 수 있다)을 사용함으로써 빠르게 직렬화를 처리할 수 있게 해준다. 애브로에도 프로토콜 버퍼와 유사한 스키마 개념이 있지만 애브로는 맵리듀스와 네이티브 연동한다는 점에서 프로토콜 버퍼보다 우수하다. 애브로에는 제네릭 데이터 타입을 사용하는 스키마 데이터와 연동할 수 있는 메커니즘이 있다(자세한 예제는 5장에서 볼 수 있다).

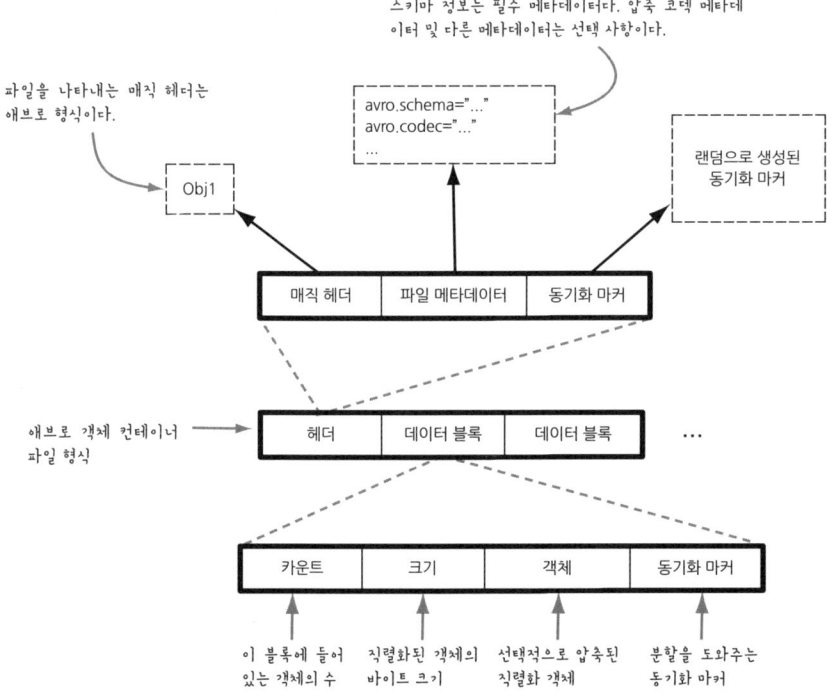

그림 3.13 애브로 컨테이너 파일 형식

그림 3.13에는 애브로 파일 형식이 나와 있다. 이 그림에서 볼 수 있듯 스키마는 헤더의 일부로 직렬화되며, 이로써 역직렬화가 좀 더 단순해지고, 애브로와 상호작용해 역직렬화할 때 스키마를 특정 형태로 사용해야 한다는 제약이 좀 더 느슨해진다. 각 데이터 블록에는 여러 개의 애브로 레코드가 들어 있으며, 블록의 기본 크기는 16KB다.

이제 애브로의 파일 형식을 확실히 이해했으니 다음 기법을 살펴보자.

기법 17. 맵리듀스의 차세대 데이터 직렬화 방식

데이터 직렬화에 꼭 필요한 기능은 코드 생성, 버전 지원, 압축, 맵리듀스와의 고수준 연동이다. 아울러 이것 못지않게 중요한 요소로 스키마 진화에 대한 지원 기능이 있다. 하둡의 시퀀스파일이 매력적이지 못한 이유도 이런 점 때문이다. 시퀀스파일에서는 스키마 개념이나 어떤 형태의 데이터 진화도 지원하지 않기 때문이다.

애브로는 이런 요구 조건을 모두 충족한다. 하지만 애브로를 사용하려고 하면 사용법을 알 수 있게 도와주는 문서가 거의 없어서 이내 어려움을 토로하게 된다.

문제
복잡한 데이터 타입, 코드 생성, 스키마 진화를 지원하면서 맵리듀스와 잘 연동되는 데이터 직렬화 라이브러리를 사용하고 싶다.

해결책
이 기법에서는 애브로의 코드 생성 및 맵리듀스 연동 기능을 다룬다. 또, 코드에서 다양한 애브로 스키마 버전을 사용해 직렬화한 데이터를 지원할 수 있게끔 애브로의 스키마 진화 기능을 활용하는 법도 들여다본다.

문제 풀이
애브로는 두 가지 방식으로 사용할 수 있다. 바로, 코드 생성된 클래스를 사용하는 방식과 자체 제네릭 클래스를 사용하는 방법이 있다. 이 기법에서는 코드 생성된 클래스로 설명하지만, 크기가 작은 파일에서 애브로의 제네릭 레코드를 사용하는 법은 5장에서 확인할 수 있다. 여기서는 코드 생성을 통해 만들어진 클래스를 활용하는 만큼 먼저 스키마부터 정의해야 한다. 이번에도 계속해서 주가 데이터를 모델링한다. 그럼 먼저 주가 데이터 항목을 나타내는 애브로 스키마부터 만들어보자[27].

---

[27] 깃허브 소스 — https://github.com/alexholmes/hadoop-book/blob/master/src/main/java/com/manning/hip/ch3/avro/stock.avsc

```
{
  "name": "Stock",
  "type": "record",
  "namespace":"com.manning.hip.ch3.avro.gen",
  "fields":[
      {"name":"symbol",    "type": "string"},
      {"name":"date",      "type": "string"},
      {"name":"open",      "type": "double"},
      {"name":"high",      "type": "double"},
      {"name":"low",       "type": "double"},
      {"name":"close",     "type": "double"},
      {"name":"volume",    "type": "int"},
      {"name":"adjClose",  "type": "double"}
  ]
}
```

애브로 내려받기

애브로를 내려받고 설치하는 방법은 부록 A에 잘 나와 있다.

애브로 컴파일러에는 두 가지 기능이 있다. 이 컴파일러는 프로토콜 파일을 컴파일할 수도 있고 스키마 파일을 컴파일할 수도 있다. 프로토콜 파일은 RPC 메시지와 스키마 정보를 둘 다 지원하는 데 반해 스키마 파일에서는 한 가지 타입만 지원할 수 있다. 이 절에서는 스키마 컴파일러를 사용한다.

```
$ java -cp <애브로 JAR> org.apache.avro.tool.Main compile schema \
    <애브로 스키마 경로> <생성된 클래스 경로>
```

이 예제에서는 다음 명령을 실행한다(두 번째 명령에서는 stockavg.avsc라는 별도 스키마 파일을 생성한다는 점에 주의하자).

```
$ java -cp \
    target/hadoop-book-1.0.0-SNAPSHOT-jar-with-dependencies.jar \
    org.apache.avro.tool.Main compile schema \
    src/main/java/com/manning/hip/ch3/avro/stock.avsc src/main/java/

$ java -cp \
    target/hadoop-book-1.0.0-SNAPSHOT-jar-with-dependencies.jar \
    org.apache.avro.tool.Main compile schema \
    src/main/java/com/manning/hip/ch3/avro/stockavg.avsc src/main/java/
```

생성된 코드는 packagecom.manning.hip.ch3.avro.gen 패키지 안으로 들어간다. 그럼 맵리듀스 외부에서 애브로 파일을 쓰려면 어떻게 해야 할까[28]?

맵리듀스 외부에서 애브로 파일 쓰기

```
static CSVParser parser = new CSVParser();
public static Stock createStock(String line) throws IOException {

  String parts[] = parser.parseLine(line);
  Stock stock = new Stock();

  stock.symbol = parts[0];
  stock.date = parts[1];
  stock.open = Double.valueOf(parts[2]);
  stock.high = Double.valueOf(parts[3]);
  stock.low = Double.valueOf(parts[4]);
  stock.close = Double.valueOf(parts[5]);
  stock.volume = Integer.valueOf(parts[6]);
  stock.adjClose = Double.valueOf(parts[7]);

  return stock;
}

public static void writeToAvro(File inputFile,
  OutputStream outputStream)
    throws IOException {
                                      ← 애브로의 데이터 파일 형식을 쓸 수 있는 라이터를 생성
  DataFileWriter<Stock> writer =
     new DataFileWriter<Stock>(
        new SpecificDatumWriter<Stock>())   ← 데이터 블록의 기본 크기를 16KB에서 1MiB로 수정
      .setSyncInterval(1 << 20);
                                      ← 데이터를 압축하는 데 스내피를 사용하도록 지정
  writer.setCodec(CodecFactory.snappyCodec());
                                      ← 사용할 스키마를 지정
  writer.create(Stock.SCHEMA$,outputStream);

  for(String line: FileUtils.readLines(inputFile)){
```

---

[28] 깃허브 소스 — https://github.com/alexholmes/hadoop-book/blob/master/src/main/java/com/manning/hip/ch3/avro/AvroStockFile-Write.java

```
      writer.append(createStock(line));  ◄
    }                                         각 주식을 애브로 파일에 쓰기

    IOUtils.closeStream(writer);
    IOUtils.closeStream(outputStream);
}
```

코드에서 볼 수 있듯이 데이터를 압축하는 데 사용할 압축 코덱을 지정할 수 있다. 이 예제에서는 스내피를 사용하고 있다. 5장에서 보겠지만, 이 코덱을 읽기 및 쓰기에 가장 빠른 코덱이다. 또 이 예제에서는 데이터 블록 크기를 지정하는 법을 보여주기 위해 데이터 블록 크기를 기본값보다 더 큰 크기로 설정했다. 그럼 방금 전에 쓴 파일을 읽어오려면 어떻게 해야 할까?[29]

```
public class AvroStockFileRead {

    public static void readFromAvro(InputStream is) throws IOException {
        DataFileStream<Stock> reader =                  ◄
          new DataFileStream<Stock>(                          ❶
            is,
            new SpecificDatumReader<Stock>(Stock.class));

        for (Stock a : reader) {         ◄──── ❷
          System.out.println(ToStringBuilder.reflectionToString(a,
            ToStringStyle.SIMPLE_STYLE
          ));
        }

        IOUtils.closeStream(is);
        IOUtils.closeStream(reader);
    }

    public static void main(String... args) throws Exception {
        Configuration config = new Configuration();
        FileSystem hdfs = FileSystem.get(config);

        Path destFile = new Path(args[0]);
```

---

[29] 깃허브 소스 — https://github.com/alexholmes/hadoop-book/blob/master/src/main/java/com/manning/hip/ch3/avro/AvroStockFileRead.java

```
      InputStream is = hdfs.open(destFile);
      readFromAvro(is);
  }
}
```

❶ 입력 스트림으로부터 읽기 위해 애브로의 파일 컨테이너 역직렬화 클래스를 사용한다.
❷ Stock 객체를 순회하고 아파치 커먼즈의 ToStringBuilder를 사용해 모든 숫자를 콘솔에 출력한다.

먼저 애브로 파일을 생성하고, 그다음 이 파일을 다시 읽어보자.

```
$ bin/run.sh com.manning.hip.ch3.avro.AvroStockFileWrite \
   test-data/stocks.txt stocks.avro     ←——— ❶

$ bin/run.sh com.manning.hip.ch3.avro.AvroStockFileRead \
   stocks.avro   ←——— ❷
AAPL,2009-01-02,85.88,91.04,85.16,90.75,26643400,90.75
AAPL,2008-01-02,199.27,200.26,192.55,194.84,38542100,194.84
AAPL,2007-01-03,86.29,86.58,81.9,83.8,44225700,83.8
AAPL,2006-01-03,72.38,74.75,72.25,74.75,28829800,74.75
AAPL,2005-01-03,64.78,65.11,62.6,63.29,24714000,31.65
...
```

❶ 로컬 파일시스템에서 stocks.txt 파일을 읽고 stocks.avro 애브로 출력 파일을 HDFS에 쓴다..
❷ HDFS에서 stocks.avro 파일을 읽고 모든 레코드를 터미널에 출력한다

애브로와 맵리듀스

가장 중요한 질문은 애브로가 맵리듀스와 잘 연동되는지 여부일 것이다. 애브로에서는 애브로와의 연동에 사용할 수 있는 하위 클래스를 만들 수 있게끔 몇 가지 매퍼 클래스와 리듀서 클래스를 제공한다. 이런 클래스는 매퍼와 리듀서를 사용해 애브로 객체를 교환하려고 할 때 유용하다. 하지만 맵과 리듀스 태스크 사이에서 애브로 객체를 전달할 필요가 없다면 평균 주가를 구하는 다음 예제 코드에서처럼 애브로의 입력/출력 형식 클래스를 직접 사용하는 게 더 좋다.

먼저 잡 설정부터 살펴보자. 이 잡에서는 주가 데이터를 가져오고 평균 주가를 구한다. 이 작업에서 사용하는 데이터는 둘 다 애브로 형식으로 돼 있다. 이를 처리하려면 두 스키마 모

두에 대한 스키마 정보가 담긴 잡 설정을 정의해야 한다. 또, 애브로의 입력 및 출력 형식 클래스도 지정해야 한다[30].

```
                                                    처리할 입력 파일의 애브로 스키마를 설정
job.set(AvroJob.INPUT_SCHEMA, Stock.SCHEMA$.toString());
                                                    잡 출력 파일의 애브로 스키마를 설정
job.set(AvroJob.OUTPUT_SCHEMA, StockAvg.SCHEMA$.toString());
                                                    잡 압축 코덱을 설정
job.set(AvroJob.OUTPUT_CODEC, SnappyCodec.class.getName());
                                                    입력 데이터가 애브로라고 지정
job.setInputFormat(AvroInputFormat.class);
                                                    출력 데이터도 애브로라고 지정
job.setOutputFormat(AvroOutputFormat.class);
```

다음으로 맵 클래스를 살펴보자. 맵 함수에서는 주가 레코드에서 필요한 파일을 추출하고 주가 종목과 시가를 키/값 쌍으로 리듀서에게 내보내는 간단한 일만 한다[31].

```
public static class Map
    implements
    Mapper<AvroWrapper<Stock>, NullWritable, Text, DoubleWritable> {

    @Override                         애브로 InputFormat은 AvroWrapper 객체로 감싼 애브로 객체를 제공한다.
    public void map(AvroWrapper<Stock> key,
                    NullWritable value,
                    OutputCollector<Text, DoubleWritable> output,
                    Reporter reporter) throws IOException {
        output.collect(new Text(key.datum().symbol.toString()),
            new DoubleWritable(key.datum().open));
    }

    @Override
    public void close() throws IOException {
    }

    @Override
    public void configure(JobConf job) {
    }
}
```

---

[30] 깃허브 소스 — https://github.com/alexholmes/hadoop-book/blob/master/src/main/java/com/manning/hip/ch3/avro/AvroStockMapReduce.java

[31] 깃허브 소스 — https://github.com/alexholmes/hadoop-book/blob/master/src/main/java/com/manning/hip/ch3/avro/AvroStockMapReduce.java

끝으로 리듀스 함수에서는 종목별로 모든 주가를 더한 후 평균 주가를 출력한다[32].

```java
public static class Reduce
      implements Reducer<Text, DoubleWritable, AvroWrapper<StockAvg>,
      NullWritable>{

  @Override
  public void reduce(Text key,
                     Iterator<DoubleWritable> values,
                     OutputCollector<AvroWrapper<StockAvg>,        ← ❶
                         NullWritable> output,
                     Reporter reporter) throws IOException {
    double total = 0.0;
    double count = 0;
    while(values.hasNext()) {
      total += values.next().get();
      count++;
    }
    StockAvg avg = new StockAvg();
    avg.symbol= key.toString();
    avg.avg = total / count;
    output.collect(new AvroWrapper<StockAvg>(avg),
        NullWritable.get());
  }

  @Override
  public void close() throwsIOException {
  }

  @Override
  public void configure(JobConfjob) {
  }
}
```

output.collect 줄 주석: StockAvg 인스턴스가 담긴 AvroWrapper를 출력한다.

❶ 애브로 OutputFormat에서는 출력 결과가 AvroWrapper 객체라고 예상한다.

---

32 깃허브 소스 — https://github.com/alexholmes/hadoop-book/blob/master/src/main/java/com/manning/hip/ch3/avro/AvroStockMapReduce.java

이 맵리듀스 코드는 다음과 같이 실행하면 된다.

```
$ bin/run.sh com.manning.hip.ch3.avro.AvroStockMapReduce \
  stocks.avro output
```

이 맵리듀스 잡에서는 입력값으로 받은 애브로 객체와는 다른 애브로 객체(StockAvg)를 출력한다. 맵리듀스 잡에서 생성한 출력 결과는 애브로 객체를 덤프에 출력하는 코드(예제에는 없다)를 작성해 확인할 수 있다.

```
$ bin/run.sh com.manning.hip.ch3.avro.AvroStockAvgFileRead \
    output/part-00000.avro
StockAvg[symbol=AAPL,avg=68.631]
StockAvg[symbol=CSCO,avg=31.148000000000003]
StockAvg[symbol=GOOG,avg=417.47799999999995]
StockAvg[symbol=MSFT,avg=44.631]
StockAvg[symbol=YHOO,avg=69.333]
```

애브로의 자체 매퍼와 리듀서 클래스를 사용하고 싶다면 AvroJob 헬퍼 클래스를 통해 매퍼와 리듀서 클래스를 사용하는 예제가 나와 있는 자바 문서[33]를 참고하자.

애브로와 피그

피그 0.9 버전에는 링크드인에서 공헌한 AvroStorage[34] 지원 기능이 있다. CDH에서는 현재 피그 0.8.1만 지원하므로 피그에서 애브로를 사용하려면 최신 버전을 사용해야 한다. 다음 코드에서는 AvroStorage를 활용해 주가 데이터를 로드하고 덤프한다.

```
$ bin/pig-native-opts.sh

$ pig
grunt> REGISTER /app/hadoop/lib/avro-1.6.1.jar;
grunt> REGISTER /app/pig-0.9.0/contrib/piggybank/java/piggybank.jar;
grunt> REGISTER /app/pig-0.9.0/build/ivy/lib/Pig/json-simple-1.1.jar;
grunt> REGISTER
   /app/pig-0.9.0/build/ivy/lib/Pig/jackson-core-asl-1.6.0.jar;
```

---

33 http://avro.apache.org/docs/current/api/java/org/apache/avro/mapred/package-summary.html 참고
34 https://cwiki.apache.org/confluence/display/PIG/AvroStorage 참고

```
grunt> raw = LOAD 'stocks.avro'
  USING org.apache.pig.piggybank.storage.avro.AvroStorage
  AS (symbol: chararray, date: chararray, open: double,
      high:double, low: double, close: double, volume: int,
      adjClose: double);

grunt> DUMP raw;
(AAPL,2009-01-02,85.88,91.04,85.16,90.75,26643400,90.75)
(AAPL,2008-01-02,199.27,200.26,192.55,194.84,38542100,194.84)
(AAPL,2007-01-03,86.29,86.58,81.9,83.8,44225700,83.8)
(AAPL,2006-01-03,72.38,74.75,72.25,74.75,28829800,74.75)
(AAPL,2005-01-03,64.78,65.11,62.6,63.29,24714000,31.65)
...
```

애브로와 하이브

현재 하이브는 애브로를 지원하지 않지만, 활발히 작업이 진행 중인 티켓이 열려 있다[35].

이제 맵리듀스에서 애브로를 활용하는 법을 배웠으니 애브로의 중요한 기능 중 하나인 스키마 진화 지원 기능을 살펴보자.

애브로 버전 지원 기능

애브로의 하위 및 상위 버전 호환 기능은 스키마 진화를 도와주는 여러 기능을 통해 지원된다. 애브로의 버전 지원 기능에서는 다음 작업을 지원한다.

- 필드 제거
- 필드명 변경
- 새 필드 추가

Stocks 스키마를 다음과 같이 업데이트하고 싶다고 가정하자.

```
"fields": [
{"name": "symbol",   "type": "string"},
{"name": "date",     "type": "string"},
{"name": "open",     "type": "double"},
{"name": "high",     "type": "double"},
{"name": "close",    "type": "double"},
```

---
[35] https://issues.apache.org/jira/browse/HIVE-895 참고

```
{"name": "volume",       "type": "int"},
{"name": "adjustedClose", "type": "double",
 "aliases": ["adjClose"]},              ←── ❶
{"name": "dailyAvg",     "type": "double","default":0.0}  ←── ❷
]
```

❶ 필드명을 변경했지만 애브로의 별칭 기능을 활용해 하위 및 상위 버전 호환성을 위해 기존 이름을 보존한다.
❷ 새 필드를 추가하고, 오래된 스키마 파일을 읽을 때 기본으로 사용할 기본값을 지정했다.

이처럼 Stocks를 두 번째로 업데이트하면 애브로에서는 새 버전을 사용해 직렬화한 애브로 파일을 원본 스키마 버전에서 생성한 코드에서 읽을 수 있게 지원한다(상위 버전 호환성). 아울러 그 반대의 경우도 지원한다(하위 버전 호환성).

정리
이 기법에서는 맵리듀스와 피그에서 애브로를 사용하는 게 얼마나 쉽고 간단한지 살펴봤다. 시퀀스파일과 비교해 애브로 파일을 데이터 직렬화 형식으로 사용하면 하이브를 지원한다는 큰 장점이 있다. 하이브 지원 기능이 중요하다면 https://issues.apache.org/jira/browse/HIVE-895를 통해 애브로에서 사용할 수 있는지 확인하자.

앞의 기법에서와 마찬가지로 5장에서 작은 파일을 처리하는 기법에서도 코드 생성을 통해 만들어진 파일과 유연하게 연동하는 애브로의 기능 및 GenericData.Record 클래스로 내장 제네릭 코드와 연동하는 기능은 애브로를 유용한 툴로 만들어준다.

애브로를 사용해 데이터를 저장하면 버전 지원, 압축, 분할, 코드 생성 같은 다양하고 유용한 기능을 덤으로 얻을 수 있다. 또 애브로는 맵리듀스, 피그와도 잘 호환되며, 하이브 지원 기능도 곧 생기기를 기대한다.

지금까지 자주 사용하는 파일 형식을 다뤄봤고, 맵리듀스와 호환되는 다양한 데이터 직렬화 툴을 사용해봤다. 이제 여러분이 속한 기관에서 사용하는 전용 파일 형식을 지원하는 방법이나 맵리듀스 내에 연동할 수 있는 입력 형식이나 출력 형식이 없는 공개 파일 형식을 다루는 법을 살펴보자.

3.4 커스텀 파일 형식

어느 기관이든 데이터 센터에는 커스텀 파일이나 일반적으로 잘 사용하지 않는 파일들이 가득 들어 있기 마련이다. 예를 들어 벡엔드 서버에서 전용 형식으로 오디팅 파일을 덤프하거나 오래된 코드나 시스템에서 더는 잘 사용하지 않는 형식으로 파일을 쓸 수 있다. 맵리듀스에서 이런 데이터를 처리하고 싶다면 데이터 처리에 사용할 커스텀 입출력 형식 클래스를 작성해야 한다. 이 절에서는 그 방법을 차근차근 소개한다.

입력 및 출력 형식

이 장의 서두에서는 고수준에서 맵리듀스의 입출력 클래스의 기능을 살펴봤다. 입력 및 출력 클래스는 맵 함수에 데이터를 전달하고, 리듀스 함수의 출력 결과를 쓰는 데 필요하다.

기법 18. CSV용 입력 및 출력 형식 쓰기

여러 개의 데이터가 CSV 파일로 돼 있고 CSV 형식의 데이터를 읽고 쓰는 여러 개의 맵리듀스 잡을 구현한다고 가정하자. CSV는 텍스트이므로 내장 TextInputFormat과 TextOutputFormat을 사용하고 맵리듀스 코드에서 CSV 파싱을 처리할 수도 있다. 하지만 이렇게 하면 작업할 양이 금세 많아지고, 같은 파싱 코드를 모든 맵리듀스 잡에서 복사해 사용해야 한다.

만약 맵리듀스에 이런 파싱을 처리해주는 CSV 입출력 형식이 있을 거라고 예상했다면 아쉽지만 틀렸다.

문제

CSV 연동에 사용할 입력 및 출력 형식을 정의하고 싶다.

해결책

이 해결책에서는 CSV 입력 및 출력 형식을 처음부터 정의하는 법을 살펴보고 그 과정에서 이들 클래스의 핵심 속성을 이해한다.

문제 풀이

여기서는 CSV 입출력 형식을 처리하는 데 필요한 커스텀 클래스를 작성하는 단계를 모두 다룬다. CSV는 작업하기 쉬운 파일 형식 중 하나이므로 파일 형식에 지나치게 신경 쓰지 않고 맵리듀스 형식과 관련한 내용에만 집중하는 데 도움이 된다.

커스텀 클래스인 InputFormat과 RecordReader에서는 CSV 파일을 파싱하고 사용자 친화적인 형식으로 데이터를 매퍼에게 제공한다. 여기서는 콤마 이외의 구분자로 사용할 커스텀 필드 구분자도 지원한다. 처음부터 모든 기능을 구현하기보다는 오픈소스 프로젝트인 오픈CSV(OpenCSV) 프로젝트[36]를 사용한다. 이 프로젝트는 인용 필드를 처리해주고 인용 필드에서 구분자 문자를 무시해준다.

> **InputFormat 및 OutputFormat의 개요**
>
> 이 장의 서두에서는 InputFormat과 OutputFormat의 상세 개요와 함께 관련 클래스를 자세히 소개했다. 계속해서 이 기법에서 코드를 살펴보기 전에 이 내용을 참조하는 게 좋을 것이다.

INPUTFORMAT

우선 InputFormat부터 정의해야 한다. InputFormat에서 하는 일은 잡으로 전달된 입력값의 유효성을 검사하고, 입력값 분할을 식별한 후, 소스에서 입력값을 읽는 데 사용할 RecordReader 클래스를 생성하는 것이다. 다음 코드[37]에서는 잡 설정에서 구분자를 제공한 경우 구분자를 읽고 CSVRecordReader를 생성한다.

```
public class CSVInputFormat extends
    FileInputFormat<LongWritable, TextArrayWritable> {

  public static String CSV_TOKEN_SEPARATOR_CONFIG =
      "csvinputformat.token.delimiter";

  @Override
  public RecordReader<LongWritable, TextArrayWritable>
  createRecordReader(InputSplit split,
                     TaskAttemptContext context) {
    String csvDelimiter = context.getConfiguration().get(      ← CSV의 커스텀 구분자(선택 사항)를 읽음
      CSV_TOKEN_SEPARATOR_CONFIG);

    Character separator = null;
    if(csvDelimiter != null && csvDelimiter.length() == 1) {
      separator = csvDelimiter.charAt(0);
    }
                                                          ← RecordReader를 생성하고 반환
    return new CSVRecordReader(separator);
  }
```

---

36 http://opencsv.sourceforge.net/ 참고
37 깃허브 소스 — https://github.com/alexholmes/hadoop-book/blob/master/src/main/java/com/manning/hip/ch3/csv/CSVInputFormat.java

```
    @Override
    protected boolean isSplitable(JobContext context, Path file) {
        CompressionCodec codec =
            new CompressionCodecFactory(context.getConfiguration())
                .getCodec(file);
        return codec == null;                    ⬅━━━ ❶
    }
```

❶ 파일이 압축돼 있으면 분할이 불가능하고 그 외의 경우에만 분할할 수 있다. 분할 가능 여부는 FileInputFormat 부모 클래스에서 판단(HDFS 블록 크기를 사용해)한다.

InputFormat과 압축 파일

앞의 코드에서는 입력값이 압축된 경우 분할할 수 없음을 나타내는 플래그가 반환되는 것을 볼 수 있다. 이렇게 하는 이유는 LZOP을 제외한 압축 코덱은 분할할 수 없기 때문이다. 하지만 분할 가능한 LZOP도 일반 InputFormat 클래스에서 사용할 수 없다. 이 경우 특수 LZOPInputFormat 클래스를 사용해야 한다. 자세한 내용은 5장에서 다룬다.

이로써 InputFormat 클래스가 완성됐다. 여기서는 HDFS 블록 경계를 따라 입력값 분할을 계산해주는 코드가 있는 FileInputFormat 클래스를 상속함으로써, 입력값 분할을 직접 처리할 필요가 없어졌다. FileInputFormat 클래스에서 입력 파일 및 분할을 모두 처리해주기 때문이다. 이어서 RecordReader를 구현해보자. 이번에는 해야 할 일이 조금 더 많다.

RecordReader 클래스는 두 가지 주된 기능을 수행한다. 먼저 제공된 입력값 분할을 기반으로 입력값 소스를 열어야 하고, 선택적으로 입력값 분할에서 특정 오프셋을 찾아야 한다. RecordReader의 두 번째 주요 기능은 입력 소스로부터 개별 레코드를 읽는 것이다. 여기서는 논리적 레코드가 CSV 파일 내 각 줄과 같으므로 맵리듀스에서는 기존 LineRecordReader 클래스를 활용해 파일을 처리한다. InputSplit을 사용해 이 클래스를 초기화하면 이 클래스는 입력 파일을 열고, 입력값 분할의 시작 위치를 찾은 후 다음 레코드의 시작점(이 경우 새 줄)이 나올 때까지 문자를 계속 읽는다. 다음 코드는 간단히 정리한 LineRecordReader.initialize 메서드 코드다.

```
public void initialize(InputSplit genericSplit,
                       TaskAttemptContext context) throws IOException {

    start = split.getStart();           ⬅━━━ 입력값 분할의 시작 바이트 오프셋을 추출
    end = start + split.getLength();    ⬅━━
    final Path file = split.getPath();      입력값 분할의 종료 바이트 오프셋을 계산
```

```
      FileSystem fs = file.getFileSystem(job);
      FSDataInputStream fileIn = fs.open(split.getPath());   ◀── 입력 파일의 InputStream을 엶
      boolean skipFirstLine = false;
      if (start != 0) {
        skipFirstLine = true;
        --start;
        fileIn.seek(start);       ◀────── ❶
      }
      in = new LineReader(fileIn, job);    ◀────── ❷

      if (skipFirstLine) {
        start += in.readLine(new Text(), 0,      ◀────── ❸
                  (int)Math.min((long)Integer.MAX_VALUE, end - start));
    }
```

❶ 입력값 분할이 0바이트에서 시작하지 않으면 시작 바이트를 찾음
❷ LineRecordReader에서 각 줄을 읽을 때 사용할 LineReader를 생성. 앞서 생성하고 찾기를 수행한 InputStream은 LineRead의 생성자에 인자로 넘겨줌
❸ 입력값 분할이 0바이트에서 시작하지 않으면 LineReader에서 한 줄을 읽고 버린다. 입력값 분할을 계산할 때 FileInputFormat은 줄 경계를 고려하지 않고 각 블록 경계를 분할한다. 랜덤 파일의 오프셋으로부터 실제 시작 위치를 판단하려면 새 줄이 나올 때까지 오프셋에서부터 읽기를 계속 해야 한다. 그런 후에야 전체 줄을 반환할 수 있다.

LineRecordReader는 각 줄의 키/값 쌍을 LongWritable/Text 형태로 반환한다. 여기서는 RecordReader에서 일부 기능을 제공할 예정이므로 클래스 내에 LineRecordReader를 캡슐화해야 한다. RecordReader는 각 레코드를 나타내는 키/값 쌍을 매퍼에게 제공해야 하는데, 이 경우 키는 파일의 바이트 오프셋이고, 값은 CSV 줄의 토큰화된 영역을 담은 배열이다[38].

```
public static class CSVRecordReader       ◀────── ❶
    extends RecordReader<LongWritable,TextArrayWritable> {
  private LineRecordReader reader;
  private TextArrayWritable value;
  private final CSVParser parser;

  public CSVRecordReader(Character csvDelimiter) {
    this.reader = new LineRecordReader();
    if (csvDelimiter == null) {
```

[38] 깃허브 소스 — https://github.com/alexholmes/hadoop-book/blob/master/src/main/java/com/manning/hip/ch3/csv/CSVInputFormat.java

```
      parser = new CSVParser();          ←———— ❷
    } else {
      parser = new CSVParser(csvDelimiter);
    }
  }

  @Override
  public void initialize(InputSplit split,
                         TaskAttemptContext context)
      throws IOException, InterruptedException {
    reader.initialize(split, context);   ←———— ❸
  }
```

❶ RecordReader 클래스가 하는 일은 입력 파일로부터 레코드를 읽는 것이다. RecordReader는 파일 내 파일 오프셋 형태의 키와 토큰 배열 형태의 값을 내보낸다.
❷ CSV 파서를 생성(오픈CSV 프로젝트에서 해줌)
❸ 복잡한 작업은 LineRecordReader를 활용해 수행. LineRecordReader는 InputSplit에서 지정한 파일을 열고 분할 시작 위치를 찾음

이번에는 다음 레코드를 읽고, 레코드의 키와 값을 가져오는 메서드를 구현해보자[39].

다음 레코드를 읽고 레코드의 키/값을 조회하는 메서드

```
@Override
public boolean nextKeyValue()
    throws IOException, InterruptedException {
  if (reader.nextKeyValue()) {   ←———— ❶
    loadCSV();
    return true;         LineRecordReader가 새 줄을 제공하면 새 줄을 처리한다.
  } else {
    value = null;
    return false;
  }
}

private void loadCSV() {        ←———— ❷
  String line = reader.getCurrentValue().toString();
  String[] tokens = parser.parseLine(line);   ←———— ❸
```

[39] 깃허브 소스 — https://github.com/alexholmes/hadoop-book/blob/master/src/main/java/com/manning/hip/ch3/csv/CSVInputFormat.java

```
    if (transformer != null) {
      for (int i = 0; i < tokens.length; i++) {
        tokens[i] = transformer.transform(line, i, tokens[i]);
      }
    }
    value = new TextArrayWritable(convert(tokens));
}

private Text[] convert(String[] s) {
  Text t[] = new Text[s.length];
  for (int i=0; i < t.length; i++) {
    t[i] = new Text(s[i]);
  }
  return t;
}

@Override
public LongWritable getCurrentKey()    ←──── ❹
    throws IOException, InterruptedException {
  return reader.getCurrentKey();
}

@Override                                         토큰 배열 값을 반환한다.
public TextArrayWritable getCurrentValue()  ←
    throws IOException, InterruptedException {
  return value;
}
```

❶ 다음 레코드를 읽을 때는 LineRecordReader를 사용. 입력값 분할의 끝에 도달하면 LineRecordReader. nextKeyValue가 NULL을 반환한다.
❷ 구분자를 사용해 줄을 분할하고 변형이 제공된 경우 변형을 적용하고 토큰 배열을 저장한다.
❸ OpenCSV의 parse 메서드를 사용해 줄을 토큰화하고 필드 배열을 반환한다.
❹ 키에 대한 요청을 LineRecordReader에게 맡긴다. LineRecordReader는 파일 내 줄의 바이트 오프셋을 반환한다.

이제 CSV 파일 연동에 사용할 InputFormat과 RecordReader를 모두 갖췄다. 이로써 InputFormat 구현이 모두 끝났으니 이번에는 OutputFormat으로 넘어가보자.

OUTPUTFORMAT

OutputFormat 클래스는 InputFormat 클래스와 비슷한 패턴을 따른다. OutputFormat 클래스는 출력 스트림 생성과 관련한 작업을 모두 처리해주고 스트림 쓰기를 RecordWriter 에게 위임한다.

CSVOutputFormat은 FileOutputFormat 클래스를 간접 상속(TextOutputFormat을 통해)한다. FileOutputFormat 클래스는 출력 파일명 생성, 압축이 활성화된 경우 압축 코덱 인스턴스 생성, 출력값 커밋(잠시 후 살펴본다)과 관련한 모든 작업을 처리해준다.

그림 OutputFormat 클래스에서는 CSV 출력 파일의 커스텀 필드 구분자를 지원하는 일만 처리하고, 필요에 따라 압축된 OutputStream만 생성하면 된다. 또, OutputFormat 클래스는 CSV 줄을 출력 스트림에 쓰는 CSVRecordWriter를 반드시 반환해야 한다[40].

```
public class CSVOutputFormat extends
    TextOutputFormat<TextArrayWritable,NullWritable>{         ❶

public static String CSV_TOKEN_SEPARATOR_CONFIG =
    "csvoutputformat.token.delimiter";                        ❷

@Override
public RecordWriter getRecordWriter(TaskAttemptContext job)
    throws IOException,InterruptedException {
  Configuration conf = job.getConfiguration();
  boolean isCompressed = getCompressOutput(job);

  String
      keyValueSeparator =                                     ❸
      conf.get(CSV_TOKEN_SEPARATOR_CONFIG, ",");
...
  if (!isCompressed) {
    FSDataOutputStream fileOut = fs.create(file, false);
    return new CSVRecordWriter(fileOut,                       ❹
        keyValueSeparator);

  } else {
    FSDataOutputStream fileOut = fs.create(file, false);
```

---

[40] 깃허브 소스 — https://github.com/alexholmes/hadoop-book/blob/master/src/main/java/com/manning/hip/ch3/csv/CSVOutputFormat.java

```
    return new CSVRecordWriter(                    ◀── ❺
      new DataOutputStream(codec.createOutputStream(fileOut)),
      keyValueSeparator);
    }
  }
```

❶ OutputFormat에서는 키가 TextArrayWritable 및 NullWritable 값이라고 기대한다.
❷ 사용자가 커스텀 CSV 구분자 문자를 지정할 수 있게 설정 상수를 정의한다.
❸ 설정에서 커스텀 구분자를 읽고, 구분자가 존재하지 않으면 기본값인 콤마를 사용한다.
❹ 리듀서에 사용할 무압축 스트림을 생성하고 리듀서 출력값을 쓰기 위해 CSVRecordWriter를 생성한다.
❺ 작업에 설정된 압축 코덱을 사용해 압축된 출력 스트림을 생성하고 리듀서 출력값을 쓸 CSVRecordWriter를 생성한다.

RecordWriter에서는 리듀서에서 내보낸 각 레코드를 출력 위치에 써야 한다. 리듀서 출력 키는 CSV 줄의 각 토큰을 나타내는 배열 형태여야 하고, 리듀서 출력값은 NullWritable이 되게끔 지정한다. 이렇게 하면 출력값의 값 부분에 대해서는 신경 쓰지 않아도 된다. 이어서 CSVRecordWriter 클래스를 살펴보자. 다음 코드에서 볼 수 있듯 필드 구분자와 출력 스트림만 설정하는 이 클래스의 생성자는 예제 코드에서 생략했다[41].

CSV 형태로 맵리듀스 출력값을 생성하는 RecordWriter

```
protected static class CSVRecordWriter
    extends RecordWriter<TextArrayWritable,NullWritable>{
  private static final String utf8 = "UTF-8";
  private static final byte[] newline;

  protected DataOutputStream out;
  private final String csvSeparator;

  @Override
  public void write(TextArrayWritable key, NullWritable value)    ◀── ❶
      throws IOException, InterruptedException {
    if (key == null) {
      return;
    }
```

---

[41] 깃허브 소스 — https://github.com/alexholmes/hadoop-book/blob/master/src/main/java/com/manning/hip/ch3/csv/CSVOutputFormat.java

```java
    boolean first = true;
    for(Writable field: key.get()) {
      writeObject(first, field);
      first = false;
    }
    out.write(newline);
  }

  /**
   * 객체를 바이트 스트림에 쓰고, Text를 특수 사례로 처리
   *
   * @param o 출력할 객체
   * @throws IOException write 메서드가 예외를 던지면 이를 전달
   */
  private void writeObject(boolean first, Writable o)
    throws IOException {

    if(!first) {                              // CSV 구분자를 쓴다.
      out.write(csvSeparator.getBytes(utf8));
    }

    boolean encloseQuotes = false;
    if (o.toString().contains(csvSeparator)) {
      encloseQuotes = true;
    }

    if(encloseQuotes) {                       // 필드에 구분자 문자가 들어 있으면 인용 부호를 쓴다.
      out.write("\"".getBytes(utf8));
    }
    if (o instanceof Text){
      Text to = (Text) o;                     // 필드를 쓴다.
      out.write(to.getBytes(), 0, to.getLength());
    } else {
      out.write(o.toString().getBytes(utf8));
    }
    if(encloseQuotes) {
      out.write("\"".getBytes(utf8));
    }
  }
}
```

❶ write 메서드는 리듀서에서 내보낸 레코드별로 호출된다. 배열 내 모든 필드를 순회하고 writeObject를 호출해 필드를 출력 스트림으로 쓰는 작업을 처리한다. 이 작업이 끝나면 새 줄 문자를 스트림에 쓴다.

이제 새로운 입력 및 출력 형식 클래스를 맵리듀스 잡에 적용할 차례다.

맵리듀스

맵리듀스 잡에서는 CSV 입력값을 처리하고 콤마가 아니라 콜론으로 구분된 CSV를 생성하는 일도 한다. 여기서는 항등 맵 함수와 리듀스 함수를 사용한다. 이 말은 맵리듀스를 거치는 동안 데이터가 바뀌지 않는다는 뜻이다. 입력 파일은 콤마 문자로 구분돼 있지만, 출력 파일은 콜론으로 구분돼 있다. 우리가 사용할 입력 및 출력 형식 클래스에서는 둘 다 하둡 설정 속성을 통해 커스텀 구분자 개념을 지원하고 있다.

맵리듀스 코드는 다음과 같다[42].

```
conf.set(CSVInputFormat.CSV_TOKEN_SEPARATOR_CONFIG, ",");    ← CSV 입력 파일의 구분자 문자를 지정한다.
conf.set(CSVOutputFormat.CSV_TOKEN_SEPARATOR_CONFIG, ":");   ← ❶

Job job = new Job(conf);
job.setJarByClass(CSVMapReduce.class);
job.setMapperClass(Map.class);
job.setReducerClass(Reduce.class);
job.setInputFormatClass(CSVInputFormat.class);      ← InputFormat 클래스를 설정한다.
job.setOutputFormatClass(CSVOutputFormat.class);    ← OutputFormat 클래스를 설정

job.setMapOutputKeyClass(LongWritable.class);
job.setMapOutputValueClass(TextArrayWritable.class);

job.setOutputKeyClass(TextArrayWritable.class);
job.setOutputValueClass(NullWritable.class);
```

❶ CSV 출력 파일의 구분자 문자를 지정. 이 경우 구분자는 콜론이다.

맵 함수와 리듀스 함수에서는 입력값과 출력값을 그대로 내보내는 것 외에 별다른 일을 하지 않는다. 하지만 여기서는 맵리듀스 코드에서 CSV를 어떻게 활용하는지 볼 수 있게 이들 함수를 수록했다[43].

```
public static class Map
    extends Wrapper<LongWritable, TextArrayWritable,    ← TextArrayWritable이 매퍼의 입력값으로 제공되는 것을 볼 수 있다.
    LongWritable, TextArrayWritable>{
```

---

[42] 깃허브 소스 — https://github.com/alexholmes/hadoop-book/blob/master/src/main/java/com/manning/hip/ch3/csv/CSVMapReduce.java
[43] 깃허브 소스 — https://github.com/alexholmes/hadoop-book/blob/master/src/main/java/com/manning/hip/ch3/csv/CSVMapReduce.java

```
    @Override
    protected void map(LongWritable key, TextArrayWritable value,
                       Context context)
        throws
        IOException, InterruptedException {
      context.write(key, value);
    }
  }

  public static class Reduce
      extends Reducer<LongWritable, TextArrayWritable,
      TextArrayWritable, NullWritable> {

    public void reduce(LongWritable key,
                       Iterable<TextArrayWritable> values,
                       Context context)
        throws IOException, InterruptedException {
      for (TextArrayWritable val : values) {
        context.write(val, NullWritable.get());
      }
    }
  }
```

※ 마찬가지로 TextArrayWritable이 출력값으로 사용된다.

콤마로 구분된 파일을 대상으로 이 예제를 실행한 후 매퍼 출력값을 확인하면 예상대로 결과 값이 출력되는 것을 볼 수 있다.

```
$ hadoop fs -put test-data/stocks.txt stocks.txt
$ bin/run.sh com.manning.hip.ch3.csv.CSVMapReduce stocks.txt output

$ hadoop fs -cat output/part*
AAPL,2009-01-02,85.88,91.04,85.16,90.75,26643400,90.75
AAPL,2008-01-02,199.27,200.26,192.55,194.84,38542100,194.84
AAPL,2007-01-03,86.29,86.58,81.90,83.80,44225700,83.80
...
```

이제 맵리듀스에서 CSV를 처리하고 생성할 수 있는 InputFormat과 OutputFormat을 모두 갖추게 됐다.

03. 데이터 직렬화 - 텍스트 및 고급 데이터 형식 195

피그와 하이브

피그의 피기뱅크 라이브러리에는 CSV를 튜플로 로드할 때 사용할 수 있는 CSVLoader가 있다. 이 로더는 CSV에서 큰 따옴표 인용 필드를 지원하고 각 항목을 바이트 배열로 제공한다.

csv-serde[44]라는 깃허브 프로젝트도 있다. 이 프로젝트에는 CSV를 직렬화/역직렬화할 수 있는 하이브 SerDe가 있다. InputFormat 예제와 마찬가지로 이 프로젝트도 CSV를 읽고 쓸 때 OpenCSV 프로젝트를 활용한다.

정리

이 기법에서는 텍스트 기반의 데이터를 활용할 때 사용할 수 있는 커스텀 맵리듀스 형식을 정의하는 법을 살펴봤다. 현재 맵리듀스에서 CSV 입력 형식을 추가하는 작업이 한창 진행 중이다(https://issues.apache.org/jira/browse/MAPREDUCE-2208).

어떤 이들은 TextInputFormat을 사용하고 매퍼에서 각 줄을 분할하는 방식이 더 간단하다고 생각할 수도 있을 것이다. 하지만 이런 작업을 여러 번 해야 한다면 여러 위치에서 CSV를 토큰화함에 따라 같은 코드를 복사하고 붙여 넣는 일을 반복해야 한다. 물론 코드 재사용을 염두에 두고 코드를 작성했다면 그렇지 않겠지만 말이다.

지금까지 커스텀 IO 형식 클래스를 작성해 맵리듀스에서 커스텀 파일 형식을 처리하는 법을 다뤘다. 이번에는 출력 형식을 사용할 때 중요한 요소를 하나 살펴볼 참이다. 바로 출력 커밋이다.

출력 커밋의 중요성

이 장에서 앞서 본 CSV OutputFormat 예제에서는 작업이 성공한 후 출력값을 '커밋'하는 일을 처리해주는 FileOutputFormat 클래스를 상속했다. 그럼 맵리듀스에서는 왜 '커밋'이 필요하고 왜 커밋이 중요할까?

잡과 태스크가 실행되는 동안 어느 시점에는 잡 출력값 쓰기를 시작해야 한다. 잡은 실패할 수 있고, 재시작할 수 있으며, 투기적 실행(speculative execution)[45]을 할 수도 있다. OutputFormat에서 이런 시나리오를 모두 정확히 처리할 수 있게 맵리듀스에서는

---

[44] https://github.com/ogrodnek/csv-serde 참고
[45] 투기적 실행은 맵리듀스에서 전체 잡의 처리를 느리게 하거나 잘못된 행동을 하는 노드가 생기는 것을 방지하기 위해 같은 입력 데이터에 대해 여러 태스크를 실행하는 것을 말한다. 기본적으로 맵사이드와 리듀스사이드 모두에서 투기적 실행이 활성화돼 있다. mapred.map.tasks.speculative. execution 및 mapred.reduce.tasks.speculative.execution 설정 파라미터를 사용하면 이 설정을 제어할 수 있다.

OutputCommitter라는 개념을 사용한다. OutputCommitter는 개별 태스크나 전체 잡이 완료됐을 때 맵리듀스에서 콜백을 호출해주는 메커니즘이다.

맵리듀스에서 대부분의 OutputFormat은 출력 커밋에 FileOutputCommitter를 사용하는 FileOutputFormat을 사용한다. FileOutputFormat이 출력 파일의 위치에 대해 처음 문의를 받으면 FileOutputFormat은 출력 파일을 저장할 위치에 대한 결정을 FileOutputCommitter에게 맡기고, FileOutputCommitter는 잡 출력 디렉터리의 임시 디렉터리(⟨job-output⟩/_temporary/⟨task-attempt-id⟩)에 출력값을 쓰게끔 지정한다. FileOutputCommitter는 모든 작업이 완료될 때만 이를 통보받고, 이 시점이 되면 임시 출력값을 잡 출력 디렉터리로 옮긴다. 전체 잡이 성공적으로 완료되면 FileOutputCommitter는 이를 다시 통보받고, 이때는 잡 출력 디렉터리에 있는 _SUCCESS 파일을 건드려 다운스트림 프로세서에게 작업이 성공했음을 알린다.

데이터 싱크가 FileOutputFormat 및 커밋 메커니즘을 활용할 수 있는 HDFS인 경우 이 사실이 큰 도움이 된다. 하지만 데이터베이스처럼 파일 이외의 데이터 소스를 처리할 때는 상황이 조금 더 복잡해진다. 이런 경우 멱등적 쓰기(결과가 바뀌지 않고 같은 작업을 여러 번 수행할 수 있는)가 필요하다면 데이터 저장소나 OutputFormat의 설계에서 이를 고려해야 한다.

이 주제는 하둡에서 데이터베이스로 데이터를 내보내는 법을 다룬 2장에서 살펴본 바 있다.

3.5 정리

이 장에서는 XML과 JSON처럼 자주 사용하는 파일 형식을 맵리듀스에서 처리하는 법을 살펴봤다. 이 과정에서 시퀀스파일, 애브로, 프로토콜 버퍼 같은 복잡한 파일 형식도 함께 살펴봤다. 이들 파일 형식은 버전 호환성 지원, 압축, 복잡한 데이터 구조 모델링처럼 빅 데이터를 다룰 때 도움되는 유용한 기능을 여러 개 제공했다. 또, 이 장에서는 커스텀 파일 형식을 맵리듀스에서 활용하는 절차도 다뤘다.

이제 맵리듀스에서 어떤 파일 형식도 처리할 수 있을 것이다. 이제 HDFS와 맵리듀스에서 파일을 효과적으로 처리하는 법을 이해하게 됐으니 다음으로 데이터를 효과적으로 처리하는 데 도움되는 패턴을 살펴보자. 이 내용은 4장에서 다룬다.

3부

빅 데이터 패턴

이제 하둡에 대해 소개한 1부와 하둡에서 데이터를 효과적으로 옮기고 저장하는 법을 소개한 2부를 마쳤으니 이 책의 3부를 살펴볼 준비가 모두 끝났다. 3부에서는 빅 데이터를 효과적으로 처리하는 기법을 설명한다.

4장에서는 대용량 데이터셋에 대한 조인 및 정렬 같은 맵리듀스 연산을 최적화하는 기법을 살펴본다. 이들 기법을 활용하면 잡이 더 빠르게 실행되게 하고, 연산 리소스를 좀 더 최적화할 수 있다.

5장에서는 HDFS에 같은 원칙을 적용하고, 작은 파일들을 처리하는 법, 압축을 활용해 저장 공간 및 연산 부담을 줄이는 법을 살펴본다.

끝으로 6장에서는 맵리듀스 잡을 측정, 수집, 프로파일링하는 방법과, 잡이 느리게 실행되게 하는 코드 및 하드웨어 영역을 찾아내는 법을 알아본다.

3부에서 다루는 내용

04 빅 데이터에 맵리듀스 패턴 적용하기
05 빅 데이터를 위한 HDFS 스트리밍
06 성능 문제 진단 및 튜닝

빅 데이터에 맵리듀스 패턴 적용하기

이 장에서 다루는 내용
- 맵사이드와 리듀스사이드에서의 데이터 조인
- 2차 정렬의 이해
- 파티셔닝의 원리 및 전역 데이터 정렬 이해

이제 HDFS에 안전하게 데이터를 집어넣었으니 맵리듀스에서 데이터를 실제로 활용할 차례다. 이전 장에서는 데이터 직렬화를 다루면서 맵리듀스를 수행하는 코드를 일부 보여줬다. 이 장에서는 일반적인 문제를 해결하기 위해 맵리듀스에서 빅데이터를 효과적으로 처리하는 법을 살펴본다.

> **맵리듀스의 기본**
> 맵리듀스의 원리를 이해하고 기본적인 맵리듀스 프로그램을 작성하려면 척 램이 집필한 하둡 인 액션을 읽어보는 게 좋다.

맵리듀스에는 여러 가지 강력한 기능이 있지만, 이 장에서는 조인, 정렬, 샘플링에 초점을 맞춘다. 이들 세 패턴이 중요한 이유는 빅 데이터에서 자주 수행하는 작업이고, 클러스터의 목적이 맵리듀스 잡에서 가능한 한 성능을 끌어올리는 것이기 때문이다.

흩어져 있는 이질적인 데이터를 조인하는 기능은 강력한 기능이지만 현업에서는 잘 사용하지 않으므로 여기서는 대규모 데이터셋에서 조인 작업을 최적화하는 고급 기법을 살펴본다. 조인 예제로는 로그 파일과 데이터베이스의 레퍼런스 데이터를 합치는 것과 웹 그래프에서 인바운드 링크 계산을 합치는 것 등을 다룬다.

맵리듀스에서 정렬은 흑마술과 같다. 여기서는 누구나 어느 순간이 되면 접하기 마련인 2차 정렬과 전체 순서 정렬이라는 두 가지 기법을 살펴봄으로써 맵리듀스에서의 정렬을 깊이 있게 이해한다. 끝으로 데이터의 작은 서브셋을 이용해 대규모 데이터셋을 빠르게 검토할 수 있게 해주는 맵리듀스의 샘플링을 살펴봄으로써 장을 마무리한다.

4.1 조인

조인은 관계를 합치는 데 사용하는 관계 구조체다(아마도 데이터베이스와 관련해 이 용어가 익숙할 것이다). 맵리듀스에서는 합치려는 데이터셋이 두 개 이상일 때 조인을 적용할 수 있다. 조인의 예로는 OLTP 데이터베이스에서 추출한 사용자 정보를 사용자 활동 상세 정보가 담긴 로그 파일과 합치려는 경우가 있다. 이런 데이터셋을 합칠 때 도움되는 시나리오로는 다음과 같은 경우가 있다.

- 사용자 통계에 따른 데이터 취합(10대와 30대 사용자의 취미에 따른 차이 등)
- 지정된 일자 동안 웹사이트를 방문하지 않은 사용자에게 이메일 보내기
- 사용자의 사이트 사용 습관을 관찰해 아직 접하지 않은 사이트의 기능을 시스템에서 추천해주는 피드백 루프

이들 시나리오는 모두 데이터셋 조인이 필요하며, 가장 많이 사용하는 조인의 유형은 이너 조인과 아우터 조인이다. 이너 조인은 L과 R 관계에서 모든 튜플을 비교하고 조인 서술식을 만족하면 결과를 생성한다. 그에 반해 아우터 조인에서는 조인 서술식을 기반으로 두 튜플이 일치할 필요가 없으며, 일치하는 결과가 없어도 L이나 R의 레코드를 포함할 수 있다. 그림 4.1에서는 서로 다른 조인 유형을 보여준다.

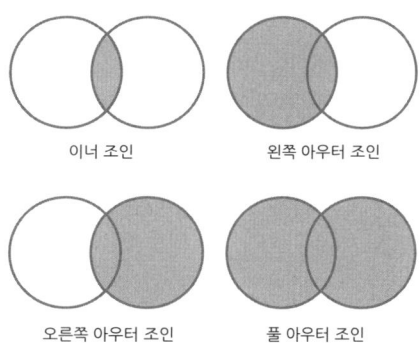

그림 4.1 관계를 합치는 데 사용하는 서로 다른 조인 유형을 표시한 벤다이어그램

이 절에서는 가장 많이 사용하는 두 가지 조인 유형(이너 및 아우터 조인)을 지원하는 맵리듀스에서의 세 가지 조인 전략을 살펴본다. 세 가지 조인 전략은 맵리듀스의 정렬-병합 아키텍처를 활용해 맵 단계나 리듀스 단계에서 조인을 수행한다.

1. **리파티션 조인**: 둘 이상의 대규모 데이터셋을 조인하는 상황을 위한 리듀스사이드 조인
2. **복제 조인**: 데이터셋 중 하나가 캐싱할 수 있을 만큼 작을 때 적합한 맵사이드 조인
3. **세미 조인**: 메모리에 집어넣기에는 한 데이터셋의 크기가 지나치게 크지만, 필터링을 적용하면 메모리에 집어넣을 수 있을 정도로 크기를 줄일 수 있을 때 사용하는 또 다른 맵사이드 조인

이들 세 조인 전략을 모두 다룬 후에는 각 상황에 가장 적합한 조인 전략을 선택하는 의사 결정 트리를 살펴본다.

리파티션 조인

리파티션(Repartition) 조인은 맵리듀스의 정렬-병합을 활용해 레코드를 그룹으로 묶는 리듀스사이드 조인이다. 리파티션 조인은 단일 맵리듀스 잡으로 구현하며, N 방향 조인을 지원할 수 있다. 이때 N은 조인하는 데이터셋의 개수다.

맵 단계는 다양한 데이터셋에서 데이터를 읽는 책임을 지며, 각 레코드의 조인 값을 판단하고, 이 조인 값을 출력 키로 내보낸다. 출력값에는 리듀서에서 잡 출력값을 생성하기 위해 데이터셋을 조합할 때 포함시키려는 데이터가 들어 있다.

리듀서 호출에서는 맵 함수에서 내보낸 조인 키의 모든 값을 수신하고 데이터를 N개의 파티션으로 나눈다. 리듀서가 조인 값의 모든 입력 레코드를 읽고 메모리 내에 분할한 후에는 모든 파티션에 대해 카테시안 곱을 수행하고 각 조인 결과를 내보낸다. 그림 4.2에는 고수준에서 본 리파티션 조인이 나와 있다.

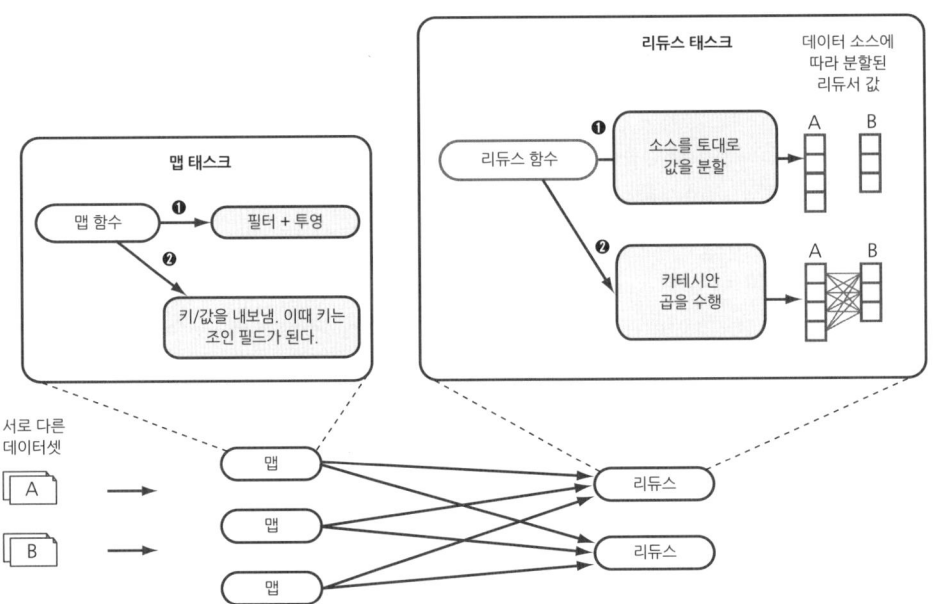

그림 4.2 리파티션 조인의 기본적인 맵리듀스 구현체

> **필터링 및 투영**
>
> 리파티션 조인과 맵리듀스 전반에서는 맵과 리듀스 단계에서 전송하는 데이터의 양을 줄이는 게 좋다. 네트워크상의 두 단계 사이에서 데이터를 정렬하고 전송하는 작업은 연산 비용이 크기 때문이다. 리파티션 조인처럼 리듀스사이드에서의 작업을 피할 수 없다면 가능한 한 맵 단계에서 많은 데이터를 필터링하고 투영하는 게 좋다. 필터링은 잡 출력값에 포함시킬 필요가 없는 맵 입력 레코드를 버리는 행동이다. 투영은 관계 대수 용어로서, 리듀서에게 보낼 필드를 줄이는 데 사용한다. 예를 들어 사용자 데이터를 처리하고 사용자의 나이가 들어 있는 결과를 조인하는 데만 관심이 있다면 맵 태스크에서는 age 필드만 투영하거나 내보내고 사용자의 다른 필드는 내보내지 않으면 된다.

기법 19. 리파티션 조인 최적화

하둡 인 액션에는 org.apache.hadoop.contrib.utils.join 하둡 contrib 패키지를 사용해 리파티션 조인을 구현하는 예제가 나와 있다. contrib 패키지에서는 어려운 작업을 모두 처리해주고 몇 개의 메서드만 구현하게끔 한다.

리파티션 조인의 contrib 구현체는 메모리 공간을 효율적으로 활용하지 않는다. 이 구현체에서는 다중 조인을 수행하기 전에 주어진 조인 값에 대한 모든 출력값을 메모리에 로드해야 한다. 이보다는 작은 데이터셋을 메모리에 로드하고 큰 데이터셋을 순회하면서 조인을 수행하는 게 더 효과적이다.

문제

맵리듀스에서 리파티션 조인을 수행하려고 하는데 리듀서에서 모든 레코드를 캐싱하는 부담을 없애고 싶다.

해결책

이 기법에서는 리듀서에서 캐싱하는 데이터 양을 줄이기 위해 데이터셋 중 하나만 캐싱하는 최적화된 리파티션 조인 프레임워크를 사용한다.

문제 풀이

부록 D에는 org.apache.hadoop.contrib.utils.join이라는 contrib 패키지를 따라 모델링한 최적화된 리파티션 조인 프레임워크 구현체가 나와 있다. 이 프레임워크에서는 모든 레코드를 캐싱하는 부담을 줄이기 위해 두 데이터셋 중 작은 부분의 레코드만 캐싱한다. 그림 4.3에서는 개선된 리파티션 조인 방식을 보여준다.

그림 4.4에서는 제네릭 프레임워크와 예제 구현체 클래스에 해당하는 두 부분으로 나뉜 클래스 다이어그램을 볼 수 있다.

조인 프레임워크 사용자는 반드시 OptimizedDataJoinMapperBase 및 ptimizedDataJoinReducerBase 클래스의 구현체를 제공해야 한다.

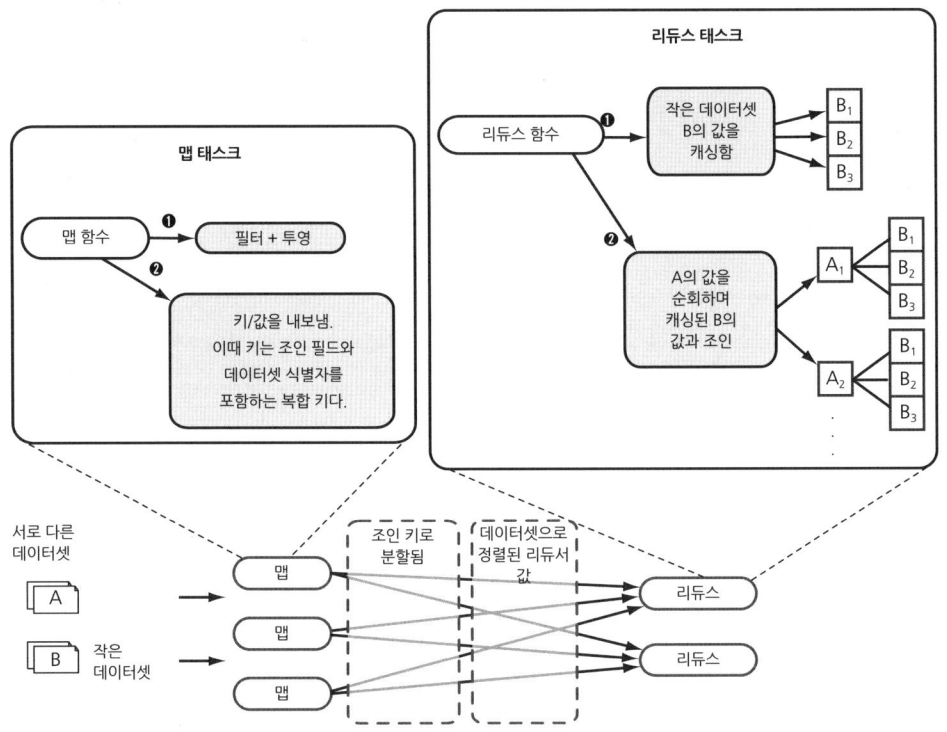

그림 4.3 최적화된 분할 조인 맵리듀스 구현체

사용자 상세 정보와 사용자 활동에 대한 로그를 조인한다고 가정하자. 그러려면 먼저 두 데이터셋 중 어떤 데이터셋의 크기가 작은지 판단해야 한다. 두 데이터셋을 갖춘 어느 정도 규모의 웹사이트라면 보통 사용자 데이터셋이 활동 로그보다 크기가 작을 것이다.

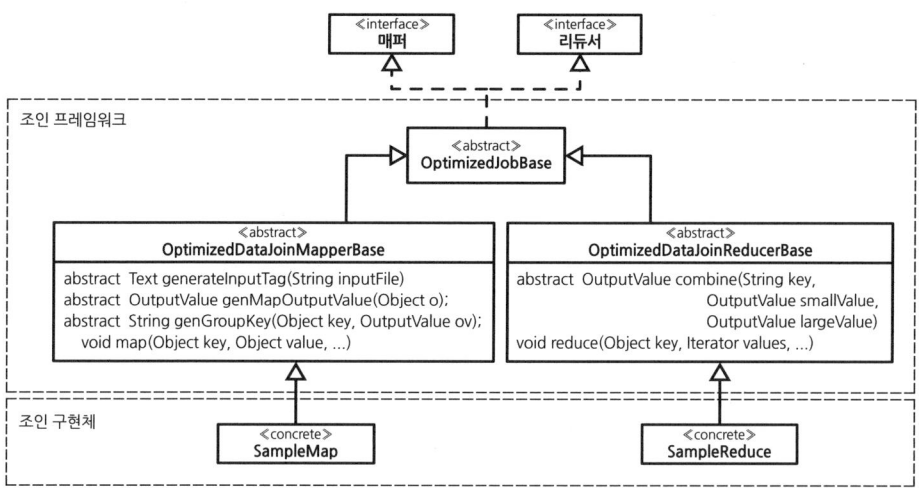

그림 4.4 프레임워크 및 예제 구현체의 메인 클래스를 보여주는 클래스 다이어그램

다음 예제에 있는 사용자 데이터는 사용자 이름, 나이, 거주하는 주(state)로 구성된다.

```
$ cat test-data/ch4/users.txt
anne     22    NY
joe      39    CO
alison   35    NY
mike     69    VA
marie    27    OR
jim      21    OR
bob      71    CA
mary     53    NY
dave     36    VA
dude     50    CA.
```

사용자 활동 로그에는 사용자의 이름, 수행한 행동, 소스 IP 주소가 들어 있다. 보통 이 파일은 사용자 파일보다 크기가 훨씬 크다.

```
$ cat test-data/ch4/user-logs.txt
jim      logout       93.24.237.12
mike     new_tweet    87.124.79.252
bob      new_tweet    58.133.120.100
mike     logout       55.237.104.36
jim      new_tweet    93.24.237.12
marie    view_user    122.158.130.90
```

먼저 OptimizedDataJoinMapperBase 추상 클래스의 구체적인 구현체를 제공해야 한다. 이 클래스는 맵사이드에서 호출한다. 구현체 클래스는 맵 출력 키 및 값을 생성하고, 처리 중인 현재 입력값 분할이 조인하는 데이터셋보다 작은지 여부를 프레임워크에게 알려주는 일을 한다[1].

```java
public class SampleMap extends OptimizedDataJoinMapperBase {

    private boolean smaller;

    @Override
    protected Text generateInputTag(String inputFile) {
        smaller = inputFile.contains("users.txt");
        return new Text(inputFile);                    ❶
    }

    @Override
    protected String generateGroupKey(Object key,
                                     OptimizedTaggedMapOutput output) {
        return key.toString();                         ❷
    }

    @Override
    protected boolean isInputSmaller(String inputFile) {
        return smaller;
    }

    @Override
    protected OptimizedTaggedMapOutput generateTaggedMapOutput(
            Object value) {
        return new TextTaggedMapOutput((Text) value);  ❸
    }
}
```

사용자의 파일이 더 작은 파일이라고 하드코딩한다.

입력값 분할이 크기가 작은 파일에서 왔는지 여부를 반환

❶ 이 메서드에서는 제공된 입력 파일에 대해 고유 식별자를 반환해야 한다. 따라서 여기서는 파일명을 반환한다.

❷ 맵리듀스 잡에서는 KeyValueTextInputFormat을 사용한다. 따라서 키에는 조인 필드가 되는 사용자명이 들어 있다.

---

1 깃허브 소스 — https://github.com/alexholmes/hadoop-book/blob/master/src/main/java/com/manning/hip/ch4/joins/improved/SampleMap.java

❸ 리듀서로 보낼 출력값을 생성. 이 잡은 KeyValueTextInputFormat을 사용하므로 값은 호출자로 다시 전달할 사용자 상세 정보가 된다.

다음으로 OptimizedDataJoinReducerBase 추상 클래스의 구현체를 작성해야 한다. 이 클래스는 리듀스사이드에서 호출한다. 이 클래스에서는 서로 다른 데이터셋으로부터 맵 출력 키와 두 개의 맵 출력값을 넘겨받고 리듀스 출력값 튜플을 반환해야 한다[2].

```java
public class Reduce extends OptimizedDataJoinReducerBase {

    private TextTaggedMapOutput output = new TextTaggedMapOutput();
    private Text textOutput = new Text();

    @Override
    protected OptimizedTaggedMapOutput combine(String key,
                                OptimizedTaggedMapOutput value1,
                                OptimizedTaggedMapOutput value2) {
        if(value1 == null || value2 == null) {
            return null;                  ❶
        }
        Object[] values = {
            smallValue.getData(), largeValue.getData()
        };
        textOutput.set(StringUtils.join(values, "\t"));   ← 두 값을 모두 리듀서 출력값의 키로 결합한다.
        output.setData(textOutput);
        return output;
    }
}
```

❶ 이너 조인을 수행하므로 값 중에 NULL이 있으면 NULL을 반환한다. 이때는 아무 리듀서 출력값도 없다.

끝으로 작업 드라이버 코드에서는 InputFormat 클래스를 지정하고 2차 정렬[3]을 설정해야 한다.

```java
job.setInputFormat(KeyValueTextInputFormat.class);

job.setMapOutputKeyClass(CompositeKey.class);
```

---

2 깃허브 소스 — https://github.com/alexholmes/hadoop-book/blob/master/src/main/java/com/manning/hip/ch4/joins/improved/SampleReduce.java
3 깃허브 소스 — https://github.com/alexholmes/hadoop-book/blob/master/src/main/java/com/manning/hip/ch4/joins/improved/SampleMain.java

```
job.setMapOutputValueClass(TextTaggedMapOutput.class);
job.setOutputKeyClass(Text.class);
job.setOutputValueClass(Text.class);

job.setPartitionerClass(CompositeKeyPartitioner.class);
job.setOutputKeyComparatorClass(CompositeKeyComparator.class);
job.setOutputValueGroupingComparator(
    CompositeKeyOnlyComparator.class);
```

이제 조인을 실행할 준비가 모두 끝났다.

```
$ hadoop fs -put test-data/ch4/users.txt users.txt
$ hadoop fs -put test-data/ch4/user-logs.txt user-logs.txt

$ bin/run.sh com.manning.hip.ch4.joins.improved.SampleMain \
  users.txt,user-logs.txt \         ◁── 조인되는 파일들
  output

$ hadoop fs -cat output/part*
bob     71    CA    new_tweet    58.133.120.100
jim     21    OR    logout       93.24.237.12
jim     21    OR    new_tweet    93.24.237.12
jim     21    OR    login        198.184.237.49
marie   27    OR    login        58.133.120.100
marie   27    OR    view_user    122.158.130.90
mike    69    VA    new_tweet    87.124.79.252
mike    69    VA    logout       55.237.104.36
```

조인한 원본 파일을 다시 참조하면 이너 조인을 구현했으므로 로그 파일에 들어 있지 않은 anne, alison 등의 사용자에 대한 데이터가 출력값에 없는 것을 볼 수 있다.

정리

필자의 조인 구현체는 크기가 작은 데이터셋의 값만 버퍼링함으로써 하둡 contrib 패키지를 개선한다. 하지만 여전히 맵과 리듀스 단계에서 모든 데이터를 전송해야 한다는 문제를 안고 있고, 이는 큰 네트워크 비용이 필요하다.

게다가 하둡 contrib 조인 패키지에서는 N 방향 조인을 지원하지만, 필자의 구현체는 2 방향 조인만 지원한다.

리듀스사이드 조인에서 메모리 족적을 좀 더 줄일 수 있는 간단한 방법으로는 맵 함수에서 투영을 좀 더 적극적으로 수행하는 방법이 있다. 투영은 맵에서 내보내는 필드를 줄이는 행동이다. 예를 들어 사용자 데이터를 처리 중이고, 사용자의 나이가 있는 조인 결과에만 관심이 있다면 맵 태스크에서 age 필드만 투영하고(내보내고) 나머지 필드는 내보내지 않으면 된다. 이렇게 하면 맵과 리듀스 태스크 사이에서 네트워크 트래픽을 줄일 수 있고, 조인을 수행할 때 리듀서의 메모리 부담도 줄일 수 있다.

필자의 리파티션 조인 구현체에서는 원본 contrib 패키지와 마찬가지로 필터링과 투영을 지원한다. 필터링은 genMapOutputValue 메서드에서 NULL을 반환하게 함으로써 지원하고, 투영은 이 메서드에서 출력값의 내용을 정의함으로써 지원한다.

그럼 정렬 부담 및 네트워크를 통해 리듀서로 데이터를 전송하는 부담을 피하고 싶다면 어떻게 해야 할까? 이 문제에 대한 해결책을 알아보려면 다음 절에서 다루는 두 번째 조인 전략인 복제 조인과 세미조인을 알아야 한다.

복제 조인

복제 조인은 맵사이드 조인으로, 그 기능에서 이름이 유래됐다. 즉, 데이터셋 중 가장 작은 데이터셋이 모든 맵 호스트로 복제된다. 복제 조인은 조인하는 데이터셋 중 하나가 메모리에 캐시할 수 있을 정도로 작다는 사실을 기반으로 한다. 분산 캐시[4]를 사용해 맵 태스크를 실행하는 모든 노드로 크기가 작은 데이터셋을 복사하고, 각 맵 태스크의 초기화 메서드를 사용해 작은 데이터셋을 해시테이블로 로드한다. 대규모 데이터셋에서 맵 함수로 제공된 각 레코드의 키를 사용해 작은 데이터셋 해시테이블을 찾고, 조인 값과 일치하는 작은 데이터셋에서 대규모 데이터셋 레코드와 작은 데이터셋의 전체 레코드 사이의 조인을 수행한다. 그림 4.5에서는 맵리듀스에서 복제 조인이 어떻게 진행되는지 보여준다.

하둡 인 액션의 설명에서 볼 수 있듯이 복제 조인 구현체는 간단하다. 부록 D에는 복제 조인을 수행하는 일반 프레임워크가 나와 있다. 이 프레임워크는 InputFormat 및 OutputFormat의 데이터에 사용할 수 있다(이 프레임워크는 다음 기법에서 사용한다). 이 조인 프레임워크는 작은 쪽을 비교해 분산 캐시의 내용이나 입력값 분할의 캐싱 여부를 동적으로 판단한다.

---

4 하둡의 분산 캐시는 노드에서 맵 태스크나 리듀스 태스크를 수행하기 전에 맵리듀스 클라이언트 호스트 상에서 (또는 HDFS 내의) 파일을 슬레이브 노드로 복사한다. 태스크에서는 로컬 디스크에서 이런 파일을 읽어서 작업에 사용한다.

데이터셋 중 어느 쪽도 메모리에 넣을 수 있을 정도로 초기에 크기가 작지 않을 때 맵사이드 조인을 활용할 방법이 있을까? 이때는 세미조인을 살펴봐야 한다.

세미조인

조인하려는 두 개의 대규모 데이터셋(사용자 로그와 OLTP 데이터베이스에서 가져온 사용자 데이터)이 있다고 가정하자. 두 데이터셋 중 어느 것도 맵 태스크의 메모리에 캐싱할 수 있을 정도로 크기가 작지 않으므로 이때는 리듀스사이드 조인을 수행하도록 설계를 다시 해야 한다고 생각할 수 있다. 하지만 실제로는 그렇지 않다. 이때는 스스로에게 이 질문을 해보자. '다른 데이터셋의 레코드와 일치하지 않는 레코드를 모두 제거하면 이 데이터셋 중 하나가 메모리에 들어갈 수 있는가?' 이 예제의 경우 로그에 나와 있는 사용자는 OLTP 데이터베이스의 전체 사용자 중 일부에 지나지 않으므로 로그에 나와 있지 않은 OLTP 사용자를 모두 제거하면 메모리에 집어넣을 수 있는 크기로 데이터셋을 줄일 수 있다. 이런 경우에 해당한다면 세미조인이 해결책이다.

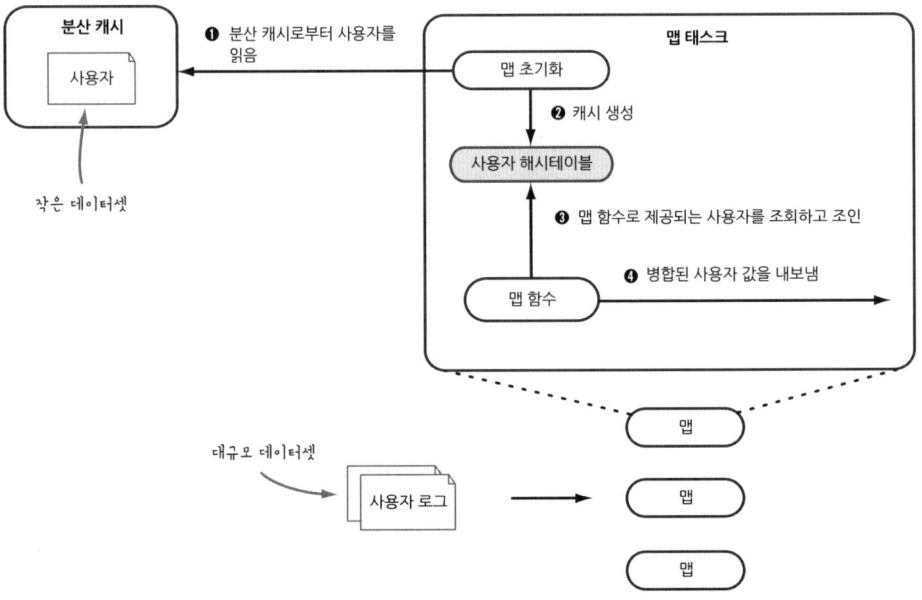

그림 4.5 맵 전용 복제 조인

그림 4.6에서는 세미조인을 수행할 세 개의 맵리듀스 잡을 보여준다. 그럼 세미조인을 구현하는 데 필요한 요소를 살펴보자.

기법 20. 세미조인의 구현

두 개의 대용량 데이터셋을 조인해야 할 때는 전체 맵리듀스 프레임워크를 활용해 리듀스사이드에서 조인을 수행하는 리파티션 조인을 수행하는 게 가장 일반적이다. 사실 필터링을 이용해 맵 사이드에서 캐싱할 수 있을 정도로 데이터셋 중 하나의 크기를 줄일 수 없을 때는 이 방법 말고는 선택할 수 있는 방법이 없다. 하지만 한 데이터셋을 적절한 크기로 줄일 수 있다면 분할 조인을 사용하지 않아도 된다.

문제
대규모 데이터셋을 조인하고 동시에 셔플 및 정렬 단계에서의 연산 부담을 피하고 싶다.

해결책
이 기법에서는 리듀스사이드 조인에서의 연산 부담을 줄이기 위해 세 개의 맵리듀스 잡을 사용해 두 개의 데이터셋을 조인한다. 이 기법은 대규모 데이터셋을 처리하지만 다른 데이터셋과 일치하지 않는 레코드를 필터링해 메모리에 넣을 수 있을 정도로 잡을 줄일 수 있을 때 적합하다.

문제 풀이
이 기법에서는 필자가 작성한 복제 조인 코드(부록 D)를 활용해 맵리듀스 잡의 마지막 두 단계를 구현한다. 이 기법은 그림 4.6에 나온 세 개의 잡으로 구성된다.

잡 1
첫 번째 맵리듀스 잡의 기능은 로그 파일에 존재하는 고유 사용자명 세트를 생성하는 일이다. 이를 위해 맵 함수에서는 사용자명 투영을 수행하고, 리듀서를 사용해 사용자명을 내보낸다. 맵 단계와 리듀스 단계 사이에서 전송되는 데이터 양을 줄이기 위해 맵 태스크에서는 HashSet에 모든 사용자명을 캐싱하고, HashSet의 값을 cleanup 메서드에서 내보낸다. 그림 4.7에서는 이 작업 흐름을 볼 수 있다.

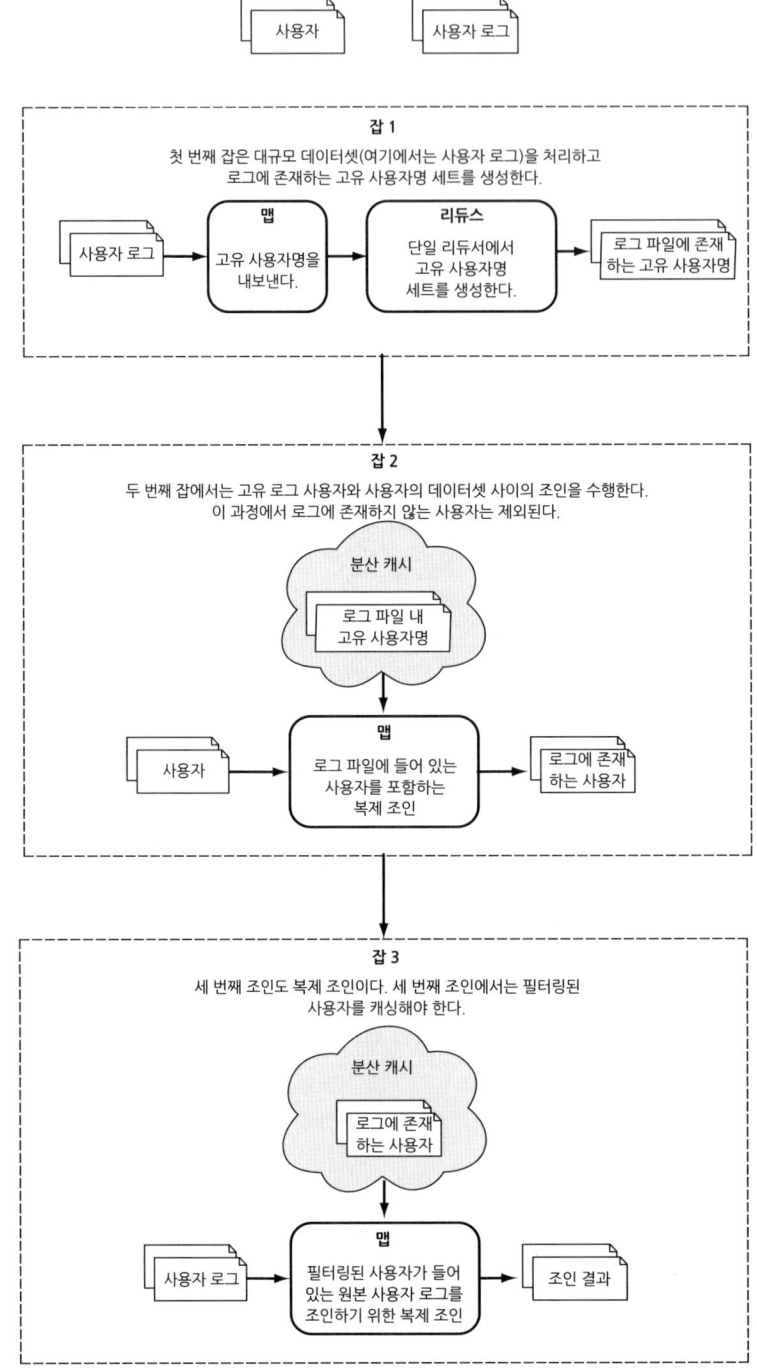

그림 4.6 세미 조인을 구성하는 세 개의 맵리듀스 작업

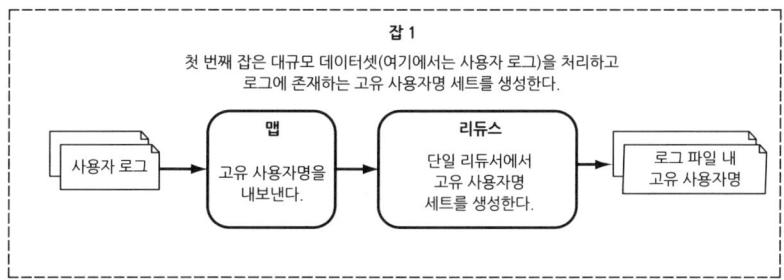

그림 4.7 세미 조인의 첫 번째 잡에서는 로그 파일에 있는 고유 사용자명 세트를 생성한다.

다음 코드는 맵리듀스 잡을 보여준다[5].

```
public static class Map extends Mapper<Text, Text, Text, NullWritable> {
  private Set<String> keys = new HashSet<String>();    ◄── 사용자명을 캐싱할 HashSet을 생성한다.

  @Override
  protected void map(Text key, Text value, Context context)
      throws IOException, InterruptedException {
    keys.add(key.toString());    ◄── 사용자명을 캐시에 추가한다.
  }

  @Override
  protected void cleanup(
      Context context)
      throws IOException, InterruptedException {
    Text outputKey = new Text();
    for(String key: keys) {
      outputKey.set(key);
      context.write(outputKey, NullWritable.get());    ◄── 사용자명을 출력한다.
    }
  }
}

public static class Reduce
    extends Reducer<Text, NullWritable, Text, NullWritable> {
  @Override
  protected void reduce(Text key, Iterable<NullWritable> values,
                        Context context)
```

---

[5] 깃허브 소스 — https://github.com/alexholmes/hadoop-book/blob/master/src/main/java/com/manning/hip/ch4/joins/semijoin/Unique-HashedKeyJob.java

```
      throws IOException, InterruptedException {
    context.write(key, NullWritable.get());
  }
}
```
사용자명을 출력한다.

첫 번째 잡의 결과는 로그 파일에 있는 고유 사용자 세트가 된다.

잡 2

두 번째 단계는 맵리듀스 잡에 대한 상세 필터링으로, 이 단계의 목적은 로그 데이터에 존재하지 않는 사용자 데이터로부터 사용자를 제거하는 것이다. 이 단계는 복제 조인을 활용해 로그 파일에 들어 있는 사용자명을 캐싱하고 이를 사용자의 데이터셋과 조인하는 맵 전용 잡이다. 잡 1의 고유 사용자 출력값은 전체 사용자 데이터셋보다 훨씬 작으므로 자연스럽게 캐싱 대상이 된다. 그림 4.8에서는 이 작업의 흐름을 보여준다.

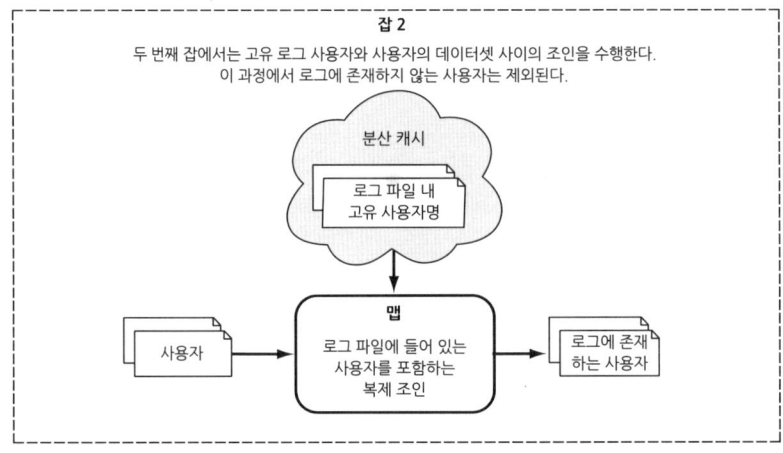

그림 4.8 세미 조인의 두 번째 잡에서는 로그 데이터에서 빠져 있는 사용자 데이터셋에서 사용자를 제거한다.

이쯤에서 부록 D에 나와 있는 복제 조인 프레임워크를 빠르게 살펴보자. 이 프레임워크에는 KeyValueTextInputFormat과 TextOutputFormat의 기본 지원 기능이 들어 있고, KeyValueTextInputFormat에서 생성한 키가 조인 키라고 가정한다. 따라서 데이터를 배치하는 방식도 이와 같다. 이 프레임워크의 클래스 다이어그램은 그림 4.9에서 볼 수 있다.

GenericReplicatedJoin 클래스는 조인을 수행한다. GenericReplicatedJoin 클래스에서 처음 세 메서드는 그림 4.9에 나온 대로 상속 가능하며, 복제 조인 동작을 커스터마이징할 수 있게 해준다. readFromInputFormat은 모든 InputFormat에 사용할 수 있으며,

getDistributedCacheReader 메서드는 분산 캐시에서 임의의 파일 형식을 지원하게끔 오 버라이드할 수 있다. 여기서는 잡의 출력 키와 값을 생성하는 조인 메서드를 중점적으로 살 펴보자. 기본 구현체에서는 두 데이터셋의 값을 결합해 최종 출력값을 생성한다. 여기서는 다음과 같이 사용자 테이블의 값만 출력하도록 이 로직을 수정해야 한다[6].

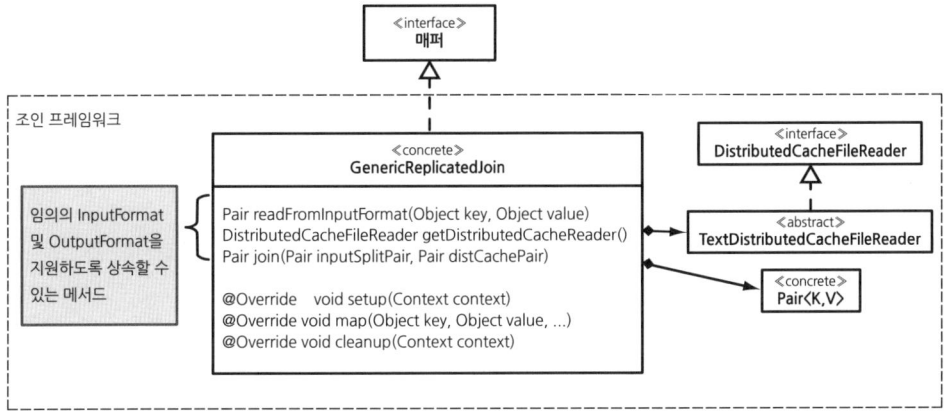

그림 4.9 복제 조인 프레임워크의 클래스 다이어그램

```
public class ReplicatedFilterJob extends GenericReplicatedJoin {
  @Override
  public Pair join(Pair inputSplitPair, Pair distCachePair) {
    return inputSplitPair;
  }
}
```

또, 잡 1의 파일을 분산 캐시에 추가해야 한다.

```
for(FileStatus f: fs.listStatus(uniqueUserStatus)) {
  if(f.getPath().getName().startsWith("part")) {
    DistributedCache.addCacheFile(
      f.getPath().toUri(), conf);
  }
}
```

이로써 해야 할 일이 모두 끝났다. 그럼, GenericReplicatedJoin 클래스를 활용하는 완성 된 드라이버 코드를 살펴보자.

---

[6] 깃허브 소스 — https://github.com/alexholmes/hadoop-book/blob/master/src/main/java/com/manning/hip/ch4/joins/semijoin/ReplicatedFilterJob.java

```java
public class ReplicatedFilterJob extends GenericReplicatedJoin {
  public static void runJob(Path usersPath,
                            Path uniqueUsersPath,
                            Path outputPath)
     throws Exception {

    Configuration conf = new Configuration();

    for(FileStatus f: fs.listStatus(uniqueUsersPath)) {
      if(f.getPath().getName().startsWith("part")) {
        DistributedCache.addCacheFile(f.getPath().toUri(), conf);
      }
    }

    Job job = new Job(conf);

    job.setJarByClass(ReplicatedFilterJob.class);
    job.setMapperClass(ReplicatedFilterJob.class);

    job.setNumReduceTasks(0);

    job.setInputFormatClass(KeyValueTextInputFormat.class);

    outputPath.getFileSystem(conf).delete(outputPath, true);

    FileInputFormat.setInputPaths(job, usersPath);

    FileOutputFormat.setOutputPath(job, outputPath);

    if(!job.waitForCompletion(true)) {
      throw new Exception("Job failed");
    }
  }

  @Override
  public Pair join(Pair inputSplitPair, Pair distCachePair) {
    return inputSplitPair;
  }
}
```

두 번째 잡의 결과는 로그 출력값에도 존재하는 필터링된 사용자다.

잡 3

마지막 단계인 이 단계에서는 잡 2에서 생성한 필터링된 사용자를 원본 사용자 로그와 결합한다. 표면상 이제 필터링된 사용자는 메모리에 집어넣을 수 있을 정도로 작아졌으므로 분산 캐시에도 집어넣을 수 있다. 그림 4.10에서는 이 잡의 흐름을 보여준다.

```
FileStatus usersStatus = fs.getFileStatus(usersPath);

for(FileStatus f: fs.listStatus(usersPath)) {
  if(f.getPath().getName().startsWith("part")) {
    DistributedCache.addCacheFile(      ← 필터링된 사용자 파일을 분산 캐시에 추가한다.
      f.getPath().toUri(), conf);
  }
}
```

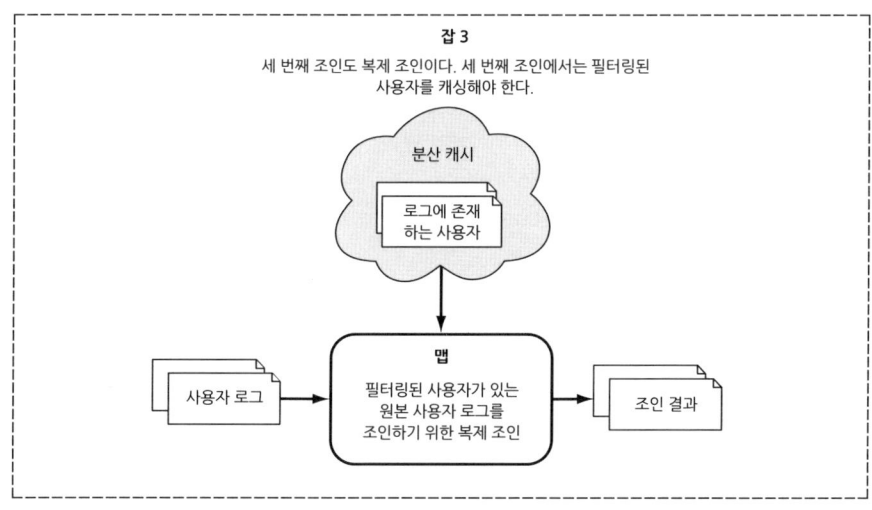

그림 4.10 세미 조인의 세 번째 잡에서는 두 번째 잡에서 생성한 사용자를 원본 사용자 로그와 결합한다.

이번에도 복제 조인을 사용해 조인을 수행하지만, 이번에는 두 데이터셋이 모두 최종 출력값에 나타나야 하므로 조인 메서드의 동작을 수정하지 않는다.

코드를 실행하고 앞의 각 단계에서 생성하는 출력 결과를 살펴보자.

```
$ bin/run.sh com.manning.hip.ch4.joins.semijoin.Main \
  users.txt user-logs.txt output

$ hadoop fs -ls output
/user/aholmes/output/filtered        ← ❶
```

```
/user/aholmes/output/result
/user/aholmes/output/unique

$ hadoop fs -cat output/unique/part*              ❷
bob
jim
marie
mike

$ hadoop fs -cat output/filtered/part*            ❸
mike    69    VA
marie   27    OR
jim     21    OR
bob     71    CA

$ hadoop fs -cat output/result/part*              ❹
jim     logout      93.24.237.12     21    OR
mike    new_tweet   87.124.79.252    69    VA
bob     new_tweet   58.133.120.100   71    CA
mike    logout      55.237.104.36    69    VA
jim     new_tweet   93.24.237.12     21    OR
marie   view_user   122.158.130.90   27    OR
jim     login       198.184.237.49   21    OR
marie   login       58.133.120.100   27    OR
```

❶ output 디렉터리에서는 실행한 세 잡에 해당하는 세 개의 하위 디렉터리를 보여준다.
❷ 첫 번째 잡의 출력값은 로그 파일 내 고유 사용자명이다.
❸ 두 번째 잡의 출력값은 로그 파일 내에 존재하는 사용자로 필터링한 사용자 파일이다.
❹ 최종 출력값에는 사용자 로그와 필터링된 사용자 사이의 조인 결과가 나와 있다.

이와 같은 출력값은 세미 조인과 최종 조인 출력값의 논리적인 진행 흐름을 보여준다.

정리

이 기법에서는 세미 조인을 활용해 두 개의 데이터셋을 합치는 법을 살펴봤다. 세미조인에는 다른 조인보다 추가적인 단계가 더 필요하지만, 세미 조인은 대용량 데이터셋을 처리할 때도 맵사이드 조인을 활용할 수 있는 강력한 방식이다(다만 데이터셋 중 하나를 메모리에 집어넣을 수 있을 정도로 줄여야 한다는 점은 주의해야 한다).

이제 세 가지 조인 전략을 모두 익혔으니 각 상황에서 어떤 조인 방식을 택해야 할지 알아보자.

데이터에 가장 적합한 조인 전략 선택

우리가 다룬 각 조인 전략은 서로 다른 강점과 약점이 있다. 그럼 현재 작업 중인 데이터에 가장 적합한 조인 방식은 어떻게 판단할 수 있을까?

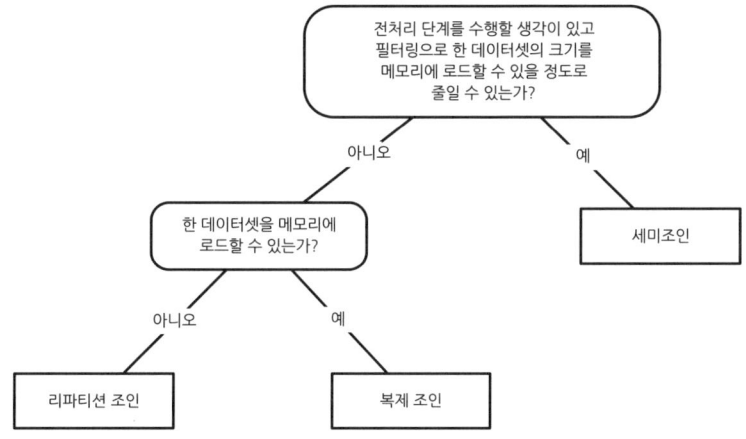

그림 4.11 조인 전략의 의사 결정 트리

그림 4.11에는 '조인 알고리즘 비교[7]' 논문에 있는 의사 결정 트리를 따라 모델링한 의사 결정 트리가 있다.

앞에서 보여준 의사 결정 트리의 내용을 세 가지로 요약하면 다음과 같다.

- 데이터셋 중 하나가 매퍼의 메모리에 집어넣을 수 있을 정도로 크기가 작다면 맵 전용 복제 조인으로 충분하다.
- 두 데이터셋 모두 크고, 다른 데이터셋에 들어 있지 않은 요소를 걸러내 필터링했을 때 데이터셋의 크기를 충분히 줄일 수 있다면 세미 조인이 적합하다.
- 데이터를 전처리할 수 없고 데이터 크기가 캐싱하기에는 지나치게 크다면 리듀서에서 조인을 수행해야 하므로 리파티션 조인을 사용해야 한다.

맵리듀스는 맵 출력 키를 같이 정렬하고 상호 연계하므로 맵리듀스에서는 리듀스사이드 조인을 활용할 수 있다. 다음 절에서는 맵리듀스에서 자주 사용하는 정렬 기법을 살펴본다.

---

[7] http://pages.cs.wisc.edu/~jignesh/publ/hadoopjoin.pdf 참고

4.2 정렬

맵리듀스는 두 가지 이유로 데이터를 정렬한다. 정렬을 사용하면 맵리듀스에서 고유 맵 키별로 리듀스 태스크를 한 번만 호출하게끔 맵 키를 그룹으로 관리할 수 있다. 아울러 정렬은 정렬이 필요한 특정 사용 사례에 맞게 잡 출력값을 정렬할 수 있게 해준다. 이와 같은 사용 사례로는 상위 N명의 가장 인기 있는 사용자나 웹 페이지를 보고 싶은 경우와 같은 데이터 분석 작업이 포함된다.

이 절에서는 맵리듀스의 정렬 기능을 조절할 수 있는 두 가지 시나리오를 살펴본다. 먼저, 리듀스 키별로 값을 정렬하는 2차 정렬을 다룬다. 2차 정렬은 이 장에서 앞서 본 최적화된 리파티션 조인처럼 일부 데이터가 다른 데이터보다 먼저 리듀서에 도착해야 할 때 유용하다. 2차 정렬은 두 번째 키로 잡 출력값을 정렬하고 싶을 때도 유용하다. 이에 해당하는 예로는 주식 종목으로 주가 데이터를 1차 정렬하고, 하루 중 각 시간으로 2차 정렬하려는 경우를 들 수 있다. 2차 정렬은 리파티션 조인 최적화부터 친구의 친구 같은 그래프 알고리즘에 이르기까지 이 책의 여러 기법에서 사용한다.

이 절에서 다룰 두 번째 시나리오는 전체 리듀서 출력값 사이에서의 정렬이다. 이 기능은 데이터셋에서 상위 또는 하위 N개의 요소를 추출할 때 도움된다.

2차 정렬

앞서 조인 절에서 본 것처럼 여기서는 다른 레코드보다 먼저 일부 레코드가 리듀서에 도착해야 한다. 2차 정렬을 사용하려면 맵리듀서에서의 데이터 준비 작업과 데이터 흐름을 이해해야 한다. 그림 4.12에서는 데이터 준비 및 흐름에 영향을 미치는 세 요소(파티셔닝, 정렬, 그루핑)와 이들 요소를 맵리듀스에서 연동하는 방법이 나와 있다.

파티셔너는 맵 출력 수집 프로세스에서 호출되고, 어떤 리듀서가 맵 출력값을 받아야 하는지 결정하는 데 사용된다. 각 파티션에서 맵 출력값을 정렬할 때는 RawComparator가 사용된다. 끝으로 그루핑 RawComparator는 정렬된 레코드 사이의 그룹 경계를 판단하는 책임을 진다.

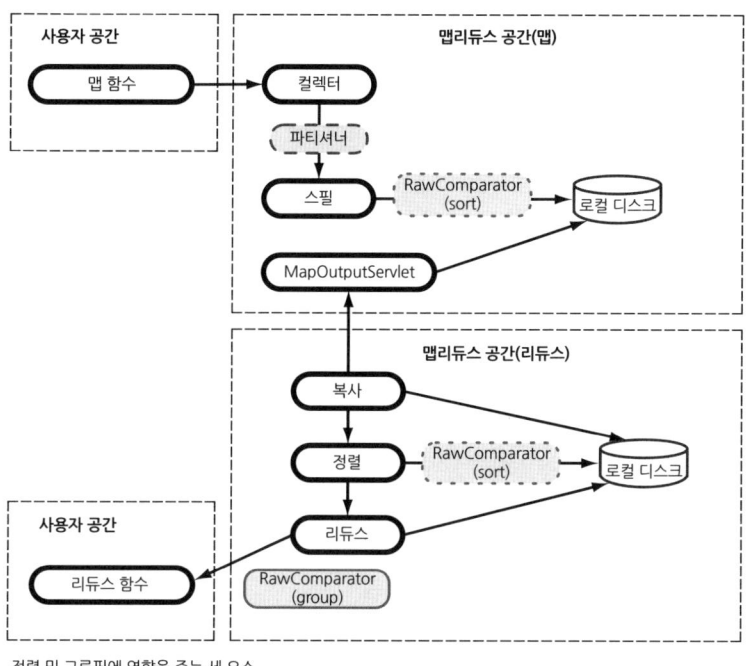

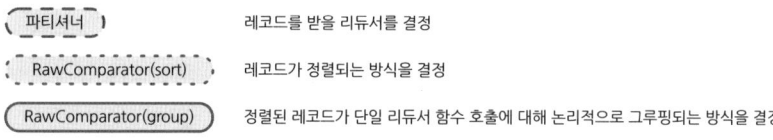

그림 4.12 맵리듀스에서 정렬, 파티셔닝, 그루핑이 일어나는 위치에 대한 개요

세 기능 모두 맵리듀스의 기본 동작은 맵 함수에서 내보낸 전체 출력 키에 대해 작업하는 것이다.

기법 21. 2차 정렬의 구현

2차 정렬은 고유 맵 키에 대한 일부 값이 다른 값보다 리듀서에 먼저 도착해야 할 때 유용하다. 2차 정렬의 진정한 가치는 7장의 최적화된 리파티션 조인이나 친구의 친구 알고리즘 같은 이 책의 다른 기법을 통해 확인할 수 있다.

문제

자연 키와 관련해 단일 리듀서 호출로 보내는 값의 순서를 정렬하고 싶다.

해결책

이 기법에서는 2차 정렬에 필요한 커스텀 파티셔너, 정렬 비교기, 그룹 비교기 클래스를 작성하는 법을 다룬다.

문제 풀이

이 기법에서는 2차 정렬을 활용해 사람의 이름을 정렬하는 법을 보여준다. 이때 1차 정렬에서는 사람의 이름을 성순으로 정렬하고, 2차 정렬에서는 이름순으로 정렬한다.

2차 정렬을 지원하려면 복합 출력 키를 생성해야 한다. 이런 복합 출력 키는 맵 함수에서 내보낸다. 복합 키는 두 부분으로 구성된다.

1. 조인 목적으로 사용되는 키인 자연 키
2. 자연 키에 대해 리듀서로 전송되는 값을 모두 정렬하는 데 사용되는 키인 2차 키

그림 4.13에서는 사용자에 대한 복합 키를 보여준다. 이 그림에서는 2차 키에 대한 리듀스 사이드의 접근 기능을 제공하는 복합 값도 보여준다.

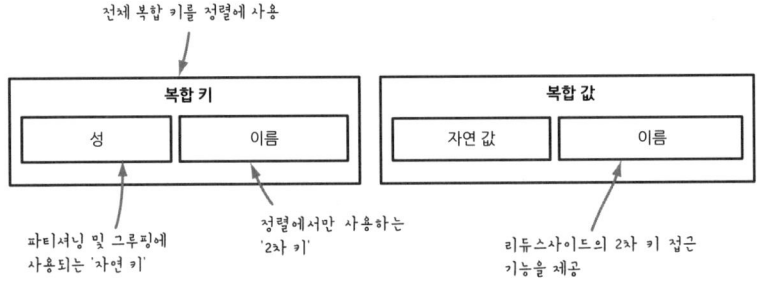

그림 4.13 사용자 복합 키와 값

그럼 파티셔닝, 정렬, 그루핑 단계를 거치며 이를 구현해보자. 하지만 이 작업을 하기 전에 커스텀 복합 키 클래스를 작성해야 한다.

복합 키

복합 키에는 이름과 성이 둘 다 들어 있다. 복합 키 클래스는는 맵 함수에서 키로 내보내는 Writable 클래스로 권장하는 WritableComparable을 상속한다[8].

8　깃허브 소스 — https://github.com/alexholmes/hadoop-book/blob/master/src/main/java/com/manning/hip/ch4/sort/secondary/Person.java

```
public class Person implements WritableComparable<Person> {

  private String firstName;
  private String lastName;

  @Override
  public void readFields(DataInput in) throws IOException {
    this.firstName = in.readUTF();
    this.lastName = in.readUTF();
  }

  @Override
  public void write(DataOutput out) throws IOException {
    out.writeUTF(firstName);
    out.writeUTF(lastName);
  }
...
```

그림 4.14에서는 파티셔닝, 정렬, 그루핑 클래스를 설정하기 위한 설정명과 메서드를 보여준다. 또, 각 클래스에서 사용하는 복합 키의 부분도 보여준다.

그럼 이들 클래스의 구현체 코드를 살펴보자.

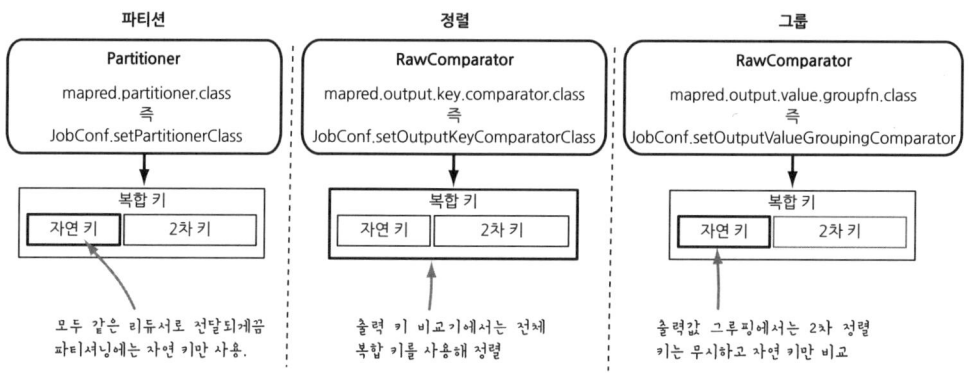

그림 4.14 파티셔닝, 정렬, 그루핑 설정 및 키 활용

파티셔너

파티셔너는 맵 출력값 레코드를 받을 리듀서를 결정하는 데 사용된다. 기본 맵리듀스 파티셔너(HashPartitioner)는 출력 키의 hashCode 메서드를 호출하고 리듀서 개수로 나머지 연

산을 수행해 어떤 리듀서가 출력값을 받을지 판단한다. 기본 파티셔너는 전체 키를 사용하지만 여기서는 복합 키를 사용하므로 기본 파티셔너가 적합하지 않다. 이 경우 같은 자연 키 값을 사용하는 키를 서로 다른 리듀서로 보낼 가능성이 있기 때문이다. 대신 자연 키를 기반으로 파티셔닝하는 커스텀 파티셔너를 작성해야 한다.

다음 코드에서는 구현해야 할 Partitioner 인터페이스를 보여준다. getPartition 메서드는 키, 값, 파티션 개수를 인자로 받는다[9].

```
public interface Partitioner<K2, V2> extends JobConfigurable {
    int getPartition(K2 key, V2 value, int numPartitions);
}
```

커스텀 파티셔너에서는 Person 클래스에 있는 성을 기반으로 해시를 계산하고, 파티션 개수(리듀서 개수)를 사용해 나머지 연산을 수행한다.

```
public class PersonNamePartitioner extends
        Partitioner<Person, Text> {

    @Override
    public int getPartition(Person key, Text value, int numPartitions) {
        return Math.abs(key.getLastName().hashCode() * 127) %
            numPartitions;
    }
}
```

정렬

맵사이드와 리듀스사이드 모두 정렬에 참여한다. 맵사이드 정렬은 리듀서 정렬을 좀 더 효과적으로 할 수 있게 도와주는 최적화 작업이다. 맵리듀스에서는 전체 키를 정렬에 사용하고, 그럼 성과 이름에 따라 키가 정렬된다.

다음 예제에서는 성과 이름을 토대로 사용자를 비교하는 WritableComparator의 구현체를 볼 수 있다[10].

---

[9] 깃허브 소스 — https://github.com/alexholmes/hadoop-book/blob/master/src/main/java/com/manning/hip/ch4/sort/secondary/PersonNamePartitioner.java

[10] 깃허브 소스 — https://github.com/alexholmes/hadoop-book/blob/master/src/main/java/com/manning/hip/ch4/sort/secondary/PersonComparator.java

```java
public class PersonComparator extends WritableComparator {
  protected PersonComparator() {
    super(Person.class, true);
  }

  @Override
  public int compare(WritableComparable w1, WritableComparable w2) {
    Person p1 = (Person) w1;
    Person p2 = (Person) w2;

    int cmp = p1.getLastName().compareTo(p2.getLastName());
    if (cmp != 0) {
      return cmp;
    }
    return p1.getFirstName().compareTo(p2.getFirstName());
  }
}
```

그루핑

그루핑은 리듀스 단계에서 로컬 디스크로부터 맵 출력값 레코드를 스트리밍할 때 일어난다. 그루핑은 리듀서 호출을 위해 한 개의 논리적 레코드 시퀀스를 형성할 수 있게 레코드 병합 방식을 지정하는 단계다.

그루핑 단계에서는 모든 레코드가 2차 정렬 순서로 이미 정렬돼 있으며, 그루핑 비교기는 성이 같은 레코드만 합치면 된다[11].

```java
public class PersonNameComparator extends WritableComparator {

  protected PersonNameComparator() {
    super(Person.class, true);
  }

  @Override
  public int compare(WritableComparable o1, WritableComparable o2) {

    Person p1 = (Person) o1;
```

---

11 깃허브 소스 — https://github.com/alexholmes/hadoop-book/blob/master/src/main/java/com/manning/hip/ch4/sort/secondary/PersonNameComparator.java

```
            Person p2 = (Person) o2;
            return p1.getLastName().compareTo(p2.getLastName());
        }
    }
```

맵리듀스

마지막으로 맵리듀스에서 파티셔너, 정렬 비교기, 그룹 비교기 클래스를 사용하게끔 지시하면 된다[12].

```
    job.setPartitionerClass(PersonNamePartitioner.class);
    job.setSortComparatorClass(PersonComparator.class);
    job.setGroupingComparatorClass(PersonNameComparator.class);
```

이 기법을 마무리하려면 맵 및 리듀스 코드를 작성해야 한다. 매퍼에서는 복합 키를 생성하고 이름과 함께 복합 키를 출력값으로 내보낸다.

리듀서에서는 입력값과 같은 출력값을 생성한다[13].

```
    public static class Map
        extends Mapper<Text, Text, Person, Text> {

      private Person outputKey = new Person();

      @Override
      protected void map(Text lastName, Text firstName, Context context)
          throws IOException, InterruptedException {
        outputKey.set(lastName.toString(), firstName.toString());
        context.write(outputKey, firstName);
      }
    }

    public static class Reduce
        extends Reducer<Person, Text, Text, Text> {

      Text lastName = new Text();
```

---

12 깃허브 소스 — https://github.com/alexholmes/hadoop-book/blob/master/src/main/java/com/manning/hip/ch4/sort/secondary/Sort-MapReduce.java

13 깃허브 소스 — https://github.com/alexholmes/hadoop-book/blob/master/src/main/java/com/manning/hip/ch4/sort/secondary/Sort-MapReduce.java

```
    @Override
    public void reduce(Person key, Iterable<Text> values,
                       Context context)
        throws IOException, InterruptedException {
      lastName.set(key.getLastName());
      for (Text firstName : values) {
        context.write(lastName, firstName);
      }
    }
  }
```

여기서는 이름이 정렬되지 않은 작은 파일을 업로드하고 2차 정렬 코드에서 이름으로 정렬된 출력값을 생성하는지 테스트해볼 수 있다.

```
$ hadoop fs -put test-data/ch4/usernames.txt .

$ hadoop fs -cat usernames.txt
Smith John
Smith Anne S
mith Ken

$ bin/run.sh com.manning.hip.ch4.sort.secondary.SortMapReduce \
    usernames.txt output

$ hadoop fs -cat output/part*
Smith Anne
Smith John
Smith Ken
```

출력값은 예상대로 정렬돼 있다.

정리

지금까지 맵리듀스에서 2차 정렬을 수행하는 법을 살펴봤다. 다음으로 여러 리듀서 사이에서 출력값을 정렬하는 법을 알아보자.

전체 순서 정렬

잡 출력값을 전체 정렬해야 하는 경우는 여러 가지가 있다. 예를 들어 웹 그래프에서 가장 인기 있는 URL을 추출하고 싶다면 페이지 순위 같은 인기 측정 도구로 그래프를 정렬해야 한다. 또는 사이트에서 가장 활발히 활동하는 사용자 다섯 명을 포탈에서 표에 보여주고 싶다면 사용자가 작성한 글 개수 같은 기준을 토대로 사용자를 정렬할 수 있어야 한다.

기법 22. 여러 리듀서를 이용한 키 정렬

맵리듀스 프레임워크에서는 리듀서로 출력 키를 전달하기 전에 맵 출력 키를 정렬한다는 사실은 이미 알고 있다. 이 정렬은 각 리듀서 내에서만 보장되며, 잡의 파티셔너를 지정하지 않으면 기본 맵리듀스 파티셔너인 HashPartitioner를 사용하게 된다. 이 파티셔너는 맵 출력 키의 해시를 사용해 파티셔닝한다. 이렇게 되면 같은 맵 출력 키를 가진 모든 레코드는 같은 리듀서로 전송되지만, HashPartitioner에서는 전체 리듀서 사이에서 맵 출력 키의 전체 정렬을 수행하지 않는다. 그럼 데이터로부터 상위 및 하위 N 개의 레코드를 쉽게 추출할 수 있도록 여러 리듀서 사이에서 맵리듀스를 사용해 키를 정렬하려면 어떻게 해야 할까?

문제
단일 리듀서를 실행하는 부담 없이 잡 출력 키를 전체 정렬하고 싶다.

해결책
이 기법에서는 전체 리듀서 사이에서의 출력값 정렬을 돕기 위해 하둡에 기본으로 들어 있는 파티셔너인 TotalOrderPartitioner 클래스의 활용법을 다룬다. 이 파티셔너는 리듀서로 보낸 출력값이 모두 정렬되게 해준다. 따라서 리듀서가 입력 키와 같은 출력 키를 내보내는 한 전체 출력값의 정렬이 보장된다.

문제 풀이
하둡에는 파티션 파일을 기반으로 특정 리듀서에게 키를 분산하는 내장 파티셔너인 TotalOrderPartitioner가 있다. 파티션 파일은 N-1 키를 포함하는 미리 계산된 시퀀스파일로 여기서 N은 리듀서의 개수다. 파티션 파일에서의 키는 맵 출력 키 비교기에 의해 정렬되며, 따라서 각 키는 키들의 논리적인 범위를 나타낸다. 어떤 리듀서가 출력값 레코드를 받아야 할지 판단할 때 TotalOrderPartitioner는 출력 키를 검사하고, 어떤 범위에 속하는지 판단한 후, 이 범위를 특정 리듀서로 매핑한다.

그림 4.15에서는 이 기법의 두 부분을 보여준다. 먼저 파티션 파일을 생성하고, TotalOrderPartitioner를 사용해 맵리듀스 잡을 실행해야 한다.

우선 입력 파일을 샘플링하고 파티션 파일을 생성하는 InputSampler 클래스를 사용한다. 이때 두 샘플러 중 하나를 사용할 수 있다. RandomSampler 클래스는 이름에서 암시하듯 입력값에서 랜덤 레코드를 선택하고, IntervalSampler 클래스는 모든 R 레코드마다 샘플에 레코드를 포함한다. 샘플을 추출하고 나면 샘플은 정렬되며 파티션 파일에 N-1 키가 쓰인다. 여기서 N은 리듀서의 개수다. InputSampler는 맵리듀스 잡이 아니다. InputSampler는 InputFormat으로부터 레코드를 읽고 코드를 호출하는 프로세스 내에서 파티션을 생성한다.

다음 코드는 InputSampler 함수를 호출하기 전에 수행해야 하는 단계를 보여준다[14].

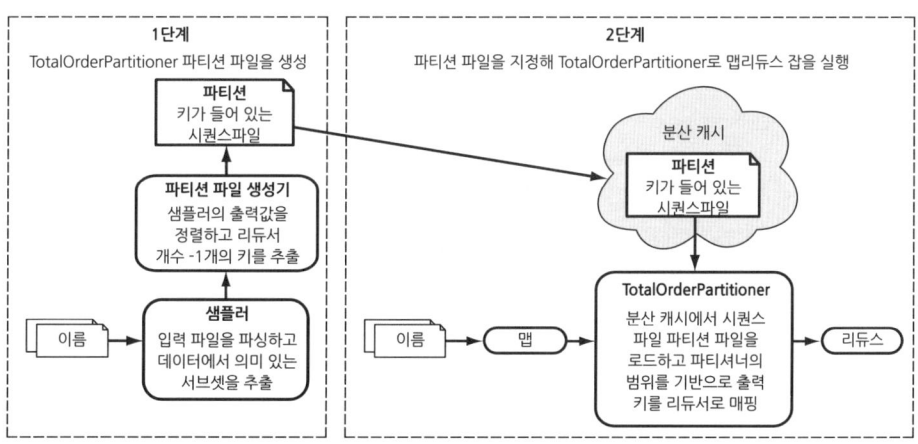

그림 4.15 전체 리듀서 사이에서의 정렬을 위한 샘플링 및 TotalOrderPartitioner 사용

```
int numReducers = 2;
Path input = new Path(args[0]);
Path partitionFile = new Path(args[1]);

InputSampler.Sampler<Text, Text> sampler =
      new InputSampler.RandomSampler<Text,Text>
           (0.1,         ← 입력값에서 키가 선택될 확률
           10000,        ← 입력값에서 추출할 샘플 개수
           10);
                         ← 샘플을 추출하기 위해 읽을 입력값 분할의 최대 개수
JobConf job = new JobConf();
```

---

[14] 깃허브 소스 — https://github.com/alexholmes/hadoop-book/blob/master/src/main/java/com/manning/hip/ch4/sort/total/TotalSortMapReduce.java

```
job.setNumReduceTasks(numReducers);  ❶

job.setInputFormat(KeyValueTextInputFormat.class);  ❷

job.setMapOutputKeyClass(Text.class);        ←
                                                    ❸
job.setMapOutputValueClass(Text.class);

TotalOrderPartitioner.setPartitionFile(job, partitionFile);  ← 파티션 파일의 위치를 지정

FileInputFormat.setInputPaths(job, input);   ← 잡 입력값 파일을 설정

InputSampler.writePartitionFile(job, sampler);  ❹
```

❶ 리듀서 개수(이 개수는 InputSampler가 파티션 파일을 생성하는 데 사용)를 설정
❷ 잡의 InputFormat을 설정. InputSampler가 입력값으로부터 레코드를 조회하는 데 사용됨.
❸ InputFormat에서 명시적으로 타입을 지정하더라도 맵 출력 키와 값 클래스를 지정해야 함.
❹ InputSampler 코드를 실행해 파티션 파일을 샘플링하고 생성. 이 코드는 이 태스크를 수행하기 위해 JobConf 객체에 설정된 모든 항목을 사용함.

다음으로 TotalOrderPartitioner를 작업의 파티셔너로 사용하고 싶다고 지정해야 한다.

```
job.setPartitionerClass(TotalOrderPartitioner.class);
```

이 기법에서는 맵리듀스 잡에서 아무 처리도 하지 않으므로 맵 클래스나 리듀스 클래스를 지정하지 않는다. 이 말은 항등 맵리듀스 클래스를 사용한다는 뜻으로, 바로 코드를 실행해도 된다는 의미다.

```
$ hadoop fs -put test-data/names.txt names.txt

$ bin/run.sh com.manning.hip.ch4.sort.total.TotalSortMapReduce \
    names.txt \         ← 정렬할 이름이 들어 있는 입력 파일
    large-names-sampled.txt \
    output    ←
                  잡 출력 디렉터리
$ hadoop fs -ls output
/user/aholmes/output/part-00000    ←
/user/aholmes/output/part-00001         ❶

$ hadoop fs -cat output/part-00000 | head   ←
                                                  ❷
```

```
AABERG
AABY
AADLAND
$ hadoop fs -cat output/part-00000 | tail      ←  ❸
LANCZ
LAND
LANDA
$ hadoop fs -cat output/part-00001 | head      ←  ❹
LANDACRE
LANDAKER
LANDAN
$ hadoop fs -cat output/part-00001 | tail      ←  ❺
ZYSK
ZYSKOWSKI
ZYWIEC
```

❶ 두 개의 리듀서로 실행했으므로 output 디렉터리에는 두 개의 part 파일이 생긴다.
❷ 이름이 A로 시작하는 파일이 첫 번째 출력 파일의 상단에 있을 것으로 예상할 수 있다.
❸ 첫 번째 출력 파일의 하단에는 L로 시작하는 이름들이 들어 있다. 이 알파벳은 알파벳의 중간쯤 되는 글자다.
❹ 두 번째 출력 파일의 상단에는 첫 번째 파일의 마지막 이름 다음의 이름들이 계속해서 나온다.
❺ 이름이 Z로 시작하는 파일이 두 번째 파일의 하단에 있을 것으로 예상할 수 있다.

이 맵리듀스 잡의 결과를 보면 맵 출력 키가 실제로 모든 출력 파일 사이에서 정렬됐음을 확인할 수 있다.

정리

이 기법에서는 InputSampler를 사용해 파티션 파일을 생성했다. 파티션 파일은 이후 TotalOrderPartitioner가 맵 출력 키를 파티셔닝하는 데 사용됐다.

맵리듀스를 사용해 파티션 파일을 생성할 수도 있다. 이 작업을 효과적으로 하려면 샘플링을 수행하는 커스텀 InputFormat 클래스를 작성하고 키를 단일 리듀서로 출력한다. 그럼 이 리듀서에서는 파티션 파일을 생성하면 된다. 이제 이 장의 마지막 절인 샘플링을 알아보자.

4.3 샘플링

테라바이트 크기의 데이터셋을 처리하고, 이 데이터셋을 테스트할 맵리듀스 애플리케이션이 있다고 가정하자. 맵리듀스 애플리케이션을 이 데이터셋을 대상으로 실행하면 몇 시간이 걸리고, 계속해서 코드를 개선하고 재실행하는 것은 최적의 흐름과는 거리가 멀다.

이 문제를 해결하려면 샘플링을 살펴봐야 한다. 샘플링은 인구에서 연관성이 높은 일부만을 추출하는 통계적 방법론이다. 맵리듀스에서 샘플링은 전체 데이터셋을 읽고 처리하는 부담 없이 대규모 데이터셋와 연동할 수 있게 해준다. 샘플링은 맵리듀스 코드를 개발하고 디버깅할 때 빠르게 작업할 수 있게끔 효율성을 높여준다.

기법 23. 저장소 샘플링

맵리듀스 잡의 개발 과정을 반복하고, 상호 연동할 대규모 데이터셋이 있다. 전체 데이터셋과 모두 연동하는 데는 오랜 시간이 걸리고, 코드 작업을 빠르게 하는 데 방해가 된다.

문제
맵리듀스 잡을 개발하는 동안 대규모 데이터셋의 작은 서브셋과 연동하고 싶다.

해결책
데이터를 읽는 데 사용되는 실제 입력 형식을 감쌀 수 있는 입력 형식을 작성해야 한다. 여기서 작성할 입력 형식은 래핑된 입력 형식으로부터 추출해야 하는 샘플 개수를 지정해 설정할 수 있다.

문제 풀이
이 기법에서는 저장소 샘플링[15]을 사용해 샘플을 고른다. 저장소 샘플링은 단일 스트림을 한 번 거치는 과정을 통해 샘플을 무작위로 생성하는 전략이다. 따라서 저장소 샘플링은 입력 레코드가 입력 소스로부터 스트리밍되므로 맵리듀스에 매우 적합하다. 그림 4.16에서는 저장소 샘플링을 위한 알고리즘을 보여준다.

```
1: Samples ← ∅
2: i ← 0
3: for all record ∈ largeDataSet do
4:     if |Samples| ≠ requiredSamples then
5:         Samples[i] = record
6:     else
7:         j ← random(1, i) {random number between 1 and i inclusive}
8:         if j <= requiredSamples then
9:             Samples[j] = record
10:    i ← i + 1
```

1단계: 저장소가 가득 찰 때까지 저장소를 채운다. (lines 4-5)
2단계: 저장소의 샘플을 임의로 대체한다. (lines 7-9)

그림 4.16 저장소 샘플링 알고리즘에서는 스트림을 한 번 통과해 샘플을 무작위로 생성하게 한다.

---

15 http://en.wikipedia.org/wiki/Reservoir_sampling 참고

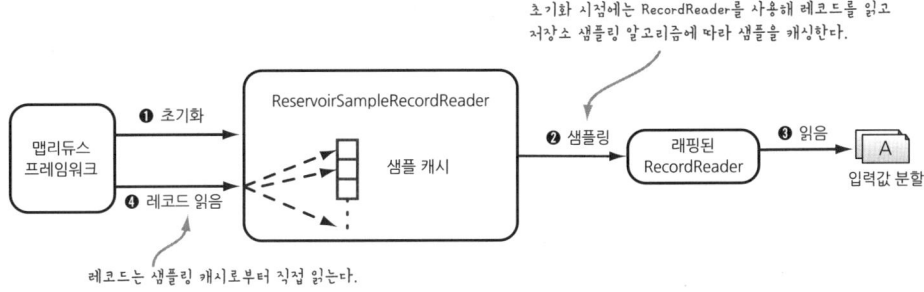

그림 4.17 ReservoirSamplerRecordReader의 사용 모습

입력값 분할 결정과 레코드 읽기는 래핑된 InputFormat 및 RecordReader 클래스에 위임한다. 여기서는 샘플링 기능을 제공하고 위임할 InputFormat 및 RecordReader 클래스를 감쌀 클래스를 작성해야 한다[16]. 그림 4.17에서는 ReservoirSamplerRecordReader의 동작 방식이 나와 있다.

다음 코드는 ReservoirSamplerRecordReader[17]를 보여준다.

```
public static class ReservoirSamplerRecordReader
    <K extends Writable, V extends Writable> extends RecordReader {

  private final RecordReader<K, V> rr;

  private final int numSamples;

  private final int maxRecords;

  private final ArrayList<K> keys;

  private final ArrayList<V> values;

  @Override
  public void initialize(InputSplit split,
                         TaskAttemptContext context)
      throws IOException, InterruptedException {
    rr.initialize(split, context);
```

---

16 이들 클래스에 대한 복습이 필요하다면 3장을 참고하자.
17 깃허브 소스 — https://github.com/alexholmes/hadoop-book/blob/master/src/main/java/com/manning/hip/ch4/sampler/ReservoirSamplerInputFormat.java

```
    Random rand = new Random();
    for (int i = 0; i < maxRecords; i++) {
      if (!rr.nextKeyValue()) {
        break;
      }
      K key = rr.getCurrentKey();
      V val = rr.getCurrentValue();
      if (keys.size() < numSamples) {                ❸
        keys.add(WritableUtils.clone(key, conf));
        values.add(WritableUtils.clone(val, conf));
      } else {
        int r = rand.nextInt(i);                     ❹
        if (r < numSamples) {
          keys.set(r, WritableUtils.clone(key, conf));
          values.set(r, WritableUtils.clone(val, conf));
        }
      }
    }
  }
...
```

❶ 데이터 소스에서 레코드를 읽을 때 사용할 래핑된 RecordReader
❷ 전체 데이터 소스를 읽지 않기 위한 데이터 소스에서 읽을 레코드 개수의 상한
❸ 샘플을 원하는 개수만큼 수집하지 않았다면 현재 레코드를 샘플에 추가
❹ 최소한의 개수만큼 샘플을 수집했다면 저장소 알고리즘을 사용해 기존 샘플을 현재 레코드로 업데이트할지 판단.

ReservoirSamplerInputFormat 클래스를 코드에서 사용하려면 다음 코드에 나온 것처럼 InputFormat 및 다른 파라미터 설정을 도와주는 편의 메서드를 사용하면 된다[18].

```
ReservoirSamplerInputFormat.setInputFormat(job,
    TextInputFormat.class);                                  ❶

ReservoirSamplerInputFormat.setNumSamples(job, 10);          ❷

ReservoirSamplerInputFormat.setMaxRecordsToRead(job, 10000); ❸
```

---
[18] 깃허브 소스 — https://github.com/alexholmes/hadoop-book/blob/master/src/main/java/com/manning/hip/ch4/sampler/ReservoirSamplerInputFormat.java

```
ReservoirSamplerInputFormat.
    setUseSamplesNumberPerInputSplit(job, true);    ← ❹
```

❶ 이 메서드가 호출해야 할 유일한 메서드. 이 메서드는 데이터 소스에서 레코드를 읽을 InputFormat을 설정
❷ 추출할 샘플 개수를 설정. 이 숫자는 모든 입력값 분할 또는 각 입력값 분할에서의 개수임. 이 동작은 setUseSamplesNumberPerInputSplit 메서드에 의해 주도됨.
❸ 샘플을 생성하기 위해 각 입력값에서 읽을 레코드의 최대 개수를 설정
❹ 추출할 샘플 개수를 입력값 분할 기준으로 할지 전체 입력값 분할 기준으로 할지 결정. false(기본값)로 설정하면 샘플 개수를 입력값 분할 개수로 나눔

샘플링 InputFormat은 이름이 들어 있는 대용량 파일을 대상으로 항등 잡을 실행해 결과를 확인할 수 있다.

```
$ wc -l test-data/names.txt
88799 test-data/names.txt    ← 이 입력 파일에는 88,799줄이 들어 있다.

$ hadoop fs -put test-data/names.txt names.txt

$ bin/run.sh com.manning.hip.ch4.sampler.SamplerJob \
    names.txt output

$ hadoop fs -cat output/part* | wc -l
10  ❶
```

❶ 샘플링 InputFormat에서는 잡 설정별로 10줄을 샘플링했다.

여기서는 ReservoirSamplerInputFormat이 10개의 샘플을 추출하도록 설정했고, 실제 출력 파일에도 10줄만 들어 있는 것을 확인할 수 있다.

정리

맵리듀스 코드에서의 샘플링 지원은 엔지니어들이 배포 규모의 데이터셋을 대상으로 코드를 실행할 때 강력한 개발 및 테스트 기능이 될 수 있다. 그럼 자연스레 샘플링 지원 기능을 기존 코드 기반에 연동하는 가장 좋은 방법은 무엇일지 궁금할 것이다. 한 가지 방법은 다음 코드처럼 샘플링 InputFormat의 사용을 토글하는, 설정 가능한 옵션을 추가하는 것이다.

```
if(appConfig.isSampling()) {

    ReservoirSamplerInputFormat.setInputFormat(job,
```

```
        TextInputFormat.class);
    ...
} else {
    job.setInputFormatClass(TextInputFormat.class);
}
```

이 샘플링 기법은 대용량 데이터셋을 효과적으로 처리하기 위해 앞에서 다룬 내용 중 어느 곳에나 적용할 수 있다.

4.4 정리

조인과 정렬은 맵리듀스에서는 까다로운 작업에 해당한다. 이 장에서는 조인 및 정렬을 최적화하고 쉽게 사용하는 데 장 전체를 할애했다. 이 과정에서 세 가지 조인 전략을 살펴봤는데, 이 중 두 개는 맵사이드에서 수행하고, 하나는 리듀스사이드에서 수행했다. 이 장의 목적은 맵리듀스에서 조인을 단순화하는 것이다. 이를 위해 조인에 필요한 사용자 코드의 양을 줄여주는 두 가지 프레임워크를 소개했다.

또, 2차 정렬을 살펴봄으로써 맵리듀스에서 정렬을 수행하는 법과, 모든 리듀서 사이에서 출력값을 정렬하는 법도 다뤘다.

6장에서는 다양한 성능 패턴과 튜닝을 다루고, 이를 이용해 더 빠른 조인과 정렬을 수행하는 법을 배운다. 하지만 그 전에 다음 장에서 저장소와 디스크/네트워크 입출력을 최적화하는 HDFS 패턴부터 살펴보자.

05 빅 데이터를 위한 HDFS 스트리밍

이 장에서 다루는 내용
- 크기가 작은 파일의 처리 방법
- 압축 활용
- 분할 및 성능에 가장 적합한 코덱 선택

앞 장에서는 맵리듀스와 빅데이터를 가장 효과적으로 활용하는 방법을 살펴봤다. 보통 연산 레이어로 인해 맵리듀스에 대해 생각하는 데 시간을 많이 쏟기 쉽지만 빅 데이터와 씨름할 때는 HDFS에 대한 관심도 소홀히 해서는 안 된다. HDFS에서의 성능 개선이 맵리듀스 잡에서의 성능에도 큰 영향을 주기 때문이다.

이런 관점에서 이 장에서는 HDFS에서 빅 데이터를 효과적으로 저장하고 접근하는 방법을 살펴본다. 첫 번째로 다룰 주제는 HDFS에서 많은 개수의 작은 파일을 처리하는 방법이다. 곧 보겠지만 네임노드는 파일시스템에 대한 메타데이터를 메모리로 로드하는데, 크기가 작은 파일이 많으면 메모리 부족 문제가 생길 수 있다. 이 장에서는 애브로를 활용해 이런 제약을 우회하는 법을 배운다.

이 장에서 살펴볼 또 다른 빅 데이터 패턴은 압축이다. 하둡에서 압축은 필수이지만 초보자가 어려워하는 분야다. 압축은 저장 능력을 최대화하고 로컬 디스크 읽기, 맵과 리듀스 태스크 사이의 네트워크 전송 데이터를 줄이는 데 필요하다. 압축은 HDFS 사용자에게 투명한 방식이 가장 좋지만, 실제로는 그렇지 않으며, 일반 파일 형식의 대용량 압축 파일로 작업하는 것은 번거롭고 비직관적이다. 따라서 이 장의 내용 대부분은 대용량 파일에서 압축을 효과적으로 사용할 수 있게 도와주는 기법을 담고 있다.

> **선행 지식**
>
> 이 장에서는 독자가 HDFS 개념에 대해 기본적으로 이해하고 HDFS를 직접 사용해본 경험이 있다고 가정한다. 이 주제에 대한 배경 지식이 필요하다면 HDFS를 사용하는 데 필요한 배경 지식을 다루는 척 램이 저술한 하둡 인 액션을 살펴보자.

그럼 먼저 HDFS에서 크기가 작은 파일을 처리하는 법부터 알아보자.

5.1 작은 파일의 처리

빅 데이터라는 용어를 들으면 크기가 기가바이트 이상인 큰 파일이 연상되기 마련이다. 하지만 빅데이터는 작은 파일이 무수히 많이 모인 데이터일 수도 있다. 실제로 여러분이 처리하려는 데이터는 대부분 크기가 작다. 일례로 로그 파일은 일정 메가바이트 크기에 도달할 때마다 수시로 로테이트된다. 이 절에서는 HDFS에서 크기가 작은 파일을 효과적으로 처리하는 기법을 다룬다.

기법 24. 애브로를 활용한 여러 개의 작은 파일 저장

웹을 크롤링하고 웹사이트에서 이미지 파일을 내려받는 구글 이미지와 유사한 프로젝트를 진행 중이라고 가정하자. 이 프로젝트는 인터넷을 대상으로 하므로 수백만 개의 파일을 내려받아 HDFS에 개별적으로 저장해야 한다. 하지만 아쉽게도 이렇게 하다 보면 HDFS와 맵리듀스에서 다음과 같은 취약점이 드러난다.

1. 하둡의 네임노드는 빠른 메타데이터 작업을 위해 메모리에 모든 HDFS 메타데이터를 보관한다. 야후는 각 파일이 메모리에서 평균 600바이트를 차지한다고 예상했고[1], 이 경우 파일이 10억 개라면 60GB의 메타데이터를 모두 네임노드의 메모리에 보관해야 한다. 이 크기는 요즘 미드티어 서버의 RAM 용량을 고려하더라도 한 프로세스로서는 지나치게 많은 메모리다.
2. 맵리듀스 잡의 입력 값이 수많은 파일이 되면 실행되는 매퍼의 개수는 이들 파일이 차지하는 블록의 수와 같다(파일이 텍스트이거나 분할 가능하다고 가정한 경우). 입력값이 수천 또는 수백만 개의 파일인 맵리듀스 잡을 실행하면 작업에서는 자체 처리보다는 커널 레이어에서 맵 태스크 프로세스를 생성하고 소멸시키는 일을 처리하는 데 더 많은 시간을 쓰게 된다.
3. 끝으로 스케줄러가 있는 제한된 환경에서 실행하면 맵리듀스 잡에서 사용할 수 있는 최대 태스크 한계를 지정할 수 있다. 각 파일은 기본적으로 최소한 한 개의 맵 태스크를 실행하므로 이 경우 스케줄러에 의해 잡이 거부될 수 있다.

---

1 야후! 통계에 따르면 각 블록이나 노드는 200바이트 미만의 메모리를 사용하며, 평균적으로 각 파일은 1.5블록과 3x 복제 인자를 차지한다. http://developer.yahoo.com/blogs/hadoop/posts/2010/05/scalability_of_the_hadoop_dist/ 및 https://issues.apache.org/jira/browse/HADOOP-1687 참고

이쯤에서 이런 문제가 나와는 상관없다고 생각한다면 다시 생각해보기를 바란다. 여러분의 파일 중 몇 퍼센트가 HDFS 블록 크기[2]보다 작은가? 또, 작다면 얼마나 더 작은가? 50퍼센트, 70퍼센트, 90퍼센트? 빅 데이터 프로젝트를 시작한 후 갑자기 훨씬 더 많은 양의 데이터셋을 처리할 수 있게 확장해야 한다면 어떻게 할 것인가? 바로 이런 점 때문에 애초에 하둡을 사용하는 게 아닌가? 확장하려면 더 많은 노드를 추가할 수 있어야 한다. 그럼 여유 있게 아침 커피를 즐길 수 있고, 파일을 이관하느라 하둡 사용 방식을 다시 설계하지 않아도 된다. 이런 궁극적인 가능성을 생각하고 준비하는 작업은 설계 단계에서 하는 게 가장 좋다.

문제
HDFS에서 수많은 파일을 저장하면서 네임노드의 메모리 제한을 넘기고 싶지 않다.

해결책
HDFS에서 크기가 작은 파일들을 처리하는 가장 쉬운 방법은 이 파일들을 큰 컨테이너 파일에 패키징하는 것이다. 이 기법에서는 로컬 디스크의 디렉터리에서 모든 파일을 읽어서 HDFS 내 한 개의 애브로 파일에 저장한다. 또, 맵리듀스에서 애브로 파일을 사용해 원본 파일의 내용을 처리하는 법도 살펴본다.

문제 풀이
그림 5.1에서는 HDFS에 애브로 파일을 생성하는 이 기법의 처음 부분을 보여준다. 이렇게 하면 HDFS에 파일을 적게 생성할 수 있으므로 네임노드 메모리에 그만큼 적은 데이터를 저장하고, 아울러 더 많은 내용을 저장할 수 있다.

애브로는 하둡 개발자인 더그 커팅이 만든 데이터 직렬화 및 RPC 라이브러리다. 더그 커팅은 본래 하둡의 데이터 교환, 상호 작업, 버전 지원을 개선하기 위해 애브로를 개발했다. 애브로는 강력한 스키마 진화 지원 기능을 갖추고 있으므로 시퀀스파일보다 장점이 있다. 애브로와 그 경쟁 파일 형식은 3장에서 자세히 다룬 바 있다.

그럼, 애브로 파일을 생성하는 다음 예제[3]의 자바 코드를 살펴보자.

---

2   기본 블록 크기는 64MB다. 클러스터에서 설정된 블록 크기를 확인하려면 dfs.block.size 값을 확인해보자.
3   깃허브 소스 — https://github.com/alexholmes/hadoop-book/blob/master/src/main/java/com/manning/hip/ch5/SmallFilesWrite.java

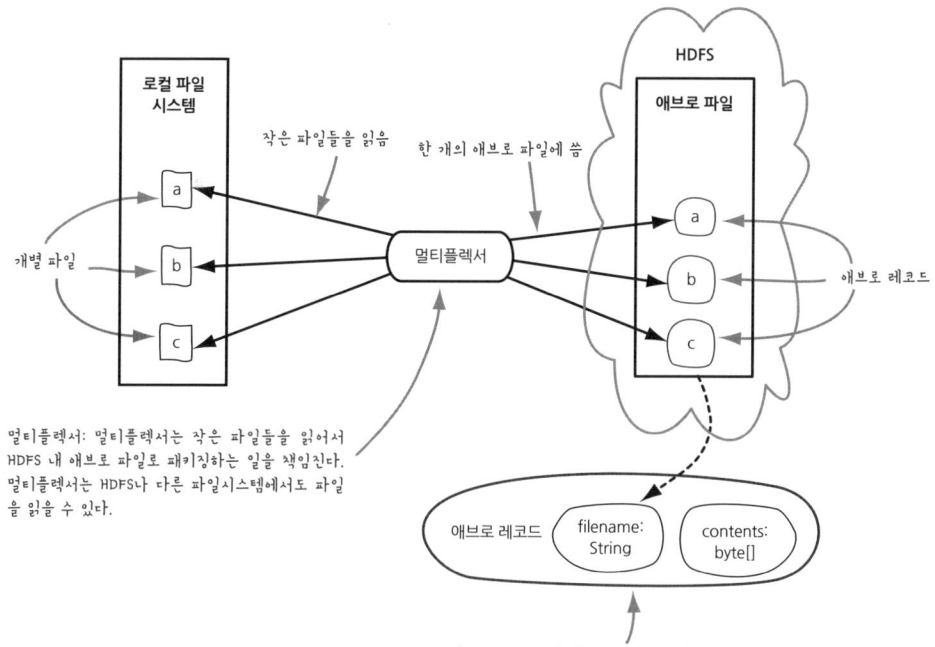

그림 5.1 애브로에 작은 파일을 저장하면 더 많은 데이터를 저장할 수 있다.

작은 파일들이 있는 디렉터리를 읽고 HDFS에 단일 파일로 저장하기

```
public class SmallFilesWrite {

    public static final String FIELD_FILENAME = "filename";
    public static final String FIELD_CONTENTS = "contents";
    private static final String SCHEMA_JSON =          ❶
        "{\"type\": \"record\", \"name\": \"SmallFilesTest\", "
        + "\"fields\": ["
        + "{\"name\":\"" + FIELD_FILENAME
        + "\", \"type\":\"string\"},"
        + "{\"name\":\"" + FIELD_CONTENTS
        + "\", \"type\":\"bytes\"}]}";
    public static final Schema SCHEMA = Schema.parse(SCHEMA_JSON);

    public static void writeToAvro(File srcPath,
```

```java
        OutputStream outputStream)
        throws IOException {
    DataFileWriter<Object> writer =          ◀──────── 애브로 라이터를 생성
        new DataFileWriter<Object>(
            new GenericDatumWriter<Object>())
                .setSyncInterval(100);

    writer.setCodec(CodecFactory.snappyCodec());   ◀──────── 스내피 코덱을 사용해 애브로 콘텐츠를 압축

    writer.create(SCHEMA, outputStream);   ◀──────── 스키마와 연계해 라이터로 스트림을 내보냄

    for (Object obj :        ◀──────── ❷
            FileUtils.listFiles(srcPath, null, false)) {
        File file = (File) obj;
        String filename = file.getAbsolutePath();
        byte content[] = FileUtils.readFileToByteArray(file);

        GenericRecord record = new GenericData.Record(SCHEMA);   ◀──────── ❸

        record.put(FIELD_FILENAME, filename);   ◀──────── 레코드의 filename 필드를 설정

        record.put(FIELD_CONTENTS, ByteBuffer.wrap(content));   ◀──────── 레코드에서 로(raw) 파일 바이트를 설정

        writer.append(record);   ◀──────── 레코드를 라이터(및 관련 스트림. 이 경우 HDFS)에 씀.
        System.out.println(
            file.getAbsolutePath()
            + ":"
            + DigestUtils.md5Hex(content));   ◀──────── ❹
    }

    IOUtils.cleanup(null, writer);
    IOUtils.cleanup(null, outputStream);
}

public static void main(String... args) throws Exception {
    Configuration config = new Configuration();
    FileSystem hdfs = FileSystem.get(config);

    File sourceDir = new File(args[0]);
    Path destFile = new Path(args[1]);
```

```
        OutputStream os = hdfs.create(destFile);
        writeToAvro(sourceDir, os);
    }
}
```

❶ 애브로는 JSON으로 구조 스키마를 정의한다. 이 예제에서는 스키마가 SCHEMA_JSON 변수에 저장돼 있다. 이 스키마에서는 레코드별로 두 개의 필드를 정의한다. 바로 저장하는 파일명과 파일의 로(raw) 콘텐츠다.

❷ 입력 디렉터리에 파일별로 새 애브로 레코드를 생성하고 스키마를 지정. 그다음 스키마에서 정의한 이름을 사용해 파일명과 콘텐츠를 레코드에 씀

❸ GenericRecord는 애브로의 제네릭 래퍼로 스키마에서 정의한 단일 레코드를 감쌈

❹ 파일 콘텐츠를 쓰는 동안 MD5 해시를 생성. 이를 이용해 나중에 시각적으로 쓰기 및 읽기 작업이 제대로 성공했는지 비교함.

압축 의존성

이 장의 코드를 실행하려면 호스트에 스내피와 LZOP 압축 코덱이 둘 다 설치돼 있어야 한다. 이를 설치하고 설정하는 법은 부록 A를 참고하자.

하둡의 config 디렉터리를 대상으로 이 스크립트를 실행하면 어떤 결과가 나오는지 확인해보자.

```
$ bin/run.sh \
    com.manning.hip.ch5.SmallFilesWrite /etc/hadoop/conf test.avro
/etc/hadoop/conf/ssl-server.xml.example: cb6f1b218...
/etc/hadoop/conf/log4j.properties: 6920ca49b9790cb...
/etc/hadoop/conf/fair-scheduler.xml: b3e5f2bbb1d6c...
...
```

잘 실행되는 것 같다. 그럼 출력 파일이 실제로 HDFS에 있는지 확인해보자.

```
$ hadoop fs -ls test.avro
2011-08-20 12:38 /user/aholmes/test.avro
```

모든 작업이 예상대로 진행됐는지 확실히 알려면 HDFS에서 애브로 파일을 읽는 코드를 작성하고 각 파일 콘텐츠의 MD5 해시를 출력해봐야 한다[4].

---

4 깃허브 소스 — https://github.com/alexholmes/hadoop-book/blob/master/src/main/java/com/manning/hip/ch5/SmallFilesRead.java

```
public class SmallFilesRead {

  private static final String FIELD_FILENAME = "filename";
  private static final String FIELD_CONTENTS = "contents";

  public static void readFromAvro(InputStream is) throws IOException {
    DataFileStream<Object> reader =            ❶
      new DataFileStream<Object>(
        is, new GenericDatumReader<Object>());

    for (Object o : reader) {        ← 애브로 파일의 모든 레코드를 순환

      GenericRecord r = (GenericRecord) o;
                                     ← 각 레코드를 GenericRecord 인스턴스로 캐스팅
      System.out.println(
        r.get(FIELD_FILENAME) +      ←
          ": " +                       레코드에서 파일명과 콘텐츠를 가져옴
          DigestUtils.md5Hex(
            ((ByteBuffer) r.get(FIELD_CONTENTS)).array()));
    }

    IOUtils.cleanup(null, is);
    IOUtils.cleanup(null, reader);
  }

  public static void main(String... args) throws Exception {
    Configuration config = new Configuration();
    FileSystem hdfs = FileSystem.get(config);

    Path destFile = new Path(args[0]);

    InputStream is = hdfs.open(destFile);
    readFromAvro(is);
  }
}
```

❶ HDFS에 있는 파일의 InputStream을 제공해 애브로 리더 객체를 생성. 애브로는 스키마 정보를 애브로 파일 내에 인코딩하므로 스키마 정보를 제공하지 않아도 된다는 점에 주의하자.

이 코드는 쓰기 코드보다는 훨씬 간단하다. 애브로는 모든 애브로 파일에 스키마를 쓰므로 역직렬화를 할 때는 스키마에 대한 정보를 애브로에 알려주지 않아도 된다. 그럼 코드를 실행해보자.

```
$ bin/run.sh com.manning.hip.ch5.SmallFilesRead test.avro
/etc/hadoop/conf/ssl-server.xml.example: cb6f1b21...
/etc/hadoop/conf/log4j.properties: 6920ca49b9790c...
/etc/hadoop/conf/fair-scheduler.xml: b3e5f2bbb1d6...
...
```

해시가 쓰기 과정에서 생성한 해시와 같으므로 모든 작업이 제대로 된 것을 알 수 있다.

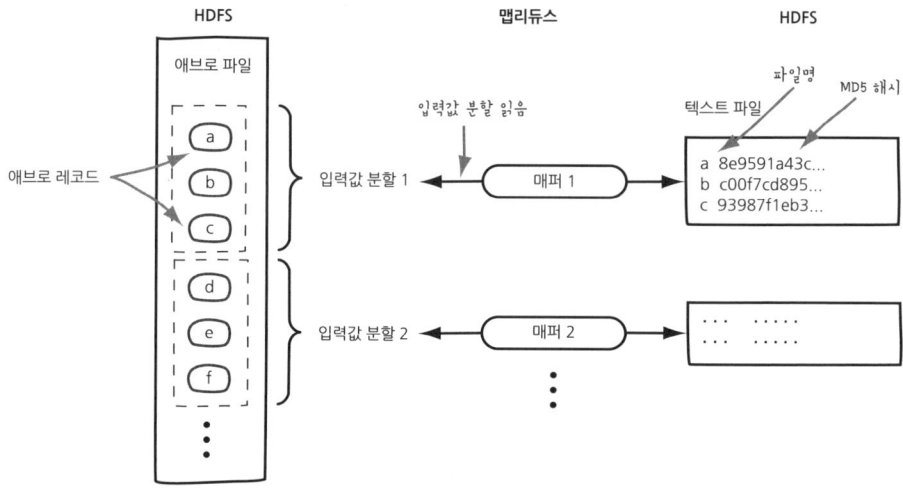

그림 5.2 애브로 파일을 읽고 텍스트 파일을 쓰는 맵 잡

이제 HDFS에 애브로 파일이 생겼다. 물론 이 장이 HDFS를 다루는 장이지만, 다음으로 할 일은 방금 전에 쓴 파일을 맵리듀스에서 처리하는 것이다. 그럼 그 방법을 알아보자. 여기서는 애브로 레코드를 입력값으로 읽어서, 그림 5.2에 나온 대로 파일명과 파일 콘텐츠의 MD5 해시를 담고 있는 텍스트 파일을 출력하는 맵 전용 맵리듀스 잡을 작성한다.

이 맵리듀스 잡의 코드는 다음 예제에서 볼 수 있다[5].

---

5 깃허브 소스 — https://github.com/alexholmes/hadoop-book/blob/master/src/main/java/com/manning/hip/ch5/SmallFilesMapReduce.java

작은 파일들을 담고 있는 애브로 파일을 입력값으로 받는 맵리듀스 잡

```java
public class SmallFilesMapReduce {

  public static void main(String... args) throws Exception {
    JobConf job = new JobConf();
    job.setJarByClass(SmallFilesMapReduce.class);
    Path input = new Path(args[0]);
    Path output = new Path(args[1]);

    output.getFileSystem(job).delete(output, true);

    AvroJob.setInputSchema(job, SmallFilesWrite.SCHEMA);      ← ❶

                                                              잡에 애브로 전용 InputStream을 설정
    job.setInputFormat(AvroInputFormat.class);   ←

    job.setOutputFormat(TextOutputFormat.class);

    job.setMapperClass(Map.class);

    FileInputFormat.setInputPaths(job, input);

    FileOutputFormat.setOutputPath(job, output);

    job.setNumReduceTasks(0);

    JobClient.runJob(job);
  }

  public static class Mapper implements
      Mapper<AvroWrapper<GenericRecord>, NullWritable,      ← ❷
        Text, Text> {
    @Override
    public void map(AvroWrapper<GenericRecord> key,
                    NullWritable value,
                    OutputCollector<Text, Text> output,
                    Reporter reporter) throws IOException {
      outKey.set(
        key.datum().get(       ←  ❸
          SmallFilesWrite.FIELD_FILENAME).toString());
      outValue.set(DigestUtils.md5Hex(
```

```
          ((ByteBuffer) key.datum().get(SmallFilesWrite.FIELD_CONTENTS))
              .array()));

      output.collect(outKey, outValue);
    }
  }
}
```
❶ 애브로는 애브로 입력 파일의 설정을 도와주는 편의 메서드를 제공한다.
❷ 애브로 파일에서는 기본 GenericRecord를 사용하므로 이 타입을 매퍼의 입력 타입으로 정의.
❸ 단순 get 메서드를 사용해 GenericRecord로부터 데이터를 추출

앞서 생성한 애브로 파일을 대상으로 이 맵리듀스 잡을 실행하면 잡 로그 파일에는 파일명과 해시가 포함된다.

```
$ bin/run.sh com.manning.hip.ch5.SmallFilesMapReduce test.avro output

$ hadoop fs -cat output/part*

/etc/hadoop/conf/capacity-scheduler.xml: 0601a2..
/etc/hadoop/conf/taskcontroller.cfg: 5c2c191420...
/etc/hadoop/conf/configuration.xsl: e4e5e17b4a8...
...
```
← 다시 해시가 일렬로 정리됐다.

이 기법에서는 함께 결합(concatenate)할 수 없는 파일 형식(이미지 파일)으로 작업한다고 가정했다. 파일을 결합할 수 있다면 파일을 결합하는 것을 고려해야 한다. 파일 결합 방식을 택하는 경우 네임노드에 저장되는 데이터를 최소화하기 위해 파일 크기가 HDFS 최소 HDFS 블록 크기가 되게끔 최선을 다해야 한다.

정리

작은 파일을 보관하는 메커니즘으로 하둡의 시퀀스파일을 사용할 수도 있었다. 시퀀스파일은 애브로 파일보다 더 오래된 형식으로, 좀 더 성숙한 기술이다. 하지만 시퀀스파일은 자바 전용이며 애브로처럼 상호 작업 및 버전 지원 기능 등을 제공하지 않는다.

페이스북에서 만든 아파치 쓰리프트나 구글의 프로토콜 버퍼도 작은 파일을 저장하는 데 사용할 수 있다. 하지만 둘 다 네이티브 쓰리프트나 프로토콜 버퍼 파일과 호환되는 InputFormat을 제공하지 않는다.

또 다른 접근 방법으로는 파일을 zip 파일에 쓰는 방식이 있다. 이 방식의 단점은 zip 파일을 처리하는 커스텀 InputFormat[6]을 작성해야 한다는 점과, zip 파일은 애브로나 시퀀스파일과 달리 분할할 수 없다는 점이다. 물론 여러 개의 zip 파일을 생성하고 zip 파일의 크기를 HDFS 블록 크기와 비슷하게 만든다면 이런 단점을 최소화할 수는 있다.

하둡에는 여러 입력값 분할(여러 파일에 걸쳐 있는)을 단일 맵 태스크로 제공함으로써 실행해야 할 맵 태스크의 개수를 크게 줄여주는 CombineFileInputFormat도 있다.

같은 맥락에서 하둡을 설정해 단일 맵 태스크 JVM 상에서 여러 태스크를 실행하게 함으로써 JVM 사이클링 비용을 줄일 수도 있다. mapred.job.reuse.jvm.num.tasks는 기본값이 1로, JVM이 한 개의 태스크를 처리한다. 하지만 이 값은 더 큰 숫자로 설정하거나 (같은 잡에 대해) 제한이 없는 -1로 설정할 수도 있다.

또 모든 파일을 담은 tarball 파일을 생성하고, HDFS에 있는 tarball 파일의 위치를 가진 별도 텍스트 파일을 생성할 수도 있다. 이 텍스트 파일은 맵리듀스 잡의 입력값으로 제공하고, 매퍼에서는 tarball 파일을 직접 연다. 하지만 이 접근 방식은 맵 리듀스의 로컬리티를 방해한다. 매퍼는 텍스트 파일이 있는 노드상에서 실행되도록 예약되고, 따라서 원격 HDFS 노드에서 tarball 블록을 읽어야 하므로 불필요한 네트워크 IO를 초래한다.

하둡 아카이브 파일(HAR)은 작은 파일의 문제를 해결하기 위해 특별히 개발된 파일이다. HAR은 HDFS에 존재하는 가상 파일시스템이다. HAR 파일의 단점은 맵리듀스에서의 로컬 디스크 접근에 최적화할 수 없고, 압축할 수 없다는 점이다.

하둡 버전 2.x에서는 HDFS 페더레이션을 지원한다. 이 경우 HDFS는 여러 개의 서로 다른 네임스페이스로 분할되고, 각 네임스페이스는 별도 네임노드에 의해 관리된다. 이 말은 사실상 메모리에 블록 정보를 보관하는 일을 여러 네임노드로 분할할 수 있고, 이를 이용해 작은 파일을 훨씬 더 많이 지원할 수 있음을 뜻한다. 호튼웍스(Hortonworks)는 HDFS 페더레이션에 대한 자세한 정보가 담긴 블로그 글을 http://hortonworks.com/an-introduction-to-hdfs-federation/에 게시했다.

끝으로 하둡 분산을 제공하는 MapR은 많은 개수의 작은 파일들을 지원하는 자체 분산 파일시스템을 갖고 있다. MapR을 분산 저장소로 사용하면 시스템에 큰 변화가 생기는 만큼 HDFS에서 이 문제를 해결하기 위해 MapR로 이관하는 일은 거의 없을 것이다.

---

6 zip InputFormat 구현체에 대한 요청 티켓은 2008년부터 열려 있었다. 자세한 내용은 https://issues.apache.org/jira/browse/MAPREDUCE-210 참고.

하둡에서 작은 파일을 처리해야 할 때가 언젠가 생길 것이다. 이 경우 파일을 직접 사용하면 네임노드 메모리가 부족해지고 맵리듀스 잡이 느려진다. 이 기법에서는 작은 파일을 큰 컨테이너 파일로 패키징함으로써 이 문제를 최소화하는 데 도움되는 기법을 소개했다. 이 기법으로는 애브로를 선택했는데, 그 이유는 애브로 형식이 분할 가능하고, 압축을 지원하며, 다양한 스키마 언어와 버전 관리 기능을 지원하기 때문이다.

그럼 반대로 파일이 매우 크고, 이를 효과적으로 저장하고 싶을 때는 어떻게 해야 할까? 하둡에서 데이터를 압축할 수 있을까? 그렇다면 맵리듀스에서는 이를 어떻게 처리해야 할까? 계속해서 그 궁금증을 풀어보자.

5.2 압축을 활용한 효과적인 저장

데이터 압축은 저장 공간에 저장하기에 좀 더 적합한 형태로 데이터의 크기를 줄이고, 데이터 전송을 좀 더 효과적으로 만들어주는 메커니즘이다. 압축은 파일을 처리할 때 중요한 부분이며, 특히 하둡에서 지원하는 데이터 크기를 처리할 때 더더욱 중요하다. 이 절의 목적은 하둡에서 데이터를 가능한 한 효과적으로 처리하고, 작업을 빠르게 실행하며 더 많은 데이터를 클러스터에 저장할 수 있게끔 가장 적합한 압축 코덱[7]을 선택하는 것이다.

기법 25. 데이터에 적합한 압축 코덱의 선택

HDFS에서 압축을 사용하는 방식은 ZFS[8] 같은 파일시스템처럼 투명하지 않다. 특히 분할할 수 있는 압축 파일을 다룰 때(자세한 내용은 이 장에서 나중에 볼 수 있다) 그렇다. 애브로나 시퀀스파일 같은 파일 형식을 사용할 때 한 가지 좋은 점은 내장 압축 지원 기능을 사용해 사용자에게 거의 투명에 가까운 압축을 수행할 수 있다는 점이다. 하지만 대부분의 다른 파일 형식을 사용할 때는 이런 장점을 누릴 수 없다.

문제
데이터에 사용하기에 가장 적합한 압축 코덱을 평가하고 결정하려고 한다.

해결책
구글이 만든 압축 코덱인 스내피는 최고의 압축률과 읽기/쓰기 실행 시간을 제공한다. 하지만 분할을 지원해야 하는 대용량 압축 파일을 처리할 때는 LZOP이 가장 좋은 코덱이다.

---

7 압축 코덱은 특정 압축 형식을 읽고 쓸 수 있는 프로그래밍 구현체다.
8 Z 파일 시스템의 약어인 ZFS는 데이터 정합성을 개선하기 위한 혁신적인 기능을 제공하는 썬마이크로시스템즈에서 개발한 파일시스템이다.

문제 풀이

먼저 하둡에서 사용할 수 있는 압축 코덱부터 빠르게 살펴보자. 이들 코덱은 표 5.1에 정리돼 있다.

표 5.1 압축 코덱

코덱	배경
Deflate	Deflate는 zlib과 유사하다. zlib은 gzip 헤더가 없는 점을 제외하면 gzip에서 사용하는 압축 알고리즘과 같은 압축 알고리즘이다.
gzip	gzip 파일 형식은 헤더와 바디로 구성된다. 바디는 Deflate 형식으로 압축된 페이로드를 포함한다.
bzip2	bzip2는 공간 효율적인 압축 코덱이다.
LZO	LZO는 블록 기반의 압축 알고리즘으로, 압축된 데이터를 분할할 수 있게 해준다.
LZOP	LZOP은 추가 헤더를 갖춘 LZO다. 한때는 LZO/LZOP이 하둡에서 번들로 제공됐지만, GPL 라이선스 제약 때문에 지금은 제거됐다.
스내피	스내피(http://code.google.com/p/hadoop-snappy/)는 하둡에서 최근에 사용할 수 있게 된 코덱 옵션이다. 스내피는 구글의 오픈소스 압축 알고리즘이다. 구글은 맵리듀스와 빅테이블[a] 모두에서 데이터를 압축하는 데 스내피를 사용한다. 스내피의 주된 단점은 분할할 수 없다는 점이다. 물론 HDFS 블록 크기 이하의 파일을 주로 처리한다면 이 제약이 문제가 되지 않지만, 대용량 파일을 처리할 때는 성능이 좋지 않다. CDH3에서는 선택적인 네이티브 하둡 비트와 함께 스내피를 번들로 제공한다. 이 책을 쓰고 있는 현시점 기준으로 아파치 하둡 배포 버전에는 스내피를 지원하는 기능이 아직 없다. 하지만 이 기능은 하둡 코어에 커밋됐다(https://issues.apache.org/jira/browse/HADOOP-7206 참고).

[a] 빅테이블은 구글 소유의 데이터베이스 시스템이다. http://research.google.com/archive/bigtable.html을 참고.

코덱을 제대로 평가하려면 먼저 평가 기준을 지정해야 한다. 아울러 이런 평가 기준은 기능과 성능을 기반으로 해야 한다. 압축 코덱의 평가 기준을 정리하면 다음과 같다.

- **공간/시간 교환 비용**: 일반적으로 더 많은 연산을 소요할수록, 아울러 더 오랜 시간이 걸릴수록 압축률이 더 좋다.
- **분할 가능성**: 압축된 파일을 여러 매퍼에서 사용할 수 있게 분할할 수 있는지 여부. 압축된 파일을 분할할 수 없다면 이 파일에 대한 작업은 한 개의 매퍼만 할 수 있다. 이 파일이 여러 블록을 차지한다면 맵에서는 원격 데이터노드에서 블록을 읽어와야 하므로 네트워크 IO를 초래하고, 데이터 로컬리티로 인한 장점을 잃게 된다.
- **네이티브 압축 지원**: 압축 및 압축 해제를 수행하는 네이티브 라이브러리의 존재 여부. 보통 네이티브 라이브러리는 네이티브 라이브러리 지원 기능이 없는 자바로 작성한 압축 코덱보다 성능이 우수하다.

자체 테스트 수행

자체 평가를 수행할 때는 자신이 가진 데이터로 테스트를 수행할 것을 권장한다. 아울러 될 수 있으면 배포 노드와 유사한 호스트에서 실행할 것을 권장한다. 이렇게 하면 코덱의 예상 압축률과 실행 시간을 제대로 평가할 수 있다.

표 5.2 압축 코덱 비교

코덱	확장자	라이선스	분할 가능 여부	자바 전용 압축 지원	네이티브 압축 지원
Deflate	.deflate	zlib	아니오	예	예
gzip	.gz	GNU GPL	아니오	예	예
bzip2	.gz	BSD	예 [a]	예	아니오
lzo	.lzo_deflate	GNU GPL	아니오	아니오	예
lzop	.lzo	GNU GPL	예 [b]	아니오	예
스내피	.gz	New BSD	아니오	아니오	예

[a] bzip2는 분할 가능하지만 하둡 1.1까지는 지원하지 않는다(https://issues.apache.org/jira/browse/HADOOP-4012 참고).
[b] LZOP 파일은 네이티브 분할이 불가능하다. LZOP 파일을 분할하려면 먼저 인덱스 파일을 생성하게끔 전처리해야 한다. 이 인덱스 파일은 CompressionCodec 구현체에서 파일 분할 값을 판단하는 데 사용한다. 자세한 방법은 이 장에서 LZOP을 다루는 절에서 설명한다.

표 5.2에 나온 압축 코덱 비교표를 참고하자(공간/시간 비교는 다음 절에서 다룬다).

이제 코덱에 대해 이해했으니 각 코덱의 공간/시간 교환 비용을 알아보자. 여기서는 하둡 소스 코드와 여러 개의 다양한 오픈소스 라이브러리를 합쳐서 128MiB(1메비바이트는 2^{20} 바이트)의 텍스트 파일을 생성하고 이 파일을 코덱 실행 시간과 압축 크기를 비교하는 데 사용했다. 테스트 결과는 표 5.3에서 볼 수 있다.

그림 5.3은 막대 그래프 형태로 압축 크기를 보여준다.

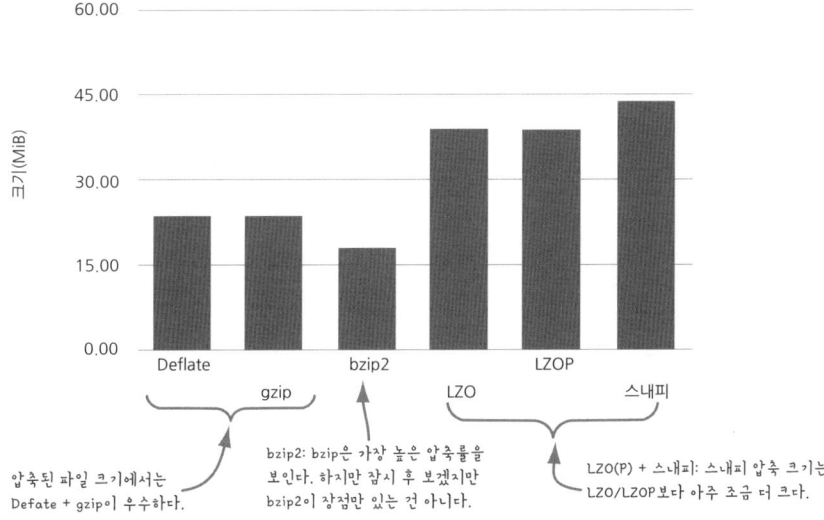

그림 5.3 1GiB 파일의 압축 파일 크기. 값이 작을수록 압축률이 좋다.

표 5.3 128 MiB 텍스트 파일에 대한 압축 코덱의 성능 비교표

코덱	압축 시간(초)	압축 해제 시간(초)	압축된 파일 크기	압축률
Deflate	6.88	6.80	24,866,259	18.53%
gzip	6.68	6.88	24,866,271	18.53%
bzip2	3,012.34	24.31	19,270,217	14.36%
lzo	1.69	7.00	40,946,704	30.51%
lzop	1.70	5.62	40,946,746	30.51%
스내피	1.31	6.66	46,108,189	34.45%

그림 5.4는 압축 시간을 막대 그래프로 보여준다. 이 시간은 하드웨어에 따라 크게 다르며, 각 압축 코덱의 대략적인 시간을 가늠할 수 있게 제공한 그래프일 뿐이다.

그럼 저장 공간과 압축 시간을 보고 어떤 결론을 내릴 수 있을까? 클러스터에 데이터를 가능한 한 많이 집어넣는 게 최우선 순위이고, 압축 시간이 오래 걸려도 상관없다면 아마도 bzip2가 가장 적합한 코덱일 것이다. 데이터를 압축하고 싶지만, 압축된 파일을 읽고 쓰는 CPU 연산 부담을 최소화하고 싶다면 스내피가 좋을 것이다. 또, 압축 시간과 실행 시간 사이의 균형을 원하는 사용자라면 아마도 bzip2를 목록에서 제외해야 할 것이다.

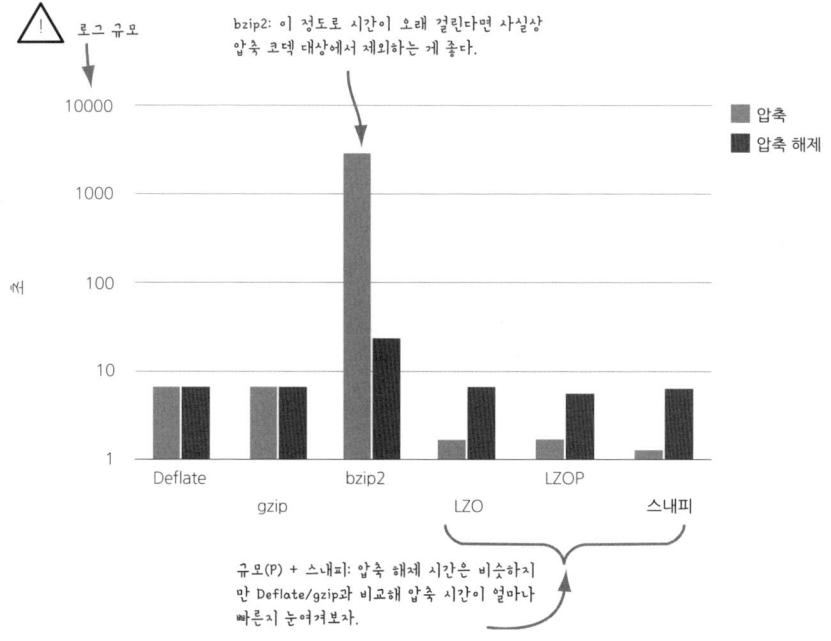

그림 5.4 1GiB 파일에 대한 압축 및 압축 해제 시간. 값이 작을수록 성능이 우수함.

압축 파일을 분할하는 기능은 중요하다. 이때는 bzip2와 LZOP 사이에서 선택해야 한다. 하지만 bzip2의 시간은 대부분 사람이 멈칫하게 한다. LZOP과 비교해 bzip2의 유일한 장점은 하둡 연동이 LZOP보다 쉽다는 점이다. 따라서 두 압축 코덱 사이에서 승자를 선택하라면 당연히 LZOP이다. 하지만 잠시 후 LZOP을 다루는 기법에서 보겠지만 LZOP을 사용하려면 별도 노력이 필요하다.

정리

가장 좋은 코덱은 평가 기준에 따라 달라진다. 파일 분할에 대해 신경 쓰지 않아도 된다면 스내피가 가장 좋은 코덱이 될 수 있고, 분할 가능한 파일을 원한다면 LZOP이 적합한 코덱이다.

압축 크기는 파일이 텍스트인지 바이너리인지 여부와 파일 내용에 따라 달라지는 만큼 충분한 데이터를 얻으려면 자신의 데이터를 대상으로 비슷한 테스트를 직접 실행해보는 게 좋다.

HDFS에서 데이터 압축을 사용하면 파일 크기를 줄이고, 맵리듀스 잡의 실행 시간을 줄일 수 있는 등 여러 장점이 있다. 하둡에서는 다양한 압축 코덱을 사용할 수 있으며, 여기서는 기능과 성능을 토대로 압축 코덱을 평가했다. 그럼, 이제 압축을 실제로 사용해보자. 먼저 파일을 압축하는 법을 살펴보고, 이를 맵리듀스, 피그, 하이브 같은 툴에서도 활용해보자.

기법 26. HDFS, 맵리듀스, 피그, 하이브에서의 압축 활용

HDFS에서 압축을 위한 내장 지원 기능을 제공하지 않으므로 하둡에서 압축을 사용하는 게 어려울 수 있다. 즉, 하둡에서는 압축된 파일과 연동하는 법을 우리가 직접 알아내야 한다. 또, 분할 가능한 압축은 하둡에서 기본으로 제공하지 않으므로 초보자가 사용하기에는 무리가 있다[9]. 압축을 통해 거의 HDFS 블록 크기로 줄일 수 있는 중간 크기의 파일을 처리 중이라면 이 절에서 다루는 기법이 하둡에서 압축을 통한 장점을 누리는 데 큰 도움이 될 것이다.

문제

HDFS에서 압축된 파일을 읽고 쓰는 동시에 맵리듀스, 피그, 하이브에서도 사용하고 싶다.

해결책

맵리듀스에서 압축된 파일을 처리하려면 맵리듀스 설정 파일인 mapred-site.xml을 업데이트하고 사용 중인 압축 코덱을 등록하는 절차가 필요하다. 이 작업을 하고 나면 맵리듀스에

---

9 엄밀히 말해 bzip2를 사용하면 분할 가능 압축 기능을 바로 사용할 수 있지만, 이 절에서 앞서 본 것처럼 성능 문제 때문에 압축 코덱으로 사용하기에는 부적합하다.

서 압축된 입력 파일을 처리하는 데 추가 단계가 필요 없으며, 압축된 맵리듀스 출력값을 생성할 때는 맵리듀스 속성인 mapred.output.compress 및 mapred.output.compression.codec만 설정하면 된다.

문제 풀이

우선 이 장에서 앞서 평가한 코덱 중 하나를 사용해 파일을 어떻게 읽고 쓸지 결정해야 한다. 이 장에서 살펴본 코덱은 LZO/LZOP, 스내피를 제외하면 하둡에서 기본으로 제공하므로 기본으로 제공하지 않는 세 코덱을 사용하고 싶다면 직접 내려받고 빌드해야 한다(LZO/LZOP을 활용하는 법은 이 절에서 나중에 설명한다).

앞에서 배운 것처럼 사용할 수 있는 압축 코덱에는 여러 개가 있다. 압축 코덱을 사용하려면 표 5.4에 나온 클래스명을 알아야 한다.

표 5.4 코덱 클래스

코덱	클래스
Deflate	org.apache.hadoop.io.compress.DeflateCodec
gzip	org.apache.hadoop.io.compress.GzipCodec
bzip2	org.apache.hadoop.io.compress.BZip2Codec
lzo	com.hadoop.compression.lzo.LzoCodec
lzop	com.hadoop.compression.lzo.LzopCodec
스내피	org.apache.hadoop.io.compress.SnappyCodec

HDFS

앞의 표에 나와 있는 코덱 중 하나를 사용해 HDFS에 있는 기존 파일을 압축하려면 어떻게 해야 할까? 다음 코드는 이를 지원하는 코드다[10].

```
Configuration config = new Configuration();
FileSystem hdfs = FileSystem.get(config);

Class<?> codecClass = Class.forName(args[2]);   ← 입력 인자에서 압축 코덱을 읽음

CompressionCodec codec = (CompressionCodec)   ← 하둡의 ReflectionUtils의 도움을 받아 코덱 인스턴스를 생성
```

---

10 깃허브 소스 — https://github.com/alexholmes/hadoop-book/blob/master/src/main/java/com/manning/hip/ch5/CompressedFileWrite.java

```
        ReflectionUtils.newInstance(codecClass, config);

    InputStream is = hdfs.open(new Path(args[0]));
    OutputStream os = hdfs.create(
        new Path(args[0] + codec.getDefaultExtension())));      ← ❶

    OutputStream cos = codec.createOutputStream(os);    ←
                                                            코덱을 사용해 압축된 출력 스트림을 생성
    IOUtils.copyBytes(is, cos, config, true);    ←          ❷

    IOUtils.closeStream(os);
    IOUtils.closeStream(is);
```

❶ 각 코덱은 고유 확장자(이 절에서 앞서 보여줌)를 갖고 있으며, 압축 파일을 쓸 때는 이 확장자를 사용하는 게 가장 좋음

❷ 압축된 스트림에 쓸 때는 표준 자바 OutputStream 중 아무거나 사용해도 됨. 여기서는 하둡에서 제공하는 유틸리티를 사용.

코덱 캐싱

압축 코덱을 사용할 때 늘어나는 연산 부담 중 하나는 코덱 생성에 따른 연산 비용이다. ReflectionUtils 클래스를 사용하면 ReflectionUtils에 캐싱된 인스턴스 생성과 관련한 리플렉션 연산 부담이 있다. 이 방법보다 더 좋은 방법은 코덱 자체를 캐싱하는 CompressionCodecFactory를 사용하는 것이다.

파일 읽기는 쓰기만큼 간단하다[11].

```
InputStream is = hdfs.open(new Path(args[0]));

Class<?> codecClass = Class.forName(args[1]);
CompressionCodec codec = (CompressionCodec)
    ReflectionUtils.newInstance(codecClass, config);

InputStream cis = codec.createInputStream(is);    ←
                                                      코덱의 createInputStream을 사용해 읽기용 InputStream을 반환.
IOUtils.copyBytes(cis, System.out, config, true);

IOUtils.closeStream(is);
```

---

11 깃허브 소스 — https://github.com/alexholmes/hadoop-book/blob/master/src/main/java/com/manning/hip/ch5/CompressedFileRead.java

매우 간단하다. 이제 압축된 파일을 생성할 수 있게 됐으니 맵리듀스에서 이런 파일과 연동하는 법을 살펴보자.

맵리듀스

맵리듀스에서 압축된 파일과 연동하려면 작업 설정을 조금 지정해야 한다. 설명을 간단히 하기 위해 이 예제에서는 항등 매퍼[12]와 리듀서를 사용하기로 하자[13].

```
Class<?> codecClass = Class.forName(args[2]);

conf.setBoolean("mapred.output.compress", true);   ← 리듀스 출력값을 압축

conf.setBoolean("mapred.compress.map.output", true);  ← 매퍼 출력값을 압축

conf.setClass("mapred.output.compression.codec",
    codecClass,
    CompressionCodec.class);
    ← 매퍼 출력값 압축에 사용할 압축 코덱
```

압축되지 않은 파일과 압축된 IO를 사용할 때 맵리듀스 잡에서 달라지는 줄은 앞의 예제에서 설명한 세 줄 뿐이다.

잡의 입력값과 출력값만 압축할 수 있는 게 아니라 중간 맵 출력값도 압축할 수 있다. 결국, 이 값도 먼저 디스크에 쓰인 후 네트워크를 통해 리듀서로 전달되기 때문이다. 맵 출력값의 압축 효과는 내보내는 데이터의 유형에 따라 다르지만, 일반적으로 잡 속도가 어느 정도 개선되는 것을 볼 수 있다.

그럼 입력 파일용 압축 코덱은 왜 지정할 필요가 없을까? 기본적으로 FileInputFormat 클래스는 CompressionCodecFactory를 사용해 입력 파일 확장자가 등록된 코덱과 일치하는지 판단한다. 해당 파일 확장자와 관련 있는 코덱을 찾으면 입력값 파일의 압축을 해제하는데 자동으로 해당 코덱을 사용한다.

그럼 맵리듀스는 어떤 코덱을 사용해야 하는지 어떻게 알까? 코덱은 mapred-site.xml에서 지정해야 한다. 다음 코드는 앞서 평가한 모든 코덱을 등록하는 법을 보여준다. gzip, Deflate, bzip2를 제외한 나머지 압축 코덱은 등록하기 전에 클러스터에서 빌드하고 사용할 준비를 마쳐야 한다는 점을 기억하자.

---
[12] 항등 태스크는 받은 입력값을 아무런 변형이나 필터링 없이 출력값으로 내보내는 태스크다.
[13] 깃허브 소스— https://github.com/alexholmes/hadoop-book/blob/master/src/main/java/com/manning/hip/ch5/CompressedMapReduce.java

```xml
<property>
  <name>io.compression.codecs</name>
  <value>
    org.apache.hadoop.io.compress.GzipCodec,
    org.apache.hadoop.io.compress.DefaultCodec,
    org.apache.hadoop.io.compress.BZip2Codec,
    com.hadoop.compression.lzo.LzoCodec,
    com.hadoop.compression.lzo.LzopCodec,
    org.apache.hadoop.io.compress.SnappyCodec
  </value>
</property>
<property>
  <name>
      io.compression.codec.lzo.class
  </name>
  <value>
    com.hadoop.compression.lzo.LzoCodec
  </value>
</property>
```

이제 맵리듀스에서 압축을 활용하는 법을 모두 알아봤으니 하둡 스택을 따라 한 단계 위로 올라가보자. 10장과 11장에서 보겠지만 피그와 하이브는 맵리듀스와 관련한 복잡한 세부 사항을 추상화하는 고차원 언어다. 피그와 하이브에서도 압축을 활용할 수 있는 만큼 이번에는 피그와 하이브를 활용해 맵리듀스의 압축을 그대로 적용하는 법을 살펴보자.

피그

피그를 사용할 때는 맵리듀스 예제와 같이 피그에서 압축된 입력 파일과 연동하기 위한 추가 작업이 필요 없다. 하지만 피그에서 네이티브 압축을 사용한다면 피그 JVM이 네이티브 라이브러리를 제대로 로드할 수 있게 java.library.path를 정확히 설정해야 한다. 다음 스크립트는 코드와 함께 번들로 제공되는 스크립트로, 피그에서 네이티브 라이브러리에 접근할 수 있게 올바른 옵션을 생성하기 위해 실행할 수 있다.

```
$ bin/pig-native-opts.sh
export PIG_OPTS="$PIG_OPTS -Djava.library.path=/usr/lib/..."

$ export PIG_OPTS="$PIG_OPTS -Djava.library.path=/usr/..."
```

← 실행할 export 명령을 생성하기 위해 스크립트를 실행

← export 명령 복사 및 붙여넣기

피그에서 압축 파일을 사용하려면 파일명에 압축 코덱 확장자만 지정하면 된다. 그럼 압축된 데이터를 로드하는 법부터 시작해 자세한 방법을 알아보자. 다음 예제에서는 파일을 gzip으로 압축하고 피그로 로드한다.

```
$ gzip -c /etc/passwd > passwd.gz
$ hadoop fs -put passwd.gz passwd.gz

$ pig
grunt> A = load 'passwd.gz' using PigStorage(':');     ←——— ❶

grunt> B = foreach A generate $0 as id;
grunt> DUMP B;
(root)
(bin)
(daemon)
...
```

❶ 파일명이 .gz 확장자로 끝나면 맵리듀스 OutputFormat은 파일이 gzip으로 압축돼 있다고 인지하고 적당한 압축 코덱을 사용해 압축을 해제한다.

이 과정은 gzip 파일을 쓰는 것과 같은 개념이다. 이때 압축 코덱의 확장자를 정확히 지정해야 한다. 다음 예제에서는 피그 관계 B의 결과를 HDFS 파일에 쓰고, 이를 로컬 파일시스템으로 복사해 내용을 살펴본다.

```
grunt> STORE B INTO 'passwd-users.gz';

# 피그 셸에서 벗어나려면 Ctrl+C를 누름

$ hadoop fs -get passwd-users.gz/part-m-00000.gz .

$ gunzip -c part-m-00000.gz
root
bin
daemon
...
```

이처럼 피그에서의 압축 파일 연동 과정은 무척 간단하다. 이번에는 하이브에서의 활용법을 살펴보자.

하이브

피그와 마찬가지로 하이브에서도 파일명을 정의할 때 코덱 확장자만 지정하면 된다.

```
hive> CREATE TABLE apachelog (...);

hive> LOAD DATA INPATH /user/aholmes/apachelog.txt.gz         ❶
      OVERWRITE INTO TABLE apachelog;
```

❶ 피그 예제와 마찬가지로 .gz 파일명 확장자는 압축 해제에 적절한 압축 코덱을 사용하게 한다.

앞의 예제에서는 gzip으로 압축된 파일을 하이브로 로드했다. 이 경우 하이브는 로드되는 파일을 하이브의 웨어하우스 디렉터리로 옮기고 계속해서 로(raw) 파일을 테이블의 저장소로 사용한다. 그럼 또 다른 테이블을 생성하고 이 테이블도 압축하도록 지정하는 경우는 어떨까? 다음 예제에서는 하이브 설정을 지정해 맵리듀스 압축을 활성화(마지막 명령에서 새 테이블을 로드하는 데 맵리듀스 잡이 실행되므로)하는 법을 보여준다.

```
hive> SET hive.exec.compress.output=true;
hive> SET hive.exec.compress.intermediate = true;
hive> SET mapred.output.compression.codec =
   org.apache.hadoop.io.compress.GzipCodec;

hive> CREATE TABLE apachelog_backup (...);

hive> INSERT OVERWRITE TABLE apachelog_backup SELECT * FROM apachelog;
```

하이브가 새 apachelog_backup 테이블에서 실제 저장 공간을 압축하는지는 HDFS에서 그 내용을 살펴봄으로써 확인할 수 있다.

```
$ hadoop fs -ls /user/hive/warehouse/apachelog_backup
/user/hive/warehouse/apachelog_backup/000000_0.gz
```

하이브에서는 테이블의 출력 형식으로 시퀀스파일을 권장한다는 사실을 참고하자. 이는 시퀀스파일 블록을 개별적으로 압축할 수 있기 때문이다.

정리

이 기법에서는 하둡에서 쉽고 빠르게 압축을 활용하는 법을 다뤘다. 이 기법은 파일 크기가 지나치게 크지 않을 때 적합하다. 이 경우 하둡에서 압축을 꽤 투명하게 활용할 수 있기 때문이다.

압축된 파일 크기가 HDFS 블록 크기보다 훨씬 크다면 계속해서 파일을 분할할 수 있는 압축 기법에 대한 설명을 읽자.

기법 27. 맵리듀스, 하이브, 피그에서의 분할 가능 LZOP 활용

압축을 하더라도 HDFS 블록 크기보다 몇 배 큰 대용량 텍스트 파일로 작업한다고 생각해보자. 한 개의 맵 태스크가 크기가 큰 전체 압축 파일을 모두 처리하는 일을 막으려면 파일 분할을 지원하는 압축 코덱을 선택해야 한다.

이런 작업에는 LZOP이 적합하다. 하지만 LZOP은 그 자체로는 분할이 가능하지 않으므로 LZOP을 활용하는 방법은 앞서 살펴본 기법보다 복잡하다. 이런 말을 하면 독자들은 '조금 전에는 LZOP이 분할 가능하다고 말하지 않았나요?'라고 생각할 것이다. LZOP은 블록 기반이지만, LZOP에서는 랜덤 찾기를 수행해 다음 블록의 시작점을 찾을 수 없다. 바로 이 문제가 다음 기법에서 공략할 문제다.

문제
한 개의 압축 파일에 대해 병렬적으로 맵리듀스 처리를 수행할 수 있는 압축 코덱을 사용하고 싶다.

해결책
맵리듀스에서 크기가 큰 LZOP 압축된 입력 파일을 분할하려면 LZOP 전용 입력 형식 클래스인 LzoInputFormat을 사용해야 한다. 피그와 하이브에서 LZOP으로 압축된 입력 파일을 처리할 때도 같은 원칙이 적용된다.

문제 풀이
LZOP 압축 코덱은 압축된 파일을 분할할 수 있는 두 코덱 중 하나이며, 따라서 다중 리듀서를 통해 병렬적으로 작업을 수행할 수 있다. 또 다른 코덱인 bzip2는 느린 압축 시간으로 인해 사실상 코덱으로 사용하기 불가능할 정도다. LZOP은 압축률과 속도 측면 모두에서 적절한 성능을 보여준다.

LZO와 LZOP의 차이점

LZO 및 LZOP 코덱은 둘 다 하둡에서 사용할 수 있다. LZO는 스트림 기반의 압축 저장소로, 블록이나 헤더 개념이 없다. LZOP은 블록(체크섬) 개념을 갖고 있으며, 따라서 압축된 출력값을 분할하려고 할 때 사용하기 적합한 코덱이다. 조금 헷갈리기는 하지만 하둡 코덱은 기본적으로 .lzo 확장자로 끝나는 파일을 LZOP 인코딩된 파일로, .lzo_deflate 확장자로 끝나는 파일을 LZO 인코딩된 파일로 처리한다. 또, 대부분 문서에서는 LZO와 LZOP을 혼용해 사용하는 듯하다. 이 책에서는 일관되게 LZOP만을 지칭한다.

LZOP 사용을 위한 클러스터 준비

아쉽게도 하둡에서는 라이선스 문제로 LZOP을 기본 제공하지 않는다[14].

클러스터에 모든 의존성을 사전 컴파일하고 설치하는 작업은 번거롭지만, 다행히 부록 A에서 이와 관련한 자세한 설명을 볼 수 있다. 이 절에서 코드를 컴파일하고 실행하려면 부록에 있는 설명을 모두 따라 해야 한다.

HDFS에서의 LZOP 파일 읽기 및 쓰기

5.2절에서는 압축된 파일을 읽고 쓰는 법을 다뤘다. LZOP에서 같은 작업을 수행하려면 코드에서 LZOP 코덱을 지정해야 한다. 이 코드는 다음 예제에서 볼 수 있다[15].

HDFS에서 LZOP 파일을 읽고 쓰는 메서드

```
public static Path compress(Path src,
            Configuration config)
    throws IOException {
  Path destFile =
      new Path(
          src.toString() +
          new LzopCodec().getDefaultExtension());    ← 출력 파일명에 압축 코덱의 파일 확장자(이 경우 .lzo)를 사용
  LzopCodec codec = new LzopCodec();    ←
  codec.setConf(config);                      LZOP 코덱 인스턴스를 생성

  FileSystem hdfs = FileSystem.get(config);
```

---

14 LZOP은 과거에는 하둡에 포함돼 있었지만 지라(Jira) 티켓에서 수행한 작업(https://issues.apache.org/jira/browse/HADOOP-4874)과 LZOP의 GPL 라이선스 제약때문에 0.20 버전 및 새 배포 버전에는 제거됐다.

15 깃허브 소스 — https://github.com/alexholmes/hadoop-book/blob/master/src/main/java/com/manning/hip/ch5/LzopFileReadWrite.java

```
    InputStream is = null;
    OutputStream os = null;
    try {
      is = hdfs.open(src);
      os = codec.createOutputStream(hdfs.create(destFile));    ◀── 코덱을 사용해 출력 스트림 생성

      IOUtils.copyBytes(is, os, config);
    } finally {
      IOUtils.closeStream(os);
      IOUtils.closeStream(is);
    }
    return destFile;
  }

  public static void decompress(Path src, Path dest,
                                Configuration config)
      throws IOException {
    LzopCodec codec = new LzopCodec();
    codec.setConf(config);

    FileSystem hdfs = FileSystem.get(config);
    InputStream is = null;
    OutputStream os = null;
    try {
      is = codec.createInputStream(hdfs.open(src));      ◀── LZOP 압축 코덱을 사용해 입력 스트림 생성
      os = hdfs.create(dest);

      IOUtils.copyBytes(is, os, config);
    } finally {
      IOUtils.closeStream(os);
      IOUtils.closeStream(is);
    }
  }
```

이번에는 LZOP 파일을 쓰고, 읽은 후 LZOP 유틸리티에서 생성된 파일을 사용할 수 있는지 확인해보자.

```
$ hadoop fs -put $HADOOP_HOME/conf/core-site.xml \
    core-site.xml
$ bin/run.sh com.manning.hip.ch5.LzopFileReadWrite core-site.xml
```

앞의 코드는 HDFS에 core-site.xml.lzo 파일을 생성한다. 이번에는 lzop 바이너리를 사용해 이 LZOP 파일을 사용할 수 있는지 알아보자. lzop 바이너리를 호스트에 설치한다(레드햇과 CentOS에서는 http://pkgs.repoforge.org/lzop/lzop-1.03-1.el5.rf.x86_64.rpm에서 설치할 수 있다). LZOP 파일을 HDFS에서 로컬 디스크로 복사하고, 네이티브 lzop 바이너리를 사용해 압축을 푼 후, 원본 파일과 비교해보자.

```
$ hadoop fs -get core-site.xml.lzo /tmp/core-site.xml.lzo
$ lzop -l /tmp/core-site.xml.lzo
method          compressed      uncompr.    ratio       uncompressed_name
LZO1X-1         454             954         47.6%       core-site.xml
$ cd /tmp
$ lzop -d core-site.xml.lzo
$ ls -ltr
-rw-r--r-- 1   aholmes         aholmes     954 Sep 11 09:05    core-site.xml
-rw-r--r-- 1   aholmes         aholmes     504 Sep 11 09:05    core-site.xml.lzo
$ diff core-site.xml $HADOOP_HOME/conf/core-site.xml
$
```

diff 명령을 사용하면 LZOP 코덱으로 압축한 파일을 lzop 바이너리를 사용해 압축 해제할 수 있음을 확인할 수 있다. 이제 LZOP 파일을 갖췄으니 분할할 수 있게 인덱싱해야 한다.

LZOP 파일의 인덱스 생성

앞에서 필자는 LZOP 파일이 분할 가능하지만, 네이티브 분할은 불가능하다는 다소 역설적인 말을 했다. 이제 이 말의 의미가 뭔지 명확히 밝히겠다. LZOP에는 블록 구분 동기화 마커가 없다. 이 말은 LZOP 파일을 랜덤 검색해 블록 읽기를 시작할 수 없다는 뜻이다. 하지만 내부적으로 LZOP 파일은 블록을 사용하므로 우리가 해줄 일은 블록 오프셋을 담고 있는 인덱스 파일을 생성하는 것뿐이다. LZOP 파일은 읽기가 일어날 때 전체를 읽은 후 블록 오프셋을 인덱스 파일에 쓴다. 인덱스 파일 형식은 그림 5.5에 나온 것처럼 LZOP 파일 내 각 블록의 바이트 오프셋을 나타내는 64비트 연속 숫자를 담고 있는 바이너리 파일이다.

다음 두 코드 조각에 나와 있는 것처럼 인덱스 파일은 두 방식 중 하나로 생성할 수 있다. 단일 LZOP 파일용 인덱스를 생성하려면 다음 라이브러리 코드를 호출해 간단히 인덱스 파일을 만들 수 있다.

```
shell$ bin/run.sh
       com.hadoop.compression.lzo.LzoIndexer \
       /tmp/core-site.xml.lzo\
```

다음 옵션은 LZOP 파일의 개수가 많고, 좀 더 효과적으로 인덱스 파일을 생성하고 싶을 때 적합하다. 인덱서는 맵리듀스 잡을 수행해 인덱스 파일을 생성한다. 이때 파일과 디렉터리(LZOP 파일을 재귀적으로 스캔)를 모두 지원한다.

```
shell$ bin/run.sh \
       com.hadoop.copmression.lzo.DistributedLzoIndexer \
       core.site.xml.lzo \
       /path/to/lzop
```

앞에서 설명한 두 방식 모두 LZOP 파일과 같은 디렉터리에 인덱스 파일을 생성한다. 인덱스 파일명은 원본 LZOP 파일명에 접두어로 .index를 사용한다. 앞의 명령을 실행하면 core-site.xml.lzo.index라는 이름의 파일이 생긴다. 이번에는 자바 코드에서 LzoIndexer를 사용하는 법(이 코드는 LzoIndexer의 main 메서드에서 가져옴)을 알아보자. 이 코드를 사용하면 동기적으로 인덱스 파일을 생성할 수 있다.

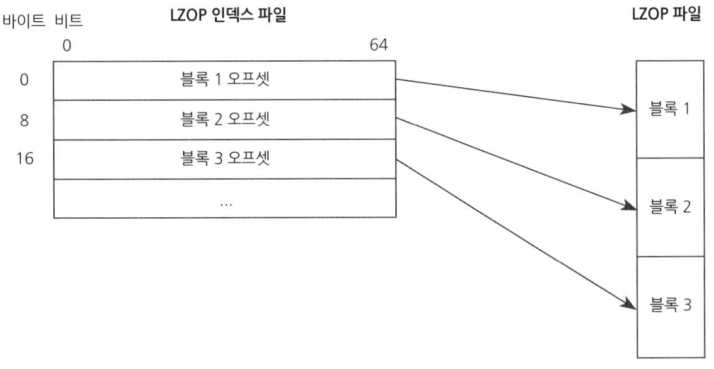

그림 5.5 LZOP 인덱스 파일은 64비트 숫자를 연속으로 담고 있는 바이너리다.

```
LzoIndexer lzoIndexer = new LzoIndexer(new Configuration());
for (String arg: args) {
  try {
    lzoIndexer.index(new Path(arg));
  } catch (IOException e) {
    LOG.error("Error indexing " + arg, e);
  }
}
```

DistributedLzoIndexer를 활용해 맵리듀스 잡은 .lzo 파일별로 한 개씩 N개의 매퍼를 가지고 실행된다. 리듀서가 실행되지 않으므로 커스텀 LzoSplitInputFormat 및

LzoIndexOutputFormat로 항등 매퍼는 인덱스 파일을 직접 쓴다. 커스텀 자바 코드에서 맵리듀스 잡을 실행하려면 DistributedLzoIndexer 코드를 예제 코드로 참고하면 된다.

LZO 인덱스 파일은 맵리듀스, 피그, 하이브 잡에서 LZOP 파일을 분할하는 데 필요하다. 이제 앞서 언급한 LZOP 인덱스 파일을 갖췄으니 이를 맵리듀스에서 사용하는 법을 살펴보자.

맵리듀스와 LZOP

이제 LZOP 파일에 사용할 인덱스 파일을 생성했으니 LZOP 파일을 맵리듀스에서 사용할 차례다. 아쉽지만 그러려면 한 가지 어려운 과제가 더 남아 있다. 여기서는 LZOP 인덱스 파일을 사용해 입력값 분할을 처리하는 특수 로직이 필요한데, 내장 하둡 파일 기반의 입력 형식 중에는 분할 가능한 LZOP과 호환되는 형식이 없기 때문이다. 따라서 분할 가능한 LZOP과 호환되는 특수 InputFormat 클래스가 필요하다.

토드 립콘(Todd Lipcon)의 LZOP 라이브러리[16]는 줄 기반 LZOP 압축 텍스트 파일과 인덱스 파일에서 사용할 수 있는 LzoTextInputFormat 구현체를 제공한다[17].

다음 코드는 LZOP에서 사용하기 위해 맵리듀스 잡을 설정하는 데 필요한 과정을 보여준다. 텍스트 LZOP 입력값과 출력값을 사용하는 맵리듀스 잡에서는 이들 과정을 수행해야 한다.

```
job.setInputFormatClass(LzoTextInputFormat.class);
job.setOutputFormatClass(TextOutputFormat.class);

job.getConfiguration().setBoolean("mapred.output.compress", true);
job.getConfiguration().setClass("mapred.output.compression.codec",
    LzopCodec.class, CompressionCodec.class);
```

아울러 중간 맵 출력값을 압축하면 맵리듀스 잡의 전체 실행 시간을 앞당길 수 있다.

```
conf.setBoolean("mapred.compress.map.output", true);
conf.setClass("mapred.map.output.compression.codec",
    LzopCodec.class,
    CompressionCodec.class);
```

---

[16] 토드 립콘은 클라우데라용 LZOP 라이브러리를 관리한다. 토드의 버전은 케빈 웨일과 다른 커미터들이 관리하는 마스터 버전의 다운스트림 버전이다. 케빈의 LZOP 프로젝트는 좀 더 활발히 개발 중이며, 아파치를 비롯한 다른 하둡 배포판에 사용할 수 있다. https://github.com/kevinweil/hadoop-lzo를 참고하자.

[17] LZOP 입력값 형식은 인덱스 파일이 없는 LZOP 파일과도 잘 연동된다.

hdfs-site.xml을 간단히 수정하면 맵 출력값을 항상 압축하도록 클러스터를 설정할 수 있다.

```
<property>
  <name>mapred.compress.map.output</name>
  <value>true</value>
</property>
<property>
  <name>mapred.map.output.compression.codec</name>
  <value>com.hadoop.compression.lzo.LzopCodec</value>
</property>
```

LZOP 파일별 분할 개수는 파일이 차지하는 HDFS 블록 개수가 아니라 파일이 차지하는 LZOP 블록 개수에 따라 결정된다.

이제 맵리듀스에 대해 다뤘으니 피그와 하이브에서 분할 가능한 LZOP을 활용하는 법을 알아보자.

피그 및 하이브

엘리펀트 버드[18]는 LZOP과 연동할 수 있는 유틸리티를 담고 있으며, 트위터에서 관리한다. 이 프로젝트는 LZOP과 연동할 때 도움되는 맵리듀스 및 피그 클래스를 여러 개 제공한다. 엘리펀트 버드에는 텍스트 기반의 LZOP 압축된 데이터를 피그에서 사용할 수 있게 해주는 LzoPigStorage 클래스가 들어 있다.

하이브에서는 토드 립콘과 케빈 웨일의 LZO 프로젝트 모두에서 볼 수 있는 com.hadoop.mapred.DeprecatedLzoTextInputFormat 입력 형식을 사용해 LZOP 압축된 텍스트 파일과 연동할 수 있다.

정리

하둡에서 분할 가능한 압축을 처리하는 일은 까다롭다. 다행히 데이터를 시퀀스파일이나 애브로 형식으로 저장할 수 있다면, 이들 형식을 사용하는 게 압축 및 분할 가능한 파일을 사용하는 가장 쉬운 방법이다. 만약 다른 파일 형식을 압축하고, 아울러 분할해야 한다면 사실상 LZOP이 유일한 옵션이다.

---

18 엘리펀트 버드에 대한 자세한 설명은 부록 A 참고

앞에서 말한 것처럼 엘리펀트 버드 프로젝트에서는 LZOP 압축된 파일 형식인 XML 및 일반 텍스트와 연동할 수 있는 유용한 LZOP 입력 형식을 제공한다. 토드 립콘의 LZO 프로젝트나 엘리펀트 버드에서도 지원하지 않는 LZOP 압축된 파일 형식과 연동해야 한다면 커스텀 입력 형식을 작성해야 한다. 이는 개발자로서는 큰 부담이 아닐 수 없다. 필자는 어느 순간 최종 사용자가 압축을 위해 커스텀 입력 형식을 작성하지 않아도 되게끔 커스텀 분할 로직을 갖춘 압축 파일을 하둡에서 지원해주기를 바란다.

압축은 리소스가 중요한 배포 환경이라면 어디서나 꼭 필요한 요구 조건이다. 압축을 사용하면 연산 속도를 높일 수 있고, 저장 공간도 줄일 수 있다. 앞 절에서는 데이터에 가장 적합한 코덱을 평가하고 고르는 법을 보여줬다. 또, HDFS, 맵리듀스, 피그, 하이브에서 압축을 사용하는 법도 다뤘다. 끝으로 분할 가능한 LZOP 압축이라는 까다로운 주제도 공략했다.

5.3 정리

수많은 작은 파일로 구성된 빅데이터는 HDFS의 단점을 재조명해준다. 이 장에서는 작은 파일을 큰 애브로 컨테이너로 패키징하는 법을 살펴봄으로써 이런 HDFS의 단점을 극복하는 법을 배웠다.

압축은 규모가 큰 클러스터에서는 항상 핵심적인 요소다. 이 장에서는 서로 다른 압축 코덱을 평가하고 비교했다. 필자는 다양한 평가 기준에 따라 코덱을 추천했으며, 맵리듀스, 피그, 하이브에서 코덱을 사용해 실제 압축 파일과 연동하는 법도 보여줬다. 아울러 LZOP과 연동해 압축을 구현하면서 빠른 연산을 위해 입력값 분할을 적용하는 법도 살펴봤.

이 장과 이전 장은 맵리듀스와 HDFS에서 빅 데이터를 효과적으로 처리하는 기법을 설명하는 데 할애했다. 다음 장에서는 가능한 한 클러스터의 성능을 높이기 위해 하둡을 진단하고 튜닝하는 기법들을 다룬다.

성능 문제 진단 및 튜닝

이 장에서 다루는 내용
- 맵리듀스 실행 시간의 측정 및 시각화
- 셔플 및 정렬 단계의 최적화
- 맵리듀스 모범 기법을 활용한 성능 및 사용자 공간 최적화

새로운 맵리듀스 코드를 작성하고 새로 구매한 클러스터에서 실행한다고 가정하자. 그런데 적절한 크기의 클러스터를 갖추고 있음에도 생각했던 것보다 실행 시간이 오래 걸린다. 아마도 잡에서 성능 문제를 겪고 있는 것 같은데 도무지 이 문제가 어디에서 생기는지 알 수 없다.

성능과 관련해 하둡의 장점 중 하나는 수평적으로 확장할 수 있다는 점이다. 보통 이 말은 노드를 추가하면 쓰루풋이 선형적으로 증가하고, 종종 잡의 실행 속도도 선형적으로 개선된다는 뜻이다. 그럼 성능 문제가 생겼을 때 이를 해결하는 방법은 노드를 더 추가하는 게 아닐까?

그럴지도 모른다. 하지만 그 전에 잡 성능이 나쁜 근본적인 원인부터 이해해야 한다. 하드웨어, 코드, 작업 중인 데이터를 비롯해 잡 속도를 느려지게 하는 원인은 수없이 많다. 성능 문제를 해결하려면 계산적이고 시스템적으로 성능 튜닝에 접근해야 한다. 그 과정은 다음과 같다.

1. 소프트웨어 및 하드웨어에 대한 메트릭을 수집하는 데 필요한 모니터링 및 측정 기능을 갖춘다.
2. 이들 메트릭을 활용해 잠재적인 성능 이슈를 파악한다.
3. 찾아낸 문제점을 해결하기 위해 설정이나 코드를 수정한다. 문제의 정확한 원인을 처리하려면 한 번에 한 항목만 변경해야 한다.
4. 이 과정을 반복하고 수정한 시스템 메트릭을 이전 메트릭과 비교한다.

이 장의 내용은 이와 같은 단계를 토대로 진행한다. 이 장에서 다루는 기법은 대부분 하둡에서 성능 문제의 원인을 부각시키는 법을 보여준다. 이 정보는 매우 중요하므로 이 장의 처음 절반은 잡의 성능을 진단하고 측정하는 법을 살펴보는 데 할애한다. 이와 같은 구조적인 접근 방식을 활용하면 어디에 성능 문제가 있는지 찾는 데 도움이 된다. 이 장의 후반부는 데이터 불균형(skew) 축소와 데이터 직렬화 같은 주제를 다룸으로써 잡 성능을 개선할 수 있는 기법에 집중한다.

6.1 맵리듀스 및 환경의 측정

성능 튜닝을 시작하기 전에 시스템 메트릭을 캡처할 수 있는 툴과 프로세스를 갖춰야 한다. 이런 툴은 맵리듀스 잡과 관련한 경험적인 데이터를 수집, 관찰하고, 성능 문제를 겪고 있는지 판단하는 데 필요하다.

이 절에서는 하둡에서 제공하는 툴과 메트릭을 살펴보고, 성능 튜닝 툴킷에 집어넣을 추가 툴로 모니터링도 함께 다룬다.

잡 통계 추출을 위한 툴

이 장에서는 여러 기법으로 잡 및 태스크 레벨에서 추출한 메트릭을 토대로 한다. 이런 통계 자료는 다음 세 방법 중 하나를 이용해 추출할 수 있다.

1. 잡 및 태스크 카운터를 보기 위해 잡트래커 UI(JobTracker UI)를 사용한다.
2. 하둡 CLI(명령행 인터페이스)를 사용해 잡 히스토리에서 잡 및 태스크 카운터 및 다른 메트릭을 본다.
3. 마찬가지로 잡 히스토리에서 메트릭을 추출하는 필자의 유틸리티를 사용한다.

이 중 마지막 두 항목은 잡 및 태스크 메트릭뿐 아니라 취합 통계를 모두 볼 수 있는 강력한 도구다. 그럼 잡 히스토리가 어떤 식으로 동작하는지 간단히 살펴보고, 하둡 CLI와 필자의 유틸리티에서 잡 히스토리를 어떻게 사용하는지 알아보자.

잡 히스토리와 CLI

잡별로 맵리듀스는 잡 통계 파일을 생성한다. 이 파일에는 잡 및 태스크 레벨의 통계가 들어 있다. 이 파일의 요약 정보를 보는 가장 쉬운 방법은 하둡 CLI를 사용하는 것이다. 출력값이 HDFS 내 output 디렉터리에 쓰여진 잡에 대한 메트릭을 추출하고 싶다고 가정하자. 그럼 이 디렉터리명을 다음과 같이 CLI 명령에 전달하면 된다.

```
$ hadoop job -history output

Hadoop job: job_201112081615_0181
=================================
Job tracker host name: localhost
Submitted At: 23-Dec-2011 08:55:22
Launched At: 23-Dec-2011 08:55:22 (0sec)
Finished At: 23-Dec-2011 08:55:37 (15sec)
Status: SUCCESS
Counters:
```

Group Name	Counter name	Map Value	Reduce Value	Total
FileSystem	FILE_BYTES_READ	0	961,831	961,831
FileSystem	HDFS_BYTES_READ	696,068	0	696,068
FileSystem	FILE_BYTES_WRITTEN	1,071,837	1,071,519	2,143,356
FileSystem	HDFS_BYTES_WRITTEN	0	784,221	784,221

```
...

Analysis
========
Time taken by best performing map task 2sec
Average time taken by map tasks: 2sec
Worse performing map tasks:
TaskId          Timetaken
task_201112081615_0181_m_000001 2sec

...
```

앞의 출력값은 명령에서 생성한 전체 출력값의 일부일 뿐이며, 직접 명령을 실행해 전체 메트릭을 확인할 것을 권장한다. 이 출력값은 평균 태스크 실행 시간 및 최악의 태스크 실행 시간 같은 메트릭을 빠르게 구하는 데 도움이 된다.

그럼 잡 히스토리 파일은 어디에 있을까? 그림 6.1을 보면 그 위치를 알 수 있다.

잡 히스토리 파일은 이름이 .jar 확장자로 끝나서 착각하기 쉽지만 실제로는 JobHistory 클래스를 사용해 마샬링한 텍스트 파일이다. 이 클래스를 사용하면 이 파일을 자바 객체로 리버스 엔지니어링할 수 있다. 하둡 CLI를 사용하면 HDFS output 디렉터리에서 잡 통계만 추출할 수 있지만, 필자의 유틸리티를 사용하면 이 기능뿐 아니라 네임노드 로그 디렉터리에서 통계를 추출할 수도 있다.

모니터링

잡이 실행되는 동안 CPU, 메모리, 네트워크 사용량을 캡처하는 일은 중요하다. 이때 목표는 하드웨어를 과도하게 사용하거나 지나치게 덜 사용하지 않는 것이다. 하드웨어를 과도하게 사용하면 시스템에서는 CPU 컨텍스트 전환이나 메모리 페이지 스와핑처럼 시간을 다투는 리소스를 상당히 많이 사용할 가능성이 크다. 또, 클러스터를 지나치게 덜 활용하면 하드웨어의 성능을 충분히 발휘할 수 없다. 맵리듀스에서 시스템 리소스 사용은 실행 중인 잡 유형의 함수이며, CPU와 I/O에 따라 결정된다.

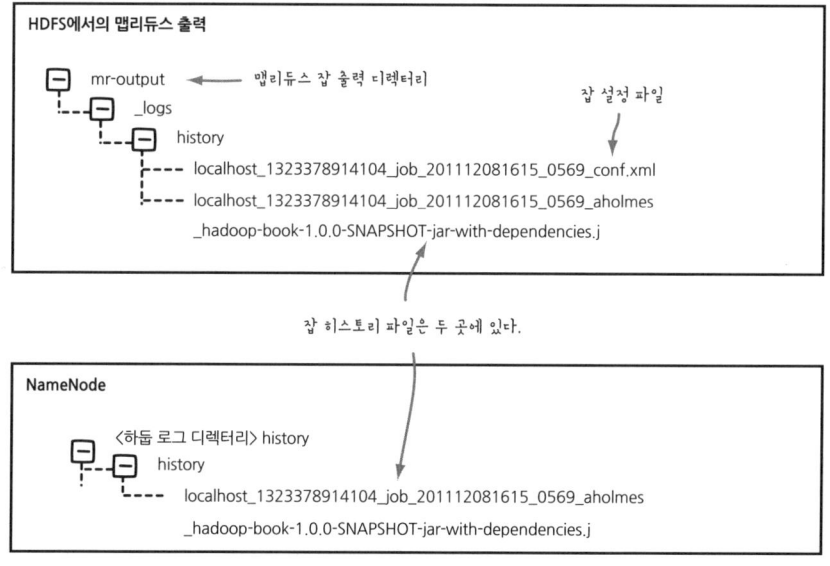

[host]_[epoch-of-jobtracker-start-millis]_[job-id]_[user]_[jar-filename]

그림 6.1 잡 히스토리 파일의 위치

시스템 사용 상태를 자동으로 추적하는 기능은 매우 중요하다. 이 기능이 없다면 하드웨어의 평상시 성능을 시간 흐름에 따라 관찰할 수 없고, 원하지 않는 활용 수준에 도달할 때 경고할 수 있는 유용한 기능도 사용할 수 없다. 이런 용도로 사용할 수 있는 툴에는 시스템 활동에 대한 정보를 수집해 보고하는 내장 리눅스 유틸리티인 sar[1]부터 Nagios 및 Ganglia 같

---

1 sar 및 gnuplot을 사용해 시스템 활동 그래프를 생성하는 법을 다룬 IBM 기사 - http://www.ibm.com/developerworks/aix/library/au-gnu-plot/index.html

은 정교한 툴까지 여러 가지가 있다. Ganglia[2]는 클러스터를 모니터링하기 위해 설계된 오픈 소스 프로젝트로, 유용한 그래프를 비롯해 풍부한 사용자 인터페이스(이 중 일부는 그림 6.2에서 볼 수 있다)를 제공한다. Ganglia를 사용하면 하둡에서 통계 정보를 가져올 수 있다는 장점도 있다[3].

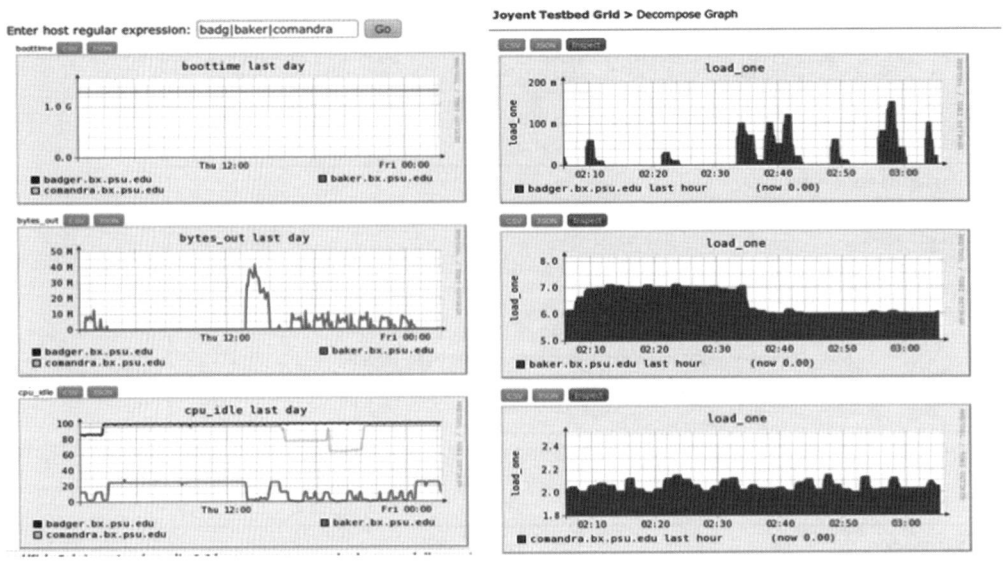

그림 6.2 여러 호스트의 CPU 사용량을 보여주는 Ganglia 캡처 화면

6.2 성능을 저해하는 원인의 파악

어떤 잡의 실행 시간이 지나치게 오래 걸리고 뭔가가 크게 잘못됐다는 의심이 든다고 가정하자. 이 절에서는 잡에서 시간을 소비하는 요소를 하나씩 골라내는 법을 다룬다. 이 과정에서 하둡에서 제공하는 내장 툴과 더불어 필자가 작성한 유틸리티를 사용한다.

---

2 Ganglia 프로젝트 페이지 - http://ganglia.sourceforge.net/
3 하둡 위키에서는 Ganglia와 하둡 연동에 대한 기본 설명을 볼 수 있다 - http://wiki.apache.org/hadoop/GangliaMetrics

시스템 모니터링 및 하둡 태스크

하둡 0.20.x에는 개별 맵리듀스 태스크의 CPU 및 메모리 사용 정보를 추출하는 내장 기능이 없다. 하지만 0.22 버전으로 업그레이드되면서(https://issues.apache.org/jira/browse/MAPREDUCE-220) CPU 메모리 사용 정보가 잡 히스토리 파일에 쓰이고, 하둡 사용자 인터페이스를 통해서도 볼 수 있게 됐다.

맵리듀스 잡 성능에 영향을 줄 수 있는 요소의 이해

구체적인 기법으로 들어가기 전에 전반적으로 잡 성능에 악영향을 줄 수 있는 요소가 무엇인지 살펴보자. 잡에 영향을 주는 항목은 다음과 같은 카테고리로 분류할 수 있다.

1. **하둡 설정**: 기본 하둡 설정은 대부분의 서버급 하드웨어에서 클러스터의 사용 능력에 턱없이 못 미친다. 역으로 잘못 튜닝된 설정은 스와핑과 CPU 포화 현상 같은 성능 문제를 야기할 수 있다.
2. **맵 태스크**: 맵 태스크의 성능은 비정상적으로 크거나 작은 데이터 입력값에 민감하게 반응한다. 효율적이지 않은 사용자 코드도 영향을 줄 수 있다.
3. **리듀스 태스크**: 데이터 불균형, 리듀서의 개수, 최적화되지 않은 사용자 코드 모두 느린 태스크의 원인이 될 수 있다.
4. **하드웨어**: 제대로 동작하지 않는 노드 및 네트워크 이슈는 클러스터에 큰 영향을 미친다. 특히 클러스터 규모가 크지 않을 때는 영향이 심각하다.

여기서는 잡 성능을 느리게 하는 다양한 시나리오를 살펴본다. 각 시나리오는 문제를 파악하는 법을 보여주는 개별 해결책을 담고 있다. 이들 시나리오는 앞 절에서 다룬 카테고리별로 분류한다.

그림 6.3의 의사 결정 트리에서는 서로 다른 성능 속성에 따라 고려해야 할 기법이 정리돼 있다.

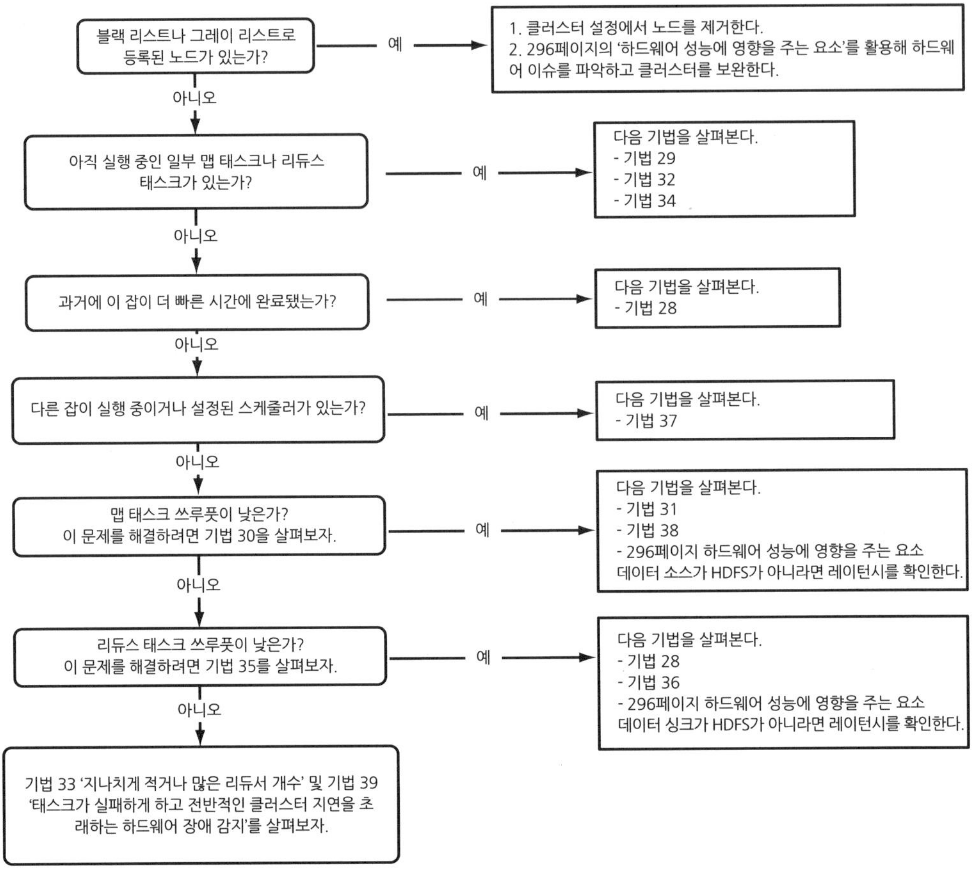

블랙 리스트나 그레이 리스트로 등록된 노드가 있는가?
예
1. 클러스터 설정에서 노드를 제거한다.
2. 296페이지의 '하드웨어 성능에 영향을 주는 요소'를 활용해 하드웨어 이슈를 파악하고 클러스터를 보완한다.
아니오
아직 실행 중인 일부 맵 태스크나 리듀스 태스크가 있는가?
예
다음 기법을 살펴본다.
- 기법 29
- 기법 32
- 기법 34
아니오
과거에 이 잡이 더 빠른 시간에 완료됐는가?
예
다음 기법을 살펴본다.
- 기법 28
아니오
다른 잡이 실행 중이거나 설정된 스케줄러가 있는가?
예
다음 기법을 살펴본다.
- 기법 37
아니오
맵 태스크 쓰루풋이 낮은가?
이 문제를 해결하려면 기법 30을 살펴보자.
예
다음 기법을 살펴본다.
- 기법 31
- 기법 38
- 296페이지 하드웨어 성능에 영향을 주는 요소
데이터 소스가 HDFS가 아니라면 레이턴시를 확인한다.
아니오
리듀스 태스크 쓰루풋이 낮은가?
이 문제를 해결하려면 기법 35를 살펴보자.
예
다음 기법을 살펴본다.
- 기법 28
- 기법 36
- 296페이지 하드웨어 성능에 영향을 주는 요소
데이터 싱크가 HDFS가 아니라면 레이턴시를 확인한다.
아니오
기법 33 '지나치게 적거나 많은 리듀서 개수' 및 기법 39 '태스크가 실패하게 하고 전반적인 클러스터 지연을 초래하는 하드웨어 장애 감지'를 살펴보자.

그림 6.3 맵리듀스 성능 문제를 분류하기 위한 의사 결정 트리

잡 시작
태스크 시작
태스크 완료
같은 스레드에서 입력값을 읽고
사용자의 맵 함수 호출을 수행
스필링이 자체
스레드에서 실행
스케줄러가 태스크를
스케줄링하기를 기다림
입력값 읽음
사용자 맵 함수
스필
타임라인
개념도
• 다른 잡과의 리소스 경쟁
• 병렬 태스크 실행을 저해하는 스케줄러
• 하드웨어 및 네트워크 이슈
• 지나치게 작은 입력값 크기
• 분할 불가능한 입력값
• 데이터 불균형
• 사용자 코드에서의 성능 이슈
• 로컬 하드웨어 이슈
성능에 영향을 줄 수 있는 요소들

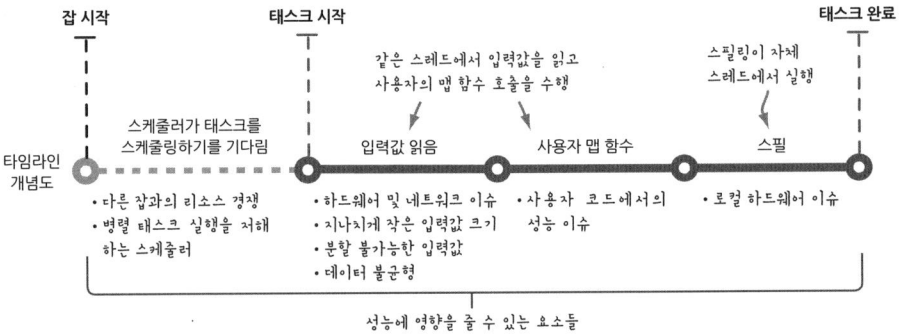

그림 6.4 맵 태스크 타임라인 및 잡 성능에 대한 영향

맵 성능 저하 요소

그림 6.4에는 맵 태스크에서 수행하는 메인 작업 단위가 나와 있고 잡 성능에 영향을 줄 수 있는 영역들이 강조돼 있다.

기법 28. 입력값의 갑작스러운 증가 여부 조사

잡이 느려지는 한 가지 요인으로 잡에서 처리 중인 데이터가 예상보다 크게 늘어나는 경우가 있다. 예를 들어 웹 로그를 처리하는 잡을 실행하는 데 어느 날 웹사이트 방문자가 폭주할 경우 평상시보다 로그 파일의 크기가 크게 늘어나 결과적으로 맵리듀스 잡이 느려진다.

문제
맵과 리듀스 입력값이 크게 증가했는지 여부를 빠르게 판단하고 싶다.

해결책
잡트래커 UI를 활용해 느린 잡의 맵 입력 및 출력 데이터 크기를 과거 잡의 입력 및 출력 크기와 비교한다.

문제 풀이
잡트래커 UI로 가서 느리게 실행되는 잡을 선택한다. 그럼 잡의 요약 화면에서 그림 6.5와 비슷한 통계를 볼 수 있다.

이들 숫자를 같은 잡의 이전 실행 통계와 비교한다. 이전 실행에서 입력값의 크기가 작았다면 갑작스러운 입력값 증가가 바로 잡이 느리게 실행되는 원인이 될 수 있다.

정리
처리하는 입력 데이터에 따라 데이터의 양이 크게 늘어나면서 평상시 데이터 크기보다 더 큰 데이터를 처리하느라 잡이 느려질 수 있다.

Counter	Map	Reduce	Total
FILE_BYTES_READ	2,023,432,350	1,100,414,378	3,123,846,728
HDFS_BYTES_READ	1,001,155,258	0	1,001,155,258
FILE_BYTES_WRITTEN	3,166,340,124	1,100,468,304	4,266,808,428
HDFS_BYTES_WRITTEN	0	1,099,102,302	1,099,102,302
Reduce input groups	0	9,901,036	9,901,036
Combine output records	0	0	0
Map input records	9,937,101	0	9,937,101
Reduce shuffle bytes	0	1,100,419,082	1,100,419,082
Reduce output records	0	9,937,101	9,937,101
Spilled Records	28,166,219	9,937,101	38,103,320
Map output bytes	1,080,540,164	0	1,080,540,164
Map input bytes	1,001,043,356	0	1,001,043,356
SPLIT_RAW_BYTES	79,284	0	79,284
Map output records	9,937,101	0	9,937,101
Combine input records	0	0	0
Reduce input records	0	9,937,101	9,937,101

그림 6.5 HDFS 및 맵리듀스 통계를 보여주는 잡트래커 UI

기법 29. 맵사이드 데이터 불균형 문제 진단

불균형적인 데이터는 늘 존재하기 마련이다. 맵사이드에서 데이터 불균형은 주로 분할 불가능한 대용량 파일 몇 개나 크기가 작은 수많은 파일 때문에 생긴다.

문제

불균형적 데이터 때문에 잡이 느리게 실행되는지 알고 싶다.

해결책

잡트래커 UI를 활용해 같은 잡의 맵 태스크 사이에서 입력값의 크기를 비교한다.

문제 풀이

데이터 불균형은 몇몇 태스크가 다른 대다수 태스크보다 실행 시간이 불균형적으로 훨씬 더 오래 걸리는 증상으로 나타난다. 이와 같은 증상이 나타날 때 오랜 시간이 걸리는 태스크의 입력값 크기를 완료된 태스크의 입력값 크기와 비교해보면 거의 확실하게 데이터 불균형 여부를 진단할 수 있다.

그림 6.6에서는 잡트래커 UI를 활용해 데이터 불균형을 진단하는 법을 단계별로 보여준다.

정리

이 기법을 사용해 성공적으로 여전히 실행 중인 잡을 진단하고 심각한 데이터 불균형 현상을 감지했다고 가정하자. 다음으로 할 일은 잡에서의 데이터 불균형 효과를 최소화하는 것이다. 기법 50과 51에서는 데이터 불균형의 잠재적인 원인을 살펴보고 이를 처리하는 법을 알아본다.

❶ 오랜 시간이 걸리는 태스크가 있는지 판단

Kind	% Complete	Num Tasks	Pending	Running	Complete	Killed	Failed/Killed Task Attempts
map	99.87%	786	0	1	785	0	0 / 0
reduce	33.29%	1	0	1	0	0	0 / 0

한 개의 태스크만 제외하고 모든 맵 태스크가 종료됐다.
다음 단계에 보이는 뷰로 이동하려면 링크를 클릭하자.

❷ 오랜 시간이 걸리는 태스크가 다른 태스크보다 훨씬 더 큰 입력값을 처리하는지 판단

Task	Complete	Status
task_201112081615_0568_m_000000	0.00%	hdfs://localhost/user/aholmes/input/large-file.txt.lzo:0+10000325739

태스크 목록 화면에서는 입력 파일, 시작 바이트 오프셋,
읽을 바이트 크기를 보여준다. 현재 실행 중인 태스크에서
처리할 입력값이 훨씬 큰 게 확연히 눈에 띈다.

Task	Complete	Status
task_201112081615_0568_m_000001	100.00%	hdfs://localhost/user/aholmes/input/file-1.txt:0+1329

❸ 태스크 카운터에서도 같은 정보를 제공한다. 이 정보는 파일이 아닌 데이터 소스를 처리할 때 도움이 된다.
또 리듀서에서의 데이터 불균형을 진단하는 데도 도움이 된다.

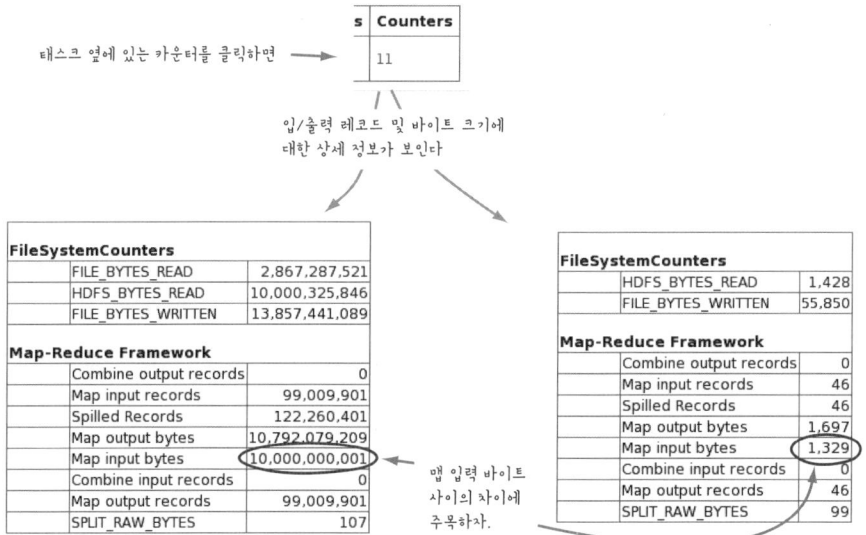

그림 6.6 잡트래커 UI를 활용한 데이터 불균형 진단

기법 30. 맵 태스크 쓰루풋이 전반적으로 낮은지 여부 판단

이 기법에서는 맵 태스크의 쓰루풋이 낮은지 여부를 판단하고 낮은 쓰루풋을 초래하는 이슈에 대해 얘기한다.

문제
잡이 느린 태스크 스루풋 때문에 느리게 실행되는지 알고 싶다.

해결책
잡트래커 UI의 매트릭이나 잡 히스토리 메타데이터를 활용해 맵 태스크의 쓰루풋을 계산한다.

문제 풀이
잡트래커를 활용하면 태스크 실행에 영향을 미치는 개별 태스크의 맵 쓰루풋을 계산할 수 있다. 그림 6.7에서는 맵 태스크의 쓰루풋을 계산하는 법을 보여준다.

전체 맵 태스크의 쓰루풋 통계를 볼 수 있는 가장 쉬운 방법은 그림 6.8에 나온 것처럼 잡 히스토리 파일을 대상으로 TaskThroughput 클래스(소스는 http://goo.gl/QQvvQ에 있다)를 실행하는 것이다.

정리
이렇게 맵 태스크 쓰루풋은 계산했지만, 쓰루풋 값이 높은지 낮은지는 어떻게 알 수 있을까? 태스크가 로컬 노드에서 모든 데이터를 읽는다면(HDFS와 분할 가능한 파일을 처리할 때는 이 방식이 가장 이상적이다) 쓰루풋 크기가 로컬 디스크 읽기 쓰루풋에 거의 가까워진다. HDFS 이외의 데이터 소스에서 입력값을 읽는 잡의 경우 이런 판단이 더 어려우며, 데이터 소스의 읽기 속도에 대한 지식과 더불어 하둡 노드와 데이터 소스 사이에 존재하는 네트워크 레이턴시에 대해서도 감안해야 한다.

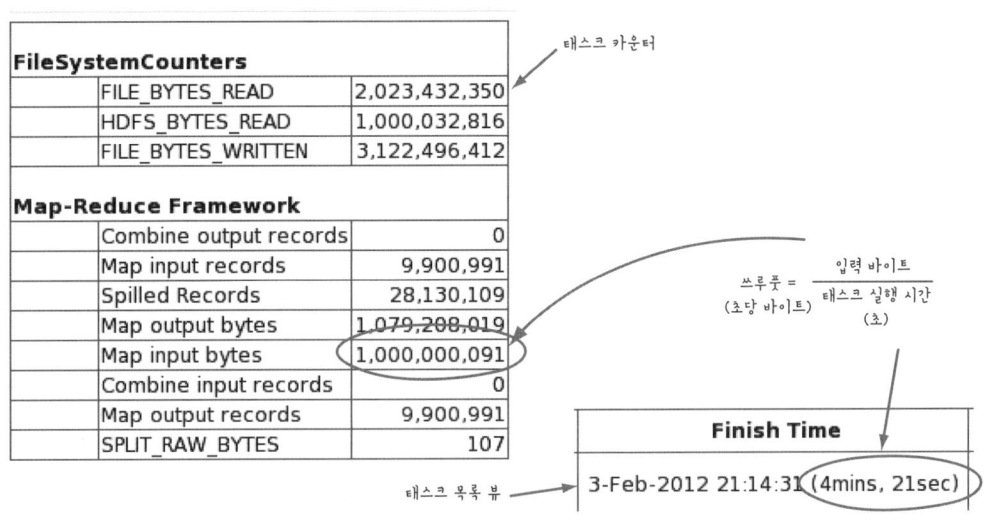

그림 6.7 잡트래커 UI에서 계산한 맵 태스크 쓰루풋

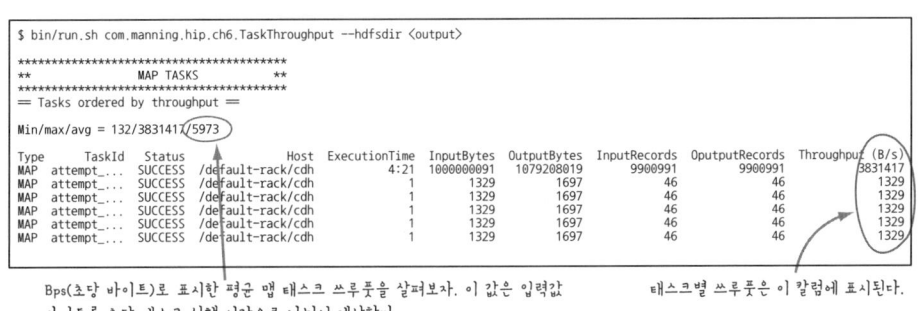

그림 6.8 잡 히스토리 파일에서 추출한 맵 태스크 쓰루풋

느린 맵 태스크 쓰루풋에 영향을 주는 요소로는 다음과 같은 것들이 있다.

- 소스 파일이 HDFS 블록 크기보다 지나치게 작을 때. 이때는 태스크를 시작하고 중단하는 데 더 많은 시간을 쓰므로 입력값을 읽고 처리하는 시간이 충분하지 않게 된다.
- 작업 중인 파일을 분할할 수 없을 때. 이때는 네트워크 I/O를 이용해 다른 노드에서 파일 블록을 읽어야 한다.
- 노드의 로컬 디스크나 디스크 컨트롤러가 낮은 읽기 및 쓰기 성능을 초래하는 성능 저하 모드로 실행 중일 때. 이때는 전체 노드보다는 개별 노드에 영향이 크다.
- 맵리듀스의 입력 데이터가 HDFS 내 파일이 아닐 때. 이때는 하둡 노드와 입력 데이터 소스 사이의 레이턴시 이슈를 살펴보는 게 좋다.

06. 성능 문제 진단 및 튜닝   279

- 맵 태스크가 다른 데이터노드에서 입력값을 읽을 때. 이 사례는 전체 태스크 시도와 더불어 입력값 분할 위치도 함께 보여주는 잡트래커에서 맵 태스크 상세 정보를 확인해 진단할 수 있다. 태스크가 실행되기로 예약된 장비가 입력값 분할 위치 중 한 곳이 아닐 경우 데이터 로컬리티 기능을 사용할 수 없는 경우다.

여기서 나열한 항목에 대해서는 개별 해결책을 통해 나중에 자세히 설명한다. 각 해결책에서는 느린 맵 태스크 쓰루풋의 정확한 원인도 함께 진단한다.

기법 31. 작은 파일

수천 개의 작은 파일을 대상으로 잡을 실행하면 작은 입력 데이터셋을 처리하기 위해 수천 개의 자바 태스크 프로세스가 생성되므로 비효율적이다.

문제
크기가 작은 입력 파일 때문에 잡이 느리게 실행되는지 알고 싶다.

해결책
잡트래커 UI나 잡 히스토리 메타데이터를 활용해 입력 분할값의 크기를 검사한다.

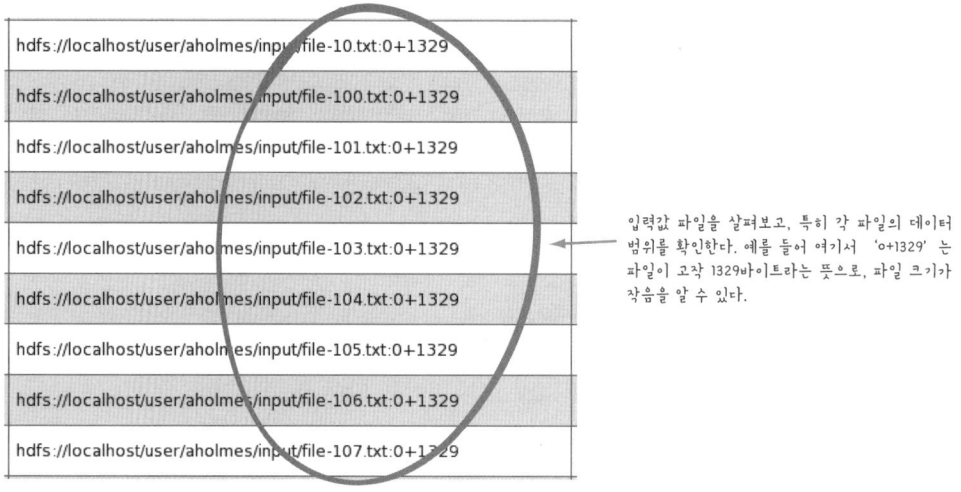

그림 6.9 하둡 맵 태스크 목록의 상태 칼럼

문제 풀이

앞의 기법에서 본 것처럼 잡트래커의 맵 태스크 목록에서 입력 파일을 살펴보면 맵 태스크 입력값의 크기를 대략적으로 알 수 있다. 그림 6.9에서는 작은 입력 파일을 실행하는 잡의 맵 태스크 목록을 예로 보여준다.

또는 그림 6.10에 나온 잡 통계 요약 툴에서는 입력 맵 바이트의 최소, 최대, 평균, 중간 값을 볼 수 있다.

정리

잡에 사용하는 입력 파일이 HDFS 블록 크기보다 지나치게 작다면 클러스터는 잡을 실행하는 것보다는 자바 프로세스를 실행하고 중단하는 데 더 많은 노력을 기울이게 된다. 이 문제를 겪고 있다면 필자가 작은 파일을 효과적으로 처리하기 위해 5장에서 설명한 다양한 접근 방식을 참고하자.

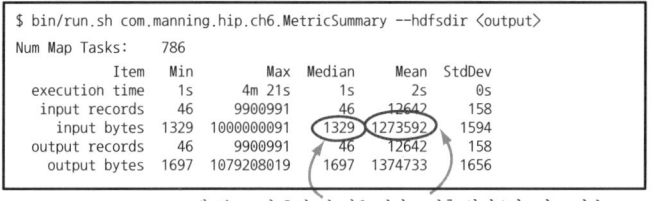

그림 6.10 잡 통계 툴의 출력 정보

그림 6.11 하둡 맵 태스크 목록의 상태 칼럼

기법 32. 분할 불가능한 파일

특정 코덱을 사용해 압축한 파일이나 애초부터 블록 기반이 아닌 바이너리 파일처럼 분할할 수 없는 입력 파일을 대상으로 잡을 실행한다면 HDFS 로컬리티 기능을 활용할 수 없고, 데이터 처리를 최적으로 병렬화할 수 없다. 이 기법에서는 분할 불가능한 파일 때문에 잡 성능이 영향을 받는지 여부를 진단한다.

문제
분할 불가능한 파일 때문에 잡이 느리게 실행되는 것인지 알고 싶다.

해결책
잡트래커 UI나 잡 히스토리 메타데이터를 활용해 입력값 분할이 지나치게 큰지 확인한다.

문제 풀이
잡트래커의 맵 태스크 목록에서 입력 파일들을 살펴본다. 그림 6.11에서는 분할 불가능한 대용량 입력 파일을 처리하는 잡의 맵 태스크 목록 예시가 나와 있다.

또는 그림 6.12에 나온 잡 통계 요약 툴에서는 입력 맵 바이트의 최소, 최대, 평균, 중간 값을 보여준다.

잡트래커를 활용해 맵 태스크 목록을 보고, 각 맵 태스크 입력 바이트의 평균값을 계산한다.

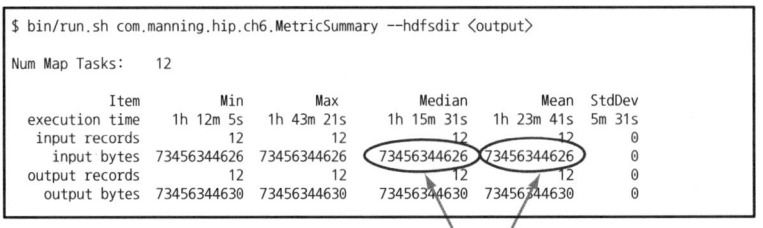

그림 6.12 잡 히스토리에서 추출한 맵 태스크 쓰루풋

정리
잡에서 사용하는 입력 파일이 HDFS 블록 크기보다 지나치게 크다면 클러스터 내 몇 개의 슬롯에서 대용량 파일을 처리하고, 나머지 대다수 슬롯은 입력 파일을 분할할 수 없어서 입력값을 처리하는 데 활용되지 못할 가능성이 크다.

이런 문제를 겪고 있다면 우선 이게 예상한 동작인지 판단해야 한다. 예를 들어 블록 기반이 아니고, 분할 불가능한 바이너리 파일을 처리하는 경우가 이에 해당한다. 또, 분할 불가능한 코덱으로 압축한 파일(LZOP과 bzip2 이외의 거의 모든 압축 코덱을 사용한 경우)을 처리할 때도 여기에 해당한다. 5장의 표 5.2에는 하둡의 모든 압축 코덱과 각 코덱의 분할 가능 여부가 정리돼 있다.

염두에 둘 만한 또 다른 사례로는 LZOP 파일에서 이런 증상을 겪는 경우다. LZOP 파일은 분할할 수 있지만 다음과 같이 분할 불가능한 파일로 처리하는 두 가지 경우가 있다.

1. LZOP 파일과 연계된 인덱스 파일이 없어서 LZOP 입력 형식 클래스에서 파일을 분할하는 법을 알 수 없을 때. 이 사례에 해당한다면 5장에서 인덱스 파일을 생성하는 법을 참고하자.
2. LZOP InputFormat을 사용해 파일을 처리하지 않을 때. 잡에 일반 입력 형식(예를 들어 기본 TextInputFormat)을 사용하면 이 입력 형식에서는 LZOP 파일을 분할하는 법을 알지 못하고, 따라서 전체 파일을 단일 분할값으로 처리한다. 이때는 반드시 LzoTextInputFormat처럼 이름이 Lzo로 시작하는 입력 형식을 사용해야 한다. 자세한 내용은 5장을 참고하자.

이로써 맵 태스크 성능에 대해 모두 살펴봤다. 다음으로 리듀서 태스크 성능에 대해 알아보고, 이어서 일반적인 태스크 성능 이슈에 대해 살펴보자.

리듀서 성능 저해 요소

맵 태스크와 마찬가지로 리듀스 태스크도 성능에 영향을 미치는 자체 요소들이 있다. 그림 6.13에는 리듀스 태스크 타임라인과 작업 단위, 성능에 영향을 미칠 수 있는 잠재 영역이 나와 있다.

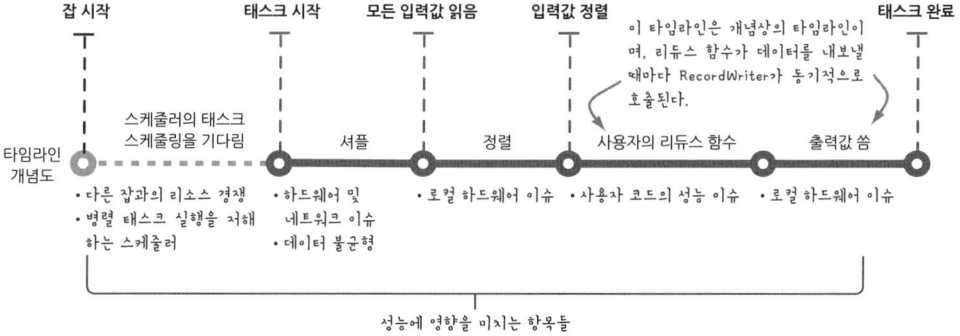

그림 6.13 성능에 영향을 미치는 요소를 보여주는 리듀스 태스크 타임라인

Kind	% Complete	Num Tasks	Pending	Running	Complete	Killed	Failed/Killed Task Attempts
map	99.87%	786	0	1	785	0	0 / 0
reduce	33.29%	1020	600	420	0	0	0 / 0

잡에 설정된 리듀서의 개수. 이 개수는 setNumReduceTasks를 호출하거나 mapred.reduce.tasks를 설정해 바꿀 수 있다.

그림 6.14 잡에 사용된 리듀서의 개수

이 절에서는 리듀서 태스크의 성능에 자주 영향을 미치는 문제를 살펴본다.

기법 33. 지나치게 적거나 많은 리듀서 개수

맵사이드에서 병렬 처리는 대부분 자동으로 설정되며, 이 처리는 입력 파일과 사용 중인 InputFormat의 함수가 된다. 그에 반해 리듀스 사이드에서는 잡에 사용할 리듀서 개수를 완전히 제어할 수 있으며, 이 개수가 지나치게 적거나 많으면 클러스터를 제대로 활용할 수 없다.

문제

리듀서 개수 때문에 잡이 느리게 실행되는지 알고 싶다.

해결책

잡트래커 UI를 활용해 잡에서 사용하는 리듀서 개수를 검사한다.

문제 풀이

잡트래커 UI를 활용해 그림 6.14에 나온 것처럼 잡에 사용된 리듀서 개수를 살펴본다. 이 개수는 클러스터의 리듀스 슬롯 개수보다 작게 설정하는 게 가장 이상적이다. 슬롯 개수는 그림 6.15에 나온 것처럼 잡트래커 UI로 가서 볼 수 있다.

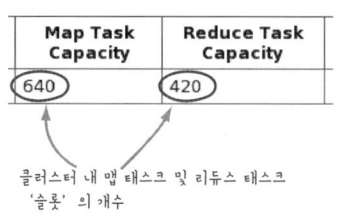

클러스터 내 맵 태스크 및 리듀스 태스크 '슬롯'의 개수

그림 6.15 잡트래커 UI를 활용한 클러스터 내 사용 가능한 슬롯 확인

정리

때로는 적은 수의 리듀서를 사용할 수밖에 없을 때도 있다. 예를 들어 데이터베이스 등 쓰기 과부하를 주지 말아야 할 외부 리소스에 쓰는 경우가 여기에 해당한다.

맵리듀스에서 흔히 볼 수 있는 안티패턴은 잡 출력값 순서가 리듀서의 출력 스코프에 따라 정렬하지 않고 완전히 제어하기 위해 리듀서를 한 개만 사용하는 것이다. 이런 안티패턴은 4장에서 살펴본 TotalOrderPartitioner를 이용해 피할 수 있다.

잡에서 HDFS에 쓰고 있다면 클러스터 내 사용 가능한 리듀스 슬롯을 활용해야 한다. 리듀서의 개수는 필자가 이 기법에서 앞서 보여준 것처럼 잡트래커를 살펴봄으로써 판단할 수 있다. 이상적인 리듀서 개수는 일정 퍼센트의 노드가 다운되더라도 모든 리듀서를 병렬로 실행할 수 있게끔 클러스터 내 리듀스 슬롯 개수(에서 몇 개를 뺀)와 같게 설정하는 것이다. 리듀서 개수가 사용 가능한 슬롯의 전체 개수보다 크게 작다면 잡에서 병렬 처리를 최대로 활용하지 못하게 된다. 또, 리듀서 개수가 전체 리듀서의 개수보다 크다면 추가 개수의 리듀서는 처음 배치(batch) 실행이 완료된 후 실행돼야 하므로 잡 실행 시간이 더 오래 걸린다.

이 원칙은 클러스터에서 한 번에 한 개의 잡만 실행할 때 적합한 일반적인 원칙이라는 점을 기억하자. 실제로는 여러 개의 잡이 동시에 실행될 수 있으므로 잡에 적합한 리듀서 개수를 판단하는 게 더 어렵다. 하지만 대개의 경우 리듀스 슬롯 개수 원칙은 크게 무리가 없다.

기법 34. 리듀스사이드 데이터 불균형 문제 판단

리듀스사이드에서는 특정 키에 대해 지나치게 많은 맵 출력 키가 있거나 일부 값이 다른 값과 비교해 지나치게 크기가 클 때 데이터 불균형이 존재한다.

문제
불균형적 데이터 때문에 잡이 느리게 실행되는지 알고 싶다.

해결책
잡트래커 UI를 활용해 잡에서 리듀서 사이에 셔플된 바이트를 비교해 특정 리듀서가 매퍼 출력값의 대부분을 받고 있는지 판단한다. 이 기법에서는 맵과 리듀스 태스크의 실행 시간을 시각화해 잠재적인 데이터 불균형 이슈를 이해하는 법도 배운다.

문제 풀이
맵사이드와 마찬가지로 리듀스사이드의 데이터 불균형도 일부 태스크가 다른 태스크에 비해 지나칠 정도로 오랜 시간 동안 실행되는 형태로 나타난다. 그림 6.16에서는 잡트래커 UI를 활용해 데이터 불균형을 파악하는 법이 나와 있다.

이 접근 방식은 잠재적인 데이터 불균형 문제를 빠르게 검사하는 데 효과적이다. 태스크 실행 시간을 시각화하면 이 정보를 훨씬 더 빠르게 파악할 수 있다. 이에 필자는 입력/출력 레코드 카운트와 입력/출력 바이트 크기를 비롯한 태스크 레벨 통계를 제공하는 간단한 유틸리티를 작성했다. 출력값은 맵과 리듀스 섹션으로 분리돼 있고, 각 섹션에는 실행 시간, 입력 레코드 개수, 입력값 바이트 크기라는 세 개의 하위 섹션이 있다.

```
$ bin/run.sh com.manning.hip.ch6.DataSkewMetrics --hdfsdir output
```

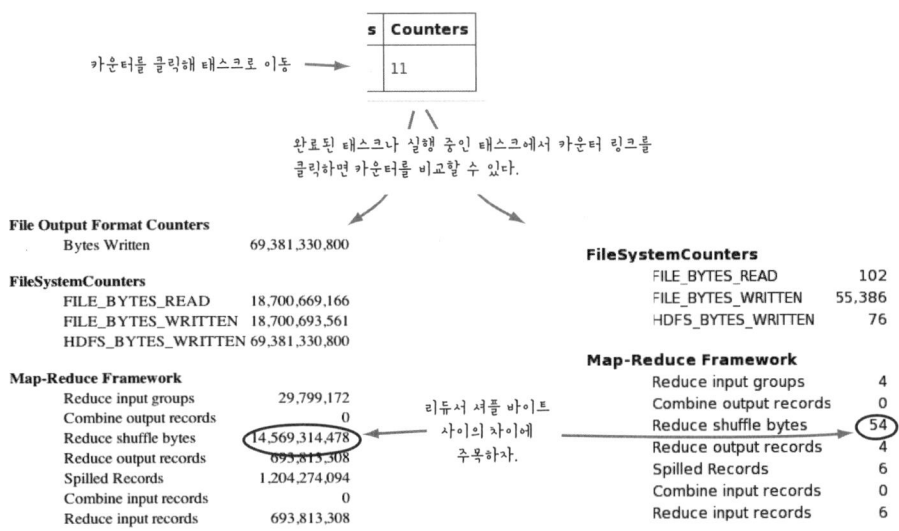

그림 6.16 JobTracker를 활용한 데이터 불균형 판단

또 필자는 태스크 실행 시간 및 입력 크기를 탭 구분 파일(tab-separated file)로 덤프하는 유틸리티도 작성했다. 이 유틸리티를 사용하면 정보를 좀 더 쉽게 볼 수 있다. 다음 명령을 사용하면 맵 및 리듀스 실행 시간이 파일로 출력된다.

```
$ bin/run.sh com.manning.hip.ch6.DataSkewGnuplot --hdfsdir output
```

그림 6.17에서는 유틸리티에서 내보낸 데이터를 보여준다. 여기서는 일부 맵 태스크가 다른 태스크보다 훨씬 오랫동안 실행되지만, 리듀스 태스크는 모두 실행 시간이 거의 같은 것을 알 수 있다.

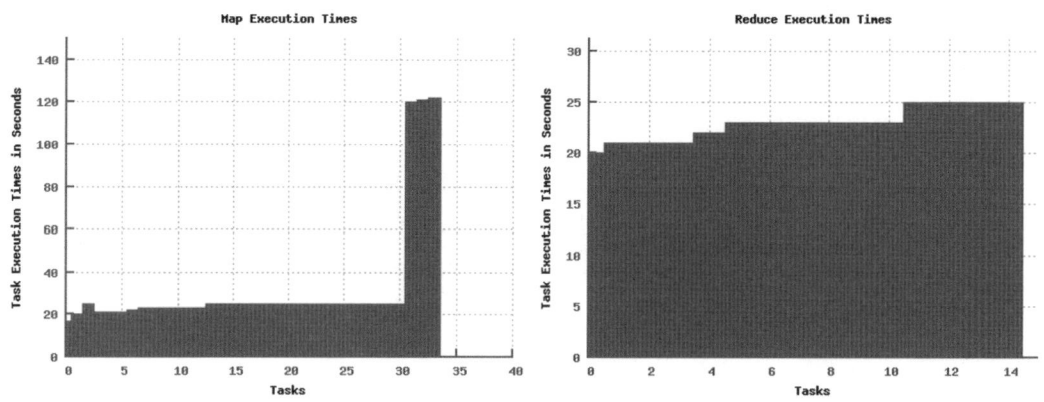

그림 6.17 맵 및 리듀스 태스크 실행 시간

정리

리듀서 데이터 불균형 문제를 찾고 난 후 다음으로 할 일은 잡에서의 데이터 불균형 효과를 최소화하는 것이다. 기법 50과 51에서는 데이터 불균형의 잠재적인 원인을 살펴보고 이를 해결하는 법을 배운다.

기법 35. 리듀스 태스크의 낮은 쓰루풋 여부 판단

느리게 실행되는 리듀스 태스크는 전체 맵리듀스 잡이 느려지게 한다. 리듀스 태스크가 느리게 실행되는 요인에는 여러 가지가 있으며, 일부 요인은 사용자의 리듀스 코드와 관련이 있고, 하드웨어 이슈와 관련된 이슈도 있다. 문제는 리듀스 태스크가 예상보다 느리게 실행되는지 여부를 판단하는 것이다.

문제

태스크의 낮은 쓰루풋 때문에 잡이 느리게 실행되는지 알고 싶다.

해결책

잡트래커 UI나 잡 히스토리 메타데이터를 활용해 리듀스 태스크의 쓰루풋을 계산한다.

문제 풀이

잡트래커를 활용하면 태스크 실행 시간에 미치는 개별 태스크의 쓰루풋을 계산할 수 있다. 그림 6.18에서는 리듀스 태스크의 쓰루풋을 계산하는 법을 보여준다.

그림 6.19에 나온 것처럼 잡 히스토리 파일을 대상으로 필자의 스크립트를 실행하면 모든 리듀스 태스크에 대한 쓰루풋 통계를 가장 쉽게 볼 수 있다.

정리

태스크 쓰루풋 스크립트 결과에서 살펴볼 쓰루풋 메트릭은 네 가지가 있다. 이들 메트릭은 리듀스 태스크의 한 측면이 다른 측면보다 크게 느린지 개별적으로 살펴보는 데 도움된다. 이 기법에서는 리듀스 쓰루풋에 초점을 맞춘다. 다음 기법에서는 셔플 및 정렬 단계를 살펴본다.

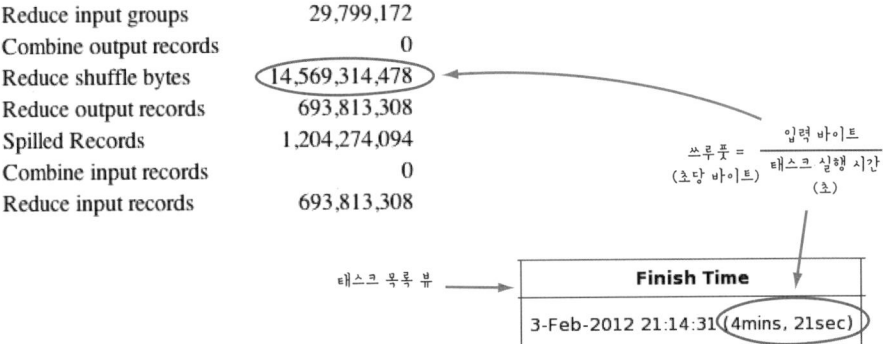

그림 6.18 리듀스 태스크의 쓰루풋 계산

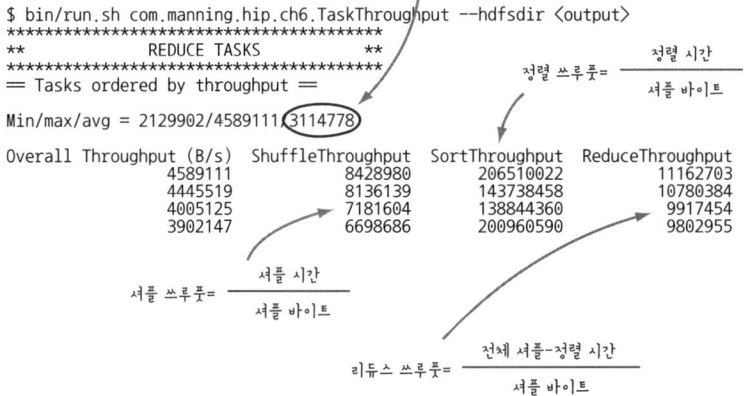

그림 6.19 잡 히스토리에서 추출한 리듀스 태스크 쓰루풋

리듀스 단계는 로컬 디스크에 쓴 맵 출력값을 읽는 데 드는 시간, 리듀스 코드가 작업을 수행하고 리듀스 출력값을 데이터 싱크에 쓰는 시간을 나타낸다. 낮은 리듀스 쓰루풋에 영향을 줄 수 있는 요소는 다음과 같다.

- 맵리듀스 프레임워크가 로컬 입력값을 읽고 이를 리듀스 코드로 전달하는 과정에서 로컬 디스크 이슈가 성능에 영향을 줄 수 있다.
- 코드 비효율성
- 잡 출력 위치가 HDFS인 경우 네트워크 문제
- 데이터 싱크가 HDFS가 아닌 경우 레이턴시 또는 쓰루풋 이슈

여기에 나열한 각 항목에 대해서는(마지막 항목을 제외하고) 낮은 리듀스 쓰루풋의 정확한 원인을 파악하는 데 도움되는 기법들을 별도로 살펴볼 것이다.

기법 36. 느린 셔플 및 정렬

셔플 단계에는 태스크트래커에서 맵 출력 데이터를 가져와 이를 백그라운드에서 병합하는 과정이 포함된다. 정렬 단계(또 다른 병합 과정)에서는 작은 개수의 파일로 파일들을 병합한다.

문제
셔플이나 정렬 단계 때문에 잡이 느리게 실행되는지 알고 싶다.

해결책
잡 히스토리 메타데이터를 활용해 셔플 및 정렬 실행 시간에 대한 통계를 추출한다.

문제 풀이
그림 6.20에서는 잡 요약 코드를 활용해 잡의 셔플 및 정렬 시간과 관련한 통계를 확인하고 실행 시간을 개선하는 데 도움될 만한 영역을 살펴본다.

정리
셔플 및 정렬 시간을 줄이는 가장 간편한 방법은 컴바이너(combiner)를 사용하고 맵 출력을 압축하는 것이다. 두 접근 방식 모두 맵과 리듀스 태스크 사이에 전달되는 데이터의 양을 줄여주고, 셔플 및 정렬 단계와 관련한 네트워크 및 CPU/디스크 부담을 덜어준다.

또, 정렬 버퍼 크기를 늘리고 리듀스사이드 및 맵사이드에서 맵 출력값을 전달하는 데 사용하는 스레드 개수를 조절하는 등 다양한 설정을 조절할 수 있다. 자세한 내용은 6.4.2절에서 다룬다.

성능에 영향을 주는 일반적 요소

이 절에서는 맵 태스크와 리듀스 태스크 모두에 영향을 주는 문제들을 살펴본다.

```
$ bin/run.sh com.manning.hip.ch6.MetricSummary --hdfsdir <output>

*****************************************
**              REDUCE TASKS            **
*****************************************

Num Reduce Tasks: 1

          Item         Min          Max       Median         Mean   StdDev
execution time       20m 5s       20m 5s       20m 5s       20m 5s       0s
shuffle time        18m 29s      18m 29s      18m 29s      18m 29s       0s
    sort time            1s           1s           1s           1s       0s
input records       9937101      9937101      9937101      9937101        0
  input bytes    1100419082   1100419082   1100419082   1100419082        0
output records      9937101      9937101      9937101      9937101        0
 output bytes    1099102302   1099102302   1099102302   1099102302        0
```

리듀스 태스크의 중간 및 평균 셔플 시간을 살펴보자.

 이 시간이 작업 중인 입력 바이트의 크기와 비교해 커 보인다면

❶ '하드웨어 성능에 영향을 주는 요소' 절을 확인해 노드에 네트워크 이슈나 디스크 이슈가 없는지 확인한다.

❷ 리듀스 태스크와 태스크트래커 프로세스에서 스레드 개수를 튜닝하는 것을 고려한다.

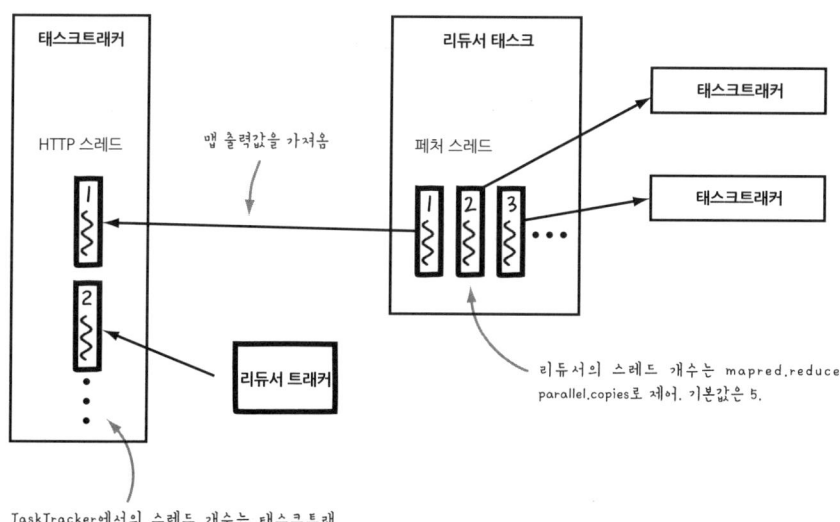

그림 6.20 맵리듀스 잡의 셔플 및 정렬 메트릭 추출

기법 37. 경쟁 잡과 스케줄러 병목

맵 태스크가 항상 분할 가능한 대용량 파일을 처리하고, 리듀서 개수가 클러스터에 설정된 리듀스 슬롯 개수와 같게끔 잡을 설정했다고 가정하자. 이번 기법에서 보겠지만 이렇게 하더라도 다른 환경적 이슈 때문에 여전히 잡이 느리게 실행될 수 있다.

문제
클러스터에서 실행 중인 다른 잡 때문에 잡이 느리게 실행되는지 알고 싶다.

해결책
실행 중인 리듀스 태스크 개수를 하둡 클러스터의 리듀스 태스크 용량과 비교한다.

문제 풀이
앞에서 살펴본 기법을 토대로 독자들은 이제 잡을 제대로 설정했다고 생각할 것이다. 아울러 태스크별 쓰루풋 수치도 적절하므로, 잡이 느리게 실행되는 원인은 클러스터에서 리소스 경쟁으로 인한 것으로 볼 수 있다. 그럼 이를 어떻게 판단할 수 있을까? 이때는 몇 가지 접근 방식을 사용할 수 있다.

잡이 여전히 느리게 실행된다면 잡트래커로 가서 잡에서 동시 실행되는 맵 및 리듀스 태스크 개수를 살펴보고, 이들 수치를 그림 6.21에 나온 대로 클러스터 용량과 비교해보자.

이 그림에서는 클러스터에서 설정된 리듀서보다 훨씬 더 적은 리듀서를 실행하고 있음을 명확히 알 수 있다.

정리
사용할 수 있는 병렬 처리량은 클러스터 용량, 동시에 실행되는 다른 잡, 환경에서 설정된 다른 스케줄러의 함수다. 잡트래커 UI를 사용하면 다른 잡이 여러분의 잡과 동시에 실행되는지 알 수 있다. 이 경우에는 잡 쓰루풋 이슈를 해결하는 손쉬운 해결책이 전혀 없다.

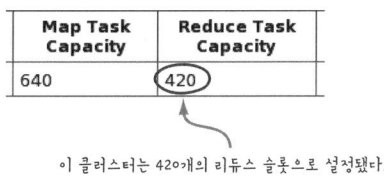

그림 6.21 클러스터에 설정된 슬롯과 실행 중인 태스크 개수의 비교

　기본적으로 맵리듀스는 FIFO(선입선출) 스케줄러를 사용해 여러 개의 잡이 동시에 실행될 때 태스크 실행을 어떻게 예약할지 판단한다. 누군가가 여러분보다 먼저 잡을 전송하면 이 잡의 태스크는 여러분의 태스크보다 먼저 실행이 예약된다. 잡의 중요도에 따라 Fair나 Capacity Scheduler를 사용해 리소스를 좀 더 균등하게 배분할 수도 있다. 이들 스케줄러는 일부 잡에 다른 잡보다 더 많은 클러스터 리소스를 할당하게끔 설정할 수도 있다.

기법 38. 스택 덤프를 활용한 최적화되지 않은 사용자 코드 진단

비효율적인 코드는 잡을 느리게 할 수 있다. 예를 들어 독자들이 익숙하게 사용하는 자바 String 토큰화 기법은 비효율적이며 잡의 실행 시간을 크게 늘릴 수 있다.

문제
비효율적인 코드 때문에 잡이 느리게 실행되는지 알고 싶다.

해결책
현재 실행 중인 태스크의 호스트와 프로세스 ID를 확인한 후, 스택 덤프를 여러 개 출력하고 확인해 코드에서의 병목 지점을 진단한다.

문제 풀이

이 기법을 적용하려고 할 때 어려운 점은 맵리듀스 버전 1.0.0 이하에는 맵 및 리듀스 단계에서 사용자 코드에서 보낸 시간을 측정할 수 있는 메트릭이 없다는 점이다. 코드에서 사용한 시간을 이해하는 가장 좋은 방법은 각 태스크에서 얼마만큼의 시간을 보내는지 측정하게끔 코드를 업데이트하는 것이다. 하지만 이 기법에서는 코드를 변경하지 않고 대략적으로 이 이슈가 있는지 여부만 판단한다.

❶ 느리게 실행되는 태스크가 있는지 판단

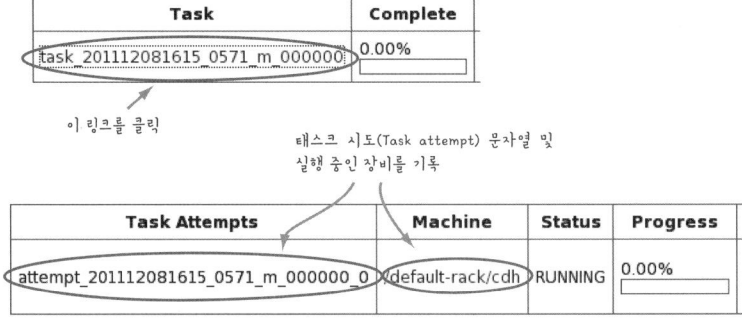

❷ 태스크 및 실행 중인 호스트를 찾음

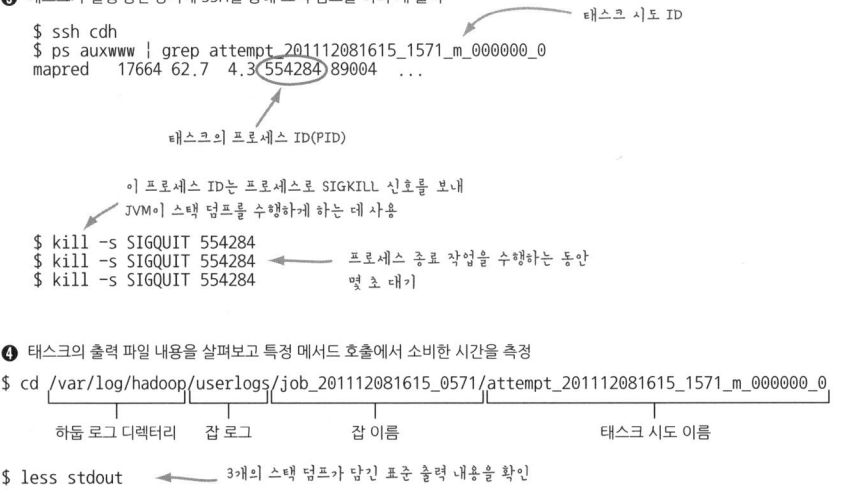

그림 6.22 태스크 시도 문자열을 판단

❸ 태스크가 실행 중인 장비에 SSH를 통해 스택 덤프를 여러 개 출력

```
$ ssh cdh
$ ps auxwww | grep attempt_201112081615_1571_m_000000_0      ← 태스크 시도 ID
mapred  17664 62.7  4.3 554284 89004 ...
```
                    ↑
              태스크의 프로세스 ID(PID)

이 프로세스 ID로 프로세스로 SIGKILL 신호를 보내
JVM이 스택 덤프를 수행하게 하는 데 사용

```
$ kill -s SIGQUIT 554284
$ kill -s SIGQUIT 554284     ← 프로세스 종료 작업을 수행하는 동안
$ kill -s SIGQUIT 554284        몇 초 대기
```

❹ 태스크의 출력 파일 내용을 살펴보고 특정 메서드 호출에서 소비한 시간을 측정

```
$ cd /var/log/hadoop/userlogs/job_201112081615_0571/attempt_201112081615_1571_m_000000_0
```
       하둡 로그 디렉터리   잡 로그   잡 이름   태스크 시도 이름

```
$ less stdout     ← 3개의 스택 덤프가 담긴 표준 출력 내용을 확인
```

그림 6.23 태스크 스택 덤프의 확인

앞의 기법에서는 맵 태스크의 쓰루풋을 계산하는 법을 살펴봤다. 이 계산법은 맵 실행 시간과 맵 입력값의 크기를 토대로 한 대략적인 결과였다. 리듀스 태스크의 쓰루풋을 예상할 때도 같은 방식을 활용할 수 있다.

최적으로 실행되지 않는 사용자 코드가 있다면 이들 쓰루풋 수치 값이 낮을 것이다. 하지만 쓰루풋 수치는 비단 코드 문제가 아니라 다양한 이유로 값이 낮을 수 있다(그 이유는 이 기법에서 다뤘다). 클러스터에서 다른 잠재적인 이슈들을 제거하려면 앞서 소개한 기법들을 활용하자.

코드에서 비효율적인 작업을 수행한다면 태스크 프로세스의 스택 덤프를 출력해 그 작업이 무엇인지 찾아낼 수 있다. 그림 6.22에서는 스택 덤프를 볼 수 있게 잡과 태스크 상세 정보를 식별하는 법을 보여준다.

이제 잡 이름, 태스크 이름, 실행 중인 호스트도 알게 됐으니 스택 덤프를 출력해 그림 6.23에 나온 대로 다음 단계를 진행할 수 있다.

정리

스택 덤프는 기초적인 정보만 제공하지만, 자바 프로세스가 어느 곳에서 시간을 소비하는지 판단하는 데 효율적으로 활용할 수 있다. 특히 프로세스의 CPU 부담이 클 때 효과적이다. 물론 스택 덤프는 시간을 보내는 위치를 정확히 집어낼 수 있는 프로파일러를 사용할 때만큼 효과적이지는 않다. 하지만 스택 덤프의 장점은 실행 중인 모든 자바 프로세스에서 수행할 수 있다는 점이다. 그에 반해 프로파일러를 사용할 때는 필요한 프로파일링 JVM 설정을 사용해 프로세스를 재실행해야 한다. 이는 맵리듀스에서는 성가신 일이다.

스택 덤프를 출력할 때는 각 덤프 사이에 어느 정도 시간 차를 두고 여러 개의 덤프를 출력하는 게 효과적이다. 이렇게 하면 여러 개의 덤프를 비교해 코드 실행 스택에서 같은 위치를 지목하는지 시각적으로 확인할 수 있다. 이 경우에 해당한다면 바로 이 스택 내 코드에 작업을 느리게 하는 원인이 숨어 있을 가능성이 크다.

여러 스택 덤프를 확인한 결과 서로 다른 위치에서 많은 시간을 소모하는 것으로 드러나면 코드 비효율성과 관련한 문제가 아닐 수도 있다. 이 경우 가장 좋은 방법은 코드를 프로파일링하거나 코드에 측정 로직을 추가하고 잡을 재실행해 어느 곳에서 시간을 소모하는지 좀 더 정확히 찾아내는 것이다.

하드웨어 성능에 영향을 주는 요소

현대 하드웨어는 보통 MTTF(평균 고장 간격)가 수년에 해당하는 안정적인 하드웨어가 대부분이다. 하지만 클러스터를 활용할 때는 전체 MTTF가 크게 떨어진다. 수백 개의 노드를 갖춘 클러스터에서는 매 주 한 개 이상의 노드가 장애를 일으키는 게 보통이다. 이 절에서는 CPU, 메모리, 디스크, 네트워크의 과도한 사용 여부를 진단하는 방법과 이를 적정 수준으로 활용할 수 있는 방법을 살펴본다.

기법 39. 하드웨어 장애 감지

노드는 디스크 컨트롤러 장애, 디스크 공간 문제, 기타 하드웨어 문제 때문에 장애를 일으킬 수 있다. 또, 가능성이 크지는 않지만 하둡의 버그 때문에 태스크가 장애를 일으키기도 한다. 이런 문제가 생기면 잡 실행 시간에 악영향을 준다(특히 작은 클러스터에서). 여기서는 클러스터 내 노드가 장애를 일으키는지 여부를 판단하는 법을 살펴본다.

문제
잡이 하드웨어 문제 때문에 느리게 실행되는지 알고 싶다. 또, 노드가 블랙리스트나 그레이리스트에 올라와 있는지도 알고 싶다.

해결책
잡트래커 UI를 활용해 그레이리스트나 블랙리스트에 올라와 있는 노드를 검사한다.

문제 풀이
잡트래커 UI로 가서 블랙리스트나 그레이리스트 노드가 있는지 확인한다. 그림 6.24에서는 이런 노드를 확인할 수 있는 위치를 보여준다.

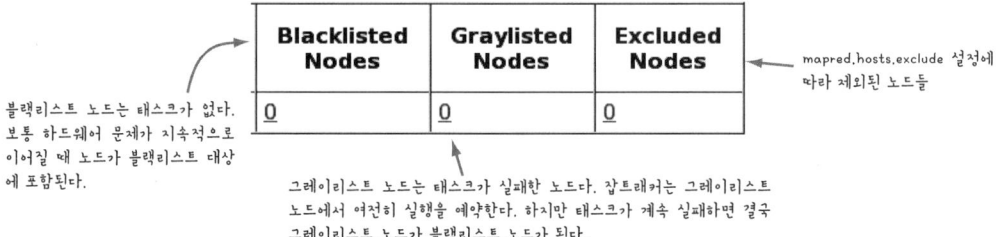

그림 6.24 노드 상태를 보여주는 잡트래커 UI

정리

블랙리스트나 그레이리스트 노드를 사용하는 것은 바람직하지 않다. 특히 작은 클러스터에서는 더욱 그렇다. 단기적 장애나 영구적 장애를 갖고 있는 그레이리스트 노드는 태스크 실패 때문에 잡 실행 시간을 늦춘다. 블랙리스트 노드는 예약된 작업이 없으므로 클러스터에 영향을 주지 않지만, 이런 노드를 클러스터에서 제거하면 잡 성능에 큰 영향을 줄 수 있다.

노드가 블랙리스트나 그레이리스트 노드라면 종종 태스크 및 태스크트래커나 데이터노드 로그 파일을 살펴봄으로써 문제를 판단할 수 있다. 어떤 경우든 장애를 일으키는 노드를 조사하려면 운영 부서에 연락해야 한다.

노드 장애에 빠르게 반응할 수 있게끔 블랙리스트나 그레이리스트 노드를 위한 모니터링을 설정하는 게 좋다. 이를 수행하는 Nagios 모니터 예제는 http://goo.gl/R6deM에서 볼 수 있다. 이 예제는 http://127.0.0.1:50030/machines.jsp?type=blacklisted를 사용해 잡 트래커로부터 블랙리스트 웹 페이지를 내려받는 컬(curl)을 사용(이 URL은 잡트래커와 같은 호스트 상에서 가져오기 위한 용도다)하고 블랙리스트 노드가 존재하지 않게 한다.

기법 40. CPU 경쟁

CPU 관점에서 노드를 과도하게 사용하면 OS에서 작업을 수행하는 것보다 컨텍스트를 전환하는 데 더 많은 시간을 소모하므로 전체 연산 쓰루풋에 악영향을 준다.

문제

과도한 CPU 사용 때문에 잡이 느리게 실행되는지 알고 싶다.

해결책

CPU 컨텍스트 전환을 관찰하기 위해 vmstat 리눅스 툴을 사용한다.

문제 풀이

vmstat은 CPU 사용량, I/O 대기, 컨텍스트 전환 관점에서 호스트가 얼마나 바쁜지 빠르게 측정하는 훌륭한 툴이다. 그림 6.25에서는 이 툴을 실행하는 방법을 보여주고 옵션도 설명한다.

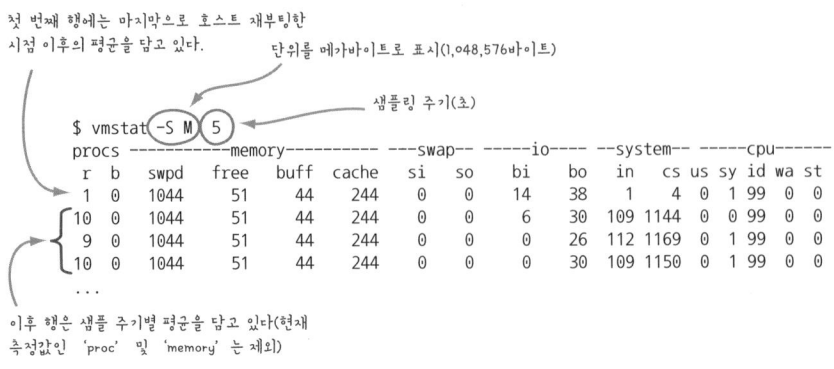

그림 6.25 vmstat 및 옵션 실행

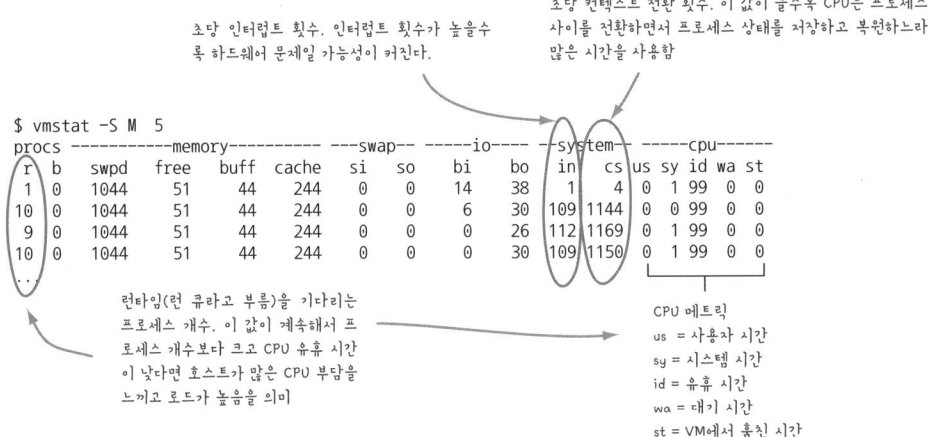

그림 6.26 호스트를 관찰하는 데 도움되는 설명을 첨부한 vmstat 출력 정보

그림 6.26에서는 주의깊게 관찰해야 할 항목들을 표시했다.

정리

리눅스 실행 큐(CPU 시간을 기다리는 프로세스 개수)가 길수록 리눅스 커널은 한 프로세스에서 다른 프로세스로 전환하는 데 더 많은 시간을 소모한다. 매번 컨텍스트를 전환할 때마다 기존 프로세스의 상태를 저장하고 다음 프로세스의 상태를 로드해야 하므로 컨텍스트 전환은 연산 비용이 크다. 따라서 과도한 컨텍스트 전환은 대개 호스트에서 지나치게 많은 태스크가 실행 중임을 나타낸다. 보통 mapred.tasktracker.map.tasks.maximum 및 mapred.tasktracker.reduce.tasks.maximum을 합한 값은 호스트의 논리적 코어의 120퍼센트 전후가 돼야 한다.

때로는 태스크트래커가 많은 CPU를 소모해 서버에서 CPU 로드가 높아질 수 있다. 태스크트래커의 CPU 연산 부담이 큰지 확인하려면 top을 사용하면 된다. 또, 그 결과 태스크트래커의 CPU 연산 부담이 크다면 태스크트래커 프로세스를 바운싱하는 것을 고려해보자.

아울러 procinfo는 어떤 기기가 높은 인터럽트 횟수를 초래하는지 파악하고 싶을 때 유용한 툴이며, sar은 나중에 사용하기 위해 시스템 데이터를 수집하고 저장하는 데 유용하다. 끝으로 mpstat는 다른 명령과 달리 모든 CPU를 취합한 정보가 아니라 CPU별로 분할한 통계를 제공해주므로 도움된다.

기법 41. 메모리 스와핑

스와핑은 호스트에서 물리적인 메모리 한계를 초과하기 시작할 때 일어난다. 이 경우 OS에서는 초과 메모리를 처리하기 위해 디스크를 사용한다.

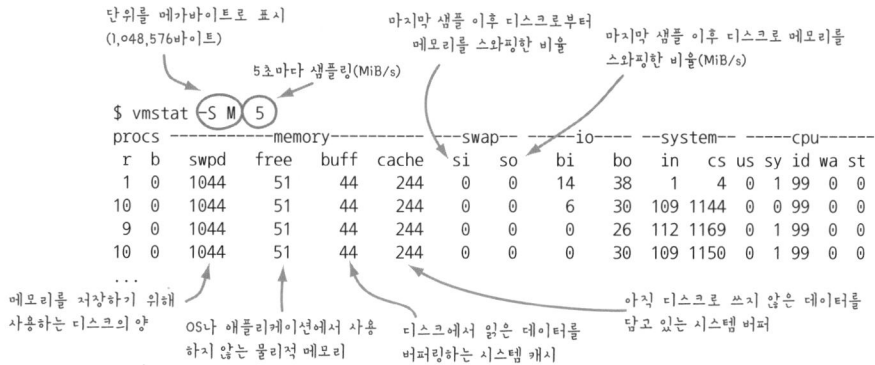

그림 6.27 스와핑 관찰을 위한 vmstat 실행

디스크 읽기 및 쓰기는 RAM 읽기 및 쓰기보다 느린 계산 차수(orders of magnitude)이며, 따라서 노드의 성능에 큰 영향을 미친다.

문제
스와핑 때문에 잡이 느리게 실행되는지 알고 싶다.

해결책
vmstat 리눅스 툴을 사용해 메모리를 디스크에서 스와핑하는지 관찰한다.

문제 풀이

vmstat은 CPU 동작을 모니터링하는 데 유용할 뿐 아니라 이전 기법에서 본 것처럼 호스트가 디스크에 스와핑(및 그 반대)하는 데도 활용할 수 있다. 그림 6.27에서는 이 툴을 실행하는 법을 보여주고 옵션 사용법을 설명한다.

그림 6.28에서는 관찰할 항목들을 살펴본다.

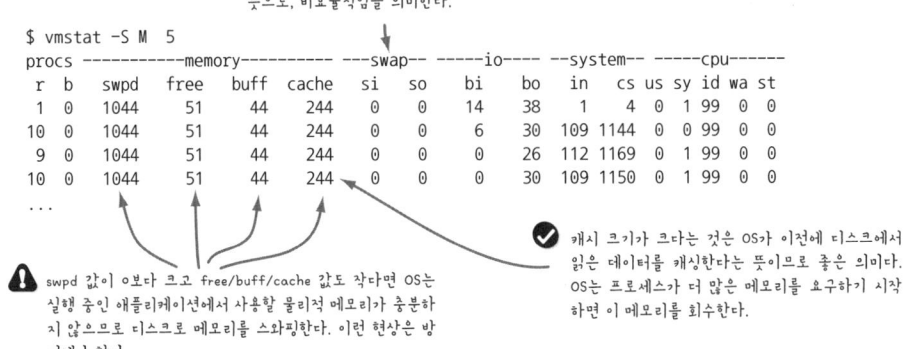

그림 6.28 스와핑 관찰에 도움되는 설명을 첨부한 vmstat 출력값

정리

스왑을 사용 중이라면 호스트에 RAM을 추가하거나 노드에서 동시에 실행되는 맵 및 리듀스 태스크 개수를 줄이는 법(mapred.tasktracker.map.tasks.maximum 및 mapred.tasktracker.reduce.tasks.maximum)을 검토해야 한다.

기법 42. 디스크 상태

과도한 로드를 겪는 하둡 클러스터는 디스크 및 디스크 컨트롤러에 많은 부담을 준다. 이 절에서는 드라이브가 얼마나 양호한 상태인지 측정하는 법을 살펴보고 I/O 에러 때문에 드라이브가 읽기 전용으로 재마운트됐는지 여부를 검사하는 법도 알아본다.

문제

드라이브가 기능 저하 또는 읽기 전용 모드에서 실행되는지 알고 싶다.

해결책

iostat 리눅스 툴을 사용하면 디스크 요청 큐 및 IO 대기 시간을 살펴볼 수 있다. dmesg 같은 다른 리눅스 툴은 드라이브가 읽기 전용 모드로 들어갔는지 여부를 판단하는 데 도움된다.

문제 풀이

전체 리눅스 툴 중 iostat는 디스크 및 기기 수준의 통계 정보를 볼 수 있는 가장 많은 기능을 제공하는 툴이다. 그림 6.29에서는 이 툴을 실행하는 법을 보여주고 일부 옵션을 설명한다.

그림 6.30에서는 iostat의 출력값을 살펴보고 주의해서 봐야 할 항목들을 강조했다. 주의해서 살펴볼 또 다른 항목은 읽기 전용 모드로 들어가는 파일시스템이다. 이런 현상은 리눅스에서 디스크나 RAID 컨트롤러의 버그로 인해 생길 수 있으며, 노드를 무력화한다. 이런 일이 일어날 때 태스크트래커 및 데이터노드 로그에는 디스크에 쓸 수 없음을 불평하는 에러가 출력된다. 또, /var/log/messages를 살펴보고 dmesg를 사용해 읽기 전용 상태로 이동한 파일시스템에 대한 메시지를 검사할 수 있다.

```
$ dmesg | grep read-only
```

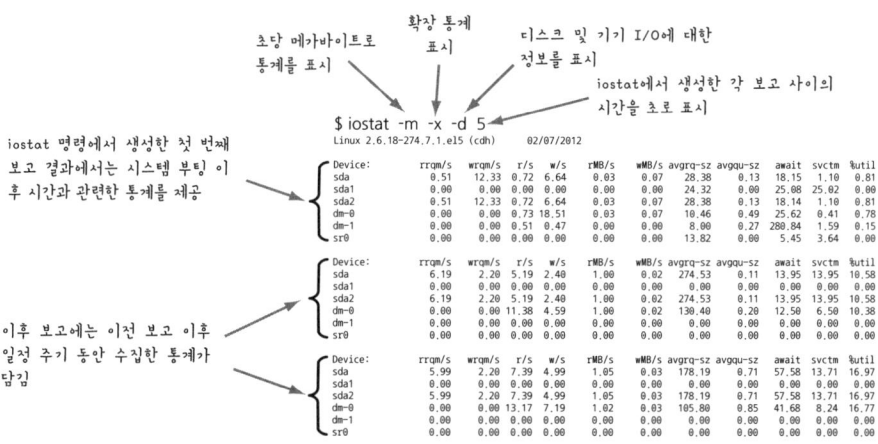

그림 6.29 드라이브 검사를 위한 iostat 실행

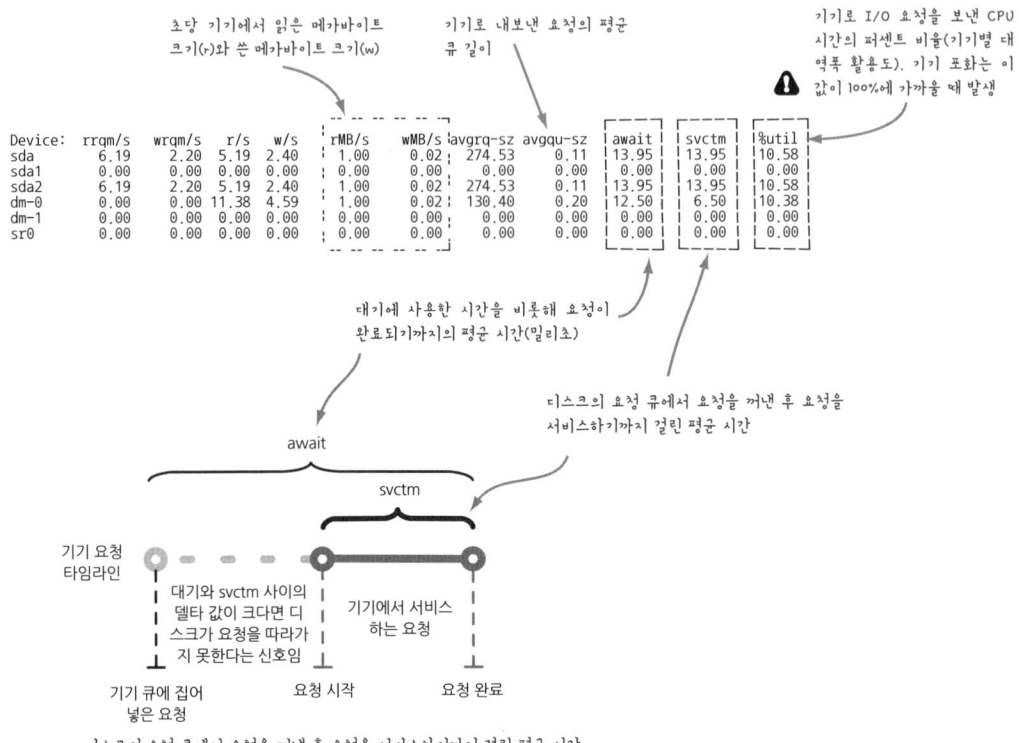

그림 6.30 드라이브 평가를 위해 설명을 첨부한 iostat 출력 정보

정리

디스크의 로드가 지나치게 크면 읽기 및 요청을 큐에 집어넣게 되고, I/O 대기 시간이 늘어나 노드의 속도가 느려지는 결과가 초래된다. 아울러 리눅스 커널은 드라이브와 관련한 I/O 에러를 만날 경우 드라이브를 읽기 전용으로 마운트하고, 이 경우 드라이브 설정에 따라 노드가 장애를 일으킬 수 있다.

hdparm을 활용하면 하드 디스크의 순차 읽기 속도를 측정할 수 있다. 이 명령을 사용하려면 /dev/md1을 여러분의 디스크 기기명으로 바꾸면 된다(기기명은 /etc/fstab을 참고).

```
$ cat /etc/fstab
...
/dev/md5 /usr   ext3   defaults  1 2
...
```

```
$ sudo /sbin/hdparm -t /dev/md5

/dev/md5:
 Timing cached reads:     30656 MB in 1.99 seconds = 15405.72 MB/sec
 Timing buffered disk reads:  108 MB in 3.03 seconds =   35.63 MB/sec
```

데이터노드에서 I/O 대기 이슈를 보이면 각 노드에 추가 하드 드라이브를 설치하고 여러 디스크를 사용하게끔 dfs.data.dir를 설정하는 게 좋다. 그러고 나면 읽기 및 쓰기 로드를 여러 디스크로 분산할 수 있다.

기법 43. 네트워킹

네트워킹 문제는 맵리듀스 및 HDFS의 성능에 큰 영향을 미칠 수 있다. 맵리듀스와 HDFS 모두 노드 사이의 데이터 전송에 크게 의존하기 때문이다. 이 기법에서는 노드를 정확히 설정하는 법을 배우고 아울러 노드 사이의 네트워크 쓰루풋을 테스트하는 법도 살펴본다.

문제

네트워크 문제 때문에 잡이 느리게 실행되는지 알고 싶다.

해결책

리눅스 툴인 ethtool과 sar의 출력 정보를 살펴보면 잘못된 네트워크 설정을 진단하는 데 도움된다.

문제 풀이

우선 올바른 속도로 실행되도록 이더넷 카드를 설정했고, 이더넷 카드가 최고의 듀플렉스(동시에 데이터를 주고받을 수 있는 네트워크 카드 및 스위치의 능력)로 실행 중인지 검사해야 한다. 그림 6.31에서는 ethtool을 사용해 이 정보를 확인하는 법을 보여준다.

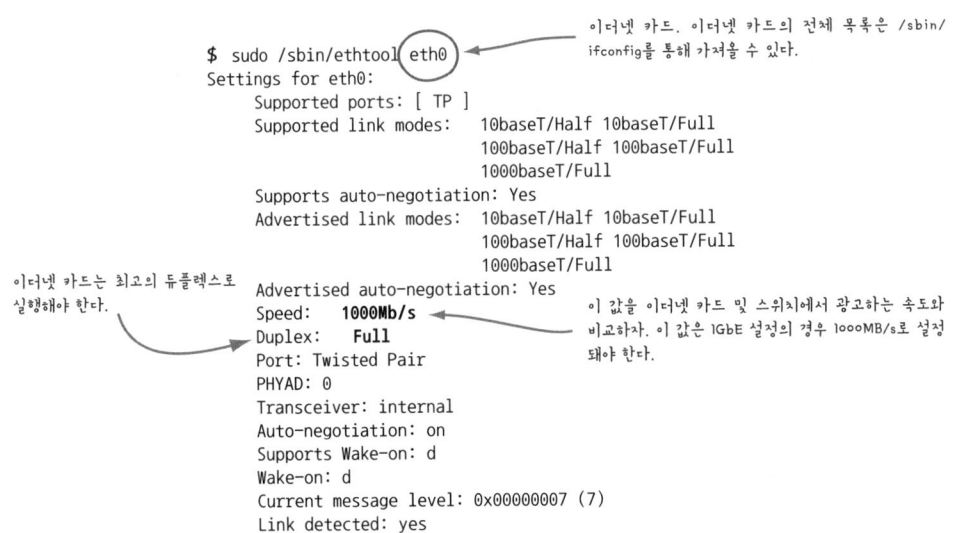

그림 6.31 ethtool 명령 및 네트워크 관련 출력 결과 설명

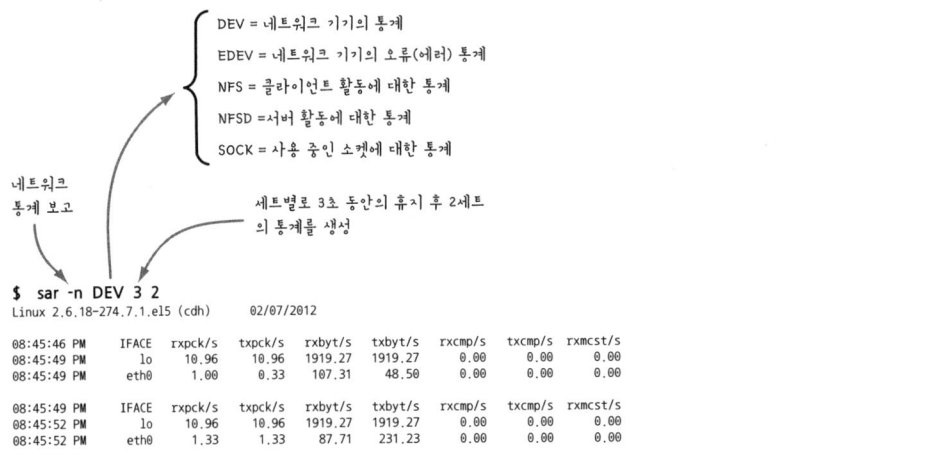

그림 6.32 sar 툴을 활용한 네트워크 모니터링

    ethtool 명령을 사용하면 전송된 바이트와 같은 항목별 전체 값을 볼 수 있다. 네트워크 카드 메트릭에서 차이를 바로바로 보려면 그림 6.32와 같이 sar를 사용하면 된다.

    그림 6.33에서는 sar의 출력값을 살펴보고 네트워크 문제를 나타낼 수 있는 메트릭을 강조했다.

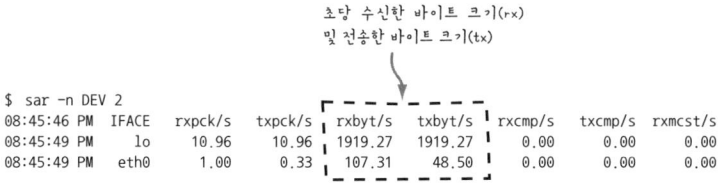

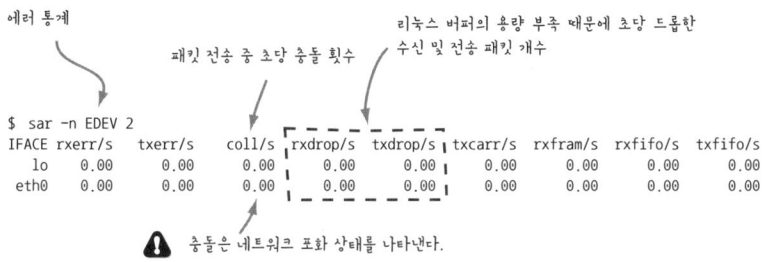

그림 6.33 sar 명령 출력값 및 설명

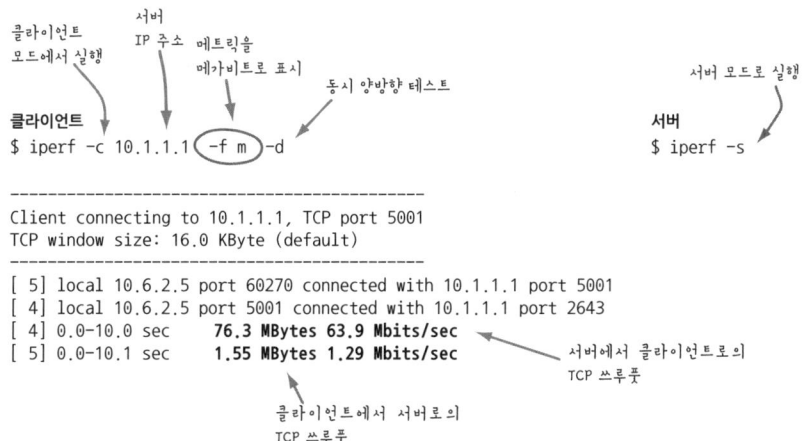

그림 6.34 네트워크 쓰루풋 테스트에 사용하는 iperf 명령

두 호스트 간 네트워크 대역폭을 테스트하려면 그림 6.34에 나온 대로 iperf(http://openmaniak.com/iperf.php)를 사용하면 된다. CentOS RPM은 http://pkgs.repoforge.org/iperf/에서 볼 수 있다.

정리

이 기법에서는 네트워크 카드를 올바르게 설정했는지 확인하는 방법을 살펴보고 네트워크 메트릭을 캡처할 수 있는 툴도 살펴봤다. 또, 네트워크 카드와 스위치를 테스트하기 위해 네트워크 대역폭을 측정하는 법도 설명했다.

6.3 시각화

맵리듀스에서는 그림 6.35와 같이 다양한 맵리듀스 단계에서 실행 시간을 측정하는 게 도움된다.

아쉽지만 하둡의 0.20.x 배포판에서는 이와 같이 전 단계를 측정하거나 노출하지 않는다. 그림 6.36에서는 0.20.x에서 노출하는 실행 시간을 보여주고, 이 시간이 맵리듀스 단계로 어떻게 매핑되는지 보여준다.

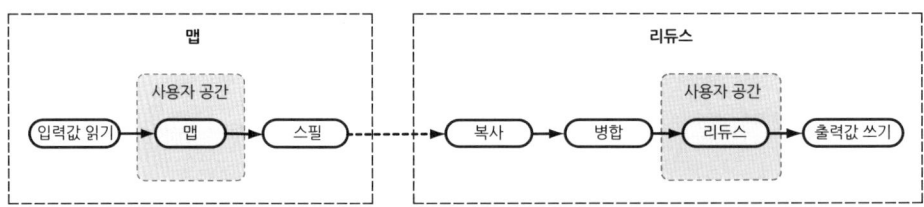

그림 6.35 맵리듀스 잡의 다양한 단계

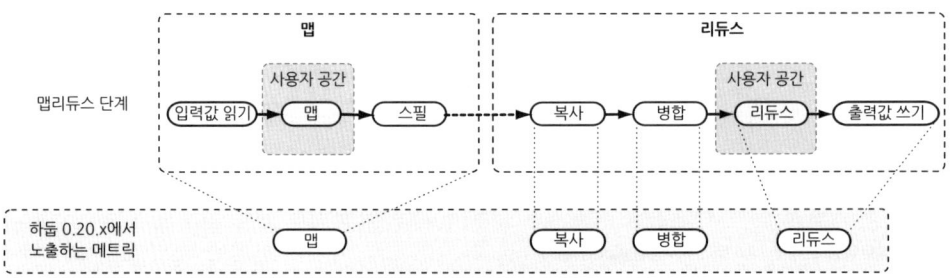

그림 6.36 하둡 0.20.x에서 측정한 실행 시간과 맵리듀스 단계의 매핑

기법 44. 태스크 실행 시간의 추출 및 시각화

여기서는 잡 히스토리 메트릭을 활용해 잡 실행 과정 동안 실행 중인 태스크 개수 타임라인을 가져오는 법을 살펴본다. 이 정보는 성능 튜닝과 태스크 동시성을 둘 다 이해하는 데 도움된다. 시각적으로 잡을 관찰하면 느리게 실행되는 태스크나 부족한 태스크 동시 실행 횟수 같은 문제를 식별하는 데 도움된다.

문제
여러 숫자를 보지 않고 느린 잡의 성능을 시각화하고 싶다.

해결책
잡 히스토리 메타데이터에서 메트릭을 추출해 그래픽 소프트웨어로 전달하면 맵, 리듀스, 정렬, 셔플 실행 시간을 시각화해 검사할 수 있다.

문제 풀이
코드를 실행하려면 분석하려는 잡의 히스토리 파일 위치를 알아내거나 HDFS 내에 잡 출력 디렉터리가 아직 존재해야 한다(자세한 정보는 6.1.1절 참고).

```
$ bin/run.sh com.manning.hip.ch6.ExtractJobTaskTimeline \
    --hdfsdir output \         ← 시각화하려는 잡의 HDFS 출력 디렉터리
    2> src/main/gnuplot/ch6/tasksovertime.dat ❶

                        gnuplot 스크립트의 위치로 디렉터리를 변경
$ cd src/main/gnuplot/ch6/   ←
                        gnuplot을 실행해 mr.png라는 PNG 이미지 파일을 생성
$ gnuplot ./tasksovertime.pg  ←
```

❶ 탭 구분 데이터 파일은 표준 에러에 쓴다. 여기서는 이 정보를 데이터 파일로 파이핑한다.

여기서는 리눅스 그래프 유틸리티인 gnuplot[4]을 사용해 스택 히스토그램 형태로 데이터를 플로팅한다. 이미지 파일의 예는 그림 6.37에서 볼 수 있다.

---

[4] http://gnuplot.sourceforge.net/ 참고

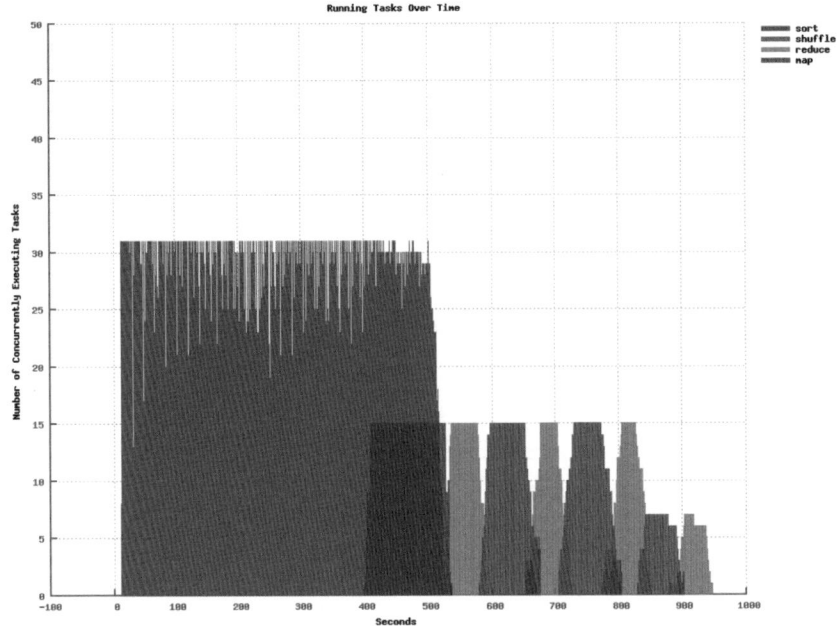

그림 6.37 시간에 따른 태스크 실행 시간을 보여주는 히스토그램

히스토그램의 평가

이제 히스토그램을 표시했으니 어디에서 성능 문제가 생기는지 그 위치를 좀 더 좁혀야 한다. 이때 먼저 주의할 요소가 두 가지 있다. 우선, x축이 잡의 타임라인이므로 잡 실행 시간이 오래 걸리게 하는 맵리듀스의 특정 단계가 있는지 판단할 때는 x축을 사용해야 한다. 물론 이 방식은 과학 이론처럼 정확하지는 않지만, 예컨대 CPU 연산을 많이 필요로 하는 프로세스가 있다면 맵리듀스 코드를 실행하는 데 많은 시간 영역을 차지할 것이다.

두 번째로 이상적인 맵리듀스 히스토그램은 맵과 리듀스 단계 모두 동시 태스크의 개수가 똑같이 높은 히스토그램이다. 맵과 리듀스 단계에서 긴 꼬리가 있다면 이는 맵이나 리듀스 태스크에서 과도하게 많은 레코드를 받는 데이터 불균형 문제를 나타낼 수 있다.

그림 6.38에서는 세 개의 태스크 실행 그래프의 예시를 보여준다. 이 중 두 개는 이상적인 패턴에 못 미치는 결과를 보여주고, 세 번째 그래프는 이상적인 그래프를 보여준다.

GNUPLOT 버전

이 절에서 그래프를 생성할 때는 Gnuplot 버전 4.4를 사용했다. 구문 에러가 있거나 결과에 차이가 있다면 실행 중인 gnuplot의 버전이 다른 게 원인일 수 있다.

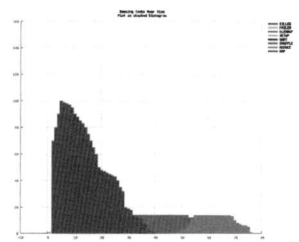 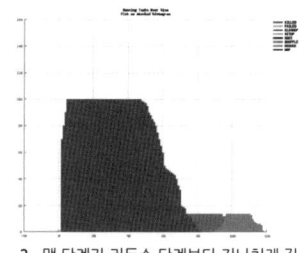 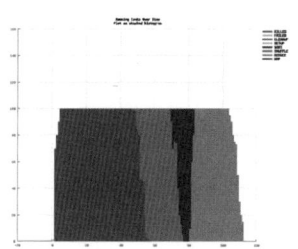

1. 맵 단계가 긴 꼬리를 갖고 있다. 이는 불균형 데이터 이슈를 나타낼 수 있다. 또, 실행 중인 리듀서가 부족해 클러스터를 최대로 활용하지 못하고 있다.

2. 맵 단계가 리듀스 단계보다 지나치게 길다. 물론 문제가 없을 수도 있지만 사용자 맵 코드를 최적화해야 하는 표시로 볼 수도 있다.

3. 이상적인 히스토그램은 완전히 클러스터를 사용하고 있음을 보여준다.

그림 6.38 태스크 실행 그래프의 예시

정리

맵리듀스 잡 및 태스크 메트릭 시각화는 데이터를 관찰하는 데 큰 도움이 된다. 필자는 다음 정보를 비롯해 잡을 더 잘 이해하는 데 도움되게끔 히스토리 파일로부터 다양한 다른 시각화를 컴파일했다.

- 실행 시간이 얼마나 걸리는지 감을 잡을 수 있게 태스크의 시작 및 종료 실행 시간 플로팅.
- 입력 및 출력 데이터 크기와 태스크의 실행 시간과의 상호 관계.
- 많은 태스크가 할당되지 않은 호스트를 파악하는 데 도움을 주기 위한 각 슬레이브 노드의 시간에 따른 태스크 개수 플로팅.

히스토리 파일 형식을 처리할 때 어려운 점 중 하나는 파일 형식이 구조화돼 있지 않다는 점이다. 하둡 0.23은 맵리듀스-157(https://issues.apache.org/jira/browse/MAPREDUCE-157)에 기술된 개선 방식을 이용해 이를 개선하고 파일을 JSON 형식으로 쓴다.

히스토그램에서 맵 및 리듀스 코드 실행에 오랜 시간이 걸린다고 알려준다면 다음으로 할 일은 애플리케이션 코드에서 실행을 느리게 하는 원인을 파악하는 것이다.

이 절과 앞 절에서는 맵리듀스 잡을 실행할 때 잠재적인 성능 문제를 진단하는 데 초점을 맞췄다. 다음 절에서는 자주 접하는 성능 문제에 대한 해결책을 살펴본다.

6.4 튜닝

앞 절에서는 성능 문제가 존재하는 범위를 좁히는 방법을 살펴봤다. 이 절에서는 최대한 성능을 이끌어내기 위해 잡을 프로파일링하고 튜닝하는 법을 다룬다. 여기서는 셔플 및 정렬 단계에서 성능을 개선하는 법과 잡 실행을 줄이는 데 도움되는 몇 가지 팁을 살펴본다.

맵리듀스 사용자 코드 프로파일링

맵이나 리듀스 코드에 실행 시간을 느리게 하는 문제가 있다는 생각이 들면 프로파일러를 도입할 차례다.

기법 45. 맵 및 리듀스 태스크의 프로파일링

단독 실행형 자바 애플리케이션의 프로파일링은 매우 간단하며 여러 툴에서 지원한다. 맵리듀스에서는 분산 환경에서 여러 맵 및 리듀스 태스크를 실행하므로 코드를 어떻게 프로파일링해야 할지 판단하는 게 쉽지 않다.

문제

맵 및 리듀스 코드에서 비효율적인 부분이 있다는 사실을 알아냈지만, 이 부분이 어디에 있는지 찾아야 한다.

해결책

setProfileEnabled 같은 다양한 맵리듀스 잡 메서드와 함께 HPROF를 사용해 태스크를 프로파일링한다.

문제 풀이

하둡에서는 JVM에 내장된 오라클의 자바 프로파일러인 HPROF 프로파일러를 기본으로 지원한다. 프로파일링을 시작할 때 HPROF 설정에 대해서는 이해하지 못해도 된다. 그냥 JobConf.setProfileEnabled(true)를 호출하면 하둡은 다음 설정을 사용해 HPROF를 실행한다.

```
-agentlib:hprof=cpu=samples,heap=sites,force=n,thread=y,verbose=n,file=%s
```

하지만 이렇게 하면 객체 할당 스택의 크기가 지나치게 작아 큰 도움이 되지 않으므로 대신 프로그래밍 방식으로 커스텀 HPROF 파라미터를 설정해야 한다.

```
job.setProfileEnabled(true);              ← 프로파일링 활성화

job.setProfileParams(                     ← ❶
    "-agentlib:hprof=depth=8,cpu=samples,heap=sites,force=n," +
    "thread=y,verbose=n,file=%s");

job.setProfileTaskRange(true, "0,1,5-10");   ← ❷

job.setProfileTaskRange(false,"");           ← ❸

JobClient.runJob(job);
```

❶ HPROF 파라미터를 지정. 여기서는 사용자 코드의 스택 하단까지 볼 수 있게 스택 깊이를 8단계로 지정해 실행한다.

❷ 이 메서드는 프로파일링할 태스크 범위를 설정한다. 이렇게 하면 큰 잡 중 일부 태스크를 프로파일링할 수 있으므로 도움된다. 코드에서 볼 수 있듯 사용 구문은 유연하며 개별 태스크 개수 및 범위를 정의할 수 있다. 첫 번째 플래그는 영역을 맵 또는 리듀스 태스크 중 어느 곳에 지정하는지 나타내는 불리언 변수다.

❸ 이 예제 잡에서는 항등 리듀서를 사용하므로 리듀스 태스크는 프로파일링하지 않아도 된다.

여기서 프로파일링한 예제 잡은 무척 간단하다. 여기서는 IP 주소가 담긴 파일을 파싱하고 IP의 처음 옥텟(8비트)을 추출한 후 이 값을 출력값으로 내보낸다.

```
public void map(LongWritable key, Text value,
                OutputCollector<LongWritable, Text> output,
                Reporter reporter) throws IOException {
    String[] parts = value.toString().split("\\.");
    Text outputValue = new Text(parts[0]);
    output.collect(key, outputValue);
}
```

IP 주소가 들어 있는 큰 파일을 업로드하고 앞의 프로파일링 옵션을 설정해 이 파일을 대상으로 잡을 실행하자.

```
$ hadoop fs -put test-data/ch6/large-ips.txt .

$ bin/run.sh com.manning.hip.ch6.SlowJob \
    large-ips.txt output

$ ls -1              ← ❶
attempt_201112081615_0365_m_000001_0.profile
attempt_201112081615_0365_m_000000_0.profile
```

❶ 잡이 원격 태스크트래커에서 잡 전송 호스트의 로컬 파일시스템으로 프로파일 파일을 복사한다.

앞에서 사용한 HPROF 옵션은 쉽게 파싱할 수 있는 텍스트 파일을 생성한다. 이 파일에는 다양한 스택 트레이스가 들어 있으며, 하단에는 누적값을 설명하는 스택 트레이스에 대한 참조와 함께 메모리 및 CPU 시간 누적값이 들어 있다. 이 예제에서는 가장 많은 CPU 시간을 나타내는 상위 두 항목을 살펴보고 이를 코드와 비교한다.

```
CPU SAMPLES BEGIN (total = 995) Sat Dec 24 18:26:15 2011
rank   self    accum   count  trace   method
1      7.44%   7.44%   74     313153  java.lang.Object.<init>          ← ❶
2      4.42%   11.86%  44     313156  java.lang.Object.<init>
3      3.52%   15.38%  35     313176  java.lang.Object.<init>
4      3.32%   18.69%  33     313132  java.util.regex.Pattern.compile
5      2.81%   21.51%  28     313172  java.lang.Object.<init>
6      2.61%   24.12%  26     313151  java.lang.Object.<init>
7      2.61%   26.73%  26     313152  java.lang.Object.<init>
8      2.51%   29.25%  25     313128  java.nio.HeapCharBuffer.<init>
```

TRACE 313153: (thread=200001)   ← ❷
java.lang.Object.<init>(Object.java:20)
java.lang.String.<init>(String.java:636)
java.lang.String.substring(String.java:1939)
java.lang.String.subSequence(String.java:1972)
java.util.regex.Pattern.split(Pattern.java:1002)
java.lang.String.split(String.java:2292)
java.lang.String.split(String.java:2334)
com.manning.hip.ch6.SlowJob$Map.map(SlowJob.java:23)

TRACE 313156: (thread=200001)   ← ❸
java.lang.Object.<init>(Object.java:20)
org.apache.hadoop.io.BinaryComparable.<init>(BinaryComparable.java:25)
org.apache.hadoop.io.Text.<init>(Text.java:80)
com.manning.hip.ch6.SlowJob$Map.map(SlowJob.java:24)

❶ 가장 오랜 시간이 걸린 스택 트레이스의 ID는 3131530I다. 이 ID를 사용해 파일에서 스택을 검색한다.
❷ ID 313153의 스택 트레이스다. String.split 메서드가 속도가 느린 정규식을 사용하는 것으로 보인다.
❸ 태스크에서 두 번째로 시간을 많이 차지하는 항목은 Text 객체의 생성자 및 BinaryComparable을 생성하는 코드다. 이 부분도 최적화해야 한다.

CPU 시간 중 가장 많은 시간을 소모하는 상위 두 이슈는 String.split 메서드와 Text 생성자로, 둘 다 이 절에서 나중에 처리한다.

정리

HPROF를 실행하면 자바 실행 부담이 크게 늘어난다. HPROF에서는 코드가 실행되는 동안 자바 클래스가 프로파일링 정보를 수집하게 한다. 따라서 이런 작업은 배포 환경에서 정기적으로 수행하기에 적합하지 않다.

설정

하둡에서는 표 6.1에서 볼 수 있듯 하드웨어 리소스와 실행 중인 맵리듀스 잡의 유형에 따라 다양한 설정을 조절할 수 있다.

표 6.1 성능 개선을 위해 튜닝할 수 있는 설정

프로세스	설정	기본값	참고
Map	io.sort.mb	100	맵 출력값을 저장하고 정렬하기 위해 예비한 양(메가바이트). 이 값은 맵 태스크 힙 크기의 70% 정도가 돼야 한다.
Map	io.sort.record.percent	0.05	맵 출력값에 대한 메타데이터를 저장하기 위해 사용하는 io.sort.mb 퍼센트
Map	io.sort.spill.percent	0.80	맵 출력 버퍼 퍼센트. 이 값을 초과하면 버퍼를 디스크에 쓴다.
Map	tasktracker.http.threads	40	맵 출력에 리듀서 요청을 서비스하기 위해 사용되는 태스크트래커 HTTP 스레드의 개수. 작은 클러스터에서는 80개, 1000개 이상의 노드가 있는 대용량 클러스터에서는 그 이상의 값을 권장.
Map, Reduce	io.sort.factor	10	한 번의 패스에서 병합할 파일 개수. 1000개 이상의 노드가 있는 대규모 클러스터에서는 이 값을 100까지 늘릴 수 있다.
Reduce	mapred.reduce.parallel.copies	5	각 리듀서에서 태스크트래커로부터 맵 출력값을 가져오기 위새 사용하는 스레드 개수. 1000개 이상의 노드가 있는 대규모 클러스터에서는 이 값을 20까지 늘릴 수 있다.
Reduce	fs.inmemory.size.mb	100	맵 출력값을 캐싱하고 병합하기 위해 예약한 메모리 양(메가바이트). 이 값은 리듀서 힙 크기의 약 70% 정도가 돼야 한다.
TaskTracker	mapred.tasktracker.map.tasks.maximum	2	태스크트래커에서 실행할 동시 태스크의 최대 개수. 이 값은 mapred.tasktracker.reduce.tasks.maximum과 더불어 노드의 논리적 코어 개수의 120% 정도가 돼야 한다. 이 맵 태스크 개수는 이 숫자의 75%가 돼야 하며, mapred.tasktracker.reduce.tasks.maximum이 나머지 25%가 돼야 한다. 이종적 하드웨어를 사용하는 사이트에서는 클러스터 내 각 노드 스테레오타입에 따라 이 값을 튜닝해야 한다.

프로세스	설정	기본값	참고
TaskTracker	mapred.tasktracker.reduce.tasks.maximum	2	TaskTracker에서 실행하는 동시 리듀스 태스크의 최대 개수. 이 값을 설정하는 법은 mapred.tasktracker.map.tasks.maximum을 참고.
Map, Reduce	mapred.child.java.opts	-Xmx200m	맵 및 리듀스 프로세스를 위한 자바 옵션. -Xmx는 프로세스의 최대 자바 힙 크기를 설정한다. 이 값은 클러스터에서 수행하는 작업을 토대로 조절해야 한다. 노드에서 스와핑을 사용한다면 mapred.tasktracker.{map,reduce}.tasks.maximum을 비활성화하거나 이 값을 낮춰야 한다. 또, mapred.child.ulimit 값을 이 설정값의 두 배 정도로 설정하는 게 좋다. 이 설정은 스트리밍을 사용하는 경우 등에 맵/리듀스 프로세스에서 실행하는 프로세스가 사용하는 메모리 한계를 설정하는 일도 한다.
NameNode	dfs.namenode.handler.count	10	네임노드가 데이터노드의 블록레벨 요청을 처리하는 데 사용하는 스레드 개수. 노드 개수가 1000개 이상인 대규모 클러스터에서는 이 값을 40까지 높일 수 있다.
DataNode	dfs.datanode.handler.count	3	데이터노드가 다른 데이터노드의 블록레벨 요청을 처리하는 데 사용하는 스레드 개수.

셔플 및 정렬 단계의 최적화

맵리듀스에서 셔플 단계는 맵 태스크와 리듀스 태스크 사이에서 데이터를 전송하느라 네트워크를 많이 사용할 수 있는 만큼 많은 연산이 소요된다. 아울러 정렬 및 병합 때문에 연산 부담도 상당할 수 있다. 이 절의 목적은 이와 같은 셔플 단계에서의 연산 부담을 최소화하는 데 도움되는 기법을 제공하는 것이다.

기법 46. 리듀서 제거

리듀서는 데이터를 조인하려고 할 때는 유용한 메커니즘이다. 하지만 네트워크를 이용해 데이터를 전송해야 하는 대가를 지불해야 한다.

문제
맵리듀스에서 리듀스 단계를 사용하지 않는 법을 고민 중이다.

해결책
맵리듀스 설정 파라미터인 setNumReduceTasks를 0으로 설정해 맵 전용 잡을 실행한다.

문제 풀이

셔플 및 정렬 단계는 주로 데이터를 조인할 때 사용한다. 하지만 4장에서 본 것처럼 데이터에 대한 특정 조건이 충족되면 일부 조인은 맵사이드만으로도 수행할 수 있다. 이런 경우에는 리듀서 없이 맵 전용 잡을 실행하면 된다. 맵 전용 잡을 실행하려면 다음과 같이 리듀서 개수를 0으로 설정하기만 하면 된다.

```
job.setNumReduceTasks(0);
```

정리

맵 전용 잡은 그림 6.39에 나온 것처럼 리듀서가 잡 출력값을 쓸 때 사용하는 OutputFormat을 그대로 사용한다.

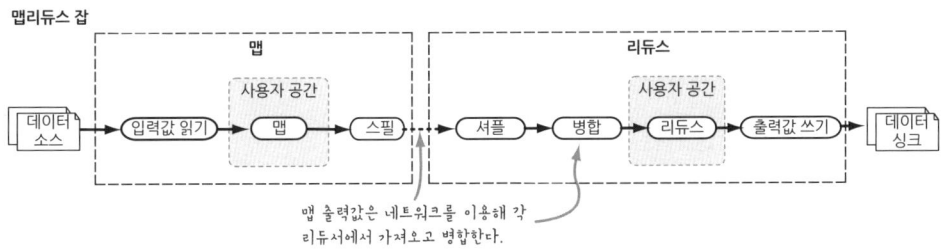

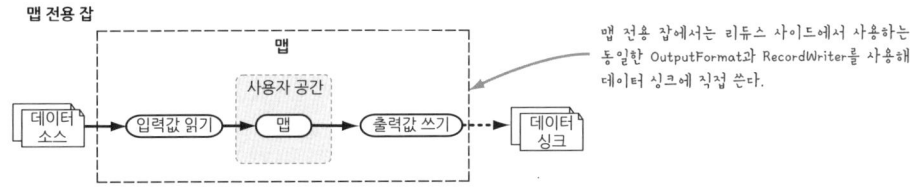

그림 6.39 맵리듀스 잡과 맵 전용 잡의 비교

리듀서 없이 잡을 실행할 수 없다면 다음으로 잡 실행 시간에 미치는 리듀서의 영향을 최소화해야 한다.

기법 47. 필터 및 투영

맵 태스크에서 리듀스 태스크로 보내는 데이터 대부분은 네트워크를 통해 전송되므로 연산 비용이 크다.

문제

셔플되는 데이터의 양을 줄이고 싶다.

해결책

맵 출력 레코드의 크기를 줄이고 매퍼에서 출력하는 레코드를 적극적으로 줄인다.

문제 풀이

필터링 및 투영은 처리 중인 데이터를 줄이기 위한 관계 개념이다. 이들 개념은 맵리듀스에서 맵 태스크가 내보내는 데이터를 최소화하는 데도 적용할 수 있다. 필터링과 투영을 간단히 정의하면 다음과 같다.

- 필터링은 맵 태스크에서 내보내는 전체 레코드를 제거하는 과정이다.
- 투영은 개별 필드를 제거함으로써 레코드 크기를 줄인다.

다음은 두 개념을 실제로 보여주는 예제 코드[5]다.

```
Text outputKey = new Text();
Text outputValue = new Text();

@Override
public void map(LongWritable key, Text value,
                OutputCollector<Text, Text> output,
                Reporter reporter) throws IOException {

  String v = value.toString();
  if (!v.startsWith("10.")) {                           // 개인 IP 주소를 필터링
    String[] parts = StringUtils.split(v, ".", 3);
    outputKey.set(parts[0]);
    outputValue.set(parts[1]);                          // IP 주소의 처음 두 8비트를 투영
    output.collect(outputKey, outputValue);
  }
}
```

정리

필터링과 투영은 맵리듀스 잡의 실행 시간을 크게 줄이기 위해 사용할 수 있는 가장 쉬운 방법이다.

---

[5] 깃허브 소스 — https://github.com/alexholmes/hadoop-book/blob/master/src/main/java/com/manning/hip/ch6/FilterProjectJob.java

맵 태스크에서 필터링과 투영을 최대한으로 수행하고 있다는 생각이 들면, 다음으로 셔플 및 정렬을 최적화하기 위해 할 일은 컴바이너(combiner)를 살펴보는 것이다. 컴바이너는 맵 태스크와 리듀스 태스크 사이에서 전송되는 데이터를 줄일 수 있는 또 다른 방법이다.

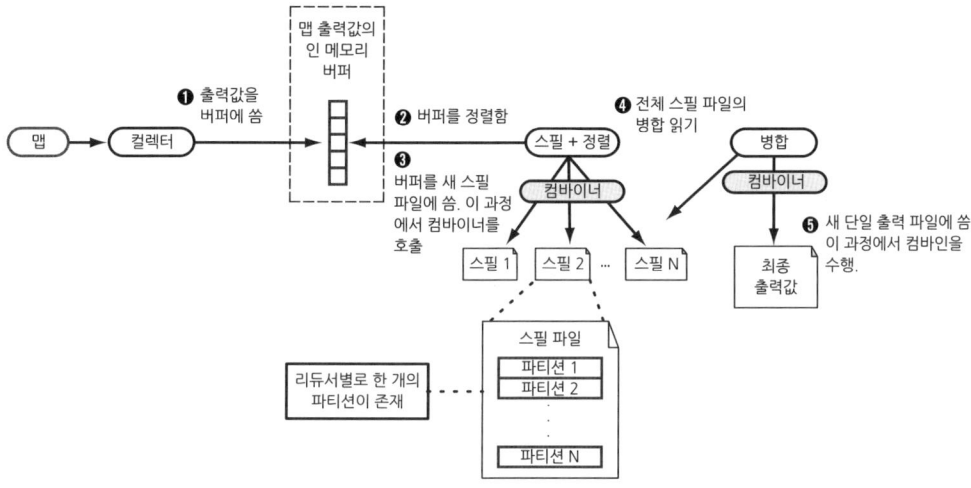

그림 6.40 맵 태스크 컨텍스트에서 컴바이너가 호출되는 방식

기법 48. 컴바이너의 활용

컴바이너는 리듀서로 보내는 데이터를 줄이기 위해 맵 단계에서 데이터를 취합하는 강력한 메커니즘이다. 컴바이너는 같은 출력 키에 대해 여러 맵 출력값을 사용해 사용자 코드를 호출함으로써 맵사이드에서 최적화를 수행한다.

문제

데이터를 필터링 및 투영하고 있지만 셔플 및 정렬 단계에서 여전히 많은 시간이 걸린다. 이 시간을 좀 더 줄이고 싶다.

해결책

컴바이너를 정의하고 setCombinerClass 메서드를 사용해 잡에 사용할 컴바이너를 설정한다.

문제 풀이

컴바이너는 그림 6.40에 나온 것처럼 스필 및 병합 단계 모두에서 맵 출력 데이터를 쓰는 동안 맵사이드에서 호출한다. 값을 그룹으로 관리함으로써 컴바이너의 효율을 최대화하기 위해 컴바이너 함수를 호출하기 전에는 두 단계 모두에서 예비(precursory) 정렬 단계를 사용한다.

맵 및 리듀스 클래스를 설정할 때처럼 setCombinerClass를 호출하면 잡의 컴바이너를 설정할 수 있다.

```
job.setCombinerClass(Combine.class);
```

컴바이너 구현체는 리듀서 명세를 준수해야 한다. 이 기법에서는 앞 절에서 작성한 IP 필터 및 투영 코드의 기반 위에서 설명을 진행하며, 두 번째 옥텟이 동일한 레코드를 합친다[6].

```
public static class Combine
       implements Reducer<Text, Text, Text, Text> {

  @Override
  public void reduce(Text key, Iterator<Text> values,    ← ❶
                OutputCollector<Text,
                    Text> output,
                Reporter reporter) throws IOException {

    Text prev = null;
    while (values.hasNext()) {
      Text t = values.next();

      if (!t.equals(prev)) {    ← ❷
        output.collect(key, t);
      }
      prev = ReflectionUtils.copy(job, t, prev);    ← ❸
    }
  }
}
```

---
[6] 깃허브 소스 — https://github.com/alexholmes/hadoop-book/blob/master/src/main/java/com/manning/hip/ch6/CombineJob.java

❶ 리듀서와 마찬가지로 컴바이너도 같은 키에 대해 여러 값을 가지고 호출된다. 이때 맵 출력값 블록에는 같은 키가 들어 있다.
❷ 새 값을 감지하면 키/값 쌍만 출력한다.
❸ 맵리듀스 프레임워크는 컴바이너/리듀서로 제공된 반복자 값 객체를 재사용하므로 값을 덮어쓰지 않게끔 값을 복제해야 한다.

컴바이너를 사용할 때는 기능이 분배적이어야 한다. 그림 6.40에서는 컴바이너가 같은 입력 키에 대해 여러 번 호출되는 것을 볼 수 있다. 이 경우 출력값을 컴바이너로 보낼 때 출력값이 어떻게 구조화돼 있을지 보장할 수 없다(같은 컴바이너 키로 쌍을 이룬다는 점 외에). 분배적 기능은 입력값이 어떻게 결합하든 최종 결과가 동일한 것을 의미한다.

정리
컴바이너는 매퍼와 리듀서 사이에서 네트워크를 통해 전송되는 데이터의 양을 줄여주는 만큼 맵리듀스 툴킷에서 사용할 수 있는 강력한 도구다. 맵리듀스 잡의 실행 시간을 개선할 수 있는 또 다른 툴로는 다음으로 살펴볼 바이너리 비교기가 있다.

기법 49. 비교기를 활용한 고속 정렬

맵리듀스는 정렬이나 병합을 수행할 때 키를 비교하기 위해 맵 출력 키에 RawComparator를 활용한다. 내장 Writable 클래스(Text 및 IntWritable 등)는 비교를 위해 Object 형태로 언마샬링할 객체의 바이트 형태가 필요하지 않으므로 매우 빠른 바이트 레벨 구현체를 갖고 있다. 커스텀 Writable을 구현할 때는 WritableComparable 구현해야겠다는 생각이 들 수도 있지만 이렇게 하면 비교를 위해 바이트에서 Object로 언마샬링을 해야 하므로 셔플 및 정렬 단계에서 더 오랜 시간이 걸린다.

문제
커스텀 Writable 구현체를 사용할 때 잡의 정렬 시간을 줄이려고 한다.

해결책
정렬하는 동안 최적화된 비교를 수행하기 위해 바이트레벨 비교기를 구현한다.

문제 풀이
맵리듀스에는 데이터가 정렬될 때 출력 키를 서로 비교하는 여러 단계가 있다. 키 정렬을 하려면 모든 맵 출력 키가 WritableComparable 인터페이스를 구현해야 한다.

```
public interface WritableComparable<T>
  extends Writable, Comparable<T> {
}
```

4장의 기법 21에서 작성한 Person을 살펴보면 구현체의 내용이 다음과 같다[7].

```
public class Person implements WritableComparable<Person> {

  private String firstName;
  private String lastName;

  @Override
  public int compareTo(Person other) {
    int cmp = this.lastName.compareTo(other.lastName);
    if (cmp != 0) {
      return cmp;
    }
    return this.firstName.compareTo(other.firstName);
  }
...
```

이 Comparator의 문제점은 맵리듀스가 중간 맵 출력 데이터를 바이트 형태로 저장하고, 매번 데이터를 정렬해야 할 때 이를 Writable 형태로 언마샬링해 비교를 수행해야 한다는 점이다. 이와 같은 언마샬링은 비교할 객체를 재생성해야 하는 만큼 연산 비용이 크다.

하둡의 내장 Writable을 살펴보면 이들 구현체는 WritableComparable 인터페이스를 구현할 뿐 아니라 WritableComparator 클래스를 상속하는 커스텀 Comparator도 제공하는 것을 볼 수 있다. 다음 코드는 WritableComparator 클래스의 일부다.

```
public class WritableComparator implements RawComparator {

  public int compare(byte[] b1, int s1, int l1,        ← ❶
                     byte[] b2, int s2, int l2
                    ) {
```

❶ 두 번째 인자들은 비교할 두 번째 객체와 관련이 있다.

```
    try {
      buffer.reset(b1, s1, l1);
```

---

[7] 깃허브 소스 — https://github.com/alexholmes/hadoop-book/blob/master/src/main/java/com/manning/hip/ch4/sort/secondary/Person.java

```
      key1.readFields(buffer);                    ← ❷

      buffer.reset(b2, s2, l2);
      key2.readFields(buffer);   ←
                                     두 번째 객체를 WritableComparable 형태로 언마샬링한다.
    } catch (IOException e) {
      throw new RuntimeException(e);
    }

    return compare(key1, key2);   ←
  }                                     객체 비교 함수를 호출한다.

  /** 두 WritableComparable을 비교
   *
   * <p> 기본 구현체에서는
   * {@link Comparable#compareTo(Object)}를
   * 호출해 자연 순서를 사용한다. */
  @SuppressWarnings("unchecked")
  public int compare(WritableComparable a, WritableComparable b) {
    return a.compareTo(b);   ←
  }                                기본 구현체는 WritableComparable의 compare 함수를 사용한다.
  ...
}
```

❶ b1 필드는 바이트 배열을 담고 있다. 이 중 일부는 WritableComparable을 바이트 형태로 보관한다. s1 필드는 WritableComparable 객체가 시작하는 바이트 배열이 있는 위치에 대한 오프셋이다. l1은 WritableComparable이 바이트 배열에서 차지하는 바이트 크기다.

❷ 첫 번째 객체를 WritableComparable 형태로 언마샬링한다. 이 클래스는 key1 인스턴스를 재사용하므로 인스턴스를 새로 생성하지 않는다.

바이트 레벨 Comparator를 구현하려면 compare 메서드를 오버라이드해야 한다. 그럼 IntWritable 클래스가 이 메서드를 어떻게 구현하는지 살펴보자.

```
public class IntWritable implements WritableComparable {

  public static class Comparator extends WritableComparator {
    public Comparator() {
      super(IntWritable.class);
    }

    public int compare(byte[] b1, int s1, int l1,      ← ❶
```

```
                        byte[] b2, int s2, int l2) {
        int thisValue = readInt(b1, s1);    ←──── ❷
        int thatValue = readInt(b2, s2);    ←──── 두 번째 값을 읽음
        return (thisValue<thatValue ? -1 :
          (thisValue==thatValue ? 0 : 1));
    }
}

static {
    WritableComparator.define(IntWritable.class,   ←──── ❸
      new Comparator());
}
```

❶ 최적화된 버전을 제공하는 메서드인 WritableComparator.compare를 오버라이드.
❷ WritableComparator의 헬퍼를 사용해 첫 번째 값에서 정수 형태를 읽음
❸ WritableComparator를 등록. 맵리듀스가 비교에 IntWritable이 아니라 WritableComparator 구현체를 사용하게끔 한다.

내장 Writable 클래스는 모두 WritableComparator 구현체를 제공한다. 이 말은 맵리듀스 잡에서 내장 Writable을 사용해 키를 출력하는 한 Comparators 최적화에 대해서는 걱정할 필요가 없다는 뜻이다. 하지만 앞의 예제처럼 출력 키로 커스텀 Writable을 사용한다면 WritableComparator 구현체를 제공하는 게 가장 좋다. 그럼 Person 클래스를 다시 살펴보면서 이 구현체를 구현하는 법을 알아보자.

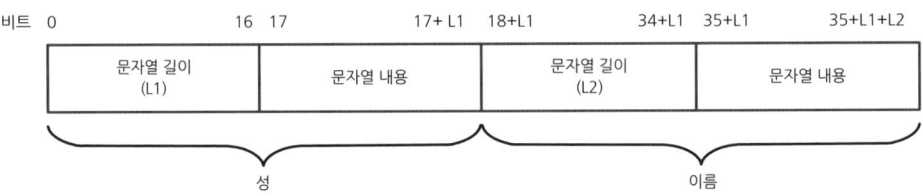

그림 6.41 Person의 바이트 구조

Person 클래스에는 firstName과 lastName이라는 두 개의 필드가 있다. 이 구현체에서는 이들 값을 정수로 저장하고 DataOutput의 writeUTF 메서드를 사용해 값을 쓴다.

```
private String firstName;
private String lastName;
```

```java
@Override
public void write(DataOutput out) throws IOException {
  out.writeUTF(lastName);
  out.writeUTF(firstName);
}
```

우선, 앞의 코드를 토대로 Person 객체를 바이트 형태로 어떻게 나타낼지부터 이해해야 한다. writeUTF 메서드는 문자열 길이를 나타내는 두 바이트를 쓰고, 이어서 문자열을 바이트 형태로 쓴다. 그림 6.41은 이 정보를 바이트 형태로 배치한 그림이다.

성과 이름이 모두 들어 있는 Person 값을 비교하고 싶다고 가정하자. 이 경우 바이트 배열에는 문자열 길이도 함께 인코딩돼 있으므로 전체 바이트 배열로는 이 비교를 할 수 없다. 대신 Comparator에서는 문자열 길이를 건너뛰는 법을 알고 있어야 한다. 다음은 이를 보여주는 Comparator 구현체다.[8]

```java
@Override
public int compare(byte[] b1, int s1, int l1, byte[] b2, int s2, int l2) {

  int lastNameResult = compare(b1, s1, b2, s2);  ← 성을 비교

  if (lastNameResult != 0) {  ← 성이 같지 않으면 비교 결과를 반환
    return lastNameResult;
  }

  int b1l1 = readUnsignedShort(b1, s1);  ← 첫 번째 바이트 배열에서 성의 크기를 읽음

  int b2l1 = readUnsignedShort(b2, s2);  ← 두 번째 바이트 배열에서 성의 크기를 읽음

  return compare(b1, s1 + b1l1 + 2, b2, s2 + b2l1 + 2);  ← 이름의 비교 결과를 반환
}

public static int compare(byte[] b1, int s1, byte[] b2, int s2) {
  int b1l1 = readUnsignedShort(b1, s1);  ← 바이트 배열 b1에서 UTF-8 문자열의 크기를 읽음

  int b2l1 = readUnsignedShort(b2, s2);  ← 바이트 배열 b2에서 UTF-8 문자열의 크기를 읽음

  return compareBytes(b1, s1 + 2, b1l1, b2, s2 + 2, b2l1);  ← ❶
```

---

8 깃허브 소스 — https://github.com/alexholmes/hadoop-book/blob/master/src/main/java/com/manning/hip/ch6/PersonBinaryComparator.java

```
    }

    public static int readUnsignedShort(byte[] b, int offset) {
        int ch1 = b[offset];
        int ch2 = b[offset + 1];
        return (ch1 << 8) + (ch2);
    }
```

❶ WritableComparator.compareBytes 메서드를 사용해 UTF-8 바이너리 데이터의 문자를 비교함

정리

writeUTF는 65,536개 미만의 글자만 지원하므로 이 메서드의 사용 범위는 제한적이다. 물론 사람의 이름을 처리할 때는 이 정도로도 충분할 수 있다. 하지만 더 긴 문자열을 처리해야 한다면 훨씬 더 큰 문자열을 지원하는 하둡의 Text 클래스를 살펴보는 게 좋다. Text 클래스의 Comparator 내부 클래스를 보면 바이너리 문자열 비교기가 우리 코드와 유사한 방식을 사용하는 것을 볼 수 있다. 이런 접근 방식은 자바 String 객체가 아니라 Text 객체로 이름을 나타내는 경우로도 쉽게 확장할 수 있다.

다음 절에서는 데이터 불균형이 맵리듀스 잡의 성능에 미치는 영향을 최소화하는 성능 튜닝법을 살펴본다.

데이터 불균형 최소화

데이터 불균형은 데이터에서 자연스러운 현상이다. 데이터 중에는 데이터 불균형을 초래하는 이상한 데이터가 항상 있기 마련이며, 이런 이상한 데이터는 맵리듀스 잡의 실행 시간을 크게 떨어뜨린다. 데이터 불균형은 주로 다음 두 범주 중 한 곳에 속한다.

1. **불균형적 데이터의 빈도**: 데이터셋에 불균형적으로 큰 개수의 레코드가 존재하는 경우
2. **불균형적 레코드의 크기**: 일부 레코드가 평균 레코드 크기보다 지나치게 큰 경우

데이터 불균형은 맵사이드와 리듀스사이드 모두 존재할 수 있다. 맵사이드에서 데이터 불균형은 이종적 데이터셋을 처리할 때 더 문제를 악화시킨다. 리듀스사이드에서는 기본 맵리듀스 파티셔너가 원치 않는 데이터 불균형을 생성할 수 있다.

데이터 불균형은 맵 태스크와 리듀스 태스크가 다른 태스크와 비교해 실행 시간을 지연시킨다는 점에서 바람직하지 않다. 불균형적 데이터의 또 다른 문제점은 태스크의 메모리 소비

에 악영향을 줄 수 있다는 점이다. 특히 데이터를 캐싱해야 하는 조인 같은 작업을 수행할 때 문제가 된다.

이 절에서는 어떤 데이터가 불균형적 데이터인지 찾아내고 그 영향을 최소화하는 데 도움되는 여러 기법을 살펴본다. 데이터 불균형 문제의 존재 여부를 먼저 알고 싶다면 6.2.2절과 6.2.3절에서 기법 29와 34를 참고하자.

기법 50. 불균형적 데이터 수집

앞에서 소개한 기법 중 일부에서는 맵이나 리듀스에서 불균형적 데이터를 볼 수 있다. 다음으로 할 일은 어떤 키가 불균형적인지 찾아내는 것이다. 여기서는 특정 맵 출력 키에 대한 값이 지나치게 많은 리듀스사이드에서의 데이터 불균형 문제를 집중적으로 살펴본다.

문제
데이터 불균형을 초래하는 맵 출력 키를 찾고 싶다.

해결책
많은 맵 출력값을 내보내는 특정 맵 출력 키와 관련한 상세 정보를 로그로 기록하는 로직을 리듀스 메서드에 추가한다.

문제 풀이
데이터 불균형 문제를 인식하고 나면 어떤 키가 데이터 불균형을 초래하는지 이해하는 게 도움된다. 이를 알 수 있는 쉬운 방법은 많은 값을 갖고 있는 키를 코드에서 추적하는 것이다. 코드에는 설정 가능한 한계 값을 집어넣고, 이 한계 값보다 더 많은 값을 받는 경우 키를 로그에 출력하면 된다[9].

```
public static final String MAX_VALUES = "skew.maxvalues";

private int maxValueThreshold;

@Override
public void configure(JobConf job) {
    maxValueThreshold = job.getInt(MAX_VALUES, 100);    ◁─── 키에 대해 설정 가능한 최댓값 개수를 읽는다.
}
```

---

[9] 깃허브 소스 — https://github.com/alexholmes/hadoop-book/blob/master/src/main/java/com/manning/hip/ch6/SkewLogsJob.java

```
@Override
public void reduce(Text key, Iterator<Text> values,
                   OutputCollector<Text, Text> output,
                   Reporter reporter) throws IOException {

  int i = 0;
  while (values.hasNext()) {
    values.next();
    i++;
  }
  if (++i > maxValueThreshold) {
    log.info("Received " + i + " values for key " + key);
  }
}
```

키 이름과 값 개수를 로그 파일에 남긴다.

그런 다음 잡을 실행하면 어떤 키가 지나칠 정도로 많은지, 또 그 개수는 몇 개인지 로그를 통해 알 수 있다.

정리

불균형적 데이터를 추적하는 일은 데이터를 더 잘 이해하기 위한 중요한 과정이다. 이는 결국 맵리듀스 잡을 디자인하는 데도 도움된다. 다음으로, 리듀서에서의 데이터 불균형에 대처하는 법을 살펴보자.

기법 51. 리듀스 데이터 불균형 문제 최소화

리듀서에서의 데이터 불균형은 주로 관련 맵 출력값이 지나칠 정도로 많은 맵 출력 키 때문에 생긴다.

문제

리듀스사이드에서의 데이터 불균형 문제를 최소화하는 방법을 알고 싶다.

해결책

커스텀 파티셔너 사용이나 맵사이드 조인처럼 데이터 불균형 위험 요소를 줄일 수 있는 다양한 방법을 검토한다.

문제 풀이

이 절에서는 리듀서 데이터 불균형을 줄이는 다양한 방법을 다룬다.

샘플링 및 범위 파티셔닝

하둡에서 기본 파티셔너는 맵 출력 키의 해시를 기반으로 파티셔닝을 수행한다. 물론 출력 키의 빈도가 대부분 거의 같을 때는 이 파티셔너가 효과적이지만 데이터의 빈도가 불균형적일 때는 그만큼 효율이 떨어진다.

이런 경우에는 데이터에 대한 지식을 토대로 작업을 수행하는 파티셔너가 필요하다. 4장에서는 TotalOrderPartitioner를 살펴보면서 입력 데이터의 랜덤 샘플링을 이용해 파티션 경계를 미리 계산하는 법을 배운 바 있다. TotalOrderPartitioner에서는 미리 계산한 입력 키 범위를 토대로 입력 키를 파티셔닝하는 범위 파티셔너를 제공한다. 이 기법은 데이터에서의 키 빈도 불균형을 공략하는 데도 그대로 활용할 수 있다.

커스텀 파티셔닝

샘플링과 범위 파티셔닝 대신 사용할 수 있는 또 다른 방법은 출력 키에 대한 명확한 지식을 토대로 커스텀 파티셔너를 개발하는 것이다. 예를 들어, 출력 키가 책의 단어인 맵리듀스 잡이 있다면 불용어[10]가 매우 자주 등장하리라고 예상할 수 있다. 따라서 커스텀 파티셔너에서는 이런 출력값을 고정된 리듀서 세트로 보내고, 그 외 나머지 단어는 나머지 리듀서로 보낼 수 있다.

컴바이너

컴바이너를 사용하면 불균형적인 키 빈도와 레코드 크기를 둘 다 줄이는 데 큰 도움이 될 수 있다. 컴바이너의 목적은 가능한 한 데이터를 취합하고 응축하는 것이다. 컴바이너는 기법 48에서 다룬 바 있다.

맵사이드 조인과 세미조인

조인을 수행하고 있고 조인하는 데이터셋이 맵사이드 조인에서 캐싱하기에는 지나치게 크다면 대용량 데이터셋을 처리할 때 조인 최적화 기법을 제공하는 4장과 7장의 조인 기법을 검토하자.

---

10 불용어는 자연어 언어 처리 과정에서 자주 필터링하는 흔한 단어를 말한다. http://en.wikipedia.org/wiki/Stop_words를 참고하자.

불균형적 레코드 크기

불균형적 레코드 크기는 리듀스나 맵사이드 캐싱과 관련해 자바에서 자주 OutOfMemory Error 예외를 일으키므로 특히 문제가 된다. 이런 상황에서 손쉬운 해결책은 없다. TextInputFormat과 KeyValueTextInputFormat에서 사용하는 RecordReader는 mapred.linerecordreader.maxlength를 설정해 특정 길이의 줄은 건너뛰게 할 수 있다 (기본 설정에서는 제한이 없다). 마찬가지로 맵 코드와 리듀스 코드에서는 org.apache. hadoop.contrib.utils.join 패키지에서 본 것처럼 특정 빈도를 초과한 값을 무시할 수 있다. 이 패키지에서는 리듀서에서 기본적으로 캐싱된 데이터셋의 값 개수를 100으로 제한한다.

또 다른 방법은 7장에서 다루는 블룸 필터처럼 데이터를 압축하는 손실형 데이터 구조를 사용하는 것이다.

정리

다음으로 성능에 악영향을 줄 수 있는 사용자 공간 맵리듀스 코드와 자바 구조체를 살펴보자. 또, 코드를 최적화할 수 있는 패턴도 몇 가지 알아보자.

맵리듀스에서 사용자 공간 자바의 최적화

맵리듀스의 실행 패턴은 다른 자바 애플리케이션에서 주로 사용하는 방식과는 다른 방식으로 코드를 실행한다. 이는 맵리듀스 프레임워크가 대용량 데이터를 처리하는 데 효과적이고, 맵 및 리듀스 함수가 짧은 시간 동안 수백만 번 호출된다는 사실에 기인한다. 그 결과 자바의 SDK를 비롯해 자주 사용하는 라이브러리에서 원하지 않는 성능 문제가 생기는 것을 자주 볼 수 있다.

> **추가 자료**
>
> 조슈아 블로치가 지은 『이펙티브 자바』에는 효과적인 자바 코드를 작성하는 데 도움되는 여러 팁이 들어 있다.

기법 45에서는 맵리듀스 코드를 프로파일링해 코드 실행에 오랜 시간이 걸리는지 판단하는 법을 배웠다. 이 기법을 사용해 우리는 다음 코드에서 아래와 같은 이슈를 찾아냈다.

```
public void map(LongWritable key, Text value,
            OutputCollector<LongWritable, Text> output,
            Reporter reporter) throws IOException {
    String[] parts = value.toString().split("\\.");     ❶
```

```
    Text outputValue = new Text(parts[0]);
    output.collect(key, outputValue);
}
```
❶ 잡에서 많은 CPU 시간을 소모하는 코드 줄. 정규식을 사용한 split 메서드가 문제였다.
❷ 두 번째로 CPU 연산을 많이 소모하는 코드 줄. 내보낸 출력값별로 Text 객체를 생성한다.

이 절에서는 앞의 코드에서 찾아낸 두 문제점(자바에서의 정규식과 코드 재사용 부족)을 진단하고, 맵리듀스에서 일반적으로 주의할 사항도 살펴본다.

정규식

자바에서 정규식은 풍부하고 유연한 기능을 제공한다. 하지만 유연성에는 실행 시간이라는 대가가 따르기 마련이다. 자바의 정규식이 느리다는 사실은 기법 45에서 프로파일링을 통해 맵에서 가장 많은 시간을 차지하는 코드가 Pattern.split 코드라는 사실을 찾아냄으로써 이미 밝힌 바 있다. 일반적으로 맵리듀스 애플리케이션에서는 가능한 한 정규식을 사용하지 않는 게 가장 좋다. 정규식을 꼭 사용해야 하더라도 최대한 사용을 자제하는 법을 찾는 게 좋다.

문자열 토큰화

자바 문서에서는 문자열 토큰화에 String.split 및 Scanner 클래스를 사용할 것을 권장한다. 하지만 두 클래스 모두 내부적으로 정규식을 사용하고 있다는 사실을 알고 있는 독자는 많지 않을 것이다. 이런 정규식은 앞서 본 것처럼 실행 속도가 느리다. 역설적이지만 이때 다음으로 고려할 만한 방법은 자바 문서에서 새로운 정규식 기반 토크나이저 때문에 사용 자제를 권고하는 StringTokenizer 클래스를 사용하는 것이다. 하지만 StringTokenizer 구현체는 최적화돼 있지 않으며, 그림 6.42에 나온 것처럼 앞의 방법들과 아파치 커먼즈의 StringUtils 클래스를 모두 비교한 벤치마크를 보면 StringUtils가 가장 적합한 방법임을 알 수 있다.

이 벤치마크는 쿼드코어 2.7GHz CPU가 탑재된 OS X에서 JDK 1.6.0_29 버전을 사용했을 때의 결과다.

객체 재사용

HPROF 출력 결과에서 두 번째로 CPU를 많이 차지하는 항목은 다음 코드 줄이다. 이 코드는 map 메서드로 전달된 각 키/값 쌍별로 실행된다.

```
Text outputValue = new Text(parts[0]);
```

이 코드가 문제인 이유는 코드가 지나치게 많이 호출되기 때문이다. 자바에서 객체 생성은 많은 연산을 필요로 하며, 생성 시점 및 가비지 컬렉션 시점에 CPU에 부담을 준다. 따라서 가능한 한 객체를 재사용하는 게 훨씬 효과적이다. 다음 코드에서는 재사용을 최대화하게끔 수정한 코드를 보여준다.

```
Text outputValue = new Text();
public void map(LongWritable key, Text value,
                OutputCollector<LongWritable, Text> output,
                Reporter reporter) throws IOException {
  String[] parts = StringUtils.split(value.toString(), ".");
  outputValue.set(parts[0]);
  output.collect(key, outputValue);
}
```

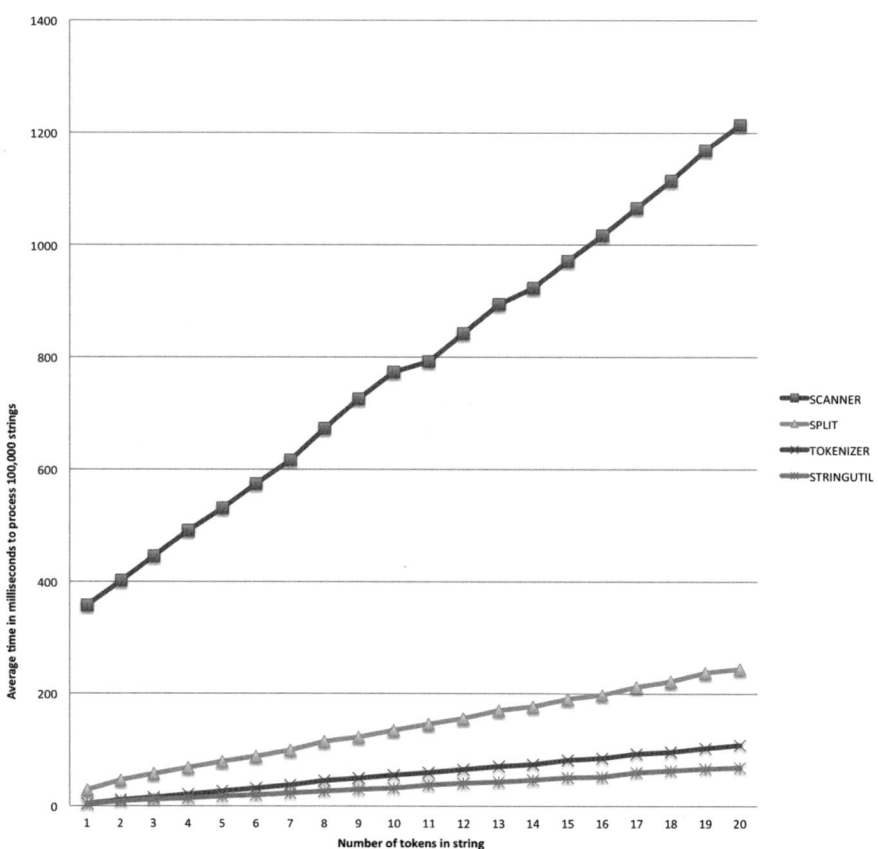

그림 6.42 Scanner, String.split, StringTokenizer, 아파치 커먼즈 StringUtils.split 같은 다양한 토큰화 클래스를 활용해 100,000개의 문자열을 토큰화하는 데 걸린 시간(밀리초)

하둡은 자체 코드에서 객체를 재사용하므로 리듀서에서는 이 점을 주의해야 한다. 리듀서가 값 반복자로 데이터를 전달할 때 리듀서는 객체를 재사용한다. 리듀서에서 값 데이터를 캐싱한다면 다음 코드에 나온 것처럼 객체를 항상 복제해야 한다.

```
public static class Reduce
    extends Reducer<Text, Text, Text, Text> {

  @Override
  public void reduce(Text key, Iterable<Text> values,
                     Context context)
      throws IOException, InterruptedException {
    List<Text> cached = new ArrayList<Text>();
    for (Text value : values) {
      cached.add(WritableUtils.clone(
        value, context.getConfiguration()));    ❶
    }
  }
}
```

❶ WritableUtils는 Writable 클래스를 쉽게 사용할 수 있게 해주는 다양한 메서드가 들어 있는 하둡 헬퍼 클래스다. clone 메서드는 맵리듀스 프레임워크에서 복사한 내용을 덮어쓰지 않게끔 하둡의 직렬화를 사용해 Writable을 복사한다.

문자열 병합

자바에서 오래된 원칙 중 하나는 어떤 일이 있어도 아래 예제 코드에서처럼 + 연산자를 사용해 문자열을 결합해서는 안 된다는 것이다.

```
String results = a + b;
```

이렇게 하면 안 되는 이유는 과거 컴파일러에서는 StringBuffer 클래스를 사용해 바이트코드를 생성하는데, 이 경우 동기화로 인해 실행이 느려지기 때문이다. 하지만 최근에는 생성된 바이트코드에서 StringBuffer를 비동기화 버전인 StringBuilder로 대체했다. 그럼 이 말은 이제 + 연산자를 사용해도 안전하다는 뜻일까? 이 질문에 대한 답은 생각보다 복잡하며, 결과 String의 길이가 16글자보다 작은 경우에 한해 '그렇다'고 답할 수 있다. 이 주제에 대한 자세한 분석 결과는 http://goo.gl/9NGe8에서 볼 수 있으며, 결론만 말하자면 StringBuilder 클래스를 사용하고, StringBuilder의 내부 바이트 배열을 재할당하지 않게끔 생성자를 사용해 결과 문자열에 충분한 크기를 할당하는 게 가장 좋다.

객체 부담

때로는 4장의 맵사이드 조인 기법에서 본 것처럼 맵과 리듀스 태스크에서 데이터를 캐싱해야 할 때가 있다. 자바에서 데이터 캐싱은 많은 리소스를 소모하므로 일반 문자열과 배열을 처리할 때 얼마나 많은 공간을 소모하는지만 간단히 이해하자. 먼저, 다음 코드에서 사용하는 메모리 사용량은 얼마나 될까?

```
ArrayList<String> strings = new ArrayList<String>();
strings.add("a");
strings.add("b");
```

앞의 ArrayList와 그 내용에서 사용하는 메모리 양을 계산하는 법을 알아보자.

- 자바에서 각 Object를 보관하는 데는 8바이트가 필요하다. 따라서 ArrayList의 크기는 기본 8바이트부터 시작한다.
- ArrayList는 4바이트를 차지하는 정수 원시 타입 필드 한 개를 포함한다.
- 이 ArrayList는 Object 배열을 사용해 데이터를 저장한다. 각 참조 필드에서 사용하는 메모리는 4바이트다.
- 각 Object에서 사용하는 전체 메모리 사용량은 8의 배수다. 앞의 숫자를 모두 더하면 16바이트이므로 여기서는 반올림이 필요 없다.

ArrayList는 24바이트의 메모리를 차지하지만 아직 이 안에 아무것도 저장하지 않았다. 이번에는 ArrayList에 있는 Object 배열의 메모리 사용량을 알아보자.

- 배열은 배열 크기를 저장하는 추가 4바이트가 필요하므로 보관에 12바이트가 필요하다.
- 배열 내 각 요소는 객체 참조에 4바이트를 필요로 한다. 따라서 요소가 2개라면 2x4 = 8바이트다.
- 각 Object의 전체 메모리 사용량은 8의 배수여야 하는데, 지금까지 Object 배열의 크기가 12+8이므로 반올림하면 24바이트가 된다.

따라서 ArrayList에 24바이트, Object 배열에 24바이트를 사용하게 한다. 끝으로 자바에서 문자열의 메모리 사용량을 이해해야 한다. 문자열의 메모리 사용량은 다음 공식으로 계산한다.

바이트로 나타낸 문자열의 메모리 사용량 = (문자 수*2) + 38

이 공식의 결과 값도 가장 가까운 8의 배수로 반올림해야 한다. 따라서 각 문자열은 40바이트를 차지한다. 그럼 두 문자열을 저장하는 ArrayList가 차지하는 전체 메모리 사용량은 128바이트가 된다!

이렇게 메모리 사용량을 계산하는 법을 차례로 설명한 이유는 자바에서 데이터를 캐싱할 때 초래되는 연산 부담에 대해 독자들에게 경각심을 심어주기 위해서다. 맵리듀스에서는 종종 데이터를 캐싱해야 하므로 데이터를 캐싱할 때 얼마만큼의 메모리를 사용하는지 정확히 이해하는 게 중요하다. 자바에서 메모리 사용에 대한 좀 더 자세한 정보는 http://www.javamex.com/tutorials/memory/object_memory_usage.shtml에서 볼 수 있다.

데이터 직렬화

데이터를 저장하고 전송하는 방식도 성능에 영향을 준다. 이 절에서는 하둡에서 최고의 성능을 이끌어낼 수 있는 모범 데이터 직렬화 기법을 간단히 살펴본다.

압축

압축은 하둡을 최적화할 때 중요한 부분이다. 잡 출력값을 압축하면 데이터 저장 공간을 줄이고 맵리듀스 잡에서 데이터를 처리하는 속도도 높일 수 있다. 또, 데이터를 압축하면 맵과 리듀스 태스크 사이의 네트워크 I/O도 줄일 수 있다. 압축은 5장에서 자세히 다룬 바 있다.

바이너리 파일 형식

압축과 마찬가지로 애브로나 시퀀스파일 같은 바이너리 파일 형식을 사용하면 데이터를 좀 더 축약해 표현할 수 있으며, 데이터를 텍스트로 저장할 때와 비교해 마샬링 및 언마샬링 시간을 개선할 수 있다. 이들 파일 형식을 다루는 법은 3장에서 자세히 설명했다.

맵리듀스에서 최종 결과가 바이너리 파일 형식이 아닐 때도 바이너리 형태의 데이터로 인한 장점을 최대한 활용할 수 있게 중간 데이터를 바이너리 형태로 저장하는 게 좋다. 예를 들어 여러 개의 맵리듀스 잡이 실행되는 맵리듀스 파이프라인이 있다면 애브로나 시퀀스파일을 사용해 개별 잡 출력값을 저장하는 게 좋다. 최종 결과를 생성하는 마지막 잡에서는 필요한 출력 형식을 원하는 대로 사용해도 되지만, 중간 잡에서는 바이너리 출력 형식을 사용해 맵리듀스의 읽기 및 쓰기 속도를 개선하는 게 효과적이다.

6.5 정리

이 장에서는 맵리듀스에서 잡을 튜닝하는 데 꼭 필요한 세 가지 핵심 요소를 다뤘다.

1. 적절한 측정 도구의 구비와 더불어 맵리듀스 및 시스템 성능 매트릭을 추출하는 방법의 이해
2. 이들 매트릭을 활용한 잠재적 성능 문제의 진단
3. 맵리듀스/HDFS 설정 검토, 맵리듀스 셔플/정렬 최적화, 사용자 공간의 맵리듀스 성능 기법을 이용한 성능 문제 해결

4부에서는 데이터 사이언스 관점에서 하둡을 살펴보고, 복잡한 데이터 구조를 모델링하고 데이터에 대한 데이터 마이닝을 수행하는 법을 살펴본다.

4부
데이터 사이언스

하둡 및 빅 데이터를 처리할 때 궁극적인 과제는 데이터와 관련한 유용한 정보를 마이닝하는 것이다. 이 책의 4부에서는 데이터와 관련한 복잡한 질문을 처리하는 기법을 제시하고 데이터에 대한 새로운 혜안을 얻는 방법을 살펴본다.

데이터 모델링과 알고리즘은 데이터 사이언스를 지탱하는 축이다. 7장에서는 맵리듀스에서 그래프를 보여주고 활용해 친구의 친구나 페이지랭크 같은 알고리즘을 맵리듀스에서 구현하는 법을 살펴본다.

R은 다양한 통계 및 데이터 마이닝 패키지 덕분에 큰 인기를 얻은 데이터 사이언스 툴이다. 8장에서는 R과 맵리듀스를 연동해 하둡 테이블에 빠르게 데이터 사이언스를 적용하는 법을 다룬다.

9장에서는 머하웃을 구성하는 세 개의 C를 다룬다. 바로 클러스터링(clustering), 분류(classification), 협업(collaboration)이다. 이들 세 주제는 맵리듀스에서 활용할 수 있는 서로 다른 데이터 마이닝 기법을 제공한다.

4부에서 다루는 내용

07 데이터 구조 및 알고리즘의 활용
08 통계 및 그 이상을 위한 R과 하둡의 연동
09 머하웃을 활용한 예측적 분석

데이터 구조 및 알고리즘의 활용

이 장에서 다루는 내용
- 맵리듀스에서 그래프와 블룸필터를 활용한 데이터 구조 표현
- 대용량 데이터를 대상으로 한 페이지랭크 및 세미조인 알고리즘 적용
- 소셜 네트워크 업체들이 네트워크 밖의 사람들을 연결해 추천하는 방식 학습

이 장에서는 맵리듀스에서 인터넷 스케일의 데이터와 연동하는 알고리즘을 구현하는 법을 살펴본다. 여기서는 주로 그래프를 사용해 보여주는 복잡한 데이터에 초점을 맞춘다.

또, 그래프를 활용해 소셜 네트워크에서의 관계 같은 엔티티 사이의 연결을 모델링하는 법도 배운다. 여기서는 그래프에 대해 수행할 수 있는 유용한 알고리즘을 여러 개 살펴본다. 이 중 최단 경로 알고리즘, 친구의 친구(FoF; Friend of Friend) 알고리즘은 네트워크의 상호 연결성을 확장하는 데 도움을 주고, 페이지랭크 알고리즘은 웹 페이지의 인기도를 판단하는 데 도움된다.

또, 블룸필터를 활용하는 법도 배운다. 블룸필터의 공간 저장 속성은 P2P와 분산 데이터베이스에서의 분산 시스템 문제를 해결하는 데 도움이 된다. 아울러 맵리듀스에서 블룸필터를 생성하고 이를 활용해 맵리듀스에서의 조인을 최적화하는 법도 살펴본다.

확장 가능한 알고리즘을 다루는 장이라면 통계와 기계 학습 주제를 빼놓고 넘어갈 수 없다. 이들 주제는 8장과 9장에서 다룬다. 아울러 정렬 및 조인 알고리즘은 4장에서 다룬 바 있다.

그럼 맵리듀스에서 그래프를 모델링하는 법부터 살펴보자.

7.1 그래프를 활용한 데이터 모델링 및 문제 해결

그래프는 상호 연결된 객체 세트를 나타내는 수학적 구조체다. 그래프는 인터넷의 하이퍼링크 구조, 소셜 네트워크(사용자 사이의 관계), 패킷 포워딩의 최적 경로를 판단하기 위한 인터넷 라우팅 같은 데이터를 나타내는 데 사용된다.

그래프는 여러 개의 노드(과거에는 정점(vertex)이라 불렀다)와 노드를 서로 연결해주는 링크(비공식적으로는 엣지라 부른다)로 구성된다. 그림 7.1에서는 노드와 엣지로 구성된 그래프를 보여준다.

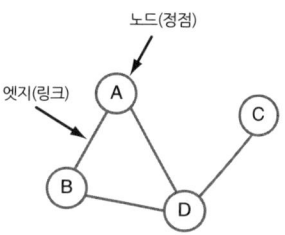

그림 7.1 노드와 엣지로 구성된 작은 그래프

엣지는 방향이 있을 수도 있고(단방향 관계를 나타낸다. 이는 관계가 항상 양방향으로 이뤄지지는 않기 때문이다) 없을 수도 있다. 예를 들어, 방향 그래프는 소셜 네트워크에서 사용자 사이의 관계를 모델링하는 데 사용할 수 있다. 그림 7.2에서는 방향 그래프와 무방향 그래프의 예를 보여준다.

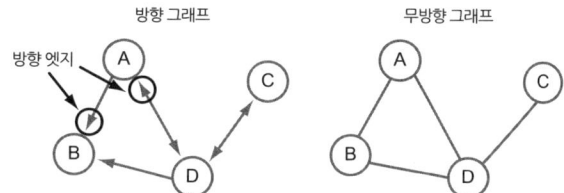

그림 7.2 방향 그래프와 무방향 그래프

그래프는 순환하거나 순환하지 않을 수 있다. 순환 그래프에서는 한 정점이 여러 개의 엣지를 이동한 후 자기 자신으로 돌아올 수 있다. 비순환 그래프에서는 한 정점이 경로를 이동해 자기 자신에게 돌아올 수 없다. 그림 7.3에서는 순환 그래프와 비순환 그래프의 예를 보여준다.

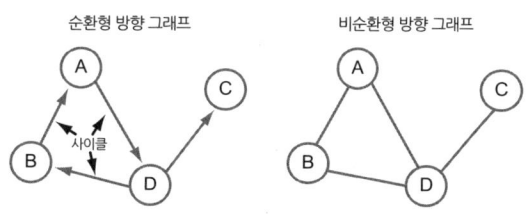

그림 7.3 순환 그래프와 비순환 그래프

그래프 작업을 시작하려면 먼저 그래프를 코드로 표현할 수 있어야 한다. 그럼 그래프 구조를 나타낼 때는 주로 어떤 방식을 사용할까?

그래프 모델링

그래프를 나타낼 때 자주 사용하는 두 가지 방법으로 인접 매트릭스(adjacency matrix)와 인접 리스트(adjacency list)가 있다.

인접 매트릭스

인접 매트릭스에서는 그래프를 N x N 정사각형 매트릭스 M으로 나타낸다. 이때 N은 노드의 개수이고, Mij는 노드 i와 j 사이의 엣지를 나타낸다.

	jim	ali	bob	dee
jim	0	0	0	0
ali	1	0	1	1
bob	1	1	0	0
dee	0	1	0	0

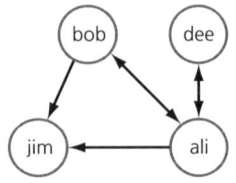

그림 7.4 인접 매트릭스로 표현한 그래프

그림 7.4는 소셜 그래프에서의 관계를 나타내는 방향 그래프를 보여준다. 화살표는 두 사람 사이의 관계가 단방향임을 보여준다. 이 인접 매트릭스에서는 이 그래프를 어떻게 나타낼지 보여준다.

인접 매트릭스의 단점은 관계의 존재와 부재를 모두 모델링하므로 밀도 있는 데이터 구조를 유지한다는 점이다.

인접 리스트

인접 리스트는 인접 매트릭스와 유사하지만, 관계의 부재를 모델링하지 않는다는 점이 다르다. 그림 7.5에서는 인접 리스트를 사용해 그래프를 표현한 모습을 볼 수 있다.

	jim	ali	bob	dee
jim	0	0	0	0
ali	1	0	1	1
bob	1	1	0	0
dee	0	1	0	0

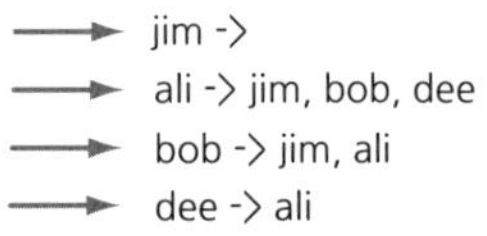

그림 7.5 인접 리스트로 표현한 그래프

인접 리스트의 장점은 희소성 데이터를 표현할 수 있으므로 공간이 그만큼 덜 필요하다는 점이다. 또 키가 정점을 나타내고 값이 방향 또는 무방향 관계 노드의 정점 리스트가 될 수 있으므로 맵리듀스에서 그래프를 나타내는 데도 적합하다.

다음으로 최단 경로 알고리즘을 시작으로 세 가지 그래프 알고리즘을 살펴보자.

최단 경로 알고리즘

최단 경로 알고리즘은 그래프 이론에서 자주 접하는 문제로, 이 알고리즘의 목표는 두 노드 사이의 최단 경로를 찾는 것이다. 그림 7.6에서는 엣지에 가중치가 없는 그래프에서 이 알고리즘을 적용한 예를 보여준다. 이 경우 최단 경로는 홉(hop)의 개수가 가장 적은 경로 또는 출발지와 목적지 사

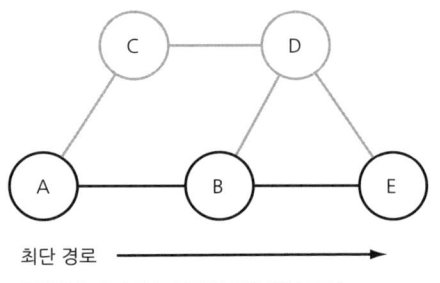

그림 7.6 노드 A와 E 사이의 최단 경로 예시

이의 중간 노드다. 이 알고리즘의 응용 분야로는 두 주소 사이의 최단 경로를 판단하는 지도 소프트웨어, 각 루트의 최단 경로 트리를 계산하는 라우터, 사용자 사이의 연결 관계를 판단하는 소셜 네트워크 등이 있다.

기법 52. 두 사용자 사이의 최단 거리 찾기

다익스트라 알고리즘(Dijkstra's algorithm)은 대학 컴퓨터 과학 과정에서 흔히 가르치는 최단 경로 알고리즘이다. 기본 구현체에서는 순차적 반복 과정을 사용해 그림 7.7처럼 시작 노드에서 출발해 전체 그래프를 이동한다.

기본 구현체는 메모리 크기를 초과하는 그래프로 확장할 수 없으며, 순차적이므로 병렬 처리에 최적화돼 있지 않다.

문제

맵리듀스를 활용해 소셜 그래프에서 두 사람 사이의 최단 경로를 찾고 싶다.

해결책

인접 리스트를 사용해 그래프를 모델링하고, 노드별로 시작 노드로부터의 거리와 시작 노드에 대한 역포인터(backpointer)를 저장한다. 매퍼를 사용해 거리를 시작 노드로 전파하고, 리듀서를 사용해 그래프의 상태를 복원한다. 이 과정을 타깃 노드에 도달할 때까지 반복한다.

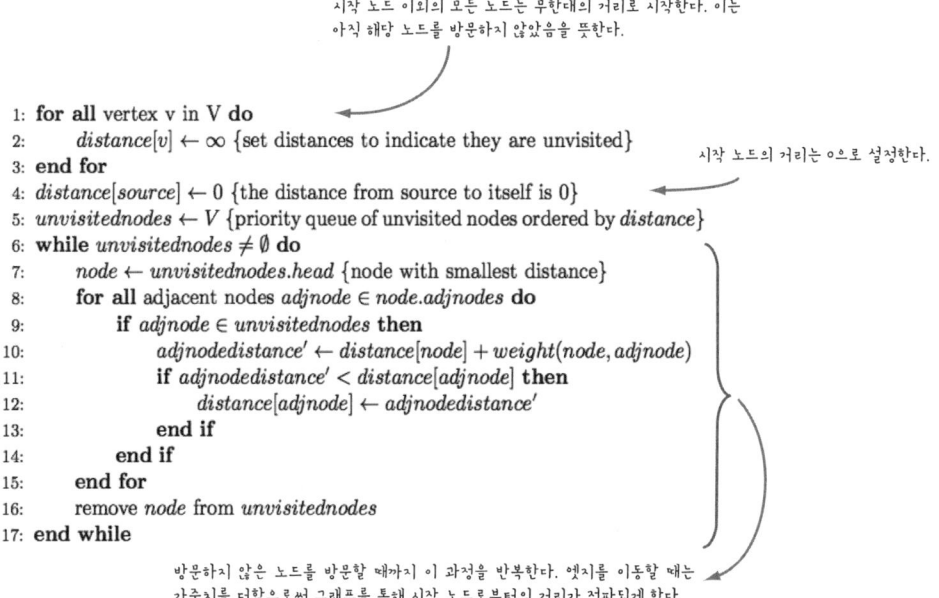

그림 7.7 다익스트라 알고리즘의 의사 코드

문제 풀이

그림 7.8에서는 이 기법에 사용할 작은 소셜 그래프를 보여준다. Dee에서 Joe로 갈 수 있는 경로는 네 개이지만 이 중 단 한 개의 경로만 가장 적은 홉(hop)을 갖고 있다. 여기서는 병렬적 너비 우선 검색 알고리즘을 구현해 두 사용자 사이의 최단 경로를 찾는다. 여기서는 소셜 네트워크상에서 작업 중이므로 엣지의 가중치는 신경 쓰지 않아도 된다. 이 알고리즘의 의사 코드는 그림 7.9에서 볼 수 있다.

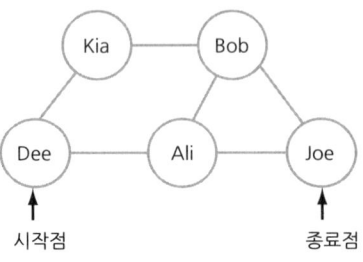

그림 7.8 이 기법에 사용한 소셜 네트워크

그림 7.10에서는 소셜 그래프에 적용한 알고리즘 반복 과정을 보여준다. 다익스트라 알고리즘과 마찬가지로 여기서도 모든 노드의 거리를 무한대로 시작하고 시작 노드인 Dee와의 거리를 0으로 설정한다. 매번 맵리듀스를 적용할 때마다 거리가 무한대가 아닌 노드를 판단하고 그 거리 값을 인접 노드로 전달한다. 이 작업은 종료 노드에 도착할 때까지 계속한다.

먼저 시작점을 생성해야 한다. 여기서는 파일로부터 소셜 네트워크(인접 리스트로 저장돼 있다)를 읽고 초기 거리 값을 설정해 이 작업을 수행한다. 그림 7.11에서는 두 개의 파일 형식을 보여주는데 이 중 두 번째 형식이 맵리듀스 코드에서 반복적으로 사용하는 형식이다.

$Map(node\text{-}name, node)$
1: $emit(node\text{-}name, node)$ {to preserve node}
2: **if** $node.distance \neq \infty$ **then** {process neighbors if the current node distance has been computed}
3:     $neighbor\text{-}distance \leftarrow node.distance + 1$
4:     **for all** adjacent nodes $adjnode \in node.adjnodes$ **do**
5:         {output the adjacent node, the adjacent node's distance, and the path backpointer}
6:         emit $(adjnode.name, [neighbor\text{-}distance, node.backpointer+node.name])$
7:     **end for**
8: **end if**

$Reduce(node\text{-}name, list\text{-}of\text{-}nodes)$
1: $node.distance \leftarrow \infty$
2: $node.backpointer \leftarrow null$
3: **for all** $reducer\text{-}node \in nodes$ **do**
4:     $distance \leftarrow reducer\text{-}node.distance$
5:     $backpointer \leftarrow reducer\text{-}node.backpointer$
6:     **if** $distance < node.distance$ **then**
7:         $node.distance \leftarrow distance$
8:         $node.backpointer \leftarrow backpointer$
9:     **end if**
10: **end for**
11: $emit(node\text{-}name, node)$

그림 7.9 맵리듀스를 사용한 그래프에 대한 너비 우선 병렬 검색을 위한 의사 코드

시작점

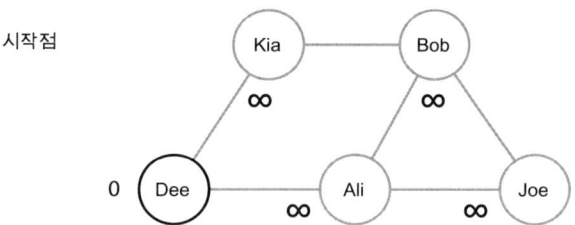

시작 노드를 제외한 모든 노드의 거리는 무한대로 시작한다. 이는 이들 노드를 아직 방문하지 않았음을 나타낸다. 시작 노드의 거리는 0으로 설정한다.

반복 1

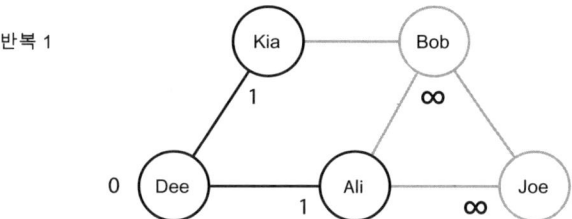

방문하지 않은 모든 노드를 반복하고 거리가 0으로 설정되지 않은 노드에 인접한 노드로 시작 노드와의 거리를 전파하는 첫 번째 반복 과정

반복 2

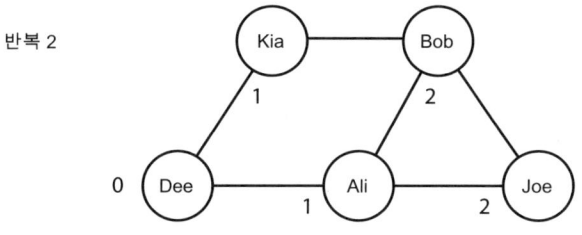

두 번째 반복에서는 그래프를 통해 추가 홉(hop)만큼 거리를 전파한다. 이 과정에서 타깃 노드인 Joe에 접근했으므로 알고리즘이 종료된다.

그림 7.10 네트워크를 통한 최단 경로 반복

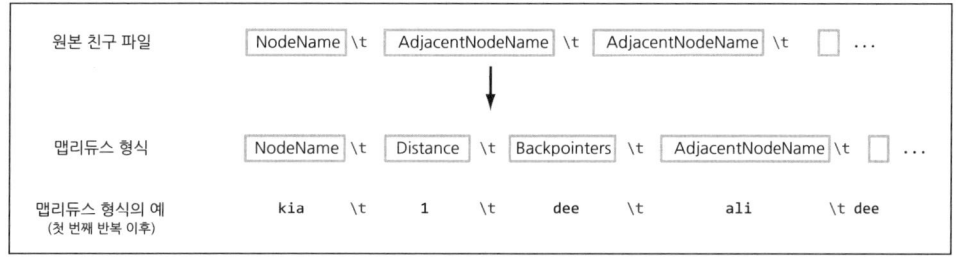

그림 7.11 원본 소셜 네트워크 파일 형식 및 알고리즘을 위해 최적화한 맵리듀스 형식

첫 번째로 할 일은 원본 파일로부터 맵리듀스 형식을 만드는 일이다. 아래 예시에서는 원본 입력 파일을 보여주고, 변형 코드를 이용해 생성한, 맵리듀스에 적합한 입력 파일 형식을 보여준다.

```
$ cat test-data/ch7/friends-short-path.txt          ← 입력 데이터
dee   kia   ali
ali   dee   kia   bob   joe
joe   bob   ali
kia   ali   dee
bob   ali   joe

$ hadoop fs -cat output/input.txt
dee   0            kia   ali
ali   2147483647   dee   kia   bob   joe    ←
joe   2147483647   bob   ali                    ❶
kia   2147483647   ali   dee
bob   2147483647   ali   joe
```

❶ 소스 노드로부터 홉 개수를 나타내는 숫자를 추가한, 맵리듀스에 적합한 입력 데이터. 시작 노드 Dee는 홉이 0이다. 다른 노드는 아직 방문하지 않았음을 나타내기 위해 Integer.MAX_VALUE를 사용한다.

앞의 출력 결과를 생성하는 코드는 다음과 같다[1].

```
OutputStream os = fs.create(targetFile);
LineIterator iter = org.apache.commons.io.IOUtils
      .lineIterator(fs.open(file), "UTF8");
while (iter.hasNext()) {
  String line = iter.nextLine();          ← 원본 소셜 네트워크 파일에서 각 줄을 읽음

  String[] parts = StringUtils.split(line);
                                          ← 노드의 기본 거리를 무한대(Math.MAX_VALUE를 사용)로 설정
  int distance = Map.INFINITE;
  if (startNode.equals(parts[0])) {
    distance = 0;       ←
  }                       현재 노드가 시작 노드이면 거리를 0으로 설정
                                                                          ← 거리 및 빈 역포인터 쓰기
  IOUtils.write(parts[0] + '\t' + String.valueOf(distance) + "\t\t", os);

  IOUtils.write(StringUtils.join(parts, '\t', 1, parts.length), os);
  IOUtils.write("\n", os);     ←
}                                인접 노드(친구) 쓰기
```

[1] 깃허브 소스 — https://github.com/alexholmes/hadoop-book/blob/master/src/main/java/com/manning/hip/ch7/shortestpath/Main.java

맵리듀스 데이터의 구조는 알고리즘을 반복하는 동안 바뀌지 않는다. 각 잡에서는 같은 구조를 생성하고, 입력 형식과 출력 형식이 같으므로 반복하기도 그만큼 쉽다.

맵 함수에서는 두 개의 주요 작업을 수행한다. 먼저 그래프의 원본 구조를 보존하기 위해 모든 노드 데이터를 출력한다. 이 작업을 하지 않으면 리듀서가 다음 번 맵 단계에서 원본 그래프 구조를 재생성할 수 없으므로 이 과정을 반복할 수 없다. 맵 함수의 두 번째 주요 기능은 전체 인접 노드 중 무한대가 아닌 거리 값을 가진 노드를 찾아 거리 및 역포인터와 함께 인접 노드를 출력하는 것이다. 역포인터는 시작 노드로부터 방문한 노드에 대한 정보를 갖고 있으므로 종료 노드에 도달할 때 이 노드까지 오게 된 경로를 정확히 알 수 있게 해준다.[2]

```java
@Override
protected void map(Text key, Text value, Context context)
      throws IOException, InterruptedException {         ❶

  Node node = Node.fromMR(value.toString());
                                                  그래프 구조를 보존함
  context.write(key, value);
                                  거리 값이 설정된 경우만 인접 노드에 대한 상세 정보를 출력함
  if (node.isDistanceSet()) {
    int neighborDistance = node.getDistance() + 1;
                                                  인접 노드의 거리를 계산하고 역포인터를 계산한다.
    String backpointer = node.constructBackpointer(key.toString());
                                                                            ❷

    String[] adjNodes = node.getAdjacentNodeNames();
    for (int i = 0; i < adjNodes.length; i++) {
                                                  모든 인접 노드를 순회
      String neighbor = adjNodes[i];

      outKey.set(neighbor);

      Node adjacentNode = new Node()
          .setDistance(neighborDistance)
          .setBackpointer(backpointer);

      outValue.set(adjacentNode.toString());
      context.write(outKey, outValue);
                                        인접 노드의 상세 정보를 출력
    }
```

---

[2] 깃허브 소스 — https://github.com/alexholmes/hadoop-book/blob/master/src/main/java/com/manning/hip/ch7/shortestpath/Map.java

        }
    }

❶ 입력값으로부터 Node 객체를 생성함. fromMR 메서드에서는 문자열을 분할해 거리, 역포인터, 인접 노드를 추출하는 일만 수행.
❷ 역포인터 계산은 존재하는 노드의 역포인터 끝에 노드의 이름을 첨부하면 된다.

인접 노드, 거리와 더불어 시작 입력 노드를 출력할 때 맵 출력값의 형식(내용이 아니라)은 동일하다. 따라서 리듀서는 그만큼 쉽게 데이터를 읽을 수 있다. 여기서는 Node 클래스를 사용해 노드, 인접 노드, 시작 노드로부터의 거리를 모델링한다. 이 클래스의 toString 메서드는 이 데이터를 문자열 형태로 생성해주며, 이 값은 다음 예제[3]에서 볼 수 있듯 맵 출력 키로 사용된다.

맵리듀스 코드에서 직렬화를 도와주는 Node 클래스

```java
public class Node {
    private int distance = INFINITE;
    private String backpointer;
    private String[] adjacentNodeNames;

    public static int INFINITE = Integer.MAX_VALUE;
    public static final char fieldSeparator = '\t';

    public String constructBackpointer(String name) {
        StringBuilder backpointer = new StringBuilder();
        if (StringUtils.trimToNull(getBackpointer()) != null) {
            backpointers.append(getBackpointer()).append(":");
        }
        backpointer.append(name);
        return backpointer.toString();
    }

    @Override
    public String toString() {
        StringBuilder sb = new StringBuilder();
        sb.append(distance)
            .append(fieldSeparator)
```

---

[3] 깃허브 소스 — https://github.com/alexholmes/hadoop-book/blob/master/src/main/java/com/manning/hip/ch7/shortestpath/Node.java

```
      .append(backpointer);

  if (getAdjacentNodeNames() != null) {
    sb.append(fieldSeparator)
      .append(StringUtils
        .join(getAdjacentNodeNames(), fieldSeparator));
  }
  return sb.toString();
}

public static Node fromMR(String value) throws IOException {
  String[] parts = StringUtils.splitPreserveAllTokens(
    value, fieldSeparator);
  if (parts.length < 2) {
    throw new IOException(
      "Expected 2 or more parts but received " + parts.length);
  }
  Node node = new Node()
    .setDistance(Integer.valueOf(parts[0]))
    .setBackpointer(StringUtils.trimToNull(parts[1]));
  if (parts.length > 2) {
    node.setAdjacentNodeNames(Arrays.copyOfRange(parts, 2, parts.length));
  }
  return node;
}
```

리듀서가 하는 일은 각 노드의 최소 거리를 계산하고 최소 거리, 역포인터, 시작 인접 노드를 출력하는 것이다. 다음 예제[4]에서는 리듀서의 코드를 볼 수 있다.

최단 경로 알고리즘의 리듀서 코드

```
public static enum PathCounter {
    TARGET_NODE_DISTANCE_COMPUTED,     ← 타깃 노드에 도달하기까지 거친 홉의 개수를 설정하는 데 사용할 카운터 열거형
    PATH
  }

  private Text outValue = new Text();
```

---

[4] 깃허브 소스 — https://github.com/alexholmes/hadoop-book/blob/master/src/main/java/com/manning/hip/ch7/shortestpath/Reduce.java

```java
    private String targetNode;

    protected void setup(Context context)
        throws IOException, InterruptedException {
      targetNode = context.getConfiguration().get(        ← 설정으로부터 타깃 노드를 읽음
        Main.TARGET_NODE);
    }

    public void reduce(Text key, Iterable<Text> values, Context context)
        throws IOException, InterruptedException {

      int minDistance = Node.INFINITE;        ← 초기 최소 거리를 무한대로 설정

      Node shortestAdjacentNode = null;
      Node originalNode = null;

      for (Text textValue : values) {

        Node node = Node.fromMR(textValue.toString());        ← 입력값을 Node로 변환

        if(node.containsAdjacentNodes()) {
          // 원본 데이터
          originalNode = node;        ← 노드가 원본 노드(인접 노드가 있는)를 나타내면 이를 보관함
        }

        if(node.getDistance() < minDistance) {        ← 인접 노드에서 이 노드까지의 거리가 최소 거리보다 작으면 이를 보관
          minDistance = node.getDistance();
          shortestAdjacentNode = node;
        }
      }
                                        인접 노드로부터 최소 거리와 역포인터를 저장함
      if(shortestAdjacentNode != null) {        ←
        originalNode.setDistance(minDistance);
        originalNode.setBackpointer(
          shortestAdjacentNode.getBackpointer());
      }

      outValue.set(originalNode.toString());

      context.write(key, outValue);        ← 노드를 씀
```

```
    if (minDistance != Node.INFINITE && targetNode.equals(key.toString())) {  ←── ❶
      Counter counter = context.getCounter(PathCounter.TARGET_NODE_DISTANCE_COMPUTED);
      counter.increment(minDistance);
      context.getCounter(PathCounter.PATH.toString(),
        shortestAdjacentNode.getBackpointer()).increment(1);
    }
  }
```

❶ 현재 노드가 타깃 노드이고 거리 값이 유효하면 작업이 끝난 것이므로 거리와 역포인터를 맵리듀스 카운터에 설정함으로써 작업이 끝났음을 표시함.

이제 코드를 실행할 준비가 모두 끝났다. 이어서 입력 파일을 HDFS로 복사하고 맵리듀스 잡을 실행한 후 시작 노드(dee)와 타깃 노드명(joe)을 지정해야 한다.

```
$ hadoop fs -put \
    test-data/ch7/friends-short-path.txt \
    friends-short-path.txt

$ bin/run.sh com.manning.hip.ch7.shortestpath.Main dee joe \
    friends-short-path.txt output

==========================================
= Shortest path found, details as follows.
=
= Start node: dee
= End node: joe
= Hops:  2
= Path:  dee:ali
==========================================


$ hadoop fs -cat output/2/part*
ali  1    dee         dee  kia  bob  joe
bob  2    dee:ali     ali  joe
dee  0    null        kia  ali
joe  2    dee:ali     bob  ali
kia  1    dee         ali  dee
```

잡의 결과를 보면 Dee와 Joe의 최단 홉은 2이고 Ali가 연결 노드임을 알 수 있다.

정리

이 예제에서는 소셜 네트워크에서 두 사람 사이의 최단 홉 개수를 판단하는 데 사용할 수 있는 최단 경로 알고리즘을 살펴봤다. 최단 경로 알고리즘과 관련 있는 그래프 반경 추정(graph diameter estimation)[5] 알고리즘에서는 노드 사이의 평균 홉 개수를 판단한다. 이 알고리즘은 노드 개수가 수백만 개인 대형 소셜 네트워크 그래프에서 6단계 분리 이론(six degrees of separation)을 지원하기 위해 사용됐다[6].

최단 경로 알고리즘도 여러 분야에 응용할 수 있지만, 소셜 네트워크에서 좀 더 유용한 알고리즘은 친구의 친구(FoF) 알고리즘이다.

친구의 친구

링크드인이나 페이스북 같은 소셜 네트워크 사이트에서는 FoF 알고리즘을 사용해 사용자들이 자신의 네트워크를 넓힐 수 있게 도와준다.

기법 53. 친구의 친구 계산

친구의 친구(FoF) 알고리즘에서는 사용자의 직접적인 네트워크 상에는 없지만 사용자가 알 수도 있는 친구를 추천한다. 이 절 및 이 기법의 목적은 그림 7.12에 나온 것처럼 FoF를 2단계 네트워크로 고려하는 것이다.

이 알고리즘을 성공적으로 구현하려면 공통 친구가 많은 순서대로 친구의 친구를 정렬해 사용자가 알 수도 있는 친구의 친구 가능성을 높이는 게 가장 중요하다.

문제
맵리듀스에서 친구의 친구 알고리즘을 구현하려고 한다.

해결책
소셜 네트워크상의 사용자별로 친구의 친구를 계산하려면 두 개의 맵리듀스 잡이 필요하다. 첫 번째 잡에서는 각 사용자의 공통 친구를 계산하고, 두 번째 잡에서는 공통 친구를 여러분의 친구와의 연결 횟수로 정렬한다.

---

5 "HADI: Fast Diameter Estimation and Mining in Massive Graphs with Hadoop," http://goo.gl/Estxk에서 "HADI: Fast Diameter Estimation and Mining in Massive Graphs with Hadoop" PDF 참고.
6 "Four Degrees of Separation," at http://arxiv.org/abs/1111.4570에서 "Four Degrees of Separation" 참고.

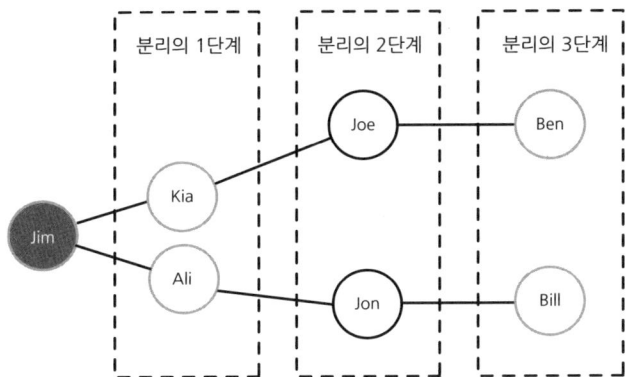

그림 7.12 Joe와 Jon이 Jim의 친구의 친구로 추천되는 FoF의 예시

문제 풀이

먼저 예시 그래프를 살펴보고 우리가 찾고자 하는 결과를 이해하자. 그림 7.13에서는 사용자 중 한 명인 Jim의 네트워크에 있는 사람들을 강조했다. 이 그래프에서 Jim의 친구의 친구(Dee, Joe, Jon)는 굵게 표시돼 있다. Jim의 친구의 친구 옆에는 친구의 친구와 Jim의 공통 친구가 몇 명인지 나와 있다. 여기서 우리가 하려는 일은 모든 친구의 친구를 찾은 다음, 공통 친구의 개수대로 정렬하는 것이다. 따라서 우리가 원하는 결과에서는 Joe가 첫 번째 추천 친구로 나타나고, 이어서 Dee, Jon이 나타나야 한다.

이 기법에 사용할 소셜 그래프를 나타내는 텍스트 파일은 다음과 같다.

```
$ cat test-data/ch7/friends.txt
joe   jon   kia   bob   ali
kia   joe   jim   dee
dee   kia   ali
ali   dee   jim   bob   joe   jon
jon   joe   ali
bob   joe   ali   jim
jim   kia   bob   ali
```

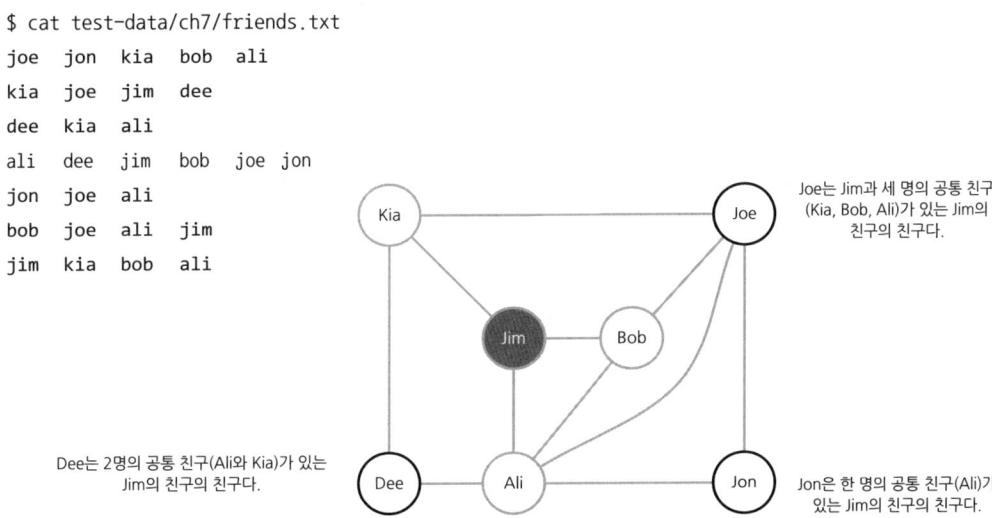

그림 7.13 Joe와 Jon이 Jim의 친구의 친구로 추천되는 FoF 예시

```
Map(node-name, node)
1:  for all adjnode ∈ node.adjacency-list do
2:      emit(lexicographically-ordered-tuple(node-name, adjnode.name), 1)
3:      for all adj2node ∈ node.adjacency-list do
4:          if the tuple(adjnode.name, adj2node.name) hasn't already been
            emitted then
5:              emit(lexicographically-ordered-tuple(adjnode.name, adj2node.name), 2)


Reduce(tuple(node1.name, node2.name), [i_1, i_2, ...])
1:  common-friends ← 0
2:  already-friends ← false
3:  for all i ∈ counts[i_1, i_2, ...] do
4:      if i = 1 then
5:          already-friends ← true
6:          common-friends ← common-friends + 1
7:  if already-friends ≠ true then
8:      emit(tuple(node1.name, node2.name), common-friends)
```

그림 7.14 사용자별로 공통된 친구의 친구를 계산하는 첫 번째 맵리듀스 잡

이 알고리즘에서는 두 개의 맵리듀스 잡을 작성해야 한다. 그림 7.14의 의사 코드에 나와 있는 첫 번째 잡에서는 친구의 친구를 계산하고 공통 친구의 개수를 센다. 이 잡의 결과에서는 이미 친구인 사람들을 제외한 각 친구의 친구 관계별로 한 줄을 출력한다.

그림 7.13에 나온 그래프를 대상으로 이 잡을 실행한 결과는 다음과 같다.

```
ali kia 3
bob dee 1
bob jon 2
bob kia 2
dee jim 2
dee joe 2
dee jon 1
jim joe 3
jim jon 1
jon kia 1
```

두 번째 잡에서는 사용자별로 공통 친구 순서대로 친구의 친구가 나열되게끔 결과를 생성해야 한다. 그림 7.15에서는 이 알고리즘을 보여준다. 여기서는 2차 정렬을 사용해 공통 친구 순서대로 친구의 친구를 정렬한다.

이전 잡의 실행 결과를 대상으로 이 잡을 실행하면 결과가 다음과 같다.

```
ali  kia:3
bob  kia:2,jon:2,dee:1
dee  jim:2,joe:2,jon:1,bob:1
jim  joe:3,dee:2,jon:1
joe  jim:3,dee:2
jon  bob:2,kia:1,dee:1,jim:1
kia  ali:3,bob:2,jon:1
```

$Map(tuple(node1.name, node2.name), common\text{-}friends)$
1: $emit(tuple(node1.name, common\text{-}friends), tuple(node2.name, common\text{-}friends))$
2: $emit(tuple(node2.name, common\text{-}friends), tuple(node1.name, common\text{-}friends))$

$Partitioner(tuple(node.name, common\text{-}friends))$
1: **partition by** $node.name$

$Sort(tuple(node.name, common\text{-}friends))$
1: **sort by** $tuple(node.name, common\text{-}friends)$

$Reduce(tuple(node.name, common\text{-}friends), [tuple_1, tuple_2, ...])$
1: $potential\text{-}friends \leftarrow \emptyset$
2: **for all** $t \in tuples[tuple_1, tuple_2, ...]$ **do**
3: $\quad potential\text{-}friends_i \leftarrow tuple(t.name, t.common\text{-}friends)$
4: $emit(node.name, potential\text{-}friends)$

그림 7.15 공통 친구가 많은 순서대로 친구를 정렬하는 두 번째 맵리듀스 잡

그럼 다음 예제에 나와 있는 코드로 바로 들어가 사용자별로 친구의 친구를 계산하는 첫 번째 맵리듀스 잡을 살펴보자[7].

친구의 친구 계산을 위한 매퍼 및 리듀서 구현체

```java
public static class Map
    extends Mapper<Text, Text, TextPair, IntWritable> {

  private TextPair pair = new TextPair();
  private IntWritable one = new IntWritable(1);
  private IntWritable two = new IntWritable(2);

  @Override
  protected void map(Text key, Text value, Context context) throws IOException,
      InterruptedException {
```

---

[7] 깃허브 소스 — https://github.com/alexholmes/hadoop-book/blob/master/src/main/java/com/manning/hip/ch7/friendsofafriend/Calc-MapReduce.java

```
      String[] friends = StringUtils.split(value.toString());
      for (int i = 0; i < friends.length; i++) {
        pair.set(key.toString(), friends[i]);
        context.write(pair, one);    ← ❶

        for (int j = i + 1; j < friends.length; j++) {
          pair.set(friends[i], friends[j]);
          context.write(pair, two);   ←
        }
      }
    }
  }

  public static class Reduce
      extends Reducer<TextPair, IntWritable, TextPair, IntWritable> {

    private IntWritable friendsInCommon = new IntWritable();

    public void reduce(TextPair key, Iterable<IntWritable> values, Context context)
        throws IOException, InterruptedException {

      int commonFriends = 0;
      boolean alreadyFriends = false;
      for (IntWritable hops : values) {
        if (hops.get() == 1) {
          alreadyFriends = true;
          break;
        }

        commonFriends++;
      }

      if (!alreadyFriends) {
        friendsInCommon.set(commonFriends);
        context.write(key, friendsInCommon);    ← ❷
      }
    }
  }
}
```

그래프에서 모든 인접 노드(사용자의 친구)를 순회

친구별로 남은 친구를 순회하고 친구의 친구라는 사실을 내보낸다.

이미 친구이면 관계를 무시

❶ 이미 친구라면 각 친구별로 리듀스 단계에서 관계를 버려도 된다는 사실을 내보낸다. TextPair 클래스는 특정 사용자 쌍에 대해 단일 리듀서 키가 존재하게끔 두 이름의 순서를 사전적으로 정렬한다.

❷ 공통 친구의 개수를 포함시켜 친구의 친구임을 출력한다. 이때 TextPair 클래스를 사용해 사용자명을 사전적으로 정렬한다.

다음 예제에 나온 두 번째 맵리듀스 잡에서 하는 일은 공통 친구가 많은 순서대로 친구의 친구가 보이게끔 친구의 친구를 정렬하는 일이다[8].

공통 친구의 수에 따라 친구의 친구를 정렬하는 매퍼 및 리듀서 구현체

```
public static class Map
    extends Mapper<Text, Text, Person, Person> {

  private Person outputKey = new Person();
  private Person outputValue = new Person();

  @Override
  protected void map(Text key, Text value, Context context) throws IOException,
        InterruptedException {
    String[] parts = StringUtils.split(value.toString());
    String name = parts[0];
    int commonFriends = Integer.valueOf(parts[1]);

    outputKey.set(name, commonFriends);
    outputValue.set(key.toString(), commonFriends);
    context.write(outputKey, outputValue);      ← 관계의 절반을 내보냄

    outputValue.set(name, commonFriends);
    outputKey.set(key.toString(), commonFriends);
    context.write(outputKey, outputValue);      ← 관계의 나머지 절반을 내보냄
  }
}

public static class Reduce
    extends Reducer<Person, Person, Text, Text> {

  private Text name = new Text();
  private Text potentialFriends = new Text();

  @Override
  public void reduce(Person key, Iterable<Person> values, Context context) throws
            IOException, InterruptedException {
```

---

8 깃허브 소스 — https://github.com/alexholmes/hadoop-book/blob/master/src/main/java/com/manning/hip/ch7/friendsofafriend/Sort-MapReduce.java

```
        StringBuilder sb = new StringBuilder();

        int count = 0;
        for (Person potentialFriend : values) {      ◀── 리스트에 있는 모든 사람을 공통 친구 순서로 정렬함
          if(sb.length() > 0) {
            sb.append(",");
          }
          sb.append(potentialFriend.getName())
            .append(":")
            .append(potentialFriend.getCommonFriends());

          if (++count == 10) {      ◀── 최상위 10개만 보관
            break;
          }
        }

        name.set(key.getName());
        potentialFriends.set(sb.toString());
        context.write(name, potentialFriends);      ◀── 사용자에게 추천할 친구의 친구를 내보냄
      }
    }
```

여기서는 전체 드라이버 코드를 수록하지 않았지만, 2차 정렬을 수행하기 위해 몇 개의 추가 클래스를 작성하고 잡이 분할 및 정렬에 해당 클래스를 사용하게끔 해야 한다(2차 정렬에 대한 자세한 내용은 4장을 참고하자).

```
job.setPartitionerClass(PersonNamePartitioner.class);
job.setSortComparatorClass(PersonComparator.class);
job.setGroupingComparatorClass(PersonNameComparator.class);
```

친구 관계가 들어 있는 입력 파일을 HDFS로 복사하고 드라이버 코드를 실행해 두 개의 맵리듀스 잡을 실행하자. 이때 마지막으로 지정한 두 인자는 두 맵리듀스 잡의 출력 디렉터리다.

```
$ hadoop fs -put test-data/ch7/friends.txt .
$ bin/run.sh com.manning.hip.ch7.friendsofafriend.Main \
  friends.txt calc-output sort-output
```

코드를 실행하고 나면 HDFS에서 출력 결과를 볼 수 있다.

```
$ hadoop fs -cat sort-output/part*
ali kia:3
bob kia:2,jon:2,dee:1
dee jim:2,joe:2,jon:1,bob:1
jim joe:3,dee:2,jon:1
joe jim:3,dee:2
jon bob:2,kia:1,dee:1,jim:1
kia ali:3,bob:2,jon:1
```

이 출력 결과를 보면 그림 7.13에서 본 내용을 그대로 확인할 수 있다. 즉, Jim은 세 명의 친구의 친구가 있고, 친구의 친구는 공통 친구가 많은 순서대로 정렬돼 있다.

정리

이 기법은 추천 엔진에서 사용자의 네트워크를 넓히도록 돕거나 사용자가 소셜 네트워크 웹사이트를 탐색할 때 정보 전달 목적으로도 활용할 수 있다. 예를 들어 링크드인에서 사람들을 볼 때 우리는 나와 그 사람과의 분리 정도를 볼 수 있다. 여기서 살펴본 기법은 두 홉 사이의 정보를 미리 계산하는 데 활용할 수 있다. 세 홉에 대해 이를 적용하려면(예를 들어 친구의 친구의 친구를 보여주려면) 첫 번째 잡의 출력 결과로부터 세 번째 홉을 계산하는 세 번째 맵리듀스 잡을 도입하면 한다. 이 부분은 독자의 몫으로 남겨두겠다.

접근 방식을 간단히 하기 위해 여기서는 무방향 그래프를 사용했다. 이 말은 사용자의 관계가 양방향임을 뜻한다. 대부분의 소셜 네트워크에는 이런 개념이 없으며, 이런 동작을 모델링하려면 알고리즘을 조금 수정해야 한다.

이어서 마지막 그래프 기법을 살펴보자. 이번에는 웹 페이지의 인기도를 계산하는 페이지랭크 알고리즘을 사용한다.

페이지랭크

페이지랭크(PageRank) 알고리즘은 1998년 스탠포드 재학 시절 구글 창업자가 소개한 공식이다[9]. 이 논문에서는 웹을 크롤링하고 인덱싱하는 전반적인 접근 방식을 다루고 있으며, 이 계산 방식의 일부로서 페이지랭크라는 계산법을 다루고 있다. 페이지랭크는 페이지의 중요성을 나타내는 점수를 각 웹 페이지에 부여하는 방식이다. 웹 페이지에 점수를 부여하는 메커니즘이 페이지랭크가 처음은 아니었지만[10] 아웃바운드 링크의 전체 개수를 토대로 각 아웃바운드 링크에 부여하는 점수 가중치를 둔 것은 페이지랭크가 처음이었다.

---

9 http://infolab.stanford.edu/pub/papers/google.pdf에서 "The Anatomy of a Large-Scale Hypertextual Web Search Engine" 참고
10 페이지랭크 이전에는 HITS 링크 분석 방식이 인기가 있었다. http://nlp.stanford.edu/IR-book/html/htmledition/hubs-and-authorities-1.html 을 참고하자.

기법 54. 웹 그래프에서의 페이지랭크 계산

기본적으로 페이지랭크에서는 인바운드 링크 개수가 적은 페이지보다 인바운드 링크 개수가 많은 페이지에 더 높은 점수를 준다. 페이지의 점수를 계산할 때 페이지랭크는 모든 인바운드링크의 점수를 사용해 페이지의 순위를 계산한다. 하지만 아웃바운드 링크가 많은 소스에서는 아웃바운드 링

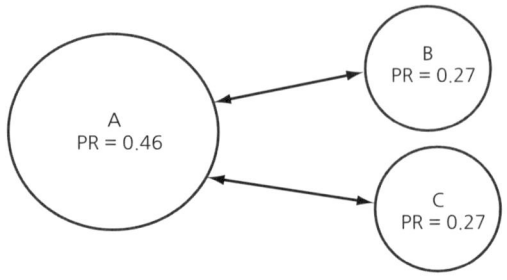

그림 7.16 간단한 웹 그래프의 페이지랭크 값

크를 아웃바운드 링크의 개수로 나눔으로써 개별 인바운드 링크에 페널티를 부여한다. 그림 7.16에서는 세 페이지의 웹 그래프와 이들 페이지의 페이지랭크 값 예시가 나와 있다.

$$PageRank(n) = \frac{1-d}{|webGraph|} + d \sum_{i \in InboundLinks(n)} \frac{PageRank(i)}{|i.outboundLinks|}$$

그림 7.17 페이지랭크 공식

그림 7.17에는 페이지랭크 공식이 나와 있다. 이 공식에서 |webGraph|는 그래프 내 전체 페이지 개수이고, 0.85로 설정된 d는 두 곳에서 사용되는 감쇠율이다. 첫 번째로 이 값은 많은 링크를 클릭한 후 랜덤 서퍼가 이 페이지에 도달할 확률을 나타내고(이 값은 0.15를 전체 페이지 수로 나눈 것과 같은 상수다), 두 번째로 인바운드 링크의 페이지랭크를 85퍼센트만큼 감쇠하는 기능을 한다.

문제
맵리듀스에서 반복적인 페이지랭크 그래프 알고리즘을 구현하려고 한다.

해결책
페이지랭크는 그래프가 수렴될 때까지 맵리듀스 잡을 반복해 구현할 수 있다. 매퍼에서는 노드 페이지랭크 값을 인접 노드로 전달하는 일을 책임지고, 리듀서에서는 노드별 새 페이지랭크 값을 계산하고 업데이트된 페이지랭크 값으로 원본 그래프를 재생성하는 일을 책임진다.

문제 풀이
페이지랭크의 장점 중 하나는 반복적으로 계산할 수 있고 로컬에 적용할 수 있다는 점이다. 모든 정점은 1을 노드 개수로 나눈 시드(seed) 값을 갖고 시작하고, 매 반복마다 각 노드는 그 값을 연결된 모든 페이지로 전달한다. 그다음 각 정점은 모든 인바운드 정점의 값을 합해

새로운 시드 값을 계산한다. 이와 같은 반복 과정은 값이 수렴할 때까지 계속된다. 수렴은 마지막 반복 이후 시드 값이 얼마나 변했는지 측정해 판단한다. 수렴 값이 특정 값보다 낮다면 이 말은 최소한의 수정이 있었음을 뜻하므로, 이때는 반복을 중단할 수 있다. 아울러 수렴에 이르기까지 지나치게 많은 반복이 필요한 대형 그래프에서는 반복 횟수를 제한하는 방식도 자주 사용한다. 그림 7.18에서는 앞서 이 기법을 시작하면서 본 단순 그래프를 대상으로 페이지랭크를 두 번 반복한 결과를 보여준다.

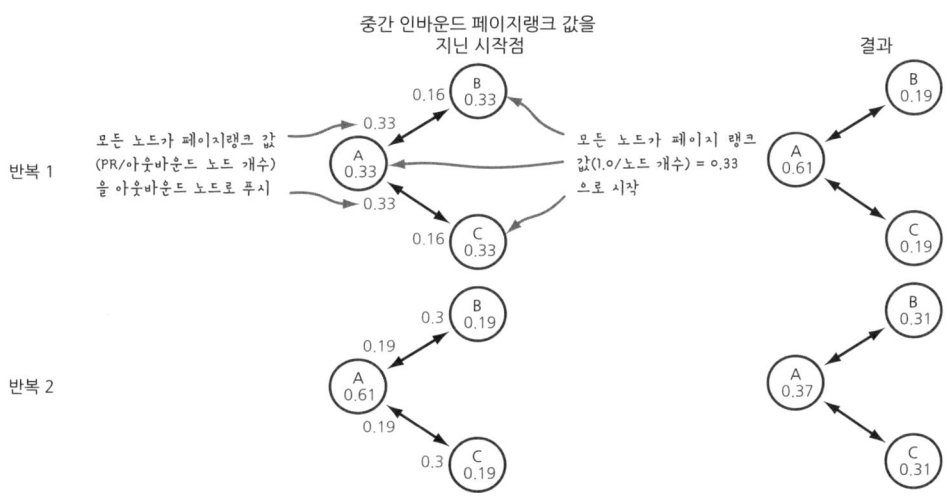

그림 7.18 페이지랭크 반복 예시

$Map(node\text{-}name, node)$
1: $emit(node\text{-}name, node)$ {preserve the graph structure}
2: $outPageRank \leftarrow \dfrac{node.pageRank}{|node.adjacency\text{-}list|}$
3: **for all** $adjnode \in node.adjacency\text{-}list$ **do**
4:     $emit(adjnode.name, outPageRank)$

$Reduce(node\text{-}name, [node, inPageRank_1, inPageRank_2, ...])$
1: $sumInPageRanks \leftarrow 0$
2: $node \leftarrow null$
3: **for all** $i \in [node, inPageRank_1, inPageRank_2, ...]$ **do**
4:     **if** i isa $node$ **then**
5:         $node \leftarrow i$
6:     **else**
7:         $sumInPageRanks \leftarrow sumInPageRanks + i$
8: $m.pageRank \leftarrow sumInPageRanks$
9: $emit(node\text{-}name, node)$

그림 7.19 맵과 리듀스 단계로 재구성한 페이지랭크

그림 7.19에서는 맵과 리듀스 부분으로 표현한 페이지랭크 알고리즘을 볼 수 있다. 맵 단계는 그래프를 보존하고 모든 아웃바운드 노드로 페이지랭크 값을 내보내는 일을 책임진다. 리듀서는 노드별로 새로운 페이지랭크 값을 다시 계산하고 이를 원본 그래프의 출력값에 포함시키는 일을 담당한다.

이 기법에서는 그림 7.20에 나와 있는 그래프를 대상으로 작업한다. 이 그래프에서는 모든 노드에 인바운드 엣지와 출력 엣지가 들어 있다.

우선 맵 태스크를 작성해야 한다. 다음 예제에 나온 맵 태스크에는 두 개의 주요 기능이 있다. 두 기능 중 하나는 그래프 구조를 보존하는 것이고, 다른 하나는 페이지랭크 값을 각 아웃바운드 노드로 전파하는 것이다[11].

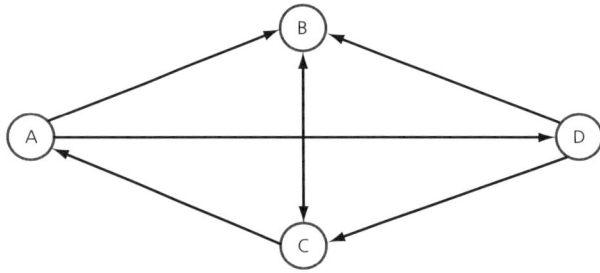

그림 7.20 이 기법에 사용할 예제 웹 그래프

페이지랭크 매퍼는 리듀서가 페이지랭크를 계산할 수 있게끔 그래프 구조를 변환

```
public class Map
        extends Mapper<Text, Text, Text, Text> {

    private Text outKey = new Text();
    private Text outValue = new Text();

    @Override
    protected void map(Text key, Text value, Context context) throws IOException,
        InterruptedException {

        context.write(key, value);    ← 그래프 구조를 보존하기 위해 입력값을 내보냄
```

---

11 깃허브 소스 — https://github.com/alexholmes/hadoop-book/blob/master/src/main/java/com/manning/hip/ch7/pagerank/Map.java

```
        Node node = Node.fromMR(value.toString());

        if(node.getAdjacentNodeNames() != null && node.getAdjacentNodeNames().length > 0) {
          double outboundPageRank = node.getPageRank() /          ❶
              (double)node.getAdjacentNodeNames().length;

          for (int i = 0; i < node.getAdjacentNodeNames().length; i++) {

            String neighbor = node.getAdjacentNodeNames()[i];

            outKey.set(neighbor);

            Node adjacentNode = new Node()
                .setPageRank(outboundPageRank);

            outValue.set(adjacentNode.toString());
            context.write(outKey, outValue);
          }
        }
      }
    }
```

❶ 노드의 페이지랭크를 아웃바운드 링크 개수로 나눠 아웃바운드 페이지랭크를 계산

맵 태스크에서는 원본 그래프와 아웃바운드 페이지랭크 값이라는 두 개의 정보를 출력한다. 다음 예제에서 볼 수 있듯 리듀서가 하는 일은 원본 그래프를 재구성하고 인바운드 페이지랭크 값의 전체 합계를 토대로 새 페이지랭크 값을 사용해 각 노드를 업데이트하는 것이다[12].

새 페이지랭크 값을 계산하는 페이지랭크 리듀서

```
public class Reduce
       extends Reducer<Text, Text, Text, Text> {

  public static final double CONVERGENCE_SCALING_FACTOR = 1000.0;
  public static final double DAMPING_FACTOR = 0.85;
  public static String CONF_NUM_NODES_GRAPH = "pagerank.numnodes";
  private int numberOfNodesInGraph;
```

[12] 깃허브 소스 — https://github.com/alexholmes/hadoop-book/blob/master/src/main/java/com/manning/hip/ch7/pagerank/Reduce.java

```
public static enum Counter {
  CONV_DELTAS
}

@Override
protected void setup(Context context)
    throws IOException, InterruptedException {
  numberOfNodesInGraph =    ←──────── 설정으로부터 그래프의 노드 개수를 읽음
    context.getConfiguration().getInt(CONF_NUM_NODES_GRAPH, 0);
}

private Text outValue = new Text();

public void reduce(Text key, Iterable<Text> values, Context context)
    throws IOException, InterruptedException {

  double summedPageRanks = 0;
  Node originalNode = new Node();

  for (Text textValue : values) {

    Node node = Node.fromMR(textValue.toString());

    if (node.containsAdjacentNodes()) {
      originalNode = node;        ←──┐
    } else {                         노드가 원본 노드를 나타내면 정보를 보관
      summedPageRanks += node.getPageRank();    ←──── ❶
    }
  }

  double dampingFactor =
      ((1.0 - DAMPING_FACTOR) / (double) numberOfNodesInGraph);

  double newPageRank =     ←──── 감쇠율을 고려해 새 페이지랭크를 계산
      dampingFactor + (DAMPING_FACTOR * summedPageRanks);

  double delta = originalNode.getPageRank() - newPageRank;

  originalNode.setPageRank(newPageRank);

  outValue.set(originalNode.toString());
```

```
        context.write(key, outValue);
        int scaledDelta =
            Math.abs((int) (delta * CONVERGENCE_SCALING_FACTOR));

        context.getCounter(Counter.CONV_DELTAS)
            .increment(scaledDelta);
    }
}
```
　　　　　　　　　　　　　　　　　　　업데이트된 PageRank 정보를 사용해 원본 그래프 정보를 씀

❷

❶ 노드가 아웃바운드 노드 및 페이지랭크를 나타내므로 페이지랭크를 전체 값에 추가
❷ 기존 페이지랭크 값과 새 페이지랭크 값 사이의 차이 값인 델타만큼 카운터를 업데이트함. 이 값은 드라이버 코드에서 수렴 테스트에 사용함

　끝으로 맵리듀스 잡을 실행하고 수렴에 이를 때까지 각 잡에서 카운터를 읽는 드라이버 클래스가 필요하다. 이 클래스는 노드의 과거 값과 새 페이지랭크 값 사이의 델타 값을 노드 개수로 나누고, 이 값이 원하는 임계 값 이하인지 검사하는 간단한 일을 한다[13].

```
long summedConvergence = job.getCounters().findCounter(Reduce.Counter.CONV_DELTAS).
    getValue();
double convergence =
    ((double) summedConvergence /
        Reduce.CONVERGENCE_SCALING_FACTOR) /
            (double) numNodes;
```

　웹 그래프를 HDFS에 집어넣고 잡을 실행하면 그래프가 수렴될 때까지 잡이 다섯 번 반복된다.

```
$ hadoop fs -put test-data/ch7/webgraph.txt .

$ bin/run.sh com.manning.hip.ch7.pagerank.Main webgraph.txt output
...
=================================
= Num nodes:            4
= Summed convergence:   11
= Convergence:          0.00275
=================================
Convergence is below 0.01, we're done
```

---
[13] 깃허브 소스 — https://github.com/alexholmes/hadoop-book/blob/master/src/main/java/com/manning/hip/ch7/pagerank/Main.java

각 그래프 노드의 페이지랭크 값을 보려면 마지막 맵리듀스 잡의 출력 결과를 살펴보면 된다.

```
$ hadoop fs -cat output/5/part*

A   0.14289417100694443    B   D
B   0.2864322672526042     C
C   0.36966846191406244    A   B   D
D   0.20100509982638893    B   C
```

출력 결과를 보면 노드 C의 페이지랭크가 가장 높고 이어서 노드 B가 그다음으로 높다. 노드 B에는 세 개의 인바운드 링크가 있고 노드 C에는 인바운드 링크가 두 개뿐이라는 점을 감안하면 이 결과는 다소 의외일 수 있다. 하지만 C에 링크된 노드들을 살펴보면 페이지랭크 점수가 높은 노드 B는 C에 대해 한 개의 아웃바운드 링크만 갖고 있음을 확인할 수 있다. 따라서 노드 C는 노드 B의 전체 페이지랭크 점수뿐 아니라 노드 D에서 온 다른 인바운드 페이지랭크 점수도 갖게 된다. 이로 인해 결국 노드 C의 페이지랭크가 노드 B보다 높아지는 것이다.

정리

페이지랭크 공식을 구현하기는 했지만 여기서는 그래프가 잘 연결돼 있고 모든 노드에 아웃바운드 링크를 지정함으로써 구현 로직을 조금 더 단순화했다. 아웃바운드 링크가 없는 페이지는 댕글링 페이지(dangling page)라고 부른다. 댕글링 페이지는 페이지랭크 값을 그래프를 통해 더 이상 전파할 수 없는 페이지랭크 싱크가 되며, 페이지랭크 알고리즘에서 문제를 일으킨다. 이는 그래프가 강력한 연결을 방해해 그래프의 수렴이 보장되지 않게 하므로 수렴 문제도 일으킨다.

이 문제를 해결하는 방법은 여러 가지가 있다. 예를 들어, 페이지랭크 알고리즘을 반복해서 수행하기 전에 댕글링 노드를 제거하고 그래프가 수렴된 후 최종 페이지랭크 반복에서 이들 노드를 추가하는 방법이 있다. 또는 모든 댕글링 페이지에 대해 페이지랭크 합계를 더한 후 이를 그래프의 모든 노드로 재분산할 수도 있다. 댕글링 페이지를 처리하는 자세한 예제나 고급 페이지랭크 기법은 에이미 N. 랑빌(Amy N. Langville)과 칼 딘 메이어(Carl Dean Meyer)가 저술한 Google's PageRank and Beyond를 참고하자.

이로써 그래프에 대한 설명은 모두 마쳤다. 앞에서 배운 것처럼 그래프는 소셜 네트워크에서 사람을 나타내거나 웹 그래프에서 페이지를 나타내는 유용한 메커니즘이다. 여기서는 이와 같은 그래프 모델을 활용해 두 지점 간 최단 경로를 찾거나 다른 페이지보다 인기 있는 웹 페이지를 찾는 등 데이터에 대한 유용한 정보를 찾아봤다.

또 직접 맵리듀스 코드도 작성했다(프레임워크를 활용하고 싶다면 정점 메시지 전달 메커니즘을 제공하는 Giraph(http://incubator.apache.org/giraph/)를 사용할 수도 있다).

이어서 다음 주제인 블룸필터를 살펴보자. 블룸필터는 그래프와는 다른 유형의 데이터 구조다. 엔티티 및 엔티티 사이의 관계를 나타내는 데 그래프를 사용하는 데 반해 블룸필터는 세트(set)를 모델링하고 그 데이터에 대한 멤버십 쿼리를 제공하는 메커니즘이다.

7.2 블룸필터

블룸필터(Bloom filter)는 조회 값이 두 값 중 하나인 멤버십 쿼리 메커니즘을 제공하는 데이터 구조다. 두 값은 조회한 항목이 블룸필터에 존재하지 않음을 의미하는 명확한 부정과 항목이 존재할 수 있는 가능성을 의미하는 '어쩌면(maybe)'이다. 블룸필터는 공간을 효율적으로 쓴다는 특성 덕분에 인기를 끌고 있다. 즉, N개 요소의 존재를 나타내기 위해 데이터 구조에서 N개의 위치보다 훨씬 더 적은 공간만 있으면 된다. 멤버십 쿼리에서 긍정 오류(false positive) 결과를 내놓을 수 있는 것도 이 때문이다. 잠시 후 보겠지만 블룸필터에서 긍정 오류의 양은 조절할 수 있다.

블룸필터는 빅테이블과 HBase에서 키가 존재하는지 판단하기 위해 디스크로부터 블록을 읽는 필요를 없애는 데 사용된다. 또 Squid 같은 분산 네트워크 애플리케이션에서 전체 캐시를 복제하거나 캐시가 없을 때 네트워크 I/O를 사용하지 않고 여러 인스턴스 사이에서 캐시 상세 정보를 공유하는 데도 사용된다.

블룸필터의 구현은 간단하다. 블룸필터는 m비트 크기의 비트 배열을 사용하며, 초기에 각 비트는 0으로 설정된다. 또 k 해시 함수도 제공하는데, 이 함수는 비트 배열에서 k 위치로 요소를 매핑하는 데 사용된다.

블룸필터에 요소를 추가하려면 이 요소는 k번 해싱되고 해싱된 값의 나머지와 비트 배열의 크기를 사용해 해싱된 값을 특정 비트 배열 위치로 매핑한다. 그런 다음 비트 배열에서 해당 비트는 1로 토글된다. 그림 7.21에서는 블룸필터에 세 개의 요소를 추가한 후 비트 배열에서 각 요소의 위치를 보여준다.

블룸필터에서 요소의 존재 여부를 검사하려면 추가(add) 연산을 할 때와 마찬가지로 요소를 k번 해싱하고 각 해시 키를 사용해 비트 배열을 인덱싱하면 된다. true 응답은 모든 k 비트 배열 위치가 1로 설정된 경우에만 반환된다.

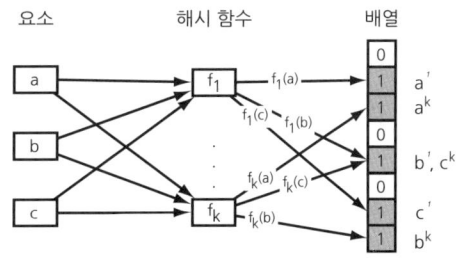

그림 7.21 블룸필터에 항목 추가

그 외의 경우에는 쿼리 응답이 false가 된다. 그림 7.22에서는 멤버십 쿼리의 예를 보여준다. 여기서는 블룸필터에 항목을 미리 추가했으므로 모든 비트 배열 위치가 1을 담고 있다. 이 결과는 앞서 블룸필터에 요소를 이미 추가했으므로 긍정 판단(true positive) 멤버십 결과를 보여준다.

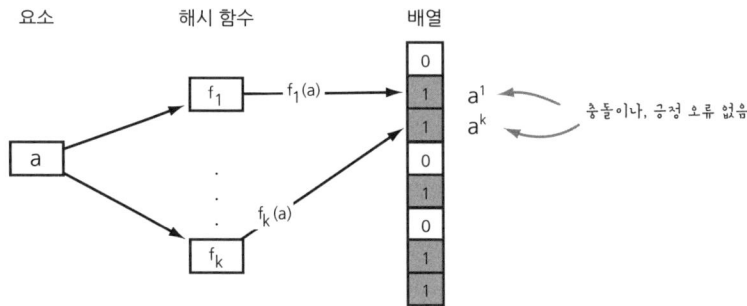

그림 7.22 긍정 판단 결과를 반환하는 블룸필터 멤버십 쿼리 예시

다음 예시는 멤버십 쿼리에서 긍정 오류 결과를 얻는 과정을 보여준다. 쿼리하는 요소는 d로, 아직 블룸필터에 추가하지 않았다. 이 경우 d에 대한 모든 k 해시는 다른 요소에서 1로 설정한 위치로 매핑된다. 이는 블룸필터에서의 충돌 예시로, 긍정 오류 결과를 보여준다. 그림 7.23에서는 이 예시를 볼 수 있다.

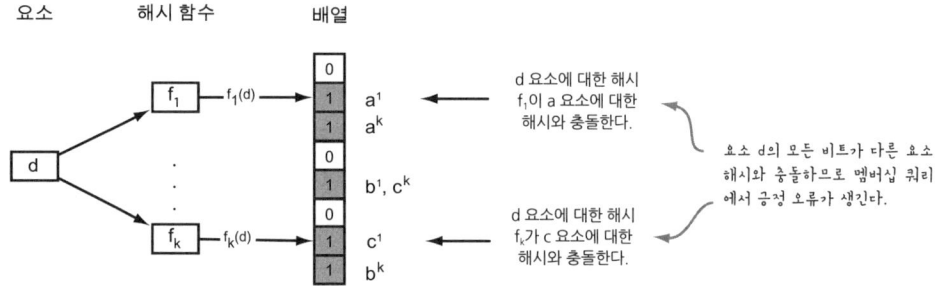

그림 7.23 긍정 오류 결과를 보여주는 블룸필터 멤버십 쿼리의 예시

긍정 오류가 일어날 가능성은 두 가지 요소를 토대로 조절할 수 있다. 바로 비트 배열의 비트 개수인 m과 해시 함수의 개수인 k다. 다른 식으로 표현하자면 원하는 긍정 오류 비율이 있고, 블룸필터에 추가할 요소 개수를 알고 있다면 그림 7.24에 나온 방정식을 사용해 비트 배열에 필요한 비트 개수를 계산할 수 있다.

$$m = -\frac{n \ln p}{(\ln(2))^2}$$

m은 n개의 요소를 삽입할 때 원하는 긍정 오류율 p를 얻기 위해 필요한 비트 배열 내 비트 개수다.
n은 삽입한 요소의 개수다.
p는 원하는 긍정 오류율이다(0.01은 1%를 의미).

그림 7.24 블룸필터 비트 배열에서 원하는 비트 수를 개선하는 방정식

$$k = \frac{m \ln(2)}{n}$$

그림 7.25 최적의 해시 개수를 계산하는 방정식

그림 7.25에 나온 방정식에서는 k 해시의 최적 개수를 가정하고 해시가 {1..m} 사이에서 랜덤으로 생성된다고 가정한다.

다시 말해 멤버십 쿼리의 긍정 오류를 1%로 유지한 채로 블룸필터에 100만 개의 요소를 추가하고 싶다면 7개의 해시 함수와 9,585,058비트, 즉, 1.2메가바이트가 필요하다. 이 경우 각 요소는 약 9.6비트를 차지한다.

표 7.1에서는 다양한 긍정 오류율에 따라 요소별로 계산한 비트 수를 보여준다.

표 7.1 서로 다른 긍정 오류에 따른 요소별 비트 수

긍정 오류율	요소별로 필요한 비트 수
2%	8.14
1%	9.58
0.1%	14.38

이제 이런 이론을 바탕으로 맵리듀스에서 블룸필터를 활용하는 방법을 살펴보자.

기법 55. 맵리듀스에서의 병렬적 블룸필터 생성

맵리듀스는 대용량 데이터를 병렬적으로 처리하는 데 적합하며 따라서 많은 입력 데이터를 토대로 블룸필터를 생성하는 데도 유용하게 활용할 수 있다. 예를 들어 여러분이 사용자가 수억 명인 인터넷 소셜 미디어 업체를 운영하고 있고 특정 연령에 속하는 사용자들에 대한 블룸필터를 만들고 싶다고 가정하자. 이 작업을 맵리듀스에서 어떻게 해야 할까?

문제

맵리듀스에서 블룸필터를 생성하려고 한다.

해결책

하둡의 내장 BloomFilter 클래스를 사용해 블룸필터를 생성하고 출력하는 맵리듀스 잡을 작성한다. 이때 매퍼는 중간 블룸필터를 생성하는 일을 책임지고 단일 리듀서는 이를 병합해 병합된 블룸필터를 출력한다.

문제 풀이

그림 7.26에서는 이 기법에서 하는 일을 볼 수 있다. 여기서는 사용자 데이터를 처리하고 특정 연령 범위에 속하는 사용자를 담고 있는 블룸필터를 생성하는 매퍼를 작성한다. 매퍼는 블룸필터를 내보내고, 단일 리듀서에서는 이를 병합한다. 최종 결과는 애브로 형식으로 HDFS에 저장되는 단일 블룸필터다.

그림 7.27에서 볼 수 있듯 하둡에서는 org.apache.hadoop.util.bloom.BloomFilter 클래스 형태로 블룸필터 구현체를 기본으로 제공한다. 다행히 이 클래스는 Writable이므로 맵리듀스에서 쉽게 사용할 수 있다. 여기서는 요소를 나타내는 데 Key 클래스를 사용했는데 이 클래스는 바이트 배열을 담고 있는 간단한 Writable 컨테이너다.

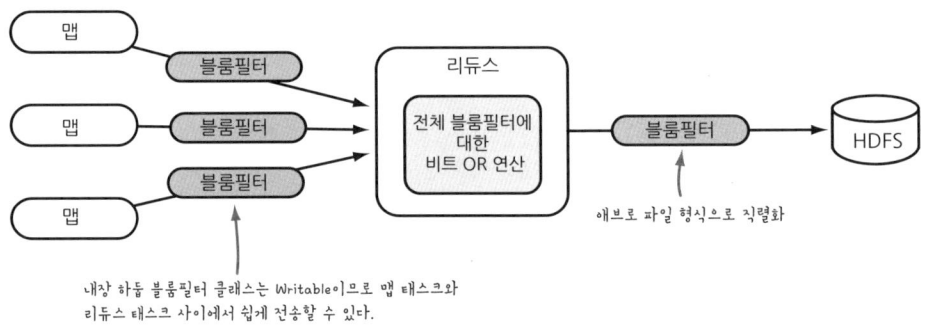

그림 7.26 블룸필터 생성을 위한 맵리듀스 잡

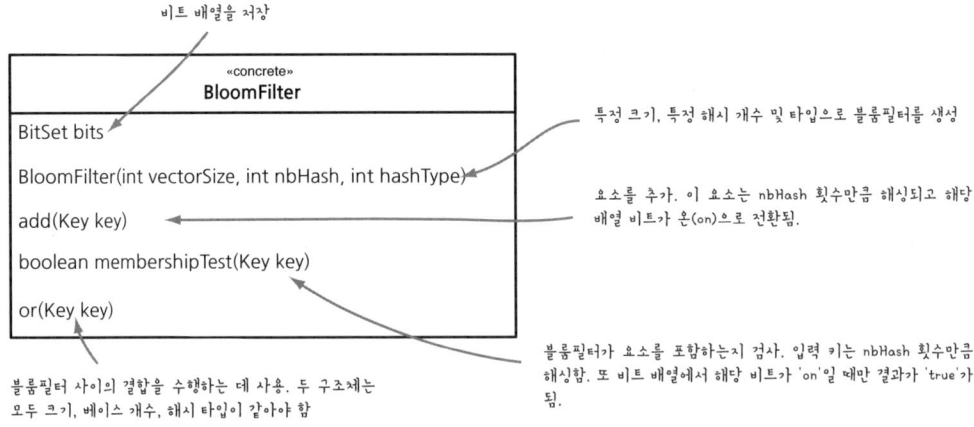

그림 7.27 하둡의 내장 블룸필터 클래스

생성자에서는 사용할 해싱 함수를 지정해야 한다. 이때 사용할 수 있는 구현체는 Jenkins와 Murmur로 두 가지가 있다. 둘 다 SHA-1 같은 암호 해시보다 빠르며 좋은 분산값을 도출한다. 벤치마크 결과를 보면 Murmur가 Jenkins보다 해싱 시간이 더 빠른 것으로 나타났으므로 여기서는 Murmur를 사용한다.

그럼 코드를 살펴보자. 맵 함수에서는 단순 키/값 쌍으로 구성된 사용자 정보에 대한 작업을 수행한다. 이때 키는 사용자명이고 값은 사용자의 나이다.[14]

```
public static class Map implements
    Mapper<Text, Text, NullWritable, BloomFilter> {
  private BloomFilter filter =
      new BloomFilter(1000, 5, Hash.MURMUR_HASH);     ← ❶
  OutputCollector<NullWritable, BloomFilter> collector;

  @Override
  public void configure(JobConf job) {
  }

  @Override
  public void map(Text key, Text value, OutputCollector<NullWritable, BloomFilter>
                  output, Reporter reporter) throws IOException {

    int age = Integer.valueOf(value.toString());
    if (age > 30) {                                   // 사용자의 나이가 30보다 많으면 사용자명을 블룸필터에 추가
      filter.add(new Key(key.toString().getBytes()));
    }
    collector = output;
  }

  @Override
  public void close() throws IOException {
    collector.collect(NullWritable.get(), filter);    ← ❷
  }
}
```

❶ Murmur 해시를 사용해 1,000비트, 5개의 해시 함수를 갖춘 블룸필터를 생성
❷ 전체 입력 데이터를 대상으로 맵 함수를 실행하고 나면 블룸필터를 리듀서에게 출력

---

14 깃허브 소스 — https://github.com/alexholmes/hadoop-book/blob/master/src/main/java/com/manning/hip/ch7/bloom/BloomFilterCreator.java

그런데 왜 map 메서드에서 처리하는 레코드별로 블룸필터를 출력하지 않고 close 메서드에서 블룸필터를 출력할까? 그 이유는 맵과 리듀스 단계 사이의 트래픽 양을 줄이기 위해서다. 맵 사이드에서 대용량의 데이터를 직접 병합해 맵별로 개별 BloomFilter를 내보낼 수 있다면 굳이 리듀서로 많은 데이터를 출력할 이유가 없다.

리듀서에서 할 일은 매퍼에서 출력한 모든 블룸필터를 한 개의 블룸필터로 병합하는 일이다. 이 병합은 비트 연산 또는 BloomFilter 클래스에서 노출하는 메서드를 통해 수행한다. 병합을 수행할 때는 비트 배열 크기와 해시 개수 같은 모든 BloomFilter 어트리뷰트가 같아야 한다[15].

```
public static class Reduce implements
    Reducer<NullWritable, BloomFilter,
        AvroWrapper<GenericRecord>, NullWritable> {
    private BloomFilter filter =         ←─────── ❶
      new BloomFilter(1000, 5, Hash.MURMUR_HASH);
    OutputCollector<AvroWrapper<GenericRecord>, NullWritable>
        collector;

    @Override
    public void reduce(NullWritable key, Iterator<BloomFilter> values, OutputCollector<Av
                    roWrapper<GenericRecord>, NullWritable> output, Reporter reporter)
                    throws IOException {
      while (values.hasNext()) {          입력값에서 블룸필터를 추출
        BloomFilter bf = values.next();  ←─────

        filter.or(bf);         ←─────
      }                               블룸필터 결합을 수행
      collector = output;
    }

    @Override
    public void close() throws IOException {
      collector.collect(     ←─────── 애브로 형태로 블룸필터를 씀
        new AvroWrapper<GenericRecord>(
          AvroBytesRecord.toGenericRecord(filter)),
        NullWritable.get());
    }
  }
```

❶ 빈 블룸필터를 생성. 모든 생성자 필드가 매퍼에서 생성한 것과 같아야 한다는 사실이 매우 중요하다.

---

15 깃허브 소스 — https://github.com/alexholmes/hadoop-book/blob/master/src/main/java/com/manning/hip/ch7/bloom/BloomFilterCreator.java

예제 사용자 파일을 업로드하고 잡을 실행해보자. 잡이 완료되면 블룸필터의 내용을 볼 수 있게 애브로 파일의 내용을 덤프한다.

```
$ hadoop fs -put test-data/ch7/user-ages.txt .
$ hadoop fs -cat user-ages.txt
anne     23
joe      45
alison   32
mike     18
marie    54
$ bin/run.sh com.manning.hip.ch7.bloom.BloomFilterCreator \
  user-ages.txt output

$ bin/run.sh com.manning.hip.ch7.bloom.BloomFilterDumper \
  output/part-00000.avro
{96, 285, 292, 305, 315, 323, 399, 446, 666, 667, 670, 703, 734, ...}
```

BloomFilterDumper 코드에서는 애브로 파일에서 BloomFilter를 언마샬링하고 toString() 메서드를 호출하는 간단한 일만 한다. 그럼 이 메서드에서는 다시 BitSet. toString() 메서드를 호출해 'on' 상태인 각 비트의 오프셋을 출력한다.

정리

여기서는 블룸필터의 직렬화 형식으로 애브로를 사용했다. 물론 BloomFilter 객체는 Writable이므로 이 객체를 그냥 내보내는 것도 쉽게 할 수 있다.

이 기법에서는 단일 리듀서를 사용했는데, 이 리듀서는 수천 개의 맵 태스크와 비트 배열의 크기가 수백만 비트인 잡으로도 쉽게 확장할 수 있다. 단일 리듀서를 실행하는 데 드는 시간이 지나치게 길어지면 블룸필터 병합을 병렬화하도록 여러 리듀서를 실행하고, 후처리 단계를 통해 이를 단일 블룸필터로 병합할 수 있다.

블룸필터를 생성하는 또 다른 분산 방식으로는 리듀서 세트를 전체 비트 배열로 보고, 맵 단계에서 해싱 및 해싱 출력을 수행하는 것이다. 그런 다음 파티셔너가 비트 배열의 해당 영역을 관리하는 관련 리듀서로 출력값을 분할하는 것이다. 그림 7.28에서는 이 방식을 시각적으로 보여준다.

코드를 이해하기 쉽게끔 여기서는 BloomFilter 파라미터를 하드코딩했다. 실제라면 이런 파라미터는 동적으로 계산하거나 설정 파일로 옮기는 게 좋다. 이 기법에서는 BloomFilter

를 생성했다. 이 BloomFilter는 HDFS에서 꺼내 다른 시스템에서 사용하거나, 다음 절에서 보듯 하둡에서 직접 사용할 수도 있다.

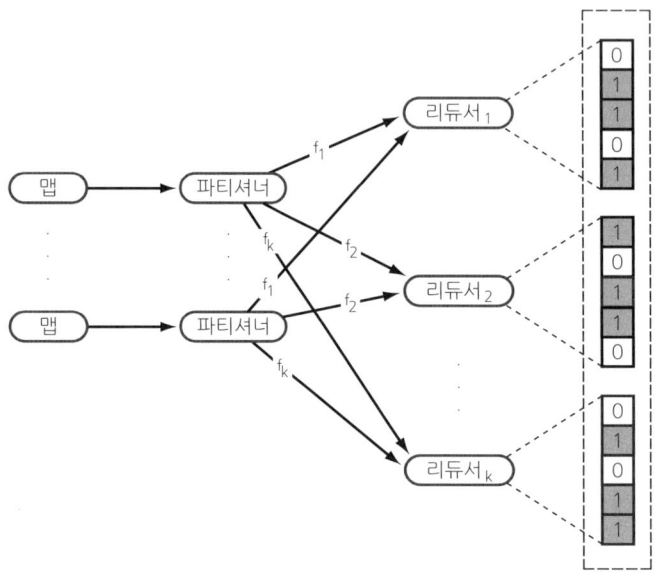

그림 7.28 블룸필터를 생성하기 위한 또 다른 아키텍처

기법 56. 블룸필터를 활용한 맵리듀스 세미조인

4장에서는 리듀스 사이드 조인을 수행하지 않게끔 세미조인을 활용하는 조인 구현체를 살펴 봤다. 이 세미조인은 작은 데이터셋을 캐싱하기 위해 HashMap을 사용해 수행했다. 캐싱되는 데이터셋의 내용을 저장하는 게 중요하지 않고 조인을 수행하는 요소의 존재 여부에만 관심이 있다면 해시맵 대신 블룸필터를 사용할 수 있다.

문제

맵리듀스에서 효과적인 세미조인을 수행하려고 한다.

해결책

매퍼가 분산 캐시로부터 블룸필터를 로드하게 함으로써 세미 조인을 수행하고 블룸필터를 대상으로 멤버십 쿼리를 수행함으로써 실제 맵리듀스 데이터 소스로부터 결과를 필터링해 어떤 데이터 소스 레코드를 리듀서로 내보낼지 판단한다.

문제 풀이

이 기법의 핵심은 적당한 크기의 데이터셋에 대해 블룸필터를 생성하는 데 있다. 여기서는 특정 연령의 모든 사용자를 대상으로 블룸필터를 생성하는 예제를 좀 더 확장한다. 예컨대 이들 사용자 정보를 각 사용자가 작성한 트윗(이 크기는 사용자셋의 크기보다 훨씬 더 큰 데이터셋이다)과 조인한다고 상상해보자.

그림 7.29에서는 맵리듀스에서 조인이 전체 데이터 중 일부 셋(set)에 대해서만 이뤄지게끔 데이터를 필터링하는 법을 보여준다.

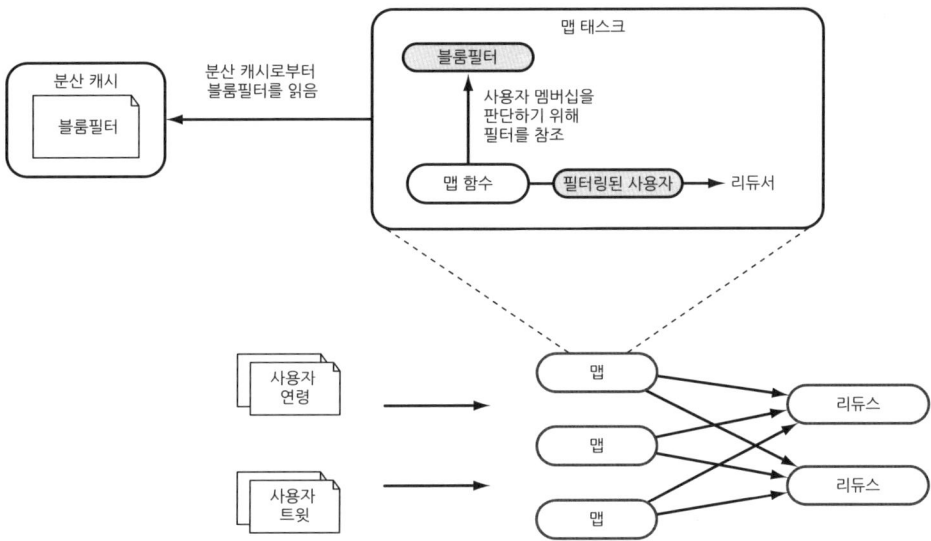

그림 7.29 조인 및 필터에 맵을 사용하는 맵리듀스 잡

매퍼의 코드는 다음 예제에서 볼 수 있다[16].

```
public static class Map extends Mapper<Text, Text, Text, Text> {
  BloomFilter filter;

  @Override
  protected void setup(Context context)
        throws IOException, InterruptedException {

    Path[] files = DistributedCache.getLocalCacheFiles(         ◀── 분산 캐시에 있는 파일 목록을 조회
```

---

16 깃허브 소스 — https://github.com/alexholmes/hadoop-book/blob/master/src/main/java/com/manning/hip/ch7/bloom/BloomJoin.java

```
        context.getConfiguration());
    filter = BloomFilterDumper.fromFile(      ←── ❶
        new File(files[0].toString()));
  }

  @Override
  protected void map(Text key, Text value, Context context)
      throws IOException, InterruptedException {
    if(filter.membershipTest(           ←── ❷
        new Key(key.toString().getBytes()))) {
      context.write(key, value);
    }
  }
}
```

❶ 첫 번째 파일에서 블룸필터를 추출(분산 캐시에 한 개의 파일만 들어 있다고 가정).
❷ 사용자(키)가 블룸필터의 멤버인지 검사하고, 그럴 경우 리듀서로 출력

맵리듀스 드라이버 코드에서 추가로 해야 일은 이전 기법에서 생성한 블룸필터 파일을 다음과 같이 분산 캐시에 추가하는 일뿐이다.

```
DistributedCache.addCacheFile(bloomFilterPath.toUri(), conf);
```

이 맵리듀스 잡에는 리듀서가 없으므로 맵 출력값을 HDFS에 쓴다. 그럼 이 잡을 실행하고 결과를 확인하려면 어떻게 해야 할까?

```
$ hadoop fs -put test-data/ch7/user-tweets.txt .     ←── ❶

$ bin/run.sh com.manning.hip.ch7.bloom.BloomJoin \
    user-ages.txt,user-tweets.txt \    ←── ❷
    output2 \
    output/part-00000.avro     ← 이전 기법에서 생성한 블룸필터 파일

$ hadoop fs -cat output2/part* | awk '{print $1}' | sort | uniq
alison
joe
marie
```

❶ 사용자 트윗을 HDFS에 복사(사용자 나이 파일은 이전 기법에서 복사했다).
❷ 조인하는 사용자 연령과 사용자 트윗.

HDFS에서 잡 출력 결과를 보면 블룸필터에 존재하는 joe, alison, marie 사용자에 대한 내용만 들어 있는 것을 확인할 수 있다.

정리

이 기법은 조인하는 데이터셋 중 하나가 블룸필터로 표현할 수 있을 정도로 충분히 작을 때만 사용할 수 있다. 이 예제에서는 트윗을 사용자와 조인하고 있는데, 이때 사용자를 블룸필터를 이용해 쉽게 나타낼 수 있었다.

그럼 사용자를 나타내는 데 왜 블룸필터 대신 해시테이블을 사용하지 않았을까? 긍정 오류율이 1퍼센트인 블룸필터를 생성하는 데는 데이터 구조에서 각 요소별로 9.8비트만 있으면 된다. 이를 정수를 보관하는 HashSet(8비트가 필요하다)과 비교해보자. 또 충돌을 무시한 채 요소의 존재만을 반영하는 HashSet을 사용하는 경우 해시가 한 개만 들어 있고 더 높은 긍정 오류를 내놓는 블룸필터를 사용하는 것과 같은 결과가 된다.

피그 0.10 버전에는 여기서 살펴본 것과 유사한 방식으로 블룸필터의 지원 기능이 포함될 것이다. 자세한 내용은 https://issues.apache.org/jira/browse/PIG-2328에 있는 JIRA 티켓에서 볼 수 있다.

이로써 맵리듀서에서 블룸필터를 사용하는 법을 모두 살펴봤다. 이 절에서는 블룸필터가 공간 효율적인 형태로 멤버십 기능을 제공할 수 있음을 배웠다. 또 맵리듀스에서 블룸필터를 생성하는 법을 살펴보고 이 코드를 맵리듀스 조인을 최적화하는 기법에도 적용해봤다.

7.3 정리

이 장에서 다룬 알고리즘은 대부분 간단하다. 중요한 것은 이런 기법들을 맵리듀스에서 활용하면 대용량 데이터셋을 효과적으로 처리할 수 있다는 것이다.

이 장에서 소개한 두 가지 주요 데이터 구조는 관계 모델링에 적합한 그래프와 공간 효율적인 세트 멤버십에 효율적인 블룸필터다. 이 장에서는 그래프를 다루면서 소셜 네트워크와 웹 그래프를 모델링하는 법을 배우고, 친구의 친구, 페이지랭크 같은 알고리즘을 이용해 데이터에서 흥미로운 사실을 마이닝하는 법을 다뤘다.

블룸필터에서는 맵리듀스를 활용해 병렬적으로 블룸필터를 생성하는 법을 살펴보고, 이렇게 생성한 블룸필터를 맵리듀스에서 세미조인을 최적화하는 데 활용했다.

이 장에서 다룬 내용은 데이터를 모델링하고 처리하는 주제와 관련해 빙산의 일각에 지나지 않는다. 다른 장에서는 정렬 및 조인(4장), 통계(8장), 기계 학습(9장)을 다루고 있다.

통계 및 그 이상을 위한 R과 하둡의 연동

이 장에서 다루는 내용
- 맵리듀스 및 스트리밍과 R 스크립트 연동
- Rhipe, RHadoop, R + 스트리밍의 이해

R은 데이터 분석 및 결과를 그래픽으로 표현하기 위한 통계 프로그래밍 언어다. R을 활용하면 통계적 분석 및 예측적 분석, 데이터 마이닝, 데이터의 시각화를 수행할 수 있다[1]. R은 금융, 생명 과학, 제조업, 소매업 등 다양한 분야에서 응용할 수 있다는 점에서 큰 인기를 얻고 있다.

하둡을 사용하는 데이터 과학자라면 기존에 사용하던 내부 및 외부 R 패키지가 있을 것이다. 이런 패키지를 자바 또는 다른 고수준 맵리듀스 언어로 다시 작성하는 일은 번거롭고 빠른 개발이라는 취지에도 맞지 않다. 대신 하둡과 R을 연동하고 하둡과 R에 존재하는 대규모 데이터베이스 정보의 간극을 메워줄 방법이 필요하다.

우리가 처리하는 대부분의 데이터는 텍스트 형태다. 트위터의 트윗이나 로그, 주가 기록 등이 이에 해당한다. 이 장에서는 R을 활용해 텍스트 기반의 주가 데이터에 대한 간단한 평균 기반 계산을 수행하는 법을 살펴본다. 이 과정에서 R을 활용할 수 있는 세 가지 연동 기법을 소개한다. 바로 스트리밍, Rhipe, RHadoop이다. 이 장을 마치고 나면 하둡과 R을 연동하는 다양한 방법을 이해하고 자신에게 가장 적합한 방식을 선택할 수 있을 것이다.

---
1 R에는 내장 패키지와 사용자 생성 패키지가 포함돼 있으며, 이들 패키지는 패키지 분산 시스템인 CRAN을 통해 접근할 수 있다. http://cran.r-project.org/web/packages/를 참고하자.

R과 통계

이 장에서는 R과 하둡을 연동하는 데 초점을 맞춘다. R에 대한 자세한 설명은 매닝에서 출판한 R 인 액션(2011년 가을 출간, http://www.manning.com/kabacoff/)을 참고하자. 통계에 대한 복습이 필요한 독자라면 Statistics: A Gentle Introduction, http://www.sagepub.com/books/Book235514를 추천한다.

8.1 R과 맵리듀스 연동 기술의 비교

이 절에서는 이 장에서 R과 맵리듀스를 연동하는 데 사용하는 세 가지 방식을 평가한다. 이들 세 가지 방식을 선택한 이유는 이들 방식이 인기 있고, R과 하둡을 연동하는 같은 문제를 서로 다른 접근 방식으로 해결하고 있기 때문이다.

1. R + 스트리밍: 이 방식에서는 맵리듀스를 사용해 맵과 리듀스 단계에서 R 스크립트를 실행한다.
2. Rhipe: Rhipe는 클라이언트 측에서 맵리듀스가 R과 긴밀하게 연동할 수 있게 해주는 오픈소스 프로젝트다.
3. RHadoop: Rhipe와 마찬가지로 RHadoop도 클라이언트 측에서 매끄럽게 연동할 수 있게 맵리듀스를 둘러싼 R 래퍼를 제공한다.

표 8.1에서는 이들 세 옵션을 서로 비교한 내용이 정리돼 있다.

표 8.1 R과 맵리듀스 연동 옵션 비교

기준	R + 스트리밍	Rhipe	RHadoop
라이선스	R은 GPL-2와 GPL-3 라이선스 조합으로 구성된다. 스트리밍은 아파치 2.0 라이선스인 하둡으로 통합됐다.	아파치 2.0	아파치 2.0
설치 복잡도	쉬움. R 패키지는 각 데이터노드에 설치해야 하지만 쉬운 설치를 위해 패키지를 Yum 저장소에서 사용할 수도 있다.	높음. R은 프로토콜 버퍼 및 Rhipe 자체와 함께 각 데이터노드에 설치해야 한다. 이를 위해서는 프로토콜 버퍼를 빌드해야 하고 Rhipe 설치는 부드럽게 진행되지 않으며 설치를 제대로 하려면 해킹이 조금 필요할 수 있다.	중간. R은 각 DataNode에 설치해야 하고 RHadoop은 다른 R 패키지에도 의존성이 있다. 하지만 이들 패키지는 CRAN을 이용해 설치할 수 있으며 CRAN을 사용하지 않더라도 RHadoop 설치는 간단하다.
R과의 클라이언트 측 연동	없음. 하둡 명령행을 사용해 Streaming 잡을 실행하고 맵사이드 및 리듀스사이드 R 스크립트 인자를 지정해야 한다	높음. Rhipe는 적절한 함수가 호출될 때 맵리듀스 잡 실행을 처리하는 R 라이브러리다. 사용자가 단순히 네이티브 R 맵과 리듀스 함수를 R로 작성하면 Rhipe에서 이를 전송하고 맵 및 리듀스 태스크에서 호출하는 일을 모두 처리해준다.	높음. RHadoop 또한 R 라이브러리로, 사용자가 R로 맵 및 리듀스 함수를 정의할 수 있게 해준다.

기준	R + 스트리밍	Rhipe	RHadoop
사용된 내부 기술	스트리밍.	스트리밍을 사용하는 대신 Rhipe는 자체 맵 및 리듀스 자바 함수를 사용한다. 이 함수는 프로토콜 버퍼로 인코딩된 맵 및 리듀스 입력값을 Rhipe C 실행 파일로 전달한다. 이 실행 파일은 임베디드 R을 사용해 사용자의 맵 및 리듀스 R 함수를 호출한다.	RHadoop은 하둡 및 스트리밍 기반의 가벼운 래퍼다. 따라서 전용 맵리듀스 코드가 없으며 Streaming에서 호출하는 간단한 래퍼 R 스크립트만 갖고 있다. 이 스크립트는 호출 시 사용자의 맵 및 리듀스 R 함수를 호출한다.

그럼 이 중 어떤 툴을 선택해야 할까? 이 장의 내용을 학습하다 보면 자신의 상황에 좀 더 적합한 툴을 자연스럽게 고를 수 있을 것이다. 표 8.2에서는 필자가 보기에 각 툴이 가장 잘 하는 작업이 정리돼 있다.

이들 기술을 살펴보기 전에 먼저 이 장에서 다루는 내용이 지나치게 어렵게 느껴지지 않게끔 R에 대한 기본적인 설명부터 진행하자.

표 8.2 R 과 맵리듀스 접근 방식이 잘하는 점과 못하는 점

접근 방식	다음 상황에 적합	참고할 점
R + 스트리밍	파티셔닝 및 정렬 같은 맵리듀스 기능에 대한 고급 제어가 필요할 때	다른 접근 방식과 달리 기존 R 스크립트에서 직접 호출하는 게 어려움
Rhipe	R을 벗어나지 않은 채 R 및 맵리듀스에 접근할 때	프로토콜 버퍼 형식으로 인코딩된 데이터와 연동하기 위한 전용 Input 및 Output 형식이 필요함
RHadoop	R을 벗어나지 않은 채 R 및 맵리듀스에 접근할 때. 또, 기존 맵리듀스 Input 및 Output 형식 클래스를 그대로 사용하고 싶을 때	메모리의 고유 키에 모든 리듀서 값을 저장할 수 있을 만큼의 충분한 메모리가 필요함. 값이 리듀서 함수로 스트리밍되지 않음.

8.2 R 기초

이 절에서는 시스템에 R을 설치하는 기본적인 방법을 설명하고 R 언어 구조체 및 타입을 이해하는 데 참고할 만한 내용을 제시한다.

설치

부록 A의 설명을 따라 R을 설치한다. 모든 노드에서 같은 디렉터리에 R을 설치하도록 각별히 주의한다. 또 모든 노드에서 같은 R 버전을 실행해야 한다.

R 시작 및 첫 번째 명령

R은 다음과 같이 간단히 시작할 수 있다.

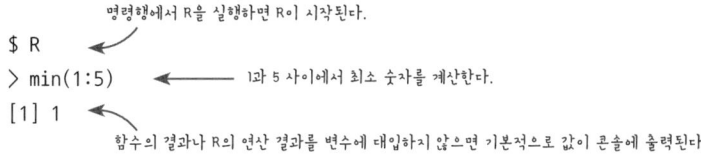

간단한 예제

여기서는 그림 8.1에 나온 대로 이 장에서 다루는 기술을 이해하는 데 도움되게끔 R에 대한 몇 가지 기본적인 내용을 설명한다.

R에서 벡터는 대부분의 숫자 함수에서 지원하는 가장 유용한 데이터 구조다. 그림 8.2에서는 R 벡터의 기본이 나와 있다.

R은 매트릭스, 배열, 데이터 프레임, 팩터 같은 다른 데이터 구조도 지원한다. 이 장에서는 주로 벡터에만 집중하고(이 장의 예제에서 벡터만 사용하므로) 다른 데이터 구조에 대해서는 자세히 다루지 않는다. R에 대해 좀 더 알고 싶은 독자라면 로버트 카바코프가 저술한 R 인 액션(http://www.manning.com/kabacoff/)을 참고하자.

변수

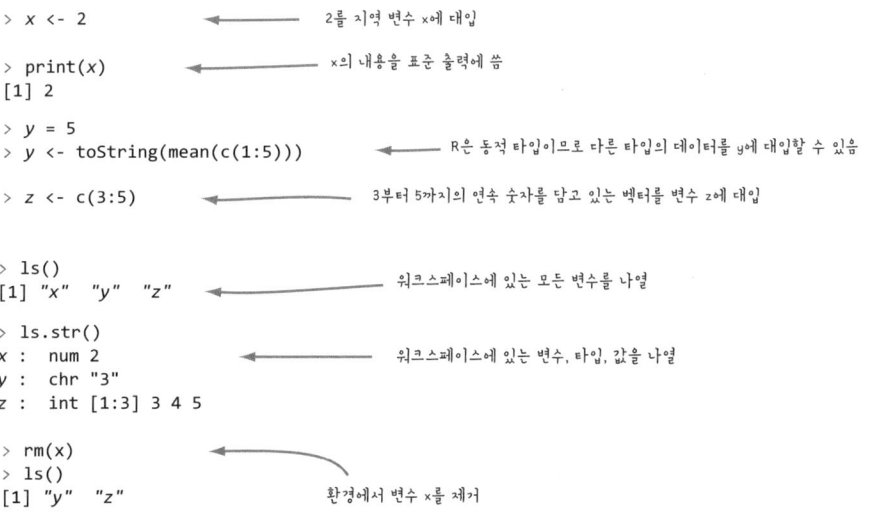

그림 8.1 R 변수의 사용 예시

벡터

```
> x <- c(1, 2*4, "5", TRUE)
```
문자열 벡터를 생성

타입을 섞었으므로 R에서는 모든 데이터를 문자열로 강제 변환함

```
> x <- c(x, 10, 4:6)
```
벡터 끝에 요소를 추가

```
> x[2:4]
[1] "8" "5" "TRUE"
```
인덱스 2부터 4까지의 요소를 추출

```
> x[-(2:4)]
[1] "1" "10" "4" "5" "6"
```
2부터 4까지 범위 이외의 모든 요소를 벡터에서 추출

```
> x <- as.numeric (x)
Warning message:
NAs introduced by coercion
> print(x <- x[!is.na (x)])
[1] 1 8 5 10 4 5 6
```
문자열 벡터를 숫자 벡터로 변환하고 비숫자를 제거

이 메시지는 숫자로 변환할 수 없는 요소가 현재 특수 NA 심볼로 존재함을 의미

is.na는 x에서 NA를 제거하는 데 사용하며, TRUE 또는 FALSE 요소 벡터를 반환함

벡터 x에 대한 요약 통계를 계산

```
> summary (x)
  Min. 1st Qu. Median   Mean 3rd Qu.   Max.
 1.000   4.500  5.000  5.571   7.000 10.000
```

```
> unlist (lapply (c(1:3),  function (y) y+1))
```
1씩 값을 모두 증가시킨 새 벡터를 생성

각 요소를 대상으로 실행하는 익명 함수

unlist는 리스트(lapply의 결과)를 벡터로 변환한다. R에서 모든 숫자 함수가 리스트를 지원하는 것은 아니므로 일반적으로 모든 데이터를 벡터로 보관하는 게 가장 좋다.

lapply는 x의 요소별로 함수를 실행하게 한다. 이때 x는 벡터 또는 리스트일 수 있다. 결과는 x와 길이가 같은 리스트다.

```
> sapply (c(1:3),  function (y) y+1)
[1] 2 3 4
```
lapply와 동일하지만 리스트가 아니라 벡터를 반환해주는 편의 함수

그림 8.2 R 벡터 및 함수 사용 예

지금까지 R을 설치하고 실행하는 법과 간단한 기본 예제를 살펴봤다. 이제 하둡과 R을 연동하는 법을 알아보자. 먼저 R과 하둡 스트리밍을 연동하는 법부터 살펴보자.

8.3 R과 스트리밍

하둡 스트리밍을 사용하면 표준 입력으로부터 데이터 읽기와 쓰기를 지원하는 모든 프로그래밍 언어 및 스크립트 언어를 사용해 맵 함수와 리듀스 함수를 작성할 수 있다. 이 절에서는 두 단계에 걸쳐 R에서 직접 스트리밍을 활용하는 법을 살펴본다. 첫 번째로 맵 전용 잡에서 스트리밍을 사용하는 법을 다루고, 두 번째로 완전한 맵리듀스 잡에서 스트리밍을 사용하는 법을 살펴본다. 이 과정에서 주가 데이터를 활용하고 간단한 계산을 수행한다. 이 절의 목적은 스트리밍을 활용해 R과 하둡을 연동하는 법을 보여주는 데 있다.

스트리밍과 맵 전용 R

일반 맵리듀스와 마찬가지로 스트리밍 및 R에서도 맵 전용 잡을 사용할 수 있다. 맵 전용 잡은 리듀서에서 데이터를 조인하거나 그룹으로 묶는 작업이 필요 없는 상황에 적합하다.

기법 57. 주가의 일 평균 가격 계산

이 기법에서는 하둡 스트리밍과 R을 활용해 각 주가 종목의 일 평균가를 계산하는 법을 살펴본다.

문제

R과 맵리듀스를 연동하려고 하는데 데이터를 조인하거나 결과 값을 정렬할 필요가 전혀 없다.

해결책

R과 하둡 스트리밍을 활용해 맵 전용 잡에서 데이터를 처리한다.

문제 풀이

이 기법에서는 주가 CSV 파일을 활용한다. 이 파일에는 종목별로 다음 요소가 들어 있다.

> 종목명, 일자, 시가, 최고가, 최저가, 종가, 거래량, 조정 종가

이 파일의 내용 중 일부를 살펴보면 다음과 같다.

```
$ head -6 test-data/stocks.txt
AAPL,2009-01-02,85.88,91.04,85.16,90.75,26643400,90.75
AAPL,2008-01-02,199.27,200.26,192.55,194.84,38542100,194.84
AAPL,2007-01-03,86.29,86.58,81.90,83.80,44225700,83.80
```

```
AAPL,2006-01-03,72.38,74.75,72.25,74.75,28829800,74.75
AAPL,2005-01-03,64.78,65.11,62.60,63.29,24714000,31.65
APL,2004-01-02,21.55,21.75,21.18,21.28,5165800,10.64
```

잡에서는 시가 및 종가를 사용해 줄별로 일 평균가를 계산한다. 이 작업을 수행하는 R 스크립트는 아래에서 볼 수 있다.[2]

```
#! /usr/bin/env Rscript            ← 이 스크립트를 실행하는 데 사용할 R 프로세스명을 식별

options(warn=-1)                   ← 출력값을 훼손하지 않도록 경고를 비활성화

sink("/dev/null") ❶

input <- file("stdin", "r")        ← 프로세스 표준 입력에 대한 핸들을 엶

while(length(currentLine <-        ❷
        readLines(input, n=1, warn=FALSE)) > 0) {

  fields <- unlist(strsplit(currentLine, ","))  ❸

  lowHigh <- c(as.double(fields[3]), as.double(fields[6]))   ← 벡터를 생성하고 숫자 형태로 시가 및 종가를 추가

  mean <- mean(lowHigh)            ← 시가 및 종가의 평균값을 계산

  sink() ❹

  cat(fields[1], fields[2], mean, "\n", sep="\t") ❺

  sink("/dev/null")                ← 모든 R 출력값을 /dev/null로 리다이렉트.
}
close(input)
```

❶ 이 sink 함수는 출력값의 위치를 제어한다. 이 코드는 하둡 스트리밍에서 사용하므로 표준 출력에 쓰여지는 내용을 제어하는 게 좋다. 따라서 모든 R 출력(서드파티 함수에서 생성하는 출력값 등)은 /dev/null로 리다이렉트한다.

❷ 표준 입력에서 한 줄을 읽는다. n은 읽어야 할 줄 수를 의미한다. warn을 FALSE 로 설정해 표준 입력을 읽는 동안 EOF를 수신하지 않는다. 빈 줄을 만나면 입력 끝에 도달했음을 알리는 EOF를 수신하게 된다.

❸ 콤마를 구분자로 사용해 문자열을 분할하고 결과 리스트를 벡터로 통합

❹ 아무 인자 없이 sink를 호출하면 데이터를 표준 출력에 쓸 수 있게 출력 위치를 복원

❺ 주가를 결합(concat). 종목, 날짜, 일별 평균 주가를 표준 출력에 씀

---

[2] 깃허브 소스 — https://github.com/alexholmes/hadoop-book/tree/master/src/main/R/ch8/stock_day_avg.R

정리

그림 8.3에서는 맵 전용 잡에서 스트리밍과 R이 서로 어떻게 연동되는지 보여준다.

맵리듀스 코드는 으레 테스트하기가 어렵지만 하둡 스트리밍 코드는 맵리듀스를 전혀 개입시키지 않고 명령행에서 매우 쉽게 테스트할 수 있다는 장점이 있다. 다음은 리눅스 cat 유틸리티(파일의 내용을 표준 출력에 쓰는 간단한 유틸리티)를 활용해 R 스크립트를 테스트해 출력값이 예상 결과와 같은지 비교하는 과정을 보여준다.

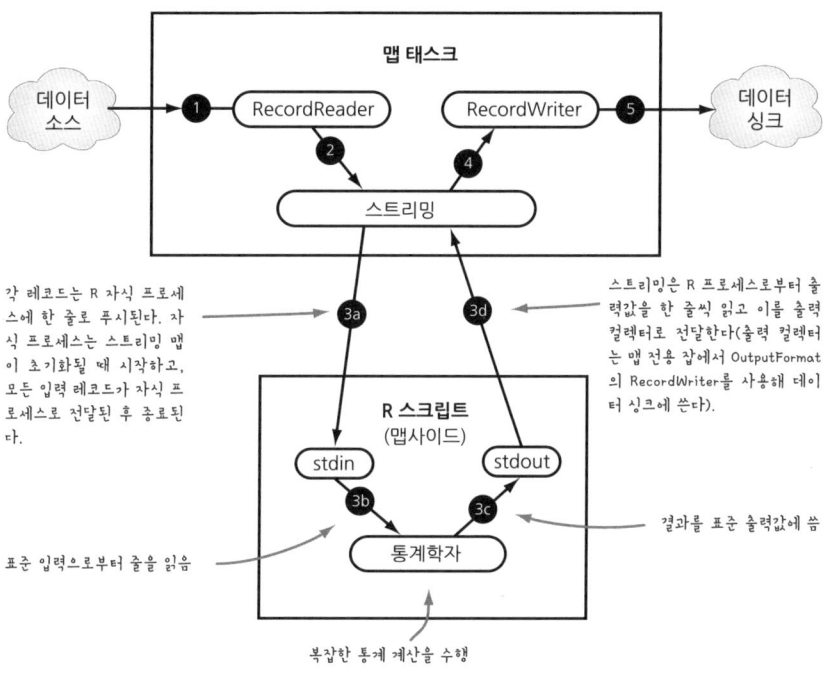

그림 8.3 R과 스트리밍의 맵 전용 데이터 흐름

```
$ cat test-data/stocks.txt | src/main/R/ch8/stock_day_avg.R

AAPL    2009-01-02    88.315
AAPL    2008-01-02    197.055
AAPL    2007-01-03    85.045
AAPL    2006-01-03    73.565
...
```

출력 결과가 문제 없어 보이니 하둡 잡에서 이 코드를 실행해보자.

```
$ export HADOOP_HOME=/usr/lib/hadoop  ❶

$ ${HADOOP_HOME}/bin/hadoop fs -rmr output  ❷

$ ${HADOOP_HOME}/bin/hadoop fs -put test-data/stocks.txt \
    stocks.txt        ← 주가 데이터를 HDFS로 복사

$ ${HADOOP_HOME}/bin/hadoop \
    jar ${HADOOP_HOME}/contrib/streaming/*.jar \  ❸
    -D mapreduce.job.reduces=0 \        ← 맵 전용 잡을 실행하므로 리듀서의 개수를 0으로 설정
    -inputformat org.apache.hadoop.mapred.TextInputFormat \   ← 잡의 InputFormat을 지정
    -input stocks.txt \       ← 잡의 입력 파일 지정
    -output output \          ← 잡의 출력 디렉터리 설정
    -mapper `pwd`/src/main/R/ch8/stock_day_avg.R \
    -file   `pwd`/src/main/R/ch8/stock_day_avg.R  ❹
                                   ← 스트리밍에게 맵 단계에서 실행할 실행 파일의 위치를 알려줌
```

❶ 하둡 설치 위치를 설정. 이 경로는 완전한 경로여야 한다.
❷ HDFS에서 output 디렉터리 제거. 이 디렉터리가 존재하지 않으면 무시할 수 있는 경고가 나온다.
❸ 스트리밍 JAR를 실행하고 싶다고 지정. 이때 완전한 경로를 지정해야 한다.
❹ R 실행 파일을 분산 캐시로 복사하고 맵 태스크에서 사용할 수 있어야 한다고 지정

출력값이 앞서 R 스크립트를 직접 호출했을 때와 동일한지 확인할 수 있는 cat 명령은 다음과 같이 간단히 실행할 수 있다.

```
$ hadoop fs -cat output/part*
AAPL    2009-01-02    88.315
AAPL    2008-01-02    197.055
AAPL    2007-01-03    85.045
AAPL    2006-01-03    73.565
...
```

독자들 중에는 키가 파일의 바이트 오프셋이고 값이 줄의 내용을 담고 있는 키/값 튜플을 내보내는 TextInputFormat을 사용한 사실을 눈치챈 사람도 있을 것이다. 하지만 R 스크립트에서는 튜플의 값 부분만 전달받는다. 이는 하둡 스트리밍의 최적화 요소로, TextInputFormat을 사용함을 인지한 경우 TextInputFormat에서 키를 무시한다. 스크립트로 키를 전달하고 싶다면 stream.map.input.ignoreKey 하둡 설정을 true로 지정하면 된다.

그림 8.4에서는 스트리밍 설정을 보여준다. 이 설정은 맵 입력 및 출력을 커스터마이징하는 데 사용할 수 있다.

기본적으로 입력 키와 값을 탭 문자로 구분한다. 이 값을 다시 설정하려면 다음 설정 키를 사용하면 된다. 이 예제에서는 스트리밍이 콤마를 구분자 문자로 사용하게 했다.

`-D stream.map.input.field.separator=","`

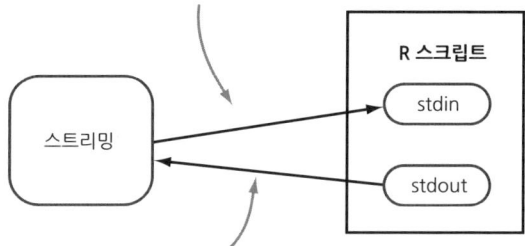

스크립트의 출력값 줄에서 키/값 쌍을 추출하기 위해 스트리밍은 탭 문자를 사용해 문자열을 분할한다. 이 설정은 다음 설정 키를 통해 바꿀 수 있다.

`-D stream.map.output.field.separator=","`

스트리밍은 첫 번째로 등장한 stream.map.output.field.separator를 토대로 어떤 부분이 키이고 값인지 판단한다. 세 번째로 등장하는 구분 문자를 토대로 문자열을 분할하고 싶다면 잡에서 위의 설정을 지정하면 된다.

`-D stream.num.map.output.key.fields=3`

그림 8.4 맵 태스크의 스트리밍 설정

이제 맵 전용 잡에서 R과 스트리밍을 사용하는 법을 다뤘으니 완전한 맵 및 리듀스 잡에서 R을 활용하는 법을 살펴보자.

스트리밍, R, 완전한 맵리듀스 연동

이번에는 R을 완전한 맵리듀스 잡과 연동하는 법을 살펴보자. 여기서는 앞서 스트리밍 및 맵 사이드 R 함수에 대해 배운 내용을 토대로 리듀스사이드 함수를 새로 살펴본다. 이 과정에서 독자들은 하둡 스트리밍이 맵 출력 키와 맵 출력값 튜플 리스트를 R 함수의 표준 입력으로 제공한다는 것과 R 함수 출력값이 어떻게 수집되는지 배울 수 있을 것이다.

기법 58. 주식의 누적 이동 평균 주가 계산

앞 절에서는 각 주가 종목의 일 평균가를 계산했다. 이번에는 맵리듀스 프레임워크를 활용해 여러 일에 걸쳐 각 종목의 가격을 그룹으로 묶은 다음 데이터에 대한 누적 이동 평균 주가를 계산한다.

문제
맵과 리듀스 사이드 모두에서 R 및 스트리밍과 연동하려고 한다.

해결책
매퍼와 리듀서에서 데이터를 처리하는 데 R과 하둡 스트리밍을 사용한다.

문제 풀이
앞에서 다룬 맵사이드 기법을 떠올려보면 맵 R 스크립트에서는 다음 필드가 담긴, 탭으로 구분된 출력값을 내보낸 것을 알 수 있다.

```
Symbol Date Mean
```

맵리듀스에서는 맵 스크립트의 출력 키(주가 종목)를 정렬하고 그룹으로 묶는다. 주가 종목별로 맵리듀스에서는 리듀스 R 스크립트에 종목별 전체 맵 출력값을 전달한다. 스크립트에서는 모든 주가를 더한 후 CMA(이동 평균 주가)가 담긴 한 개의 출력값을 내보낸다[3].

단일 출력값을 내보내는 R 스크립트

```r
#! /usr/bin/env Rscript
options(warn=-1)
sink("/dev/null")

outputMean <- function(stock, means) {      ←——— ❶
  stock_mean <- mean(means)
  sink()
  cat(stock, stock_mean, "\n", sep="\t")
  sink("/dev/null")
}
```

---
[3] 깃허브 소스 — https://github.com/alexholmes/hadoop-book/tree/master/src/main/R/ch8/stock_cma.R

```
input <- file("stdin", "r")
prevKey <- ""
means <- numeric(0)

while(length(currentLine <- readLines(input, n=1, warn=FALSE)) > 0) {

  fields <- unlist(strsplit(currentLine, "\t"))
  key <- fields[1]        ← 주가 종목에 해당하는 키를 읽음
  mean <- as.double(fields[3])   ← 입력값에서 주가를 읽음

  if( identical(prevKey, "") || identical(prevKey, key)) {
    prevKey <- key
    means <- c(means, mean)
  } else {
    outputMean(prevKey, means)        ← ❷
    prevKey <- key
    means <- c(means, mean)
  }
}

if(!identical(prevKey, "")) {
  outputMean(prevKey, means)
}

close(input)
```

❶ 주가 종목과 주가 벡터를 입력값으로 받는 간단한 R 함수. 이동 평균 주가를 계산하고 종목명과 이동 평균 주가를 표준 출력에 쓴다.

❷ 새 키를 찾았다는 것은 새로운 맵 출력 키를 의미한다. 따라서 이때는 함수를 호출해 이동 평균 주가를 계산하고 표준 출력에 출력해야 한다.

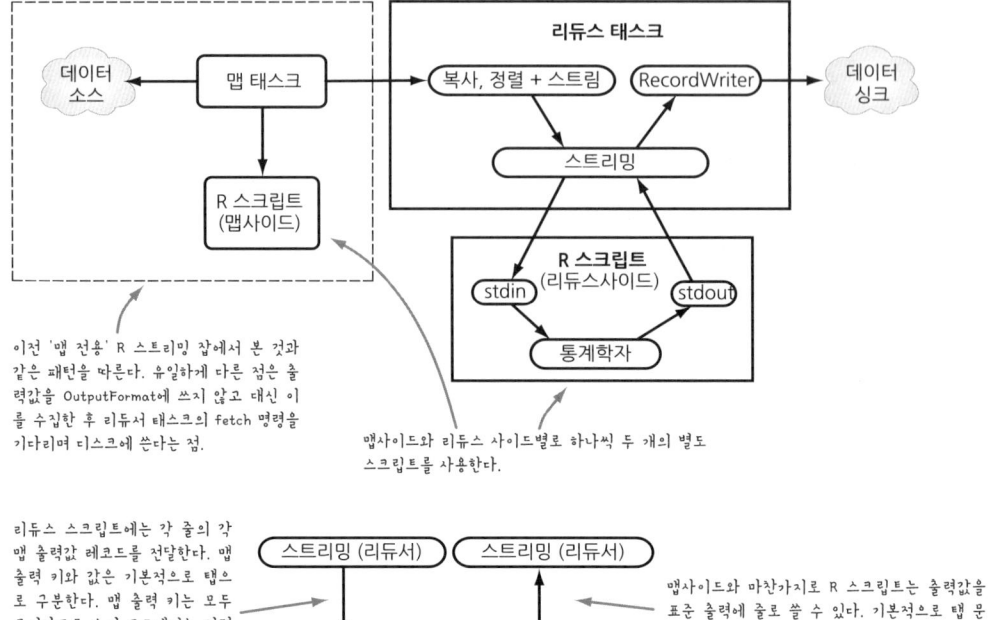

그림 8.5 R 및 스트리밍 맵리듀스 데이터 흐름

정리

그림 8.5에서는 스트리밍과 R 스크립트가 리듀스사이드에서 서로 연동하는 방법을 보여준다. 스트리밍의 장점 중 하나는 스트리밍 리눅스 명령을 사용해 아주 쉽게 테스트할 수 있다는 점이다.

```
$ cat test-data/stocks.txt | src/main/R/ch8/stock_day_avg.R | \
  sort --key 1,1 | src/main/R/ch8/stock_cma.R
AAPL    68.997
CSCO    49.94775
GOOG    123.9468
MSFT    101.297
YHOO    94.55789
```

이제 올바른 출력값이 나온 것을 확인했으므로 하둡 잡에서 이를 실행해보자.

```
$ export HADOOP_HOME=/usr/lib/hadoop

$ ${HADOOP_HOME}/bin/hadoop fs -rmr output

$ ${HADOOP_HOME}/bin/hadoop fs -put test-data/stocks.txt stocks.txt
$ ${HADOOP_HOME}/bin/hadoop \
  jar ${HADOOP_HOME}/contrib/streaming/*.jar \
  -inputformat org.apache.hadoop.mapred.TextInputFormat \
  -input stocks.txt \
  -output output \
  -mapper `pwd`/src/main/R/ch8/stock_day_avg.R \
  -reducer `pwd`/src/main/R/ch8/stock_cma.R \
  -file `pwd`/src/main/R/ch8/stock_day_avg.R \
  -file `pwd`/src/main/R/ch8/stock_cma.R
```

← R 스크립트를 지정(이전 맵 전용 기법에서 사용한 것과 같은 스크립트)

← 리듀스 R 스크립트를 설정

다음과 같이 간단히 cat 명령을 수행하면 R 스크립트를 직접 호출했을 때와 동일한 출력 결과가 나오는 것을 볼 수 있다.

```
$ hadoop fs -cat output/part*
AAPL    68.997
CSCO    49.94775
GOOG    123.9468
MSFT    101.297
YHOO    94.55789
```

그림 8.6에서는 리듀스 입출력을 좀 더 커스터마이징하는 데 사용할 수 있는 스트리밍 설정이 나와 있다.

그럼 맵 출력 키를 특정 순서대로(소위 2차 정렬) 리듀서에게 전달하려면 어떻게 해야 할까? 2차 정렬은 4장과 7장에서 조인을 수행하고 그래프 작업을 하면서 다룬 바 있다. 스트리밍에서 2차 정렬은 다음과 같이 KeyFieldBasedPartitioner를 사용해 수행할 수 있다.

```
$ export HADOOP_HOME=/usr/lib/hadoop

$ ${HADOOP_HOME}/bin/hadoop fs -rmr output

$ ${HADOOP_HOME}/bin/hadoop fs -put test-data/stocks.txt stocks.txt

$ ${HADOOP_HOME}/bin/hadoop \
  jar ${HADOOP_HOME}/contrib/streaming/*.jar \
```

```
-D stream.num.map.output.key.fields=2 \     ← ❶
-D mapred.text.key.partitioner.options=-k1,1\   ← ❷
-inputformat org.apache.hadoop.mapred.TextInputFormat \
-input stocks.txt \
-output output \
-mapper `pwd`/src/main/R/ch8/stock_day_avg.R \
-reducer `pwd`/src/main/R/ch8/stock_cma.R \
-partitioner \
org.apache.hadoop.mapred.lib.KeyFieldBasedPartitioner \   ← ❸
-file `pwd`/src/main/R/ch8/stock_day_avg.R
```

❶ 스트리밍에서 주가 종목과 날짜를 모두 맵 출력 키로 고려하게끔 지정
❷ 맵리듀스가 맵 출력 키의 첫 번째 토큰(주가 종목명)을 토대로 출력값을 파티셔닝하게끔 지정
❸ 잡의 파티셔너(KeyFieldBasedPartitioner)를 지정. 이 파티셔너는 mapred.text.key.partitioner.options를 파싱해 파티셔닝할 대상을 판단한다.

정렬에 대한 상세 제어 같은 추가적인 스트리밍 기능은 하둡 스트리밍 문서[4]를 참고하자.

지금까지 R과 스트리밍을 활용해 평균 주가를 계산하는 법을 살펴봤다. 이 접근 방식의 단점 중 하나는 클라이언트사이드 R 스크립트와 쉽게 연동할 수 없다는 점이다. 하지만 Rhipe와 RHadoop에서는 이 문제를 해결해준다. 그럼 먼저 Rhipe부터 살펴보자.

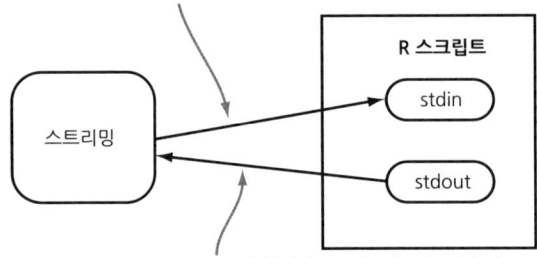

커스텀 입력 키/값 구분자 문자열을 설정하려면 다음 설정 키를 사용하면 된다. 기본값은 탭 문자다.
```
-D stream.reduce.input.field.separator=","
```

커스텀 출력 키/값 구분자 문자를 설정하려면 다음 설정 키를 사용한다. 기본값은 탭 문자다.
```
-D stream.reduce.output.field.separator=","
```

출력값으로부터 출력 키를 구분하는 stream.reduce.output.field.separator 구분자의 개수를 설정한다. 기본값은 1.
```
-D stream.num.reduce.output.key.fields=3
```

그림 8.6 리듀스 태스크를 위한 스트리밍 설정

---

4 http://hadoop.apache.org/common/docs/r1.0.3/streaming.html 참고

8.4 Rhipe—클라이언트사이드 R 및 하둡 연동 툴

R과 하둡 연동 처리 환경(R and Hadoop Integrated Processing Environment)의 약어인 Rhipe는 오픈소스 프로젝트로, 이름에서 암시하듯 R과 스트리밍 연동에서 본 것처럼 R과 하둡 사이의 긴밀한 연동 기능을 제공한다. R과 스트리밍을 연동할 때는 명령행을 사용해 하둡 잡을 실행했지만, Rhipe에서는 R에서 맵리듀스를 직접 호출할 수 있다.

시작하기 앞서, 부록 A에 나온 설명에 따라 Rhipe와 의존성을 클러스터 내 하둡 노드에 설치해야 한다.

기법 59. Rhipe를 활용한 이동 평균 주가 계산

이 기법에서는 앞서 R과 스트리밍을 활용하면서 한 것처럼 주가 종목별로 이동 평균 주가를 계산한다. 하지만 이번에는 스트리밍 대신 Rhipe를 활용하며, R과 하둡 사이의 긴밀한 연동 기능을 활용한다.

문제
R 코드에서 하둡과 매끄럽게 연동하고 싶다.

해결책
여기서는 Rhipe를 활용해 맵리듀스 잡을 실행하는 클라이언트사이드 R 코드를 작성하는 법을 배운다. 또 Rhipe 맵리듀스 잡 스코프에서 어떤 식으로 Rhipe R 콜백이 호출되는지도 살펴본다.

문제 풀이
이동 평균 주가를 계산하는 Rhipe 스크립트는 아래에서 볼 수 있다. 여기서는 맵리듀스 연동 기능이 Rhipe에 완전히 녹아 있는 만큼 기존 R 스크립트 및 프로세스와 맵리듀스를 연동하는 게 그만큼 쉬워지는 것을 볼 수 있다[5].

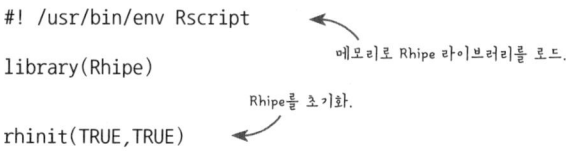

```
#! /usr/bin/env Rscript           ← 메모리로 Rhipe 라이브러리를 로드.
library(Rhipe)
                                  ← Rhipe를 초기화.
rhinit(TRUE,TRUE)
```

---
5 깃허브 소스 — https://github.com/alexholmes/hadoop-book/tree/master/src/main/R/ch8/stock_cma_rhipe.R

```
map <- expression({          ◄──────── 맵 태스크에서 실행할 맵 표현식을 정의
  process_line <- function(currentLine) {
    fields <- unlist(strsplit(currentLine, ","))
    lowHigh <- c(as.double(fields[3]), as.double(fields[6]))
    rhcollect(fields[1], toString(mean(lowHigh)))      ◄──────── ❶
  }
  lapply(map.values, process_line)
})

reduce <- expression(
  pre = {          ◄──────── ❷
    means <- numeric(0)
  },

  reduce = {          ◄──────── ❸
    means <- c(means, as.numeric(unlist(reduce.values)))
  },

  post = {
    rhcollect(reduce.key, toString(mean(means)))      ◄──────── ❹
  }
)

input_file <- "stocks.txt"
output_dir <- "output"
                           rhmr 함수는 잡을 설정하기 위해 호출된다.
job <- rhmr(   ◄────────
  jobname = "Rhipe CMA",
  map     = map,
  reduce  = reduce,
  ifolder = input_file,
  ofolder = output_dir,
  inout   = c("text", "sequence")
)
                  맵리듀스 잡을 실행
rhex(job)   ◄────────
```

❶ Rhipe 함수 rhcollect는 맵 단계에서 키/값 튜플을 내보내기 위해 호출된다.

❷ 리듀스 표현식은 세 부분으로 구성된다. pre 블록은 리듀스 블록으로 키 값이 전달되기 전에 각 고유 맵 출력 키별로 호출된다. 맵 출력 키는 reduce.key 변수(이 코드에서는 사용하지 않음)에 담겨 있다.

❸ 리듀스 블록은 reduce.values에 값 벡터를 담은 채로 호출된다. 키의 값 개수가 10,000보다 크면 이 블록이 여러 번 호출될 수 있다.

❹ 맵 표현식과 마찬가지로 rhcollect 함수도 출력 키 및 값 쌍을 내보내기 위해 호출된다.

정리

R과 스트리밍 기술을 사용할 때와 달리 Rhipe에서는 R 스크립트를 직접 실행할 수 있다. 이와 같이 R 스크립트를 실행하면 이어서 맵리듀스 잡이 실행된다.

```
$ hadoop fs -put test-data/stocks.txt /tmp/stocks.txt
$ export HADOOP_BIN=/usr/lib/hadoop/bin
$ src/main/R/ch8/stock_cma_rhipe.R            ❶
```

❶ stock_cma_rhipe.R 스크립트는 직접 실행할 수 있다. 이는 R 런타임인 Rscript에서 실행돼야 한다고 셸에게 알려주는 shebang과 함께 스크립트가 실행되기 때문이다.

　Rhipe가 어떻게 동작하고, R 코드가 Rhipe와 어떻게 연동되는지 알아보기 위해 R 스크립트의 주요 부분을 시작으로 맵리듀스 잡이 어떻게 트리거되는지 그림 8.7에 나온 단계별 설명을 참고하자.

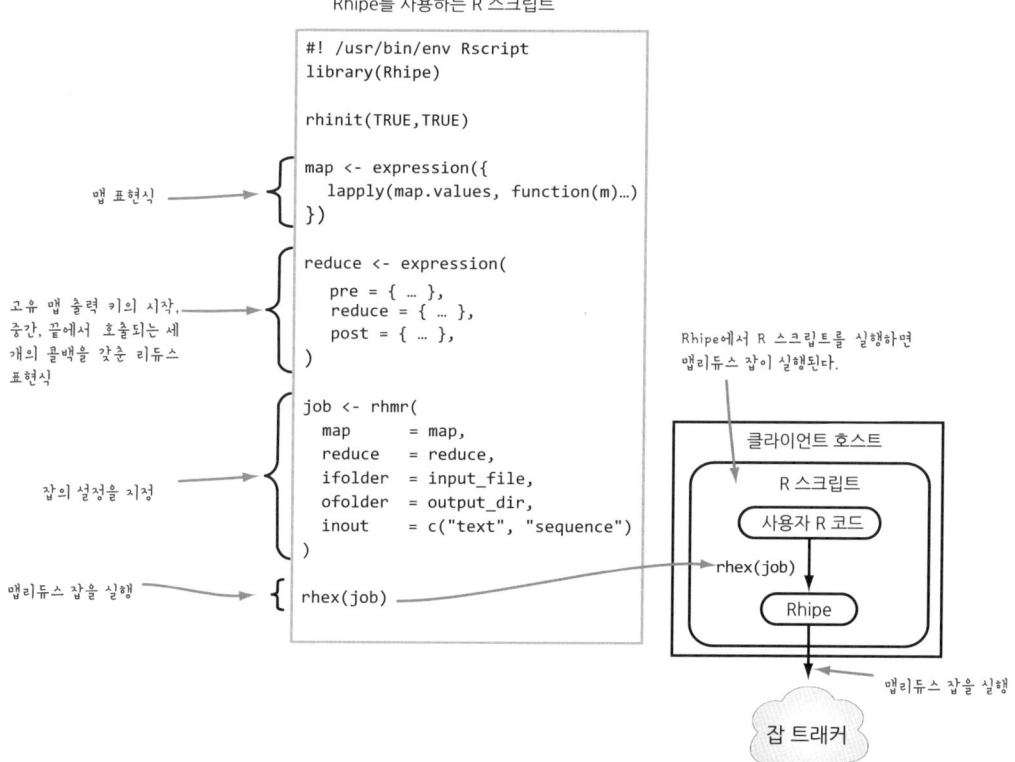

그림 8.7 Rhipe의 고수준 개요

다음으로 맵 태스크를 시작으로 맵리듀스 태스크에서 Rhipe가 어떤 식으로 동작하는지 살펴보자(그림 8.8 참고).

이어서 리듀스 사이드에서 Rhipe가 어떻게 동작하는지 알아보자(그림 8.9 참고).

Rhipe에서는 HDFS에서 읽고 쓰는 데 사용할 수 있는 다양한 함수도 제공한다. 이들 함수에 대한 자세한 설명은 http://saptarshiguha.github.com/RHIPE/functions.html#hdfs-related에서 볼 수 있다.

Rhipe와 관련해 한 가지 주의할 점은 Rhipe에서는 스트리밍을 사용하지 않고 대신 자체 맵 및 리듀스 함수와 자체 Input/Output 형식 클래스를 사용한다는 점이다. 그 결과 이미 사용 중인 다른 Input/Output 형식 클래스를 사용할 수 없다.

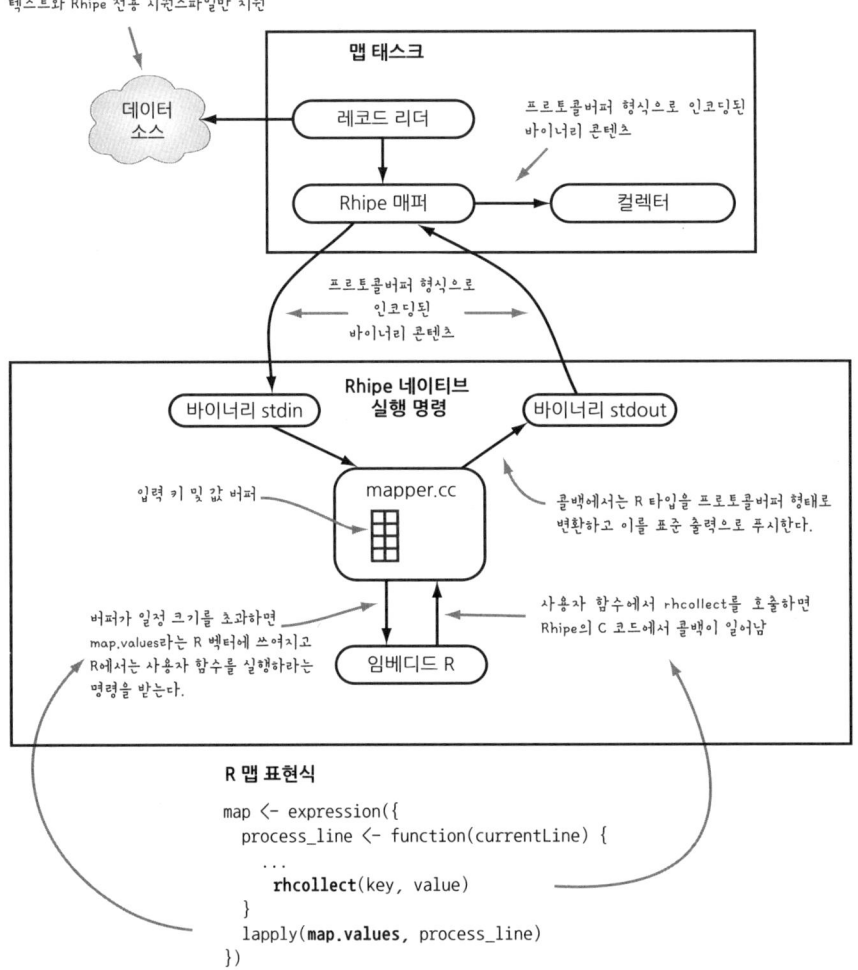

그림 8.8 맵사이드 Rhipe

이로써 클라이언트사이드 R 스크립트에서 R과 하둡의 연동하는 기능을 제공하는 Rhipe에 대해 모두 살펴봤다. 마지막 절에서는 마찬가지로 R과 하둡의 클라이언트사이드 연동 기술을 제공하지만 조금 더 가벼운 RHadoop에 대해 살펴본다.

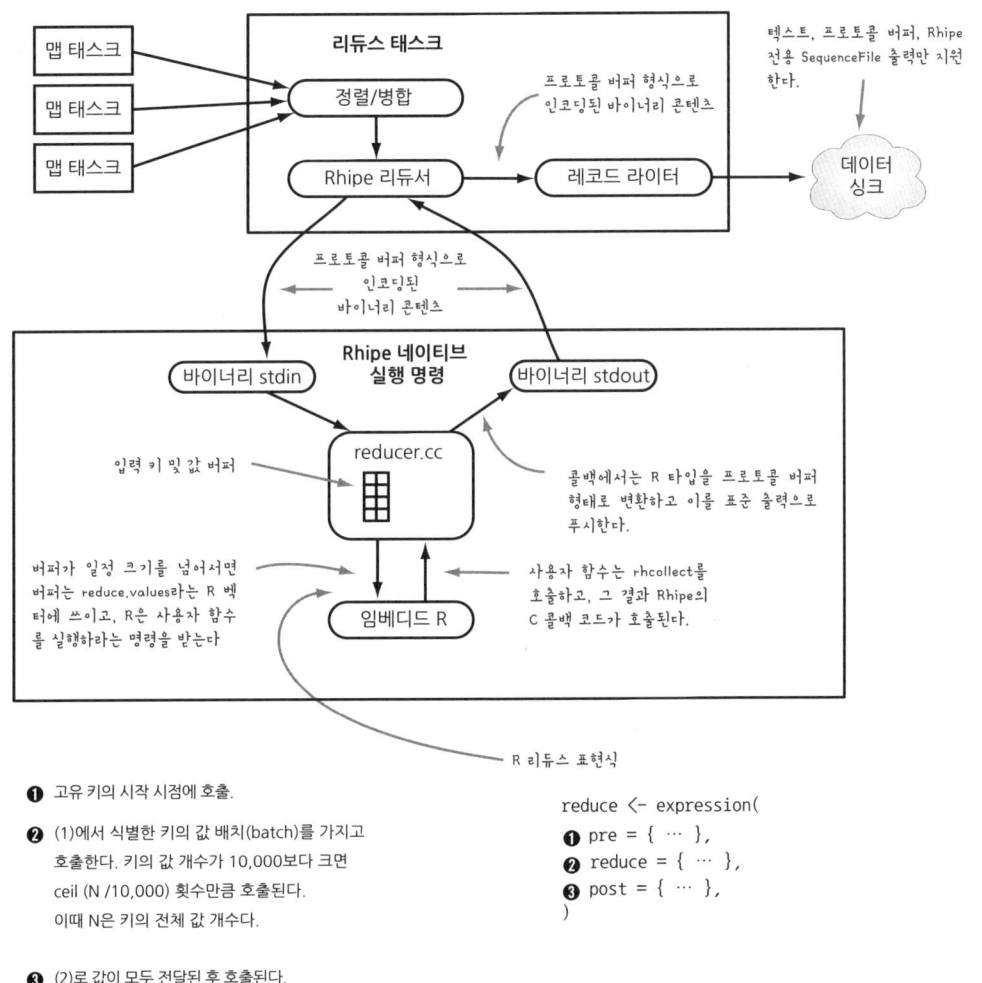

그림 8.9 리듀스사이드 Rhipe

8.5 RHadoop—R과 하둡의 경량 클라이언트사이드 연동 툴

RHadoop은 레벌루션 애널리틱스(Revolution Analytics)에서 개발한 오픈소스 프로젝트로서 R과 하둡을 연동할 수 있는 또 다른 접근 방식을 제공한다. Rhipe와 마찬가지로 RHadoop도 R 코드에서 직접 맵리듀스와 상호작용하는 기능을 지원한다.

RHadoop은 다음 세 구성 요소로 이뤄진다.

1. rmr: R과 맵리듀스의 연동
2. rdfs: HDFS에 대한 R 인터페이스
3. rhbase: HBase에 대한 R 인터페이스

이 장에서는 R과 맵리듀스 연동에 주로 관심이 있는 만큼 rmr을 사용하는 법에 초점을 맞춘다. 하지만 R과 하둡의 완벽한 연동 기능을 위해서는 rdfs와 rhbase도 살펴볼 가치가 있다.

RHadoop 및 의존성을 설정하는 법은 부록 A에 나온 설명을 참고하자.

기법 60. RHadoop을 활용한 이동 평균 주가 계산

이 기법에서는 RHadoop을 활용해 주가 데이터에서 이동 평균 주가를 계산하는 법을 살펴본다.

문제

좀 더 간단한 R과 하둡 클라이언트 연동 솔루션이 필요하다.

해결책

이 기법에서는 RHadoop과 R을 연동해 R 내에서 맵리듀스 잡을 실행하는 법을 살펴보고 RHadoop과 하둡 스트리밍이 어떻게 연동되는지도 살펴본다.

문제 풀이

개념적으로 RHadoop은 맵 및 리듀스 작업을 정의하는 방식이 Rhipe와 거의 같다. 이렇게 작업을 정의하고 나면 RHadoop에서는 맵리듀스 잡의 일부로 작업을 호출한다[6].

```
#! /usr/bin/env Rscript
library(rmr)         ◀── rmr 라이브러리를 로드

map <- function(k,v) {    ◀─── ❶
  fields <- unlist(strsplit(v, ","))
  keyval(fields[1], mean(as.double(c(fields[3], fields[6]))))
}
```

---

[6] 깃허브 소스 — https://github.com/alexholmes/hadoop-book/tree/master/src/main/R/ch8/stock_cma_rmr.R

```
reduce <- function(k,vv) {          ❷
  keyval(k, mean(as.numeric(unlist(vv))))
}

kvtextoutputformat = function(k,v) {    커스텀 출력 키/값 구분자를 정의
  paste(c(k,v, "\n"), collapse = "\t")
}
                            맵리듀스 잡을 실행
mapreduce(
  input = "stocks.txt",
  output = "output",
  textinputformat = rawtextinputformat,
  textoutputformat = kvtextoutputformat,
  map = map,
  reduce = reduce )
```

❶ 키/값 쌍을 입력값으로 받는 맵 함수를 정의. keyval 함수는 맵에서 내보내는 각 키/값 출력값 튜플별로 호출된다.

❷ 맵 키별로 한 번씩 호출되는 리듀스 함수. 여기서 k는 키이고 v는 값 리스트다.

정리

이 기법에서 다룬 코드를 실행하려면 다음 명령을 실행하면 된다.

```
$ HADOOP_HOME=<하둡 설치 디렉터리>
$ $HADOOP_HOME/bin/hadoop fs -put test-data/stocks.txt stocks.txt

$ src/main/R/ch8/stock_cma_rmr.R

$ hadoop fs -cat output/part*
CSCO  30.8985
MSFT  44.6725
AAPL  68.997
GOOG  419.943
YHOO  70.971
```

rmr은 하둡 스트리밍을 사용한다는 점에서 Rhipe와는 다르다. 그림 8.10에서는 이 코드가 맵리듀스 잡 실행과 어떤 관계가 있는지 볼 수 있다.

rmr에서 재미있는 기능 중 하나는 R 클라이언트사이드 환경을 맵리듀스에서 실행되는 맵 및 리듀스 R 함수가 접근할 수 있다는 점이다. 이 말은 맵 및 리듀스 함수가 각자의 함수 스코프 밖에 있는 변수를 참조할 수 있다는 뜻으로, R 개발자에게는 큰 도움이 된다.

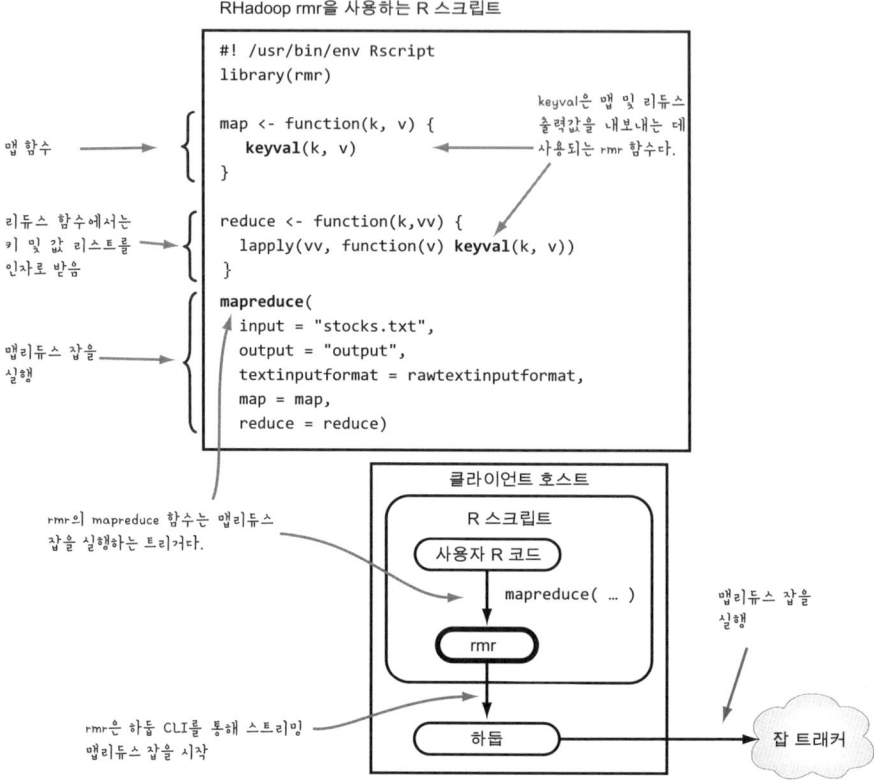

그림 8.10 rmr과 클라이언트사이드 상호작용

rmr에는 맵리듀스 입력 및 출력값과 매끄럽게 연동할 수 있다는 숨겨진 장점도 있다. 이 기법에서는 잡의 입력값이 이미 HDFS에 있었으므로 R에서 잡의 출력값과 상호작용하지 않았다. 하지만 rmr은 R 변수를 직접 HDFS에 쓰는 기능을 지원하며, 이를 맵리듀스 잡의 입력값으로 사용하고, 잡이 완료된 후 다시 R 데이터 구조로 로드하는 기능을 지원한다. 물론 대용량 데이터를 처리할 때는 이런 방식이 적합하지 않지만 작은 데이터셋을 대상으로 프로토타입을 개발하거나 테스트할 때는 무척 편리하다.

```
$ R
> library(rmr)
> small.ints = to.dfs(1:10)          ← ❶

> out = mapreduce(                    ← ❷
      input = small.ints,
      map = function(k,v) keyval(v, v^2))
...
> result = from.dfs(out)
> print(result) [[1]]              HDFS에서 잡 출력값을 읽음
[[1]]$key
[1] 10

[[1]]$val
[1] 100

attr(,"rmr.keyval")
[1] TRUE

...
```

❶ 1부터 10까지 연속 숫자를 생성하고 결과 벡터를 HDFS에 저장
❷ 맵리듀스 잡의 결과는 HDFS에서 결과를 읽는 데 사용할 수 있는 클로저다.

추가로 rmr 예제를 보고 싶다면 RHadoop 위키를 참조하자. RHadoop 위키(https://github.com/RevolutionAnalytics/RHadoop/blob/master/rmr/pkg/docs/tutorial.md)에서 로지스틱 회귀 분석, K-평균 같은 다양한 튜토리얼을 볼 수 있다.

8.6 정리

R과 하둡을 연동하면 대용량의 통계 분석을 할 수 있으며, 데이터 및 분석의 필요성이 늘어날수록 그 힘은 더 막강해진다. 이 장에서는 R과 하둡을 연동할 수 있는 세 가지 접근 방식을 설명하는 데 초점을 맞췄다. R과 스트리밍은 기본적인 연동 기능을 제공했으며, Rhipe와 RHadoop 프레임워크를 통해 클라이언트사이드 R과 하둡을 연동하는 법도 살펴봤다.

이제 독자들은 자신의 프로젝트에 적합한 R 및 하둡 연동 수준에 따라 올바른 툴을 고르는 데 필요한 충분한 정보를 익혔을 것이다.

다음 장에서는 예측적 분석에 머하웃을 사용하는 법을 살펴봄으로써 데이터 사이언스 주제에 대한 설명을 이어간다.

머하웃을 활용한 예측적 분석

이 장에서 다루는 내용
- 추천 활용한 제품 추천
- 나이브 베이즈를 활용한 스팸 이메일 분류
- 데이터의 추이 및 패턴 식별을 위한 클러스터링

예측적 분석 분야는 현재 및 과거의 역사적 데이터로부터 정보를 도출하는 분야다. 예측적 분석은 대용량 데이터셋(요즘은 빅 데이터라고 부르는)을 살펴보고 이 데이터로부터 의미 있는 혜안을 도출해 새로운 상품을 만드는 일이 주업인 데이터 사이언티스트가 사용하는 주요 툴 중 하나다. 예측적 분석은 다음 세 개의 큰 분야로 나뉜다.

- **추천(Recommender)**: 추천 시스템은 과거 행동이나 관심사를 토대로 항목을 추천해준다. 추천 항목은 소셜 네트워크 내 다른 사용자일 수도 있고 웹사이트의 제품이나 서비스일 수도 있다.
- **분류기(Classification)**: 분류기(또는 지도 학습(supervised learning)이라고도 부름)는 유사 데이터에 대한 과거의 관찰 결과에서 찾은 사실을 토대로 과거에 보지 못한 카테고리를 유추하거나 부여한다. 분류의 예로는 이메일 스팸 필터링과 신용 카드 부정 거래 감지 등이 있다.
- **클러스터링(Clustering)**: 클러스터링 시스템(비지도 학습(unsupervised learning)이라고도 부름)은 데이터를 클러스터 그룹으로 나눈다. 클러스터링은 사용자 습관처럼 데이터에서 숨겨진 구조를 찾고자 할 때 유용하다.

머하웃(Mahout)은 이들 세 가지 유형의 예측적 분석 기술 구현체를 포함한 기계 학습 라이브러리다. 머하웃의 알고리즘 대부분은 맵리듀스 구현체를 갖고 있으며, 이 구현체가 이 장에서 다룰 주 내용이다. 사실 다른 예측적 분석 툴에서 지원할 수 없는 대용량 데이터를 처리할 수 있는 능력이야말로 머하웃이 진정한 위력을 발휘하는 분야다. 실제로 머하웃은 수백만 개 이상의 데이터셋을 처리할 때만 의미가 있다.

이 장에서는 추천, 분류기, 클러스터러의 머하웃 맵리듀스 구현체를 살펴본다. 이 과정에서 추천을 사용해 사용자가 과거에 감상한(평가한) 영화와 비슷한 영화를 추천하고, 스팸 이메일을 걸러내는 분류기를 작성하며, 끝으로 클러스터링을 활용해 데이터의 구조를 파악하는 법을 살펴본다.

그럼 먼저 추천부터 살펴보자.

9.1 추천 시스템을 활용한 제품 추천

협업 필터링(CF, collaborative filtering) 시스템이라고도 부르는 추천 시스템은 친구에게 추천할 레스토랑을 묻는 것과 같은 기능을 컴퓨터가 대신해주는 기능이다. 추천하는 친구가 많을수록 그 레스토랑에 갈 확률은 높아진다. 온라인 세계에서는 추천 엔진이 매일 사용된다. 대부분의 소셜 및 상점 웹사이트에서는 새로운 사용자를 추천하거나 구매할 만한 새 상품을 추천한다.

협업 추천에는 두 가지 유형이 있다. 사용자 기반 추천과 항목 기반 추천이다.

- 사용자 기반 추천(user-based recommender)은 타깃 사용자와 유사한 사용자를 살펴보고 이들 사용자의 협력적 평가를 활용해 타깃 사용자에 대해 예측한다.
- 항목 기반 추천(item-based recommender)은 유사한 항목을 살펴보고 이 정보를 사용해 타깃 사용자가 과거에 사용한 항목과 유사한 항목을 추천한다.

각 추천의 결과는 그림 9.1에서 볼 수 있다.

그림 9.1 소셜 네트워크에서 다른 사용자를 추천하고 사용자가 관심 있게 볼 만한 영화를 추천하는 예

두 유형의 추천 시스템 모두 사용자나 항목 사이의 유사성 정도를 판단할 수 있어야 하므로 먼저 유사성 메트릭이 어떻게 동작하는지 이해해야 한다.

유사성 메트릭의 시각화

사용자 및 항목 기반 추천 시스템 모두 시스템에서 유사한 사용자나 항목을 찾을 수 있어야 한다. 이를 위해 시스템에서는 특정 유사성 점수에 이를 때까지 사용자나 항목을 서로 비교한다. 이런 점수를 계산하는 데 자주 사용하는 방식으로는 유클리드 거리와 피어슨의 상관 분석이 있다. 두 알고리즘은 숫자 데이터를 처리하며, 이때 데이터 포인트는 벡터(공간 내 점)처럼 동작한다.

유클리드 거리는 거리 측정에 가장 많이 사용하며, 유클리드 거리 계산을 수행하는 방식은 그림 9.2에서 볼 수 있다.

유클리드 거리는 맨해튼 거리(두 점 간의 거리를 올바른 각도의 축을 따라 측정) 같은 다른 관련 거리가 포함된 거리 측정법 군에 속한다. 이들 측정법은 거리를 계산하는 방식이 모두 유사하므로 한 방식에서 다른 방식으로 바꾸더라도 결과가 크게 달라지지 않는다.

그에 반해 상관 분석에서는 데이터셋에서 두 점 사이의 거리보다는 두 변수 사이의 선형 관계 정도인 유사성에 좀 더 관심을 둔다. 피어슨의 상관 분석은 두 변수 사이의 의존성을 측정하기 위해 과학에서 폭넓게 사용된다. 이 방식이 유클리드 거리 측정 방식보다 좋은 점은 똑같은 영화를 좋아하고 싫어하는 두 사람 중 한 사용자가 다른 사용자보다 평점을 후하게 줄 때도 사용자 사이의 관계를 찾아낼 수 있다는 점이다. 그림 9.3에서는 이 상관 관계를 보여준다.

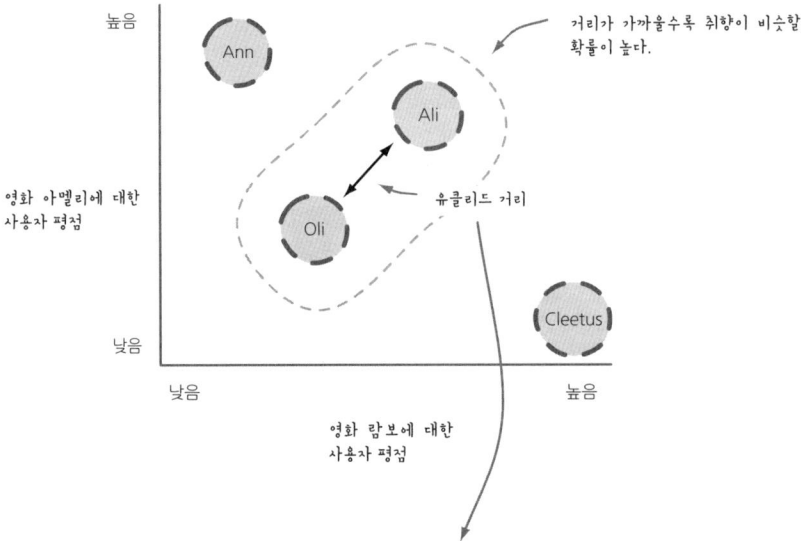

If $p = (p_1, p_2)$ and $q = (q_1, q_2)$, then the Euclidean distance is:

$$d(p, q) = \sqrt{(p_1 - q_1)^2 + (p_2 - q_2)^2}$$

그림 9.2 두 영화에 대한 사용자 선호도를 보여주는 구성과 유클리드 거리 측정 방식

피어슨의 상관 분석에서는 -1과 1 사이의 숫자를 결과 값으로 내놓는다. 이 값은 두 개의 연속 숫자가 서로 얼마만큼 떨어져 있는지 나타내며 선형 관계를 표현한다. 1 값은 상관 관계가 가장 높음을 나타내며 -1은 가장 낮음을 나타낸다. 그림 9.3에서는 높은 상관 관계의 예를 볼 수 있다. 피어슨의 상관 분석의 수학 공식은 유클리드 거리 측정보다 훨씬 복잡하며 이 장의 범위를 벗어난다. 하지만 관심 있는 독자라면 http://en.wikipedia.org/wiki/Pearson_product-moment_correlation_coefficient에서 관련 내용을 참고할 수 있다.

머하웃은 사용자 기반 추천과 항목 기반 추천 모두에서 유클리드 측정과 피어슨의 유사성 측정을 지원한다. 머하웃은 타니모토 계수(Tanimoto coefficient) 같은 항목 기반의 유사성 측정 방식도 추가로 지원한다[1]. 사용자 기반 및 항목 기반 유사성 구현체는 UserSimilarity 및 ItemSimilarity 인터페이스 구현체를 검색하면 볼 수 있다.

다음으로 이 절에서 추천에 사용할 데이터셋을 살펴보자.

그룹렌즈 데이터셋

그룹렌즈(GroupLens)는 미네소타 대학의 컴퓨터 사이언스 엔지니어링 학부의 연구소다. 이 연구소에서는 추천 시스템에 대한 연구를 수행하며, http://www.grouplens.org/node/12를 통해 6,000명의 사용자로부터 4,000개의 영화에 대해 수집한 100만 건의 평점 데이터셋을 제공한다. 여기서는 이 데이터를 내려받고 머하웃 추천 엔진에서 사용할 수 있는 형태로 준비하는 법을 살펴본다.

```
$ export MAHOUT_HOME=<머하웃 디렉터리 경로>
```
← 머하웃 설치 경로

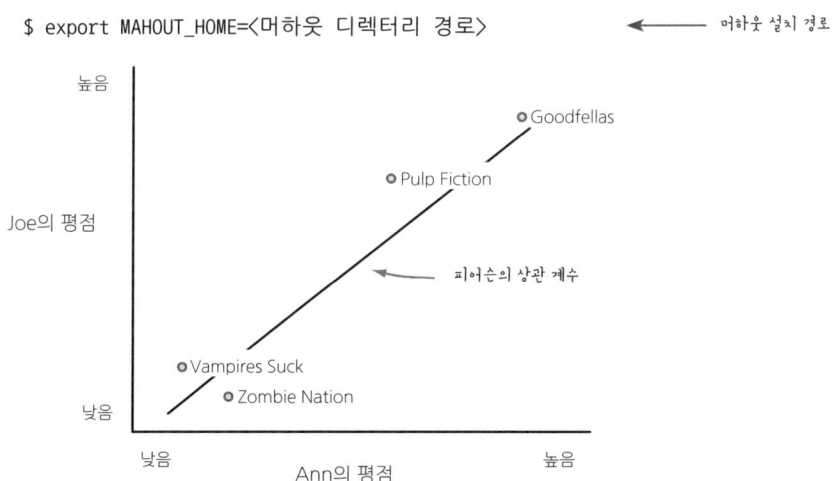

그림 9.3 서로 다른 영화에 대한 두 사용자의 선호도를 보여주는 구성과 피어슨의 상관 분석

---
1 http://en.wikipedia.org/wiki/Jaccard_index#Tanimoto_Similarity_and_Distance 참고

> **머하웃 설치**
>
> 이 절의 설명을 따라 하기 전에 부록 A에 나온 설명에 따라 시스템에 머하웃을 설치하자.

```
$ cd $MAHOUT_HOME          ◀─────── 머하웃 설치 경로
$ mkdir -p corpus/grouplens-1m
$ cd corpus/grouplens-1m
$ curl -O http://www.grouplens.org/system/files/ml-1m.zip
$ unzip ml-1m.zip
Archive: ml-1m.zip
   creating:   ml-1m/
   inflating:  ml-1m/movies.dat
   inflating:  ml-1m/ratings.dat
   inflating:  ml-1m/README
   creating:   MACOSX/
   creating:   MACOSX/ml-1m/
   inflating:  MACOSX/ml-1m/._README
   inflating   ml-1m/users.dat
```

평점 파일에는 데이터가 다음과 같은 형식으로 들어 있다.

UserID::MovieID::Rating::Timestamp

- UserID는 1부터 6040 범위다.
- MoiveID는 1부터 3952 범위다.
- 평점은 5점 만점으로 지정한다(반 별점은 없다)
- 타임스탬프는 기준 시간 이후의 시간을 초로 나타낸다.
- 각 사용자는 최소 20개의 평점을 지정했다.

파일 상단의 내용을 예로 들면 다음과 같다.

```
$ head -n 5 ml-1m/ratings.dat
1::1193::5::978300760
1::661::3::978302109
1::914::3::978301968
1::3408::4::978300275
1::2355::5::978824291
```

이 형식은 머하웃에서 사용하기에 적합한 형식이 아니다. 머하웃에서는 다음과 같이 콤마로 구분된 형식(CSV)이 필요하다.

```
UserID,ItemID,Value
```

간단한 awk 스크립트를 작성하면 GroupLens 데이터를 CSV 형식으로 변환할 수 있다.

```
$ awk -F"::" '{print $1","$2","$3}' ml-1m/ratings.dat > ratings.csv
```

이로써 이 절에서 살펴볼 기법에 적합한 형식으로 데이터 형식을 바꿨다.

사용자 기반 추천

사용자 기반 추천은 단일 JVM에서 동작하게끔 설계됐으므로 머하웃에는 맵리듀스에서 사용자 기반 추천을 실행할 수 있는 방법이 없다. 사용자 기반 추천은 이 책에서 중요하지 않으므로 여기서는 이 부분은 건너 뛰고 항목 기반 추천을 살펴본다. 사용자 기반 추천에 대해 궁금하다면 오웬 및 다른 저자들이 공저한 머하웃 인 액션을 참고하자.

항목 기반 추천

항목 기반 추천에서는 사용자가 아니라 항목을 토대로 추천할 내용을 계산한다. 이 추천의 목적은 사용자 기반 추천과 같다. 즉, 사용자가 관심 있어 할 만한 항목을 추천하는 것이다. 하지만 사용자 사이의 유사성을 살펴보는 대신 항목 기반 추천에서는 항목 사이의 유사성을 살펴본다. 항목 평점은 이동할 수 있는 유일한 데이터 포인트이므로, 사용자가 평가한 모든 항목을 검사하면 항목 예측에 사용할 데이터 포인트가 생긴다.

항목 유사성은 사용자 유사성보다는 크지 않은 편이며 사전 연산을 통해 알 수 있는 경우가 대부분이므로 추천 작업에 드는 시간이 더 빠른 게 보통이다. 머하웃에서 항목 기반 추천은 분산 실행 모델을 지원하므로 맵리듀스를 사용해 계산할 수 있다. 분산 추천은 이 절의 핵심 주제이기도 하다.

그림 9.4를 참고해 항목 추천이 어떻게 진행되는지 간단한 예를 살펴보자.

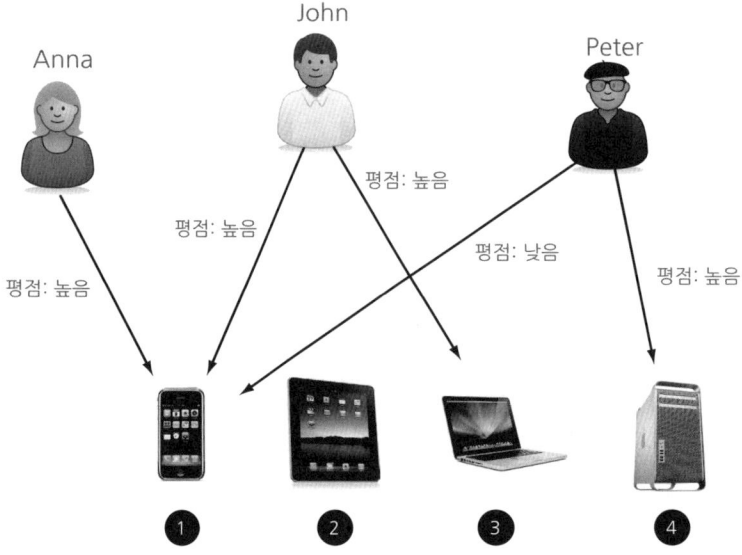

그림 9.4 항목 추천의 간단한 예

 Anna를 위한 항목을 추천할 때 항목 추천 시스템에서는 Anna가 평가한 다른 항목(항목 3과 4)을 살펴보고 그들의 유사성(평가자의 평점을 토대로)을 판단한 후 Anna의 평점에 다른 항목들의 유사 평점을 곱해 순위를 지정한다. 이 예에서는 John이 1과 3을 높게 평가하고, Peter가 1을 낮게 평가했으므로 항목 3이 항목 4보다 예측 값이 더 높았다.

 그럼 분산 항목 기반 추천을 구현하는 방법을 살펴보자.

기법 61. 영화 평점을 활용한 항목 기반 추천

그럼 그룹렌즈 영화 평점 데이터셋을 토대로 맵리듀스를 통해 데이터셋에 들어 있는 세 사용자에게 영화를 추천하려면 어떻게 해야 할까?

문제

대용량의 사용자 항목 선호도 데이터가 있고 확장적인 형태로 사용자에게 추가 항목을 추천하고 싶다.

해결책

머하웃의 항목 기반 추천을 그룹렌즈 데이터와 함께 사용해 영화를 추천한다. 머하웃의 항목 기반 추천은 10개의 맵리듀스 잡을 사용해 추천을 수행하며, 이 과정에서 데이터 준비, 유사성 동시 발생 계산(similarity co-occurrence calculation), 최종 추천 계산을 수행한다.

문제 풀이

분산 항목 기반 추천에는 두 개의 입력값이 필요하다. 바로 추천 파일 및 항목을 추천할 사용자의 ID 파일이다. 그럼 먼저 사용자의 ID 파일부터 생성(평점 파일에서 세 개의 ID를 먼저 선택)하고 두 파일을 HDFS에 집어넣자.

```
$ cat > user-ids.txt << EOF
1
2
3
EOF

$ hadoop fs -put user-ids.txt ratings.csv .
```

이제 항목 기반 추천을 실행할 준비가 끝났다.

```
$ export MAHOUT_HOME=<머하웃 디렉터리 경로>
$ export HADOOP_HOME=<하둡 디렉터리 경로>
$ $MAHOUT_HOME/bin/mahout \
    recommenditembased \
      -Dmapred.reduce.tasks=10 \
      --similarityClassname SIMILARITY_PEARSON_CORRELATION \
      --input ratings.csv \
      --output item-rec-output \
      --tempDir item-rec-tmp \
      --usersFile user-ids.txt
```

잡이 완료되면, HDFS에서 출력값을 볼 수 있다. 출력 형식은 사용자 ID, 콤마로 구분된 항목 ID 목록 및 관련 평점 형태로 이뤄진다.

```
$ hadoop fs -cat item-rec-output/part*
1 [1566:5.0,1036:5.0,1033:5.0,1032:5.0,1031:5.0,1030:5.0,3107:5.0,
   3114:5.0,1026:5.0,1025:5.0]
2 [2739:5.0,3811:5.0,3916:5.0,2:5.0,10:5.0,11:5.0,16:5.0,3793:5.0,
   3791:5.0,3789:5.0]
3 [1037:5.0,1036:5.0,2518:5.0,3175:5.0,3108:5.0,10:5.0,1028:5.0,
   3104:5.0,1025:5.0,1019:5.0]
```

HADOOP_HOME 환경 변수

하둡의 로컬 설치 경로(CDH 패키지 설치본에서는 /usr/lib/hadoop, 부록 A에 나온 tarball 설명을 따른 경우 /usr/local/hadoop)를 참조할 수 있게 HADOOP_HOME 환경 변수를 익스포트해야 한다. 머하웃에서는 이 변수를 사용해 하둡 클러스터링 설정을 찾아낸다. 이 단계를 빼먹으면 머하웃이 로컬 파일시스템을 저장하는 데 사용하고 클라이언트 호스트에서 맵리듀스 잡을 실행한다.

정리

분산 항목 기반 추천을 실행하면 10개의 맵리듀스 잡이 실행된다. 이들 잡과 각 잡에 대한 설명은 그림 9.5에서 볼 수 있다.

항목 기반 추천의 분산 구현체에서는 동시 발생 매트릭스를 생성해 유사한 항목을 찾아낸다. 이를 위해 각 사용자로부터 유사한 평점을 받은 항목들을 결합하고 모든 사용자로부터 각 항목 쌍이 평가를 받은 횟수를 계산한다. 그다음 각 항목에 대한 사용자의 평점을 모든 항목의 동시 발생 횟수로 곱해 알려지지 않은 항목에 대한 평점을 예측하고, 이들 항목 예측을 모두 정렬한 후 최상위 K개의 항목을 추천한다.

지금까지는 항목이 영화나 상품 같은 엔티티일 때 항목 기반 추천을 활용하는 데 집중했다. 하지만 이 방식은 사용자를 추천할 때도 사용할 수 있다. 기존 사용자 사이의 관계는 항목 ID를 사용자 ID로 대체해 모델링할 수 있다. 이 경우 평점 자체는 상수로 두거나 필요에 따라 친밀도를 모델링하는 데 활용할 수 있다(예를 들어 두 사용자의 평점이 자주 겹친다면 둘의 친밀도는 그렇지 않은 사람보다 높을 수 있다).

머하웃에서는 슬로프 원 추천(slope-one recommender)이라고 하는 또 다른 분산 항목 기반 추천도 제공한다. 이 추천 시스템은 두 개의 맵 리듀스 잡만을 필요로 하는 단순한 추천 시스템이다. 여기서는 유사성 알고리즘을 사용해 항목의 유사성을 측정하지 않고, 대신 평점 사이의 차이 평균을 구한다. 자세한 내용이 알고 싶다면 SlopeOneAverageDiffsJob 클래스를 참고하자.

이 절에서는 사용자 기반 추천과 항목 기반 추천이 어떻게 동작하는지 배웠고 영화를 추천하는 데 맵리듀스의 항목 기반 추천을 어떻게 활용할 수 있는지 살펴봤다. 이번에는 예측적 분석의 두 번째 주제로 넘어가 분류기를 활용해 영화를 예측하는 법을 살펴본다.

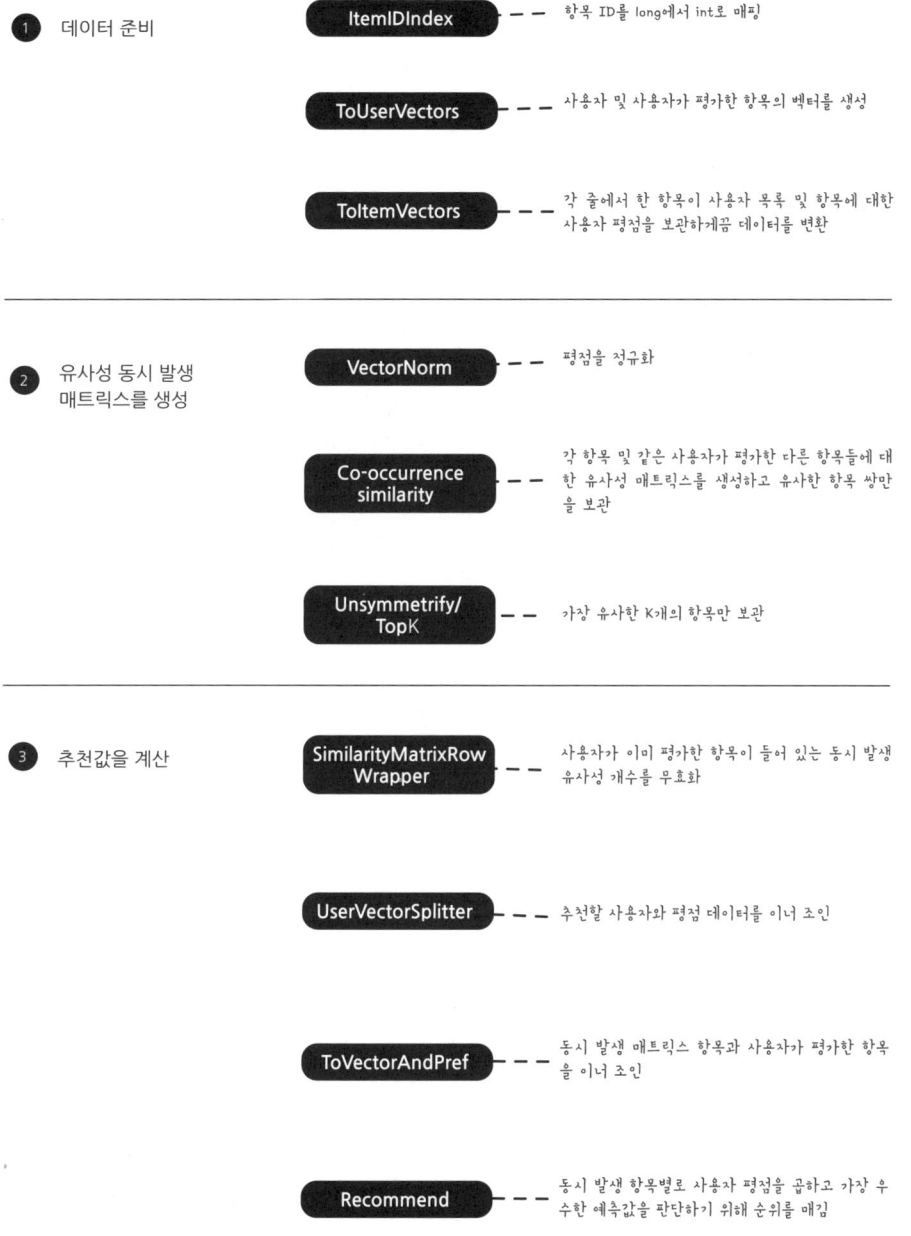

그림 9.5 분산 항목 기반 추천에 사용된 맵리듀스 잡

9.2 분류기

지도 학습이라고도 부르는 분류기는 과거에 알려진 데이터를 토대로 데이터를 예측할 수 있는 시스템을 가리키는 용어다. 우리는 살면서 이런 일을 매일 같이 한다. 예를 들어 'EQUEST FOR URGENT BUSINESS RELATION- SHIP'라는 제목의 이메일을 받았다면 읽겠는가? 아마 읽지 않을 것이다. 과거 경험상 이런 제목이나 제목에 쓰인 글씨가 모두 대문자라는 점 등을 볼 때 이 이메일은 십중팔구 스팸이기 때문이다. 이는 인간의 지도 학습 예를 잘 보여준다. 즉, 현재 동작이 비슷한 데이터에 대한 과거의 관찰 경험의 결과라는 것이다. 물론 과거에 제목이 이와 완전히 똑같은 이메일을 받은 적이 없을 수도 있지만 이와 유사한 제목의 이메일을 여러 번 열어본 경험을 토대로 제목만 보고도 스팸임을 의심할 수 있게 된 것이다.

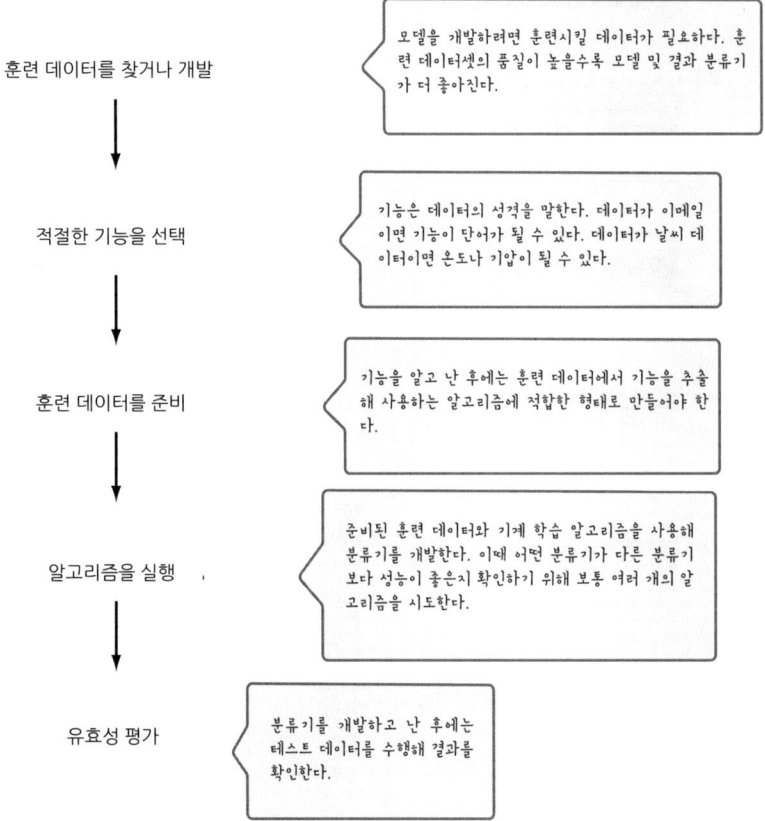

그림 9.6 지도 학습 모델을 개발하는 데 필요한 단계

지도 학습도 같은 방식으로 동작한다. 이메일 스팸 감지의 경우 스팸이나 햄(적합한 이메일)으로 표시된 데이터를 사용해 시스템을 훈련시켜 모델을 개발하고, 이 모델을 사용해 시스템이 과거에 본 적이 없는 이메일에 대해 예측하게 한다.

이 절에서는 단순한 지도 학습 알고리즘 중 하나인 나이브 베이즈(naïve Bayes)를 살펴보고 이를 하둡과 연계해 확장 가능한 스팸 훈련 및 분류 시스템을 개발하는 법을 알아본다.

이런 시스템을 개발하는 데는 여러 단계가 필요하며, 이 과정은 그림 9.6에서 볼 수 있다.

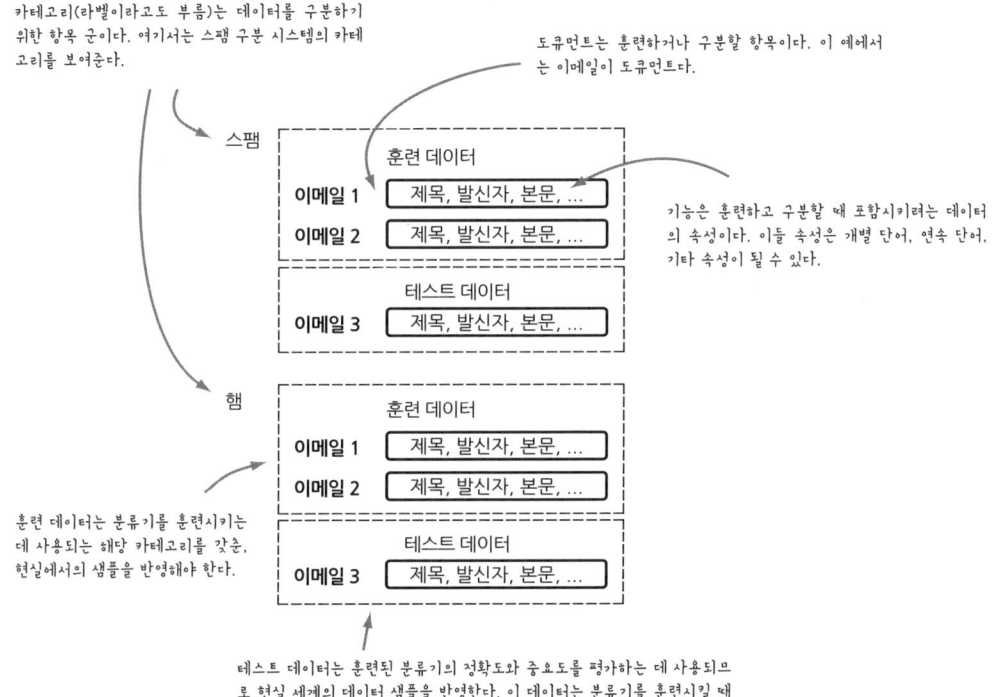

그림 9.7 분류기 관련 용어 정의

방금 전 살펴본 용어는 이 절에서 계속해서 사용하며, 그림 9.7에서는 이메일 분류를 예로 들어 이들 용어를 정의했다.

추가로 알아야 할 두 개의 용어는 다음과 같다.

- **훈련**: 카테고리화된 도큐먼트를 사용해 모델을 개발하는 절차. 이렇게 개발한 모델은 분류기가 과거에 보지 못한 도큐먼트를 분류하는 데 사용된다.
- **분류기**: 분류기는 훈련 데이터에서 추출한 모델을 사용해 과거에 본 적이 없는 도큐먼트나 데이터셋에 대해 예측한다.

하둡에서 지도 학습을 활용하는 법을 보기 전에 먼저 전체적인 과정에 대한 개념을 잡을 수 있게 간단한 훈련 데이터셋을 사용해 분류기를 직접 개발해보자.

커스텀 나이브 베이즈 분류기 작성

앞서 분류기를 개발하는 데 필요한 다섯 단계를 살펴봤다. 이번에는 이 다섯 단계를 적용해 커스텀 나이브 베이즈 스팸 분류기를 작성한다. 이메일을 구분하기 위해 나이브 베이즈 분류기에서는 이메일에 들어 있는 단어를 검사하고 스팸 카테고리와 햄 카테고리 중 어디에 들어가야 적합한지 판단한다. 한 단어가 이메일에서 자주 사용되고 스팸 카테고리에서 해당 단어의 빈도수가 높다면(아울러 햄 카테고리에서 해당 단어의 빈도수가 낮다면) 이 단어는 햄보다는 스팸에 가깝다고 간주한다. 베이즈 이론은 각 단어의 스팸 및 햄 가능성을 계산한 후에 적용하며, 이들 단어를 합쳐서 전체 이메일의 햄 또는 스팸 가능성을 형성한다.

첫 번째로 할 일은 분류기를 훈련시킬 데이터를 찾는 것이다.

훈련 데이터 찾기

분류기를 개발할 때 가장 어려운 두 부분은 처음 두 단계다. 분류기는 훈련 데이터의 품질만큼 그 가치를 발휘한다. 다행히 스팸 처리와 관련해서는 고품질의 데이터셋이 존재한다. 여기서는 그림 9.8에 나온 것처럼 훈련 데이터로 몇 개의 제목 줄 예시를 조합한다.

라벨	이메일 제목
햄	windyhill roofing estimate
햄	quick hadoop meetup
스팸	cheap quick xanax
스팸	quick easy money

그림 9.8 스팸에 사용할 간단한 훈련 데이터셋

기능 선택

만족할 만한 훈련 데이터셋을 갖췄다면 훈련에 사용할 속성을 찾기 위해 데이터를 살펴봐야 한다. 이 과정을 기능 선택이라 부르며, 이 과정에서 여러 가지 과학 이론을 활용한다. 이와 같은 기능 선택의 목적은 분류기가 서로 다른 카테고리로 데이터를 분류하는 능력을 키우는 데 도움되는 기능을 선택하는 데 있다.

이메일 분류기를 개발할 때는 제목 줄의 내용, 다른 이메일 헤더 데이터 포인트, 이메일 본문 등 기능으로 사용할 수 있는 여러 개의 요소가 있다. 예를 들어 이메일을 보낸 날짜는 스팸과 햄을 구분하는 데 전혀 상관이 없으므로 기능이 아니다. 하지만 이메일 제목과 본문에는 이메일을 스팸으로 분류하는 데 도움되는 텍스트가 담겨 있다.

이메일 제목과 본문에 있는 텍스트가 유용하기는 하지만 모든 단어를 기능으로 사용해야 할까? 이에 대해 간단히 답하자면 답은 '아니오'다. 영어 단어에서 자주 등장하는 단어(불용어라고 부르는)는 기능으로 사용하지 않는 게 좋다. 이런 단어는 모든 이메일에서 등장하기 때문이다. 마찬가지로 잘 사용되지 않거나 일부 이메일에만 등장하는 단어도 분류에 큰 도움이 되지 못한다.

여기서는 데이터가 이메일 제목 줄로만 구성된다고 가정한다.

데이터 준비

이제 스팸 분류에서 중요한 기능을 알았으니 훈련시킬 데이터를 준비해야 한다. 여기서는 텍스트 형태의 데이터를 처리할 수 있는 나이브 베이즈 분류기를 사용하므로 데이터를 조작하거나 변형하지 않아도 된다. 따라서 우리가 할 일은 훈련 데이터를 분류기에게 전달하는 것뿐이다.

```
Classifier c = new Classifier();

c.train("ham windyhill roofing estimate");
c.train("ham quick hadoop meetup");
c.train("spam cheap quick xanax");
c.train("spam quick easy money");
```

분류기 훈련

나이브 베이즈 알고리즘에서 훈련은 카테고리별 도큐먼트를 읽고, 도큐먼트별로 단어를 추출한 후 각 단어가 특정 카테고리의 단어일 확률을 계산하는 방식으로 진행된다. 먼저 훈련 도큐먼트에서 단어를 분리하고 카테고리 및 관련 단어를 추출해야 한다.

```
public static class Classifier {
  Map<String, Category> categories = new HashMap<String, Category>();
                                                    // 문자열을 단어로 토큰화
  public void train(String document) {
    String[] parts = StringUtils.split(document);
                              // 첫 번째 토큰은 카테고리명
    String category = parts[0];
                              // 나머지 토큰은 이메일 제목 줄의 단어
    List<String> words = Arrays.asList(
        Arrays.copyOfRange(parts, 1, parts.length));
```

```java
      Category cat = categories.get(category);
      if (cat == null) {
        cat = new Category(category);
        categories.put(category, cat);
      }
      cat.train(words);   ← Category 인스턴스에게 단어를 사용해 훈련하라고 명령

      for (Category c : categories.values()) {
        c.updateProbability(numDocuments);  ← 모든 카테고리가 가능성을 다시 계산하게끔 명령
      }
    }
  }
```

다음으로 카테고리 개념을 모델링하고 카테고리 내 단어, 해당 카테고리에서 단어를 본 횟수, 카테고리를 훈련시키는 데 사용된 도큐먼트의 개수를 추적해야 한다.

```java
  public static class Category {
    String label;
    int numDocuments;
    double categoryProbability;
    Map<String, MutableInt> features =
      new HashMap<String, MutableInt>();

    void train(List<String> words) {
      numDocuments++;   ← 이 카테고리를 훈련시키는 데 사용된 도큐먼트의 개수를 보관
      for (String word : words) {
        MutableInt i = features.get(word);
        if (i == null) {
          i = new MutableInt(0);
          features.put(word, i);
        }
        i.increment();   ← 이 카테고리에서 이 단어를 본 횟수를 보관
      }
    }

    void updateProbability(int totalDocuments) {
      categoryProbability = (double) numDocuments /   ← ❶
        (double) totalDocuments;
    }
  }
```

❶ 임의로 선택한 도큐먼트가 이 카테고리에 속할 가능성을 계산. 나중에 분류 과정에서 사용됨

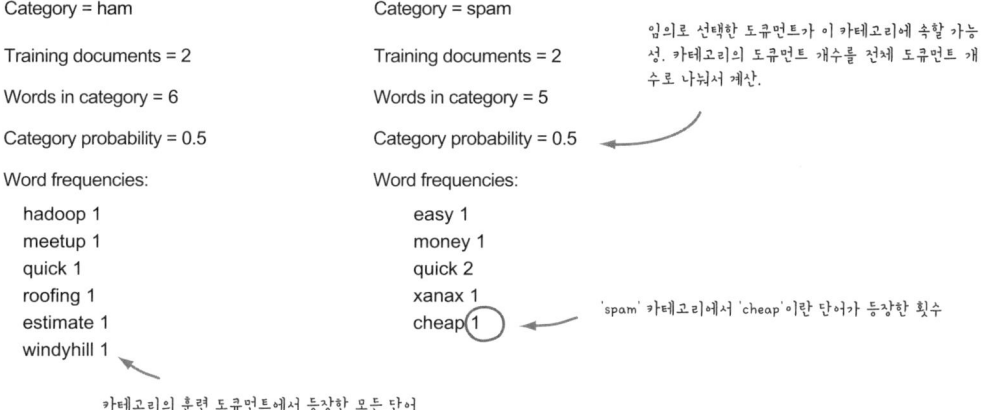

그림 9.9 훈련 후 모델의 모습

네 개의 도큐먼트를 사용해 분류기를 훈련하고 나면 분류기는 분류에 필요한 모든 데이터를 갖게 된다. 그림 9.9에서는 훈련을 마친 후 분류기가 갖고 있는 데이터를 보여준다.

분류기의 실행

이제 훈련 데이터 모델을 개발했고 이를 활용해 새 이메일을 분류할 준비가 모두 끝났다. 나이브 베이즈 분류기를 사용하는 방식은 두 부분으로 나뉜다. 먼저 이메일에서 단어를 추출해야 하고 이 단어가 각 카테고리에 속할 가능성을 계산해야 한다. 그다음 이런 가능성을 서로 곱해 카테고리별 전체 가능성을 구해야 한다. 그림 9.10에는 텍스트 분류에 베이즈 이론을 사용하는 법이 나와 있다.

새 이메일 제목을 접하면, 각 단어가 특정 카테고리에 속할 가능성을 계산해야 한다. 이 가능성은 0과 1사이의 숫자로 표현하며, 이때 1은 100%의 가능성을 나타낸다. 이 숫자를 계산하려면 각 단어가 카테고리에 등장하는 횟수를 계산해 이를 카테고리 내 도큐먼트의 전체 개수로 나누면 된다. 다음 코드는 특정 카테고리에서 단어가 속할 가능성을 계산하는 법을 보여준다.

```java
public static class Category {
  int numDocuments;
  Map<String, MutableInt> features =
    new HashMap<String, MutableInt>();

  double weightedProbability(String word) {
```

```
    MutableInt i = features.get(word);
return (i == null ? 0.1 : (i.doubleValue() /
        (double) numDocuments));
    }
    ...
}
```

quick이라는 단어를 예로 들어 살펴보자. 스팸 카테고리에서 이 단어는 두 번 등장하고, 스팸 카테고리를 훈련시키는 데 사용된 도큐먼트는 두 개가 있다. 따라서 가능성은 (2/2) = 1 이 된다.

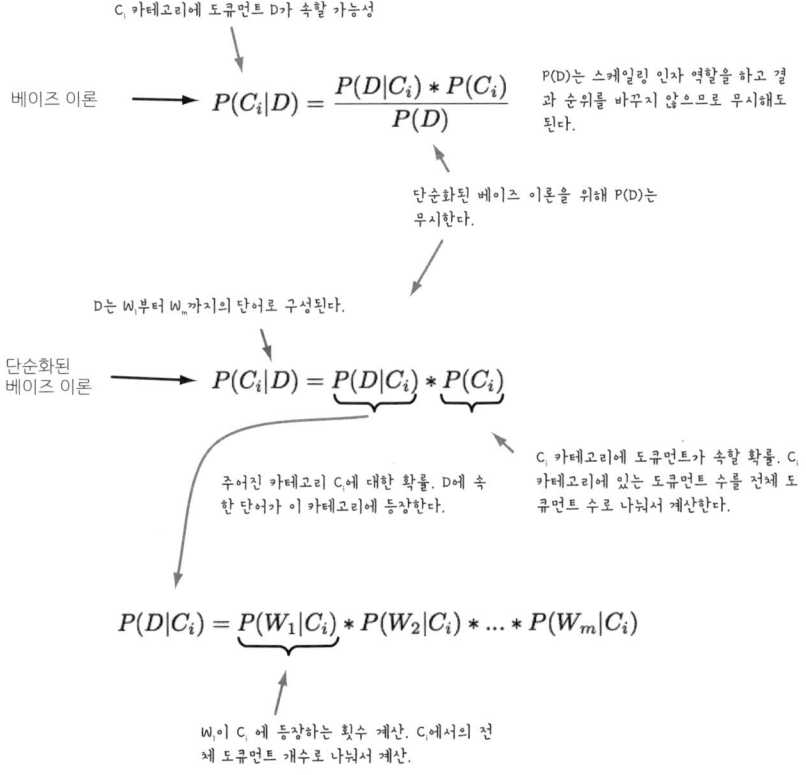

그림 9.10 베이즈의 이론과 이를 활용한 텍스트 분류 방식

이 단어는 햄 카테고리에도 한 번 등장하므로 햄 카테고리에 속할 확률은 (1/2) = 0.5다. 이들 값은 잠시 후 볼 베이즈 공식에서 P(W|C) 값으로 사용된다.

이로써 각 단어가 특정 카테고리에 존재할 가능성을 알게 됐다. 그럼 전체 도큐먼트가 카테고리에 속할 확률은 어떻게 계산할까? 그림 9.10에서 볼 수 있듯 베이즈 이론에서는 단어별 확률을 집어넣을 수 있는 이론을 제공한다.

그림 9.11에서는 나이브 베이즈 분류기를 사용해 스팸 및 햄 카테고리에 속할 확률을 계산하는 과정을 볼 수 있다.

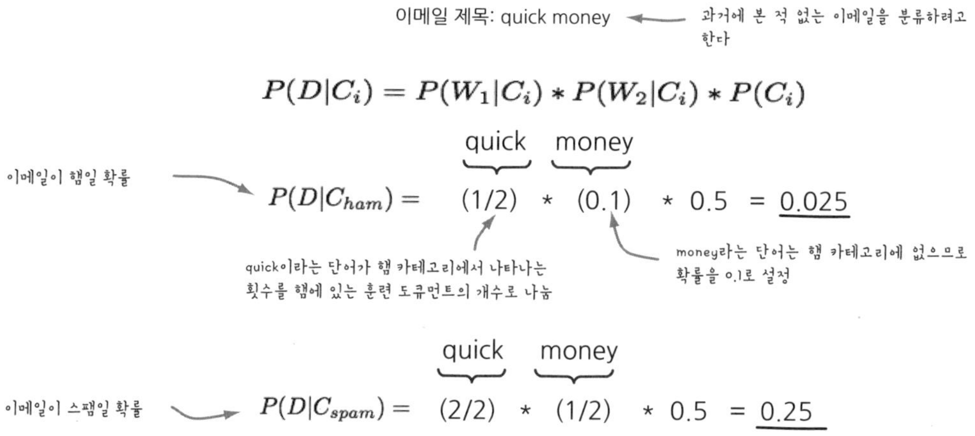
이메일 제목: quick money
과거에 본 적 없는 이메일을 분류하려고 한다
$P(D|C_i) = P(W_1|C_i) * P(W_2|C_i) * P(C_i)$
quick
money
이메일이 햄일 확률
$P(D|C_{ham}) =$ (1/2) * (0.1) * 0.5 = 0.025
quick이라는 단어가 햄 카테고리에서 나타나는 횟수를 햄에 있는 훈련 도큐먼트의 개수로 나눔
money라는 단어는 햄 카테고리에 없으므로 확률을 0.1로 설정
quick
money
이메일이 스팸일 확률
$P(D|C_{spam}) =$ (2/2) * (1/2) * 0.5 = 0.25

그림 9.11 예시 이메일 제목이 스팸이나 햄일 확률을 계산

다음 코드에서는 앞에서 살펴본 나이브 베이즈 공식을 활용해 입력 도큐먼트가 각 카테고리에 속할 확률을 계산한다.

```
public void classify(String words) {
    String[] parts = StringUtils.split(words);

  for (Category c : categories.values()) {
    double p = 1.0;
    for (String word : parts) {
      p *= c.weightedProbability(word);
    }
    System.out.println("Probability of document '" + words +
        "' for category '" + c.label + "' is " + (p * c.categoryProbability));
    }
  }
```

이 코드를 실행하면 앞에서 손으로 직접 계산한 것과 같은 결과 값을 볼 수 있다.

```
$ bin/run.sh com.manning.hip.ch9.HomegrownNBClassifier
Category = ham, numDocs = 2, categoryProbability = 0.5
    hadoop 1
    meetup 1
    quick 1
    roofing 1
    estimate 1
    windyhill 1
Category = spam, numDocs = 2, categoryProbability = 0.5
    easy 1
    money 1
    quick 2
    xanax 1
    cheap 1

Probability of document 'quick money' for category 'ham' is 0.025
Probability of document 'quick money' for category 'spam' is 0.25
```

물론 실제 상황이라면 훈련 도큐먼트의 양이 적으므로 이 분류기는 제대로 사용하기 어렵다. 훈련을 위해서는 가급적 많은 스팸 및 햄 도큐먼트를 동일한 양으로 제공해야 한다. 이어서 이 작업을 머하웃을 통해 하는 법을 살펴보자.

확장 가능한 스팸 감지 분류 시스템

머하웃에서 분류기는 순차적으로 실행하거나 맵리듀스를 이용해 실행할 수 있다. 머하웃의 지도 학습 알고리즘은 모두 맵리듀스에서 실행할 수 있지만, 이 중 일부만 병렬 실행 모델을 지원한다. 나이브 베이즈도 이 중 하나다[2].

기법 62. 머하웃을 활용한 스팸 분류기 훈련 및 테스트

맵리듀스를 활용해 스팸 분류기를 훈련하고 처음 본 이메일을 잘 분류해내는지 확인하려면 어떻게 해야 할까?

---

[2] 머하웃은 'Tackling the Poor Assumptions of Naïve Bayes Text Classifiers' 논문을 토대로 나이브 베이즈 구현체를 사용한다. http://people.csail.mit.edu/jrennie/papers/icml03-nb.pdf를 참고하자.

문제

많은 스팸을 받고 있으며 스팸 분류기를 개발하고 싶다.

해결책

머하웃의 맵리듀스 나이브 베이즈 분류기를 SpamAssassin 언어 자료에 적용해 모델을 훈련시키고, 처음 받는 이메일을 대상으로 효과를 테스트한다.

문제 풀이

이 기법에서는 SpamAssassin 언어 자료를 사용한다. SpamAssassin 언어 자료는 http://spamassassin.apache.org/publiccorpus/에서 내려받을 수 있다. 이 언어 자료는 분류기를 훈련시키는 용도와 스팸 감지 성능을 테스트하는 용도로 모두 활용한다. 우선 스팸과 햄 데이터셋을 내려받고 이를 추출해야 한다.

```
$ cd $MAHOUT_HOME            ← 언어 자료에 사용할 디렉터리를 생성
$ mkdir -p corpus/spam-assassin
$ cd corpus/spam-assassin
$ curl -O \                  ← 스팸 및 햄 언어 자료를 내려받음
    http://spamassassin.apache.org/publiccorpus/20021010_spam.tar.bz2
$ curl -O \
    http://spamassassin.apache.org/publiccorpus/20021010_easy_ham.tar.bz2

$ tar xjf 20021010_spam.tar.bz2         ← 내려받은 tarball의 압축을 푼다.
$ tar xjf 20021010_easy_ham.tar.bz2

$ ls -1 spam/* | wc -l        ← 각 이메일은 별도 파일에 들어 있다. 스팸 및 햄인 이메일의 개수를 나열한다.
501
$ ls -1 easy_ham/* | wc -l
2551
```

이번에는 언어 자료를 테스트 셋과 훈련 셋으로 구분해야 한다. 훈련 셋은 분류기 모델을 개발하는 데 사용하고, 테스트 셋은 모델의 정확성을 측정하기 위해 사용한다. 훈련용 언어 자료를 만들 때는 스팸과 햄 이메일 개수를 똑같이 사용하도록 주의한다. 이렇게 하면 분류기의 성능을 높이는 데 도움이 된다.

```
$ mkdir -p train/easy_ham train/spam
$ mkdir -p test/easy_ham test/spam
                              ← 처음 400개의 스팸 이메일을 훈련 디렉터리에 집어넣음
$ ls -1 spam/* | head -n 400 \
```

```
  | while read file; do cp $file train/$file; done
$ ls -1 spam/* | tail -n 100 \          ◁─── 마지막 100개의 스팸 이메일을 테스트 디렉터리로 복사
  | while read file; do cp $file test/$file; done
$ ls -1 easy_ham/* | head -n 400 \      ◁─── 처음 400개의 햄 이메일을 훈련 디렉터리에 복사
  | while read file; do cp $file train/$file; done
$ ls -1 easy_ham/* | head -n 100 \      ◁─── 마지막 100개의 이메일을 테스트 디렉터리에 복사
  | while read file; do cp $file test/$file; done
```

이제 훈련 셋과 테스트 셋을 구분했으니 이를 훈련 코드에서 처리할 수 있는 형태로 변환해야 한다. 데이터는 현재 각 이메일별 파일로 돼 있다. 여기서는 이 형태를 줄별로 이메일(또는 도큐먼트)이 들어 있고, 각 줄의 첫 번째 토큰이 카테고리명인 형태로 변환하려고 한다. 머하웃에는 이런 변환을 수행하는 툴이 내장돼 있으므로 훈련 셋과 테스트 셋 모두를 대상으로 이 툴을 실행한다. 작업을 마치고 나면 데이터를 HDFS로 복사한다.

```
$ export HADOOP_HOME=/usr/lib/hadoop          ◁─── ❶

$ $MAHOUT_HOME/bin/mahout prepare20newsgroups \
  -p train/ \
  -o train_mahout/ \
  -a org.apache.mahout.vectorizer.DefaultAnalyzer \
  -c UTF-8

$ $MAHOUT_HOME/bin/mahout prepare20newsgroups \   ◁─── ❷
  -p test/ \
  -o test_mahout/ \
  -a org.apache.mahout.vectorizer.DefaultAnalyzer \
  -c UTF-8

$ hadoop fs -put train_mahout test_mahout
```

훈련 데이터를 분류기를 훈련시키는 데 적합한 형태로 변환한다.

훈련 및 테스트를 위해 준비된 데이터를 HDFS로 복사한다.

❶ 준비된 데이터가 HDFS에 저장되게끔 HADOOP_HOME을 익스포트한다. 이렇게 하지 않으면 데이터가 로컬 파일시스템에 쓰여진다.
❷ 테스트 데이터를 훈련 데이터와 같은 형태로 변환한다. 이 데이터 형태는 분류기에서 사용하기에도 적합한 형태다.

이제 훈련 툴에서 사용할 수 있는 형태로 데이터가 갖춰졌으니 툴을 실행해 모델을 생성할 수 있다.

```
$ export HADOOP_HOME=/usr/lib/hadoop
$ $MAHOUT_HOME/bin/mahout trainclassifier \
   -i train_mahout \      ◀────────── HDFS에 위치한 훈련 데이터
   -o model \             ◀────────── 훈련된 모델이 들어 있는 출력 디렉터리
   -type cbayes \ ❶
   -ng 1 \                ◀────────── n-그램의 크기(기능을 생성하는 데 사용된 연속 단어의 개수)
   -source hdfs           ◀────────── 훈련 데이터, HDFS의 소스
```

❶ 분류기 알고리즘. 이 경우 '보완적 나이브 베이즈' 알고리즘

훈련이 끝나면 모델이 HDFS 내 모델 디렉터리 아래의 여러 디렉터리에 저장된다. 이제 모델의 위치를 지정해 테스트 데이터에 대해 분류기를 실행할 차례다.

```
$ $MAHOUT_HOME/bin/mahout testclassifier \
   -d test_mahout \       ◀────────── 테스트 데이터가 들어 있는 HDFS 디렉터리
   -m model \             ◀────────── 훈련된 모델이 들어 있는 HDFS 디렉터리
   -type cbayes \ ❶
   -ng 1 \ ❷
   -source hdfs \         ◀────────── 훈련 데이터의 소스, HDFS
   -method mapreduce ❸
   ...
```

❶ 분류기 알고리즘. 이 경우 '보완적 나이브 베이즈' 알고리즘
❷ n-그램(기능 생성을 위해 사용된 연속 단어의 개수)의 크기
❸ 훈련에 사용된 런타임 시스템. 실행은 맵리듀스에서 하는 게 좋지만 sequential을 지정하면 테스트를 클라이언트사이드 JVM에서 실행할 수 있다.

```
Confusion Matrix
-------------------------------------------------------
a       b       <--Classified as
72      28      |  100    a     = spam
0       100     |  100    b     = easy_ham
```

testclassifier 명령의 출력 결과를 보면 소위 혼동 행렬(confusion matrix)을 볼 수 있다. 이 행렬에서는 분류기가 72개의 스팸 이메일을 스팸으로 분류했고, 28개의 스팸을 햄으로 잘못 분류했음을 보여준다. 또 분류기는 햄 이메일을 100% 정확도로 분류해냈다.

정리

이 기법에서는 머하웃을 활용해 스팸 분류기를 훈련시키고 테스트하는 법을 살펴봤다. 그럼 좀 더 자세히 알아보자.

훈련

그림 9.12에서 볼 수 있듯 머하웃에서 훈련을 통한 확장성을 누리려면 높은 비용이 따른다. 이 그림에서는 모델을 훈련시키기 위해 실행해야 하는 전체 맵리듀스 잡을 볼 수 있다.

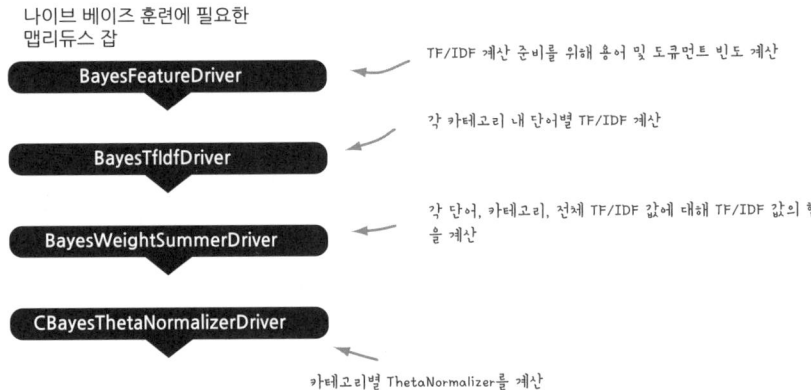

그림 9.12 나이브 베이즈 분류기 훈련 도중 실행되는 잡

모델을 훈련시킬 때는 훈련 데이터에서 추출할 n-gram의 개수를 지정하는 -ng 인자를 여러 가지로 실험할 수 있다. 여기서는 이 값을 1로 설정(모든 단어가 별도의 기능이라는 의미)했지만, 이 값이 클수록 분류기의 전반적인 정확도는 개선된다.

테스트

분류기 테스트를 마치면 혼동 행렬이라는 결과를 받게 된다. 혼동 행렬은 분류기의 성능을 시각화하는 데 사용하며, 모델이 얼마나 작업을 잘 수행하는지 보여준다. 혼동 행렬을 살펴보고 출력값을 이해해보자(그림 9.13 참고).

맵리듀스 나이브 베이즈 훈련은 단일 호스트의 메모리 한계를 넘어서는 대규모 훈련 셋(수십만 개 이상)을 다룰 때 효과가 있다.

온라인 및 오프라인 분류

분류기를 사용해 도큐먼트를 분류할 때는 온라인과 오프라인 중 두 가지 옵션을 사용할 수 있다.

- 온라인 모드에서는 백엔드 REST API처럼 실시간 분류 요청에 응답한다. 이 경우 머하웃의 BayesAlgorithm 및 InMemoryBayesDatastore를 사용해 파일시스템에서 모델을 로드하고 인라인 분류를 수행할 수 있다.
- 오프라인 모드는 수백만 건의 도큐먼트를 분류하려는 경우에 좀 더 적합하다. 이런 경우에는 머하웃의 테스트 코드와 유사한 기능을 수행하는 맵리듀스 잡을 작성해야 한다. 커스텀 맵리듀스 분류기를 작성할 때는 BayesClassifierDriver 클래스를 살펴보고 그 안에 있는 코드를 사용해야 한다.

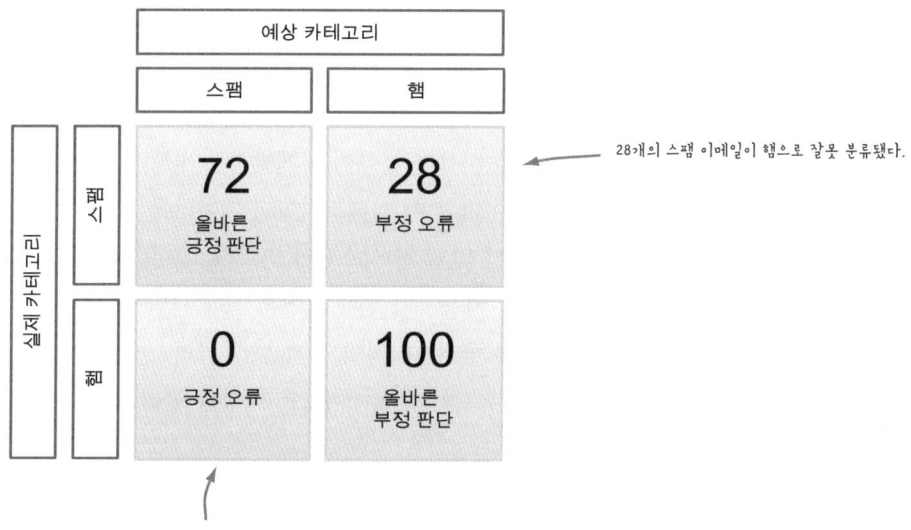

그림 9.13 테스트 결과의 혼동 행렬

추가 분류 알고리즘

머하웃에는 다른 분류 알고리즘(다양한 완성 단계에 있는)도 존재한다. 이들 알고리즘은 표 9.1에 정리돼 있다.

이들 알고리즘에 대한 자세한 설명은 https://cwiki.apache.org/MAHOUT/algorithms.html에서 볼 수 있다.

마지막으로 살펴볼 예측 분석 기술은 클러스터링이다. 클러스터링은 연속 알고리즘으로, 데이터를 그룹으로 나누고 데이터에 대한 새로운 사실을 발견하는 것이 목적이다.

표 9.1 머하웃 분류 알고리즘

알고리즘	설명
로지스틱 회귀 (Logistic regression)	로지스틱 회귀는 이벤트의 발생 가능성 예측에 사용되는 모델이다. 숫자 또는 카테고리에 해당하는 여러 예측기 변수를 활용한다.
지지 벡터 기계 (Support Vector Machines)	나이브 베이즈와 마찬가지로 지지 벡터 기계(SVM)는 객체를 군에 대입하는 문제를 해결하는 데 사용할 수 있다. 하지만 문제를 해결하는 방식이 나이브 베이즈의 설정과는 완전히 다르다.
신경망 분석 (Neural Network)	신경망 분석은 다차원 객체를 분류하기 위한 수단이다.
은닉 마코프 모델 (Hidden Markov Models)	은닉 마코프 모델은 음성 인식, 손글씨 인식, 자연언어 처리 같은 다양한 기계 학습 분야에서 활용된다.

9.3 K-평균을 활용한 클러스터링

앞 절에서는 과거에 카테고리를 나눈 데이터를 사용해 분류기를 개발하는 지도 학습에 대해 살펴봤다. 클러스터링은 비지도 학습 기술로 이와 같이 카테고리화된 데이터를 전혀 사용하지 않고 모델을 개발한다. 클러스터링은 분류기 및 추천 시스템과 다르다. 분류기 및 추천의 목적은 웹 페이지가 스포츠 카테고리인지 또는 사용자가 전에 읽어본 책에 관심 있는지와 같은 데이터에 대한 예측이 목적이다. 그에 반해 클러스터링의 목적은 각 클러스터에 속한 데이터가 다른 클러스터에 있는 데이터보다 더 유사하게끔 데이터를 다양한 클러스터로 분할하는 것이다.

클러스터링에 대한 이해를 돕기 위해 그림 9.14에서는 서로 다른 세 개의 별도 클러스터로 구분된 데이터의 예를 보여준다. 클러스터링의 목적은 데이터에 대해 새로운 사실을 발견할 수 있게 이와 같은 클러스터를 식별하는 것이다. 이 그림에서는 이들 클러스터가 존재한다는 사실이 명확히 보이지만 현실에서는 데이터가 잘 분리되지 않을 수도 있다. 바로 이런 분야에서 과거에 알지 못한 관찰 결과를 이끌어내도록 데이터 그룹 지정에 도움되는 클러스터링이 활용된다.

클러스터링은 마케팅과 같은 많은 분야에서도 응용되며 비슷한 행동의 고객들을 찾아내거나 생물학에서 식물과 동물을 분류하는 데도 활용된다.

머하웃에는 다양한 클러스터링 알고리즘이 있지만 여기서는 단순한 알고리즘인 K-평균을 살펴본다.

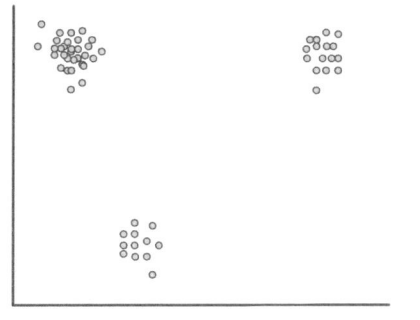 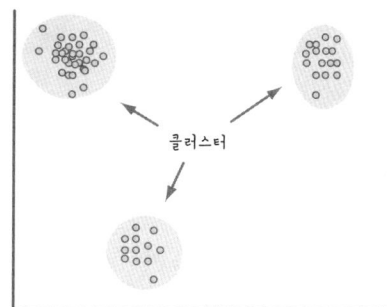

그림 9.14 클러스터링 알고리즘이 데이터를 분할하는 예시

간단한 소개

평균은 가장 오래되고 단순한 클러스터링 알고리즘이다. K-평균(K-means)을 사용할 때는 찾고자 하는 클러스터의 개수(K-평균)를 K-평균 알고리즘에게 미리 알려준다. K-평균 프로세스는 K 클러스터 중심의 초기 위치를 설정하는 것부터 시작한다. 초기 K 중심은 임의로 선택할 수도 있고 특정 위치로 지정할 수도 있다. 임의로 중심을 선택하면 결과가 달라질 수 있으므로, 가능하면 중심은 서로 최대한 멀리 떨어져 있는 게 좋다.

초기 중심을 지정하고 나면 K-평균은 반복 알고리즘을 따른다. 이때 각 데이터 포인트는 가장 가까운 클러스터 중심과 연계되고, 이후 전체 데이터 포인트에 따라 클러스터 중심을 재배치한다. 이 과정은 클러스터 중심이 더 이상 움직이지 않는 수렴 시점까지 계속 반복한다.

데이터 포인트와 클러스터 중심 사이의 거리를 판단하기 위해 클러스터링에서는 추천 절에서 본 것 같은 유클리드 거리, 타니모토, 맨해튼 등과 같은 대부분의 유사성 메트릭을 지원한다.

K-평균의 고수준 알고리즘은 다음과 같다.

1. N차원으로 클러스터링하려는 객체를 모델링한다.
2. 객체가 나타내는 공간 안에서 K 중심의 위치를 지정한다.
3. 거리 메트릭을 사용해 각 객체를 가장 가까운 K 중심에 대입한다.
4. K 중심의 위치를 다시 계산한다.
5. K 중심이 더는 특정 값 이상 움직이거나 수렴할 때까지, 또는 최대 반복 횟수에 도달할 때까지 3단계와 4단계를 반복한다.

그림 9.15에서는 2차원 공간에서 이 알고리즘을 사용하는 법을 보여준다.

이제 K-평균에 대해 기본적으로 이해했으니 머하웃에서 이를 활용하는 법을 살펴보자.

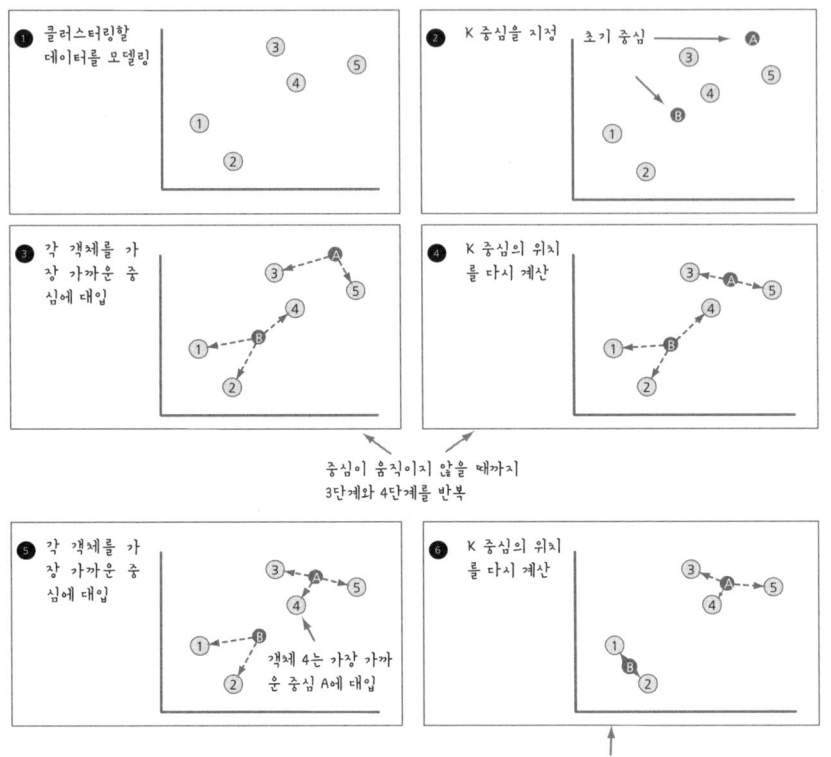

그림 9.15 단순 데이터셋에서 K-평균 알고리즘을 적용하는 흐름

병렬적 K-평균

머하웃의 많은 알고리즘과 마찬가지로 K-평균도 순차적(인메모리) 구현체와 병렬적(맵리듀스) 구현체를 갖고 있다. 이 절에서는 K-평균의 병렬적 구현체를 살펴본다.

기법 63. 합성 2D 데이터셋의 K-평균

http://cs.joensuu.fi/sipu/datasets/에서 시뮬레이션한 데이터셋의 병렬적 K 평균을 구하려면 어떻게 해야 할까? 이 데이터셋은 3,000개의 데이터 포인트와 20개의 클러스터를 갖고 있다.

문제

K-평균을 사용해 클러스터를 감지하려고 한다.

해결책

머하웃의 맵리듀스 K-평균 알고리즘을 사용해 데이터를 클러스터링하고 초기 중심의 위치의 중요성을 관찰한다.

문제 풀이

합성 데이터는 20개의 합성 클러스터를 나타내는 2차원 데이터 포인트의 연속으로 이뤄진다.

```
$ head -n 5 test-data/ch9/synthetic.txt
54620   43523
52694   42750
53253   43024
54925   42624
54973   43980
```

이 데이터의 분산형 그래프를 생성하면 그림 9.16과 유사한 결과를 볼 수 있다[3].

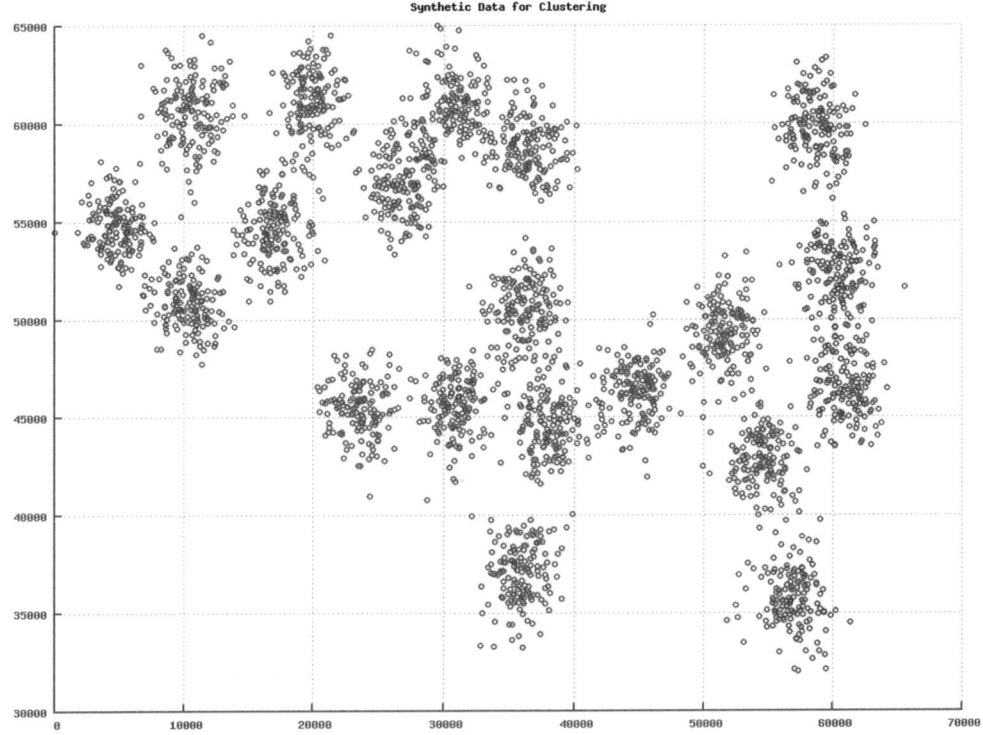

그림 9.16 분산형 그래프에 보이는 3,000개의 합성 2D 데이터

---

[3] 깃허브 소스 — https://github.com/alexholmes/hadoop-book/tree/master/src/main/java/com/manning/hip/ch9/Synthetic2DClustering-Prep.java

이 합성 2D 데이터는 머하웃이 클러스터링하는 데 필요한 시퀀스파일 형식으로 변환해야 한다.

```
public static void write(File inputFile, Path outputPath) throws IOException {
  Configuration conf = new Configuration();
  FileSystem fs = FileSystem.get(conf);

  SequenceFile.Writer writer =
      SequenceFile.createWriter(fs, conf, outputPath,
        NullWritable.class,      ❶
        VectorWritable.class,       ← 값은 머하웃 타입인 VectorWritable이다.
        SequenceFile.CompressionType.BLOCK, new DefaultCodec());
  try {
    for (String line : FileUtils.readLines(inputFile)) {
      String parts[] = StringUtils.split(line);

      writer.append(NullWritable.get(),

        new VectorWritable(new DenseVector( new double[]{   ← ❷
          Double.valueOf(parts[0]),
          Double.valueOf(parts[1])
        }
      )));
    }
  }
  finally {
    writer.close();
  }
}
```

❶ 시퀀스파일의 키는 알고리즘에서 무시한다. 비합성적 사용에서는 레코드의 식별자를 저장하는 데 키가 사용될 수 있다.
❷ 입력값의 각 줄을 읽고 각 줄을 나타내는 2D 데이터 포인트를 갖춘 벡터를 생성한다.

다음으로 유틸리티를 사용해 HDFS에서 입력 데이터를 생성해야 한다.

```
$ bin/run.sh \       ← ❶
    com.manning.hip.ch9.Synthetic2DClusteringPrep \
    test-data/ch9/synthetic.txt syn-seq

$ hadoop fs -mkdir syn-clusters      ← ❷
```

❶ 벡터 형태로 나타낸 입력 데이터를 사용해 HDFS에서 시퀀스파일을 생성
❷ HDFS에 빈 디렉터리를 생성. 이 디렉터리는 머하웃에서 임의의 K 중심을 생성하는 데 사용한다.

이제 클러스터링을 실행할 차례다.

```
$ export HADOOP_HOME=/usr/lib/hadoop

$ $MAHOUT_HOME/bin/mahout \
  kmeans \
  -i syn-seq \          ← ❶
  -c syn-clusters \     ← ❷
  -o syn-kmeans \       ← 출력 디렉터리
  -dm \
  org.apache.mahout.common.distance.EuclideanDistanceMeasure \  ← 객체-중심 사이의 거리 계산에 사용할 거리 측정 방식
  -x 100 \              ← 최대 반복 횟수
  -k 20 \               ← 입력 벡터(K)에서 샘플링할 중심 개수
  -ow \                 ← 디렉터리가 이미 존재하면 출력 디렉터리에 덮어 씀
  --clustering          ← 캐노피 계산 후 입력 벡터 클러스터링을 실행
```

❶ K-평균 알고리즘의 입력값. HDFS 내 시퀀스파일의 경로.
❷ 초기 클러스터의 경로. 이 경우 이 경로는 비어 있지만 초기 중심을 지정하고 싶다면 여기서 지정하고 -k 옵션을 지정하지 않으면 된다(-k 옵션을 사용하면 디렉터리의 내용을 지우고 랜덤 중심을 생성한다).

이렇게 하면 클러스터링이 수렴하거나 최대 반복 횟수에 도달할 때까지 맵리듀스 잡이 반복 실행된다. 클러스터링이 끝나면 HDFS에는 맵리듀스 잡의 반복 횟수별로 다양한 디렉터리가 생긴다.

> **K-평균의 최종 출력 디렉터리**
>
> 아래 예에서는 수렴될 때까지 K-평균 알고리즘을 22차례 반복했으며 이에 따라 디렉터리 이름에도 22가 들어 있다. 반복 횟수는 초기 중심을 랜덤으로 계산하므로 실행할 때마다 다를 수 있다. 따라서 mahout clusterdump 명령을 사용해 어떤 디렉터리를 사용할지 판단하기 위해 HDFS 내 syn-kmeans 디렉터리에서 예제를 실행하자(이 디렉터리는 final이라는 단어가 들어 있는 디렉터리다). 이 디렉터리가 존재하지 않으면 알고리즘이 -x 인자로 지정한 최대 반복 횟수에 도달할 때까지 수렴되지 않았다는 뜻이다.

정리

클러스터링이 끝나면 clusterdump 머하웃 유틸리티를 사용해 마지막 잡의 클러스터 상세 정보를 덤프로 출력할 수 있다.

```
$ $MAHOUT_HOME/bin/mahout clusterdump -s syn-kmeans/clusters-22-final

VL-2976{  ❶
    n=65  ❷
    c=[8906.923, 51193.292]        ← 클러스터 중심
    r=[955.286, 1163.688]          ← ❸
}

VL-2997{n=88 c=[11394.705, 50557.114] r=[920.032, 1179.291]}
VL-2950{n=464 c=[39502.394, 42808.983] r=[4022.406, 4273.647]}
VL-2956{n=900 c=[57117.122, 47795.646] r=[3623.267, 7669.076]}
VL-2963{n=307 c=[28842.176, 58910.573] r=[2532.197, 2463.770]}
VL-2968{n=24 c=[12087.458, 59659.125] r=[610.980, 587.461]}
VL-2973{n=21 c=[9767.762, 60524.619] r=[334.271, 680.851]}
VL-2974{n=149 c=[17056.611, 54574.094] r=[1424.306, 1499.089]}
VL-2979{n=15 c=[13094.200, 61833.467] r=[654.127, 769.270]}
VL-2982{n=152 c=[19948.691, 61123.151] r=[1272.827, 1526.470]}
VL-2983{n=282 c=[36355.816, 54751.617] r=[1492.798, 4144.325]}
VL-2984{n=13 c=[8319.385, 58726.923] r=[866.362, 745.068]}
VL-2985{n=13 c=[10221.231, 62308.692] r=[499.819, 494.718]}
VL-2986{n=6 c=[11515.167, 63330.667] r=[573.996, 795.132]}
VL-2990{n=6 c=[8507.333, 63171.167] r=[862.534, 506.489]}
VL-2993{n=295 c=[27153.434, 45502.441] r=[3910.728, 1400.395]}
VL-2994{n=19 c=[10641.105, 57988.000] r=[506.490, 1047.906]}
VL-2995{n=14 c=[8254.714, 60997.643] r=[552.130, 481.433]}
VL-2998{n=145 c=[4732.103, 54700.310] r=[1308.754, 1182.706]}
VL-2999{n=22 c=[10977.409, 61125.545] r=[513.230, 369.197]}
```

❶ clusterdump는 각 클러스터의 줄을 출력한다. VL은 클러스터가 수렴했음을 뜻하고 CL은 클러스터가 수렴하지 않았음을 뜻한다.

❷ 이 클러스터와 연결된 데이터 포인트의 개수. 이 클러스터의 경우 이 값은 65다.

❸ 중심과 클러스터 내 65개의 데이터 포인트 전체에 대한 거리를 표준 편차로 표현한 클러스터 반경

이들 클러스터를 원본 스캐터플롯 위에 겹쳐놓으면 알고리즘이 얼마나 잘 동작했는지 볼 수 있다. 클러스터는 초기 중심에 따라 바뀔 수 있는 만큼 결과 또한 여기서 보여준 것과 다를 수 있다는 점에 주의하자(그림 9.17 참고).

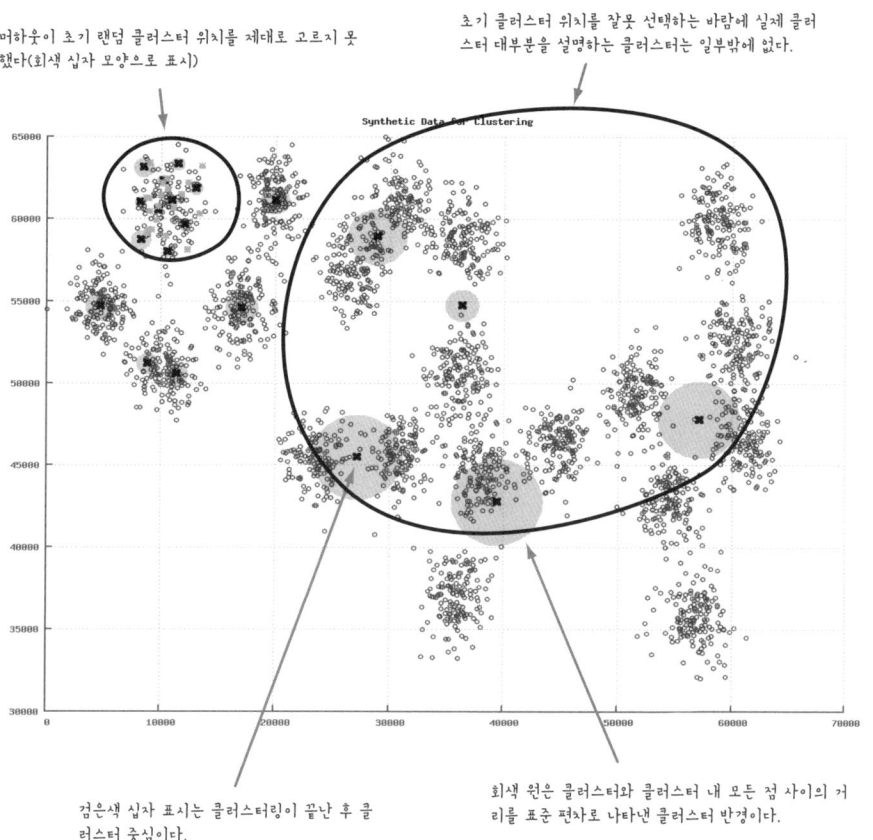

그림 9.17 초기 및 마지막 클러스터 중심을 입력 데이터와 비교해 플로팅한 모습

 클러스터링은 중심의 초기 위치에 민감하게 반응한다. 만일 여기서 초기 위치를 좀 더 랜덤하게 분산시키면 클러스터링 알고리즘은 더 많은 클러스터를 식별했을 것이다.

 이 예제에서는 2차원의 데이터를 처리했으므로 시각화하고 벡터화하기가 그만큼 쉬웠다. 2차원에서 작업한다는 것은 각 차원이 한 개의 기능을 나타내므로 두 개의 기능만 처리함을 뜻한다. 만일 n개의 기능을 처리하고 싶다면 n개의 차원이 필요한데, 머하웃의 Vector 클래스는 이를 모두 지원한다. 예를 들어, 각 고유 단어가 별도 기능이고, 따라서 한 개의 차원을 형성하는 텍스트를 처리하는 경우가 여기에 해당한다.

K-평균과 텍스트

K-평균은 벡터화된 데이터를 처리할 수 있으며, K-평균을 사용해 텍스트 데이터(로이터 뉴스 컬렉션에 대한 클러스터링 등)를 처리하고 싶다면 이 데이터를 머하웃에서 사용하기 전에 벡터화해야 한다. 이 작업을 수행하는 구체적인 방법은 이 책의 범위를 벗어나지만 $MAHOUT_HOME/examples/bin/build-reuters.sh를 열어보거나 실행해보면 그 방법을 알 수 있다(이 스크립트는 머하웃 배포판에서 번들로 제공된다). 이 스크립트는 로이터 뉴스 컬렉션을 가져와 이를 벡터화한 후 데이터에 대해 K-평균을 실행한다. 머하웃 인 액션(오웬 등 공저, 매닝 출판사, 2011년)에도 이 예제를 실행하는 법을 자세히 다룬 절이 나와 있다.

다른 머하웃 클러스터링 알고리즘

머하웃에는 다른 클러스터링 알고리즘도 들어 있는데 이 중 일부는 표 9.2에서 볼 수 있다. 전체 알고리즘 목록은 https://cwiki.apache.org/confluence/display/MAHOUT/Algorithms에서 볼 수 있다.

표 9.2 머하웃 클러스터링 알고리즘 개요

알고리즘	설명
계층적 클러스터링/하향식 클러스터링 (Hierarchical clustering/Top Down clustering)	계층적 클러스터링은 더 큰 클러스터를 찾고 더 큰 클러스터에서 더 작은 클러스터를 찾거나 처리하는 과정이다. 하향식 클러스터링은 계층적 클러스터링의 한 유형이다. 하향식 클러스터링에서는 큰 클러스터를 먼저 찾고 이들 클러스터에서 상세 클러스터를 찾는다. 이 때문에 이름도 하향식이다.
캐노피 클러스터링 (Canopy clustering)	캐노피 클러스터링은 객체를 클러스터로 그룹화하는 단순하고, 빠르며, 놀라울 정도로 정확한 알고리즘이다. 캐노피 클러스터링은 K-평균 클러스터링처럼 좀 더 엄격한 클러스터링 기술의 초기 단계에서 종종 사용된다. 초기 클러스터링부터 시작하면 초기 캐노피를 벗어난 포인트를 무시함으로써 복잡한 거리 측정 비용을 크게 줄일 수 있다.
퍼지 K-평균 (Fuzzy K-means)	퍼지 K-평균(퍼지 C-평균이라고도 부름)은 인기 있는 클러스터링 기술인 K-평균을 확장한 것이다. K-평균이 하드 클러스터(한 개의 클러스터에만 속하는 포인트)를 찾는 데 반해 퍼지 K-평균은 통계적으로 좀 더 공식화된 방식이며 특정 확률을 가지고 특정 포인트가 한 클러스터에 속할 수 있는 소프트 클러스터를 찾는다.
잠재 디리클레 할당 (LDA; Latent Dirichlet Allocation)	잠재 디리클레 할당(Blei et al., http://www.cs.princeton.edu/~blei/papers/BleiNgJordan2003.pdf, 2003)은 자동으로 단어를 주제 및 여러 주제가 섞인 도큐먼트로 클러스터링하는 강력한 학습 알고리즘이다.

9.4 정리

이제 독자들은 세 가지 예측적 분석 알고리즘(구체적으로 항목 기반 추천, 나이브 베이즈 분류기, K-평균 클러스터링)을 이해하고 이를 적용할 수 있게 됐다. 이들 알고리즘은 상품이나 서비스를 사용자에게 추천하는 메커니즘이 됐든, 시스템으로 들어온 새로운 데이터(이메일 스팸 감지 같은)를 분류하는 방식이 됐든, 클러스터링처럼 기존 데이터에 대한 새로운 사실을 알려주는 방식이 됐든 시스템의 데이터를 좀 더 잘 이해하고 활용하는 일을 도와주기 위해 존재한다.

이로써 데이터 사이언스와 관련 있는 주제를 다루는 4부를 모두 마쳤다. 5부에서는 하둡을 다룰 때 좀 더 작업을 쉽게 해주는 툴과 접근 방식을 살펴본다. 5부의 제목은 '코끼리 길들이기'로 정했다.

5부
코끼리 길들이기

5부 '코끼리 길들이기'에서는 맵리듀스를 쉽게 사용할 수 있게 도와주는 언어, 툴, 프로세스를 주제로 다룬다. 그런데 왜 제목에 코끼리를 집어 넣었을까? 그 이유는 하둡을 개발한 더그 커팅이 아들의 노란색 코끼리 인형의 이름을 따서 이 프레임워크의 이름을 하둡이라고 지었기 때문이다.

10장에서는 맵리듀스를 처리할 때 가장 사용하기 쉬운 인터페이스 중 하나인 SQL 형태의 도메인 특화 언어인 하이브를 다룬다.

11장에서 다루는 피그는 하둡에 대한 저수준 접근이 필요할 때 자바 코드를 사용할 수 있게 지원하는 추상화된 맵리듀스 언어로, 훌륭한 절충안을 제안한다.

12장은 맵리듀스를 기존 자바 애플리케이션과 연동하려는 프로그래머를 대상으로 한다. 여기서는 맵리듀스만으로는 피할 수 없는 반복 코드를 숨겨주는 추상화를 제공하는 크런치와 캐스케이딩이라는 두 기술을 살펴본다.

마지막 장인 13장에서는 서로 다른 단위 테스트 방식을 사용해 맵리듀스 코드를 길들이는 법을 살펴본다. 또, 맵리듀스 잡을 디버깅하는 법을 살펴보고 피해야 할 안티패턴도 알아본다.

5부에서 다루는 내용

10 하이브 공략하기
11 피그를 이용한 파이프라인 프로그래밍
12 크런치 및 그 외 기술
13 테스트 및 디버깅

하이브 공략하기

이 장에서 다루는 내용
- 하이브에서의 직렬화 및 역직렬화 방식 이해
- 분산 캐시 사용을 위한 UDF 작성
- 빠른 쿼리 실행을 위한 조인 최적화
- EXPLAIN 명령을 이용한 하이브의 작업 계획 이해

맵리듀스를 활용하는 작업은 간단하지 않으며 자바 프로그래머라도 학습 곡선이 상당히 높다. 이어지는 세 장에서는 이와 같은 맵리듀스의 진입 장벽을 낮춰주는 기술을 살펴본다.

지금 시간이 오전 9시이고 지난 한 달 동안 가장 많은 방문자 트래픽을 일으킨 상위 10개국에 대한 보고서를 만들라는 요청을 받았다고 가정하자. 이 보고서는 정오까지 끝내야 한다. 로그 데이터는 HDFS에 있고, 바로 사용할 수 있다. 그럼 IDE를 실행하고 자바 맵리듀스 코드를 작성해야 할까? 그렇지 않다. 바로 이런 경우에 하이브(Hive) 같은 언어가 도움이 된다. 하이브는 SQL과 유사한 구문을 이용해 자바에서 main 메서드를 작성하는 정도의 시간 안에 맵리듀스 잡을 작성하고 실행할 수 있게 해준다.

하이브는 고수준 맵리듀스 프레임워크 가운데 가장 사용하기 쉬운 프레임워크다. 사실 하이브는 기본적으로 하둡 데이터 웨어하우스 툴로서, 페이스북 등 일부 기관에서는 전통적인 RDBMS 기반의 데이터 웨어하우스 툴을 대체하고 있다. 하이브의 인기는 상당 부분 SQL과 유사하다는 사실에 기인하며, 이 덕분에 과거에 SQL을 사용해본 사람이라면 누구나 쉽게 익힐 수 있다.

하이브는 본래 페이스북 내부 프로젝트였다가 나중에 완전한 아파치 프로젝트로 전환됐다. 하이브는 데이터 조작을 위한 SQL 기반의 언어를 노출함으로써 맵리듀스에 대한 접근을 단순화하기 위한 용도로 개발됐다.

하이브 아키텍처는 그림 10.1에서 볼 수 있다.

이 장에서는 하이브를 활용해 아파치 웹 서버 로그와 연동하는 실전 예제를 살펴본다. 이 과정에서 데이터 접근을 최적화하기 위해 데이터를 하이브로 로드하고 정리하는 다양한 방법을 들여다본다. 또, 고급 조인 메커니즘도 알아보고 그룹 분류와 정렬 같은 다른 관계형 작업도 알아본다. 그럼 먼저 하이브에 대한 간단한 소개부터 시작하자.

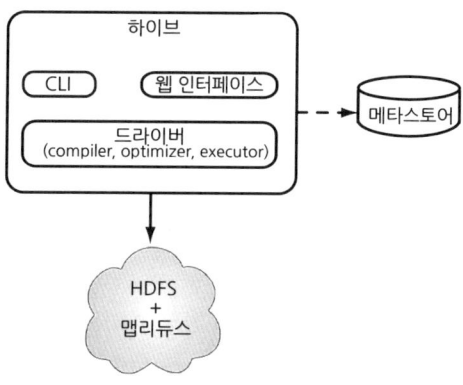

그림 10.1 하이브 고수준 아키텍처

10.1 하이브의 기본

하이브에 대한 기본 지식을 이해하려면 척 램이 저술한 하둡 인 액션을 참고하는 게 좋다. 이 절에서는 하이브에 대한 기본 설명은 생략한다.

설치

하이브의 설치 방법은 부록 A에 자세히 나와 있다.

메타스토어

하이브는 메타스토어에 메타데이터를 보관한다. 메타스토어는 관계형 데이터베이스에 저장한다. 이 메타데이터에는 테이블 존재 여부, 테이블의 칼럼, 권한 등에 대한 정보가 담겨 있다.

기본적으로 하이브는 임베디드 자바 관계형 데이터베이스인 더비(Derby)를 사용해 메타스토어를 저장한다. 임베디드 데이터베이스인 만큼 더비는 다른 사용자와 공유할 수 없으며, 따라서 메타스토어를 공유해야 하는 다중 사용자 환경에서는 사용할 수 없다. 다중 사용자 공유 환경에서 MySQL을 메타스토어로 사용하는 방법은 부록 A를 참고하자.

데이터베이스, 테이블, 파티션, 스토리지

하이브는 다중 데이터베이스를 지원할 수 있으며, 이를 이용해 테이블명 충돌(두 팀이나 사용자가 같은 테이블명을 사용하는 경우)을 피할 수 있고 서로 다른 사용자나 상품별로 별도 데이터베이스를 사용할 수 있다.

하이브 테이블은 물리적으로는 HDFS 내 여러 개의 파일로 구성된 논리적 개념이다. 테이블은 내부 테이블(하이브가 웨어하우스 디렉터리에 테이블을 조직화하는 경우. 이 디렉터리는 hive.metastore.warehouse.dir 속성을 이용해 제어하며, 기본값은 HDFS 내 /user/hive/warehouse다) 또는 외부 테이블(하이브가 테이블을 관리하지 않는 경우)이 될 수 있다. 내부 테이블은 하이브를 사용해 삭제를 포함한 데이터의 전체 생명주기를 관리하려고 하는 경우에 유용한 반면, 외부 테이블은 하이브 외부에 있는 파일을 사용할 때 유용하다.

테이블은 파티셔닝할 수 있다. 파티셔닝은 각 파티션과 관련한 데이터를 고유 파티션 키별로 별도 하위 디렉터리로 관리하는 물리적인 데이터 관리 방식이다. 파티션은 정적 또는 동적으로 지정할 수 있으며, 이 절에서는 두 방식을 모두 살펴본다.

데이터 모델

하이브는 다음 타입을 지원한다.

- **부호형 정수:** BIGINT(8바이트), INT(4바이트), SMALLINT(2바이트), TINYINT(1바이트)
- **부동 소수:** FLOAT(단정도, single precision) 및 DOUBLE(배정도, double precision)
- **BOOLEAN:** TRUE 또는 FALSE
- **String:** 특정 문자셋으로 된 문자열
- **맵:** 키가 고유한 키/값 쌍의 컬렉션을 가진 연관 배열
- **배열:** 모든 요소가 같은 타입인 인덱스 가능 목록
- **구조체:** 요소를 포함하는 복잡한 타입

쿼리 언어

하이브의 쿼리 언어는 SQL 명세 중 대부분을 지원하며 더불어 하이브 전용 구문도 지원한다. 이런 구문 중 일부는 이 절에서 다룬다. 하이브에서 지원하는 전체 구문 목록은 https://cwiki.apache.org/confluence/display/Hive/LanguageManual에서 볼 수 있다.

인터랙티브 및 비인터랙티브 하이브

하이브 셸은 인터랙티브 인터페이스를 제공한다.

```
$ hive
hive> SHOW DATABASES;
OK
default
Time taken: 0.162 seconds
```

비인터랙티브 모드에서 하이브는 하이브 명령이 들어 있는 스크립트를 실행하게 해준다. 여기서는 콘솔에 하이브 명령을 출력하기 위해 -S 옵션을 사용한다.

```
$ cat hive-script.ql
SHOW DATABASES;

$ hive -S -f hive-script.ql
default
```

또, 다른 비인터랙티브 기능은 -e 옵션으로, 하이브 명령을 인자로 지정하게 해준다.

```
$ hive -S -e "SHOW DATABASES"
default
```

하이브에서 뭔가를 디버깅하고 콘솔에서 자세한 출력 결과를 보고 싶다면 다음 명령을 사용해 하이브를 실행하면 된다.

```
$ hive -hiveconf hive.root.logger=INFO,console
```

이로써 하이브에 대한 간단한 설명을 모두 마쳤다. 다음으로 하이브를 활용해 로그 파일에서 유용한 데이터를 마이닝하는 법을 살펴보자.

10.2 하이브를 활용한 데이터 분석

이 절의 목적은 하이브를 활용해 하이브의 기능을 보여주는 데 있다. 예를 들어, 여러분이 온라인 영화 스트리밍 서비스를 제공하는 회사에서 근무하고 있고 사용자 로그 데이터에 대한 기본적인 데이터 분석(국가별 가장 인기 있는 영화 카테고리 분석)을 수행하고 싶다고 가정하자.

여기서는 이 과정에서 로그 데이터 파싱을 위한 SerDe(직렬자/역직렬자)를 작성하는 법, 하이브 테이블 파티셔닝, IP 주소의 위치 분석을 위한 사용자 정의 함수 작성, 고급 조인 옵션 같은 하이브의 기능을 구현하는 법을 배운다.

직렬화 및 역직렬화

직렬화 및 역직렬화 또는 하이브 식으로 표현하자면 SerDe는 하이브가 테이블에서 데이터를 읽고(역직렬화) HDFS에 쓸 수 있게(직렬화) 해주는 기술이다. 다양한 내장 SerDe 클래스뿐 아니라 하이브는 커스텀 SerDe 구현체도 지원한다.

기법 64. 로그 파일 로딩

하이브에서 처리하는 여러 개의 아파치 로그 파일이 있다고 가정하자. 우선 이들 파일을 로드할 테이블을 생성해야 한다.

문제

하이브 테이블로 로드하려는 로그 파일이 있다. 그런데 기본 하이브 SerDe 클래스를 사용하면 이 파일을 제대로 토큰화할 수 없다.

해결책

하이브에서 기본으로 제공하는 RegexSerDe를 사용하고 아파치 로그 파일의 내용을 파싱하는 데 사용할 수 있는 정규식을 정의한다. 이 기법에서는 하이브에서 직렬화 및 역직렬화가 어떻게 동작하는지도 살펴보고 로그 파일에 적용할 수 있는 커스텀 SerDe를 작성하는 법도 알아본다.

문제 풀이

로그 파일이 HDFS 내 /data/logs/YYYMMDD 경로에 기록되고, 데이터에 대한 일간 분석을 수행하려고 한다고 가정하자. 먼저 데이터를 나타낼 테이블을 생성해야 한다. 하이브에서 테이블 스토리지를 관리하게 하고 싶지 않다면, 이 테이블은 외부 테이블이 될 것이다.

하이브에는 로그 파일을 토큰화하는 데 사용할 수 있는 contrib RegexSerDe 클래스가 기본으로 제공된다.

```
hive> CREATE EXTERNAL TABLE logs_20120101 (
        host STRING,
        identity STRING,
```

```
        user STRING,
        time STRING,
        request STRING,
        status STRING,
        size STRING)
ROW FORMAT SERDE 'org.apache.hadoop.hive.contrib.serde2.RegexSerDe'
WITH SERDEPROPERTIES (
   "input.regex" =
    "([^ ]*) ([^ ]*) ([^ ]*) (-|\\[[^\\]]*\\])
     ([^ \"]*|\"[^\"]*\") (-|[0-9]*) (-|[0-9]*)",  ❶
   "output.format.string"="%1$s %2$s %3$s %4$s %5$s %6$s %7$s"   ←——— ❷
)
STORED AS TEXTFILE LOCATION '/data/logs/20120101/';
```

❶ 테이블 칼럼에 매핑되는 그룹을 찾아내 추출하는 데 사용할 정규식. 정규식이 두 줄로 분할된 자리에 단일 공백 구분자가 있다는 점도 주의하자.

❷ 쓰이는 시점에 테이블의 순서 및 포매팅을 결정

이 디렉터리로 데이터를 몇 개 복사한다.

```
$ hadoop fs -put test-data/ch10/hive-log.txt /data/logs/20120101/
```

간단한 테스트를 통해 SerDe에서 데이터를 올바르게 처리하는지 알 수 있다. RegexSerDe 클래스는 하이브 contrib에 속하므로 이 클래스가 분산 캐시에 복사되고 맵리듀스 태스크에서 로드할 수 있게 JAR를 등록해야 한다.

```
hive> add jar $HIVE_HOME/lib/hive-contrib-0.7.1-cdh3u2.jar;    ←——— ❶
hive> SELECT host, request FROM logs_20120101 LIMIT 10;

89.151.85.133 "GET /movie/127Hours HTTP/1.1"
212.76.137.2 "GET /movie/BlackSwan HTTP/1.1"
74.125.113.104 "GET /movie/TheFighter HTTP/1.1"
212.76.137.2 "GET /movie/Inception HTTP/1.1"
127.0.0.1 "GET /movie/TrueGrit HTTP/1.1"
10.0.12.1 "GET /movie/WintersBone HTTP/1.1"
```

❶ CDH 하이브는 usr/lib/hive 아래에 설치된다. 하이브는 환경 변수를 확장하지 않으므로 $HIVE_HOME은 여러분의 하이브 설치 경로로 대체해야 한다.

출력값에서 NULL만 보인다면 아마도 정규식에서 공백을 빠뜨린 게 원인일 것이다. CREATE 명령에서 정규식이 그림 10.2와 같이 보이는지 확인하자.

하이브에서 테이블을 읽을 때는 방금 전 실행한 SELECT처럼 하이브가 테이블을 생성할 때 지정한 정보를 사용해 테이블의 행과 필드를 채운다. 그림 10.3에서 볼 수 있듯 역직렬화 과정에는 InputFormat이 데이터 소스로부터 레코드를 읽는 과정이 포함된다. 역직렬자는 InputFormat에서 생성한 레코드를 임의의 타입 자바 객체로 변환할 책임이 있다. ObjectInspector는 하이브의 타입 시스템과 역직렬자에서 생성한 객체 사이의 가교 역할을 한다. InputFormat이나 SerDe 클래스를 지정하지 않으면 하이브는 입력값을 텍스트로 처리하고 LazySimpleSerDe를 사용해 파일로부터 레코드를 역직렬화한다.

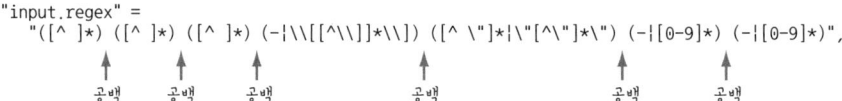

그림 10.2 공백을 보여주는 CREATE 테이블 정규식

하이브는 하이브 내 행과 필드를 나타내는 방식을 제한하지 않으며 역직렬자에서 반환한 객체로부터 필드를 추출하는 방법을 알고 있는 ObjectInspector가 존재하기만 하면 된다. 하이브에서는 자바 원시 타입과 자바 원시 타입의 컬렉션을 지원하는 내장 ObjectInspector를 제공하며, RegexSerDe 클래스처럼 이들 타입은 역직렬자에서 주로 사용된다.

SerDe와 ObjectInspector 개념이 존재한다는 말은 애브로나 프로토콜 버퍼 같은 직렬화된 데이터 형식과 쉽게 연동할 수 있다는 뜻이다. 즉, 애브로나 프로토콜 버퍼 타입을 하이브 전용 형식으로 변환할 필요가 없다.

커스텀 SerDe를 작성하는 법을 배우다 보면 RegexSerDe가 어떻게 동작하는지 알 수 있다. RegexSerDe는 SerDe 인터페이스를 구현하는데, 이 인터페이스는 다시 Deserializer 및 Serializer 인터페이스(그림에는 없음)를 구현한다. 그림 10.4를 참고하자[1].

---

[1] 하이브 서브버전 소스 — http://svn.apache.org/viewvc/hive/tags/release-0.8.1/contrib/src/java/org/apache/hadoop/hive/contrib/serde2/RegexSerDe.java?view=co

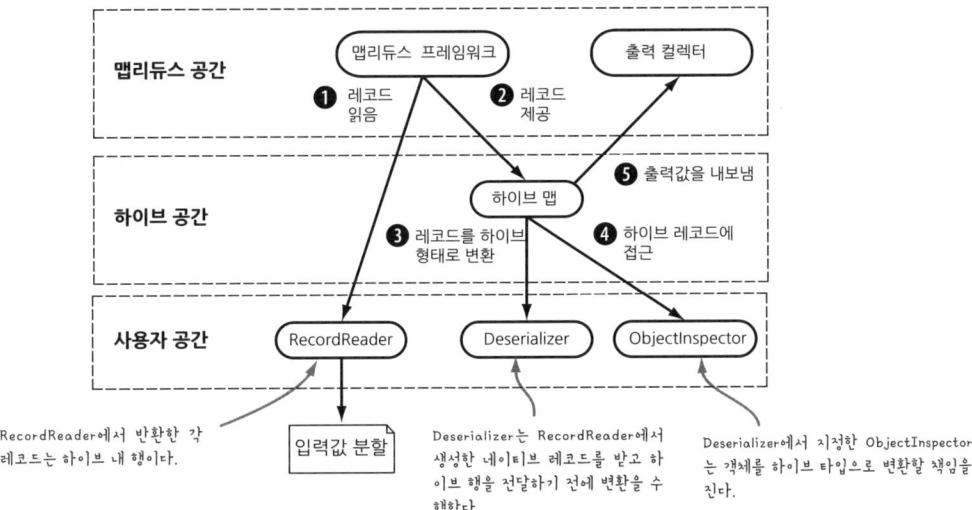

그림 10.3 하이브 역직렬화 개요

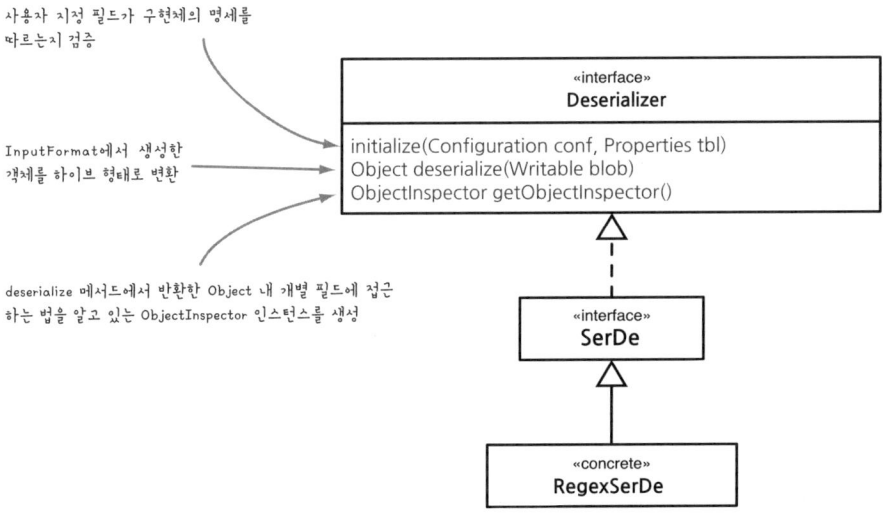

그림 10.4 하이브 역직렬화 클래스 다이어그램

RegexSerDe 구현체에서 Deserializer 인터페이스의 세 메서드를 살펴보자. 먼저 initialize 메서드와 getObjectInspector 메서드부터 살펴보자. 여기서는 핵심 개념을 강조하기 위해 코드를 단순화했다.

```java
@Override
public void initialize(Configuration conf, Properties tbl)
    throws SerDeException {

                                                            // 테이블 정의에서 정규식을 읽음
  inputRegex = tbl.getProperty("input.regex");

                                                // 테이블 정의에서 칼럼을 읽음
  String columnNameProperty = tbl.getProperty(
      Constants.LIST_COLUMNS);
                                                // 테이블 정의에서 칼럼 타입을 읽음
  String columnTypeProperty = tbl.getProperty(
      Constants.LIST_COLUMN_TYPES);
                                                // deserialize 메서드에서 사용할 자바 Pattern 객체를 생성
  inputPattern = Pattern.compile(inputRegex, ...);
                                                // 칼럼명을 토큰화
  List<String> columnNames = Arrays.asList(
    columnNameProperty.split(","));
                                                // 칼럼 타입을 토큰화
  List<TypeInfo> columnTypes = TypeInfoUtils
      .getTypeInfosFromTypeString(columnTypeProperty);
                                                // 각 칼럼 타입이 String이 되게 함
  for (int c = 0; c < numColumns; c++) {
    if (!columnTypes.get(c).equals(TypeInfoFactory.stringTypeInfo)) {
      throw new SerDeException(...);
    }
  }
                                                // 필드별 원시 ObjectInspector를 생성
  List<ObjectInspector> columnOIs = new ArrayList<ObjectInspector>(
      columnNames.size());

  for (int c = 0; c < numColumns; c++) {
    columnOIs.add(
        PrimitiveObjectInspectorFactory.javaStringObjectInspector);
  }
                // List 및 Array 기반 행과 연동할 수 있는 행용 ObjectInspector를 생성
  rowOI =
      ObjectInspectorFactory.getStandardStructObjectInspector( columnNames, columnOIs);
}

@Override
public ObjectInspector getObjectInspector() throws SerDeException {
  return rowOI;
}
```

deserialize 메서드는 RecordReader에서 생성하는 레코드별로 실행되며 Writable을 앞서 생성한 ObjectInspector 클래스가 접근할 수 있는 하이브 객체로 변환하는 책임을 진다[2].

```
@Override
public Object deserialize(Writable blob) throws SerDeException {

  Text rowText = (Text) blob;    ← Writable을 Text 객체로 변환

  Matcher m = inputPattern.matcher(rowText.toString());

  // 일치하지 않으면 이 줄을 무시하고 모두 널 값을 집어넣어 행을 반환
  if (!m.matches()) {
    return null;    ← 정규식이 레코드와 일치하지 않으면 null을 반환
  }

  // 그렇지 않으면 행을 반환
  for (int c = 0; c < numColumns; c++) {
    try {
      row.set(c, m.group(c + 1));    ← ❶
    } catch (RuntimeException e) {
      row.set(c, null);    ← 그룹을 벗어나면 null로 설정
    }
  }
  return row;
}
```

❶ 정규식 내 그룹별로 배열에서 적절한 칼럼을 설정. 행은 initialize 메서드에서 생성한 재사용 가능한 행 ArrayList. 여기서는 지면상 생략.

그림 10.5에서는 하이브의 직렬화 인터페이스를 보여준다. OutputFormat이나 SerDe 클래스를 지정하지 않으면 하이브는 텍스트로 출력하고 LazySimpleSerDe를 사용해 파일로부터 레코드를 직렬화한다[3].

---

2 하이브 서브버전 소스 — http://svn.apache.org/viewvc/hive/tags/release-0.8.1/contrib/src/java/org/apache/hadoop/hive/contrib/serde2/RegexSerDe.java?view=co
3 하이브 서브버전 소스 — http://svn.apache.org/viewvc/hive/tags/release-0.8.1/contrib/src/java/org/apache/hadoop/hive/contrib/serde2/RegexSerDe.java?view=co

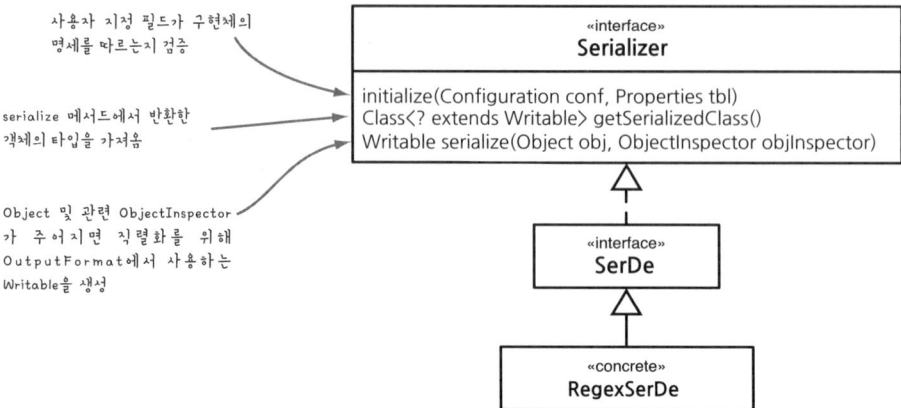

그림 10.5 하이브 직렬화 개요

다음 코드에서는 RegexSerDe 클래스의 Serialized 인터페이스 구현체를 보여준다. 여기서는 코드를 좀 더 이해하기 쉽게끔 중요하지 않은 코드를 일부 생략했다.

```
@Override
public Class<? extends Writable> getSerializedClass() {
    return Text.class;    ◂──── serialize 메서드가 Text 객체를 생성한다는 사실을 하이브에게 알림
}

Object[] outputFields;
Text outputRowText;

@Override
public Writable serialize(Object obj, ObjectInspector objInspector)
        throws SerDeException {

    StructObjectInspector outputRowOI = (StructObjectInspector) objInspector;
    List<? extends StructField> outputFieldRefs = outputRowOI
        .getAllStructFieldRefs();

    for (int c = 0; c < numColumns; c++) {
        Object field = outputRowOI
            .getStructFieldData(obj, outputFieldRefs.get(c));
        ObjectInspector fieldOI = outputFieldRefs.get(c)
            .getFieldObjectInspector();    ◂──── 테이블 내 필드별로 개별 ObjectInspector를 추출
        StringObjectInspector fieldStringOI = (StringObjectInspector)
            fieldOI;
```

```
        outputFields[c] =              ◀──── ObjectInspector를 사용해 칼럼을 추출
            fieldStringOI.getPrimitiveJavaObject(field);
    }

    String outputRowString = String.format(outputFormatString, outputFields);   ◀──── ❶

    outputRowText.set(outputRowString);
    return outputRowText;
}
```

❶ SerDe 속성인 output.format.string에서 정의한 형식과 함께 모든 칼럼을 사용해 출력 줄을 생성

정리

하이브의 SerDe는 파일 형식과 연동할 수 있는 InputFormat이 존재하는 한 임의의 파일 형식과 연동하도록 하이브를 확장할 수 있는 유연한 메커니즘이다.

UDF, 파티션, 버키팅, 압축

지금까지 하이브에서 테이블을 읽고 쓰는 법을 살펴봤으니 이번에는 데이터로 유용한 작업을 하는 법을 알아보자. 여기서는 좀 더 고급 기법을 다루며 로그의 지리적 위치를 찾기 위해 커스텀 하이브 UDF를 작성하는 법을 살펴본다. 이 과정에서 파티셔닝 및 버키팅(bucketing)을 활용해 결과를 기록함으로써 특정 칼럼을 이용한 데이터 조회를 최적화할 수 있는 형태로 데이터를 저장한다. 또, 데이터를 효율적으로 저장하고 읽기/쓰기 IO를 최적화하기 위한 데이터 압축도 살펴본다.

기법 65. UDF 및 압축 파티션 테이블 쓰기

다음으로 할 일은 로그 IP 주소의 위치를 찾아내고 새로운 내부 하이브 테이블에 로그 상세 정보의 서브셋을 저장하는 일이다. 이 테이블은 HDFS에서 데이터 레이아웃을 결정할 때 파티션을 사용한다. 파티션은 전체 테이블에 있는 데이터를 모두 처리하지 않아도 되게끔 자주 사용하는 쿼리를 최적화하는 형태로 조직화해야 한다. 여기서는 일자와 국가별로 룩업을 수행하려고 한다. 따라서 정적인 파티션을 사용해 로그 데이터를 일별로 조직화하고, 2차 동적 파티션을 사용해 국가별로 데이터를 저장한다.

문제

하이브에서 커스텀 함수를 작성하고 압축된 파티션 테이블과 연동하려면 어떻게 해야 할까?

해결책

하이브에서 UDF를 작성하는 법을 배우고 정적 및 동적 파티션과 버킷이 어떻게 동작하는지 배운다.

문제 풀이

다음 HiveQL에서는 날짜와 국가별로 파티셔닝한 테이블을 생성한다. 이 테이블에서 데이터를 샘플링할 수 있게끔 이 테이블은 256버킷으로 버키팅되게끔 정의했다(자세한 내용은 잠시 후에 다룬다). 이 테이블은 날마다 추가 데이터가 테이블에 추가되고, 시간이 지남에 따라 점점 커지므로 저장 형식으로 시퀀스파일을 사용하고 시퀀스파일 내에서 데이터를 압축한다(잠시 후 살펴본다).

```
hive> DROP TABLE viewed_movies;
hive> CREATE TABLE viewed_movies (
        host STRING,
        movie STRING)
    PARTITIONED BY (dt string, country string)    ❶
    CLUSTERED BY(movie) INTO 64 BUCKETS    ←   ❷
    STORED AS SEQUENCEFILE;
```

❶ 두 개의 파티션이 있다. dt는 날짜, country는 두 자리 국가 코드다.
❷ 버키팅은 테이블에서 데이터 샘플링을 도와주는 메커니즘이다. 여기서는 각 파티션이 64버킷으로 구성된다고 지정한다.

여기서는 무료 지리 위치 데이터베이스인 MaxMind를 사용해 로그에 있는 IP 주소로부터 지리적 위치를 찾아낸다. 무료 지리 위치 데이터베이스[4]를 내려받고, 압축을 푼 다음, GeoIP.dat 파일을 /tmp/ 아래에 복사한다.

다음으로 앞 절에서 생성한 로그 테이블로부터 IP 주소의 지리 위치를 찾아낼 UDF를 사용해야 한다. 그런 다음 국가 코드를 동적 파티션으로 사용해야 한다. 날짜는 정적 파티션이다.

---

4 http://www.maxmind.com/app/geoip_country 참고

정적 파티션과 동적 파티션의 차이점은 정적 파티션에서는 파티션의 이름을 삽입 명령에 하드코딩하는 데 반해 동적 파티션에서는 하이브가 파티션 필드의 값을 기반으로 파티션을 자동으로 판단한다는 점이다.

```
hive> SET hive.exec.dynamic.partition=true;
```
하이브에서 동적 파티션은 명시적으로 활성화해야 한다.
```
hive> SET hive.enforce.bucketing = true;
```
❶

```
hive> ADD jar
   /usr/lib/hive/lib/hive-contrib-0.7.1-cdh3u2.jar;
```
맵리듀스에서 사용할 수 있게 UDF가 들어 있는 JAR를 추가
```
hive> ADD jar
   <path>/target/hadoop-book-1.0.0-SNAPSHOT-jar-with-dependencies.jar;

hive> ADD file /tmp/GeoIP.dat;
```
지리 위치 데이터 파일을 분산 캐시에 추가
```
hive> CREATE temporary function country_udf AS
   'com.manning.hip.ch10.GeolocUDF';
```
country_udf를 지리 위치 UDF의 별칭으로 정의하고 클래스명을 지정
```
hive> CREATE temporary function movie_udf AS
   'com.manning.hip.ch10.ExtractMovieUDF';
```
영화 UDF의 별칭을 지정. URL 경로에서 영화명을 추출하는 데 사용.
```
hive> SET hive.exec.compress.output=true;
```
맵리듀스 잡 출력값에 압축을 활성화
```
hive> SET hive.exec.compress.intermediate = true;
```
중간 맵 출력값에 압축을 활성화
```
hive> SET mapred.output.compression.codec =
   org.apache.hadoop.io.compress.SnappyCodec;
```
스내피 압축 코덱을 사용
```
hive> INSERT OVERWRITE TABLE viewed_movies
   PARTITION (dt='2012-01-01', country)   ❷
   SELECT host, movie_udf(request), country_udf(host, "GeoIP.dat")   ❸
   FROM logs_20120101;

hive> SELECT * from viewed_movies;
OK
89.151.85.133    127Hours     2012-01-01  GB
212.76.137.2     BlackSwan    2012-01-01  RU
212.76.137.2     Inception    2012-01-01  RU
74.125.113.104   TheFighter   2012-01-01  US
```

```
127.0.0.1       TrueGrit       2012-01-01
_HIVE_DEFAULT_PARTITION          ← ❹
10.0.12.1      WintersBone    2012-01-01    HIVE_DEFAULT_PARTITION
```

❶ 앞에서는 시청한 영화가 64버킷으로 이뤄진 버킷 테이블이라고 지정했다. 버킷 테이블은 샘플링에 최적화돼 있다. 버킷을 사용하지 않으면 샘플을 추출할 때 전체 테이블을 스캔해야 하기 때문이다. 버킷 테이블에 쓸 때는 hive.enforce.bucketing을 true로 설정하거나 mapred.reduce.tasks를 버킷 개수로 설정해야 한다.

❷ 정적 파티션(dt 칼럼) 및 동적 파티션(country 칼럼)을 모두 사용한 예시

❸ 작업할 필드(로그 테이블의 host 칼럼) 및 지리 위치 데이터 파일의 파일명(이 파일은 분산 캐시에 있음)을 지정해 UDF를 호출

❹ 동적 파티션 칼럼 값이 NULL이거나 빈 문자열인 레코드를 저장할 때는 HIVE_DEFAULT_PARTITION을 사용

파티션, 버킷, 물리적 레이아웃

앞의 명령을 실행한 후 출력값을 살펴보면 파티션이 삽입 과정에 사용된 것을 볼 수 있다. SHOW PARTITIONS 명령을 사용하면 테이블의 전체 파티션을 볼 수 있다.

```
Loading data to table default.viewed_movies partition
    Loading partition {dt=2012-01-01, country=GB}
    Loading partition {dt=2012-01-01, country=RU}
    Loading partition {dt=2012-01-01, country=US}
    Loading partition {dt=2012-01-01, country= HIVE_DEFAULT_PARTITION }
6 Rows loaded to viewed_movies
OK

hive> SHOW PARTITIONS viewed_movies;
OK
dt=2012-01-01/country=GB
dt=2012-01-01/country=RU
dt=2012-01-01/country=US
dt=2012-01-01/country= HIVE_DEFAULT_PARTITION
```

파티션과 버킷을 사용하면 테이블의 물리적 저장소 성격도 바뀐다. 각 파티션을 저장할 때는 별도 디렉터리를 사용하고, 각 디렉터리는 파티션 개수에 따라 중첩돼 있다. 지정한 버킷 수(아울러 리듀서의 개수 설정 및 하이브에서 hive.enforce.bucketing 설정을 true로 지정해 숫자를 자동 감지하도록 활성화한 경우) 또한 각 파티션에 저장되는 파일의 개수를 결정한다.

그림 10.6에서는 HDFS에서 테이블의 레이아웃 구조를 보여준다.

테이블 디렉터리

여기서는 두 개의 파티션이 있으므로 파티션에 따라 두 레벨의 디렉터리가 존재한다.

```
$ fs -lsr /user/hive/warehouse
/user/hive/warehouse/viewed_movies
/user/hive/warehouse/viewed_movies/dt=2012-01-01
/user/hive/warehouse/viewed_movies/dt=2012-01-01/country=GB
/user/hive/warehouse/viewed_movies/dt=2012-01-01/country=GB/000000_0
/user/hive/warehouse/viewed_movies/dt=2012-01-01/country=GB/000001_0
/user/hive/warehouse/viewed_movies/dt=2012-01-01/country=RU
/user/hive/warehouse/viewed_movies/dt=2012-01-01/country=RU/000000_0
/user/hive/warehouse/viewed_movies/dt=2012-01-01/country=RU/000001_0
/user/hive/warehouse/viewed_movies/dt=2012-01-01/country=US
/user/hive/warehouse/viewed_movies/dt=2012-01-01/country=US/000000_0
/user/hive/warehouse/viewed_movies/dt=2012-01-01/country=US/000001_0
/user/hive/warehouse/viewed_movies/dt=2012-01-01/country=__HIVE_DEFAULT_PARTITION__
/user/hive/warehouse/viewed_movies/dt=2012-01-01/country=__HIVE_DEFAULT_PARTITION__/000000_0
/user/hive/warehouse/viewed_movies/dt=2012-01-01/country=__HIVE_DEFAULT_PARTITION__/000001_0
```

리프(leaf) 디렉터리에는 테이블을 생성할 때 지정한 버킷 숫자별로 파일이 한 개씩 들어 있다.

그림 10.6 하이브 파티션 테이블의 HDFS 레이아웃

버킷과 샘플링

앞에서는 테이블을 생성할 때 CLUSTERED BY(movie) INTO 64 BUCKETS를 사용했고 데이터를 테이블로 로드할 때 hive.enforce.bucketing = true를 설정했다. 이를 버키팅이라고 부르며 버키팅을 사용하는 이유는 다음 예제에서 볼 수 있듯 샘플링 작업을 최적화하는 데 도움이 되기 때문이다.

```
SELECT * FROM viewed_movies
TABLESAMPLE(BUCKET 1 OUT OF 64 ON movie); ❶
```

❶ BUCKET ... OUT OF ...에서 64라는 값은 테이블 생성 DDL에서 지정한 버킷 숫자와 같아야 한다.

버킷이 없었다면 TABLESAMPLE에서는 전체 테이블을 스캔하는 다음과 같은 HiveQL을 사용해야 했을 것이다.

```
SELECT * FROM viewed_movies
TABLESAMPLE(BUCKET 1 OUT OF 64 ON rand());
```

하지만 이 방식을 사용하면 샘플의 크기를 동적으로 정할 수 있다는 장점이 있다. 테이블을 생성할 때 버킷을 사용하면 테이블 생성 시점에 지정한 해당 크기로 버킷 크기가 제한된다.

UDFS

이번에는 UDF를 살펴보자. UDF를 작성할 때는 두 가지 구현체 옵션이 있다. 한 가지 방법은 UDF 클래스를 상속하는 것이고, 다른 방법은 그림 10.7에서 볼 수 있듯 GenericUDF 클

래스를 구현하는 것이다. 두 방식의 주된 차이점은 GenericUDF 클래스는 복잡한 타입의 인자를 처리할 수 있고, UDF 클래스는 하이브에서 검색 및 호출에 리플렉션을 사용해야 하므로 좀 더 효과적이라는 점이다.

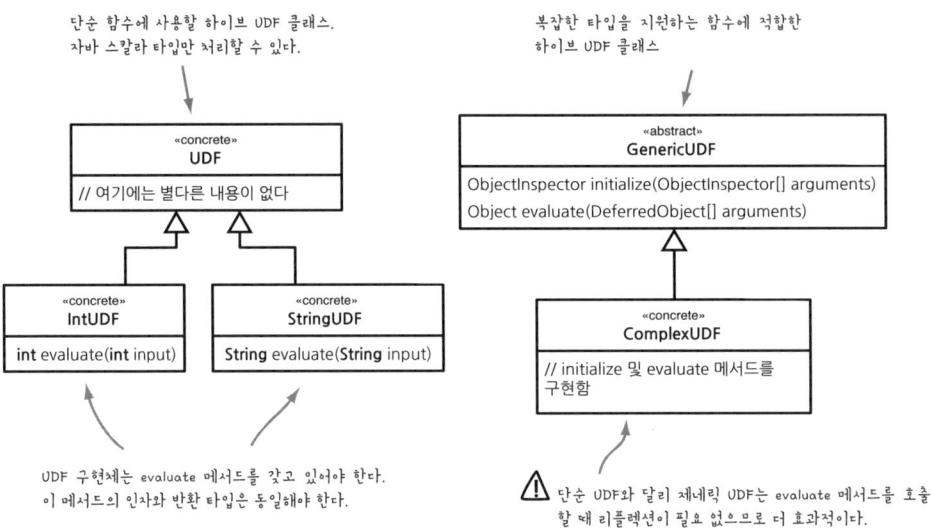

그림 10.7 하이브 UDF 클래스 다이어그램

그림 URL에서 영화 제목을 추출하는 간단한 UDF부터 살펴보자. 이를 위해 여기서는 UDF 클래스를 상속한다[5].

```
public class ExtractMovieUDF extends UDF {
  private Text result = new Text();
  public Text evaluate(final Text t) {  ❶
    if (t == null) { return null; }
    String s = t.toString();
    String[] parts = StringUtils.split(s, " ");   ❷
    if(parts.length != 3) {
      return null;
    }
    String path = parts[1];

    if(!path.startsWith("/movie/")) {
      return null;
```

웹사이트의 영화에 해당하지 않는 URL은 무시한다.

---

5 깃허브 소스 — https://github.com/alexholmes/hadoop-book/blob/master/src/main/java/com/manning/hip/ch10/ExtractMovieUDF.java

```
        }
        result.set(path.substring(7));     ←———— ❸
        return result;
    }
}
```

❶ UDF 클래스를 살펴보면 기능을 구현하기 위해 실제로 오버라이드해야 할 메서드가 전혀 없다. 하이브는 실제로 리플렉션을 사용해 HiveQL 함수 호출에 사용된 인자와 이름이 같은 메서드를 찾는다. 하이브는 하둡 Writable 및 자바 원시 타입을 모두 처리할 수 있지만 재사용 가능한 Writable을 권장한다.

❷ UDF는 요청 필드를 처리한다. 이 필드는 세 부분으로 분할한다. HTTP 방식, 리소스(URL 경로), 프로토콜이다.

❸ 영화 경로를 로드한 후 영화 제목이 들어 있는 텍스트를 추출한다.

다음으로 GenericUDF 클래스[6]를 사용해 구현하는 지리 위치 UDF를 살펴보자.

지리 위치 조회 UDF

```
@Description(           ←———— ❶
  name = "country",
  value = "_FUNC_(ip, geolocfile) - Returns the geolocated " +
  "country code for the IP"
)
public class GeolocUDF extends GenericUDF {
  private LookupService geoloc;     ←———— 지리 위치 룩업 클래스
  private ObjectInspectorConverters.Converter[] converters;   ←
                                                                입력 타입을 원하는 작업 타입으로 변환해주는 변환기
  @Override
  public ObjectInspector initialize(ObjectInspector[] arguments) {
    converters =
      new ObjectInspectorConverters.Converter[arguments.length];
    for (int i = 0; i < arguments.length; i++) {
      converters[i] =           ←———— ❷
      ObjectInspectorConverters.getConverter(arguments[i],
        PrimitiveObjectInspectorFactory.javaStringObjectInspector);
    }
    return PrimitiveObjectInspectorFactory       ←———— ❸
      .getPrimitiveJavaObjectInspector(
         PrimitiveObjectInspector.PrimitiveCategory.STRING);
  }
```

---

[6] 깃허브 소스 — https://github.com/alexholmes/hadoop-book/blob/master/src/main/java/com/manning/hip/ch10/GeolocUDF.java

```java
@Override
public Object evaluate(GenericUDF.DeferredObject[] arguments) {

  Text ip = (Text) converters[0].convert(arguments[0].get());
  Text filename = (Text) converters[1].convert(arguments[1].get());

  return lookup(ip, filename);         ←——— ❹
}

protected String lookup(Text ip, Text filename)
                    throws HiveException {
  try {
    if (geoloc == null) {                       분산 캐시로부터 지리 위치 데이터 파일을 로드
      URL u = getClass().getClassLoader()  ←
        .getResource(filename.toString());
      geoloc =     ←————— MaxMind 룩업 클래스 인스턴스를 생성
        new LookupService(u.getFile(),
                      LookupService.GEOIP_MEMORY_CACHE);
    }
                                   지리 위치 조회를 수행하고 국가 코드를 추출
    String countryCode =       ←
      geoloc.getCountry(ip.toString()).getCode();

    if ("--".equals(countryCode)) {
      return null;
    }

    return countryCode;   ←
  }                              국가 코드 반환
  catch (IOException e) {
    throw new HiveException("Caught IO exception", e);
  }
}

@Override
public String getDisplayString(String[] children) {    ←——— ❺
  assert (children.length == 2);
  return "country(" + children[0] + ", " + children[1] + ")";
}
}
```

❶ 하이브 셸에서 사용 정보를 제공하기 위해 Description 애노테이션을 사용한다(다음 코드에서 사용법을 볼 수 있다).
❷ 메서드에서 모든 인자(이 경우 IP 주소 및 지리 위치 파일)를 네이티브 타입에서 자바 String으로 변환하는 데 사용할 변환기를 생성
❸ UDF의 반환 타입(다시 말해 evaluate 함수의 반환 타입)이 자바 String이라고 지정
❹ 인자에서 IP 주소와 지리 위치 파일명을 받은 후에는 함수를 호출해 지리 위치 조회를 수행
❺ 예외가 발생하는 상황 등에서 UDF가 어떻게 호출됐는지에 대한 정보를 전달하기 위한 문자열을 생성

앞의 예제에서 GeolocUDF 클래스에서 사용한 Description 애노테이션은 하이브 셸에서 다음과 같이 DESCRIBE FUNCTION 명령을 사용해 볼 수 있다.

```
hive> DESCRIBE FUNCTION country;
OK
country(ip, geolocfile) - Returns the geolocated country code
for the IP
```

정리

우리가 살펴본 UDF에서는 스칼라 데이터만 처리했지만, 하이브는 취합된 데이터에 대한 복잡한 처리를 할 수 있는 UDAF도 지원한다. UDAF를 구현하는 법 등에 대한 자세한 정보는 https://cwiki.apache.org/confluence/display/Hive/GenericUDAFCaseStudy에 있는 하이브 위키에서 볼 수 있다.

하이브에는 스칼라 데이터를 처리하지만, 입력값별로 한 개보다 많은 값을 내보내는 UDTF도 있다. 자세한 내용은 GenericUDTF 클래스를 참고하자.

데이터 조인

SQL과 마찬가지로 하이브의 조인에서도 두 테이블에 공통으로 들어 있는 값을 사용해 두 테이블의 레코드를 합친다. 4장에서 본 것처럼 맵리듀스에서 조인은 꽤나 복잡하다. 특히 맵사이드 조인이 그렇다. 하이브의 조인은 4장에서 본 맵리듀스 조인 작업의 복잡성을 추상화해준다. 하지만 빅 데이터를 제대로 처리하려면 하이브가 내부적으로 어떤 일을 수행하는지 이해해야 하고, 조인을 정리할 수 있는 최적화 옵션이 어떤 게 있는지 알아야 한다.

기법 66. 하이브 조인 튜닝

우리가 수행하는 데이터 분석의 목적은 국가별로 가장 인기 있는 영화 카테고리를 제공하는 것이다. 지금까지의 작업을 통해 지리 위치 IP 주소와 영화 제목이 담긴 하이브 테이블을 마련했다. 이번에는 영화 제목을 영화 제목과 해당 영화의 카테고리가 들어 있는 또 다른 하이브 테이블과 합쳐야 한다. 이 작업에는 조인이 필요하므로 여기서는 4장에서 맵리듀스를 통해 수행한 조인을 어떤 식으로 최적화할 수 있는지 살펴보자.

문제
하이브 조인은 생각보다 느리게 실행된다. 조인 작업 속도를 높일 수 있는 옵션이 궁금하다.

해결책
리파티션 조인, 복제 조인, 세미조인을 활용해 하이브 조인을 최적화하는 법을 살펴본다.

해결 과정
여기서는 세 가지 유형의 하이브 조인을 다룬다. 리파티션 조인은 표준 리듀스사이드 조인이다. 복제 조인은 맵사이드 조인이다. 세미조인은 한 테이블의 데이터를 보관하는 데만 신경쓴다.

리파티션 조인
리파티션 조인은 기본적으로 리듀스사이드에서 실행하는 등가 조인(이너 또는 아우터 조인)이다. 리파티션 조인이 어떻게 동작하는지는 그림 10.8에서 볼 수 있다.

 이 기법에서는 영화에 대한 카테고리 정보가 들어 있는 또 다른 테이블이 있다고 가정한다.

```
hive> CREATE TABLE movie_categories (
        title STRING,
        category STRING)
      ROW FORMAT DELIMITED
      FIELDS TERMINATED BY ' '
      LINES TERMINATED BY '\n'
      STORED AS TEXTFILE;

hive> LOAD DATA LOCAL INPATH
        'test-data/ch10/hive-movie-categories.txt'
        OVERWRITE INTO TABLE movie_categories;
```

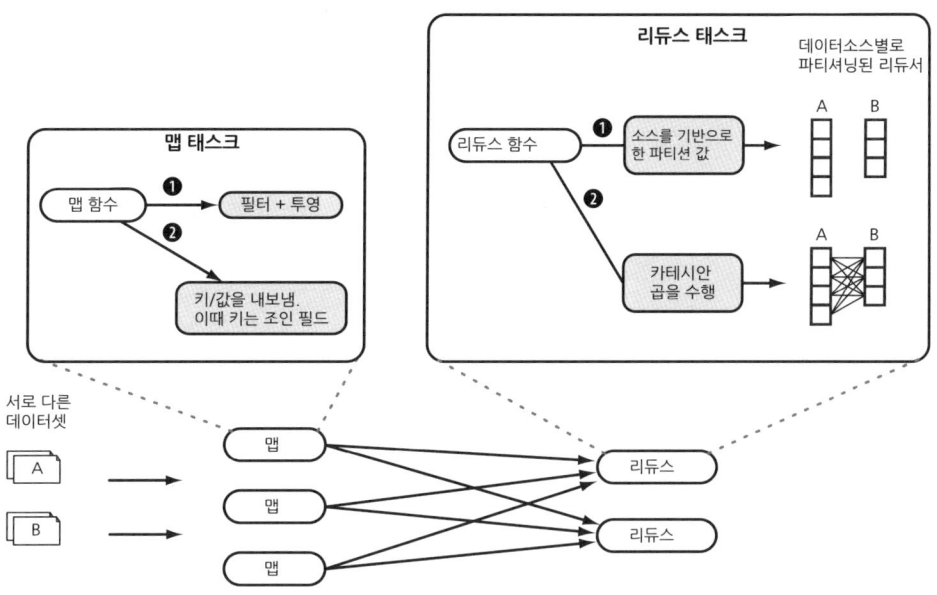

그림 10.8 리파티션 조인

다음 쿼리에서는 viewed_movies에 있는 영화 제목을 새로 생성한 movie_categories 테이블과 조인한다. 여기서는 이너 조인의 예를 보여주며, 두 테이블 모두 같은 조인 값이 있을 때만 결과를 반환한다.

```
hive> SELECT * FROM viewed_movies;
89.151.85.133    127Hours       2012-01-01    GB
212.76.137.2     BlackSwan      2012-01-01    RU
212.76.137.2     Inception      2012-01-01    RU
74.125.113.104   TheFighter     2012-01-01    US
127.0.0.1        TrueGrit       2012-01-01    _HIVE_DEFAULT_PARTITION
10.0.12.1        WintersBone    2012-01-01    _HIVE_DEFAULT_PARTITION

hive> SELECT * from movie_categories;
127Hours      Adventure
127Hours      Drama
BlackSwan     Drama
BlackSwan     Thriller
TheFighter    Drama
13Assassins   Action

hive> SET mapred.reduce.tasks=2;
```

 잡의 리듀서 개수를 설정

```
hive> SELECT viewed_movies.movie, movie_categories.category
    > FROM viewed_movies
    > JOIN movie_categories ON              ←――― ❶
    >     (viewed_movies.movie = movie_categories.title);
127Hours     Adventure
127Hours     Drama
BlackSwan    Drama
BlackSwan    Thriller
TheFighter   Drama
```

❶ viewed_movies 테이블을 movie_categories 테이블과 조인하고 칼럼(viewed_movies.movie 및 movie_categories.title)을 조인해야 한다고 지정

일치하는 값이 없을 때도 결과를 제공하려면 아우터 조인을 사용해야 한다. 아우터 조인에는 왼쪽(left), 오른쪽(right), 풀(full)이라는 세 유형이 있다. 그럼 먼저 왼쪽 아우터 조인부터 살펴보자. 왼쪽 아우터 조인의 결과에서는 조인 조건에서 오른쪽 테이블에서 일치하는 행을 찾지 못한 경우에도 항상 왼쪽 테이블의 모든 행이 포함된다.

```
hive> SELECT viewed_movies.movie, movie_categories.category
    > FROM viewed_movies
    > LEFT OUTER JOIN movie_categories ON   ←――― ❶
    >     (viewed_movies.movie = movie_categories.title);
127Hours     Adventure
127Hours     Drama
BlackSwan    Drama
BlackSwan    Thriller
Inception    NULL       ←――― ❷
TheFighter   Drama
TrueGrit     NULL
WintersBone  NULL
```

❶ 왼쪽 아우터 조인에서는 movie_categories 테이블에 일치하는 행이 있든 없든 상관없이 viewed_movies 테이블의 모든 행이 포함된다
❷ 카테고리가 없는 영화도 몇 개 있다. 이 경우 왼쪽 아우터 조인에서는 category 필드에 NULL 값을 사용한다.

다음으로 오른쪽 아우터 조인을 살펴보자. 오른쪽 아우터 조인은 기본적으로 왼쪽 아우터 조인과 같지만 역할이 정반대다. 즉, 오른쪽 테이블에 있는 행이 항상 반환되고, 왼쪽 테이블에 있는 행 중에는 일치하는 행만 포함된다.

```
hive> SELECT viewed_movies.movie, movie_categories.category,
             movie_categories.title
      FROM viewed_movies
      RIGHT OUTER JOIN movie_categories ON          ← ❶
          (viewed_movies.movie = movie_categories.title);
NULL         Action      13Assassins      ← ❷
BlackSwan    Drama       BlackSwan
BlackSwan    Thriller    BlackSwan
TheFighter   Drama       TheFighter
TheFighter   Drama       TheFighter
127Hours     Adventure   127Hours
127Hours     Drama       127Hours
```

❶ 오른쪽 아우터 조인에서는 movie_categories 테이블의 모든 행과 viewed_movies 테이블 중 일치하는 행만을 포함한다.

❷ movie_categories의 모든 행이 포함되므로 viewed_movies 테이블에 일치하는 행이 없는 행은 칼럼값으로 NULL 값을 갖는다.

끝으로 full 아우터 조인을 살펴보자. 이 조인에서는 일치하는 행이 없더라도 두 테이블의 행이 항상 모두 포함된다.

```
hive> SELECT viewed_movies.movie, movie_categories.category,
             movie_categories.title
      FROM viewed_movies
      FULL OUTER JOIN movie_categories ON           ← ❶
          (viewed_movies.movie = movie_categories.title);
NULL          Action      13Assassins     ← ❷
BlackSwan     Drama       BlackSwan
BlackSwan     Thriller    BlackSwan
TheFighter    Drama       TheFighter
TheFighter    Drama       TheFighter
TrueGrit      NULL        NULL
WintersBone   NULL        NULL
127Hours      Adventure   127Hours
127Hours      Drama       127Hours
Inception     NULL        NULL
```

❶ 풀 아우터 조인에서는 일치 여부와 상관없이 두 테이블의 모든 행을 포함한다.

❷ 왼쪽 및 오른쪽 아우터 조인과 마찬가지로 일치하는 행이 없는 경우 NULL 값을 포함하게 된다.

조인에서의 테이블 정렬

조인에서는 가장 크기가 큰 테이블을 하이브 명령에서 맨 마지막 테이블로 지정하는 게 중요하다. 그 이유는 4장의 최적화된 리파티션 조인과 마찬가지로 조인 맵리듀스 구현체에서 하이브가 나머지 테이블에서 일치하는 행을 모두 캐싱한 후 마지막 테이블을 스트리밍하기 때문이다.

복제 조인

복제 조인은 맵사이드 조인으로, 작은 테이블을 메모리에 캐싱하고 큰 테이블은 스트리밍한다. 복제 조인이 맵리듀스에서 어떻게 동작하는지는 그림 10.9에서 볼 수 있다.

복제 조인을 수행할 때는 하이브에게 어떤 테이블이 작은 테이블이고 캐싱할 테이블인지 힌트를 줄 수 있다.

```
hive> SELECT /*+ MAPJOIN(movie_categories) */         ❶
        viewed_movies.movie, movie_categories.category
      FROM viewed_movies
      JOIN movie_categories
      ON viewed_movies.movie = movie_categories.title;
```

❶ 맵 조인을 트리거하고 캐싱할 테이블(movie_categories)을 하이브에게 알려주는 힌트

복제 조인의 제약

현재 복제 조인에서는 이너 조인만 지원한다.

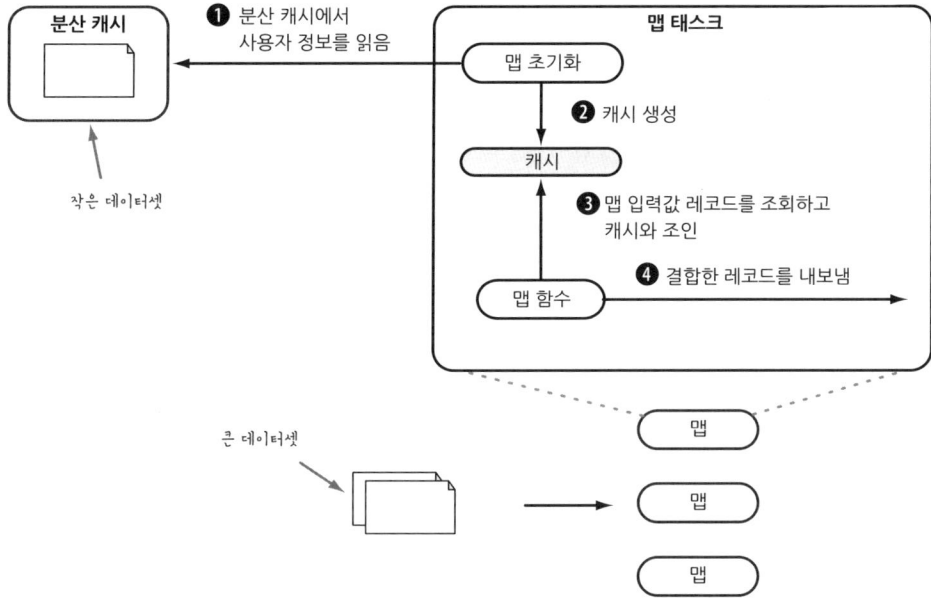

그림 10.9 복제 조인

MAPJOIN은 단순히 힌트일 뿐이며 하이브는 다음 조건이 충족될 때만 맵사이드 조인을 수행한다.

1. 작은 테이블에 있는 파일들이 hive.mapjoin.smalltable.filesize에 지정된 크기보다 작을 때. 기본값은 25MB.
2. 작은 테이블을 로드할 때 사용한 메모리 양이 hive.mapjoin.localtask.max.memory.usage보다 작을 때. 이 값은 기본적으로 0.90(90퍼센트)으로 설정돼 있다.

그런데 한 테이블이 충분히 작을 경우 리파티션 조인을 복제 조인으로 자동으로 전환하는 기능은 없을까? 물론 하이브에는 이런 기능이 있다. 하지만 이 기능은 기본으로 활성화돼 있지 않다. 기존 이너 조인을 다시 살펴보고 하이브의 자동 복제 조인 기능을 활성화하는 법을 알아보자.

```
hive> SET hive.auto.convert.join = true;          ← ❶

hive> SELECT viewed_movies.movie, movie_categories.category
      FROM viewed_movies
      JOIN movie_categories
      ON viewed_movies.movie = movie_categories.title;
...
Mapred Local Task Succeeded. Convert the Join into MapJoin    ← ❷
...
```

❶ 한 테이블이 충분히 작을 경우 리파티션 조인을 복제 조인으로 전환하게끔 하이브의 자동 조인 최적화를 활성화
❷ 이 출력 결과를 보면 하이브가 복제 조인을 사용한 것을 알 수 있다.

그럼 이쯤에서 궁금증이 생기기 마련이다. 도대체 어떤 기준으로 하이브는 복제 조인을 사용할 만큼 테이블의 크기가 작다고 판단할까? 하이브는 조인 작업에 사용하는 테이블의 크기를 hive.smalltable.filesize(이 값은 앞서 본 hive.mapjoin.smalltable.filesize와는 다르다)와 비교한다. 이 값의 크기는 기본으로 25MB이며, 한 테이블의 크기가 이 값보다 작을 때만 복제 조인을 시도한다.

하이브는 한 걸음 더 나아가 작은 테이블을 간단한 로컬 태스크를 통해 실제로 로드함으로써 이 테이블의 내용이 메모리 안으로 들어올 수 있는지 확인한다(앞서 살펴본 hive.mapjoin.localtask.max.memory.usage 참고). 이들 과정 중 하나라도 성공하지 못하면 하이브는 일반 리듀스사이드 리파티션 조인으로 돌아간다.

세미조인

세미조인은 테이블 중 한 곳의 데이터를 포함할 결과만 필요한 경우에 사용하는 조인이다.

```
hive> SELECT viewed_movies.movie
      FROM viewed_movies
      LEFT SEMI JOIN movie_categories          ❶
      ON viewed_movies.movie = movie_categories.title;
127Hours
BlackSwan
TheFighter
```

❶ 세미조인에서는 오른쪽 조인의 필드를 결과에서 전혀 포함할 수 없다. 이 경우 오른쪽 조인 테이블은 movie_categories 테이블이다.

데이터 불균형

데이터 불균형(skew)이 존재할 때는 몇 개의 리듀서가 일부 조인 값에 대해 지나칠 정도로 많은 레코드를 받을 수 있으므로 맵리듀스 실행 시간이 길어질 수 있다. 하이브는 기본적으로 이런 일이 일어날 때 아무것도 시도하지 않지만, 데이터 불균형을 감지해 불균형적 키에 대해 조인을 최적화하도록 설정할 수 있다.

```
hive> SET hive.optimize.skewjoin = true;     ← 불균형적 데이터에 대해 조인을 최적화하도록 지정

hive> SET hive.skewjoin.key = 100000;        ← 데이터 불균형으로 간주할 임계값 설정
```

그럼 하이브가 데이터 불균형을 감지하면 어떤 일이 생길까? 그림 10.10에서는 하이브에서 추가하는 추가 단계를 볼 수 있다. 여기서는 불균형적 키를 HDFS에 쓰고 별도 맵리듀스 잡에서 처리한다.

데이터 불균형 최적화는 맵사이드 복제 조인이 아니라 리듀스사이드 리파티션 조인에서만 동작한다는 점을 참고하자.

정리

이 기법에서는 하이브의 다양한 조인 옵션을 다뤘다. 우리의 목표는 영화 제목과 카테고리를 조인하는 것이었고, 영화 카테고리를 메모리에 집어넣을 수 있다고 가정할 경우 가장 좋은 조인 옵션은 이너 복제 조인이었다.

그루핑, 정렬, 설명

그루핑은 취합 함수를 수행하기 위해 행셋(set of rows)을 그룹으로 묶는 관계 작업으로, 여기서는 영화 카테고리를 그룹으로 묶는 데 사용한다. 그런 다음 정렬을 사용해 영화 카테고리를 본 사용자의 IP 주소 개수대로 정렬해 가장 인기 있는 카테고리를 먼저 보여준다. 이 작업을 마치고 나면 쿼리의 쿼리 계획을 알아내는 데 사용되는 하이브의 EXPLAIN 키워드를 살펴본다.

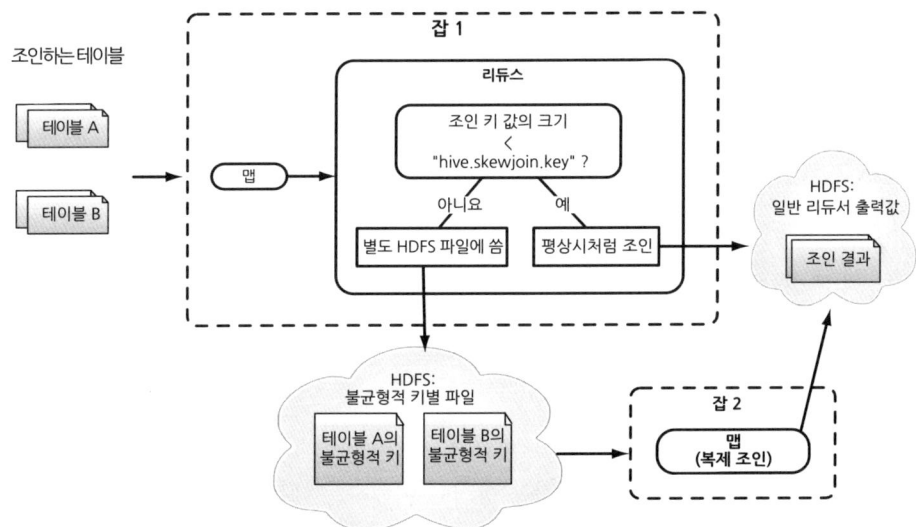

그림 10.10 하이브 불균형 최적화

이 절의 목적은 국가별로 가장 인기 있는 영화 카테고리를 생성하는 것이다. 그럼 이 결과를 보여줄 쿼리를 작성해보자.

```
hive> SET hive.optimize.skewjoin = false;
hive> SELECT movie_categories.category, count(1) AS cnt
      FROM viewed_movies
      JOIN movie_categories ON
        (viewed_movies.movie = movie_categories.title)
      WHERE viewed_movies.country = "RU"            ← ❶
      GROUP BY movie_categories.category
      ORDER BY cnt DESC; ❷
```

❶ 러시아에서의 최상위 카테고리를 검색. 테이블은 국가별로 파티셔닝한다. 이렇게 하면 이들 파티션에 들어 있는 파일만 로드되므로 쿼리 속도가 빨라진다.

❷ 가장 인기 있는 카테고리가 첫 번째 결과가 되게끔 각 카테고리의 영화 개수대로 결과를 정렬

그런데 결과를 정렬할 때 왜 SORT BY를 사용하지 않을까? SORT BY는 리듀서 내의 결과만 정렬하므로 잡이 여러 리듀서에서 실행될 때는 전체 결과를 정렬할 수 없다. 하지만 ORDER BY를 사용하면 전체 리듀서 사이에서 결과를 정렬할 수 있다.

앞의 쿼리를 만족하기 위해 세 개의 맵리듀스 잡을 실행했다. 왜 이렇게 많은 잡이 필요할까? 일반 데이터베이스와 마찬가지로 하이브에서 그루핑과 정렬은 값 비싼 연산을 필요로 한다. 그럼 각 맵리듀스 잡이 하는 일은 어떻게 알 수 있을까? 이때는 EXPLAIN을 사용하면 된다. SELECT 앞에 EXPLAIN을 사용하면 하이브가 각 맵리듀스 잡 사이에서 작업을 어떻게 분산하는지 볼 수 있다.

EXPLAIN 출력값에는 먼저 추상적인 구문 트리가 들어 있다. 이 트리는 쿼리를 나타내는 토큰화된 트리다.

```
ABSTRACT SYNTAX TREE:
(TOK_QUERY (TOK_FROM (TOK_JOIN (TOK_TABREF
(TOK_TABNAME viewed_movies)) (TOK_TABREF
(TOK_TABNAME movie_categories)) (= (.
...
```

이 출력 결과는 하이브가 작업을 분산하는 방식을 이해하는 데는 크게 도움이 되지 않는다. 다음으로 스테이지 목록이 출력되는데, 각 스테이지는 단위 작업을 나타내며, 이들 각 작업은 맵리듀스 잡 또는 특정 HDFS 활동을 나타낸다. 이 출력값에서는 특정 스테이지가 실행되기 전에 다른 스테이지가 완료돼야 하는지 여부도 표시한다.

```
STAGE DEPENDENCIES:
  Stage-1 is a root stage
  Stage-2 depends on stages: Stage-1
  Stage-3 depends on stages: Stage-2
  Stage-0 is a root stage
```

마지막으로 볼 수 있는 정보는 스테이지 계획으로, 각 스테이지에서 수행하는 단계를 자세히 설명한다. 맵리듀스 스테이지에서는 입력값, 연산자, 잡의 출력값에 대한 정보를 보여준다. 출력값에 대한 설명으로 들어가기 전에 이들 개념을 자세히 알아보자.

- 맵리듀스 입력값은 단일 또는 여러 하이브 테이블이 될 수 있으며, 또는 이전 맵리듀스 잡의 출력값이 될 수 있다.
- 하이브 연산자는 맵이나 리듀스 단계를 통해 전달되는 데이터에 대해 특정 행동을 수행하는 내부 구조체다. 하이브에는 조인, 필터링, 그루핑 등과 같은 작업을 수행하기 위한 연산자가 있다. 잠시 후 보겠지만 하이브는 맵이나 리듀스 단계에서 여러 연산자를 체인으로 묶어 효과적으로 연산을 수행할 수 있다.
- 맵리듀스 출력값은 출력값에 포함된 필드가 무엇인지에 대한 정보와 출력값을 쓰는 데 사용된 OutputFormat 클래스에 대한 정보를 포함한다.

그럼 맵리듀스 잡에 해당하는 첫 번째 스테이지의 출력값을 살펴보자. 먼저 맵 단계부터 살펴보자.

```
Stage: Stage-1
  Map Reduce
    Alias -> Map Operator Tree:
      movie_categories
        TableScan
          alias: movie_categories         ← movie_categories 테이블이 잡의 입력 테이블 중 하나임을 알려준다.
          Reduce Output Operator
            key expressions:
                  expr: title             ←
                  type: string              키가 영화 제목인 키/값 튜플을 맵에서 출력값으로 내보내고 있음을 알려준다.
            sort order: +
            Map-reduce partition columns:
                  expr: title             ←
                  type: string              출력 키인 제목이 파티셔닝에 사용된다.
            tag: 1
            value expressions:
                  expr: category          ←
                  type: string              출력값은 영화 카테고리다.
```

```
            viewed_movies       ←——— ❶
              TableScan
                alias: viewed_movies
                Reduce Output Operator
                  key expressions:
                        expr: movie
                        type: string
                  sort order: +
                  Map-reduce partition columns:
                        expr: movie
                        type: string
                  tag: 0
                  value expressions:
                        expr: country
                        type: string
```

❶ viewed_movies 테이블에 대한 상세 정보를 보여준다. 출력 키/값 튜플은 각 영화 제목과 국가다.

이 내용을 이해하는 것은 그리 어렵지 않았을 것이다. 이어서 리듀서 출력값도 이해해보자.

```
Reduce Operator Tree:
  Join Operator           ←———
    condition map:              ❶
          Inner Join 0 to 1
    condition expressions:
      0 {VALUE._col3}
      1 {VALUE._col1}
    handleSkewJoin: false
    outputColumnNames: _col3, _col7
    Filter Operator       ←———
      predicate:                 ❷
        expr: (_col3 = 'RU')
        type: boolean
      Select Operator     ←———
        expressions:             ❸
            expr: _col7
            type: string
        outputColumnNames: _col7
        Group By Operator ←———
          aggregations:          ❹
              expr: count()
          bucketGroup: false
```

```
          keys:
                expr: _col7
                type: string
          mode: hash
          outputColumnNames: _col0, _col1
          File Output Operator         ←──❺
             compressed: true
             GlobalTableId: 0
             table:
                input format: org.apache.hadoop.mapred.
                              SequenceFileInputFormat
                output format: org.apache.hadoop.hive.ql.io.
                               HiveSequenceFileOutputFormat
```

❶ 리듀스 사이드에서 첫 번째 작업은 조인이다. 아래 몇 줄을 살펴보면 이너 조인을 사용하는 것을 볼 수 있다.

❷ 연산자가 러시아의 결과만을 포함시키는 기준에 따라 결과를 필터링한다.

❸ select 연산자는 다음 연산자에게 데이터를 전달하는 것 외에 아무 일도 하지 않는다.

❹ 이 그룹은 특정 조인 키에 대해 모든 행이 들어 있는 지역화된 그룹이다. 여기서는 영화 카테고리에 대해 그룹핑하므로 이 그룹의 출력값은 카테고리명과 해당 카테고리에 속한 행 개수다.

❺ 마지막 단계는 출력값을 파일에 쓰기에 사용된 출력 형식을 보여준다.

리듀서의 출력값은 이해하는 게 훨씬 더 복잡하다. 여기서는 조인, 필터링, 그루핑, 키/값 출력값 튜플 내보내기에 사용된 다섯 개의 체인 연산자가 있으며, 이때 키는 영화 카테고리이고, 값은 조인 과정에서 만난 영화의 지역별 개수 값이다.

그럼 나머지 두 개의 맵리듀스 잡은 어떤 일을 할까? 첫 번째 맵리듀스 잡은 영화 카테고리를 리듀서에서 그루핑하고 카테고리별 취합 개수를 생성한다. 두 번째 잡은 단순히 카테고리별 영화 개수에 따라 결과를 정렬한다. 따라서 쿼리를 그루핑하고 정렬할 때마다 추가적인 맵리듀스 잡의 처리 비용이 더 들게 된다.

10.3 정리

하이브는 SQL에 익숙한 프로그래머뿐 아니라 비프로그래머에게도 유용한 툴이다. 이 장에서는 하이브에서 로그 데이터를 로드하고 처리하는 것과 관련한 유용한 기법을 여러 개 살펴봤다. 우리는 내부 및 외부 테이블에서 하이브가 데이터를 관리하는 방식을 이해하는 데 집중했고, 조인 커스터마이징과 사용자 정의 함수 같은 고급 주제도 살펴봤다.

다음으로 살펴볼 고수준 언어는 피그다. 피그 또한 하둡과 상호작용할 수 있는 간단한 방식을 제공한다.

피그를 이용한 파이프라인 프로그래밍

이 장에서 다루는 내용
- 피그에서의 데이터 로딩 커스터마이징
- 로그 데이터를 활용한 데이터 분석
- 시퀀스파일을 활용한 컴팩트 형식으로의 데이터 저장
- 효과적인 작업 흐름 및 성능 팁

피그는 풍부한 데이터 분석 기능을 갖춘 고수준 언어를 제공하는 플랫폼으로서, 맵리듀스의 강력한 위력을 쉽게 활용할 수 있게 해준다.

피그는 프로토타입에서 맵리듀스를 빠르게 활용할 수 있게 도와주는 리서치 프로젝트로서 야후!에서 시작됐으며, 1년 후 아파치 프로젝트로 편입됐다. 피그는 피그라틴(PigLatin)이라는 자체 언어를 사용해 데이터를 모델링하고 처리한다. 피그는 사용자 정의 함수를 활용해 확장할 수 있고, 사용자가 데이터 로딩, 조작, 저장 같은 작업을 상세하게 제어해야 할 때 언제든 자바를 사용할 수 있게 해준다. 셸 스크립트, 바이너리, 기타 프로그래밍 언어 같은 외부 프로그램도 피그와 상호작용할 수 있다.

이 장에서는 웹 서버 로그 데이터를 처리하며, 이 데이터를 사용해 피그의 전형적인 작업 흐름을 살펴본다. 이 장에서는 데이터를 로드하는 다양한 방식, 데이터 분석 등 데이터를 처리하는 효과적인 방식, 끝으로 HDFS에서 결과를 저장하는 방법을 살펴본다. 이들 기법을 다룬 후에는 개발 및 테스트 단계에서 피그 작업 흐름을 최적화할 수 있는 팁을 소개하고, 잡 실행을 빠르게 만들어주는 성능 팁도 설명한다.

이 장의 목적은 피그를 소개하는 것이 아니다. 오히려 이 장은 피그에 이미 익숙한 사용자를 대상으로 한다. 피그에 대한 기본 지식을 이해하려면 척 램이 저술한 하둡 인 액션을 참고하는 게 좋다.

그럼 먼저 피그에 대한 간단한 소개부터 시작하고, 그런 다음 로그 파싱 작업으로 들어가자.

11.1 피그의 기본

피그에 대해 기본적으로 이해하려면 척 램이 저술한 하둡 인 액션을 참고해야 한다. 이 절에서는 피그에 대한 기본 설명을 빠르게 살펴본다.

설치

부록 A에서는 피그에 대한 설치 설명을 볼 수 있다.

아키텍처

피그의 아키텍처는 그림 11.1에서 볼 수 있다. 피그는 인터랙티브 명령 실행을 지원하는 셸과 데이터 흐름 언어인 피그라틴, 피그라틴 명령을 맵리듀스 실행 계획으로 변환하고 실행하는 실행 엔진으로 구성된다.

여기서는 타입 시스템, 함수, 연산자를 중심으로 피그의 프로그래밍 언어인 피그라틴을 빠르게 살펴본다. 그런 다음에는 구체적인 기법으로 바로 들어간다.

피그라틴

피그의 언어는 피그라틴이라 부른다. 피그라틴은 피그에서 데이터 흐름을 모델링하는 데 사용한다. 피그라틴에는 하이브에서 본 조인, 그루핑, 정렬 같은 다양한 관계형 SQL 연산을 지원하는 함수와 연산자가 들어 있다. 피그라틴에 대한 자세한 설명은 아파치 위키 페이지 (http://pig.apache.org/docs/r0.7.0/piglatin_ref1.html)에서 볼 수 있다.

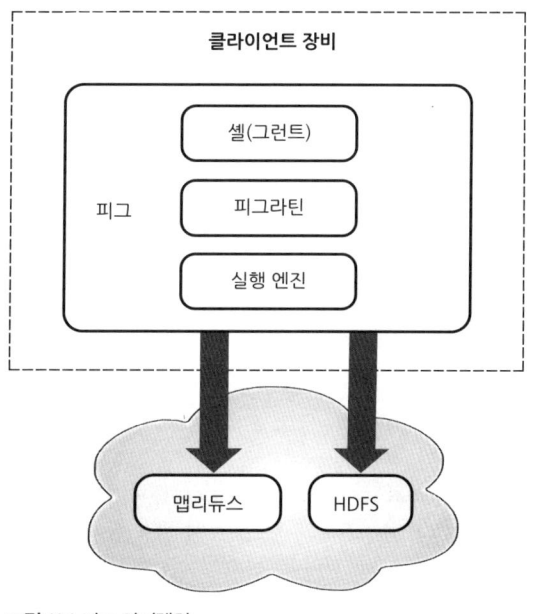

그림 11.1 피그 아키텍처

데이터 타입

피그라틴에는 소수의 스칼라, 배열, 복합 데이터 타입이 들어 있다. 피그라틴에서 스칼라는 정수, long, float, double이다. 배열 타입은 문자열 또는 바이트 배열이다. 복합 타입은 튜플, 순차 리스트 필드, bag, 무순서 튜플 세트, 맵, 키/값 쌍 세트로 제한된다.

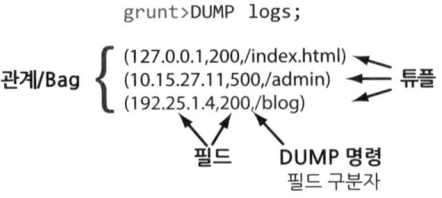

그림 11.2 피그라틴의 dump 명령과 출력값 설명

피그에서는 관계와 bag이라는 용어를 혼용해서 사용한다. 관계는 단순히 bag이나 튜플 세트와 동의어다. 그림 11.2에서는 피그의 dump 명령을 볼 수 있는데, 이 명령에서는 표준 출력에 관계의 내용을 쓰고 있으며 라벨을 통해 각 개념을 표시하고 있다.

피그에서 튜플은 필드의 순차 리스트다. 필드는 명시적으로 타입을 지정하거나 타입을 지정하지 않을 수 있다. 기본적으로 피그는 함수나 각 필드의 타입을 사용자가 지정하지 않는 한 모든 필드를 바이트 배열로 취급한다. 피그라틴에서는 describe 키워드를 통해 특정 관계에 대한 타입 정보를 볼 수 있는 메커니즘을 제공한다.

연산자와 함수

피그라틴에서 연산자는 데이터를 로드, 처리, 저장하는 데 사용하는 언어 구성물이다. 연산자는 관계적 연산자, 수학 연산자, 기타 연산자 등 서로 다른 카테고리에 속할 수 있다. 피그라틴에서 관계 연산자는 관계 데이터베이스의 SQL 연산처럼 데이터의 조인, 그루핑, 필터링 같은 작업을 수행하는 데 사용한다. 피그에서 사용할 수 있는 전체 연산자 목록은 http://pig.apache.org/docs/r0.9.1/basic.html에서 볼 수 있다.

피그에서 함수는 특정 연산자 컨텍스트에서 참조할 수 있는 호출 가능한 작업 단위다. 피그에는 다양한 내장 함수가 있으며, 사용자가 사용자 정의 함수를 통해 원하는 함수를 정의할 수도 있다. 함수는 네 가지 타입 중 하나에 속하며, 이들 각 타입은 컨텍스트가 사용되는 특정 연산자와 관련이 있다.

1. **로드 함수**: 로드 함수는 LOAD 연산자와 연계해 사용하며 HDFS나 외부 소스의 데이터를 피그의 튜플(Tuple) 형태로 언마샬링하는 일을 책임진다. 이들 함수는 org.apache.pig.LoadFunc 추상 클래스에서 정의한 메서드를 구현해야 한다.
2. **평가 함수**: 평가 함수는 FOREACH 연산자와 함께 사용하며, 수정된 출력값을 내놓기 위해 데이터를 조작한다. 평가 함수의 예로는 수학 함수, 문자열 함수, bag/튜플 함수가 있다. 이들 함수는 org.apache.pig.EvalFunc 추상 클래스에서 정의한 메서드를 구현해야 한다.

3. **필터 함수**: 필터 함수는 FILTER 연산자와 함께 사용하며 입력 데이터를 필터링하고 입력 데이터의 서브셋에 해당하는 출력 관계를 생성한다. 내장 필터 함수는 IsEmpty뿐이며, 이 함수는 아무 필드도 들어 있지 않은 bag 또는 맵 튜플을 걸러내는 일을 한다. 필터 함수는 org.apache.pig.FilterFunc 추상 클래스에 정의된 메서드를 구현해야 한다.
4. **저장 함수**: 저장 함수는 STORE 연산자와 함께 사용하며, 피그 튜플 데이터를 HDFS나 외부 소스에 특정 저장 형식으로 저장한다. 저장 함수는 org.apache.pig.StoreFunc 추상 클래스에 정의된 메서드를 구현해야 한다.

인터랙티브 및 비인터랙티브 피그

그런트(Grunt)라고 부르는 피그 셸은 인터랙티브 인터페이스를 제공한다.

```
$ pig
grunt> logs = LOAD 'log.txt';
grunt> DUMP logs;
...
```

피그는 피그라틴 명령이 들어 있는 스크립트를 비인터랙티브 모드에서 실행할 수도 있다.

```
$ cat pig-script.pig
logs = LOAD 'log.txt';
DUMP logs;
$ pig -f pig-script.pig
```

또 다른 비인터랙티브 기능으로 -e 옵션이 있다. 이 옵션을 사용하면 피그 명령을 인자로 지정할 수 있다.

```
$ pig -d ERROR -e "logs = LOAD 'log.txt'; DUMP logs;"
```

-d ERROR는 자세한(verbose) 로그를 비활성화하고 에러만 보여주는 옵션이다.

이제 간단히 피그에 대해 살펴봤으니 이어서 고급 피그 기법으로 바로 들어가자!

11.2 피그를 활용한 로그 데이터 분석 및 악의적인 사용자 찾기

여기서는 실제 피그 활용 예를 통해 고급 피그 기법을 소개한다. 이 장에서는 웹사이트가 어떻게 사용되는지에 대한 상세 정보가 담긴 아파치 웹 서버 로그를 활용하고 웹사이트를 악용하는 사용자에 대한 의미 있는 데이터를 마이닝해본다.

이 과정에서 사용자 정의 함수를 사용해 데이터를 로드하고 처리하는 법을 배우고 스트리밍 및 분산 캐시가 어떻게 활용되는지 살펴본다. 그림 11.3에서는 앞으로 진행할 파이프라인이 나와 있는데, 각 파이프라인은 별도 절을 통해 살펴본다.

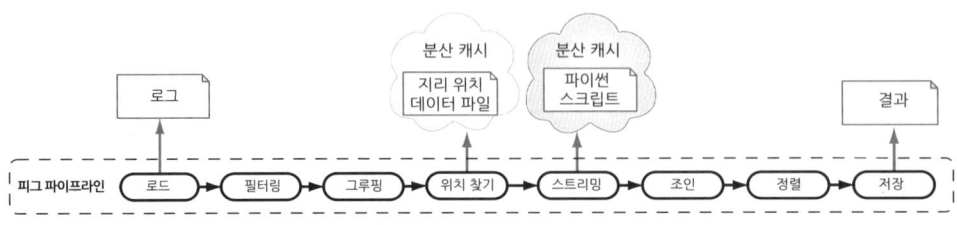

그림 11.3 악의적인 웹사이트 사용을 찾기 위한 피그 파이프라인

데이터 로드

피그에서 데이터를 처리하려면 먼저 소스로부터 데이터를 로드해야 한다. 피그에는 이 작업을 해주는 LOAD 함수가 있다. 이 절에서는 바로 커스텀 load 함수를 작성하는 법을 살펴본다. 커스텀 로더는 피그 로더가 지원하지 않는 데이터 형식을 처리할 때나 스키마 상세 정보, 커스텀 파싱 기능 같은 풍부한 기능을 로더에서 제공하려고 할 때 유용하다. 스키마 상세 정보를 로더에 추가하면 로더 사용자가 로더를 사용할 때마다 매번 스키마를 정의하지 않아도 되므로 편리하다. 또, 특정 파일 형식을 처리할 수 있게 로더를 커스터마이징하면 다운스트림 사용자에게서 파싱 부담을 덜어줄 수 있으므로 문제를 해결하는 데 드는 시간이 그만큼 줄어든다. 이 장에서는 웹 서버 로그 데이터를 다루는 만큼 이와 관련한 로더를 작성하는 법을 살펴본다.

기법 67. 풍부한 스키마를 갖춘 아파치 로그 로딩

아파치 피그 메일링 리스트를 살펴보면 피그를 주로 웹 서버 로그 파일을 처리하는 데 사용한다는 사실을 알 수 있다. 여기서는 웹 서버 로그 데이터를 처리하면서 피그에서 커스텀 로더를 사용하는 법과 로그 데이터를 훨씬 더 쉽게 처리할 수 있게끔 완전한 기능을 갖춘 로그 로더를 제공하는 법을 모두 살펴본다.

문제

사용자 전송 UDF 저장소(repository of user-submitted UDFs)인 피기뱅크에 있는 기존 로그 로더에서도 CommonLogLoader를 통해 아파치 커먼즈 로그 형식을 로드할 수 있다.

하지만 풍부한 파싱 기능을 제공하지 않고, 스키마 정보를 정의하지 않으며, 정규식을 사용하므로 속도가 느리다.

해결책

피그가 어떤 식으로 LoadFunc를 사용해 데이터를 로드하는지 배우고, 아파치 로그 파일을 로드하는 커스텀 로드 함수를 작성한다. REGISTER 및 DEFINE 명령을 사용해 LoadFunc에 적합한 별칭(alias)을 정의하는 법을 배우고 LOAD 명령과 함께 LoadFunc를 사용하는 법을 익힌다.

문제 풀이

이 절에서는 좀 더 유용한 로그 파일 로더를 만든다. 이 로더는 다음 작업을 수행할 수 있어야 한다.

- 빠른 파싱을 위한 간단한 문자열 토큰화
- 로그 튜플로 피그 스키마를 노출한다. 이 말은 사용자가 필드명이나 타입을 정의할 필요가 없다는 뜻이다.
- 다운스트림 처리를 돕기 위해 일부 필드를 비정규화한다.
- NULL과 관련해 데이터 없음을 나타내는 아파치 토큰(–)을 대체한다.

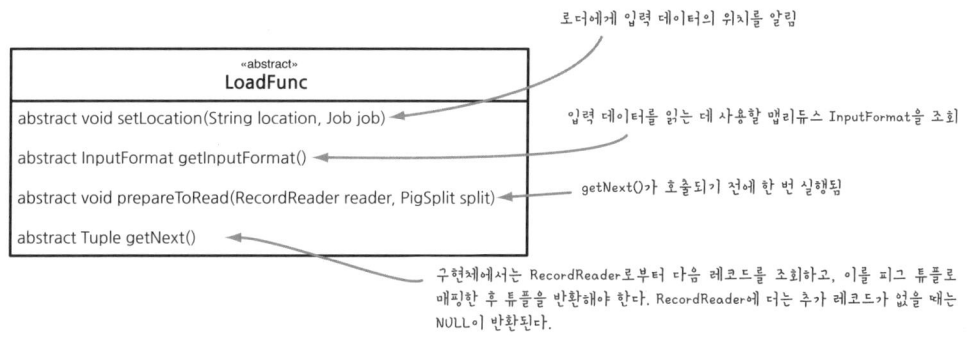

그림 11.4 피그의 LoadFunc 추상 클래스

피그에서는 입력 값을 읽고 이를 피그 튜플로 변환하는 코드를 로드 함수(load function)의 줄임말인 LoadFunc라고 부른다. 그림 11.4에서 볼 수 있듯 피그에는 구체적인 하위 클래스에서 구현해야 하는 여러 메서드를 정의한 LoadFunc라는 추상 클래스가 있다.

LoadFunc는 하둡의 InputFormat 클래스와 긴밀하게 연동된다. 소스에서 데이터를 읽는 작업은 InputFormat에게 위임하며, 구체적인 LoadFunc 구현체에서는 InputFormat의 키/값 형태를 피그의 튜플 형태로 변환하는 일을 책임진다. 피그에서는 LoadFunc를 상속한 FileInputLoadFunc 클래스를 제공하며, 이 클래스는 우리 사례를 비롯해 파일 기반인 대부분의 LoadFunc 클래스의 기저 클래스로 사용할 수 있다.

그럼 피그에게 어떤 InputFormat을 사용해야 할지 알려주는 방법을 살펴보자. 우리의 경우 로그 파일을 파싱하는 커스텀 InputFormat 클래스를 정의했다(http://goo.gl/1qT7M에 있는 깃허브에서 내려받을 수 있음)[1].

```
public class TypedCommonLogLoader extends FileInputLoadFunc
  implements LoadMetadata, TypedCommonLogLoaderConstants {

  protected CommonLogInputFormat.CommonLogRecordReader in = null;

  private ArrayList<Object> tuple = null;
  private TupleFactory tupleFactory = TupleFactory.getInstance();

  @Override
  public InputFormat getInputFormat() throws IOException {
    return new CommonLogInputFormat();
  }
}
```

아래 코드 예제에서 getNext 메서드는 RecordReader를 사용해 입력 데이터로부터 레코드를 꺼낸다. 이 경우 레코드는 로그 파일의 각 줄이 된다. 여기서는 InputFormat이 이미 각 줄을 파싱하는 작업을 처리해주므로 우리가 할 일은 RecordReader로부터 데이터를 가져와 적절히 피그 필드를 설정하는 것뿐이다[2].

피그 튜플을 생성하는 아파치 로그 파일 피그 LoadFunc

```
@Override
public Tuple getNext() throws IOException {

  tuple = new ArrayList<Object>(11);        ← ①

  for (int i = 0; i < 11; i++) {
```

---

[1] 깃허브 소스 — https://github.com/alexholmes/hadoop-book/blob/master/src/main/java/com/manning/hip/ch11/TypedCommonLogLoader.java

[2] 깃허브 소스 — https://github.com/alexholmes/hadoop-book/blob/master/src/main/java/com/manning/hip/ch11/TypedCommonLogLoader.java

```
      tuple.add(null);
    }

    try {
      if (!in.nextKeyValue()) {        ◄──────
        return null;                              ❷
      }
      setTuple(in.getCurrentValue());  ◄──────
                                                  ❸

      return tupleFactory.newTupleNoCopy(tuple);  ◄──────
    } catch (InterruptedException e) {            ❹
      int errCode = 6018;
      String errMsg = "Error while reading input";
      throw new ExecException(errMsg, errCode,
        PigException.REMOTE_ENVIRONMENT, e);
    }
  }

  private void setTuple(CommonLogEntry entry) throws IOException {  ◄──────
    tuple.set(0, entry.getRemoteAddress());                                   ❺
    tuple.set(1, entry.getRemoteLogname());
    tuple.set(2, entry.getUserId());
    tuple.set(3, entry.getTime());
    tuple.set(4, entry.getRequestLine());
    tuple.set(5, entry.getStatusCode());
    tuple.set(6, entry.getObjSize());
    tuple.set(7, entry.getMethod());
    tuple.set(8, entry.getResource());
    tuple.set(9, entry.getProtocol());
    tuple.set(10, entry.getEpoch());
  }
```

❶ 개별 필드를 설정하기 위해 ArrayList를 사용한다. 여기서는 인스턴스를 생성하고 필드 개수로 크기를 미리 설정한다.

❷ RecordReader가 입력 값 분할의 끝에 도달하면 소스에서 데이터를 모두 읽었음을 피그에게 알리기 위해 NULL을 반환한다.

❸ RecordReader에서 가져온 값을 사용해 setTuple 메서드를 호출한다. RecordReader에서는 로그 줄을 나타내는 자바 빈을 반환한다.

❹ TupleFactory는 ArrayList를 비롯해 다양한 형태의 튜플을 처리할 수 있는 팩터리다.

❺ CommonLogEntry 멤버 변수를 사용해 ArrayList에서 각 필드를 설정한다.

파싱을 대신 처리해주는 InputFormat을 작성하면(TextInputFormat을 사용하고 LoadFunc에서 직접 각 줄을 파싱하는 대신) 나중에 코드를 최적화하기로 결정한 경우 맵리듀스에서 직접 InputFormat을 사용할 수 있다는 장점이 있다.

아울러 각 필드에 대한 타입 정보도 로더에 알려줘야 한다. 이 작업을 하려면 LoadMetadata 인터페이스를 구현하고 필드명 및 관련 타입 정보의 순서 리스트를 지정해야 한다. 다음 코드[3]에서 필드명은 TypedCommonLogLoaderConstants 인터페이스에 정의한 문자열 리터럴에 대한 단순 참조다.

```
@Override
public ResourceSchema getSchema(String location, Job job)
    throws IOException {
    return new ResourceSchema(new Schema(
      Arrays.asList(
        new Schema.FieldSchema(REMOTE_ADDR, DataType.CHARARRAY),
        new Schema.FieldSchema(REMOTE_LOGNAME, DataType.CHARARRAY),
        new Schema.FieldSchema(USERID, DataType.CHARARRAY),
        new Schema.FieldSchema(TIME, DataType.CHARARRAY),
        new Schema.FieldSchema(REQUEST_LINE, DataType.CHARARRAY),
        new Schema.FieldSchema(STATUS_CODE, DataType.LONG),
        new Schema.FieldSchema(OBJ_SIZE, DataType.LONG),
        new Schema.FieldSchema(METHOD, DataType.CHARARRAY),
        new Schema.FieldSchema(RESOURCE, DataType.CHARARRAY),
        new Schema.FieldSchema(PROTOCOL, DataType.CHARARRAY),
        new Schema.FieldSchema(EPOCH, DataType.LONG)
    )));
}
```

LoadFunc를 작성하고 난 다음에는 클래스가 들어 있는 JAR를 피그에 등록하고, 별칭(매번 패키지를 입력하는 수고를 덜기 위해)을 정의한 후, LOAD 연산자를 사용해 로드해야 한다.

```
$ hadoop fs -put test-data/apachelog.txt apachelog.txt

$ pig
```

---

[3] 깃허브 소스 — https://github.com/alexholmes/hadoop-book/blob/master/src/main/java/com/manning/hip/ch11/TypedCommonLogLoader.java

```
grunt> REGISTER
target/hadoop-book-1.0.0-SNAPSHOT-jar-with-dependencies.jar;
grunt> DEFINE LogLoader com.manning.hip.ch11.TypedCommonLogLoader();
grunt> logs = LOAD 'apachelog.txt' USING LogLoader;
grunt> describe logs;

logs: {remoteAddr: chararray,
    remoteLogname: chararray,userid: chararray,time:
    chararray,requestLine: chararray,statusCode: long,objSize: long,
    method: chararray,resource: chararray,protocol: chararray, epoch: long}

grunt> dump logs;

(240.12.0.2,,,[23/Jun/2009:10:40:54 +0300],GET / HTTP/1.1,500,612,...)
(240.12.0.2,,,[23/Jun/2009:10:40:54 +0300],GET /favicon.ico HTTP/...)
(242.0.22.2,,,[23/Jun/2009:10:54:51 +0300],GET / HTTP/1.1,200,34,...)
(242.0.22.2,,,[23/Jun/2009:10:54:51 +0300],GET /favicon.ico HTTP/...)
...
```

이로써 작업이 끝났다. 이제 LoadFunc에 정의한 필드명과 타입을 사용해 데이터가 로드된다. 그럼 간단한 연산을 수행해 각 HTTP 상태 코드별 요청 개수를 세보자. 이 기법은 대다수 요청이 성공적으로 수행되는지 확인하고, 그렇지 않을 경우 웹사이트를 악의적으로 사용하는 사례에 대한 추가 분석의 필요성을 알리는 시작점으로 활용할 수 있다.

```
grunt> grpd = GROUP logs BY statusCode;
grunt> cntd = FOREACH grpd GENERATE group, COUNT(logs);
grunt> dump cntd;
(200,10)
(404,9)
(500,2)
```

정리

물론 피기뱅크에서 제공하는 CommonLogLoaderLoadFunc를 사용할 수도 있었다. 이 LoadFunc를 사용할 때 작성할 피그 코드를 살펴보자.

```
grunt> REGISTER ./contrib/piggybank/java/piggybank.jar;
grunt> REGISTER ./build/ivy/lib/Pig/joda-time-1.6.jar;
grunt> DEFINE CustomFormatToISO
org.apache.pig.piggybank.evaluation.datetime.convert.
```

```
CustomFormatToISO();
grunt> DEFINE ISOToUnix
org.apache.pig.piggybank.evaluation.datetime.convert.ISOToUnix();

grunt> logs = LOAD 'apachelog.txt'
       USING org.apache.pig.piggybank.storage.apachelog.CommonLogLoader;

grunt> dump logs;
(127.0.0.1,-,-,10/Apr/2007:10:39:11 +0300,GET,/,HTTP/1.1,500,606)
(127.0.0.1,-,-,10/Apr/2007:10:39:11 +0300,GET,/favicon.ico,HTTP/...)
(139.12.0.2,-,-,10/Apr/2007:10:40:54 +0300,GET,/,HTTP/1.1,500,612)
...

grunt> epoch = foreach logs generate
       (long) ISOToUnix(CustomFormatToISO($3, 'dd/MMM/yyyy:hh:mm:ss Z'));
grunt> describe epoch
epoch: {org.apache.pig....customformattoiso_13_14: long}

grunt> dump epoch
(1176190751000)
(1176190751000)
(1176190854000)
(1176190854000)
```

CommonLogLoader를 사용하면 자체 스키마를 정의해야 하고, 데이터 없음을 나타내는 아파치 문자(-)를 처리하고, 시간 순으로 날짜를 처리할 경우 변환을 수행해야 한다. 우리가 만든 LoadFunc에는 이런 기능이 모두 들어 있는 만큼 LoadFunc에서 생성하는 튜플을 활용하기도 훨씬 쉽다.

LoadFunc에서 AS 연산자를 사용한 스키마 정의는 사용자에게 맡길 수도 있었다. 하지만 이럴 경우 매번 데이터를 로드할 때마다 스키마를 정의해야 하므로 LoadFunc 자체에서 스키마를 지정하게 하는 게 가장 좋다. LoadFunc에서 스키마를 지정하지 않는 게 좋은 경우는 튜플에 따라 바뀌는 동적 스키마를 처리해야 할 때뿐이다. 피그에서는 백(bag)에 있는 모든 튜플이 같은 필드를 포함해야 한다는 규정이 전혀 없다. 이런 점에서 피그는 희소성 데이터를 지원한다.

지금까지 데이터를 피그로 로드하는 법을 살펴봤다. 데이터를 처리하기 위한 전 단계로서 이 과정은 매우 중요하다. 이제 데이터를 로드했으니 이어서 피그에서 데이터에 대해 다양한 작업을 해보자.

필터링 및 투영

필터는 관계를 튜플의 서브셋으로 줄일 수 있는 메커니즘을 제공하고 투영은 작업할 필드를 줄여준다. 첫 번째 조작 기법을 다루는 이 절에서 이들 기법을 다루는 데는 그만한 이유가 있다. 이들 기법은 처리할 데이터의 양을 줄여주는 가장 효과적인 기법 중 하나이기 때문이다. 피그 파이프라인에서 데이터를 줄인다는 말은 결국 실행 시간이 빨라짐을 의미하며, 우리에게는 큰 이득이다.

기법 68. 필터 및 투영을 활용한 데이터 줄이기

여기서는 로그 데이터에 적용할 수 있는 필터링 기법을 살펴본다.

문제
관계에서 튜플을 제거하려고 한다.

해결책
투영에 FOREACH 연산자를 사용해 작업 중인 데이터의 양을 줄인다. 이 기법에서는 FILTER 연산자를 사용해 원하지 않는 레코드를 제거하는 법과 커스텀 필터링을 수행하기 위해 커스텀 UDF를 작성하는 법도 다룬다.

문제 풀이
그럼 투영과 필터링에 대해 자세히 알아보자.

투영
투영은 FOREACH 연산자를 이용해 작업 중인 필드를 줄여주는 기능을 제공한다. 이 예제에서는 악의적인 사용자 활동을 찾고 있으므로 존재하지 않는 웹 서버 내 특정 URL을 찾는 에이전트에 관심을 갖고 있다. 따라서 IP 주소, HTTP 응답 코드, 리소스만 보관하면 된다. 이 작업은 다음 명령을 통해 수행할 수 있다.

```
projected_logs = FOREACH logs GENERATE remoteAddr, statusCode, resource;
```

필터링

필터링의 목적은 여러분의 기관 내에서 생긴 로그 데이터를 제거하고, 404 HTTP 응답 코드를 일으킨 로그만 남기는 데 있다. 여기서는 모든 내부 IP 주소가 사설 IP라고 간주한다[4]. 다행히 피그에서는 정규식 비교를 지원하므로 이 기법에서도 정규식을 사용할 수 있다. 20비트 사설 IP 주소(172.16.0.0~172.31.255.255 범위)의 경우 좀 더 복잡한 정규식이 필요하다.

```
filtered_logs =
FILTER projected_logs                    ❶
BY (NOT
  (remoteAddr MATCHES '10\\..*' OR
   remoteAddr MATCHES '192\\.168\\..*' OR    ❷
   remoteAddr MATCHES
     '(172\\.1[6-9]\\..*)|(172\\.2[0-9]\\..*)|(172\\.3[0-1]\\..*)'
))
AND statusCode >= 400;
```

❶ FILTER 연산자는 연산에 따른 조건을 기반으로 튜플을 선택한다.

❷ 정규식 비교를 수행해야 함을 알리기 위해 MATCHES 키워드를 사용한다. 이때 정규식은 전체 문자열과 반드시 일치해야 한다. \\.는 IP 주소에서 점을 나타내는 데 사용한다. 기본적으로 점(.)은 정규식에서 와일드카드로 사용되므로 이와 같이 \\를 이용해 이스케이프해야 한다.

데이터에 좀 더 정교한 필터링 기능을 적용해야 한다면 필터 함수를 UDF와 연계해 데이터셋을 줄일 수 있다. 방금 전에 작성한 필터를 좀 더 최적화해 정규식을 사용하지 않게 하고, 쉽게 재사용할 수 있도록 패키징한다고 가정하자. 이 경우 피그의 FilterFunc를 상속한 커스텀 자바 UDF를 작성해야 한다. UDF는 관계 내 각 튜플을 넘겨받으며, 다음 코드[5]에서 보듯 결과 관계에서 해당 튜플을 남길지 여부를 결정하는 Boolean을 반환해야 한다.

```
public class IsPrivateIP extends FilterFunc {

  protected List<Range<Long>> ipRanges;

  public IsPrivateIP() {           ❶
    ipRanges = new ArrayList<Range<Long>>();
    ipRanges.add(getRange("10.0.0.0", "10.255.255.255"));
    ipRanges.add(getRange("172.16.0.0", "172.31.255.255"));
```

---

[4] http://en.wikipedia.org/wiki/Private_network#Private_IPv4_address_spaces 참고
[5] 깃허브 소스 — https://github.com/alexholmes/hadoop-book/blob/master/src/main/java/com/manning/hip/ch11/IsPrivateIP.java

```
    ipRanges.add(getRange("192.168.0.0", "192.168.255.255"));
  }

  @Override
  public List<FuncSpec> getArgToFuncMapping()         ❷
      throws FrontendException {
    List<FuncSpec> funcList = new ArrayList<FuncSpec>();
    funcList.add(new FuncSpec(this.getClass().getName(),
      new Schema(new Schema.FieldSchema(null, DataType.CHARARRAY))));

    return funcList;
  }

  @Override
  public Boolean exec(Tuple t) throws IOException {
    if (t == null || t.size() == 0)                   ❸
      return false;

    String address = extractFieldAsString(t, 0);
    return address != null && matchesIp(ipToInt(address));
  }
...
```

❶ UDF 생성자는 사설 IP 주소 범위 리스트를 생성하고 채운다.
❷ UDF에서 원하는 입력 타입을 지정하는 데 사용하는 메서드다. 여기서는 입력값으로 문자열을 기대한다.
❸ 이 메서드는 튜플별로 한 번씩 호출된다. FilterFunc에서 이 메서드는 UDF의 필터링 조건에 해당하는지 여부에 해당하는 Boolean을 반환해야 한다. 이 구현체에서는 IP 주소를 숫자 형태로 변환하고 이를 전체 IP 주소 범위와 비교한다.

작성한 필터 함수를 호출하려면 JAR를 등록하고, 클래스의 별칭을 정의한 후, FILTER 연산자와 함께 사용하면 된다.

```
REGISTER target/hadoop-book-1.0.0-SNAPSHOT-jar-with-dependencies.jar;
DEFINE LogLoader com.manning.hip.ch11.TypedCommonLogLoader();
DEFINE IsPrivateIP com.manning.hip.ch11.IsPrivateIP();

logs = LOAD 'apachelog.txt' USING LogLoader;
filtered_logs = FILTER logs BY NOT IsPrivateIP(remoteAddr);
DUMP filtered_logs;
```

FILTER 연산자 외부에서 같은 기능을 할 수 있는 메커니즘으로는 피그 스트리밍과 피그와 연계한 맵리듀스가 있다.

정리

필터는 필드에 NULL 값을 포함하는 튜플을 제거하는 데 자주 사용한다. 다음 코드에서는 사용자 ID가 없는 로그 튜플을 모두 제거한다.

```
A = FILTER logs by userid is not null;
```

이로써 파이프라인에 나와 있는 첫 번째 데이터 조작 단계를 모두 살펴봤고, 이를 통해 사설 IP 주소를 모두 제거했다.

UDF 그루핑 및 취합

그루핑은 다운스트림 처리를 위해 데이터를 수집할 수 있게 해준다. 그루핑은 튜플 내 개별 필드나 다중 필드를 대상으로 수행할 수 있다. 다운스트림 처리는 취합 함수 형태가 될 수도 있고 그룹 데이터에 대해 수행하려는 다른 데이터 관련 분석이 될 수도 있다.

피그라틴에는 취합 데이터를 처리하는 여러 함수가 있다. 취합 함수는 항목 컬렉션을 대상으로 연산을 수행하는 함수다. 취합 함수는 응답 실패 HTTP 상태 코드를 일으킨 요청 개수 판단이나 가장 인기 있는 URL 찾기처럼 합계 연산에 주로 사용된다.

기법 69. IP 주소 그루핑 및 개수 계산

이제 필터 연산을 마쳤으니 IP 주소별로 로그 엔트리를 그루핑하고 그 개수를 제공하려고 한다.

문제

피그에서 튜플을 그룹으로 묶고 취합 함수를 적용하려고 한다.

해결책

GROUP 및 COGROUP 연산자를 사용하고 JOIN과 FLATTEN을 사용한 관계 처리를 배운다.

문제 풀이

필터를 적용하고 나면 filtered_logs 관계가 생긴다. 이 관계는 동일한 IP 주소와 상태 코드를 가진 로그를 그루핑하는 데 사용한다.

```
grunt> ip_group = GROUP filtered_logs BY (remoteAddr, statusCode);
```

group 명령을 사용하면 고유 필드별 튜플이 그룹으로 묶이고, 결과 튜플에는 두 개의 필드가 생긴다. 첫 번째 필드에는 group 연산자에서 사용한 모든 필드가 들어 있으며 이 필드의 이름은 항상 group이다. 두 번째 필드는 내부 백(bag)[6]으로, groupd 필드와 일치하는 원본 관계에서의 모든 튜플을 담고 있다. 내부 백의 필드명은 원본 관계와 동일하며, 이 경우 filtered_logs가 된다. DESCRIBE 명령을 사용하면 이 정보를 볼 수 있다.

```
grunt> DESCRIBE ip_group;
ip_group: {
  group: (remoteAddr: chararray, statusCode: long),
  filtered_logs: {
    remoteAddr: chararray,
    statusCode: long,
    resource: chararray
  }
}
```

이제 데이터를 그루핑했으니 IP 주소와 상태 코드의 조합이 생긴 횟수를 세면 된다. 그루핑된 데이터에 대한 작업을 할 때는 FOREACH 연산자를 사용해야 한다. 그럼 그룹 관계의 행별로 함수를 수행할 수 있다.

```
grunt> addrstatus_counts = FOREACH ip_group
        GENERATE FLATTEN(group), COUNT(filtered_logs);
grunt> DESCRIBE addrstatus_counts;
addrstatus_counts: {
  group::remoteAddr: chararray,
  group::statusCode:long,
  long
}
```

이 예제에서는 COUNT 취합 함수를 사용해 고유 IP 주소 및 HTTP 상태 코드 조합별로 로그 엔트리의 개수를 구했다.

---

[6] 내부 백은 단순히 튜플에 들어 있는 백이다. 이 책에서 보통 백이라는 용어로 가리키는 외부 백은 튜플에 대한 전체 컨테이너이다(외부 백은 관계라고도 부른다).

정리

피그에서는 다중 필드를 대상으로 데이터를 그루핑할 수 있으며, 그루핑된 튜플에서는 데이터 파이프라인에서 할 수 있는 것 이상의 작업을 할 수 있다.

GROUP 키워드는 단일 관계에만 적용할 수 있다. 여러 관계를 함께 그루핑하고 싶다면 COGROUP 키워드를 이용해 이 기능을 사용할 수 있다. 이쯤에서 cogroup과 join의 차이점이 무엇인지 의문이 들 수 있다. 조인의 경우 결과가 조인 키로 그루핑되지 않는 데 반해 cogroup에서는 결과가 키로 그루핑된다. 이런 차이를 좀 더 쉽게 이해할 수 있게 예제를 살펴보자.

```
employees = LOAD 'data' AS (name:chararray, department: int);
departments = LOAD 'data' AS (department: int, name:chararray);

join_result = JOIN employees BY department, departments BY department;
DESCRIBE join_result;
join_result: {
  employees::name: chararray,
  employees::department: int,
  departments::department: int,
  departments::name: chararray
}
cogroup_result = COGROUP employees BY department,
                        departments BY department;

DESCRIBE cogroup_result;
cogroup_result: {
  group: int,
  employees: {
    name: chararray,
    department: int},
  departments: {
    department: int,
    name: chararray
  }
}
```

따라서 JOIN은 FLATTEN과 COGROUP을 합친 것과 유사하다.

피그는 특정 그룹 필드에 대해 모든 튜플을 수집해야 하므로 맵리듀스의 리듀스 단계에서 그룹 또는 코그룹을 수행한다. 그 결과 11.4절에서 앞으로 보겠지만 그룹 작업은 병렬화할 수 있다.

각 고유 그룹 필드 값은 단일 리듀스 함수로 전달되고 아울러 같은 필드 값을 포함하는 모든 튜플이 함께 전달된다. 이때 일부 그룹 필드에 다른 필드보다 튜플 개수가 지나치게 많을 경우 데이터 불균형으로 이어질 수 있다. 이런 상황은 그루핑된 데이터에 대해 수행하는 취합 함수가 대수적인(algebraic) 함수가 아닐 때 더욱 심화된다. 이때는 전체 입력 관계 튜플을 리듀서로 제공해야 하기 때문이다.

COUNT를 비롯해 피그라틴의 내장 취합 함수는 모두 대수적인 함수다. 대수적 함수는 피그에서 특수 함수로서, 맵리듀스의 각 단계(맵, 결합, 리듀스)에 대응되는 서브함수로 나눠서 호출할 수 있다. 대수 함수는 그림 11.5에 나와 있는 Algebraic 인터페이스를 구현해야 하며 각 MapReduce 단계에 해당하는 UDF EvalFunc를 제공해야 한다. COUNT, SUM, MAX 같은 함수는 여러 단계로 나눌 수 있으므로 대수 함수다. 이런 함수는 작업을 수행할 때 한번에 그룹에서 모든 튜플을 보관하지 않아도 되며, 데이터를 서브셋으로 나눠 작업을 수행하고 리듀서에서 취합할 중간 값을 생성할 수 있다.

그럼 함수가 얼마나 효과적인지 판단하고 리듀스 단계로 전송되는 데이터를 줄였는지 여부를 알고 싶다면 어떻게 해야 할까? explain 명령을 사용하면 특정 관계에서 맵 및 리듀스 단계로 함수가 어떻게 분산되는지 볼 수 있다. 내장 대수 함수(COUNT)를

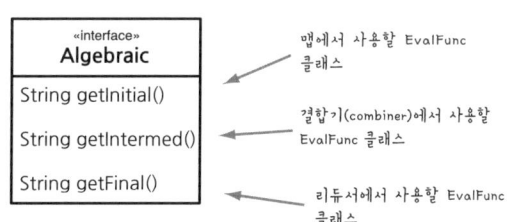

그림 11.5 피그의 Algebraic 인터페이스

이용해 생성한 관계를 대상으로 explain 명령의 출력값을 생성하고, 이 결과를 필자가 작성한 비대수 함수의 UDF 결과와 비교해보자. 먼저 비효율적인 UDF부터 살펴보자.

```
grunt> DEFINE NonAlgebraic com.manning.hip.ch11.NonAlgebraic();
grunt> result = FOREACH ip_group
               GENERATE group, NonAlgebraic(filtered_logs);
grunt> explain result;

Map Plan
|---logs: Load(hdfs://apachelog.txt:TypedCommonLogLoader)

Reduce Plan
result: Store(fakefile:org.apache.pig.builtin.PigStorage)
```

```
|
|---result: New For Each(false,false)[bag]
    | |
    | POUserFunc(com.manning.hip.ch11.NonAlgebraic)[chararray]
```

여기서는 맵 단계가 아니라 리듀스 단계에서 UDF가 한 번만 호출되는 데 주목하자. 이를 대수 함수인 count 함수를 대상으로 explain 명령을 실행했을 때의 결과와 비교해보자.

```
grunt> result = FOREACH ip_group
               GENERATE group, COUNT(filtered_logs);
grunt> explain result;

Map Plan
|---result: New For Each(false,false)[bag]
    | |
    | POUserFunc(org.apache.pig.builtin.COUNT$Initial)[tuple]
    |
    |---Pre Combiner Local Rearrange[tuple]{Unknown}
        |
        |---logs: Load(hdfs://apachelog.txt:TypedCommonLogLoader)

Combine Plan
|---result: New For Each(false,false)[bag]
    | |
    | POUserFunc(org.apache.pig.builtin.COUNT$Intermediate)[tuple]

Reduce Plan
result: Store(fakefile:org.apache.pig.builtin.PigStorage)
|
|---result: New For Each(false,false)[bag]
    | |
    | POUserFunc(org.apache.pig.builtin.COUNT$Final)[long]
```

여기서는 함수가 map, combine, reduce 단계에서 적용되는 것을 볼 수 있다. COUNT가 이러한 모든 단계에서 한 개의 숫자를 내보내므로 맵과 리듀스 태스크 사이에서 전송할 데이터가 줄어든다. 이는 전반적인 효율성의 개선으로 이어지고, 맵리듀스 잡의 실행 속도도 그만큼 빨라진다!

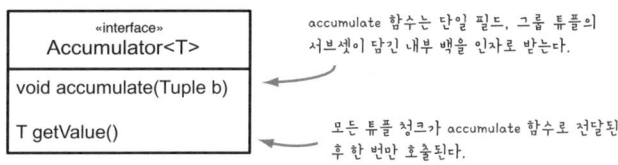

그림 11.6 피그의 Accumulator 인터페이스

하지만 모든 함수가 대수 함수가 될 수는 없다. 예컨대 그룹에서의 튜플 정렬이 중요한 경우가 이에 해당한다. 함수가 대수 함수가 될 수는 없지만 데이터의 서브셋에서 연산을 수행할 수 있다면 그림 11.6에 나와 있는 Accumulator 인터페이스를 구현하는 것을 권장한다. Accumulator는 리듀스사이드 최적화로서, 모든 그룹 튜플이 들어 있는 단일 백을 UDF에게 전달하는 대신 그룹 튜플을 Accumulator에게 청크(chunk) 형태로 전달하고, 마지막에 Accumulator에게 최종 결과를 물을 수 있다.

UDF를 활용한 위치 찾기

이제 파이프라인에서 로그 파일을 로드했고, 내부 IP 주소 및 올바른 응답 코드에 해당하는 로그 데이터를 모두 걸러냈으며, IP 주소와 HTTP 응답 코드에 따라 이를 그루핑했다. 다음으로 할 일은 웹사이트에 대한 공격이 특정 국가에서 오는지 쉽게 알 수 있게 IP 주소의 위치를 판단하는 것이다. 지리 위치 판단은 피그에 내장 함수로 들어 있지 않으므로 평가 UDF를 사용해 직접 구현해야 한다.

평가 UDF 또는 EvalFunc는 튜플 백에 대해 커스텀 함수를 수행할 수 있게 해주는 메커니즘이다. 평가 UDF는 FOREACH ... GENERATE 연산자하고만 함께 사용할 수 있다. 일반적으로 EvalFunc는 표 11.1에 나온 범주 중 한 곳에 속한다.

이어지는 기법에서는 간단한 EvalFunc를 구현하는 법을 살펴본다.

표 11.1 피그에서의 UDF 타입

함수 타입	설명
단순 (Simple)	단순히 EvalFunc 클래스를 상속한 함수다. 백에 있는 튜플별로 개별적으로 실행되며, 입력 튜플별로 한 개의 결과를 생성한다.
취합 (Aggregate)	EvalFunc 클래스를 상속한 함수지만 GROUP 연산자에서 생성한 결과를 대상으로 연산을 수행한다는 점에서 단순 함수와 다르다. 이 장의 개요에 적힌 내용을 떠올리면 group 연산자는 고유 그룹 필드별로 단일 튜플을 생성하고, 이때 튜플의 첫 번째 필드는 고유 그룹 필드이고, 두 번째 필드는 그룹 필드에 속한 모든 튜플이 담긴 튜플 백이 된다. 따라서 그룹 튜플은 크기가 매우 클 수 있다. 메모리 사용이나 작업 분화를 위해 그룹 튜플을 사용하는 경우 대수적 함수나 집적 함수가 되게끔 함수를 작성하는 게 좋다.

함수 타입	설명
대수 (Algebraic)	Algebraic 인터페이스를 구현하고 전체 백에 대한 연산을 수행할 수 있는 메커니즘을 제공하는 함수다. 결과는 항상 스칼라 타입이어야 한다. 예를 들어, 대수 함수의 결과는 튜플, 백, 맵이 될 수 없다. 이들 함수가 특별한 점은 전체 데이터의 비정렬 서브셋에서만 사용할 수 있다는 점이다. 이들 함수는 기본적으로 맵 단계, 이후 결합 단계, 끝으로 리듀스 단계에서 한 번만 호출해 최종 결과를 생성한다. 내장 함수로 제공되는 대수 함수로는 COUNT, MIN, MAX, AVG 등이 있다.
집적 (Accumulator)	데이터의 백에 대한 메모리 효율적 연산 메커니즘을 제공하는 Accumulator 인터페이스를 구현한 함수다. 이들 함수는 대수 형태로 표현할 수 없는 작업에도 적용할 수 있다. 예를 들어, 모든 입력 데이터가 정렬되게끔 리듀서에서 함수를 실행해야 할 때가 여기에 해당한다. 집적 함수에서 데이터는 청크 형태로 집적기로 제공된다(보통 각 리듀서 키별로 한 번 이상).

기법 70. 분산 캐시를 활용한 IP 위치 판단

데이터 분석, 데이터 마이닝, 또는 잠재적인 보안상의 이유로 로그 파일에서 IP 주소의 위치를 알려고 한다.

문제

피그에서 평가 함수를 작성하는 법이 궁금하다. 또, 위치 데이터와 로그 데이터를 조인하는 법도 알고 싶다.

해결책

맥스마인드(MaxMind) 라이브러리와 데이터 및 분산 캐시를 활용해 IP 위치를 판단하는 EvalFunc를 작성한다. 서로 다른 입력 타입을 지원할 수 있는 다중 UDF를 등록하는 법을 배운다.

문제 풀이

이 기법에서는 커스텀 평가 함수를 작성하는 법과 피그에서 분산 캐시를 활용하는 법을 배운다. 분산 캐시는 로컬 파일과 HDFS 내 파일을 맵리듀스 코드에서 사용할 수 있게 해주는 맵리듀스 메커니즘이다. 피그는 분산 캐시를 지원하며, 여기서는 평가 함수에서 위치 데이터를 사용할 수 있게 하는 데 분산 캐시를 활용한다.

    데이터를 조작하는 커스텀 함수를 작성하고 싶다면 다음 코드에 나온 것처럼 피그의 EvalFunc 클래스를 상속해야 한다. EvalFunc를 상속할 때는 반환 타입을 지정하고, exec 메서드에서도 같은 타입을 반환해야 한다.

    실제 위치를 파악할 때는 무료로 제공되는 맥스마인드의 GeoLite Country Lite 바이너리 파일을 사용한다. 또 맥스마인드의 자바 클라이언트 코드도 사용한다. 맥스마인드 자바 클라이언트에서 파일을 로드하려면 위치 데이터 파일을 데이터노드로 전송해야 한다. 다행히 피그에서는 분산 캐시를 통한 처리를 지원하므로 getCacheFiles 메서드를 오버라이드하면 로컬 파일을 분산 캐시로 복사하게끔 지정할 수 있다. 그럼 exec 메서드에서는 데이터노드에서 로컬로 파일로 접근할 수 있다고 가정하고 작업하면 된다.

그럼 예제에 나온 위치 판단 EvalFunc를 살펴보자[7].

지리 위치 조회를 위한 피그 UDF

```java
public class PigGeolocationUDF extends EvalFunc<String> {
  private LookupService geoloc;          ← ❶
  private static final String COUNTRY = "country";
  private final static String DIST_CACHE_GEOIP_NAME = "geoip";
  private final List<String> distributedCacheFiles;

  public String exec(Tuple input) throws IOException {    ← 이 메서드는 UDF에서 처리하는 관계 내 튜플별로 호출된다.

    if (input == null || input.size() == 0) {
      return null;                       ← NULL이나 빈 튜플을 넘겨받았을 때를 처리한다.
    }

    Object object = input.get(0);        ← IP 주소에 해당하는 튜플 내 첫 번째 필드를 가져온다.
    if (object == null) {
      return null;
    }

    String ip = (String) object;

    return lookup(ip);
  }

  protected String lookup(String ip) throws IOException {
    if (geoloc == null) {
      geoloc =
      new LookupService
        ("./" + DIST_CACHE_GEOIP_NAME, LookupService.GEOIP_MEMORY_CACHE);   ← ❷
    }
```

---

[7] 깃허브 소스 — https://github.com/alexholmes/hadoop-book/blob/master/src/main/java/com/manning/hip/ch11/PigGeolocationUDF.java

```
    String country = geoloc.getCountry(ip).getName();
                                                          ← 위치 판단을 수행하고 결과에서 국가를 추출한다.
    if ("N/A".equals(country)) {
      return null;                       ← 맥스마인드는 IP 주소에 데이터가 없을 때 N/A를 사용한다.
    }
    return country;
  }
```

❶ 맥스마인드 위치 라이브러리를 사용하고 자바 클래스에 대한 참조를 저장한다.
❷ 맥스마인드 위치 클래스를 생성하고 위치 데이터가 담긴 분산 캐시 내 파일을 지정한다.

위치를 가져오는 피그라틴 코드로 들어가기 전에 이 장에서 앞서 살펴본 파이프라인 상에서 현재 우리가 있는 위치를 잠시 확인해보자. 현재 우리는 IP 주소와 HTTP 상태 코드의 고유 조합이 들어 있는 addrstatus_counts라는 관계와 조합별 로그 엔트리 개수를 갖고 있다.

```
grunt> DESCRIBE addrstatus_counts;
addrstatus_counts: {
  group::remoteAddr: chararray,
  group::statusCode: long,
  long
}
```

이제 로그 파일 내 IP 주소를 대상으로 UDF를 실행해보자. 그러려면 http://www.maxmind.com/app/geoip_country에서 맥스마인드 바이너리 위치 파일을 내려받고 GeoIP.dat 파일을 추출해 로컬 파일시스템의 /tmp/GeoIP.dat 경로에 집어넣어야 한다.

여기서는 remoteAddr 필드에 들어 있는 IP 주소의 위치를 가져오지만, 결과 튜플에서 나머지 필드도 모두 보관해야 한다.

또, 분산 캐시로 파일을 로드하기 위한 설정도 직접 지정해야 한다.

```
grunt> SET mapred.cache.files file:/tmp/GeoIP.dat#geoip;    ← ❶
grunt> SET mapred.create.symlink yes;                       ← ❷

grunt> DEFINE GeoIP com.manning.hip.ch11.PigGeolocationUDF();

grunt> countries =
         FOREACH addrstatus_counts
         GENERATE *, GeoIP(remoteAddr);

grunt> DUMP countries;
```

❶ 분산 캐시로 복사할 파일이 있는 위치를 지정해 하둡 설정을 업데이트한다. 파일이 로컬 파일시스템 상에 존재하면 이 예제처럼 파일 스키마를 사용해야 한다. 파일이 이미 HDFS에 존재한다면 스키마를 지정하지 않아도 된다. 링크 끝에 있는 #geoip에도 주의하자. 이렇게 하면 하둡이 해당 이름을 가진 심볼릭 링크를 생성한다. 기억하는 독자도 있겠지만, 앞서 UDF 코드에서는 이 링크명을 사용해 분산 캐시로부터 파일을 로드한 바 있다.

❷ 심볼릭을 경로로 설정한다고 하둡에게 알린다.

UDF에서는 선택적으로 입력 및 출력 타입 정보를 정의할 수 있다. 이렇게 하면 피그 프레임워크에서 유효성 검증을 수행해주고 타입이 일치하지 않을 때 사용자에게 경고해준다는 장점이 있다. 우리 코드에서는 출력 타입을 String으로 지정했지만, 입력 타입은 단일 String 필드가 있는 튜플이라고 가정했다.

그럼 원하는 입력 타입을 UDF에서 지정하려면 어떻게 해야 할까? 또, 서로 다른 입력 데이터 타입을 지원하려면 어떻게 해야 할까? 이 예제의 경우 점으로 구분된 문자열 형태의 IP와 숫자 형태의 IP를 함께 지원하고 싶다고 가정하자. 이 경우 두 가지 옵션을 사용할 수 있다. 타입을 exec 메서드에서 instanceof를 사용해 판단하는 방법이 있고, 타입별 UDF 구현체를 지정하는 방법이 있다. 이 중 두 번째 방법이 더 깔끔하고 지저분한 타입 변환 코드가 없다는 장점이 있다.

입력 타입에 따라 서로 다른 UDF 구현체 사이에서 전환하려면 입력 타입과 입력 타입을 처리할 수 있는 UDF 구현체 사이의 매핑 리스트를 반환하는 getArgToFuncMapping 메서드를 오버라이드하면 된다. 이 함수를 정의하지 않으면 입력 타입과 상관없이 항상 원본 UDF가 사용된다. 이 예제의 경우 입력 타입이 문자열 형태일 때는 기존 UDF를 사용해 IP 주소를 처리하고, 숫자 형태일 때는 다른 UDF를 사용해 IP 주소를 처리하면 된다[8].

```
@Override
public List<FuncSpec> getArgToFuncMapping()
throws FrontendException {
  List<FuncSpec> funcList = new ArrayList<FuncSpec>();
  funcList.add(new FuncSpec(this.getClass().getName(),         ←── ❶
    new Schema(new Schema.FieldSchema(null, DataType.CHARARRAY))));
  funcList.add(new FuncSpec(PigLongGeolocationUDF.class.getName(),  ←── ❷
    new Schema(new Schema.FieldSchema(null, DataType.LONG))));
  return funcList;
}
```

---

[8] 깃허브 소스 — https://github.com/alexholmes/hadoop-book/blob/master/src/main/java/com/manning/hip/ch11/PigGeolocationUDF.java

❶ 현재 클래스에서는 chararray 또는 String에 해당하는 단일 필드가 들어 있는 튜플을 기대한다고 지정한다.
❷ 입력값이 Long을 포함하는 튜플일 때는 다른 EvalFunc 클래스인 PigLongGeolocationUDF를 지정한다.

그럼 String과 Long만 지원하는 getArgToFuncMapping에서 지원하지 않는 타입에 UDF를 사용하면 어떤 일이 생길까? 이 경우 명시적인 캐스팅을 사용하고 필드를 UDF에서 지원하는 타입으로 캐스팅해야 한다는 예외가 발생한다.

정리

로그 데이터의 위치를 가져오는 다른 방식도 있을까? 일반 맵리듀스 잡을 작성하고 피그에서 이를 직접 호출할 수도 있을 것이다. 하지만 이렇게 피그 함수를 작성하는 게 맵리듀스 코드보다 훨씬 더 간편하다.

여기서 사용한 지리 위치 데이터베이스는 크기가 약 1MB지만, 이 방식을 수백 메가바이트 이상의 매우 큰 데이터 파일에 사용한다면 전략에 대해 재검토하고 데이터를 HDFS로 옮긴 후 네이티브 조인을 수행하는 방법을 고려하는 게 좋다.

스트리밍

스트리밍은 피그에서 관계를 프로세스의 표준 입력으로 파이핑하고, 프로세스의 표준 출력으로부터 출력 관계를 수집하는 프로세스다. 스트리밍은 데이터 조작에 사용하려는 기존 애플리케이션이나 유틸리티가 있는 상황에서 매우 유용하다.

기법 71. 피그와 스크립트의 결합

이 기법에서는 외부 보안 시스템을 호출하는 기능을 시뮬레이션하는 간단한 파이썬 스크립트를 작성한다. 시뮬레이션에 사용할 보안 시스템에서는 IP 주소의 위험도를 나타내는 점수를 반환한다. 여기서는 이런 스크립트를 피그 파이프라인과 연동하는 방법을 살펴본다.

문제

기존 스크립트나 유틸리티와 피그를 연동하고 싶다.

해결책

STREAM THROUGH 연산자를 사용해 파이썬 코드로 피그 튜플을 스트리밍한다.

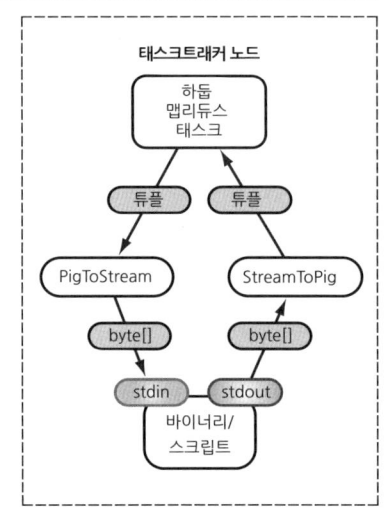

그림 11.7 맵리듀스와 연계한 피그의 스트리밍 흐름

문제 풀이

그림 11.7에서는 맵리듀스 컨텍스트에서 피그 스트림이 어떻게 진행되는지 보여준다. 피그에는 튜플을 바이트 형태로 마샬링하는 메서드를 정의하는 PigToStream 인터페이스와 그 반대 작업을 수행하는 StreamToPig가 있다. 기본적으로 피그는 두 작업을 모두 수행하는 PigStreaming 클래스를 제공하지만, 원한다면 커스텀 마샬링 클래스를 정의할 수도 있다.

피그 스트리밍이 좋은 점은 출력되는 내용을 완전히 제어할 수 있다는 점이다. UDF를 사용할 때는 필터링이나 평가만 수행할 수 있지만, 스트리밍에서는 두 작업을 모두 수행할 수 있다. 우리 예제에서는 입력 데이터와 함께 1부터 10등급으로 IP 주소 위험도를 출력하는 간단한 파이썬 스크립트를 작성한다.

```
import sys, random

for line in sys.stdin:
    fields = line.rstrip("\n\r")
    sys.stdout.write("%s,%s\n" % (fields, random.randint(1, 10)))
```

피그 스트림에서 튜플은 기본적으로 줄로 구분되며, 튜플 필드는 탭 문자로 구분된다. 이는 입력 값 및 출력값에 모두 적용된다. 튜플 필드 구분자는 입력 및 출력값의 PigStreaming 생성자에서 대체 구분자를 지정해 바꿀 수 있다. 이 예제에서는 입력 및 출력 구분자로 콤마 문자를 지정한다.

```
grunt> DEFINE cmd `python ip_security.py`
        INPUT(stdin using PigStreaming(','))
        OUTPUT(stdout using PigStreaming(','))
        SHIP('/tmp/ip_security.py');

grunt> ip_metadata = STREAM countries
                    THROUGH cmd
                    AS (remoteAddr: chararray,
                        statusCode: long,
                        count: long,
                        country: chararray,
                        severity: int);
```

이 스크립트는 맵리듀스 잡이 실행되는 동안 피그에서 호출할 수 있게 하둡 클러스터에 존재해야 한다. DEFINE 명령을 사용하면 피그의 autoship 메커니즘이 활성화되고, 로컬 호스트에서 클러스터 노드로 스크립트가 복사된다. DEFINE 명령에서 제공된 스크립트명 이외의 스크립트에 추가 의존성이 있다면 추가 파일명을 인자로 받고 이들 파일을 클러스터로 복사해주는 SHIP 옵션을 지정해야 한다. DEFINE을 사용하지 않는 경우 클러스터 호스트에서 스크립트를 사용할 수 있게 하는 작업을 직접 해줘야 한다.

정리
피그 스트리밍은 데이터를 조작할 수 있는 유용한 기법이다. 스트리밍을 활용하면 아무 프로그래밍 언어나 스크립트를 사용해 피그의 데이터와 상호작용할 수 있다.

조인
조인은 여러 관계를 결합할 수 있으므로 데이터 처리 파이프라인에서 가장 중요한 기능 중 하나다. 여기서는 피그의 조인 기능을 활용해 IP 주소를 과거에 의심스러운 IP 주소로 표기한 횟수에 대한 상세 정보가 담긴 취합 데이터셋과 조인한다.

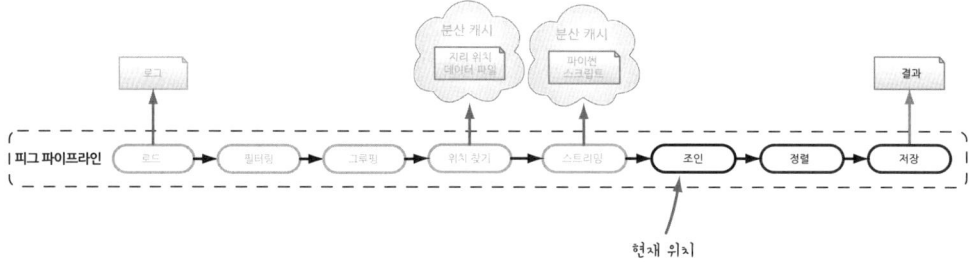

그림 11.8 피그 파이프라인에서의 현재 위치

작업을 시작하기 전에 피그 파이프라인에서의 현재 위치를 살펴보자. 현재 위치는 그림 11.8에서 볼 수 있다.

기법 72. 피그에서의 데이터 결합
이 기법에서는 여러 데이터 소스에서 데이터를 가져와 조인하는 법을 살펴본다.

문제
피그에서 데이터를 결합하는 법을 알고 싶다.

해결책

조인을 수행하기 위해 JOIN 연산자를 사용하고 전체 조인 및 아우터 조인을 수행하는 법을 배운다.

문제 풀이

여기서는 과거 악성 IP 주소로 분류된 횟수에 대한 통계 정보가 담긴 파일로부터 또 다른 관계를 로드한다.

```
grunt> fs -put test-data/ch11/bad-ip-history.txt .
grunt> bad_ips = LOAD 'bad-ip-history.txt'
                USING PigStorage(' ') AS
                (ip: chararray, bad_instances: int);

grunt> joined_ips = JOIN ip_metadata BY remoteAddr, bad_ips BY ip;

grunt> DESCRIBE joined_ips;
joined_ips: {
  ip_metadata::remoteAddr: chararray,
  ip_metadata::statusCode: long,
  ip_metadata::count: long,
  ip_metadata::country: chararray,
  ip_metadata::severity: int,
  bad_ips::ip: chararray,
  bad_ips::bad_instances: int
}
```

코드에서 볼 수 있듯 조인한 관계는 적절한 관계명을 사용해 각 필드를 한정한다.

정리

기본적으로 추가 명령어를 사용하지 않는 join 키워드는 내부 조인을 수행한다. 이 말은 두 관계에 모두 존재하는 IP 주소만 최종 결과 관계에 남는다는 뜻이다. 그럼 두 관계에 들어 있는 모든 IP 주소를 포함하려면 어떻게 해야 할까? 이런 조인을 풀 조인이라 부른다.

```
grunt> joined_ips = JOIN ip_metadata BY remoteAddr FULL, bad_ips BY ip;
```

또는 LEFT나 RIGHT 키워드를 사용해 일치하는 필드가 없는 경우에도 한 쪽의 관계를 항상 포함시킬 수도 있다.

```
grunt> joined_ips = JOIN logs BY remoteAddr LEFT, bad_ips BY ip;
grunt> joined_ips = JOIN logs BY remoteAddr RIGHT, bad_ips BY ip;
```

피그에서 조인을 수행하려면 특정 필드 인스턴스에 해당하는 모든 필드를 메모리에서 조인할 수 있어야 한다. 따라서 같은 필드에 수많은 엔트리가 있는 관계에서는 조인을 사용할 수 없다. 11.4절에서는 조인을 최적화하는 성능 팁을 제공한다.

피그에서는 JOIN 명령 끝에 USING 'replicated'를 첨부해 리파티션 맵사이드 조인을 지원한다. 또, 두 관계를 조인 키로 미리 정렬하는 병합 정렬도 지원한다[9].

정렬

피그는 필드가 스칼라 데이터 타입인 한 임의의 튜플 필드를 기준으로 한 관계 정렬을 지원한다. 피그는 숫자 데이터는 숫자 순으로, 문자열(chararray)은 사전 순으로, bytearray는 바이너리 데이터로 정렬한다.

기법 73. 튜플 정렬

각 IP 주소 및 HTTP 상태 코드 조합별로 로그 엔트리 개수 순으로 데이터를 정렬해보자.

문제
피그에서 데이터를 정렬하려고 한다.

해결책
ORDER BY 연산자를 사용해 튜플을 정렬한다.

문제 풀이
관계는 ORDER ... BY 연산자를 사용해 정렬할 수 있다. 오름차순으로 URL 경로를 정렬하려면 다음과 같이 하면 된다.

```
grunt> sorted_ips = ORDER joined_ips BY count DESC;
```

---

9 http://wiki.apache.org/pig/PigMergeJoin 참고

정리

피그에서 정렬을 사용할 때는 주의할 점이 있다. 피그는 일반 맵리듀스 패턴에서 벗어나며 한 개의 리듀서가 맵 키에 대한 모든 맵 값을 받는다는 보장이 없다. 피그에서는 전체 맵 출력값과 전체 리듀서의 균형을 맞춤으로써 리듀스 단계를 최적화하려고 시도하므로 여러 리듀서 출력 파일에서 키가 존재할 수 있다. 이는 단일 파일에서 키를 보관한다고 가정하는 다운스트림 맵리듀스 코드를 사용하는 상황에서는 안 좋은 소식일 수밖에 없다.

또 한 가지 주의 사항은 같은 정렬 값을 가진 튜플의 순서가 비결정적이라는 점이다. 예를 들어, HTTP 상태 코드로 정렬하고, 여러 개의 로그 엔트리에 같은 상태 코드가 들어 있더라도 결과 튜플에서의 정렬 순서는 여러 차례 실행할 때마다 달라질 수 있다.

정렬은 우리 파이프라인의 끝에서 두 번째 항목이다. 이제 마지막으로 HDFS에 결과를 저장해보자.

데이터 저장

피그로 데이터를 로드하고 데이터에 대한 재미있는 작업을 수행한 후에는 결과를 저장하고 싶을 것이다. 여기서는 피그에서 기본으로 제공하는 저장 기능을 사용하는 법과 커스텀 저장 함수를 작성하는 법을 살펴본다.

기법 74. 시퀀스파일로의 데이터 저장

피그 출력값을 시퀀스파일로 저장하려면 어떻게 해야 할까? 이와 같이 시퀀스파일로 저장하는 이유 중 하나는 시퀀스파일의 바이너리 데이터 형식 및 선택적 압축 덕분에 출력값의 크기를 훨씬 더 줄일 수 있기 때문이다.

문제

피그에는 이미 시퀀스파일을 읽을 수 있는 피기뱅크의 SequenceFileLoader인 LoadFunc가 있다. 하지만 StoreFunc는 제공하지 않는다. 따라서 하둡에 시퀀스파일을 쓸 수 있는 내장 기능을 찾는 사용자로서는 아쉬울 수밖에 없다.

해결책

HDFS에 시퀀스파일 형태로 튜플을 쓰는 데 사용할 StoreFunc를 작성한다. 이 기법에서는 이렇게 저장한 시퀀스파일을 다시 피그로 로드하는 법도 살펴본다.

문제 풀이

시퀀스파일은 3장에서 자세히 다룬 바 있다. 시퀀스파일은 기본적으로 키/값 기반의 바이너리 직렬화 파일 형식이며, 내부적으로 레코드나 블록을 압축하고 여러 입력 값 분할로 입력값을 분할할 수 있다. 시퀀스파일의 키 및 값 타입은 주로 Writable 인스턴스다. 여기서는 로그 피그 튜플을 시퀀스파일에 쓰려고 하고, 각 튜플에는 여러 필드가 있으므로 작업이 까다롭다. 하둡에서 제공하는 유일한 내장 Writable 배열 타입은 ArrayWritable로, Writable 타입을 한 개만 저장할 수 있으므로 우리처럼 다양한 타입을 가진 튜플을 저장하는 데는 부적합하다. 다행히 피그에서는 모든 튜플이 Writable 클래스이므로 DefaultTuple 클래스를 사용해 튜플 및 필드를 시퀀스파일로 읽고 쓰는 작업을 처리할 수 있다.

그럼 데이터를 시퀀스파일로 쓸 수 있는 커스텀 피그 StoreFunc를 구현해보자. 그러려면 먼저 StoreFunc 클래스를 상속해야 한다. 이 클래스에서는 사용자가 압축을 사용할지 여부와 압축 코덱을 지정할 수 있게끔 이들 정보를 인자로 받는 생성자를 제공한다. 코드는 아래 예제에서 볼 수 있다[10].

하둡의 시퀀스파일 형식을 사용해 출력값을 쓰는 피그 StoreFunc

```
public class SequenceFileTupleStoreFunc extends StoreFunc {

  protected RecordWriter writer;

  private final String compressionType;  ❶

  private final String compressionCodecClass;   ← 시퀀스파일에서 사용할 선택 압축 코덱

  public SequenceFileTupleStoreFunc() {
    this(null, null);
  }
                                                ← 압축 타입과 코덱을 인자로 받는 생성자
  public SequenceFileTupleStoreFunc(String compressionType,
                                     String compressionCodecClass) {
    this.compressionType = compressionType;
    this.compressionCodecClass = compressionCodecClass;
  }
```

---

10 깃허브 소스 — https://github.com/alexholmes/hadoop-book/blob/master/src/main/java/com/manning/hip/ch11/SequenceFileTuplestoreFunc.java

```java
    @Override
    public OutputFormat getOutputFormat() throws IOException {    ← ❷
        return new SequenceFileOutputFormat();
    }

    @Override
    public void setStoreLocation(String location, Job job)
            throws IOException {                    잡이 시작되기 전에 한 번만 호출하는 초기화 함수다.

        job.setOutputKeyClass(NullWritable.class); ❸

        job.setOutputValueClass(DefaultTuple.class);
                                            SequenceFile의 타입을 DefaultTuple로 설정한다.
        if (compressionType != null && compressionCodecClass != null) {
            Class<? extends CompressionCodec> codecClass =
                FileOutputFormat.getOutputCompressorClass(job,
                    DefaultCodec.class);
            SequenceFileOutputFormat.
                setOutputCompressorClass(job, codecClass);
                                            시퀀스파일의 압축 코덱을 설정한다.
            SequenceFileOutputFormat.setOutputCompressionType(job,
                SequenceFile.CompressionType.valueOf(compressionType));
                                            시퀀스파일의 압축 타입을 설정한다.
        }
        FileOutputFormat.setOutputPath(job, new Path(location));
    }
```

❶ 시퀀스파일의 선택 압축 타입을 저장한다. 이 값은 NULL 또는 SequenceFile.CompressionType (NONE, RECORD, BLOCK) 중 하나가 될 수 있다. 자세한 내용은 3장에서 다룬다.

❷ 피그 StoreFunc는 하둡과 밀접하게 연동돼 있다. 따라서 직렬화를 할 때 하둡의 OutputFormat을 사용한다. 여기서는 SequenceFile 출력 형식을 사용한다고 지정한다.

❸ NullWritable을 SequenceFile 키로 쓴다고 지정한다. 이렇게 하는 이유는 이 값이 전체 튜플을 포함하기 때문이다.

SequenceFileOutputFormat을 생성할 때는 시퀀스파일 키와 값 타입을 지정해야 한다. 타입은 기본 생성자가 있는 구현 클래스이어야 하므로 Tuple 인터페이스는 타입으로 지정할 수 없다. 여기서는 구체적인 튜플 클래스를 사전에 알지 못하므로 값 타입을 DefaultTuple로 지정하고, 개별 레코드를 시퀀스파일로 쓸 때 관계 튜플과 DefaultTuple을 서로 변환해야 한다.

그럼 새로 작성한 StoreFunc를 사용해 출력값을 쓰는 법을 살펴보자.

```
grunt> fs -rmr seqfile-output;

grunt> STORE sorted_ips
       INTO 'seqfile-output'
       USING com.manning.hip.ch11.SequenceFileTupleStoreFunc('BLOCK',
       'org.apache.hadoop.io.compress.DefaultCodec');
```

SequenceFileTupleStoreFunc 생성자에서는 gzip 기본 생성자 코덱을 사용해 블록 기반의 압축을 사용한다고 지정한다. 이로써 시퀀스파일로 쓰는 작업은 모두 마쳤다. 그런데 이 시퀀스파일을 다시 읽어오려면 어떻게 해야 할까?

아쉽지만 피기뱅크의 시퀀스파일 LoadFunc에서는 단순 내장 Writable 타입만 지원하고, 우리가 사용하는 DefaultTuple 타입에 해당하는 값은 지원하지 않는다. 따라서 여기서는 커스텀 LoadFunc를 작성해야 한다. 여기서는 코드를 수록하지 않았지만 코드는 깃허브에서 내려받을 수 있다. DefaultTuple에서는 필드명에 대한 정보를 전혀 보관하지 않으므로 데이터를 로드할 때는 필드명을 지정해야 한다.

```
grunt> logs2 = LOAD 'seqfile-output/part-*'
              USING com.manning.hip.ch11.SequenceFileTupleLoader()
              AS (remoteAddr: chararray,
                  statusCode: long,
                  count: long, country:
                  chararray, severity: int,
                  ip: chararray,
                  bad_instances: int);

grunt> dump logs2;
(242.0.22.2,404,4,,8,242.0.22.2,43)
(212.76.137.2,404,2,Russian Federation,10,212.76.137.2,5)
(212.76.137.2,404,2,Russian Federation,10,212.76.137.2,8)
(74.125.113.104,404,2,United States,3,74.125.113.104,4)
(242.0.22.2,500,1,,3,242.0.22.2,43)
(89.151.85.133,404,1,United Kingdom,5,89.151.85.133,34)
```

정리

시퀀스파일은 사용하기 쉽고 압축된 바이너리 파일 형식을 제공하므로 여기서는 데이터를 저장하는 데 시퀀스파일을 사용했다. 데이터를 처리할 때뿐 아니라 데이터를 저장하는 방식을 결정할 때도 효율성이 중요하다. 이 기법에서는 컴팩트한 데이터 저장소를 사용해 데이터를 저장하는 예를 보여줬다.

또, 다른 컴팩트 데이터 형식으로 애브로를 사용할 수도 있다. 피기뱅크에서는 이때 사용할 수 있는 AvroStorage를 제공한다. 하지만 이 절에서는 피그 생태계에서 부족한 점을 메우고, 동시에 커스텀 StoreFunc를 작성하는 법을 보여주기 위해 이와 같은 형식을 사용했다.

이 절에서는 계산을 마친 유용한 데이터를 저장할 수 있는 다양한 방식을 다뤘다. 물론 데이터를 텍스트로 저장하면 작업이 쉽지만, 대개 저장소를 가장 효과적으로 사용하는 것과는 거리가 멀다. 여기서는 이와 같이 소중한 저장 공간을 좀 더 효율적으로 사용하는 데 집중했다.

이로써 전체 피그 데이터 파이프라인을 모두 살펴봤다. 이쯤에서 독자들은 피그에서 작업한 프로세스를 능률화하려면 어떻게 할지 궁금할 것이다.

11.3 피그에서의 사용자 작업 흐름 최적화

피그에서 대용량 데이터셋을 처리하다보면 다음과 같은 상황이 자주 발생한다. 즉, 다양한 데이터 흐름 명령을 쓰고, store나 dump를 실행하고, 데이터 파이프라인이 실행되고 평가할 수 있는 결과를 생성할 때까지 오랜 시간 기다려야 하는 상황이 생긴다. 이때 로직을 수정하고 난 후 다시 처음으로 돌아가 전체 프로세스를 반복하는 일도 자주 생긴다. 이런 프로세스는 효율적이지 않다.

아울러 이와 같은 시나리오를 접하다 보면 좀 더 빠르게 대용량 데이터셋의 피그라틴 처리를 반복할 수 있는 방법이 궁금해지기 마련이다.

기법 75. 빠르게 빅 데이터를 처리하기 위한 4단계 프로세스

여기서는 대용량 데이터셋을 좀 더 효과적으로 처리하는 데 도움되는 피그의 네 가지 키워드를 다룬다.

문제

대용량 데이터셋을 처리하다 보면 결과가 생성될 때까지 기다리는 동안 작업 흐름에 긴 공백이 생긴다.

해결책

LIMIT, SAMPLE, ILLUSTRATE 연산자를 활용하는 법을 배우면 피그의 작업 흐름을 개선할 수 있다. 이 기법에서는 EXPLAIN 연산자의 활용법과 피그가 맵리듀스에서 파이프라인을 어떻게 실행하는지 이해하기 위해 이를 해석하는 법도 살펴본다.

해결 과정

여기서 다룰 피그의 네 가지 연산자는 다음과 같다.

- LIMIT: 튜플의 개수를 고정 크기의 결과로 줄인다.
- SAMPLE: 관계에서 임의로 고른 튜플을 선택한다.
- EXPLAIN: 비효율성을 찾아내기 위해 실행 계획을 평가한다.
- ILLUSTRATE: 특정 데이터 흐름에서 각 명령의 결과를 보여준다.

DESCRIBE는 관계에 대한 스키마 정보를 제공해주므로 데이터 파이프라인을 이해하는 데 도움이 되는 또 다른 유용한 툴이다. 이 장에서는 관계 스키마를 설명하기 위해 이 명령을 계속해서 사용한 바 있다.

첫 번째로 살펴볼 연산자는 LIMIT 연산자다.

LIMIT

LIMIT 연산자를 사용하면 관계의 크기를 좀 더 관리하기 쉬운 크기로 줄일 수 있다. 이 기능은 피그에서 새로운 데이터 파이프라인을 개발하고 데이터를 좀 더 빠르게 처리하고 싶을 때 도움된다.

우선 아래의 연속 피그라틴 명령부터 시작해보자.

```
grunt> fs -put test-data/ch10/logs-simple-large.txt .
grunt> logs = LOAD 'logs-simple-large.txt' AS (ip, date, status);
grunt> status_group = GROUP logs BY status;
grunt> status_counts = FOREACH status_group
                       GENERATE group, COUNT(logs);
grunt> STORE status_counts INTO 'status-counts.txt';
```

테스트를 위해 이 파이프라인의 전체 실행 시간을 줄이려면 파이프라인에서 가능한 한 빠른 시점에 LIMIT을 집어넣어야 한다. 다음 코드는 수정된 파이프라인을 보여준다.

```
grunt> logs = LOAD 'logs-simple-large.txt' AS (ip, date, status);
grunt> limited_logs = LIMIT logs 10;
```

```
grunt> status_group = GROUP limited_logs BY status;
grunt> status_counts = FOREACH status_group
                       GENERATE group, COUNT(limited_logs);
grunt> STORE status_counts INTO 'status-counts.txt';
```

여기서는 LOAD 직후에 LIMIT을 적용해 파이프라인을 통해 전달하는 데이터셋의 크기를 줄였다는 점에 주목하자.

SAMPLE

SAMPLE 연산자는 관계 튜플의 서브셋을 임의로 선택한다. 이때 샘플 관계에서 원하는 레코드의 퍼센트를 지정해야 한다.

```
grunt> logs = LOAD 'logs-simple-large.txt' AS (ip, date, status);
grunt> sampled_logs = SAMPLE logs 0.15;
...
```

샘플링할 양은 관계 내 전체 튜플 개수 중 0과 1사이의 퍼센트로 지정한다. 예제 코드에서는 단 15퍼센트만 추출하고 있다.

사용할 수 있는 또 다른 옵션으로 RandomSampleLoader가 있다. RandomSampleLoader는 실제 피그 로더를 캡슐화하고 임베디드 로더에서 튜플을 생성함에 따라 샘플링 기능을 제공한다. 다음 예제 코드는 RandomSampleLoader를 사용하는 법을 보여준다.

```
grunt> logs = LOAD 'logs-simple-large.txt'
             USING RandomSampleLoader('PigStorage', '50')
             AS (ip, date, status);
```

RandomSampleLoader의 첫 번째 인자는 피그 LoadFunc의 클래스명이고, 두 번째 인자는 랜덤으로 추출할 튜플의 개수다.

ILLUSTRATE

LIMIT과 SAMPLE에서는 데이터 파이프라인과 이들 연산자로 인해 걸러지는 데이터에 따라 특정 파이프를 통과하는 데이터가 생기지 않을 수도 있다는 문제가 있다. ILLUSTRATE 연산자는 실제로 파이프라인을 검사하고 데이터가 각 파이프를 통과하게끔 데이터를 생성한다. 이 메커니즘은 실제 데이터를 대상으로 실행하기 전에 작은 데이터셋만으로 전체 파이프라인을 실행할 수 있는 유용한 메커니즘이다.

이 예제에서는 덤프 출력값에서 볼 수 있듯 입력 데이터에서 HTTP 상태 코드가 400인 로그가 전혀 없다. 하지만 ILLUSTRATE를 사용하면 해당 데이터 파이프용 데이터가 생성된다.

```
grunt> logs = LOAD 'logs-simple-large.txt' AS (ip, date, status);
grunt> bad_request = filter logs by status == 400;
grunt> dump bad_request;

Input(s):
Successfully read 200 records (5867 bytes) from: "hdfs://..."

Output(s):
Successfully stored 0 records in: "hdfs://..."

grunt> illustrate bad_request;
-----------------------------------------------------------------
| logs    | ip: bytearray | date: bytearray | status: bytearray |
-----------------------------------------------------------------
|         | 127.0.0.1     | 10/Apr/2007     | 400               |
|         | 127.0.0.1     | 10/Apr/2007     | 404               |
-----------------------------------------------------------------

------------------------------------------------------------------------
| bad_request | ip: bytearray | date: bytearray | status: bytearray |
------------------------------------------------------------------------
|             | 127.0.0.1     | 10/Apr/2007     | 400               |
------------------------------------------------------------------------
```

Illustrate는 실제로 입력 파일로부터 작은 데이터 서브셋을 샘플링한 후 각 관계가 최소한 개의 튜플을 받게끔 데이터 파이프라인을 통과함에 따라 데이터를 조작한다.

ILLUSTRATE가 제대로 동작하려면 관계 필드명을 제공해야 하지만, 필드에 대한 타입 상세 정보는 필요 없다.

EXPLAIN

Explain은 데이터 파이프라인에 대한 피그의 실행 계획에 관한 혜안을 제시해준다. explain의 출력값에는 논리적 계획(파이프라인과 파이프라인에 적용된 연산자 순서를 보여줌), 물리적 계획(데이터 소스 및 싱크 맥락에서 계획을 보여줌), 맵리듀스 계획(맵리듀스 내 어느 곳에서 연산자가 적용되는지 보여줌)에 해당하는 세 영역이 있다.

Explain은 데이터 파이프라인의 효율성을 가늠할 수 있는 훌륭한 자료가 된다. 기법 69에서는 explain을 사용해 취합 함수가 대수 함수인지 여부를 판단하는 예제를 살펴본 바 있다.

explain 명령의 출력값은 금세 길어지기 쉬운 만큼 여기서는 단순 로드 및 필터 시퀀스를 토대로 explain 명령의 출력값을 이해한다.

```
grunt> logs = LOAD 'logs-simple-large.txt' AS (ip, date, status);
grunt> not_found = filter logs by status == 404;
grunt> explain not_found;
```

첫 번째 정보는 explain 계획에서 논리적 계획을 제공함을 보여준다. 논리적 계획은 연산, 각 연산의 입력 및 출력 타입, 연산을 하는 데 필요한 타입 변환에 집중한다. 계획 레이아웃에서는 상단에 최종 결과가 있고, 맨 하단 노드에 시작점이 있다.

```
#-----------------------------------------
# Logical Plan:
#-----------------------------------------
fake: Store 1-186 Schema: {ip: bytearray,date: bytearray,
                           status: bytearray} Type: Unknown
|
|---not_found: Filter 1-185 Schema: {ip: bytearray,     ←── ❶
            date: bytearray, status: bytearray} Type: bag


    | |
    | Equal 1-184 FieldSchema: boolean Type: boolean
    | |
    | |---Const 1-183( 404 ) FieldSchema: int Type: int   ←── ❷
    | |
    | |---Cast 1-187 FieldSchema: int Type: int   ←── ❸
    |   |
    |   |---Project 1-182 Projections: [2]   ←── ❹
    |         Overloaded: false FieldSchema: status: bytearray
    |          Type: bytearray
    |         Input: logs: Load 1-177
    |
    |---logs: Load 1-177 Schema: {ip: bytearray,   ←── ❺
date: bytearray, status: bytearray} Type: bag
```

❶ 관계명 not_found를 정의하고 이어서 관계를 생성한 함수 FILTER, 그다음 not_found 관계의 스키마 정의를 정의한다. 자식 노드는 입력 값인 logs 관계와 필터를 수행하기 위해 실행하는 equals 연산자다.

❷ 피그에서는 logs::status 필드와 비교할 상수 필드를 정의한다. 이 경우 이 상수 필드는 정수 404다.

❸ logs 관계에서 status 필드는 equals 함수의 다른 피연산자와 같은 타입(정수)이 아니다. 이 캐스팅 연산을 수행해 비교하기 전 로그 상태 필드를 bytearray에서 정수로 변환한다.

❹ 비교를 위해 logs 관계에서 상태 필드를 투영한다. 필드의 타입, 이름, 소스를 식별한다.

❺ load 명령의 결과인 로그의 관계 스키마를 정의한다. 필드, 타입 미지정 필드의 기본 피그 타입이 bytearray인 것을 볼 수 있다. 트리를 따라 부모로 올라가면 이 노드가 not_found 관계의 입력 값(FILTER 연산을 통한)임을 알 수 있다.

다음으로 연산자를 위한 입력 및 출력 데이터 소스 관점에서 파이프라인 실행을 바라보는 물리적 계획을 살펴보자. 논리적 계획과 마찬가지로 이때도 아래에서부터 읽는다.

```
#----------------------------------------
# Physical Plan:
#----------------------------------------
not_found: Store(fakefile:org.apache.pig.builtin.PigStorage)
|
|---not_found: Filter[bag] - scope-17
    |   |
    |   Equal To[boolean] - scope-21
    |   |
    |   |---Cast[int] - scope-19
    |   |   |
    |   |   |---Project[bytearray][2] - scope-18
    |   |
    |   |---Constant(404) - scope-20
    |
    |---logs: Load(          ←——— ❶
            hdfs://localhost/user/aholmes/logs-simple-large.txt
            :org.apache.pig.builtin.PigStorage) - scope-16
```

❶ LOAD 연산자에서 사용하는 HDFS에 있는 데이터 소스를 나타낸다.

끝으로 맵리듀스 explain 계획은 데이터 파이프라인을 위해 실행되는 다양한 맵리듀스 잡을 보여주고, 각 작업이 여러 맵, 결합, 리듀스 단계에서 어떻게 분산되는지 보여준다. 우리 예제의 피그 데이터 흐름에서는 맵 단계만 사용하는 한 개의 맵리듀스 잡만 있다.

```
#----------------------------------------
# Map Reduce Plan
#----------------------------------------
MapReduce node scope-23
Map Plan
```

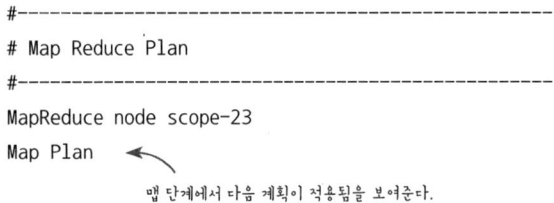

맵 단계에서 다음 계획이 적용됨을 보여준다.

```
            not_found: Store(fakefile:org.apache.pig.builtin.PigStorage)
            |
            |---not_found: Filter[bag] - scope-17          ← 맵 단계에서 실행되는 filter 연산자
                 |    |
                 |    Equal To[boolean] - scope-21
                 |    |
                 |    |---Cast[int] - scope-19
                 |    |    |
                 |    |    |---Project[bytearray][2] - scope-18
                 |    |
                 |    |---Constant(404) - scope-20
                 |                     마찬가지로 맵 단계에서 실행되는 load 연산자
                 |---logs: Load(   ←
                          hdfs://localhost/user/aholmes/logs-simple-large.txt:
                          org.apache.pig.builtin.PigStorage) - scope-16--------
Global sort: false
----------------
```

-dot 옵션과 함께 explain을 실행하면 물리적 계획과 맵리듀스 계획이 DOT 형식으로 출력된다. DOT 파일(http://en.wikipedia.org/wiki/ DOT_language)은 이클립스 공개 라이선스(http://www.graphviz.org/)를 통해 제공되는 그래픽 시각화 소프트웨어인 그래피브(Graphiv)를 이용해 이미지로 읽고 저장할 수 있다. 그림 11.9는 맵리듀스 explain 출력값을 그래피브에서 저장한 이미지다.

정리

이 기법에서 살펴본 네 개의 연산자는 작업 흐름의 속도를 개선하는 데 활용할 수 있는 유용한 툴이다. 좀 더 강력하고 반복적인 테스트를 원한다면 피그 단위 테스트 프레임워크인 피그유닛(PigUnit)을 살펴볼 것을 권장한다. 피그유닛에 대한 자세한 설명은 http://pig.apache.org/docs/r0.9.1/test.html#pigunit에서 볼 수 있다.

이제 필요한 기능을 수행하는 데이터 파이프라인을 갖췄으니 데이터 흐름의 실행 시간을 줄이는 데 도움되는 피그의 성능 측면에 집중해보자.

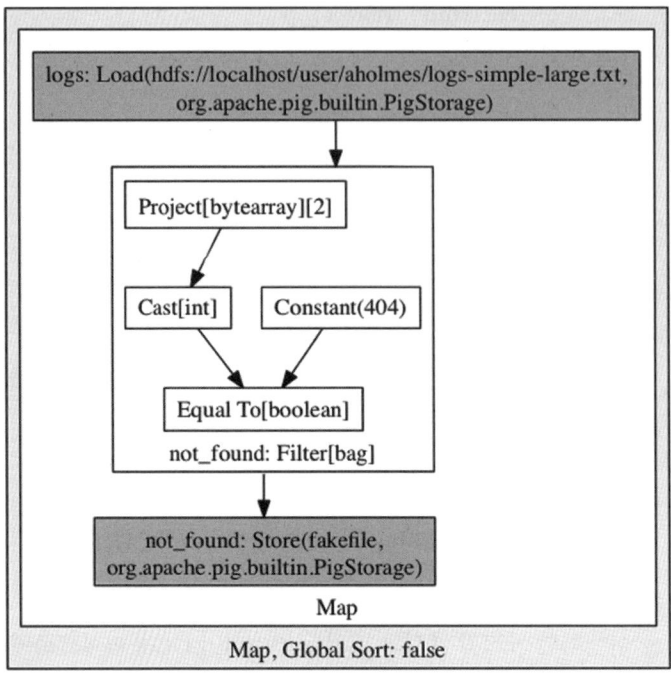

그림 11.9 맵리듀스 explain 계획의 그래픽 이미지

11.4 성능

컴퓨터 사이언스에서는 조급한 최적화를 삼가라고 가르친다. 효율적인 것과 비효율적인 것에 대한 가정이 잘못된 경우가 허다하기 때문이다. 빅 데이터에서 효율성과 성능은 작업 및 사고 프로세스에서 핵심적인 부분을 차지한다. 같은 코드를 수십억 개의 레코드를 대상으로 실행하면 최적화되지 않은 아주 사소한 코드 때문에 큰 차이가 생길 수 있다. 직접적이든 간접적이든(예를 들어 String.split을 사용하는 등) 정규식을 사용하는 경우를 예로 들면 겉으로 보기에는 그럴듯해 보이지만 실제로 대용량 데이터셋에 적용하면 성능에 상당한 부정적 영향을 준다. 이 장에서 앞서 살펴본 로그 파일 LoadFunc에서 정규식을 사용하지 않은 것도 이런 연유에서다(대부분의 로그 파일 LoadFunc에서는 정규식을 비일비재하게 사용한다).

이와 같이 맵리듀스와 피그에는 맵리듀스 잡의 실행 시간을 줄이는 데 확실한 도움을 주는 특정 데이터 및 네트워크 패턴이 존재한다.

기법 76. 피그 최적화

피그 잡(job)을 빠르게 실행하는 데 도움을 주는 데이터 및 네트워크 성능 패턴을 몇 가지 살펴보자.

문제
대용량 데이터셋을 다룰 때 종종 예상보다 잡 실행에 오랜 시간이 걸릴 때가 있다.

해결책
필터링, 리듀서 병렬화, 샘플링, 다른 패턴을 활용해 피그 및 하둡 클러스터로부터 최고의 성능을 이끌어낸다.

문제 풀이
이번 해결책은 피그에서 작업할 때 염두에 둬야 하는 작은 레시피들로 이뤄진다.

필터, 필터, 필터

맵리듀스의 핵심 패턴 중 하나는 더 이상 필요가 없을 때 바로 데이터를 버리는 것이다. 이런 사례는 입력 데이터를 줄이고 리듀서로 서브셋만 내보내는 맵에서 볼 수 있다. 피그에서도 FILTER 연산자를 사용해 처리할 데이터를 줄이면 이와 같은 효과를 누릴 수 있다.

데이터 파이프라인에서 가능한 한 빨리 FILTER를 적용한다. 기왕이면 LOAD를 실행한 후 바로 적용하는 게 가장 좋다. 다음 예제는 루프백 주소에서 로그를 제거하는 법을 보여준다.

```
logs = LOAD 'apachelog.txt' USING LogLoader;
A = filter logs by (remoteAddr != '127.0.0.1');
```

이 패턴을 활용할 만한 또 다른 사례로는 조인 최적화가 있다. NULL 필드를 처리하는 조인은 불필요한 데이터까지 처리하므로 시간 낭비다. 이때는 필터 패턴을 사용해 조인을 수행하기 전에 NULL 필드가 들어 있는 튜플을 버리는 게 좋다.

```
logs = LOAD 'apachelog.txt' USING LogLoader;
A = filter logs by remoteLogname is not null;
C = join A by remoteLogname, Users by name;
```

샘플링 및 제한

데이터 샘플을 대상으로 작업을 수행하고 싶은 경우 RandomSampleLoader를 사용해 파일의 랜덤 서브셋만 로드할 수 있다. 또, LIMIT 키워드를 사용하면 다음과 같이 관계에서의 튜플 개수를 줄일 수 있다.

```
logs = LOAD 'apachelog.txt' USING LogLoader;
A = LIMIT logs 1000;
```

대수 및 누적 UDF

UDF가 GROUP 연산의 결과인 관계에 대해 작업을 수행하는 취합 함수라면 함수를 대수 및/또는 누적 함수로 정의할 것을 강력히 권장한다. 기본적으로 이렇게 하지 않을 경우 아울러 그룹 튜플이 크다면 데이터를 처리할 때 디스크로 데이터를 쓰는 데 많은 연산 부담이 든다. 이런 상황을 피하려면 Algebraic/Accumulative 인터페이스를 구현해 맵과 리듀스 단계 사이에서 전송되는 데이터를 줄일 수 있다(대수 함수일 때). 아울러 그룹핑된 데이터의 일부 서브셋에 대해서만 작업할 수 있다(누적 함수일 때).

연산 병합

여러 명령을 한 개의 명령으로 병합하면 명령을 실행하는 데 한 개의 맵리듀스 잡만 실행하게 하는 데 도움이 된다.

복제 조인 및 스큐 조인

피그에서 조인하려면 리듀서가 왼쪽에 있는 관계 튜플을 메모리로 로드하고, 각 왼쪽 관계를 오른쪽 관계와 결합해 조인 관계를 생성해야 한다. 이는 메모리에 많은 부담을 준다. 조인에 사용할 튜플이 한 관계에서 다른 관계보다 더 많다는 사실을 알고 있다면 이를 오른쪽 관계로 사용하는 게 좋다.

    피그에는 관계 중 하나가 메모리에 들어갈 수 있는 경우 전체 관계를 로드하고 맵 단계에서 조인을 수행하는 복제 조인 개념이 있다. 관계 필드명 다음에 USING 'replicated'를 추가하면 이 기능을 활성화할 수 있다.

    스큐(skew) 조인은 파티셔닝된 기본 맵리듀스 키가 대부분의 튜플을 일부 리듀서에게 배포하고 있을 때 유용하게 활용할 수 있다. 스큐 조인은 일부 키 샘플링을 통해 전체 리듀서 사이에서 좀 더 고른 키 분산을 미리 결정한다. 관계 필드명 다음에 USING 'skewed'를 추가하면 이 기능을 활성화할 수 있다.

다중 리듀서

일부 연산자는 맵리듀스에서 다중 리듀서를 사용해 실행할 수 있으며, 이와 같은 리듀서의 병렬화를 제어하는 법을 이해하고 어떤 연산자가 이에 해당하는지 알아두면 성능에 큰 도움이 된다.

피그에는 맵 및 리듀스 단계를 거치는 연산자[11]가 여러 개 있다. 이런 경우 리듀스 단계를 병렬화할 수 있다는 사실을 알아두는 게 도움이 된다. 이렇게 하지 않으면 리듀서가 단일 리듀스 태스크에서 순차적으로 실행되므로 느릴 수밖에 없다. 피그는 다음과 같은 우선순위로 각 연산자에 사용할 리듀서의 개수를 결정한다.

1. 연산자를 수식하는 PARALLEL 키워드. 예를 들어, 50개의 리듀서를 사용해 group 연산자를 실행하려면 다음과 같이 하면 된다.

    ```
    grunt> A = load 'mydata' using PigStorage() as (a, b, c);
    grunt> B = group A by a PARALLEL 50;
    ```

2. 세션의 default_parallel 설정. 이 설정은 병렬화를 지원하는 모든 연산자에 기본으로 적용할 기본 병렬화가 있는 상황에서 도움이 된다. 예컨대 이 설정 값을 50으로 설정하려면 다음과 같이 하면 된다.

    ```
    grunt> set default_parallel 50;
    ```

3. mapred-site.xml에서의 mapred.reduce.tasks 값. 하둡에서 맵리듀스에 사용할 리듀서 개수의 전역 설정이다. 이 값은 거의 항상 mapred-default.xml에서의 기본값인 1보다 크게 설정해야 한다.

피그에서 리듀서를 사용하는 연산자는 다음과 같다.

- COGROUP
- CROSS
- DISTINCT
- GROUP
- JOIN (이너 및 아우터 조인)
- ORDER ... BY

---

11 http://pig.apache.org/docs/r0.9.1/perf.html#parallel 참고.

정리

지금까지 데이터 파이프라인을 최적화하는 데 도움되는 접근 방식을 정리했다. 다른 성능 최적화와 마찬가지로 이때도 최적화로 인해 실제로 결과가 효율적으로 개선됐다는 사실을 스스로 증명할 수 있어야 한다.

11.5 정리

피그는 프로그래머, 데이터 분석가, 데이터 사이언티스가 활용하기에 더없이 유용한 툴이다. 피그는 맵리듀스 기반 위에서 고수준 추상화를 제공하며, 커스텀 함수 및/또는 성능 개선이 필요할 경우 언제든 자바 또는 더 하위 레이어인 맵리듀스 레이어를 통한 유연한 처리를 지원한다.

이 장에서는 데이터 로딩, 조작, 저장과 관련한 다양한 기법을 살펴봤다.

- 다운스트림 데이터 처리를 단순화하기 위한 아파치 웹 서버 로그 파일 로더 작성법
- 로그에서 기본적인 데이터 분석 정보를 마이닝하기 위한 데이터 취합 및 관계 데이터 조작 기법
- 풍부한 스키마를 갖춘 시퀀스파일 형태의 데이터 저장법
- 작업 흐름의 효율을 최적화하기 위한 사용자 작업 흐름 개선 팁
- 파이프라인 실행 시간을 줄여줄 수 있는 실전 성능 팁

이제 독자들은 무서울 게 없는 피그 전문가가 됐으며, 피그 기술을 활용해 얼마든지 빅 데이터 문제를 공략할 수 있을 것이다!

크런치 및 그 외 기술 12

이 장에서 다루는 내용
- 크런치의 기본
- 크런치를 활용한 데이터 분석
- 크런치와 캐스케이딩의 비교

지금까지 고수준 맵리듀스 추상화 기술인 피그와 하이브를 살펴봤다. 마지막으로 살펴볼 맵리듀스 추상화 기술은 크런치(Crunch)다. 크런치는 맵리듀스 잡(job)을 쉽게 쓰고 실행할 수 있게 해주는 자바 라이브러리다. 피그와 마찬가지로 크런치도 파이프라인 기반의 프레임워크지만, 자바 라이브러리이므로 피그보다 훨씬 더 높은 수준의 유연성을 제공한다.

크런치는 맵/리듀스 함수나 Writable 같은 맵리듀스 구조체를 사용하지 않고도 자바에서 맵리듀스 파이프라인을 모델링할 수 있다는 점에서 큰 장점이 있다. 크런치는 UDF를 쓰려고 할 때 자체 데이터 타입을 강요하는 피그나 하이브와 달리 프레임워크와 연동하는 프로그래머에게 자체 타입 시스템을 강요하지 않는 장점도 있다. 이 말은 프로그래머가 맵리듀스 및 피그/하이브 개념과 씨름하는 데 시간을 덜 쓰고 대신 실제 문제를 해결하는 데 집중할 수 있다는 뜻이다. 크런치는 캐스케이딩과 여러 공통점이 있는데, 캐스케이딩은 이 장의 끝에서 간단히 살펴본다.

크런치가 맵리듀스 분야에서 새롭게 등장한 기술인 만큼 여기서는 실제 기술을 살펴보기 전에 기본적인 크런치 개념부터 잠시 소개한다. 실전 기술에서는 크런치를 활용해 로그 파일에서 인기 있는 URL을 찾는 법과 로그를 사용자 데이터셋과 조인하는 것과 같은 고급 크런치 사용 사례도 살펴본다.

12.1 크런치란?

이 절에서는 크런치의 역사를 짧게 소개하고, 이어서 크런치의 기본 정보를 소개한다. 기본 정보를 다룬 후에는 크런치를 활용해 문자열을 토큰화하는 간단한 예제를 살펴본다.

배경 및 개념

크런치는 구글이 맵리듀스 처리를 위한 데이터 파이프라인 라이브러리에 대해 자세히 소개한 논문인 플룸자바(FlumeJava)[1]를 기반으로 한 구현체다. 플룸자바는 크런치와 마찬가지로 추상화된 맵리듀스 API를 사용해 맵리듀스 파이프라인을 쉽게 생성할 수 있는 자바 라이브러리다. 피그나 하이브처럼 플룸자바와 크런치는 프로그래머가 맵리듀스에 쉽게 입문할 수 있게 하려고 개발됐다.

크런치는 플룸자바를 사용했고 하둡과 연동할 수 있는 구현체를 만들기로 결심한 전직 구글 직원인 조시 윌스(Josh Wills)가 개발했다. 기본적으로 크런치에는 다음 개념이 들어 있다.

1. HDFS 같은 데이터 소스에서 로드한 데이터를 나타내는 데이터 컬렉션 또는 크런치에서의 연산을 기반으로 한 데이터 변형
2. HDFS 또는 다른 데이터 저장소에 저장된 데이터를 크런치에서 사용하는 타입으로 매핑할 수 있는 타입 매핑 시스템
3. 컬렉션을 조작하는 연산. 크런치는 컬렉션을 연속적인 맵리듀스 잡으로 매핑한다.

크런치에서는 다양한 취합 및 조인 기능을 수행할 수 있는 내장 연산 기능을 제공한다. 크런치는 확장할 수 있으므로 재사용 가능한 커스텀 함수 라이브러리를 작성하고 개발해 크런치 파이프라인에서 사용할 수 있다.

다음 절에서는 이들 개념을 좀 더 자세히 살펴본다.

기본

타입 시스템과 파이프라인 아키텍처를 비롯해 크런치의 기본 개념을 들여다보자.

데이터 파이프라인

크런치 파이프라인은 그림 12.1에서 볼 수 있는 Pipeline 인터페이스와 MRPipeline 구현체 클래스로 나타낸다.

---

[1] http://dl.acm.org/citation.cfm?id=1806596.1806638 참고

이 그림에서 볼 수 있듯 Pipeline 클래스에는 컬렉션을 읽고 쓸 수 있는 메서드가 있다. 이들 컬렉션 클래스에는 새로운 결과 컬렉션을 생성하기 위해 컬렉션의 내용에 연산을 수행하는 메서드도 있다. 따라서 파이프라인은 하나 이상의 입력 컬렉션 정의, 이들 컬렉션 및 중간 컬렉션에 대한 다양한 연산, 데이터 싱크로의 컬렉션 쓰기 과정으로 구성된다. 실제 파이프라인 연산의 실행은 run이나 done 메서드이고 호출되는 시점까지 연기되며, 이 시점에 크런치는 파이프라인을 하나 이상의 맵리듀스 잡으로 변환하고 실행을 시작한다.

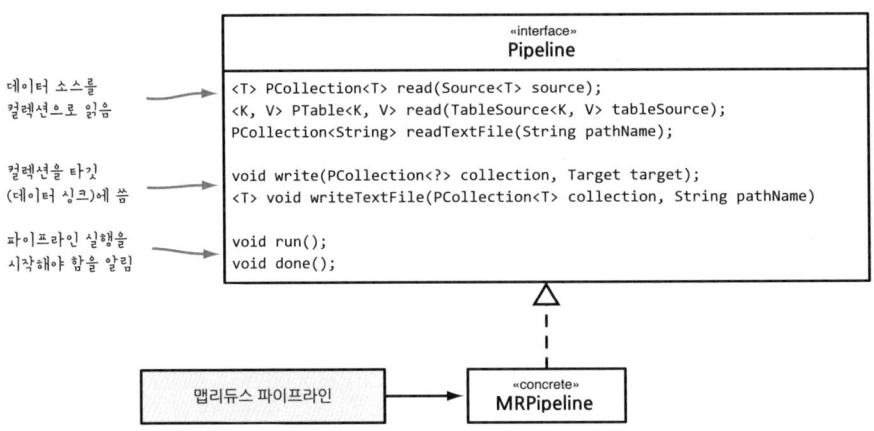

그림 12.1 크런치 Pipeline 클래스 다이어그램

컬렉션

크런치에서 컬렉션 인터페이스는 분산된 요소 셋(set)을 나타낸다. 컬렉션은 두 가지 방식 중 하나로 생성될 수 있다. 즉, 컬렉션은 Pipeline 클래스에 대한 read 메서드 호출의 결과이거나, 다른 컬렉션에 대한 연산의 결과다. 그림 12.2에서 볼 수 있듯 크런치에는 세 가지 타입의 컬렉션이 있다.

PGroupedTable은 PTable에서 groupByKey를 호출한 결과에 해당하는 특수 컬렉션이다. 이렇게 하면 리듀스 단계에서 그루핑이 실행된다.

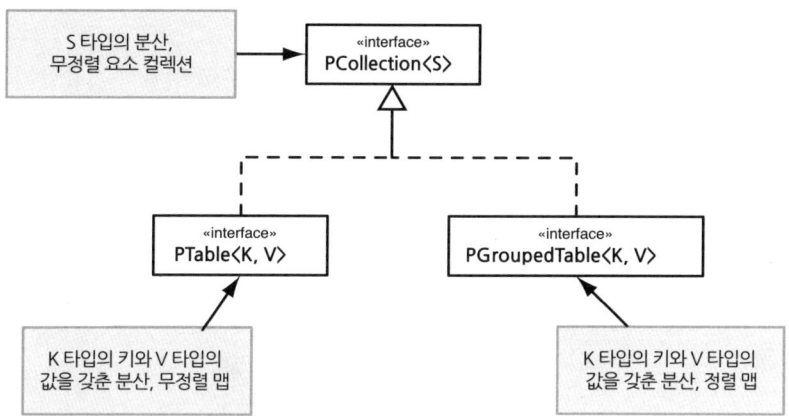

그림 12.2 크런치 Collections 클래스 다이어그램

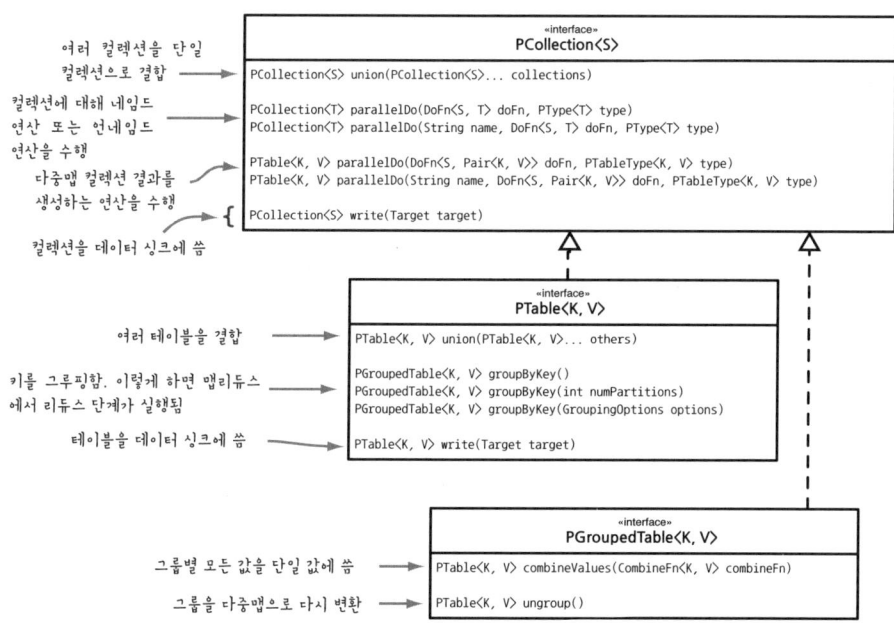

그림 12.3 크런치 컬렉션 연산

그림 12.3에서 볼 수 있듯 컬렉션 클래스에는 컬렉션의 내용에 연산을 수행할 수 있는 다양한 메서드가 있다. 이들 연산은 맵 단계나 리듀스 단계에서 실행된다.

데이터 함수

함수는 컬렉션 인터페이스의 parallelDo 메서드를 사용해 방금 전에 본 컬렉션에 적용할 수 있다. 모든 parallelDo 메서드는 DoFn 구현체를 인자로 받는데, 이 구현체가 맵리듀스에서 컬렉션을 대상으로 실제 연산을 수행한다. DoFn 클래스는 그림 12.4에서 볼 수 있다.

크런치에는 조인, 그루핑, 카운팅 등 다양한 내장 연산이 있으며, 이들 연산은 이 책에서 지금껏 다양한 형태로 등장한 데이터 관련 맵리듀스 연산을 나타낸다. 크런치에는 이미 이들 연산이 정의돼 있으므로 직접 연산을 정의하느라 맵리듀스와 씨름하지 않아도 된다. 또, 이 장에서 나중에 사용하겠지만 크런치에서는 커스텀 연산도 정의할 수 있다.

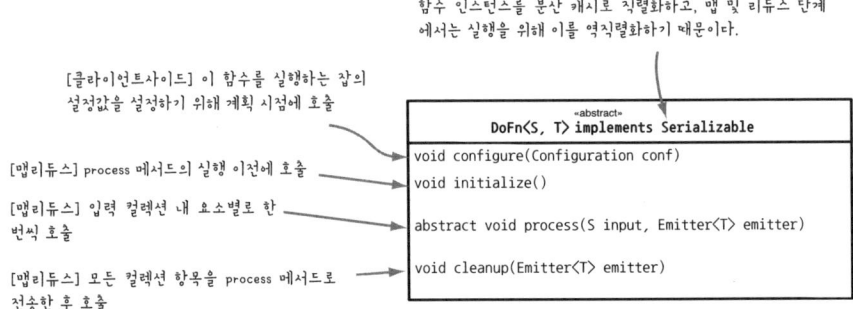

그림 12.4 크런치 데이터 함수 클래스 다이어그램

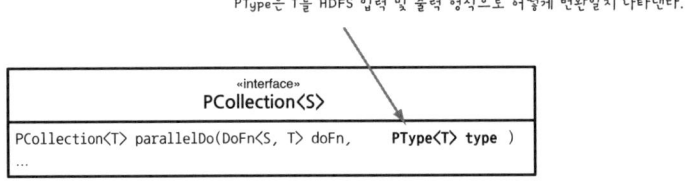

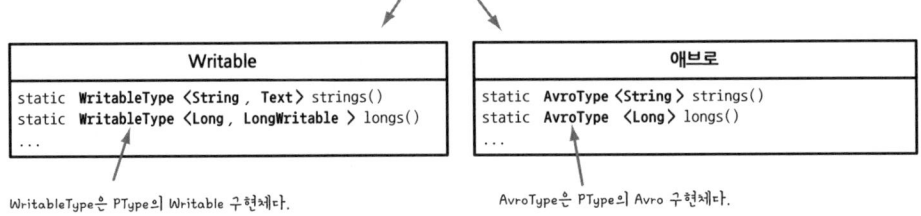

그림 12.5 크런치 타입

타입 및 직렬화

그림 12.5에서 볼 수 있듯 PCollection 인터페이스에 있는 parallelDo 메서드는 결과가 PCollection인지, PTable인지에 따라 PType이나 PTableType을 인자로 받는다. 이들 인터페이스는 크런치 파이프라인에서 사용하는 데이터 타입과 HDFS에서 데이터를 읽고 쓸 때 사용하는 직렬화 형식 사이의 매핑에 사용된다.

이와 같이 크런치는 네이티브 하둡 Writable 클래스뿐 아니라 애브로(Avro) 타입에 대해서도 직렬화를 지원한다.

간단한 예제

여기서는 두 가지 간단한 예제를 살펴본다. 첫 번째 예제에서는 맵 전용 잡을 실행하고, 두 번째 예제에서는 완전한 맵리듀스 잡을 실행한다.

첫 번째 예제에는 줄별로 여러 단어가 있는 텍스트 파일이 여러 개 있고, 각 줄을 토큰화해 각 줄에 각 단어가 존재하는 결과를 생성하려고 한다. 그림 12.6에는 이 기능을 수행하기 위한 크런치의 파이프라인을 시각화한 그림이 나와 있다.

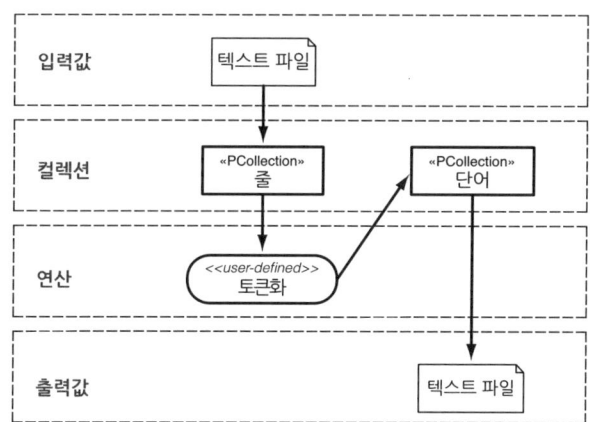

그림 12.6 텍스트 파일 토큰화를 위한 크런치 파이프라인

이 크런치 파이프라인의 코드는 이곳[2]에서 볼 수 있다.

---

2 깃허브 소스 — https://github.com/alexholmes/hadoop-book/blob/master/src/main/java/com/manning/hip/ch12/crunch/SimpleTokenize.java

```
Pipeline pipeline = new MRPipeline(SimpleTokenize.class, conf); ❶
PCollection<String> lines = pipeline.readTextFile(args[0]); ❷
PCollection<String> words = lines.parallelDo( ❸
    "tokenize",           ← 파이프라인 연산의 이름
    new DoFn<String, String>() {   ← 파이프라인 연산은 DoFn 인터페이스를 따라 구현한다.
      @Override
      public void process(String line,     ← ❹
                          Emitter<String> emitter) {
        for (String word : StringUtils.split(line)) {
          emitter.emit(word);
        }
      }
    }, Writables.strings()); ❺
pipeline.writeTextFile(words, args[1]);  ←
                                          단어 컬렉션을 지정된 경로에 쓰도록 지정한다.
pipeline.done(); ❻
```

❶ MRPipeline 클래스는 여러 연산으로 구성되는 전체 크런치 파이프라인을 나타낸다. MRPipeline 클래스는 전체 파이프라인을 하나 이상의 맵리듀스 잡으로 변환하는 법을 알고 있다.

❷ 파이프라인에서 처음으로 할 일은 입력 데이터를 지정하는 것이다. 크런치에서 입력 데이터는 임의의 자바 타입으로 나타낼 수 있으며, PCollection이나 PTable에 담겨 있어야 한다.

❸ parallelDo 메서드를 이용해 크런치 데이터 파이프라인으로 연산을 주입한다.

❹ process 메서드는 입력 컬렉션 내 항목별로 한 번씩 호출된다. 이 경우 입력 컬렉션에는 입력 파일의 줄들이 들어 있다. 파이프라인의 상태에 따라 이 메서드는 맵 또는 리듀스 사이드에서 호출될 수 있다.

❺ 컬렉션 내 값을 어떻게 직렬화할지에 대한 정보. 크런치는 애브로 및 Writable을 기본 지원하며, 여기서는 Writables 헬퍼를 사용해 크런치가 직렬화에 Writable Text 클래스를 사용한다고 알려준다.

❻ 크런치 파이프라인의 실행을 시작한다. run 및 done 메서드는 맵리듀스 잡의 생성 및 실행을 트리거한다.

여기서는 파이프라인에서 groupBy 메서드를 사용하지 않았다. 이는 맵전용 잡(groupBy는 파이프라인에서 리듀스 사이드를 사용하게 하는 트리거다)을 뜻한다.

두 번째 예제에서는 크런치에서 완전한 맵리듀스 잡을 실행하게 하는 법을 살펴본다. 여기서는 1장에서 작성한 역인덱스 예제를 크런치 버전으로 만들어본다. 잊어버린 독자가 있을지 몰라 설명하자면 역인덱스 잡은 그림 12.7과 같이 여러 텍스트 파일을 입력값으로 받고 각 줄에 고유 단어, 이어서 해당 고유 단어가 들어 있는 고유 파일명 목록이 들어 있게끔 결과를 생성하는 잡이다.

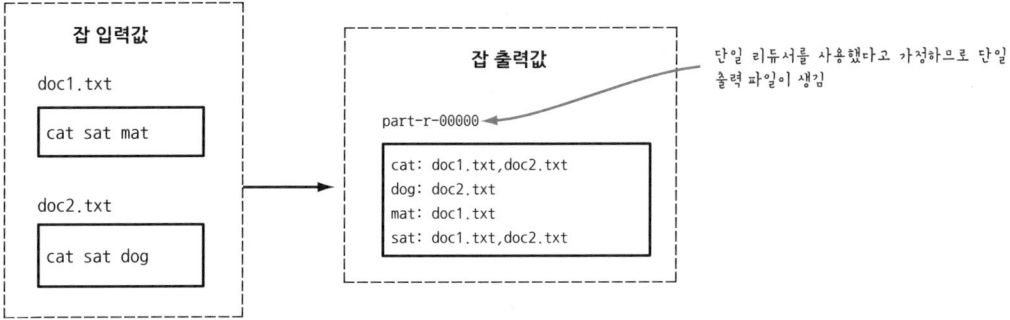

그림 12.7 역인덱스 입력값 및 출력값

그럼 역인덱스를 생성하는 크런치 코드를 살펴보자[3].

```
Pipeline pipeline = new MRPipeline(InvertedIndex.class, conf);
PCollection<String> lines = pipeline.readTextFile(args[0]);

PTable<String, String> wordDocs =           ❶
    CrunchUtils.extractWordFileTable(lines);

PTable<String, String> result =             ❷
    CrunchUtils.uniqueValues(wordDocs);

pipeline.writeTextFile(result, args[1]);
pipeline.done();
```

❶ 헬퍼 메서드를 사용해 줄 컬렉션을 다중맵으로 변환한다. 이 맵에서 키는 각 줄에 있는 단어이고, 값은 단어가 있는 파일명이다.

❷ 단어별 고유 파일명 셋을 생성하는 헬퍼 함수를 호출한다.

두 개의 헬퍼 함수를 살펴보자. 우선 단어가 들어 있는 파일명에 대한 단어 맵을 생성하는 첫 번째 함수부터 살펴보자. PTable은 다중맵이다. 이 말은 같은 키가 여러 번 다른 값을 가질 수 있음을 뜻한다[4].

```
PTypeFamily tf = lines.getTypeFamily();   ❶
return lines.parallelDo(                  ❷
```

---

[3] 깃허브 소스 — https://github.com/alexholmes/hadoop-book/blob/master/src/main/java/com/manning/hip/ch12/crunch/InvertedIndex.java

[4] 깃허브 소스 — https://github.com/alexholmes/hadoop-book/blob/master/src/main/java/com/manning/hip/ch12/crunch/CrunchUtils.java

```
  "inverted-index",
  new DoFn<String, Pair<String, String>>() {
    String filename;

    @Override
    public void setContext(TaskInputOutputContext<?, ?, ?, ?> context) {
      super.setContext(context);
                                          ◀── 입력값 분할 파일명을 추출하고 캐싱한다.
      filename = ((FileSplit)
        ((MapContext) context).getInputSplit()).getPath().getName();
    }

    @Override
    public void process(String line,
                        Emitter<Pair<String, String>> emitter) {
      for (String word : StringUtils.split(line)) {
        Pair<String, String> pair =
            Pair.of(word.toLowerCase(), filename);
        emitter.emit(pair);
      }                       단어 및 파일명을 키/값 튜플로 내보낸다.
    }
  }, tf.tableOf(tf.strings(), tf.strings())); ❸
```

❶ 나중에 사용할 수 있게 lines 컬렉션에서 타입 정보를 추출

❷ 이번에는 결과에 대해 테이블 관련 연산을 수행해야 하므로 parallelDo 메서드의 PTable 버전을 사용한다.

❸ 결과 컬렉션을 직렬화하는 데 필요한 타입 정보를 지정한다. 여기서는 원본 lines 컬렉션에서 추출한 타입 정보를 사용한다.

DoFn 구현체는 DoFn.getConfiguration 메서드를 통해 잡 설정에 접근할 수 있다. 앞의 예제에서는 한 걸음 더 나아가 컨텍스트에서 입력 분할 파일명을 추출할 수 있게 setContext를 오버라이드했다.

그럼, 앞서 작성한 uniqueValues 헬퍼 메서드를 자세히 살펴보자. 이 메서드는 PTable에서 키를 그루핑하기 위해 groupByKey를 호출한다(이는 리듀서를 사용함을 뜻한다). 아울러 CombineFn을 사용해 각 고유키별로 모든 값을 순회한다. CombineFn 익명 내부 클래스에서는 그런 다음 고유 키별로 한 개씩 출력값 튜플을 생성한다[5].

---

[5] 깃허브 소스 — https://github.com/alexholmes/hadoop-book/blob/master/src/main/java/com/manning/hip/ch12/crunch/CrunchUtils.java

```
    return collect.groupByKey() ❶
      .combineValues(new CombineFn<K, String>() { ❷

      @Override
      public void process(Pair<K, Iterable<String>> input,
                          Emitter<Pair<K, String>> emitter) {

        Set<String> filenames = new HashSet<String>();   ←── 고유 파일명을 저장할 셋(Set)을 생성

        for (String filename : input.second()) {
          filenames.add(filename);   ←── 각 파일명을 셋에 추가한다.
        }

        Pair<K, String> pair =   ←────── ❸
          Pair.of(input.first(),
                  StringUtils.join(filenames, ","));
        emitter.emit(pair);
      }
    });
```

❶ 컬렉션 내 모든 키를 그루핑하기 위해 groupBy 메서드를 사용한다. 크런치는 잡의 리듀스 단계에서 groupBy를 실행한다.

❷ combine 함수는 그룹 내 고유 키별로 process 메서드가 한 번씩 호출되고 키의 모든 값이 Iterable과 함께 스트림되는 위치다.

❸ 키가 단어가 되고 값이 모든 파일명을 병합한 값이 되게끔 출력값을 생성한다.

이로써 크런치에 대한 소개를 마쳤다. 이 절에서는 크런치 API의 기본에 대해 배우고 크런치를 활용해 두 개의 예제를 구현했다. 다음으로 실제 로그 처리에 크런치를 활용하는 법을 살펴보자.

12.2 로그에서 가장 인기 있는 URL 찾기

이 절에서는 크런치를 활용해 아파치 로그를 간단히 분석하는 실전 예제를 살펴본다. 하둡에서는 로그 파일을 처리하는 일이 흔한 만큼 이 과정을 거쳐 독자들이 크런치를 좀 더 친숙하게 느낄 수 있을 것이다. 또, 복잡한 Writable 구조체 처리, 크런치에서의 컴바이너 기능 구현 같은 고급 DoFn 기능도 함께 들여다본다.

기법 77. 크런치 로그 파싱 및 기본적인 분석

이 기법에서는 가장 인기 있는 리소스(URL 경로)를 찾기 위해 로그 파일 데이터를 분석하는 법을 살펴본다.

문제

크런치에서 로그 파일처럼 복잡한 데이터를 처리하려고 한다.

해결책

아파치 로그 파일을 파싱하는 법을 배우고, 필터링, 투영, 컴바이너가 크런치에서 어떻게 사용되는지 이해한다.

문제 풀이

여기서는 아파치 로그 파일로부터 데이터를 읽고, 리소스를 추출한 후 웹사이트에 대한 기본적인 사용 분석을 위해 고유 URL별 발생 횟수를 센다. 그림 12.8은 이 예제의 크런치 파이프라인을 보여준다.

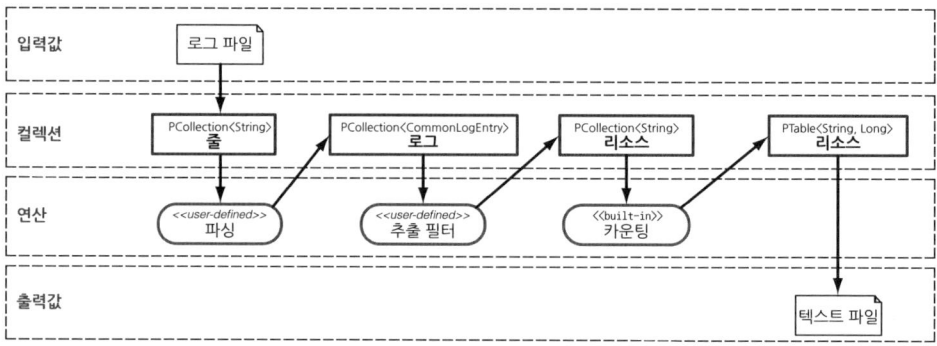

그림 12.8 리소스 추출을 위한 크런치 파이프라인

다음 코드에서는 이 파이프라인을 생성하고 실행한다[6].

```
Pipeline pipeline = new MRPipeline(PopularLinks.class, conf);

PCollection<String> lines = pipeline.readTextFile(args[0]);
```

---

[6] 깃허브 소스 — https://github.com/alexholmes/hadoop-book/blob/master/src/main/java/com/manning/hip/ch12/crunch/PopularLinks.java

```
PCollection<CommonLogEntry> logs = CrunchUtils.logs(lines);  ❶

PCollection<String> resources = extractFilterResources(logs);  ❷

PTable<String, Long> counts = Aggregate.count(resources);  ❸
                                                            취합 결과를 HDFS에 쓴다.
pipeline.writeTextFile(counts, args[1]);
pipeline.done();
```

❶ CommonLogEntry 컬렉션을 처리하기 위한 헬퍼 함수를 호출한다.
❷ 무시하고 싶은 레코드를 걸러내고 각 로그에서 리소스만 추출하게끔 메서드를 호출한다.
❸ 크런치의 내장 취합 헬퍼 함수를 호출한다. 이 함수는 컬렉션 내 각 요소의 개수를 센다.

로그 파일 파싱

이 기법에서는 피그와 관련해 11장에서 작성한 코드를 활용한다. 11장에서도 로그를 처리하면서 로그 파일 내 각 항목을 나타내는 CommonLogEntryWritable을 작성하고 로그 파일 줄에서 CommonLogEntry를 가져오는 아파치 로그 파서를 작성했다. 첫 번째 DoFn에서는 이들 두 클래스를 모두 활용한다[7].

```
public static PCollection<CommonLogEntry> logs(
                              PCollection<String> lines) {
  PTypeFamily tf = lines.getTypeFamily();
  return lines
    .parallelDo(new DoFn<String, CommonLogEntry>() {
      transient ApacheCommonLogReader logReader;       ⟵ ❶
      transient Logger log;

      @Override
      public void initialize() {
        logReader = new ApacheCommonLogReader();       ⟵ ❷
        log = LoggerFactory.getLogger(CrunchUtils.class);
      }
```

---

[7] 깃허브 소스 — https://github.com/alexholmes/hadoop-book/blob/master/src/main/java/com/manning/hip/ch12/crunch/CrunchUtils.java

```
      @Override
      public void process(String input,
                          Emitter<CommonLogEntry> emitter) {
        try {
          CommonLogEntry log = logReader.decodeLine(input);   ◀── 줄을 파싱하고 CommonLogEntry로 변환한다.

          if(log != null) {
            emitter.emit(log);
          } else {
            processingError(input, null);
          }
        } catch (IOException e) {   ◀────────── ❸
          processingError(input, e);
        }
      }

      void processingError(String line,
                           @Nullable Throwable t) {   ◀────── ❹
        super.getCounter(LogCounters.LOG_LINE_ERRORS).increment(1);
        log.error("Hit exception parsing line '" + line + "'", t);
      }
    }, tf.records(CommonLogEntry.class));   ◀────── ❺
}
```

❶ Serializable로 만들 필요가 없게끔 ApacheCommonLogReader를 transient로 선언한다.
❷ ApacheCommonLogReader는 transient이므로 선언 시점에 생성할 수 없다. 따라서 초기화 메서드를 활용해 생성한다.
❸ 줄이 잘못된 형태더라도 파일 처리를 중단해서는 안 된다. 따라서 이때는 카운터를 업데이트하고 에러를 로그 파일에 덤프한다. 이와 관련해 크런치는 DoFn process 메서드에서 검사형 예외를 지원하지 않는다. 대신 원한다면 비검사형 예외를 던져서 전체 맵리듀스 잡이 실패하게끔 할 수 있다.
❹ 파싱 과정에서 문제가 생기면 카운터를 업데이트하고 에러를 로그 파일에 덤프한다.
❺ 복잡한 Writable에서는 타입 및 직렬화 상세 정보를 식별할 수 있는 records 메서드를 사용할 수 있다.

크런치는 모든 DoFn 인스턴스를 직렬화한다는 사실을 기억하자. 이 말은 transient가 아닌 모든 멤버 변수가 java.io.Serializable을 구현해야 한다는 뜻이다. ApacheCommonLogReader는 Serializable이 아니었지만 맵리듀스 코드에서는 클라이언트사이드 상태를 보존할 필요가 없으므로 여기서는 이를 transient로 선언하고 initialize 메서드에서 생성했다.

필터링 및 투영

다음으로 파이프라인의 두 번째 연산인 필터링과 투영이 진행된다. 여기서는 로컬호스트 IP 주소에서 온 로그 항목을 무시하고, 로그 항목에서 리소스만 추출한다[8].

```java
public static PCollection<String> extractFilterResources(
                                PCollection<CommonLogEntry> logs) {
  PTypeFamily tf = logs.getTypeFamily();
  return logs.parallelDo(
      "resource-extract-filter",
    new DoFn<CommonLogEntry, String>() {
      @Override
      public void process(CommonLogEntry input,
                          Emitter<String> emitter) {
        if (!"127.0.0.1".equals(input.getRemoteAddress())) {
          emitter.emit(input.getResource());
        }
      }
    }, tf.strings());
}
```

컴바이너

끝으로 크런치의 내장 함수 중 하나인 SUM_LONGS를 활용해 각 리소스의 요청 횟수를 센다.

```java
public static <S> PTable<S, Long> count(PCollection<S> collect) {
  PTypeFamily tf = collect.getTypeFamily();
  return collect.parallelDo(
    "Aggregate.count",
    new MapFn<S, Pair<S, Long>>() {
      @Override
      public Pair<S, Long> map(S input) {
        return Pair.of(input, 1L);   ← 요소별로 1 카운트를 내보내 PCollection을 PTable로 변환한다.
      }
    }, tf.tableOf(collect.getPType(), tf.longs()))
```

---

[8] 깃허브 소스 — https://github.com/alexholmes/hadoop-book/blob/master/src/main/java/com/manning/hip/ch12/crunch/PopularLinks.java

```
        .groupByKey()          ◄───── 모든 키를 그루핑한다(리듀스사이드에서)
        .coombineValues(CombineFn.<S> SUM_LONGS());  ◄─────
    }                                          모든 값을 합하는 내장 컴바이너 함수를 실행한다.
```

groupByKey의 호출 결과인 PGroupedTable에서 CombineFn가 실행되면 이는 크런치에게 수행되는 작업이 분산적이며 맵사이드(컴바이너로) 및 리듀스 사이드 모두에서 실행될 수 있음을 알려준다. 예를 들어, 평균 계산처럼 구현된 함수가 분산적이지 않다면 combineValues를 호출하는 대신 일반 parallelDo 메서드를 호출해야 한다.

그럼 아파치 로그 파일을 대상으로 코드를 실행하고 출력 결과를 살펴보자.

```
$ hadoop fs -put test-data/apachelog.txt apachelog.txt
$ bin/run.sh com.manning.hip.ch12.crunch.PopularLinks \
    apachelog.txt output

$ hadoop fs -cat output/part*
/              3
/blog          1
/cgi/pti.pl    1
/favicon.ico   2
/unix.html     1
```

출력 결과를 보면 예상한 결과가 나온 것을 알 수 있다.

정리

이 기법에서는 로그 데이터를 나타내는 복잡한 데이터를 처리하고 기본적인 분석 기능을 수행하는 법을 살펴봤다.

다음 절에서는 두 개의 별도 데이터셋을 조인하는 법을 알아본다.

12.3 조인

사용자가 웹사이트를 어떻게 사용하는지 이해하기 위해 로그 데이터와 사용자 데이터 같은 두 개의 데이터셋을 조인하고 싶다고 가정하자. 이와 같은 데이터셋 조인은 맵리듀스에서 사용할 수 있는 강력한 기능이다. 이전 장에서는 네이티브 맵리듀스, 피그, 하이브에서 조인을 수행하는 법을 살펴봤지만 여기서는 크런치를 이용해 같은 작업을 수행한다. 크런치를 사용할 때는 자체 조인 로직을 구현하지 않아도 되고, 크런치에는 조인을 쉽게 할 수 있게 해주는 코드도 있다. 이 절에서는 이 코드를 활용해 로그 내 IP 주소를 IP와 사용자 상세 정보가 있는 다른 데이터셋과 조인하는 법을 살펴본다. 또, 자바 코드에서 크런치 파이프라인 결과에 접근하는 법도 알아본다.

기법 78. 크런치의 리파티션 조인

여기서는 크런치의 내장 조인 기능을 활용해 로그와 사용자 데이터를 조인하는 법을 살펴본다.

문제
크런치에서 조인하고 싶은 두 개의 데이터셋이 있다.

해결책
Join.join 메서드를 활용해 데이터셋을 조인하는 법을 배운다.

문제 풀이
크런치에는 리듀스사이드 리파티션 조인을 지원하는 Join 클래스가 있다. 이 기법에서는 로그 데이터를 사용자 데이터와 조인한다. 사용자 데이터에는 IP 주소 및 각 IP 주소와 관련한 사용자에 대한 정보가 들어 있다.

그림 12.9에서는 이 기법에서 실행할 파이프라인을 보여준다.

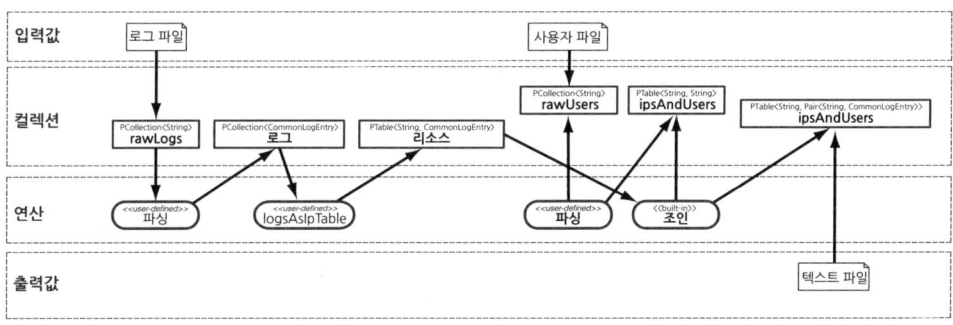

그림 12.9 크런치 조인 파이프라인

그림 고수준 컬렉션 시리즈와 연산을 살펴보자[9].

```
Pipeline pipeline = new MRPipeline(JoinLogsAndUsers.class, conf);
```

---
[9] 깃허브 소스 — https://github.com/alexholmes/hadoop-book/blob/master/src/main/java/com/manning/hip/ch12/crunch/JoinLogsAndUsers.java

```
PCollection<String> rawLogs = pipeline.readTextFile(args[0]);
```
로그를 문자열 컬렉션으로 나타낸다.

```
PCollection<String> rawUsers = pipeline.readTextFile(args[1]);
```
사용자 상세 정보를 문자열 컬렉션으로 나타낸다.

```
PTable<String, CommonLogEntry> logs =
  logsAsIpTable(CrunchUtils.logs(rawLogs));                ❶

PTable<String, String> ipsAndUsers = ipsAndUsers(rawUsers);  ❷


PTable<String, Pair<String, CommonLogEntry>> joined =
  Join.join(ipsAndUsers, logs);
```
로그와 사용자를 조인한다.
```
for(Pair<String, Pair<String, CommonLogEntry>> j:
  joined.materialize()) {                         ❸
    System.out.println(j.first() + " " + j.second().first());
}
```
IP 주소와 사용자명을 쓴다.

❶ 로그 문자열을 테이블로 변환하는 함수를 호출한다. 이때 키는 IP 주소이고 값은 CommonLogEntry 인스턴스다.

❷ 사용자 파일을 테이블로 읽는다. 이때 키는 IP 주소이고 값은 사용자명이다.

❸ materialize 메서드는 파이프라인이 실행되게 하고 컬렉션의 내용이 클라이언트 프로세스로 스트림되게 한다.

이때 크기가 작은 데이터셋을 join 함수의 첫 번째 인자로 지정하는 게 중요하다. 그 이유는 조인을 수행할 때 이 데이터셋의 데이터가 캐싱되기 때문이다.

로그를 테이블로 변환하고 사용자 파일을 테이블로 로드하는 일을 하는 두 함수는 이 곳[10]에서 볼 수 있다.

```
public static PTable<String, CommonLogEntry> logsAsIpTable(
                    PCollection<CommonLogEntry> logs) {
  PTypeFamily tf = logs.getTypeFamily();
  return logs.parallelDo(
    "logs-to-ip-table",
    new DoFn<CommonLogEntry, Pair<String, CommonLogEntry>>() {
```

---

[10] 깃허브 소스 — https://github.com/alexholmes/hadoop-book/blob/master/src/main/java/com/manning/hip/ch12/crunch/JoinLogsAndUsers.java

```
        @Override          ←—— ❶
        public void process(CommonLogEntry input,
                    Emitter<Pair<String, CommonLogEntry>> emitter) {
          emitter.emit(Pair.of(input.getRemoteAddress(), input));
        }
      }, tf.tableOf(tf.strings(), tf.records(CommonLogEntry.class)));
   }

   public static PTable<String, String> ipsAndUsers(
                                PCollection<String> ipUsers) {
     PTypeFamily tf = ipUsers.getTypeFamily();
     return ipUsers.parallelDo(
       "extract-users",
       new DoFn<String, Pair<String, String>>() {
         @Override
         public void process(String input,
                        Emitter<Pair<String, String>> emitter) {
           String[] parts = StringUtils.split(input);
           emitter.emit(Pair.of(parts[0], parts[1]));     ←—— ❷
         }
      }, tf.tableOf(tf.strings(), tf.strings()));
}
```

❶ 키가 IP 주소이고 값이 CommonLogEntry 인스턴스인 테이블을 생성한다.
❷ 줄에서 첫 번째 토큰은 IP 주소이고, 두 번째 토큰은 사용자명이다.

사용자 파일을 HDFS로 복사하고 잡을 실행한다.

```
$ hadoop fs -put test-data/ch12/apachelog-users.txt .
$ hadoop fs -cat apachelog-users.txt
240.12.0.2 beth
127.0.0.1 ops

$ bin/run.sh com.manning.hip.ch12.crunch.JoinLogsAndUsers \
   apachelog.txt apachelog-users.txt output
240.12.0.2 beth
240.12.0.2 beth
```

여기서는 클라이언트사이드에서 결과에 접근할 수 있게끔 materialize 메서드를 사용했으므로 결과를 콘솔에 쓸 수 있다.

정리

이 기법에서는 두 가지 영역을 다뤘다. 우선 조인을 수행하는 법을 배웠고, 두 번째로 클라이언트 프로세스에서 크런치가 컬렉션 요소에 대한 접근을 지원하는 방식을 배웠다.

이 책을 집필하는 현 시점 기준으로 크런치의 내장 조인 기능은 두 테이블의 리파티션 조인으로 제한된다. 하지만 크런치는 매우 강력하며 세미조인과 복제 조인 같은 조인을 쓰는 것도 가능하다.

12.4 캐스케이딩

캐스케이딩은 크런치와 유사한 데이터 파이프라인 프레임워크다. 캐스케이딩은 맵리듀스를 튜플, 파이프, 탭으로 구성된 논리적인 모델로 추상화한다. 튜플은 파이프라인에서의 데이터를 나타낸다. 파이프는 튜플에 대해 수행하는 연산을 나타낸다. 탭은 데이터 소스 및 데이터 싱크를 나타낸다.

캐스케이딩을 이해하려면 다음 예제[11]와 같이 캐스케이딩을 사용할 때 12.2절에서 작성한 로그 파서와 리소스 카운트가 어떤 식으로 활용되는지 살펴보는 게 좋다.

아파치 로그 파서 및 리소스 카운팅의 캐스케이딩 구현체

```
String inputPath = args[0];
String outputPath = args[1];

TextLine input = new TextLine(new Fields("offset", "line"));  ❶

Tap logTap = new Hfs(input, inputPath);        ← TextLine에 튜플을 추가하는 데 사용할 데이터 소스를 정의한다.

Fields apacheFields = new Fields("resource");  ❷
                                                                    로그 파일의 줄을 파싱하는 데 사용할 정규식
String apacheRegex = "^([^ ]*) +[^ ]* +[^ ]* +\\[([^]]*)\\] " +   ←
"+\\\"([^ ]*) ([^ ]*) [^ ]*\\\" ([^ ]*) ([^ ]*).*$";

int[] allGroups = {4};  ❸
                         정규식 파서를 정의한다.
RegexParser parser =    ←
```

---

[11] 깃허브 소스 — https://github.com/alexholmes/hadoop-book/blob/master/src/main/java/com/manning/hip/ch12/cascading/PopularLogResources.java

```
        new RegexParser(apacheFields, apacheRegex, allGroups);

Pipe pipeline = new Each("import",
    new Fields("line"), parser, Fields.RESULTS);         ❹

pipeline = new GroupBy(pipeline, new Fields("resource"));  ❺

Aggregator count = new Count(new Fields("count"));  ❻

pipeline = new Every(pipeline, count);  ❼

Tap remoteLogTap = new Hfs(new TextLine(),
    outputPath, SinkMode.REPLACE);              결과를 쓸 데이터 싱크를 생성한다.

Properties properties = new Properties();
FlowConnector.setApplicationJarClass(properties, PopularLogResources.class);

Flow parsedLogFlow = new FlowConnector(properties)
    .connect(logTap, remoteLogTap, pipeline);           ❽
                                    파이프라인 실행을 시작한다.
parsedLogFlow.start();
                                파이프라인이 실행을 마치기를 기다린다.
parsedLogFlow.complete();
```

❶ TextLine은 튜플 스트림을 나타낸다. 이때 각 튜플은 텍스트 한 줄이다. 튜플은 두 개의 필드로 구성된다. offset이라는 필드에는 줄별 파일의 바이트 오프셋이 들어 있고, line 필드에는 줄의 내용이 들어 있다.

❷ 로그 파일로부터 추출할 필드명을 정의한다. 여기서는 정확한 리소스만 추출하면 되므로 여기에는 resource라는 단일 필드만 들어 있다.

❸ apacheFields에 정의한 필드로 매핑되는 정규식 그룹을 정의한다. 정규식에서 네 번째 그룹은 리소스다.

❹ 새 파이프라인을 생성한다. 이때 첫 번째 파이프(operation)는 Each로, 입력 튜플 스트림 내 각 튜플에 적용되는 연산자다.

❺ 모든 리소스를 그루핑하는 파이프라인 내 두 번째 연산을 정의한다.

❻ Count는 그루핑된 데이터에 적용되는 취합 연산이다. 여기서는 카운트를 수행할 필드(resource)를 지정한다.

❼ 그루핑된 리소스에 대해 카운트 연산을 적용하는 세 번째 파이프라인 연산자를 정의한다.

❽ FlowConnector는 데이터 소스, 데이터 싱크, 여러 파이프를 연결해준다.

크런치와 캐스케이딩의 비교

그럼 캐스케이딩이 크런치와 피그 같은 다른 파이프라인 기반 기술과 어떻게 다를까? 피그의 장점은 애드훅(ad-hoc) 사용을 쉽게 해주는 셸을 제공한다는 점이다. 하지만 크런치나 캐스케이딩에서도 얼마든지 그루비나 스칼라 셸을 활용할 수 있다. 캐스케이딩과 크런치는 자바 기술이므로 기존 자바 애플리케이션과도 좀 더 쉽게 연동할 수 있다는 장점이 있다. 기능 측면에서 보면 이들 기술 사이의 차이점은 프로젝트 및 데이터 모델의 성숙도를 제외하면 크지 않다. 두 프로젝트의 비교표는 표 12.1에서 볼 수 있다.

표 12.1 크런치와 캐스케이딩의 비교

항목	크런치	캐스케이딩
라이선스	아파치 2.0	아파치 2.0
언어	자바	자바
데이터 모델	사용자 정의 함수의 컴파일 시점 타입 검사가 가능하다. 데이터 모델은 직렬화 형식과 무관하다.	피그와 마찬가지로 튜플과 유사한 동적 타입을 사용한다.
사용자 정의 함수 지원 여부	예	예
내장 연산의 수준	기본 취합, 조인, cogroup. 프로젝트가 출시된 지 얼마 되지 않은 탓에 아직 초기 단계다.	캐스케이딩의 튜플 모델과 연동할 수 있는 방대한 함수를 지원한다.
프로젝트 역사	공식 배포는 2011년 10월 시작됐다.	2008년 초에 출시됐다.
2012년 1월 이후의 메일링 목록 활동	2개의 메시지	65개의 메시지
참고 자료	적음	많음

크런치 개발자들이 작성한 크런치와 캐스케이딩의 차이는 http://goo.gl/cKC4y와 http://goo.gl/LH1PE에서 볼 수 있다.

12.5 정리

이 장의 목적은 최근 부상하고 있는 맵리듀스 라이브러리인 크런치를 소개하는 것이었다. 크런치는 자바에서 맵리듀스 진입 장벽을 낮추고, 좀 더 친숙한 자바 내장 타입을 활용하게 함으로써 맵리듀스 개념을 추상화하는 데 초점을 맞추고 있다.

여기서는 크런치를 활용해 로그 데이터를 처리하는 법과 조인 연산을 수행하는 법, 컴바이너를 활용하는 법을 배웠다. 또, 캐스케이딩과 크런치의 차이점에 대해서도 잠깐 알아봤다.

다음 장에서는 자바 맵리듀스 애플리케이션의 테스트 및 디버깅을 도와주는 방법들을 살펴본다.

테스트 및 디버깅

이 장에서 다루는 내용
- 견고한 맵리듀스 코드를 작성하기 위한 설계 및 테스트 기법의 활용
- 배포 환경에서의 이슈 디버깅 및 문제 입력 값의 고립
- 맵리듀스 안티패턴 피하기

배포 환경에서 맵리듀스를 실행하다 보면 어느 순간 잡이 실패하는 일이 생기기 마련이다. 이 장의 목적은 가능한 한 다양한 과정을 통해 이런 일이 일어나는 것을 막을 수 있게 도와주는 데 있다. 여기서는 맵리듀스 코드에 대한 적절한 단위 테스트를 제공하는 법을 살펴보고, 오동작하는 코드를 최소화하기 위한 방어적인 코딩 기법도 살펴본다.

아무리 준비를 많이 하고 테스트를 하더라도 문제가 전혀 안 생긴다는 보장은 없다. 어느 날 문제가 생기게 된다면 우리는 무엇이 잘못됐는지 알 수 있게 잡을 디버깅해야 한다. 이 장에서는 사용자 공간 맵리듀스를 테스트하고 디버깅하는 데 초점을 맞춘다.

13.1 테스트

이 절에서는 맵리듀스 코드를 테스트하는 최선의 방식을 살펴보고 테스트에 도움되게끔 맵리듀스를 작성할 때 고려할 설계적 측면도 살펴본다.

효과적인 단위 테스트를 위한 필수 요소

단위 테스트는 작성하기 쉬워야 하며, 모든 긍정적 시나리오와 부정적 시나리오의 스펙트럼을 아우르는 게 중요하다. 그럼 테스트 주도 개발, 코드 설계, 데이터가 효과적인 단위 테스트 작성에 미치는 영향을 살펴보자.

테스트 주도 개발

자바 코드를 작성할 때 필자는 테스트 주도 개발(TDD)[1]을 강력히 지지한다. 맵리듀스도 다를 바 없다. 테스트 주도 개발에서는 코드를 작성하기 전에 단위 테스트를 작성하는 것을 강조하는데, 최근 빠른 개발 주기가 보편화됨에 따라 테스트 주도 개발의 중요성도 그만큼 커졌다. 특히 애플리케이션에서 핵심적인 부분을 담당하는 코드라면 맵리듀스 코드에 테스트 주도 개발을 적용하는 게 꼭 필요하다.

코드를 작성하기 전에 단위 테스트를 작성하면 테스트하기 쉽게끔 코드가 구조화될 수밖에 없다.

코드 디자인

코드를 작성할 때는 테스트하기 쉽게 코드를 구조화하는 가장 좋은 방법을 생각하는 게 중요하다. 추상화와 의존성 주입[2] 같은 개념을 활용하면 이런 목적을 이루는 데 큰 도움이 된다.

맵리듀스 코드를 작성할 때는 작업을 수행하는 코드를 추상화하는 게 좋다. 이 말은 하둡 관련 구조체와의 연동에 신경 쓰지 않고도 일반 단위 테스트에서 코드를 테스트할 수 있어야 한다는 뜻이다. 이는 맵 함수 및 리듀스 함수뿐 아니라 InputFormat, OutputFormat, 데이터 직렬화, 파티셔너 코드에도 해당된다.

좀 더 이해하기 쉽게 간단한 예제를 살펴보자. 다음 코드에서는 평균 주가를 계산하는 리듀서가 나와 있다.

```java
public static class Reduce
    extends Reducer<Text, DoubleWritable, Text, DoubleWritable> {

  DoubleWritable outValue = new DoubleWritable();
  public void reduce(Text stockSymbol, Iterable<DoubleWritable> values, Context context)
      throws IOException, InterruptedException {

    double total = 0;
    int instances = 0;
    for (DoubleWritable stockPrice : values) {
      total += stockPrice.get();
      instances++;
    }
```

---

[1] http://en.wikipedia.org/wiki/Test-driven_development 참고
[2] http://en.wikipedia.org/wiki/Dependency_injection 참고

```
      outValue.set(total / (double) instances);
      context.write(stockSymbol, outValue);
   }
}
```

이 예제는 간단한 예제지만 코드의 구조 때문에 일반 단위 테스트에서는 쉽게 코드를 테스트할 수 없다. 이 코드에서는 Text, DoubleWritable 같은 맵리듀스 구조체를 사용하고, 방해가 되는 Context 클래스도 사용하기 때문이다. 이 코드에서 수행하는 작업을 추상화하도록 코드를 구조화한다면 다음 코드에서처럼 작업을 수행하는 사용자 공간 코드를 쉽게 테스트할 수 있을 것이다.

```
public static class Reduce2
        extends Reducer<Text, DoubleWritable, Text, DoubleWritable> {

   SMA sma = new SMA();
   DoubleWritable outValue = new DoubleWritable();
   public void reduce(Text key, Iterable<DoubleWritable> values,
                      Context context)
        throws IOException, InterruptedException {
      sma.reset();
      for (DoubleWritable stockPrice : values) {
         sma.add(stockPrice.get());
      }
      outValue.set(sma.calculate());
      context.write(key, outValue);
   }
}

public static class SMA {
   protected double total = 0;
   protected int instances = 0;

   public void add(double value) {
      total += value;
      instances ++;
   }

   public double calculate() {
      return total / (double) instances;
   }
```

```
    public void reset() {
        total = 0;
        instances = 0;
    }
}
```

개선된 코드에서는 방해가 되는 하둡 코드 없이 단순 이동 평균을 더하고 계산하는 SMA 클래스를 쉽게 테스트할 수 있다.

중요한 건 데이터다

단위 테스트를 작성할 때는 코드에서 긍정적인 입력 데이터와 부정적인 입력 데이터를 어떻게 처리하는지 확인해야 한다. 두 경우 모두 테스트하는 데이터가 배포 환경에서의 샘플을 잘 나타내는 게 가장 좋다.

때로는 아무리 노력해도 예상치 못한 입력 데이터 때문에 배포 환경에서 코드 실행에 문제가 생긴다. 이 장의 558페이지 예상치 못한 입력 값 디버깅에서는 배포 환경의 잡에서 이런 일이 일어나는지 시점을 파악하는 법을 살펴본다. 잡이 실패하게 한 입력 데이터를 찾고 난 후에는 예상치 못한 데이터를 처리하도록 코드를 수정하는 것뿐 아니라 문제를 일으킨 데이터를 따로 가져와 단위 테스트에서 사용해본 후 수정된 코드에서 데이터를 문제 없이 처리한다는 것을 증명하는 게 중요하다.

MRUnit

MRUnit은 맵리듀스 코드를 단위 테스트하는 데 사용할 수 있는 테스트 프레임워크다. MRUnit은 클라우데라(자체 하둡 배포판을 소유하는 벤더)에서 개발했으며 현재 인큐베이터 상태의 아파치 프로젝트다. MRUnit은 과거 맵리듀스 API(org.apache.hadoop.mapred) 와 더불어 새로운 API(org.apache.hadoop.mapreduce)를 모두 지원한다.

기법 79. 맵리듀스 함수, 잡, 파이프라인의 단위 테스트

이 기법에서는 MRUnit에서 제공하는 각 네 가지 타입을 활용해 단위 테스트를 작성하는 법을 살펴본다.

- 맵 함수(MapDriver 클래스를 통해 지원)만 테스트하는 맵 테스트
- 리듀스 함수(ReduceDriver 클래스를 통해 지원)만 테스트하는 리듀스 테스트
- 맵 함수와 리듀스 함수(MapReduceDriver 클래스를 통해 지원)를 모두 테스트하는 맵 및 리듀스 테스트
- 일련의 맵리듀스 함수를 테스트할 수 있는 파이프라인 테스트(TestPipelineMapReduceDriver 클래스를 통해 지원)

문제

맵 및 리듀스 함수와 더불어 맵리듀스 파이프라인을 테스트하려고 한다.

해결책

MRUnit의 Driver, ReduceDriver, MapReduceDriver, PipelineMapReduceDriver 클래스를 단위 테스트에서 사용해 맵리듀스 코드를 테스트하는 법을 배운다.

문제 풀이

MRUnit에는 네 가지 유형의 단위 테스트가 있다. 여기서는 먼저 맵 테스트부터 살펴본다.

맵 테스트

먼저 맵 함수를 테스트하기 위한 테스트부터 작성해보자. 작업을 시작하기 전에 테스트를 실행하기 위해 MRUnit에 전달해야 하는 내용을 살펴보고, 이 과정에서 MRUnit이 내부적으로 어떻게 동작하는지 배워보자.

그림 13.1에서는 MRUnit의 단위 테스트 상호작용을 보여준다. 이를 통해 MRUnit이 테스트 중인 매퍼와 어떻게 상호작용하는지 알 수 있다.

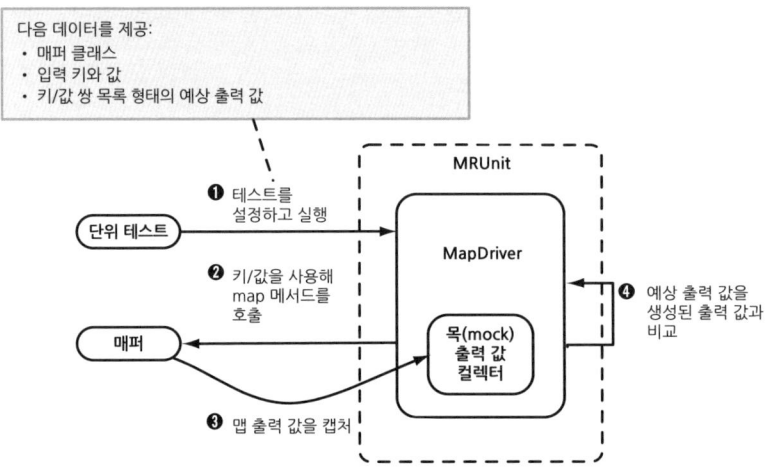

그림 13.1 MapDriver를 활용한 MRUnit 테스트

다음 코드[3]는 하둡의 항등 매퍼 클래스에 대한 간단한 단위 테스트다.

---

3 깃허브 소스 — https://github.com/alexholmes/hadoop-book/blob/master/src/test/java/com/manning/hip/ch13/mrunit/IdentityMapTest.java

```java
public class IdentityMapTest extends TestCase {

  private Mapper<Text, Text, Text, Text> mapper;
  private MapDriver<Text, Text, Text, Text> driver;

  @Before
  public void setUp() {
    mapper = new Mapper<Text, Text, Text, Text>();  ❶
    driver = new MapDriver<Text, Text, Text, Text>(mapper);
  }                                                                    ❷

  @Test
  public void testIdentityMapper() {

    driver.withInput(new Text("foo"), new Text("bar"))   ❸
          .withOutput(new Text("foo"), new Text("bars"))  ❹
          .runTest();  ❺
  }
}
```

❶ 여기서는 하둡의 내장 IdentityMapper를 사용한다. 이 IdentityMapper는 아무 변형 없이 입력 데이터를 출력한다.

❷ 테스트에서 사용할 MRUnit 드라이버 클래스. 여기서는 MapDriver를 사용하므로 이 클래스에서 테스트하는 매퍼에 대한 키/값 입력 및 출력 타입을 지정해야 한다.

❸ withInput 메서드는 IdentityMapper로 전달할 입력 키/값을 지정하는 데 사용한다.

❹ withOutput 메서드는 출력 키/값을 지정하는 데 사용한다. MRUnit은 출력 키/값을 테스트 중인 매퍼에서 생성한 출력값과 비교한다.

❺ 테스트를 실행한다. 실패가 생기면 차이를 로그로 남기고 예외를 던진다.

다중 입력 지원

MRUnit이 다중 입력 레코드를 지원하지 않는다는 점에 주의하자. withInput 메서드를 두 번 이상 호출하면 기존에 withInput을 호출할 때 지정한 키와 값을 덮어쓰게 된다.

MRUnit은 특정 단위 테스트 프레임워크에 의존하지 않으므로 에러를 만나면 에러를 로그에 기록하고 예외를 던진다. 그럼 다음 코드에서처럼 매퍼의 출력값과 일치하지 않는 출력값을 지정할 경우 단위 테스트에서 어떤 일이 생기는지 살펴보자.

```java
driver.withInput(new Text("foo"), new Text("bar"))
      .withOutput(new Text("foo"), new Text("bar2"))
      .runTest();
```

이 테스트를 실행하면 테스트가 실패하고 다음과 같은 로그 출력 결과를 보게 된다.

```
ERROR Received unexpected output (foo, bar)
ERROR Missing expected output (foo, bar2) at position 0
```

JUnit이나 다른 테스트 프레임워크에서 제공하는 강력한 기능 중 하나는 테스트가 실패할 때 실패 메시지에서 실패를 일으킨 원인에 대한 상세 정보를 보여주는 기능이다. 아쉽지만 MRUnit에서 로그로 남기거나 던지는 예외에는 상세한 설명이 들어 있지 않으므로, 어떤 부분에서 테스트가 실패했는지 테스트 출력값을 통해 직접 파악해야 한다.

> **로깅 설정**
>
> MRUnit은 기본적으로 log4를 사용하는 아파치 커먼즈 로깅을 사용하므로 다음과 같이 표준 출력에 쓰도록 설정된 log4j.properties 파일이 클래스패스에 있어야 한다.
>
> ```
> log4j.rootLogger=WARN, stdout
> log4j.appender.stdout=org.apache.log4j.ConsoleAppender
> log4j.appender.stdout.layout=org.apache.log4j.PatternLayout
> log4j.appender.stdout.layout.ConversionPattern=
> %-5p [%t][%d{ISO8601}] [%C.%M] - %m%n
> ```

그럼 MRUnit의 강력한 힘을 그대로 활용하면서 단정문이 실패할 때 JUnit에서 제공하는 정보도 활용하고 싶다면 어떻게 해야 할까? 이때는 이 작업을 수행하게끔 코드[4]를 수정하고 MRUnit의 테스트 코드를 건너뛰면 된다.

```
@Test
public void testIdentityMapper() throws IOException {
  List<Pair<Text, Text>> results = driver
      .withInput(new Text("foo"), new Text("bar"))
      .run(); ❶

  assertEquals(1, results.size());           ← 레코드의 크기 및 내용을 단정한다.
  assertEquals(new Text("foo"), results.get(0).getFirst());
  assertEquals(new Text("bar"), results.get(0).getSecond());
}
```

❶ run 메서드는 map 함수를 실행하고 map 함수에서 내보낸 모든 출력 레코드 목록을 반환한다. 이때는 유효성 검증을 직접 수행하므로 withOutput 메서드를 호출할 필요도 없다는 점에 주의하자.

---
[4] 깃허브 소스 — https://github.com/alexholmes/hadoop-book/blob/master/src/test/java/com/manning/hip/ch13/mrunit/IdentityMapJUnitTest.java

이 방식을 사용하면 예상한 출력값과 실제 출력값이 다를 때 좀 더 의미 있는 에러 메시지가 나온다. 이런 에러 메시지는 보고서 생성 툴에서 사용해 무엇 때문에 테스트가 실패했는지 쉽게 알 수 있다.

```
junit.framework.AssertionFailedError: expected:<bar2> but was:<bar>
```

이 방식을 사용할 때 복사해서 붙여넣기를 줄일 수 있게 필자는 JUnit 단정문을 MRUnit 드라이버와 함께 사용할 수 있게 해주는 헬퍼 클래스[5]를 작성했다. 이제 JUnit 테스트는 다음과 같이 달라졌다.

```
@Test
public void testIdentityMapper() throws IOException {
  List<Pair<Text, Text>> results = driver
      .withInput(new Text("foo"), new Text("bar"))
      .withOutput(new Text("foo"), new Text("bar"))      ❶
      .run();

  MRUnitJUnitAsserts.assertOutputs(driver, results);   ❷
}
```

❶ 헬퍼 함수가 드라이버로부터 직접 출력값을 추출할 수 있으므로 withOutput을 호출한다.
❷ 예상된 출력값을 생성된 출력값과 비교하기 위해 JUnit 단정문을 사용하는 헬퍼 함수를 호출한다.

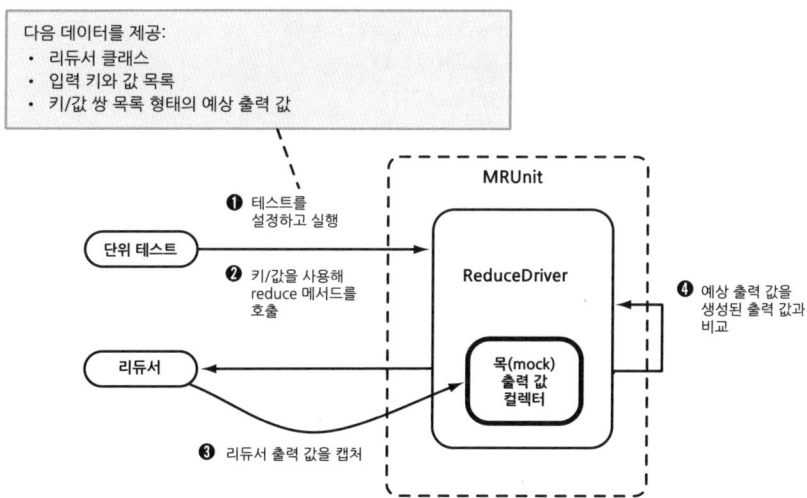

그림 13.2 ReduceDriver를 사용하는 MRUnit 테스트

---

5 깃허브 소스 — https://github.com/alexholmes/hadoop-book/blob/master/src/test/java/com/manning/hip/ch13/mrunit/IdentityMapJUnitAssertsTest.java

이 코드는 훨씬 더 깔끔하고 복사—붙여넣기 안티패턴에서 생길 수 있는 실수를 미연에 방지한다.

리듀스 테스트

이제 맵 함수 테스트를 살펴봤으니 리듀스 함수 테스트를 알아보자. MRUnit 프레임워크는 리듀스 테스트에서도 유사한 방식을 사용한다. 그림 13.2에서는 MRUnit의 단위 테스트 상호작용과 테스트 중인 리듀서와 MRUnit이 어떻게 상호작용하는지 나와 있다.

다음 코드[6]는 하둡의 항등 리듀서 클래스를 테스트하기 위한 간단한 단위 테스트다.

```
public class IdentityReduceTest extends TestCase {
  private Reducer<Text, Text, Text, Text> reducer;
  private ReduceDriver<Text, Text, Text, Text> driver;

  @Before
  public void setUp() {
    reducer = new Reducer<Text, Text, Text, Text>();
    driver = new ReduceDriver<Text, Text, Text, Text>(reducer);
  }

  @Test
  public void testIdentityMapper() throws IOException {
    List<Pair<Text, Text>> results = driver
      .withInput(new Text("foo"),
          Arrays.asList(new Text("bar1"), new Text("bar2")))  ❶
      .withOutput(new Text("foo"), new Text("bar1"))  ❷
        .withOutput(new Text("foo"), new Text("bar2"))
        .run();

    MRUnitJUnitAsserts.assertOutputs(driver, results);
  }
}
```

두 번째 값에 대한 예상 출력값을 추가한다.
앞서 맵 절에서 작성한 헬퍼 클래스를 사용한다.

❶ 리듀서를 테스트할 때는 MRUnit이 리듀서로 보낼 값 리스트를 지정한다.
❷ 항등 리듀서를 사용해 두 개의 입력 값을 지정했으므로 두 개의 출력값을 기대할 수 있다.

---

6 깃허브 소스 — https://github.com/alexholmes/hadoop-book/blob/master/src/test/java/com/manning/hip/ch13/mrunit/IdentityMapJUnitAssertsTest.java

이제 개별 맵 함수 및 리듀스 함수 테스트는 모두 살펴봤으니 맵 및 리듀스 함수를 함께 테스트하는 법을 알아보자.

맵리듀스 테스트

MRUnit은 같은 테스트에서 맵 함수와 리듀스 함수를 테스트하는 기능도 지원한다. 이때 MRUnit에 입력 값을 집어넣으면 이 값은 매퍼로 전달된다. 아울러 MRUnit에 예상하는 리듀서 출력값에 대해서도 알려줘야 한다.

그림 13.3에서는 MRUnit과 단위 테스트 사이의 상호작용 및 테스트 중인 매퍼와 리듀서와의 상호작용이 잘 나와 있다.

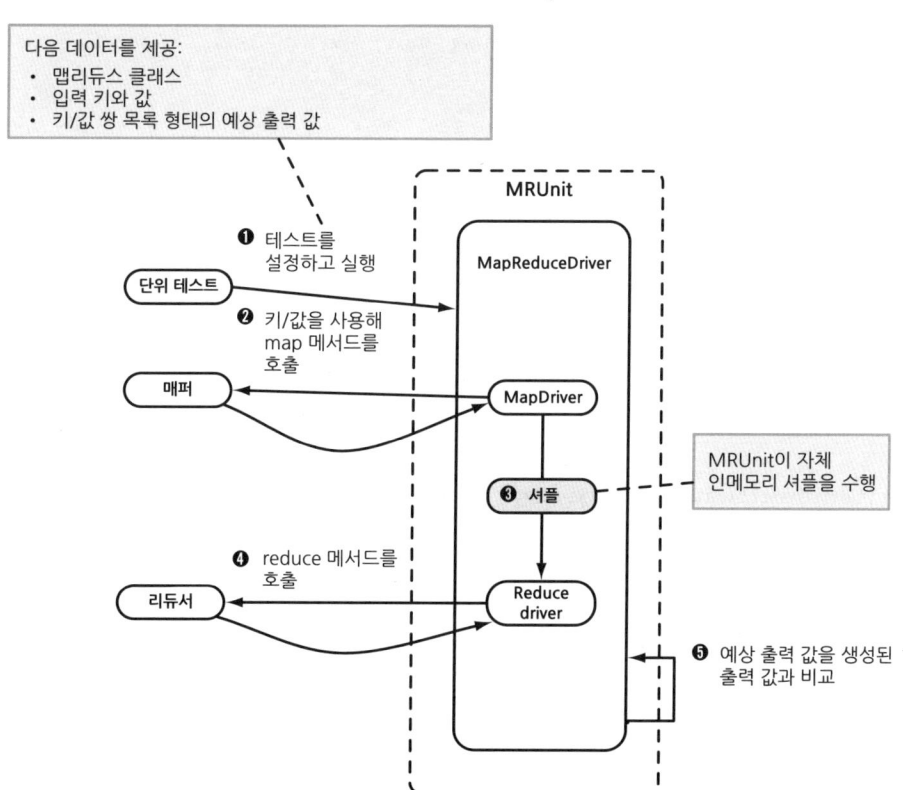

그림 13.3 MapReduceDriver를 활용한 MRUnit 테스트

다음 코드[7]는 하둡에서 항등 매퍼 및 리듀서를 테스트하기 위한 간단한 단위 테스트다.

```java
public class IdentityMapReduceTest extends TestCase {

  private Reducer<Text, Text, Text, Text> reducer;
  private Mapper<Text, Text, Text, Text> mapper;
  private MapReduceDriver<Text, Text, Text, Text, Text, Text> driver;

  @Before
  public void setUp() {
    mapper = new Mapper<Text, Text, Text, Text>();
    reducer = new Reducer<Text, Text, Text, Text>();
    driver =                              ❶
      new MapReduceDriver<Text, Text, Text, Text, Text, Text>(
        mapper, reducer);
  }

  @Test
  public void testIdentityMapper() throws IOException {
    List<Pair<Text, Text>> results = driver
        .withInput(new Text("foo"), new Text("bar"))
        .withInput(new Text("foo2"), new Text("bar2"))      ❷
        .withOutput(new Text("foo"), new Text("bar"))
        .withOutput(new Text("foo2"), new Text("bar2"))     ❸
        .run();

    MRUnitJUnitAsserts.assertOutputs(driver, results);
  }
}
```

❶ MapReduce 드라이버를 사용할 때는 6개의 타입을 지정해야 한다. 바로 맵 입력 및 출력 키/값 타입과 더불어 리듀서 키/값 출력 타입이다.

❷ 맵 입력 값을 제공한다. MapDriver 및 ReduceDriver와 달리 MapReduceDriver는 다중 입력 값을 지원한다.

❸ 예상하는 리듀서 출력값을 설정한다.

---

[7] 깃허브 소스 — https://github.com/alexholmes/hadoop-book/blob/master/src/test/java/com/manning/hip/ch13/mrunit/IdentityMapReduceTest.java

이번에는 MRUnit에서 지원하는 네 번째 타입이자 마지막 타입인 파이프라인 테스트를 살펴보자. 파이프라인 테스트는 여러 개의 맵리듀스 잡을 테스트할 때 사용한다.

파이프라인 테스트

MRUnit은 연속 맵 및 리듀스 함수에 대한 테스트를 지원한다. 이를 파이프라인 테스트라고 부른다. 이때는 MRUnit에 하나 이상의 맵리듀스 함수, 첫 번째 맵 함수에 대한 입력 값, 마지막 리듀스 함수에서 예상하는 출력값을 제공해야 한다. 그림 13.4에서는 MRUnit 파이프라인 드라이버와 단위 테스트 사이의 상호작용이 나와 있다.

다음 코드[8]는 하둡의 항등 매퍼 및 리듀서 클래스 두 세트가 들어 있는 파이프라인을 테스트하는 간단한 단위 테스트다.

```java
public class PipelineTest extends TestCase {

  private Mapper<Text, Text, Text, Text> mapper1;
  private Reducer<Text, Text, Text, Text> reducer1;
  private Mapper<Text, Text, Text, Text> mapper2;
  private Reducer<Text, Text, Text, Text> reducer2;
  private PipelineMapReduceDriver<Text, Text, Text, Text> driver;

  @Before
  public void setUp() {
    mapper1 = new IdentityMapper<Text, Text>();
    reducer1 = new IdentityReducer<Text, Text>();
    mapper2 = new IdentityMapper<Text, Text>();
    reducer2 = new IdentityReducer<Text, Text>();
    driver = new PipelineMapReduceDriver<Text, Text, Text, Text>();
    driver.addMapReduce(
      new Pair<Mapper, Reducer>(mapper1, reducer1));    // 첫 번째 맵 및 리듀스 쌍을 파이프라인에 추가한다.
    driver.addMapReduce(
      new Pair<Mapper, Reducer>(mapper2, reducer2));    // 두 번째 맵 및 리듀스 쌍을 파이프라인에 추가한다.
  }

  @Test
  public void testIdentityMapper() throws IOException {
    List<Pair<Text, Text>> results = driver
        .withInput(new Text("foo"), new Text("bar"))
```

---

[8] 깃허브 소스 — https://github.com/alexholmes/hadoop-book/blob/master/src/test/java/com/manning/hip/ch13/mrunit/PipelineTest.java

```
                .withInput(new Text("foo2"), new Text("bar2"))        ←── ❶
                .withOutput(new Text("foo"), new Text("bar"))
                .wiithOutput(new Text("foo2"), new Text("bar2"))
                .run();

        MRUnitJUnitAsserts.assertOutputs(driver, results);
    }
}
```

❶ MapReduceDriver와 마찬가지로 PipelineMapReduceDriver도 다중 입력 레코드를 지원한다.

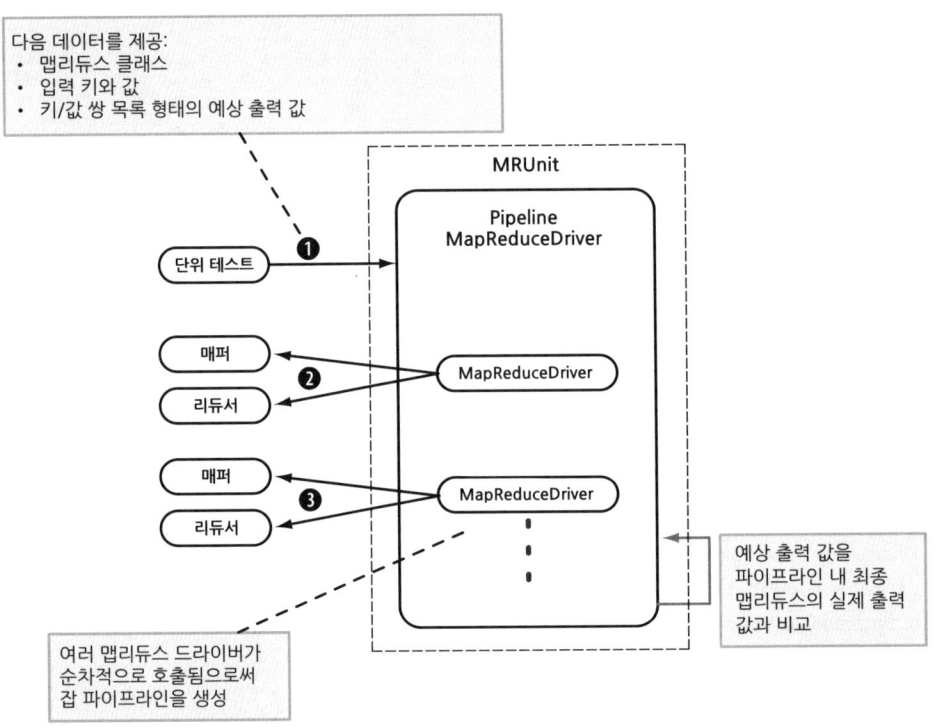

그림 13.4 PipelineMapReduceDriver를 사용하는 MRUnit 테스트

MRUnit에서 과거 맵리듀스 API와 새 맵리듀스 API 버전을 모두 지원하지 않는 유일한 드라이버가 PipelineMapReduceDriver라는 점에 주의하자. 앞에서 본 코드에서 과거 맵리듀스 API를 사용하고 있는 것도 이 때문이다.

정리

그럼 코드에서 어떤 유형의 테스트를 사용해야 할까? 이때 고려할 사항은 표 13.1에 정리돼 있다. MRUnit에는 몇 가지 제약이 있는데 이 기법에서는 이 중 일부를 언급한 바 있다.

- MapDriver와 ReduceDriver는 입력 값으로 단일 키만 지원한다. 이 때문에 입력 데이터를 캐싱하는 경우처럼 여러 키를 필요로 하는 맵 및 리듀스 로직을 테스트하는 게 조금 번거롭다.
- MRUnit은 빠른 에러 파악을 위한 에러 보고 기능을 제공하는 단위 테스트 프레임워크와 연동돼 있지 않다.
- 파이프라인 테스트는 과거 맵리듀스 API하고만 호환되므로 새로운 맵리듀스 API를 사용하는 코드는 파이프라인 테스트를 통해 테스트할 수 없다.
- 데이터 직렬화, InputFormat, RecordReader, OutputFormat, RecordWriter 클래스를 테스트할 수 있는 지원 기능이 없다.

표 13.1 MRUnit 테스트와 사용 시점

테스트 유형	이런 상황에서 적합
맵	맵 전용 잡이 있고, 프레임워크가 테스트 맵 입력 값의 예상 맵 출력값을 테스트하는 일을 책임지는 저수준 단위 테스트를 원할 때.
리듀스	잡의 리듀스 함수에 여러 복잡한 기능이 있고 이 함수에 대한 테스트만 별도로 하려는 경우.
맵리듀스	맵 함수 및 리듀스 함수 조합을 테스트하려는 경우. 이들 테스트는 고수준 단위 테스트다.
파이프라인	각 맵리듀스 잡의 입력 값이 이전 잡의 출력값인 맵리듀스 파이프라인이 있는 경우.

이런 제약에도 불구하고 MRUnit은 개별 맵 및 리듀스 함수를 상세 수준에서 테스트할 수 있게 도와주는 훌륭한 프레임워크다. 또, MRUnit은 맵리듀스 잡의 파이프라인도 테스트할 수 있다. 아울러 MRUnit에서는 InputFormat 및 OutputFormat 단계를 건너뛰므로 단위 테스트가 빠르게 실행된다.

다음으로 LocalJobRunner를 활용해 MRUnit에서 무시하는 맵리듀스 구조체를 테스트하는 법을 살펴보자.

LocalJobRunner

앞 절에서는 훌륭한 경량 단위 테스트 라이브러리인 MRUnit을 살펴봤다. 그런데 맵 함수 및 리듀스 함수뿐 아니라 InputFormat, RecordReader, OutputFormat, RecordWriter 코드 및 맵 단계와 리듀스 단계 사이의 데이터 직렬화를 테스트하려면 어떻게 해야 할까? 커스텀 입력/출력 형식 클래스를 작성한 경우 이들 코드 또한 테스트해야 하므로 이런 테스트가 중요하다.

하둡에서는 LocalJobRunner 클래스를 기본으로 제공한다. 이 클래스는 하둡 및 피그 애브로 등의 관련 프로젝트에서 맵리듀스 코드를 작성하고 테스트하는 데 사용한다. LocalJobRunner를 사용하면 파일시스템에서 데이터를 읽고 쓰는 작업을 비롯해 맵리듀스 잡의 모든 측면을 테스트할 수 있다.

기법 80. LocalJobRunner를 활용한 잡 테스트

MRUnit 같은 툴은 저수준 단위 테스트에는 유용하지만 전체 하둡 스택의 모든 코드가 정상적으로 동작하는지 알 방도가 없다.

문제
단위 테스트에서 전체 하둡 스택을 테스트하고 싶다.

해결책
하둡에서 LocalJobRunner 클래스를 활용해 잡 입력 값 및 출력값을 처리하는 코드까지 테스트 범위를 넓힌다.

문제 풀이
LocalJobRunner를 사용하면 단위 테스트가 통합 테스트와 같은 느낌이 들기 시작한다. LocalJobRunner를 사용할 때는 전체 맵리듀스 스택과 연계해 코드가 어떻게 동작하는지 테스트하기 때문이다. 따라서 사용자 공간 맵리듀스 코드가 맵리듀스와 어떻게 연동하는지뿐 아니라 InputFormat, OutputFormat, 파티셔너, 고급 정렬 메커니즘 등도 함께 테스트할 수 있다는 장점이 있다. 아래 예제 코드 는 단위 테스트에서 LocalJobRunner를 활용하는 법을 보여준다.

LocalJobRunner를 활용한 맵리듀스 잡 테스트

```
public class IdentityTest {

  @Test
  public void run() throws Exception {
    Path inputPath = new Path("/tmp/mrtest/input");
    Path outputPath = new Path("/tmp/mrtest/output");

    Configuration conf = new Configuration();
    conf.set("mapred.job.tracker", "local");   ❶
```

```java
      conf.set("fs.default.name", "file:///");
      FileSystem fs = FileSystem.get(conf);                    ❷
      if (fs.exists(outputPath)) {
        fs.delete(outputPath, true);
      }
      if (fs.exists(inputPath)) {
        fs.delete(inputPath, true);
      }
      fs.mkdirs(inputPath);

      String input = "foo\tbar";
      DataOutputStream file = fs.create(new Path(inputPath, "part-" + 0));

      file.writeBytes(input);
      file.close();

      Job job = runJob(conf, inputPath, outputPath);

      assertTrue(job.isSuccessful());

      List<String> lines =
        IOUtils.readLines(fs.open(new Path(outputPath, "part-r-00000")));

      assertEquals(1, lines.size());
      String[] parts = StringUtils.split(lines.get(0), "\t");
      assertEquals("foo", parts[0]);
      assertEquals("bar", parts[1]);
    }

    public Job runJob(Configuration conf, Path inputPath, Path outputPath)
        throws ClassNotFoundException, IOException, InterruptedException {
      Job job = new Job(conf);
      job.setInputFormatClass(KeyValueTextInputFormat.class);
      job.setMapOutputKeyClass(Text.class);
      FileInputFormat.setInputPaths(job, inputPath);
      FileOutputFormat.setOutputPath(job, outputPath);
      job.waitForCompletion(false);
      return job;
    }
  }
```

❷ 파일시스템을 local(기본값)로 강제한다.

잡 입력 값을 파일에 쓴다.

항등 맵리듀스 잡을 실행한다.

잡이 성공적으로 완료됐는지 테스트한다.

파일시스템에서 잡 출력값을 읽는다.

잡 출력값을 확인한다.

❶ mapred.job.tracker를 local(기본값)로 설정해 LocalJobRunner 사용을 강제한다.
❷ 파일시스템을 조회한다. 기본적으로 파일시스템은 로컬 파일시스템이다. 이어지는 코드에서는 다른 테스트에서 남은 데이터를 지우기 위해 출력 및 입력 디렉터리를 삭제한다.

이 테스트를 작성할 때는 파일시스템에 입력 값 쓰기, 파일시스템에서 다시 읽기 등을 처리해야 하므로 테스트를 작성하는 게 좀 더 복잡하다. 이때는 매 테스트마다 처리해야 하는 반복 코드가 많으므로 재사용할 수 있는 헬퍼 클래스로 리팩터링하는 것도 고려해볼 만하다. 다음은 이를 처리해주는 유틸리티 클래스다. 다음 코드에서는 IdentityTest 코드를 좀 더 관리하기 편하게끔 줄이는 법을 보여준다.

```
@Test
public void run() throws Exception {

    TextIOJobBuilder builder = new TextIOJobBuilder()
        .addInput("foo", "bar")              ← 잡 입력 값을 설정
        .addExpectedOutput("foo", "bar")     ← 예상된 잡 출력값을 설정
        .writeInputs();                      ← 입력 값을 파일시스템에 씀

    Job job = runJob(
            builder.getConfig(),
            builder.getInputPath(),
            builder.getOutputPath());

    assertTrue(job.isSuccessful());

    builder.verifyResults();                 ← 유틸리티 클래스에 예상된 결과와 함께 테스트를 위임한다.
}
```

정리

그럼 LocalJobRunner를 사용할 때 참고할 제약 사항은 어떤 게 있을까?

- LocalJobRunner는 단일 리듀스 태스크만 실행하므로 파티셔너를 테스트하는 데 사용할 수 없다.
- 앞에서 본 것처럼 테스트를 작성하는 데 좀 더 손이 많이 간다. 파일시스템에 대한 입력 및 출력 데이터 읽기 및 쓰기를 처리해야 한다.
- 맵리듀스 태스크에서 대부분의 기능이 실행되므로 잡 속도 또한 느리다.
- 끝으로 파일 기반이 아닌 InputFormat 및 OutputFormat을 테스트할 때는 이 접근 방식을 사용하는 게 조금 까다로울 수 있다.

이런 제약에도 LocalJobRunner는 맵리듀스 코드를 테스트할 수 있는 가장 방대한 방식이며, 이 때문에 하둡 클러스터에서 잡이 예상대로 동작하리라는 가장 큰 확신을 준다.

통합 및 QA 테스트

앞에서는 TDD 방식을 사용해 이 절에서 소개한 기법을 토대로 단위 테스트를 작성했다. 그런 다음 맵리듀스 코드를 작성하고 이 코드가 단위 테스트를 통과하게 했다. 하지만 아직 샴페인을 터뜨릴 단계는 아니다. 아직 배포 환경에서 실행하기 전에 맵리듀스 코드가 제대로 동작해야 하는지 확인이 필요하기 때문이다. 배포 환경에서 코드가 제대로 동작하지 않는 일이 생기고 배포 환경에서 디버깅하는 것이야말로 최악의 상황이다. 물론 독자들은 '지금까지 모든 단위 테스트를 통과했는데 왜 내가 만든 잡이 실패하지?'하고 반문할 수 있다. 좋은 질문이다. 이런 일이 생길 수 있는 데에는 여러 요소가 있다.

- 단위 테스트에 사용한 데이터가 배포 환경에서 사용되는 데이터의 다양한 유형을 모두 포함하지 않는 경우.
- 데이터의 양 및/또는 데이터 불균형(skew) 문제 때문에 코드에 부작용이 생기는 경우.
- 하둡 및 다른 라이브러리의 차이 때문에 빌드 환경과는 다른 동작이 일어나는 경우
- 빌드 호스트와 배포 환경에서의 하둡 및 운영체제 설정 차이 때문에 문제가 생기는 경우

이와 같은 요소들 때문에 통합 테스트나 QA 테스트 환경을 개발할 때는 하둡 버전과 설정이 배포 클러스터와 동일하게끔 유지하는 게 매우 중요하다. 하둡 버전이 다르거나 같은 버전이라도 설정이 다르면 하둡은 다르게 동작한다. 테스트 환경에서 변경 사항을 테스트할 때는 가급적 배포 환경으로 부드럽게 이관하는 게 좋으므로 가능한 한 배포 환경과 같은 버전과 설정을 유지하는 게 좋다.

맵리듀스 잡이 통합 환경과 QA에서 제대로 실행되고 나면 잡이 예상대로 동작하리라는 확신을 갖고 이를 배포 환경으로 옮길 수 있다.

이로써 맵리듀스 코드에 대한 테스트를 모두 살펴봤다. 지금까지 TDD와 자바 코드 테스트를 쉽게 해주는 설계 원칙을 살펴보고, 맵리듀스 코드의 단위 테스트를 도와주는 단위 테스트 라이브러리도 몇 개 다뤘다. 다음으로 맵리듀스 잡에서 좀 더 복잡한 문제를 디버깅하는 법을 살펴보자.

13.2 사용자 공간 문제 디버깅

이 절에서는 맵리듀스 사용자 공간 코드에서 생긴 문제를 따로 떼어내 해결하는 과정을 단계별로 살펴본다. 사용자 공간 코드라는 말은 개발자가 작성한 코드를 뜻한다.

맵리듀스 잡은 다음 요인을 비롯한 여러 문제 때문에 실패할 수 있다.

- 지나치게 많은 데이터를 캐싱해 메모리가 부족할 수 있다.
- 입력 레코드를 파싱하는 로직이 모든 입력 값을 제대로 처리하지 못할 수 있다.
- 여러분의 코드나 서드파티 라이브러리에 논리적 오류가 존재할 수 있다.
- 커스텀 RecordReader 또는 RecordWriter 코드에서 직렬화 및 역직렬화 버그가 존재할 수 있다.
- 커스텀 파티셔너에서 레코드를 제대로 파티셔닝하지 않을 수 있다.
- 1차 및 2차 정렬에 사용된 커스텀 비교기가 예상대로 동작하지 않을 수 있다.

이런 문제는 얼마든지 더 나열할 수 있다. 맵리듀스 잡에서 문제를 디버깅할 때는 구조적인 방식을 택해야 한다. 그림 13.5에서는 맵리듀스 코드에서 문제를 찾아내는 데 사용할 수 있는 의사결정 트리가 나와 있다.

이 절의 나머지 부분에서는 디버깅을 위해 그림 13.5에서 강조한 세 가지 영역을 다룬다.

- 문제를 일으킨 원인에 대한 상세 정보를 보기 위해 태스크 로그를 살펴본다.
- 코드에 문제를 일으키는 입력 값을 찾는다.
- 코드를 효과적으로 디버깅할 수 있게 도와주는 로깅 및 코딩 가이드라인을 살펴본다.

먼저 태스크 로그를 살펴보는 것부터 시작하자.

태스크 로그 출력값 접근

맵리듀스 잡에 있는 문제를 파악하는 첫 번째 단계는 태스크 로그를 확인하는 것이다. 문제가 정확히 무엇인지에 따라 현재 형태의 로그가 도움이 될 수도 있고 도움이 되지 않을 수도 있다. 예를 들어, 코드에 아주 작은 직렬화 버그가 있다면 563페이지의 효과적인 디버깅을 위한 코딩 가이드라인에서 설명하는 단계를 따르지 않을 경우 로그를 통해 직렬화 문제를 정확히 찾아낼 가능성이 거의 없다.

기법 81. 태스크 로그 살펴보기

이 기법에서는 디버깅하려는 맵리듀스 잡에 문제가 생긴 경우 태스크 로그에 접근하는 법을 살펴본다.

문제

맵리듀스 잡이 실패하거나 예상하지 못한 출력값을 생성하는 상황에서 로그가 문제 진단에 도움이 되는지 판단하고 싶다.

해결책

잡트래커 UI를 활용해 태스크 로그를 보는 법을 배운다. 여기서는 개별 태스크트래커 노드로 SSH를 통해 상호작용하는 법 및 로그를 직접 확인하는 법도 살펴본다.

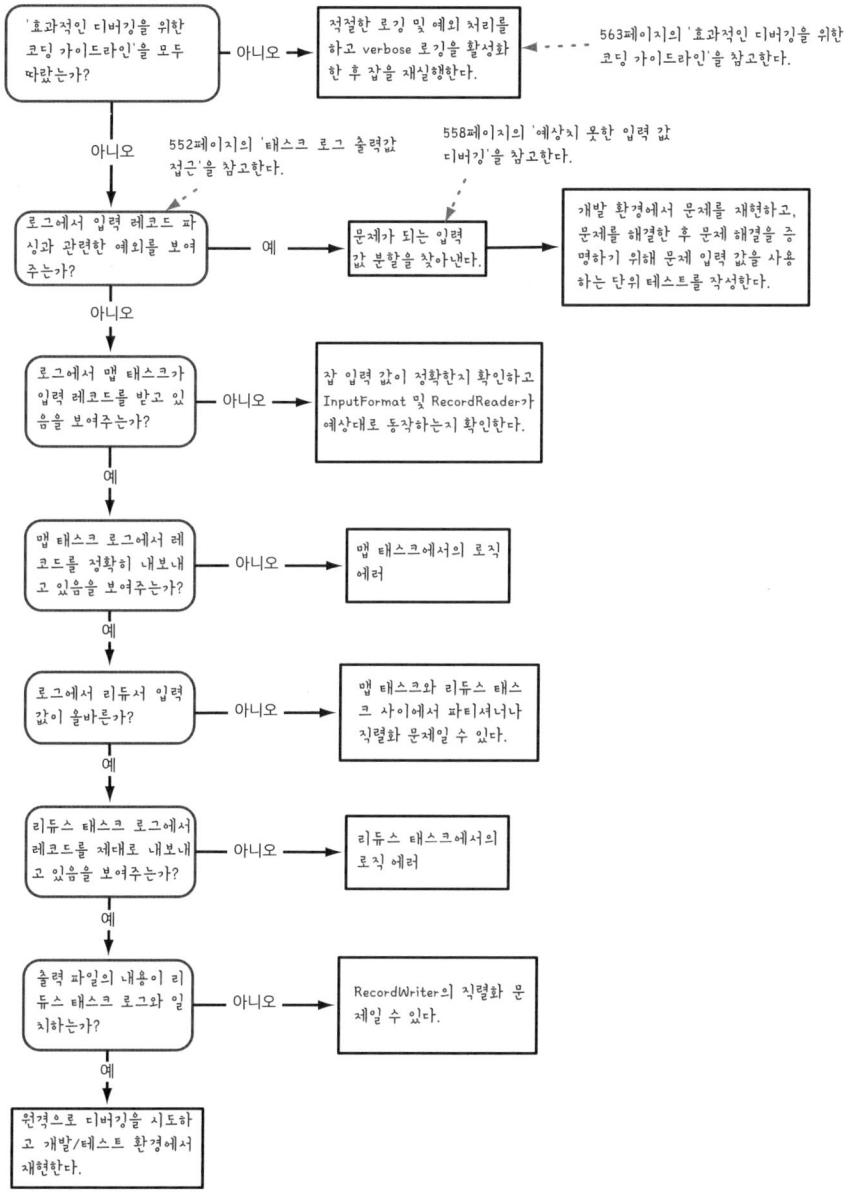

그림 13.5 맵리듀스 디버깅 작업 흐름

문제 풀이

이제 잡이 실패했고 여러분은 실패의 원인에 대한 정보를 알고 싶다. 잡이 실패할 때는 실패 원인에 대한 기록을 볼 수 있게 로그를 살펴보는 게 도움이 된다. 각 맵 태스크와 리듀스 태스크는 자체 로그를 갖고 있으므로 실패한 태스크를 먼저 식별해야 한다. 이를 수행하는 가장 쉬운 방법은 잡트래커 UI를 사용하는 것이다. 메인 잡트래커 페이지에서 실패한 잡을 선택하면 그림 13.6과 같이 태스크에 대한 통계 정보를 볼 수 있다.

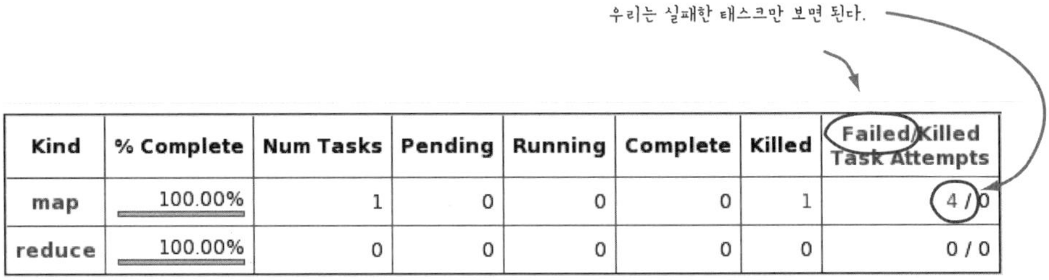

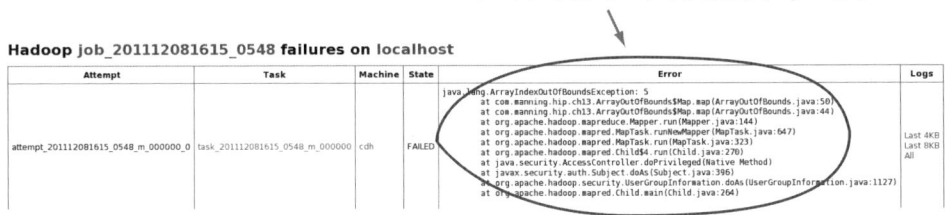

그림 13.6 태스크를 보여주는 잡태스크 잡 요약 페이지

실패한 태스크의 개수를 클릭하면 실패한 전체 태스크와 태스크별 스택 트레이스가 있는 페이지를 볼 수 있다. 그림 13.7에는 이 페이지의 예시 페이지가 나와 있다.

그림 13.7 실패한 태스크를 보여주는 잡트래커 태스크 요약 페이지

태스크가 실패하는 경우는 다음을 비롯한 여러 상황이 있다.

- 네트워크 또는 태스크를 실행하는 로컬 호스트와 관련한 하드웨어 문제가 존재하는 경우.
- 잡을 실행하는 계정의 HDFS 쿼터를 초과한 경우.
- 애플리케이션 캐싱 과정에서 JVM이 메모리 부족을 일으킨 경우.
- 예상치 못한 입력 값으로 애플리케이션이 오류를 일으킨 경우.

문제의 유형에 따라 로그 또는 표준 출력(stdout) 및 표준 에러(stderr)에서 추가로 도움되는 정보를 얻을 수 있다. 그림 13.8에서 볼 수 있듯 Logs 칼럼 아래에 있는 All 링크를 클릭하면 세 가지 출력 결과를 모두 볼 수 있다.

그런데 이런 UI에 접근할 수 없다면 어떻게 해야 할까? 이때는 실패한 태스크를 어떻게 파악하고 그 출력 파일을 어떻게 볼 수 있을까? 이때는 잡 히스토리 명령행 인터페이스(CLI)를 사용하면 도움이 된다. 여기서는 실패한 맵 및 리듀스 태스크의 전체 목록과 태스크별로 발생한 예외를 출력 결과를 통해 확인할 수 있다.

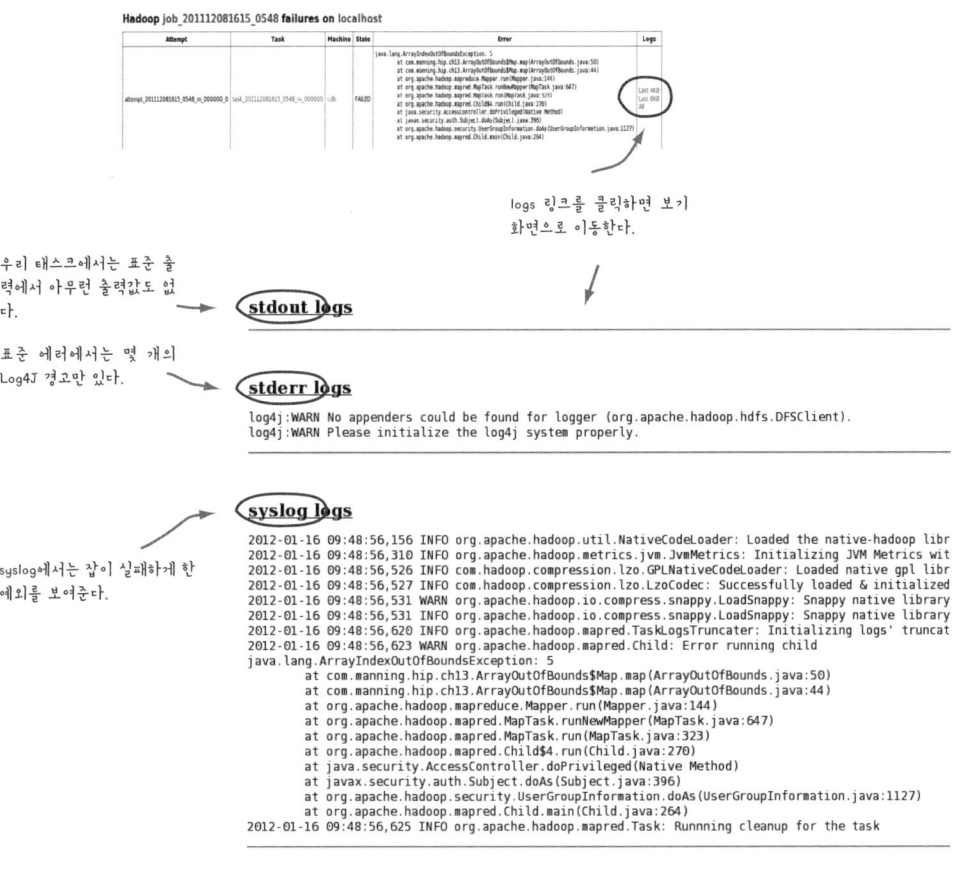

그림 13.8 표준 출력, 표준 에러, 로그의 출력값을 보여주는 태스크트래커 페이지

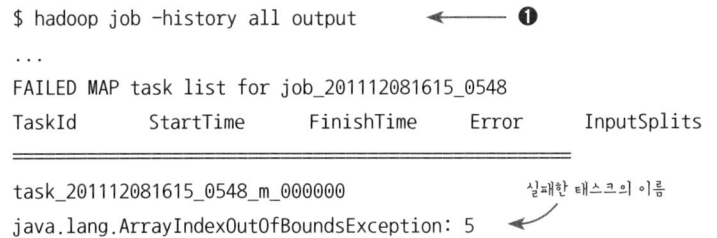

```
$ hadoop job -history all output          ❶
...
FAILED MAP task list for job_201112081615_0548
TaskId          StartTime       FinishTime      Error           InputSplits
================================================================

task_201112081615_0548_m_000000          실패한 태스크의 이름
java.lang.ArrayIndexOutOfBoundsException: 5
```

13. 테스트 및 디버깅 **555**

```
        at com.manning.hip.ch13.ArrayOutOfBounds$Map.map(ArrayOutOfBo...
        at com.manning.hip.ch13.ArrayOutOfBounds$Map.map(ArrayOutOfBo...
        at org.apache.hadoop.mapreduce.Mapper.run(Mapper.java:144)
        at org.apache.hadoop.mapred.MapTask.runNewMapper(MapTask.java...
        ...
    http://cdh:50060/tasklog?attemptid=attempt_.  ❷
```

❶ 마지막 인자는 잡의 출력 디렉터리다. 이 디렉터리는 잡 히스토리 상세 정보를 추출하는 데 사용된다. all 옵션을 사용하면 모든 태스크에 대해 verbose 출력값을 제공한다.

❷ 태스크와 관련한 전체 출력값을 조회하는 데 사용할 수 있는 URL. URL에서 호스트를 살펴보면 태스크를 실행한 호스트를 알 수 있다.

이 출력값에서는 많은 정보를 제공한다. 단순히 예외만 볼 수 있는 게 아니라 태스크 이름과 태스크를 실행한 호스트도 알 수 있다. 여기서는 태스크 출력값과 관련해 볼 수 있는 데이터가 예외뿐이므로 전체 태스크 출력값을 보려면 이 출력값에 있는 URL을 사용해야 한다.

```
$ curl http://cdh:50060/tasklog?attemptid=attempt_...     ◀── curl을 사용해 태스크트래커 URL에서 출력값을 내려받는다.

<html> <title>Task Logs: 'attempt_201112081615_0548_m_000000_0'</title>
<body> <h1>Task Logs: 'attempt_201112081615_0548_m_000000_0'</h1><br>
<br><b><u>stdout logs</u></b><br>     ◀── 표준 출력값의 시작을 나타내는 HTML 태그
<pre>
</pre></td></tr></table><hr><br>
<br><b><u>stderr logs</u></b><br>     ◀── 표준 에러의 시작
<pre> log4j:WARN No appenders could be found ...
log4j:WARN Please initialize the log4j system properly.
</pre></td></tr></table><hr><br>
<br><b><u>syslog logs</u></b><br>
<pre> ...                              ◀── 로그의 시작
2012-01-16 09:48:56,623 WARN org.apache.hadoop.mapred.Child:

Error running child
java.lang.ArrayIndexOutOfBoundsException: 5
    at com.manning.hip.ch13.ArrayOutOfBounds$Map.map(ArrayOutOfBounds...
    at com.manning.hip.ch13.ArrayOutOfBounds$Map.map(ArrayOutOfBounds...

...
</pre></td></tr></table><hr><br> </body></html>
```

태스크트래커 접근성

curl 명령이 제대로 동작하려면 태스크트래커 노드에 접근할 수 있는 호스트에서 이 명령을 실행해야 한다.

curl 명령에 -o [파일명]을 추가해 HTML을 파일로 저장하고 이 파일을 로컬 호스트로 복사한 후 브라우저를 통해 파일을 보면 출력 결과를 좀 더 쉽게 파싱할 수 있다.

그럼 잡트래커나 태스크트래커 UI에 접근할 수 없는 환경에서 작업할 때는 어떻게 해야 할까? 노트북이나 데스크톱에서 UI 포트에 대한 접근이 차단된 방화벽 내 클러스터에서 작업하는 경우가 이에 해당할 수 있다. 클러스터에 대한 SSH 접근만 가능할 때는 어떻게 해야 할까? 이때 사용할 수 있는 한 가지 방법은 클러스터에서 텍스트 기반의 웹 브라우저인 Lynx를 실행하는 것이다. Lynx가 없다면 태스크 로그에 직접 접근할 수 있는 방법을 알아야 한다. URL을 통해 호스트네임을 알고 있으므로 먼저 해당 호스트로 SSH해야 한다. 태스크별 로그는 하둡 logs 디렉터리에 있다.

하둡 로그의 위치

기본적으로 이 디렉터리는 $HADOOP_HOME/logs지만, DOOP_LOG_DIR 환경 변수를 이용해 바꿀 수 있으므로 hadoop-env.xml을 확인해야 한다.

우리 예제에서는 패키징된 CDH 설치판을 실행하고, CDH에서는 기본 로그 디렉터리를 바꾸지 않으므로 HADOOP_HOME은 /usr/lib/hadoop이고, 로그는 /usr/lib/hadoop/logs[9] 경로에 있다. 그림 13.9에서는 실패한 태스크의 전체 경로를 보여준다.

그림 13.9 태스크트래커 노드의 태스크 출력 파일 위치

이 디렉터리에서는 최소 다음 세 파일을 찾을 수 있다.

- 표준 에러 출력값이 담긴 stderr
- 표준 출력값이 담긴 stdout
- 로그가 담긴 stdlog

---

9 /usr/lib/hadoop/logs는 /var/log/hadoop-[버전]을 가리키는 심볼릭 링크다.

이들 파일의 내용을 보려면 원하는 편집기를 사용하거나 cat이나 less 같은 간단한 툴을 사용하면 된다.

정리

종종 잡에서 문제가 생길 때 로그에 문제의 원인에 대한 상세 정보가 있는 경우가 있다. 이 기법에서는 잡트래커 및 리눅스 셸을 활용해 로그에 접근하는 법을 살펴봤다.

로그 데이터를 이용해 잡의 문제가 입력 값에서 생긴다는 것을 알았다면(파싱 예외를 통해 드러남) 어떤 입력 값이 문제를 일으키는지 찾아야 한다.

예상치 못한 입력 값 디버깅

앞 절에서는 문제의 근본 원인을 찾기 위해 실패한 태스크 출력 파일에 접근하는 법을 살펴봤다. 이 예제에서는 출력값에 추가 정보가 전혀 없었다. 이 말은 아직 맵리듀스 코드에서 에러 조건을 처리하고 있지 않음을 뜻한다.

실패하는 맵리듀스 코드를 쉽게 수정할 수 있다면 이 작업을 수행하고 563페이지의 효과적인 디버깅을 위한 코딩 가이드라인으로 이동해 문제가 되는 입력 값을 더 잘 처리하고 이를 보고하도록 코드를 업데이트하는 전략을 살펴본다. 이와 같은 변경 사항을 코드에 반영하고 코드를 클러스터에 푸시한 후 잡을 재실행한다. 그럼 이제 잡에서 예상치 못한 입력 값을 더 잘 처리하게끔 코드를 업데이트할 수 있게 충분한 상세 정보를 제공할 것이다.

이 옵션을 선택할 수 없는 상황이라면 계속해서 이어지는 내용을 읽자. 이번에는 코드가 오작동하게 만드는 입력 데이터를 따로 떼어내는 법을 살펴본다.

기법 82. 입력 값 분할에서의 문제 진단

다양한 입력 파일에서 트위터 트윗을 읽는 잡이 있다고 가정하자. 이 중 일부 트윗이 올바른 형태가 아니어서(구문 문제이거나 데이터 사전에서 예상하지 못한 값일 수 있다) 처리 로직에서 오류를 일으킨다.

로그를 살펴보고 파싱 코드가 실패하게끔 하는 데이터가 입력 파일에 있다는 것을 파악했다. 하지만 잡에서는 수많은 입력 파일을 처리하고, 이들 파일의 크기 또한 크다. 따라서 문제가 되는 입력 값이 정확히 어디에 존재하는지 찾는 게 관건이다.

문제

파싱 문제를 일으키는 구체적인 입력 분할 값을 찾고 싶다.

해결책

keep.failed.task.files 맵리듀스 설정 파라미터를 사용해 하둡이 태스크 메타데이터 정리를 하지 못 하게 하고, 이 메타데이터를 사용해 실패한 태스크의 입력 값 분할에 대한 정보를 이해한다.

문제 풀이

다음과 같은 절차를 거쳐 상황을 해결한다.

1. 문제가 되는 입력 레코드들을 식별한다.
2. 문제가 되는 입력 레코드를 처리하게끔 코드를 수정한다.
3. 향후에 디버깅하기 쉽게끔 코드에 추가적인 에러 처리 기능을 추가한다.

이 기법에서는 코드를 수정하는 데 도움이 되는 첫 번째 단계에 집중한다. 향후 디버깅을 위한 방탄 코드를 작성하는 법은 563페이지의 효과적인 디버깅을 위한 코딩 가이드라인에서 다룬다.

첫 번째로 할 일은 문제가 되는 입력 레코드가 있는 파일을 찾는 것이다. 이때 파일이 클 경우 파일 내 범위를 찾을 수 있다면 더욱 좋다. 아쉽지만 하둡은 기본적으로 태스크가 완료된 후 입력 분할 값을 비롯해 태스크 차원의 상세 정보를 지운다. 여기서는 keep.failed.task.files를 true로 설정해 이 설정을 비활성화해야 한다. 그런 다음 실패한 잡을 재실행하면 실패한 태스크에 대한 추가 메타데이터를 추출할 수 있다.

실패한 잡을 재실행하고 난 후에는 다시 한 번 앞 절에서 살펴본 hadoop job -history 명령을 사용해 호스트와 잡 또는 태스크 ID를 찾아야 한다. 이 정보를 갖추고 나면 셸을 사용해 실패한 태스크를 실행한 태스크트래커 노드로 가서, 태스크에 대한 입력 분할 값 정보가 있는 태스크 디렉터리로 이동한다. 그림 13.10에서는 이 과정을 보여준다.

이때 mapred.local.dir에 대해 여러 디렉터리를 설정한 경우 어떤 디렉터리에 태스크 디렉터리가 들어 있는지 찾아야 한다. 이 작업은 다음과 같이 find를 사용해 쉽게 수행할 수 있다.

```
$ cd <mapred.local.dir>
$ find <task-attempt-id>
```

디렉터리를 찾고 나면 split.info라는 파일을 비롯해 태스크와 관련 있는 여러 개의 파일을 볼 수 있다. 이 파일에는 HDFS 내 입력 분할 값 파일의 위치와 더불어 태스크가 처리하는 입력 분할 값을 판단하는 데 사용되는 오프셋에 대한 정보가 있다. 태스크와 잡 분할 파일 모두 텍스트와 바이너리 내용이 섞여 있으므로 아쉽지만 명령행 편집기를 사용해 내용을 쉽게 볼 수는 없다.

① 셸 스크립트를 보관하려는 잡에 대해
   keep.failed.task.files를 true로 설정

② 잡을 재실행

③ 실패한 태스크 시도 ID와 실행 중이던 호스트를 판단

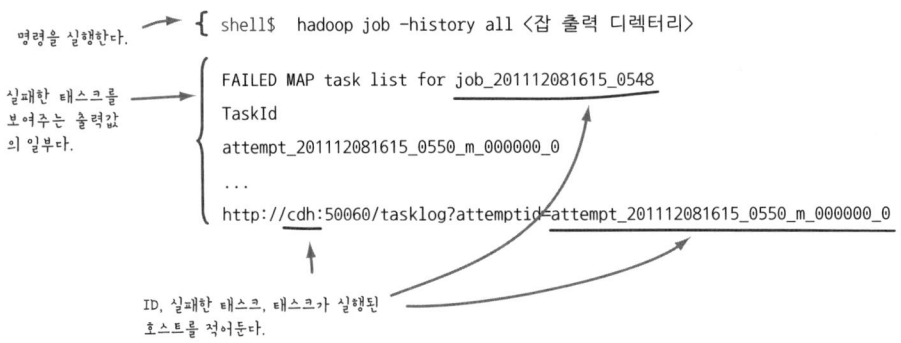

④ 태스크가 실행된 호스트로 SSH를 보내고
   다음 디렉터리로 이동한다.

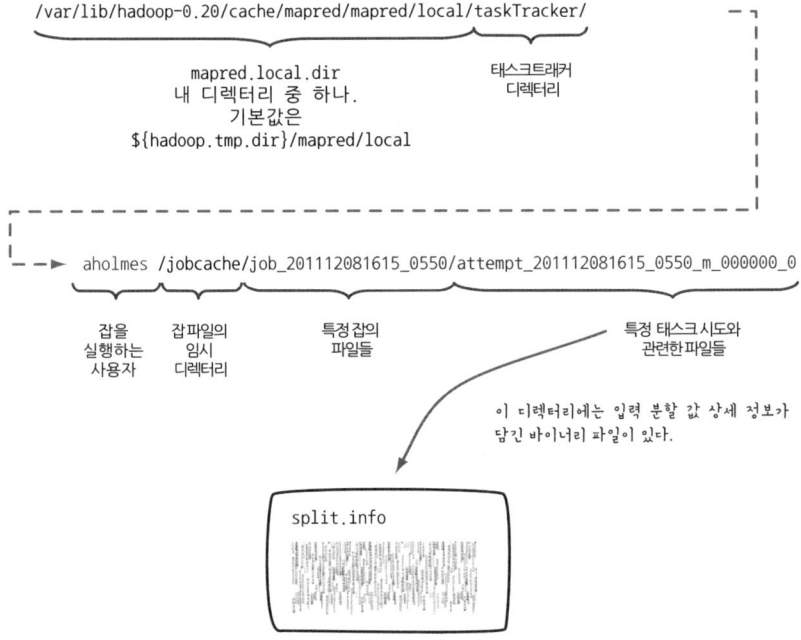

그림 13.10 태스크트래커 노드에서 태스크와 관련한 파일에 접근하기

이런 상황에서 도움이 되게끔 필자는 태스크에 대한 입력 값 분할 파일을 읽고 이 정보를 활용해 HDFS에서 잡 분할 파일을 연 후, 특정 태스크 관련 오프셋으로 이동해 태스크 관련 분할 정보를 읽는 유틸리티를 작성했다. 이 유틸리티는 하둡 0.20.x 이외의 버전에서는 동작하지 않을 가능성이 높으므로 주의하기 바란다.

실패한 태스크의 input.split 파일을 대상으로 이 유틸리티를 실행하면 파일 및 분할의 시작과 끝에 대한 정보를 얻을 수 있다(태스크의 입력 값이 파일이라고 가정할 경우).

```
$ bin/run.sh com.manning.hip.ch13.TaskSplitReader split.info
ToString on split = hdfs://localhost/user/aholmes/users.txt:0+110
Reflection fields = FileSplit[
file=hdfs://localhost/user/aholmes/users.txt,
start=0,
length=110,
hosts=<null> ]
```

이 시점에서는 한두 가지 방식을 선택할 수 있다. 이 파일을 로컬로 복사해 이 파일을 대상으로 맵리듀스 잡을 실행할 수도 있고, 예외를 잡도록 코드를 수정할 수도 있다. 이럴 경우 IDE에서 브레이크포인트를 설정하고 예외를 일으키는 입력 값을 관찰할 수도 있다.

또는 실행 중인 하둡 배포판에 따라 입력 분할 값을 사용해 특정 태스크를 재실행할 수 있는 IsolationRunner 툴이 제공되는 경우도 있다. 아쉽지만 IsolationRunner는 0.20.x[10] 및 과거 하둡 배포판에서는 동작하지 않지만 0.21 버전 이상에서는 사용할 수 있다. 척 램이 저술한 하둡 인 액션에서는 IsolationRunner를 활용하는 예제가 나와 있으며 http://hadoop.apache.org/docs/r1.0.4/mapred_tutorial.html#IsolationRunner에 있는 하둡 튜토리얼에서도 관련 예제를 볼 수 있다. 또 자바 디버그 에이전트를 활성화한 채 태스크 JVM이 실행되게끔 옵션을 활성화해 IDE나 jdb를 통해 태스크를 연결할 수도 있다.

정리

여기서는 입력 데이터의 문제 때문에 실패하는 태스크에서 입력 분할 값을 찾아내는 법을 살펴봤다. 다음으로 살펴볼 내용은 태스크를 실행하는 데 사용할 JVM 인자에 접근하는 방법이다. 이들 설정은 JVM 환경과 관련한 문제가 의심될 때 도움이 된다.

---

[10] 모험을 감수하는 걸 좋아하는 독자라면 https://issues.apache.org/jira/browse/HADOOP-4041에 있는 JIRA 티켓의 0.20 패치를 사용해볼 만하다.

JVM 설정 디버깅

이 기법은 사용자 공간 맵리듀스 디버깅이라는 주제에서는 다소 벗어나지만, 태스크의 시작 JVM 인자와 관련한 문제가 의심되는 상황에서 큰 도움이 된다. 예를 들어, 때로는 JAR의 클래스패스 순서가 중요하고, 이 때문에 클래스 로드 과정에서 문제가 생기는 경우도 있다. 또, 잡이 네이티브 라이브러리에 대한 의존성을 갖고 있다면 JVM 인자를 활용해 java.library. path와 관련한 문제를 디버깅할 수 있다.

기법 83. 태스크의 JVM 시작 인자 판단

태스크 실패를 디버깅할 때 태스크를 시작하는 데 사용된 다양한 인자를 살펴보는 능력도 큰 도움이 된다. 예를 들어, 네이티브 하둡 압축 코덱을 사용하려고 하는데 맵리듀스 태스크가 실패하고 에러에서 네이티브 압축 라이브러리를 로드할 수 없다는 메시지가 나온다고 가정하자. 이런 경우 JVM 시작 인자를 검토해 네이티브 압축에 필요한 모든 설정이 제대로 존재하는지 판단할 수 있다.

문제
태스크가 실행될 때 특정 인자가 빠져서 문제가 생기는 것으로 보인다. 이에 JVM 시작 인자를 살펴보려고 한다.

해결책
keep.failed.task.files 맵리듀스 설정 파라미터를 사용해 하둡이 태스크 메타데이터를 지우지 못하게 하고, 이 메타데이터를 사용해 맵리듀스 맵 및 리듀스 태스크를 실행하는 데 사용되는 셸 스크립트를 살펴본다.

문제 풀이
태스크트래커는 맵 또는 리듀스 태스크 실행을 준비하면서 나중에 태스크를 실행하기 위해 실행할 셸 스크립트도 생성한다. 문제는 맵리듀스가 잡이 완료된 후 이들 스크립트를 제거한다는 것이다. 따라서 오랫동안 실행되는 잡이나 태스크에서는 이들 스크립트에 접근할 수 있지만 태스크나 잡의 실행 시간이 짧다면(실패하는 태스크를 디버깅하려는 경우 이에 충분히 해당할 수 있다) 이때도 keep.failed.task.files를 true로 설정해야 한다. 그림 13.11에서는 태스크 셸 스크립트에 접근하는 데 필요한 전 과정이 나와 있다.

네이티브 하둡 압축과 관련한 문제를 검토할 때는 taskjvm.sh 파일에서 네이티브 리눅스 압축 라이브러리가 있는 디렉터리를 가리키는 -Djava.library.path 경로가 빠져 있을 확률이 높다. 이에 해당한다면 hadoop-env.sh에서 JAVA_LIBRARY_PATH를 익스포트해 네이티브 경로를 추가해주면 된다.

정리

이 기법은 태스크 JVM을 실행하는 데 사용한 인자를 살펴보려고 할 때 큰 도움이 된다. 다음으로 디버깅을 도와주는 모범 코딩 기법을 몇 가지 살펴보자.

효과적인 디버깅을 위한 코딩 가이드라인

몇 가지 로깅 및 예외 처리 모범 기법을 따르기만 하면 배포 환경에서 맵리듀스 코드를 디버깅하는 게 훨씬 더 수월해진다.

기법 84. 디버깅 및 에러 처리

형편없이 작성된 맵리듀스 잡을 디버깅하려면 많은 시간이 소요되고, 클러스터 리소스에 대한 접근이 제한되는 배포 환경에서는 매우 어려운 일이 될 수 있다.

문제

맵리듀스 코드를 작성할 때 따라야 할 모범 기법을 알고 싶다.

❶ 셸 스크립트를 보관하려는 잡에 대해
keep.failed.task.files를 true로 설정한다.

❷ 잡을 다시 실행한다.

❸ 실패한 태스크의 ID와 태스크가 실행된
호스트를 판단한다.

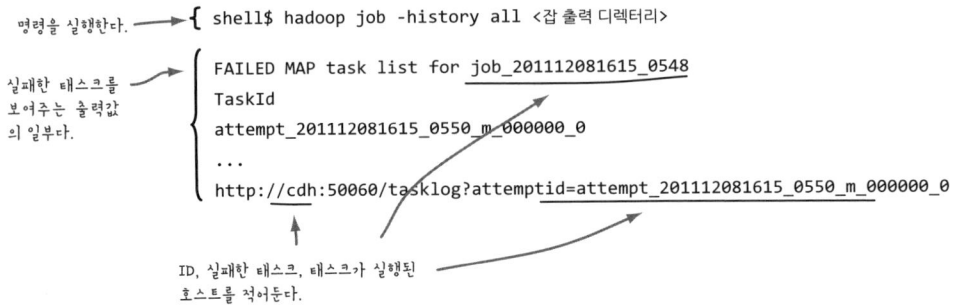

❹ 태스크가 실행된 호스트로 SSH를 보내고
다음 디렉터리로 이동한다.

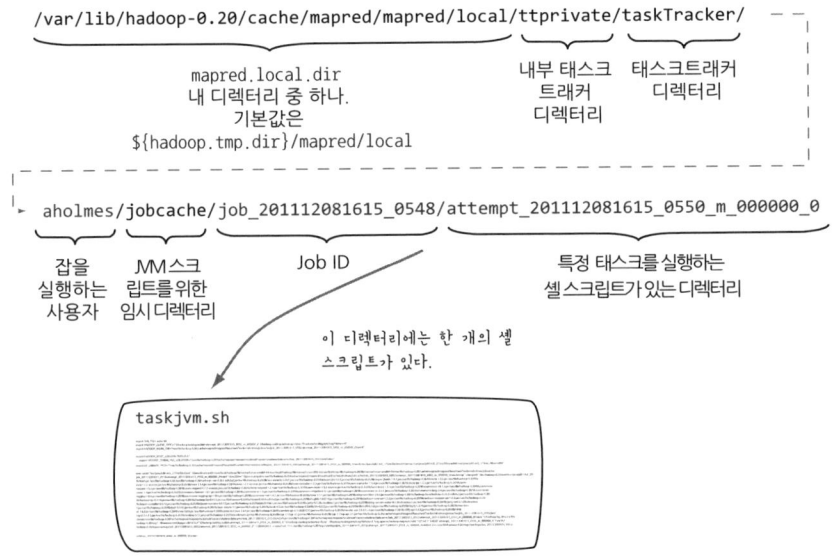

그림 13.11 태스크의 내부 디렉터리에 접근하는 방법

해결책

문제가 있는 잡을 효과적으로 디버깅하고 처리하는 능력을 개선하기 위해 카운터와 로그를 활용하는 법을 배운다.

문제 풀이

코드에 다음 기능을 추가한다.

- 문제가 있는 곳을 바로 알아내는 데 도움되게끔 입력 및 출력값과 관련한 데이터를 캡처하는 로그를 포함시킨다.
- 예외를 잡고 문제가 되는 데이터 입력 값 및 로직 에러를 추적하기 쉽게끔 의미 있는 로깅 출력 정보를 제공한다.
- 코드에서 예외를 다시 던질지 삼킬지 생각한다.
- 잡 실행 시간 동안 어떤 일이 일어나는지 드라이버 코드와 개발자 모두 더 잘 이해할 수 있게 카운터와 태스크 상태를 활용한다.

다음 코드[11]에서는 앞서 언급한 여러 원칙이 적용된 것을 볼 수 있다.

디버깅을 돕기 위한 모범 기법을 적용한 매퍼 잡

```
public static class Map
    extends Mapper<Text, Text, Text, Text> {
  protected Text outputValue = new Text();
  protected int failedRecords;
  public static enum Counters {
    FAILED_RECORDS
  }

  @Override
  protected void setup(Context context)
      throws IOException, InterruptedException {
    super.setup(context);
    log.info("Input split = {}", context.getInputSplit());   ← ❶
  }

  @Override
  protected void map(Text key, Text value, Context context)
      throws IOException, InterruptedException {

    if(log.isDebugEnabled()) {
      log.debug("Input K[{}],V[{}]", key, value);            ← ❷
    }
```

---

[11] 깃허브 소스 — https://github.com/alexholmes/hadoop-book/blob/master/src/main/java/com/manning/hip/ch13/OptimizedMRForDebugging.java

```
    try {
      String id = StringUtils.split(value.toString())[5];
      outputValue.set(id);
      if(log.isDebugEnabled()) {
        log.debug("Output K[{}],V[{}]", key, value);    ← ❸
      }
      context.write(key, outputValue);
    } catch(Exception t) {
      processError(context, t, key, value);       ← 코드에서 발생한 예외를 모두 잡는다.
    }
  }

  protected void processError(Context c, Throwable t, Text k, Text v) {
    log.error("Caught exception processing key[" +     ← ❹
      k + "], value[" + v + "]", t);

    c.getCounter(Counters.FAILED_RECORDS).increment(1);
                                                    ← 에러가 발생했음을 알리기 위해 카운터를 증가시킨다.
    c.setStatus("Records with failures = " +    ← ❺
      (++failedRecords));
  }
}
```

❶ 태스크가 시작하면 입력 분할 값 상세 정보를 로그에 쓴다. 이를 통해 태스크별 입력 파일 및 맵 입력 레코드를 읽는 데 사용된 입력 파일 내 바이트 오프셋을 알려준다.

❷ 로거가 디버그 모드이면(잡을 디버깅하는 게 아니라면 배포 환경에서는 이 모드로 설정해서는 안 된다) 입력 레코드 키와 값을 쓴다. 이때 System.out이나 log.info를 쓰면 잡의 속도가 크게 느려지므로 바람직하지 않다. 키와 값은 앞뒤 공백을 통해 쉽게 구분할 수 있게 중괄호를 사용해 감싼다. 또, 이렇게 중괄호로 감싸면 입력 데이터나 InputFormat/RecordReader 클래스에서 잠재적인 문제를 따로 떼어내는 데 도움이 되므로 이 과정이 중요하다.

❸ 맵 출력 키와 값도 로그로 남긴다. 이 값을 리듀서 입력값과 비교하면 맵 태스크와 리듀스 태스크 사이에서 직렬화나 파티셔닝 과정 중 문제가 있는지 판단하는 데 도움이 된다.

❹ 키와 값을 로그에 쓴다. 여기서도 앞뒤 공백을 쉽게 찾아낼 수 있게 중괄호로 두 문자열을 감싸는 것에 주의하자.

❺ 레코드에서 문제가 생겼음을 알리기 위해 이 태스크에서 생긴 실패한 레코드의 전체 개수를 비롯한 태스크 상태를 설정한다.

리듀스 태스크에서도 각 리듀스 입력 키와 값, 출력 키와 값을 쓰기 위해 이와 유사한 디버그 로그를 추가할 수 있다. 이렇게 하면 리듀스 코드에서 맵 사이드와 리듀스 사이드 사이에서 생긴 문제나 OutputFormat/RecordWriter 문제를 쉽게 찾아낼 수 있다.

여기서는 카운터를 사용해 문제가 있는 레코드의 개수를 셌다. 그림 13.12처럼 잡트래커 UI를 사용하면 카운터 값을 볼 수 있다.

com.manning.hip.ch13.ArrayOutOfBoundsImprovedMapCounters	FAILED_RECORDS		10	0	10

그림 13.12 잡트래커의 잡 요약 페이지에서 카운터 캡처 화면

잡(job)을 실행하는 방식에 따라 카운터가 표준 출력에 덤프될 수도 있다. 카운터는 프로그래밍 방식으로 접근할 수 있으며, 잡 히스토리 명령에서도 카운터가 포함된다.

```
$ hadoop job -history all output

Counters:

|Group Name                                |Counter name               |
Map Value   | Reduce Value   | Total Value |
------------------------------------------------------------------
...
|com.manning.hip.ch13.ArrayOutOfBoundsImproved$Map$Counters|

FAILED_RECORDS                             |10        |0        |10
...
```

태스크의 로그를 살펴보면 태스크와 관련한 정보 데이터를 볼 수 있다.

```
Input split = hdfs://localhost/user/aholmes/users.txt:0+110   ❶
Caught exception processing key[anne], value[22 NY]   ❷
```

❶ 태스크에서 처리하는 파일과 입력 분할 범위를 알려준다.
❷ 키와 값을 쓴다. 여기서는 중괄호를 사용해 문자열을 캡슐화했으므로 공백 이슈를 쉽게 식별할 수 있다.

코드에서는 태스크 상태도 업데이트했으므로 잡트래커 UI를 사용하면 그림 13.13처럼 실패한 레코드를 쉽게 찾아낼 수 있다.

Task	Complete	Status	Start Time	Finish Time	Errors	Counters
task_201112081615_0552_m_000000	100.00%	Records with failures = 10	18-Jan-2012 07:45:40	18-Jan-2012 07:45:42 (2sec)		7

그림 13.13 맵 태스크 및 상태를 보여주는 잡트래커 UI

정리

여기서는 맵리듀스 코드를 작성할 때 참고할 만한 간단하지만 유용한 코딩 가이드라인을 살펴봤다. 이런 원칙을 적용한 후 배포 환경의 잡에서 문제가 생긴다면 문제의 근본 원인을 빠르게 찾아낼 가능성이 매우 높다. 입력 값과 관련해 문제가 있는 경우 로그에는 입력 값이 어떤 식으로 처리 로직을 실패하게 했는지에 대한 상세 정보가 있다. 문제가 로직 에러나 직렬화/역직렬화 오류와 관련이 있다면 디버그 레벨 로깅을 활성화해 어디에서 문제가 생기는지 좀 더 명확히 이해할 수 있다.

예외를 삼켜야 할까?

앞의 코드 예제에서는 코드에서 예외를 삼키고 리듀서가 작업 중인 현재 키와 값 등 가능한 한 많은 상황 정보와 함께 예외를 로그에 기록했다. 문제는 예외를 다시 던져야 할지, 그냥 삼켜야 할지다.

예외를 다시 던지면 맵리듀스 코드에서 문제를 바로 인식할 수 있다는 장점이 있다. 하지만 코드가 배포 환경에서 실행 중이고, 제대로 처리되지 않는 입력 데이터를 만날 때마다 매번 실패한다면, 운영팀, 개발팀, QA에서는 이 문제를 해결하느라 상당한 시간을 소비해야 할 것이다.

앞에서 한 것처럼 예외를 삼키도록 코드를 작성하는 것도 문제가 있다. 예를 들어, 잡의 모든 입력 값에서 예외를 만난다면 어떻게 해야 할까? 예외를 삼키는 코드를 작성할 때는 카운터를 증가시키도록 이 코드처럼 하는 게 좋다. 이렇게 하면 드라이버 클래스 코드에서 나중에 잡 완료 후 일부 허용 오류 수준 내에서 대부분의 입력 레코드가 성공적으로 처리됐는지 여부를 판단할 수 있다. 대부분 작업이 제대로 처리되지 않았다면, 처리 중인 작업 흐름을 종료하고 개발자가 알 수 있게 적절한 경고를 내보내야 한다.

또, 다른 접근 방식은 예외를 삼키지 않고 처리 중 예외가 발생한 경우 예외를 허용하는 레코드 개수를 지정해 setMapperMaxSkipRecords 및/또는 setReducerMaxSkipGroups를 호출하는 것이다. 이 기법은 척 램이 집필한 하둡 인 액션에 자세히 나와 있다.

13.3 맵리듀스 주의 사항

이 장을 마무리하면서 종종 몇 시간씩 디버깅해야 할 정도로 골치아픈 문제로 이어지는 맵리듀스에서의 흔한 실수를 살펴보려고 한다. 이 절의 목적은 맵리듀스에서 삼가야 하는 개발 방식을 살펴보는 데 있다.

기법 85. 맵리듀스 안티패턴

이 책을 통해 필자는 맵리듀스 잡(job)을 작성하고 실행하는 데 도움되는 다양한 패턴을 다뤘다. 하지만 이들 패턴뿐 아니라 안티패턴을 배우는 것도 상당히 큰 도움이 된다. 안티패턴은 자주 사용되지만 주로 비효율적이고 해가 되는 패턴을 말한다.

문제

맵리듀스 코드를 작성할 때 삼가야 할 안티패턴을 배우고 싶다.

해결책

필자가 맵리듀스 배포 클러스터에서 만든 실수에 대해 배우고 이를 비웃어주면 된다. 필자가 저지른 실수는 태스크에서 지나치게 많은 데이터를 메모리에 집어넣는 것부터 지나치게 많은 카운터를 사용해 잡트래커를 다운시키는 것까지 다양하다.

문제 풀이

다음은 꼭 피해야 할 안티패턴이다.

지나치게 많은 캐시

데이터 조인을 비롯한 많은 작업에서 맵 및 리듀스 태스크에서 데이터를 캐싱하는 게 필요하다. 하지만 자바에서는 캐싱으로 인한 메모리 부담이 상당하며(자세한 내용은 6장 참고), 자바 힙에 들어가지 않을 정도로 캐시가 지나치게 커진 경우 태스크가 OutOfMemoryError 예외와 함께 실패할 수 있다.

캐싱을 수행하는 데이터 조인 패키지(org.apache.hadoop.contrib.utils.join 패키지 등)에서는 캐싱할 레코드의 최대 개수를 제한해 이 문제를 최소화하려고 한다. 물론 이 방식에서는 레코드가 지나치게 크지 않다고 가정하지만(예를 들어 최대 캐싱 개수를 작은 크기로 지정하더라도 레코드의 용량이 크다면 레코드가 몇 개만 있어도 메모리가 부족하다) 이 접근 방식은 고려해 볼 만하다.

만일 이와 같은 전략(캐싱되는 레코드의 개수를 제한하는 것 등)을 구현한다면 카운터를 활용해 한계 개수를 검사하고, 나중에 캐싱하지 않은 데이터에 대해서도 잘 이해할 수 있게 가능하다면 얼마만큼 캐싱했는지(얼마나 많은 레코드를 캐싱하지 않았는지)도 추적하는 게 좋다. 가변적인 길이의 레코드를 처리한다면 일정한 크기를 넘어선 레코드를 로그로 기록하는 게 도움이 될 수 있다. 이 또한 데이터를 좀 더 잘 이해하고, 향후 캐싱 결정에 도움을 주기 위한 방책이다.

큰 입력 레코드

맵리듀스 잡에 들어갈 입력 데이터에 대해 생각한다. 각 입력 레코드가 고정 크기가 아니라면 메모리에 집어넣기에는 지나치게 큰 레코드를 만나게 될 가능성이 있다. 예를 들어 텍스트 파일에서 줄을 읽는 간단한 잡을 생각해 보자. 이때는 대개 TextInputFormat(맵리듀스의 기본 InputFormat)이나 KeyValueTextInputFormat을 사용할 것이다. 두 경우 모두 줄의 최대 길이에 대한 제한이 없으므로 만일 한 줄에 수백만 개의 단어가 들어 있는 줄이 있다면 메모리에 해당 줄을 집어넣지 못할 가능성이 생긴다(혹은 집어넣더라도 이 문자열에 대해 작업을 수행하는 동안 메모리가 부족해진다).

다행히 TextInputFormat과 KeyValueTextInputFormat은 mapred.linerecordreader.maxlength를 통해 최대 줄 길이를 제한하는 설정을 제공하는 RecordReader 클래스를 똑같이 사용한다. 이 클래스에서는 이 길이 제한을 넘어선 줄을 만날 때마다 입력 파일의 바이트 오프셋을 비롯한 정보를 로그로 남겨준다.

다른 InputFormat을 사용한다면 입력 레코드의 크기를 제한할 수 있는 메커니즘이 있는지 확인해봐야 한다. 마찬가지로 InputFormat을 쓸 때도 맵 태스크로 넘겨줄 레코드의 크기를 제한하는 지원 기능에 대해 생각해야 한다.

지나치게 많은 외부 리소스

HDFS 외부에 있는 데이터베이스, 웹 서버, 기타 데이터 소스로부터 데이터를 가져오는 맵리듀스 잡을 작성하지 못하라는 법은 없다. 하지만 이와 같은 외부 데이터 소스를 사용할 때는 맵리듀스 잡뿐 아니라 다른 사용자가 사용한다는 점도 염두에 둬야 한다. 여러분이 처리하는 데이터 소스는 수백에서 수천 개의 동시 읽기 및 쓰기를 지원하지 못할 수 있으며, 맵리듀스 잡 한 개 때문에 다운될 수도 있다. 필자는 이와 같은 일이 생길 가능성을 최소화하기 위해 맵 및/또는 리듀스 태스크의 개수를 가급적 작게 제한할 것을 권장한다.

투기적 실행 경쟁 조건

투기적 실행은 맵리듀스에서 클러스터 내 느린 노드를 방지하기 위해 사용하는 메커니즘이다. 잡의 맵과 리듀스 단계가 거의 완료될 쯤이 되면 맵리듀스는 남은 태스크와 동일한 입력값으로 작업하는 복제 태스크를 실행한다.

잡이 표준 맵리듀스 출력 메커니즘을 사용한다면(아울러 InputFormat이 출력값 커미팅을 제대로 처리하도록 사용된다면. 자세한 내용은 3장 참고) 이 상황도 괜찮다. 하지만 잡이 데이터베이스나 다른 외부 리소스에 쓰거나, HDFS에 직접 쓴다면 어떨까? 이때는 여러 태스크가 같은 데이터를 쓰고 있으므로 이는 원하지 않는 결과가 생긴다.

distCp[12] 및 Sqoop[13] 같은 툴에서는 이를 방지하기 위해 투기적 실행을 비활성화한다.

---

12 DistCp는 클러스터 간 HDFS 데이터를 복사해주는 유용한 툴이다. http://hadoop.apache.org/docs/r1.0.3/distcp.html을 참고하자.
13 스쿱(Sqoop)은 데이터베이스 데이터를 HDFS로 내보내고 가져오는 툴이다. 스쿱에 대한 자세한 내용은 2장에서 다룬다.

```
conf.set("mapred.map.tasks.speculative.execution", "false");
conf.set("mapred.reduce.tasks.speculative.execution", "false");
```

FileOutputFormat 기반의 OutputFormat을 사용하고 있고, 추가 출력값을 HDFS에 쓰고 싶다면 가장 좋은 방법은 태스크의 attempt 디렉터리에 쓰는 것이다. 각 태스크의 리듀스(또는 리듀스가 없는 잡에서는 맵)는 임시 attempt 디렉터리에 쓰이는데, 태스크가 성공한 경우에만 이 파일들이 잡 출력 디렉터리로 옮겨진다. 다음 코드[14]에서는 출력값을 side-effect 파일에 쓰는 맵전용 잡을 보여준다.

```
public static class Map
      extends Mapper<Text, Text, Text, Text> {
  OutputStream sideEffectStream;          ◄── HDFS에 파일을 쓸 때 사용할 OutputStream

  @Override
  protected void setup(Context context)
      throws IOException, InterruptedException {
    Path attemptDir =          ◄──── 이번 시도의 작업 디렉터리 HDFS의 FileOutputFormat을 묻는다.
      FileOutputFormat.getWorkOutputPath(context);
    String filename = context.getTaskAttemptID()
        .getTaskID().toString();          ◄── 파일명으로 사용할 attempt ID를 추출한다.

    Path sideEffectFile = new Path(attemptDir, filename);

    sideEffectStream = FileSystem.get(context.getConfiguration())
        .create(sideEffectFile);          ◄── HDFS 작업 디렉터리에 파일을 생성한다.
  }

  @Override
  protected void map(Text key, Text value, Context context)
      throws IOException, InterruptedException {

    IOUtils.write(key.toString(), sideEffectStream);   ◄── 입력 키를 파일에 쓴다.

    context.write(key, value);
  }

  @Override
```

---

[14] 깃허브 소스 — https://github.com/alexholmes/hadoop-book/blob/master/src/main/java/com/manning/hip/ch13/SideEffectJob.java

```
protected void cleanup(Context context)
    throws IOException, InterruptedException {
  sideEffectStream.close();
}
}
```

태스크가 완료된 후에는 파일을 닫는 것을 잊지 말아야 한다.

이 잡을 실행하면 두 개의 출력 파일을 볼 수 있다. 이 중 하나는 RecordWriter에서 쓴 파일이고, 다른 파일은 맵 태스크에서 여러분이 직접 쓴 파일이다.

```
$ bin/run.sh com.manning.hip.ch13.SideEffectJob users.txt output

$ hadoop fs -ls output

/user/aholmes/output2/_SUCCESS
/user/aholmes/output2/_logs
/user/aholmes/output2/part-m-00000
/user/aholmes/output2/task_201112081615_0558_m_000000
```

잘못된 입력 값을 처리하지 않음

맵리듀스에서는 종종 잘못된 입력 값을 처리해야 하지만 코드에서 예상하지 못한 값에 대비하지 않는다면 예상하지 못한 데이터를 만날 때마다 작업이 실패하게 된다. 물론 코드에서 이런 상황을 처리하는 게 가장 이상적이지만, 코드를 건드리지 않고도 SkipBadRecords 클래스[15]를 이용해 이런 상황을 우회할 방법이 있다. 척 램이 집필한 하둡 인 액션에는 이 클래스를 사용하는 자세한 방법이 나와 있지만, 기본적으로 이 클래스는 버릴 수 있는 잘못된 레코드와 관련한 허용치를 지정할 수 있게 해준다.

하둡 버전 및 설정 환경이 다른 클러스터

단위 테스트에서는 잘 동작하던 코드가 클러스터에서는 실패하는 일도 흔하다. 하지만 여러 클러스터를 운영 중이라면 하둡 버전, 하둡 설정을 가능한 한 똑같이 유지하려고 노력해야 한다. 하둡에서는 다양한 설정 때문에 잡이 다르게 동작할 수 있으며, 이와 같은 버전 및 환경 설정 차이를 최소한으로 유지해야만 한 클러스터에서 성공한 잡이 다른 클러스터에서 실패하는 일을 최소화할 수 있다.

---

[15] http://hadoop.apache.org/common/docs/r1.0.0/api/org/apache/hadoop/mapred/SkipBadRecords.html 참고

대규모 데이터셋의 테스트 및 디버깅

맵리듀스, 피그, 하이브 스크립트를 개발하고 테스트할 때는 전체 입력 데이터로 직접 테스트하고 싶은 생각이 들기 쉽다. 하지만 이는 현재와 같은 빠른 개발 환경에 적합하지 않다. 이렇게 하면 개발 및 테스트 주기를 빠르게 반복하지 못할 뿐 아니라 잡의 결과를 기다리느라 시간을 버리게 되고, 불필요하게 클러스터 리소스를 낭비하게 된다. 대신 4장, 10장, 11장에서 소개한 샘플링 기법을 이용해 입력 데이터의 서브셋을 대상으로 작업을 수행하고, 작은 데이터셋을 사용했을 때의 결과가 만족스러울 때만 전체 데이터를 대상으로 테스트를 진행해야 한다.

파싱 및 로직 에러의 미처리

이 주제는 이미 563페이지의 효과적인 디버깅을 위한 코딩 가이드라인에서 다룬 바 있지만 여기서는 잡에서 생기는 상당수의 문제는 예상치 못한 입력 값 때문이며, 파싱 문제를 일으키는 원인이 앞뒤 공백처럼 간단한 문제일 수도 있다는 점을 한 번 더 강조하고 싶다. 이와 같은 문제를 빠르게 디버깅하는 절차를 포함시키는 것 또한 매우 중요하다.

지나치게 많은 카운터

카운터는 맵리듀스 잡을 실행하는 드라이버 코드로 숫자 데이터를 전달하는 훌륭한 메커니즘이다. 하지만 각 카운터는 잡트래커에서 어느 정도 메모리 부담을 준다는 점에 주의하자. 개별 카운터가 차지하는 메모리의 양은 작지만 카운터를 부주의하게 사용하면 잡트래커에서 지나치게 많은 메모리 소비가 초래될 수 있다. 예를 들어, 맵 태스크의 입력 레코드별로 카운터를 동적으로 생성하는 경우가 이에 해당한다. 이렇게 할 경우 레코드가 몇 백만 건만 돼도 전체 잡트래커가 느려질 정도로 메모리로 인한 영향이 상당하다.

정리

여기서는 맵리듀스를 개발할 때 주의해야 할 점을 몇 가지 살펴봤다. 앞으로 만나게 될 잠재적인 문제점을 모두 미리 예측할 수는 없지만, 이처럼 자주 생길 수 있는 문제점들을 이해한 상태에서 잘 설계된 맵리듀스 코드를 활용한다면 새벽 2시까지 배포 환경에서 코드를 디버깅하는 일은 피할 수 있을 것이다.

13.4 정리

이 장에서 다룬 내용은 테스트 및 디버깅과 관련한 내용 중 빙산의 일각일 뿐이다. 이 장에서는 사용자 공간 맵리듀스를 테스트하고 디버깅할 수 있는 기초 지식을 쌓았지만, 사용자 공간 맵리듀스를 벗어난 테스트 및 디버깅 영역은 이보다 훨씬 더 방대하다.

배포 환경에서 중요한 맵리듀스 코드를 실행 중이라면 이 장의 테스트 절에서 소개한 단계들을 따르는 게 중요하다. 이 과정에서 필자는 하둡 이외의 단위 테스트 기법과 잘 연동되게끔 코드를 설계하는 법도 보여줬다. 또, 경량 설정(MRUnit을 활용한 맵리듀스 스택을 제외한 테스트)과 무거운 설정(LocalTestRunner)에서의 맵리듀스 코드 테스트 기법도 소개했다.

또, 맵리듀스 잡이 실패하게 하고 원하지 않는 결과를 생성하게 하는 이슈를 디버깅하는 법을 자세히 알아봤다. 이 장을 마칠 때쯤에는 독자들이 필자를 포함한 다른 사람의 실수를 타산지석으로 삼아 올바른 맵리듀스 잡을 작성할 수 있게끔 잘못된 맵리듀스 잡 패턴을 소개했다.

부록 A
관련 기술

이 부록에는 이 책에서 다루는 모든 하둡 관련 기술에 대한 배경 지식이 담겨 있다. 또, 가능한 한 관련 프로젝트를 빌드, 설치, 설정하는 법에 대한 설명도 수록했다.

A.1 하둡 1.0.x 및 0.20.x

이 절에서는 클라우데라 및 아파치 하둡 배포판을 설치, 설정, 실행하는 법을 다룬다.

추가 정보 얻기

표 A.1 도움되는 자료

설명	URL
하둡에 입문하는 사람을 도우려고 척 램이 집필한 하둡 인 액션(국내 번역서로 『거침없이 배우는 하둡』(지앤선, 2012)이 있다)	http://www.manning.com/lam/ (국내 번역서: http://ji-n-son.co.kr/?bookinfo=거침없이-배우는-하둡)
아파치 하둡 프로젝트 홈	http://hadoop.apache.org
아파치 하둡 배포판	http://hadoop.apache.org/common/releases.html
"CDH3 설치 가이드"	http://goo.gl/qiaWA
CDH3 내려받기	https://ccp.cloudera.com/display/SUPPORT/Downloads
CDH3 tarball	http://goo.gl/asj6Y
마이클 놀의 싱글 호스트에서의 하둡 0.20.x 설치 가이드	http://goo.gl/8ogSk
마이클 놀의 멀티 호스트(완전한 클러스터 설정)에서의 하둡 0.20.x 설치 가이드	http://goo.gl/NlWoK

아파치 및 CDH tarball 설치

다음 설명은 CDH의 tarball 버전이나 바닐라 아파치 하둡 배포판을 설치하려는 사용자를 위한 설명이다. 이 설명에서는 완전한 클러스터가 아닌 의사 분산 모드에서 데스크톱이나 노트북에 하둡을 설치하는 법을 다룬다.

먼저 각 경로에서 tarball을 내려받아야 한다. 클라우데라의 경우 http://goo.gl/DNztO로 가서 tarball을 내려받을 수 있는 링크를 클릭하고 Hadoop 0.20.2+923.142(버전은 다를 수 있다)에 해당하는 tarball을 내려 받는다. 아파치는 http://hadoop.apache.org/common/releases.html#Download로 가서 최신의 안정적인 0.20.x 배포판을 내려받는다.

tarball의 압축을 /usr/local 경로에 푼다.

루트 권한이 없는 사용자의 설치 디렉터리

호스트에서 루트 권한이 없다면 하둡을 다른 디렉터리에 설치하고 이어지는 설명에서 /usr/local을 해당 디렉터리명으로 대체하면 된다.

```
$ cd /usr/local
$ sudo tar -xzf <cdh-또는-apache-tarball-경로>

$ sudo ln -s hadoop-<버전> hadoop

$ sudo chown -R <사용자>:<그룹> /usr/local/hadoop*
$ mkdir /usr/local/hadoop/tmp
```

의사 분산 모드의 설정

/usr/local/hadoop/conf/core-site.xml 파일을 열고 다음과 같이 수정한다.

```
<?xml version="1.0"?>
<?xml-stylesheet type="text/xsl" href="configuration.xsl"?>

<configuration>

  <property>
    <name>hadoop.tmp.dir</name>
    <value>/usr/local/hadoop/tmp</value>
```

```xml
    </property>

    <property>
      <name>fs.default.name</name>
      <value>hdfs://localhost:8020</value>
    </property>

</configuration>
```

/usr/local/hadoop/conf/hdfs-site.xml 파일을 열고 다음과 같이 수정한다.

```xml
<?xml version="1.0"?>
<?xml-stylesheet type="text/xsl" href="configuration.xsl"?>

<configuration>
   <property>
     <name>dfs.replication</name>
     <value>1</value>
   </property>
   <property>
     <!-- 'hadoop namenode -format'을 실행할 때 올바른 디렉터리가 포맷되도록
          이 속성값을 지정 -->
     <name>dfs.name.dir</name>
     <value>/usr/local/hadoop/cache/hadoop/dfs/name</value>
   </property>
</configuration>
```

/usr/local/hadoop/conf/mapred-site.xml 파일을 열고 다음과 같이 수정한다.

```xml
<?xml version="1.0"?>
<?xml-stylesheet type="text/xsl" href="configuration.xsl"?>

<configuration>
   <property>
     <name>mapred.job.tracker</name>
     <value>localhost:8021</value>
   </property>
</configuration>
```

SSH 설정

하둡은 의사 분산 모드의 싱글 노드에서 모든 것을 실행할 때도 데이터노드와 태스크트래커 같은 프로세스를 원격으로 실행하기 위해 보안 셸(SSH)을 사용한다. SSH 키 쌍이 아직 없다면 다음 명령을 사용해 SSH 키 쌍을 하나 생성해야 한다.

```
$ ssh-keygen -b 2048 -t rsa
```

.ssh/id_rsa 파일은 authorized_keys 파일로 복사해야 한다.

```
$ cp ~/.ssh/id_rsa.pub ~/.ssh/authorized_keys
```

또, 하둡을 시작하고 멈출 때마다 매번 비밀번호를 입력하지 않아도 되게끔 SSH 에이전트도 실행해야 한다. 운영체제별로 SSH 에이전트를 실행하는 방법이 다르며, CentOS 및 다른 레드햇 운영체제(http://goo.gl/Nffty)와 OSX(http://goo.gl/dbdNb)용 링크가 존재한다. 서로 다른 시스템에서 실행할 때는 구글 검색을 활용해보자.

에이전트가 실행 중이고 키가 로드됐는지 확인하려면 로컬 시스템에 대한 SSH 커넥션을 열어보면 된다.

```
$ ssh 127.0.0.1
```

이때 비밀번호를 물어보면 에이전트가 실행 중이 아니거나 키가 로드되지 않은 것이다.

자바

시스템에는 자바의 현재 버전(1.6 이상)이 설치돼 있어야 한다. 이때 자바 설치 경로의 바이너리 디렉터리가 시스템 경로에 포함돼 있어야 한다. 또는 /usr/local/hadoop/conf/hadoop-env.sh를 수정해 JAVA_HOME 줄을 주석처리하고 이 값을 자바 설치 경로로 수정해도 된다.

환경 설정

편의상 하둡 바이너리 디렉터리를 시스템 경로에 추가하는 게 좋다. 다음 코드는 ~/.bash_profile의 배시 셸 프로필 파일 끝에 추가할 수 있는 내용을 보여준다(bash를 실행한다고 가정).

```
HADOOP_HOME=/usr/local/hadoop
PATH=$PATH:$HADOOP_HOME/bin
export PATH
```

HFDS 포맷

다음으로 HDFS를 포맷해야 한다. 이 절의 나머지 부분에서는 앞 절의 설명에 따라 하둡 바이너리 디렉터리가 PATH에 존재한다고 가정한다.

```
$ hadoop namenode -format
```

HDFS를 포맷한 후에는 다음 스크립트를 사용해 하둡을 시작할 수 있다.

```
$ start-all.sh
```

시작 스크립트를 실행한 후에는 jps 자바 유틸리티를 사용해 모든 프로세스가 실행 중인지 확인할 수 있다. 그럼 다음과 같은 출력 결과를 볼 수 있다(이때 프로세스 ID는 다를 수 있다).

```
$ jps
23836 JobTracker
23475 NameNode
23982 TaskTracker
23619 DataNode
24024 Jps
23756 SecondaryNameNode
```

이들 프로세스 중 하나라도 실행 중이 아니라면 /usr/local/hadoop/logs 아래의 로그 디렉터리를 검사해 프로세스가 제대로 시작되지 않은 원인을 파악해야 한다. 위의 각 프로세스는 이름을 통해 식별할 수 있는 두 개의 출력 파일이 있으며 이를 이용해 에러를 확인할 수 있다.

가장 많이 생기는 에러는 앞서 보여준 HDFS 포맷 과정을 생략한 경우다.

설치 확인

다음 명령을 사용하면 하둡 설치를 테스트할 수 있다. 처음 두 명령은 HDFS 내에 디렉터리를 생성하고 하둡 설정의 내용을 HDFS로 업로드한다. 세 번째 명령은 맵리듀스 잡을 실행하고, 마지막 명령은 잡 출력값의 내용을 덤프한다.

```
$ hadoop fs -mkdir input
$ hadoop fs -put /usr/local/hadoop/conf/*.xml input
```

```
$ hadoop jar /usr/local/hadoop/*-examples*.jar grep \
  input output 'dfs[a-z.]+'
$ hadoop fs -cat output/part*
1    dfs.name.dir
1    dfs.replication
1    dfsadmin
```

하둡 실행 중단

하둡 실행을 중단하려면 다음 명령을 사용한다.

```
$ stop-all.sh
```

하둡 UI 포트

하둡에는 다양한 UI가 있다. 다음은 이런 UI가 실행되는 포트 및 로컬 호스트에서 실행한다고 가정했을 때(의사 분산 설치 모드에서 실행하는 경우처럼)의 URL을 포함한 UI 정보를 표로 정리한 것이다.

표 A.2 하둡 UI 및 포트

컴포넌트	기본 포트	설정 파라미터	로컬 URL
맵리듀스 잡트래커	50030	mapred.job.tracker.http.address	http://127.0.0.1:50030/
맵리듀스 태스크트래커	50060	mapred.task.tracker.http.address	http://127.0.0.1:50060/
HDFS 네임노드	50070	dfs.http.address	http://127.0.0.1:50070/
HDFS 데이터노드	50075	dfs.datanode.http.address	http://127.0.0.1:50075/
HDFS 2차네임노드	50090	dfs.secondary.http.address	http://127.0.0.1:50090/
HDFS 백업 및 체크포인트 노드	50105	dfs.backup.http.address	http://127.0.0.1:50105/

이들 각 URL은 다음과 같은 공통 경로를 지원한다.

- /logs: hadoop.log.dir 아래의 모든 파일 목록을 보여준다. 기본적으로 이 디렉터리는 각 하둡 노드의 $HADOOP_HOME/logs 아래에 있다.
- /logLevel: 자바 패키지의 로깅 레벨을 보고 설정하는 데 사용할 수 있다.
- /metrics: JVM 및 컴포넌트 레벨 통계를 보여준다. 0.21 이상(1.0, 0.20.x 이하에서는 사용할 수 없다).
- /stacks: 데몬의 모든 현재 자바 스레드의 스택 덤프를 보여준다.

A.2 플룸

플룸은 수많은 호스트 사이에서 로그 파일을 HDFS로 전송할 수 있는 로그 컬렉션 및 분산 시스템이다. 플룸은 인큐베이터 상태의 아파치 프로젝트로, 본래 클라우데라에서 개발했으며, 현재 클라우데라에서 유지보수와 지원을 맡고 있다.

2장에는 플룸을 활용하는 법을 다룬 절이 나온다.

추가 정보 얻기

표 A.3 유용한 자료

설명	URL
플룸 아파치 인큐베이터 웹 페이지	http://incubator.apache.org/flume/
"CDH3 설치 가이드" (플룸을 다룸)	https://ccp.cloudera.com/display/CDHDOC/CDH3+Installation+Guide
자세한 설명이 있는 훌륭한 플룸 사용자 가이드	http://archive.cloudera.com/cdh/3/flume-0.9.1+1/UserGuide.html
"플룸 쿡북"	http://archive.cloudera.com/cdh/3/flume-0.9.1+1/Cookbook.html
플룸을 활용한 아파치 웹 서버 로그를 수집하는 법을 다룬 클라우데라 기사	http://goo.gl/zJEX7

CDH에서의 설치

'CDH3 설치 가이드'라는 제목의 자료에서는 CDH에 플룸을 설치하는 법을 보여준다. 이 책의 설명을 따라 할 때는 플룸 마스터와 플룸 노드 패키지를 설치해야 한다.

비CDH에서의 설치

플룸은 현재 인큐베이터 상태이므로 비CDH 하둡 배포판을 위한 설치 설명은 없다.

A.3 우지

우지(Oozie)는 야후!에서 시작된 아파치 프로젝트다. 우지는 데이터 처리 활동을 관리하는 하둡 워크플로우 엔진이다.

추가 정보 얻기

표 A.4 도움되는 자료

설명	URL
우지 아파치 인큐베이터 웹 페이지	http://incubator.apache.org/oozie/
"CDH3 설치 가이드" (우지를 다룸)	https://ccp.cloudera.com/display/CDHDOC/CDH3+Installation+Guide
우지 문서의 CDH3 복사본	http://archive.cloudera.com/cdh/3/oozie/

CDH에서의 설치

앞의 표에서 'CDH3 설치 가이드'라는 제목의 자료에서는 CDH에서 우지를 설치하는 법을 보여준다.

비CDH에서의 설치

우지는 현재 인큐베이터 상태이므로 아파치에서 내려받을 수 있는 다운로드 패키지나 설치 설명이 없다.

A.4 스쿱

스쿱은 관계 데이터베이스에서 하둡으로 데이터를 불러오거나 그 반대 작업을 할 수 있는 툴이다. 스쿱은 JDBC 호환 데이터베이스를 모두 지원하며, MySQL과 PostgreSQL로의 효과적인 데이터 전송을 위한 네이티브 커넥터도 갖고 있다.

2장에서는 스쿱을 활용해 데이터 내보내기, 불러오기 작업을 수행하는 자세한 방법을 다루고 있다.

추가 정보 얻기

표 A.5 도움되는 자료

설명	URL
아파치 인큐베이터 프로젝트 페이지	http://goo.gl/yl4JX
스쿱 지라	https://issues.apache.org/jira/browse/SQOOP
클라우데라 스쿱 개요	http://goo.gl/aQ1Dd
"스쿱 설치"	http://goo.gl/c4vN4
"스쿱 사용자 가이드"	http://goo.gl/Ldyn2

CDH에서의 설치

'스쿱 설치'라는 제목의 리소스 링크에서는 CDH에 스쿱을 설치하는 법을 보여준다. 레드햇 시스템에서는 다음 명령을 실행한다.

```
$ yum install sqoop
```

스쿱을 MySQL과 함께 사용할 생각이라면 http://dev.mysql.com/downloads/connector/j/에서 MySQL JDBC 드라이버 tarball을 내려받고 디렉터리에 압축을 푼 후, JAR 파일 스쿱 lib 디렉터리로 복사해야 한다.

```
$ tar -xzf mysql-connector-java-5.1.18.tar.gz
$ cd mysql-connector-java-5.1.18
$ sudo cp mysql-connector-java-5.1.18-bin.jar /usr/lib/sqoop/lib
```

아파치 하둡에서의 설치

클라우데라의 깃허브(http://goo.gl/mxckw)에서 스쿱 1.3.0 tarball을 내려받는다. tarball의 압축을 디렉터리에 푼다. tarball에는 미리 빌드된 스쿱 JAR 파일들이 들어 있다. 이때 스쿱과 관련해 다음 환경 변수를 설정해야 한다.

이어지는 설명에서는 독자들이 /usr/local 아래에 설치한다고 가정한다.

```
$ wget --no-check-certificate \
https://github.com/downloads/cloudera/sqoop/sqoop-1.3.0.tar.gz

$ sudo tar -xzf sqoop-1.3.0.tar.gz -C /usr/local/
```

스쿱을 MySQL과 함께 사용할 생각이라면 http://dev.mysql.com/downloads/connector/j/에서 MySQL JDBC 드라이버 tarball을 내려받고 디렉터리에 압축을 푼 후, JAR 파일 스쿱 lib 디렉터리로 복사해야 한다.

```
$ tar -xzf mysql-connector-java-5.1.18.tar.gz
$ cd mysql-connector-java-5.1.18
$ sudo cp mysql-connector-java-5.1.18-bin.jar \
/usr/local/sqoop-1.3.0/lib
```

스쿱을 실행하려면 설정해야 할 환경 변수가 몇 개 있다.

표 A.6 스쿱 환경 변수

환경 변수	설명
JAVA_HOME	자바가 설치된 디렉터리다. 레드햇에서 SUN JDK가 설치된 경우 이 디렉터리는 /usr/java/latest가 된다.
HADOOP_HOME	하둡 설치 디렉터리다.
HIVE_HOME	하이브를 스쿱과 함께 사용하려고 할 때만 필요하다. 하이브의 설치 경로를 가리킨다.
HBASE_HOME	HBase를 스쿱과 함께 사용하려고 할 때만 필요하다. HBase의 설치 경로를 가리킨다.

/usr/local/sqoop-1.3.0/bin 디렉터리에는 스쿱의 바이너리 파일들이 있다. 데이터 불러오기 및 내보내기 작업에 이들 바이너리 파일을 활용하는 다양한 기법은 2장을 참고하자.

A.5 HBase

HBase는 구글의 빅테이블을 따라 모델링한 실시간 키/값 분산 칼럼 기반 데이터베이스다.

추가 정보 얻기

표 A.7 유용한 자료

설명	URL
아파치 HBase 프로젝트 페이지	http://hbase.apache.org/
아파치 HBase 시작하기	http://hbase.apache.org/book/quickstart.html
'아파치 HBase 레퍼런스 가이드'	http://hbase.apache.org/book/book.html
'CDH3 설치 가이드' (HBase를 다룸)	https://ccp.cloudera.com/display/CDHDOC/CDH3+Installation+Guide
HBase에서 하는 일과 하지 않는 일에 대한 클라우데라 블로그 포스트	http://goo.gl/kAqPB

CDH에서의 설치

'CDH3 설치 가이드'라는 제목의 링크에서는 CDH에서 HBase를 설치하는 법을 보여준다. 이 책의 경우 단독 모드(http://goo.gl/1Y6Bi)로 HBase를 설치하는 것으로 충분하다.

비CDH에서의 설치

'아파치 HBase 시작하기'와 '아파치 HBase 레퍼런스 가이드'라는 제목의 링크에서는 HBase 설치 및 설정에 대한 방대한 설명을 볼 수 있다.

A.6 애브로

애브로는 압축, 스키마 진화, 코드 생성 같은 기능을 제공하는 데이터 직렬화 시스템이다. 애브로는 스키마 진화 같은 추가 기능을 갖춘, 시퀀스파일의 좀 더 복잡한 버전으로 볼 수 있다.

3장에서는 맵리듀스에서 애브로를 활용하는 법과 기본적인 입력/출력 스트림에 대해 자세히 다룬다.

추가 정보 얻기

표 A.8 도움되는 자료

설명	URL
아파치 프로젝트 페이지	http://avro.apache.org/
애브로 아파치 이슈 트래킹 페이지	https://issues.apache.org/jira/browse/AVRO
애브로 활용에 대한 클라우데라 블로그	http://goo.gl/K8YyH
애브로를 위한 CDH 사용 페이지	https://ccp.cloudera.com/display/CDHDOC/Avro+Usage
맵리듀스에서 애브로를 사용하는 방법이 담긴 애브로 1.5.4 자바독	http://goo.gl/IY2Kb

설치

애브로는 완전히 성숙한 아파치 프로젝트이므로 앞에 나와 있는 아파치 프로젝트 페이지 링크에서 바이너리를 내려받을 수 있다.

A.7 프로토콜 버퍼

프로토콜 버퍼는 구글의 데이터 직렬화 및 원격 프로시저 호출(RPC; Remote Procedure Call) 라이브러리로, 구글에서 폭넓게 사용 중이다. 이 책에서는 엘리펀트 버드와 Rhipe와 연계해 프로토콜 버퍼를 사용했다. 엘리펀트 버드는 프로토콜 버퍼 2.3.0 버전을 필요로 하며(다른 버전과는 호환되지 않는다) Rhipe는 2.4.0 이상의 버전하고만 호환된다.

추가 정보 얻기

표 A.9 도움되는 자료

설명	URL
프로토콜 버퍼 프로젝트 페이지	http://code.google.com/p/protobuf/
'개발자 가이드'	http://bit.ly/JlXlv
다운로드 페이지. 2.3.0 버전의 다운로드 링크를 포함(엘리펀트 버드를 사용하는 데 필요)	http://code.google.com/p/protobuf/downloads/list

프로토콜 버퍼의 빌드

여기서는 프로토콜 버퍼를 빌드하고 설치하는 법을 다룬다.

빌드

http://code.google.com/p/protobuf/downloads에서 2.3이나 2.4(엘리펀트 버드의 경우 2.3, Rhipe의 경우 2.4) 소스 tarball을 내려받고 압축을 푼다.

이때 C++ 컴파일러가 필요하다. C++ 컴파일러는 다음 명령을 사용해 64비트 RHEL 시스템에 설치할 수 있다.

```
sudo yum install gcc-c++.x86_64
```

네이티브 라이브러리 및 바이너리를 빌드하고 설치한다.

```
$ cd protobuf-<버전>/
$ ./configure
$ make
$ make check
$ sudo make install
```

자바 라이브러리를 빌드한다.

```
$ cd java
$ mvn package install
```

자바 JAR를 하둡의 lib 디렉터리로 복사한다. 다음 명령은 CDH용 명령이다.

```
# 다음 경로는
# 실제 하둡 설치 경로로 바꿔야 함
```

```
#
# 다음은 CDH 하둡 홈 디렉터리
#
export HADOOP_HOME=/usr/lib/hadoop

$ cp target/protobuf-java-2.3.0.jar $HADOOP_HOME/lib/
```

A.8 아파치 쓰리프트

아파치 쓰리프트는 기본적으로 프로토콜 버퍼의 페이스북 버전이다. 쓰리프트는 프로토콜 버퍼와 매우 유사한 데이터 직렬화 및 RPC 기능을 제공한다. 여기서는 맵리듀스에서 쓰리프트를 지원하기 위해 쓰리프트를 엘리펀트 버드와 함께 사용한다. 엘리펀트 버드는 쓰리프트 버전 0.5하고만 호환된다.

추가 정보 얻기

쓰리프트는 문서화가 부족하며 프로젝트 페이지에서는 계속해서 문서를 보완하고 있다.

표 A.10 도움되는 자료

설명	URL
프로젝트 페이지	http://thrift.apache.org/
튜토리얼이 들어 있는 블로그 포스트	http://bit.ly/vXpZ0z
0.5 버전용 링크가 들어 있는 다운로드 페이지 (엘리펀트 버드를 사용하는 데 필요)	http://bit.ly/vsmIhJ

쓰리프트 0.5 빌드

여기서는 쓰리프트를 빌드하고 설치하는 법을 다룬다.

빌드

http://bit.ly/vsmIhJ에서 0.5 소스 tarball을 내려받고 내용의 압축을 푼다. 필요한 쓰리프트 의존성을 설치한다.

```
$ sudo yum   install automake libtool flex bison pkgconfig gcc-c++ \
boost-devel libevent-devel zlib-devel python-devel \
ruby-devel php53.x86_64 php53-devel.x86_64
```

네이티브 및 자바/파이썬 라이브러리, 바이너리를 빌드하고 설치한다.

```
$ ./configure
$ make
$ make check
$ sudo make install
```

자바 라이브러리를 빌드한다. 이 과정을 진행하려면 앤트(Ant)가 설치돼 있어야 한다. 앤트 설치에 대한 설명은 http://ant.apache.org/manual/index.html에서 볼 수 있다.

```
$ cd lib/java
$ ant
```

자바 JAR를 하둡의 lib 디렉터리로 복사한다. 다음은 CDH용 명령이다.

```
# 다음 경로를 실제 하둡 설치 경로로 대체
# 다음 경로는 CDH 하둡 홈 디렉터리다.
#
export HADOOP_HOME=/usr/lib/hadoop

$ cp lib/java/libthrift.jar $HADOOP_HOME/lib/
```

A.9 스내피

스내피는 구글에서 개발한 네이티브 압축 코덱으로, 빠른 압축/압축 해제 시간을 제공한다. 스내피는 LZOP 압축과 달리 분할할 수 없다. 이 책에서는 분할 가능 압축이 필요 없는 코드 예제에서 압축 시간이 빠른 스내피를 활용하고 있다. 이 절에서는 스내피를 사용해 클러스터를 개발하고 설정하는 법을 다룬다.

추가 정보 얻기

표 A.11 도움되는 자료

설명	URL
스내피의 구글 프로젝트 페이지	http://code.google.com/p/snappy/
스내피의 하둡 연동	http://code.google.com/p/hadoop-snappy/
CDH 스내피 설치 설명	https://ccp.cloudera.com/display/CDHDOC/Snappy+Installation

CDH에서의 하둡 네이티브 라이브러리 설치

CDH는 hadoop-0.20-native 패키지와 CDH tarball 내에 스내피를 포함시키고 있다. tarball에서 실행한다면 이미 스내피를 갖고 있는 것이며, 패키징된 CDH를 실행 중이라면 https://ccp.cloudera.com/display/CDHDOC/Snappy+Installation에 있는 설명을 따르면 된다.

비CDH용 스내피 빌드

이어지는 설명에서는 스내피 압축을 빌드, 설치, 설정하는 과정을 단계별로 설명한다. 하지만 설명에 앞서 이들 단계를 수행할 때 고려해야 할 중요한 사항들을 언급하려고 한다.

- 배포판에 배포하는 것과 같은 하드웨어 상에서 라이브러리를 빌드하는 것을 강력히 권장한다.
- 모든 설치 및 설정 단계는 스내피를 사용하는 모든 클라이언트 호스트와 클러스터 내 모든 데이터노드 상에서 수행해야 한다.

하둡 네이티브 라이브러리의 설치

바닐라 아파치 하둡 배포판을 사용한다면 이미 $HADOOP_HOME/lib/native 아래에 리눅스 32비트 및 64비트 네이티브 라이브러리가 들어 있다. 다른 하둡 배포판의 경우 네이티브 하둡 라이브러리를 설치하는 자세한 방법은 벤더에게 문의하자. 네이티브 라이브러리는 http://hadoop.apache.org/docs/r1.0.4/native_libraries.html에 있는 설명에 따라 직접 빌드할 수도 있다.

스내피 빌드

http://code.google.com/p/snappy/downloads/list에서 스내피 소스의 배포판을 내려 받은 후 압축을 푼다.

아직 GCC 컴파일러가 설치돼 있지 않다면 다음 명령을 사용해 설치할 수 있다(RHEL 기반의 리눅스 시스템에서).

```
$ sudo yum install gcc-c++.x86_64

$ cd snappy-<version>
$ ./configure
$ make
$ sudo make install
```

하둡-스내피 빌드

하둡-스내피용 소스를 내려받으려면 서브버전 클라이언트를 사용해야 한다.

```
$ svn checkout http://hadoop-snappy.googlecode.com/svn/trunk/ \
  hadoop-snappy
```

빌드하려면 메이븐 및 automake와 libtool 패키지도 설치돼 있어야 한다.

```
$ sudo yum install automake libtool

$ cd hadoop-snappy/
$ mvn package
```

빌드한 후에는 라이브러리를 하둡 lib 디렉터리로 복사한다.

```
# 다음 경로는 실제 하둡 설치 디렉터리로 바꿔야 함.
#
# 다음은 CDH 하둡 홈 디렉터리
#
export HADOOP_HOME=/usr/lib/hadoop

$ cp -R \
target/hadoop-snappy-<version>-tar/hadoop-snappy-<version>/lib/* \
$HADOOP_HOME/lib
```

하둡 설정

다음으로 새로운 압축 코덱에 대해 알 수 있게 하둡 코어를 설정해야 한다. core-site.xml에 다음 코드 줄을 추가한다(CDH에서는 경로가 /etc/hadoop/ conf/core-site.xml이다). 이때 콤마 사이에 공백 문자가 없게끔 줄바꿈과 공백을 모두 제거해야 한다.

다음 코덱에서는 LZO/P 코덱도 사용할 수 있다고 가정한다. 이들 코덱이 없다면 io.compression.codecs 속성의 값에서 두 클래스명을 지우고, 전체 io.compression. codec.lzo.class 속성도 제거해야 한다.

```
<property>
  <name>mapred.compress.map.output</name>
  <value>true</value>
</property>
```

```xml
<property>
    <name>mapred.map.output.compression.codec</name>
    <value>org.apache.hadoop.io.compress.SnappyCodec</value>
</property>
<property>
    <name>io.compression.codecs</name>
    <value>org.apache.hadoop.io.compress.GzipCodec,
    org.apache.hadoop.io.compress.DefaultCodec,
    org.apache.hadoop.io.compress.BZip2Codec,
    com.hadoop.compression.lzo.LzoCodec,
    com.hadoop.compression.lzo.LzopCodec,
    org.apache.hadoop.io.compress.SnappyCodec
    </value>
</property>
<property>
    <name>io.compression.codec.lzo.class</name>
    <value>com.hadoop.compression.lzo.LzoCodec</value>
</property>
```

CDH /usr/lib/hadoop/bin/hadoop 스크립트에서는 JVM의 java.library.path에 자동으로 네이티브 디렉터리를 추가해준다. 하지만 이 스크립트에서 호출하지 않는 클라이언트 사이드 하둡 코드를 실행 중이라면 다음을 자바 명령행에 추가해야 한다(이때 콜론과 /usr 부분 다음에 공백이 없어야 한다).

```
-Djava.library.path=/usr/lib/hadoop/lib/native/Linux-amd64-64:/usr/lib64
```

예제 코드를 실행할 때 사용하는 bin/run.sh는 플랫폼에 적합한 네이티브 디렉터리를 포함하게끔 -Djava.library.path가 제대로 설정됐는지도 확인한다.

A.10 LZOP

LZOP은 맵리듀스에서 분할 가능 압축을 지원하기 위해 사용하는 압축 코덱이다. 5장에는 LZOP을 활용하는 법을 자세히 다룬 절이 있다. 이 절에서는 LZOP을 활용하기 위해 클러스터를 빌드하고 설정하는 법을 다룬다.

추가 정보 얻기

표 A.12 도움되는 자료

설명	URL
일부 통계와 설정 지침을 비롯해 LZO를 사용하는 이유에 대한 트위터의 블로그 포스트	http://bit.ly/dfEvGn
토드 립콘의 LZO 깃허브 저장소. 우리가 자바 라이브러리를 빌드할 때도 이 저장소를 사용한다. 토드 립콘은 CDH와의 호환성을 위해 코드를 관리하는 클라우데라 직원이며 하둡의 커미터다.	https://github.com/toddlipcon/hadoop-lzo

LZOP 빌드

이어지는 설명에서는 LZOP 압축 코덱을 빌드, 설치, 설정하는 과정을 단계별로 설명한다. 하지만 설명에 앞서 이들 단계를 수행할 때 참고할 고려사항을 언급하고 싶다.

- 라이브러리는 배포판을 배포하는 하드웨어와 같은 하드웨어 상에서 빌드하는 것을 강력히 권장한다.
- 모든 설치 및 설정 단계는 LZOP을 사용하는 모든 클라이언트 호스트 및 클러스터 내 모든 데이터노드에서 수행해야 한다.

CDH에서의 하둡 네이티브 라이브러리 설치

LZOP은 네이티브 라이브러리와 함께 실행되는 하둡에 대한 의존성이 있으므로 먼저 하둡 네이티브 라이브러리를 설정해야 한다. 다행히 CDH에서는 이 작업이 간단하다.

```
$ yum install hadoop-0.20-native.x86_64
```

이렇게 하면 다음 파일들이 설치된다.

```
$ rpm -ql hadoop-0.20-native-0.20.2+923.97-1
/usr/lib/hadoop-0.20/lib/native
/usr/lib/hadoop-0.20/lib/native/Linux-amd64-64
/usr/lib/hadoop-0.20/lib/native/Linux-amd64-64/libhadoop.a
/usr/lib/hadoop-0.20/lib/native/Linux-amd64-64/libhadoop.la
/usr/lib/hadoop-0.20/lib/native/Linux-amd64-64/libhadoop.so
/usr/lib/hadoop-0.20/lib/native/Linux-amd64-64/libhadoop.so.1
/usr/lib/hadoop-0.20/lib/native/Linux-amd64-64/libhadoop.so.1.0.0

/usr/lib/hadoop-0.20/lib/native/Linux-amd64-64/libsnappy.a
/usr/lib/hadoop-0.20/lib/native/Linux-amd64-64/libsnappy.la
```

```
/usr/lib/hadoop-0.20/lib/native/Linux-amd64-64/libsnappy.so
/usr/lib/hadoop-0.20/lib/native/Linux-amd64-64/libsnappy.so.1
/usr/lib/hadoop-0.20/lib/native/Linux-amd64-64/libsnappy.so.1.1.1
```

비CDH에서의 하둡 네이티브 라이브러리 설치

바닐라 아파치 하둡 배포판을 사용 중이라면 이미 $HADOOP_HOME/lib/native 경로 아래에 리눅스 32비트 및 64비트 네이티브 라이브러리가 있다. 다른 하둡 배포판의 경우 네이티브 라이브러리를 설치하는 법을 벤더에게 문의해야 한다. 또는 http://hadoop.apache.org/docs/r1.0.4/native_libraries.html에 있는 설명에 따라 직접 네이티브 라이브러리를 빌드할 수도 있다.

LZOP 네이티브 라이브러리의 설치

LZOP을 사용하려면 네이티브 LZOP 라이브러리를 설치해야 한다. 레드햇에서는 다음과 같이 간단히 네이티브 라이브러리를 설치할 수 있다.

```
$ yum install liblzo-devel
```

CentOS에서는 OS 버전 및 아키텍처에 맞는 64비트 또는 32비트용 lzo 및 lzo-devel RPM을 http://pkgs.repoforge.org/lzo/에서 내려받아야 한다.

하둡용 LZOP 라이브러리 빌드, 설치, 설정

LZOP 라이브러리를 보관하는 두 개의 별도 깃허브 저장소가 있다. 토드 립콘은 CDH와의 호환성을 테스트한 버전을 https://github.com/toddlipcon/hadoop-lzo에서 제공하고, 트위터는 좀 더 최신 변경 사항이 있는 또 다른 버전을 https://github.com/kevinweil/hadoop-lzo에서 제공한다. CDH를 실행하지 않고 CDH와의 호환성이 검증된 버전이 필요 없다면 최신 기능을 갖춘 트위터용 깃허브를 사용하면 된다.

이 코드에는 네이티브 및 자바 LZOP 라이브러리용 소스가 둘 다 있다. 라이브러리의 사전 빌드 버전은 들어 있지 않으므로 빌드는 직접 해줘야 한다. tarball을 내려받고 압축을 푼 다음에는 방금 전 압축을 푼 디렉터리로 이동해 네이티브 및 자바 라이브러리를 생성하기 위해 빌드를 실행한다.

```
$ ant package
```

빌드를 마친 후에는 결과 라이브러리를 하둡 라이브러리 디렉터리로 복사한다.

```
# 다음 경로를 실제 하둡 설치 디렉터리로 대체
# 다음 경로는 CDH 하둡 홈 디렉터리다.
#
export HADOOP_HOME=/usr/lib/hadoop
$ cp ./build/hadoop-lzo-<version>.jar $HADOOP_HOME/lib/
$ cp -R build/hadoop-lzo-<version>/lib/native/* \
$HADOOP_HOME/lib/native/
```

하둡 설정

다음으로 새로 추가한 압축 코덱을 알 수 있게 하둡 설정을 변경해야 한다. 다음 코드를 core-site.xml에 추가한다(CDH에서는 /etc/hadoop/conf/core-site.xml 경로다). 이때 콤마 사이에 공백 문자가 없게끔 줄바꿈과 공백을 모두 제거해야 한다.

io.compression.codecs의 값에서는 스내피 압축 코덱이 이미 설치돼 있다고 가정한다. 스내피 코덱이 설치돼 있지 않다면 값에서 org.apache.hadoop.io.compress.SnappyCodec을 제거한다.

```
<property>
  <name>mapred.compress.map.output</name>
  <value>true</value>
</property>
<property>
  <name>mapred.map.output.compression.codec</name>
  <value>com.hadoop.compression.lzo.LzoCodec</value>
</property>
<property>
  <name>io.compression.codecs</name>
  <value>org.apache.hadoop.io.compress.GzipCodec,
  org.apache.hadoop.io.compress.DefaultCodec,
  org.apache.hadoop.io.compress.BZip2Codec,
  com.hadoop.compression.lzo.LzoCodec,
  com.hadoop.compression.lzo.LzopCodec,
  org.apache.hadoop.io.compress.SnappyCodec</value>
</property>
<property>
```

```
<name>io.compression.codec.lzo.class</name>
<value>com.hadoop.compression.lzo.LzoCodec</value>
</property>
```

CDH의 /usr/lib/hadoop/bin/hadoop 스크립트는 JVM의 java.library.path에 네이티브 디렉터리를 자동으로 추가해준다. 하지만 이 스크립트에서 호출하지 않는 클라이언트사이드 하둡 코드를 실행하다면 자바 명령행에 다음을 추가해야 한다(콜론과 /usr 부분 다음에는 공백이 없어야 한다).

```
-Djava.library.path=/usr/lib/hadoop/lib/native/Linux-amd64-64:/usr/lib64
```

예제 코드를 실행할 때 사용하는 bin/run.sh는 플랫폼에 적합한 네이티브 디렉터리를 포함하게끔 -Djava.library.path가 제대로 설정됐는지도 확인한다.

A.11 엘리펀트 버드

엘리펀트 버드는 LZOP로 압축된 데이터를 활용할 수 있는 유틸리티를 제공하는 프로젝트다. 엘리펀트 버드에서는 프로토콜 버퍼 및 쓰리프트를 맵리듀스에서 활용할 수 있게 지원하는 컨테이너 포맷도 제공한다.

추가 정보 얻기

표 A.13 도움되는 자료

설명	URL
프로젝트 페이지	https://github.com/kevinweil/elephant-bird

설치

엘리펀트 버드를 사용하려면 LZO, 프로토콜 버퍼, 쓰리프트를 빌드하고 설치해야 한다. 자세한 설명은 이 부록에서 각 절을 참고하자.

그런 다음에는 http://goo.gl/C6nPp에 위치한 메이븐 저장소에서 엘리펀트 버드 JAR를 하둡 lib 디렉터리로 복사한다. 다음은 CDH용 설명이다(다른 하둡 배포판에서는 /usr/lib/hadoop/lib/을 하둡 lib 디렉터리로 대체하면 된다).

```
$ wget http://goo.gl/C6nPp
$ sudo cp elephant-bird-2.0.5.jar /usr/lib/hadoop/lib/
```

엘리펀트 버드 버전

이 책의 코드는 엘리펀트 버드 2.0.5 버전을 사용해 컴파일했다. 앞의 설치 설명을 따르면 2.0.5 엘리펀트 버드 JAR가 하둡 lib 디렉터리로 복사된다. 새로운 버전의 엘리펀트 버드 JAR를 하둡 lib 디렉터리로 복사했다면 책의 일부 코드 예제가 실행되지 않을 수도 있다.

A.12 후프

후프(Hoop)는 모든 HDFS 연산에 대한 접근을 제공하는 HTTP/S 서버다.

추가 정보 얻기

표 A.14 도움되는 자료

설명	URL
깃허브 프로젝트 페이지	https://github.com/cloudera/hoop
후프에 대한 클라우데라 소개	http://goo.gl/ZnADQ
후프 REST API 상세 정보	http://goo.gl/qVyTf
시작하기 (다운로드, 빌드, 설치, 설정, 실행)	http://goo.gl/9CjVZ

설치

'시작하기' 리소스 링크에서는 후프 서버를 다운로드, 설정, 실행하는 법에 대한 자세한 설명이 나와 있다.

A.13 MySQL

MySQL 또는 다른 JDBC 호환 데이터베이스는 스쿱과 우지 같은 일부 프로젝트에서 필요하다.

MySQL JDBC 드라이버

MySQL용 JDBC 드라이버는 http://dev.mysql.com/downloads/connector/j/에서 내려받을 수 있다.

MySQL 서버 설치

MySQL 패키지는 대부분의 리눅스 시스템용으로 제공되며, 일반적인 패키지 설치 스크립트를 사용해 내려받을 수 있다. 비리눅스 시스템에서는 www.mysql.com에 있는 MySQL 프로젝트 페이지를 참고하자.

CENTOS

CentOS에서는 Yum을 이용해 MySQL을 설치할 수 있다.

```
$ sudo yum install  mysql.x86_64 mysql-server.x86_64
```

일반적으로 MySQL 설치를 할 때는 mysql_secure_installation 스크립트를 실행하는 게 좋다. 자세한 정보는 http://goo.gl/WHQMO에서 볼 수 있다.

```
$ sudo /usr/bin/mysql_secure_installation
```

이제 mysql을 실행할 수 있게 됐다.

```
$ sudo /sbin/service mysqld start
```

A.14 하이브

아파치 하이브는 하둡 기반 위에서 단순하고 SQL과 유사한 추상화를 제공하는 데이터 웨어하우스 프로젝트다.

이 책의 10장은 하이브를 활용하는 기술에 할애하고 있다.

추가 정보 얻기

표 A.15 도움되는 자료

설명	URL
아파치 프로젝트 페이지	http://hive.apache.org/
아파치 배포 및 다운로드	http://hive.apache.org/releases.html
'CDH3 설치 가이드' (하이브를 다룸)	https://ccp.cloudera.com/display/CDHDOC/CDH3+Installation+Guide
아파치 하이브 위키	https://cwiki.apache.org/confluence/display/Hive/Home
'하이브 메일링 리스트'	http://hive.apache.org/mailing_lists.html

설명	URL
하이브 언어 매뉴얼	https://cwiki.apache.org/confluence/display/Hive/LanguageManual
하이브 DDL 매뉴얼	https://cwiki.apache.org/confluence/display/Hive/LanguageManual+DDL
하이브 DML 매뉴얼	https://cwiki.apache.org/Hive/languagemanual-dml.html
하이브 UDF(일반적인 수학, 관계, 문자열 함수)	https://cwiki.apache.org/confluence/display/Hive/LanguageManual+UDF
하이브 조인	https://cwiki.apache.org/confluence/display/Hive/LanguageManual+Joins
기본 하이브 설정	http://goo.gl/18oyT

CDH에서의 설치

'CDH3 설치 가이드'라는 제목의 링크에서는 CDH에서 하이브를 설치하는 법을 보여준다.

비CDH에서의 설치

'아파치 배포 및 다운로드'라는 제목의 링크에서는 하이브 tarball을 내려받을 수 있는 링크를 제공한다. tarball은 하둡 인스턴스에 접근할 수 있는 아무 노드에서나 압축을 풀 수 있다. 다음은 /usr/local 디렉터리에 설치하는 법을 보여준다.

```
$ cd /usr/local
$ sudo tar -xzf <path/to/download/dir>/hive-<version>.tar.gz
$ sudo ln -s hive-<version> hive
```

메타데이터 저장을 위한 MySQL 설정

기본적으로 하이브는 임베디드 데이터베이스(더비)를 사용해 메타데이터를 저장한다. 이 말은 개별 사용자 계정에서 자체 더비 데이터베이스를 갖고 있고, 하이브 데이터베이스 메타데이터를 공유할 수 없다는 뜻이다. 이 문제를 해결하려면 MySQL 같은 데이터베이스를 설치해 메타데이터를 저장해야 한다. 이 부록에는 MySQL에 대한 별도 설치 설명도 볼 수 있다.

하이브에서 접근할 수 있는 MySQL 서버를 설치한 후에는 이 데이터베이스를 사용하게끔 하이브를 설정해야 한다. 이 과정에서 hive-site.xml 파일을 열어 다음 예제와 유사한 설정을 추가해야 한다. 이 설명은 https://cwiki.apache.org/Hive/adminmanualconfiguration.html에 있는 하이브 위키의 설명을 따른 것이다. 여기서는 MySQL이 로컬 호스트에서 실행되고 있고, 데이터베이스의 이름이 hive이며, hive 데이터베이스에 접근하기 위한 MySQL 사용자명과 비밀번호가 각각 user와 hive_pwd라고 가정한다. 물론 이들 값은 설정에서 사용한 실제 값으로 바꿔야 한다.

```xml
<?xml version="1.0"?>
<?xml-stylesheet type="text/xsl" href="configuration.xsl"?>

<configuration>
  <property>
    <name>javax.jdo.option.ConnectionURL</name>
    <value>
      jdbc:mysql://127.0.0.1/hive?createDatabaseIfNotExist=true
    </value>
  </property>

  <property>
    <name>javax.jdo.option.ConnectionDriverName</name>
    <value>com.mysql.jdbc.Driver</value>
  </property>

  <property>
    <name>javax.jdo.option.ConnectionUserName</name>
    <value>hive_user</value>
  </property>

  <property>
    <name>javax.jdo.option.ConnectionPassword</name>
    <value>hive_pwd</value>
  </property>

</configuration>
```

ConnectionURL 공백

코드 영역에서의 줄 길이 제한 때문에 javax.jdo.option.ConnectionURL의 값은 별도 줄에 표시했다. 다음 XML을 복사할 때는 시작 태그 및 종료 태그와 실제 값 사이의 공백을 모두 제거해야 한다.

사용자명과 비밀번호는 다음과 유사한 명령을 사용해 MySQL에서 이미 생성돼 있어야 한다.

```
$ mysql -u root -p

CREATE DATABASE hive;
CREATE USER 'hive_user'@'localhost' IDENTIFIED BY 'hive_pwd';
GRANT ALL PRIVILEGES ON hive.* TO 'hive_user'@'localhost';
FLUSH PRIVILEGES;
```

또 MySQL JDBC 드라이버 JAR도 하이브 lib 디렉터리로 복사해야 한다. 이 부록의 MySQL 절에는 이 JAR를 내려받을 수 있는 링크가 나와 있다. 이 파일은 [HIVE-HOME]/lib으로 복사해야 한다.

하이브 웨어하우스 디렉터리 권한

멀티유저 환경에서는 하이브에서 사용하는 디렉터리가 열려 있게 해야 한다.

```
$ hadoop fs -mkdir /tmp
$ hadoop fs -chmod 777 /tmp

$ hadoop fs -mkdir /user/hive/warehouse
$ hadoop fs -chmod 777 /user/hive/warehouse
```

하이브 설치 테스트

하이브를 실행하기 전에 하이브 바이너리 디렉터리를 패스에 추가하고, HADOOP_HOME도 추가해야 한다(이를 ~/.bash_profile 파일에 추가하는 게 가장 좋다). 다음 코드에서는 하이브가 /usr/local/hive에 설치돼 있고, 하둡이 /usr/local/hadoop에 설치돼 있다고 가정한다.

```
$ export HIVE_HOME=/usr/local/hive
$ export HADOOP_HOME=/usr/local/hadoop

$ echo "val1-val2" > /tmp/foobar.txt

$ hive

hive> CREATE TABLE pokes (foo STRING, bar STRING)
      ROW FORMAT DELIMITED FIELDS TERMINATED BY '-'
      STORED AS TEXTFILE;
```

```
hive> LOAD DATA LOCAL INPATH '/tmp/foobar.txt'
      OVERWRITE INTO TABLE pokes;

hive> SELECT * FROM pokes;
OK
val1    val2
```

A.15 피그

아파치 피그는 하둡 기반 위에 단순화된 추상화를 제공하는 맵리듀스 파이프라인 프로젝트다.

이 책의 11장은 피그를 활용하는 법에 모두 할애하고 있다.

추가 정보 얻기

표 A.16 도움되는 자료

설명	URL
아파치 프로젝트 페이지	http://pig.apache.org/
아파치 배포 및 다운로드	http://pig.apache.org/releases.html
"CDH3 설치 가이드"(피그를 다룸)	https://ccp.cloudera.com/display/CDHDOC/CDH3+Installation+Guide
아파치 피그 위키	https://cwiki.apache.org/confluence/display/PIG/Index
피그 메일링 리스트	http://pig.apache.org/mailing_lists.html
'피그 라틴 기초'	http://pig.apache.org/docs/r0.9.2/basic.html

CDH에서의 설치

'CDH3 설치 가이드'라는 제목의 링크에서는 CDH에서 피그를 설치하는 법을 보여준다.

비CDH에서의 설치

'아파치 배포 및 다운로드'라는 제목의 링크에는 하이브 tarball을 내려받을 수 있는 링크를 제공한다. tarball을 내려받고 로컬 디렉터리에 압축을 푼다. 다음은 /usr/local 디렉터리에 설치하는 법을 보여준다.

```
$ cd /usr/local
$ sudo tar -xzf <path/to/download/dir>/pig-<version>.tar.gz
$ sudo ln -s pig-<version> pig
```

피기뱅크 빌드

피기뱅크에는 도움되는 사용자 정의 함수가 많이 있다. CDH를 사용할 때는 피기뱅크 JAR가 기본으로 있지만 아파치 하둡을 사용할 때는 다음 명령을 사용해 직접 빌드해야 한다. 이 설명에서는 피그가 /usr/local/pig에 설치돼 있고, 오라클 JDK가 /usr/java/latest에 설치돼 있다고 가정한다.

```
$ export JAVA_HOME=/usr/java/latest
$ cd /usr/local/pig
$ ant
$ cd contrib/piggybank/java
$ ant
```

이렇게 하면 /usr/local/pig/contrib/piggybank/java/piggybank.jar가 생긴다.

피그 설치 테스트

피그를 실행하기 전에 피그 바이너리 디렉터리를 패스에 추가하고, HADOOP_HOME도 추가해야 한다(이를 ~/.bash_profile 파일에 추가하는 게 가장 좋다). 다음 코드에서는 피그가 /usr/local/pig에 설치돼 있고 하둡이 /usr/local/hadoop에 설치돼 있다고 가정한다.

```
$ export PIG_HOME=/usr/local/pig
$ export HADOOP_HOME=/usr/local/hadoop
$ pig
grunt> copyFromLocal /etc/passwd /tmp/passwd
grunt> A = load '/tmp/passwd' using PigStorage(':');
grunt> B = foreach A generate $0 as id;
grunt> DUMP B;
(root)
(bin)
(daemon)
(adm)
...
```

A.16 크런치

크런치는 실제 맵리듀스 구조체를 사용하지 않고도 맵리듀스에서 실행할 수 있는 코드를 작성하게 해주는 순수 자바 라이브러리다.

추가 정보 얻기

표 A.17 도움되는 자료

설명	URL
깃허브 프로젝트 페이지	https://github.com/cloudera/crunch
클라우데라의 '초보자를 위한 크런치'	http://goo.gl/3Hb0T

설치

다음 설명을 사용해 크런치를 내려받고 빌드할 수 있다.

```
$ git clone https://github.com/cloudera/crunch.git
$ cd crunch
$ mvn install
$ cd examples/
$ mvn package
```

A.17 R

R은 통계 프로그래밍 및 그래픽을 위한 오픈소스 툴이다.

R을 하둡과 연동하는 자세한 방법은 8장에서 다루고 있다.

추가 정보 얻기

표 A.18 도움되는 자료

설명	URL
R 프로젝트 페이지	http://www.r-project.org/
R 함수 검색 엔진	http://rseek.org/

레드햇 기반의 시스템에서의 설치

Yum을 사용하면 R 설치를 쉽게 할 수 있다. 이때는 RPM 의존성을 자동으로 판단해 대신 설치해주기 때문이다.

http://www.r-project.org/로 가서 CRAN을 클릭하고 자신이 있는 지역과 가까운 다운로드 지역을 선택하고, RedHat을 선택한 후, 자신의 시스템에 적합한 버전과 아키텍처를 고른다. 다음 코드에서 baseurl에 있는 URL을 바꾼 후 R 미러 저장소를 Yum 설정에 추가하기 위해 명령을 실행한다.

```
$ sudo -s
$ cat << EOF > /etc/yum.repos.d/r.repo
# R-Statistical Computing

[R]
name=R-Statistics
baseurl=http://cran.mirrors.hoobly.com/bin/linux/redhat/el5/x86_64/ enabled=1
gpgcheck=0 EOF
```

64비트 시스템에서 R을 설치할 때는 다음과 같이 간단한 Yum 명령을 사용하면 된다.

```
$ sudo yum install R.x86_64
```

PERL-FILE-COPY-RECURSIVE RPM

CentOS에서는 필요한 의존성이 빠져 있다며 Yum 설치가 중단될 수 있다. 이런 경우 직접 perl-File-Copy-Recursive RPM을 설치해야 한다(CENTOS의 경우 http://goo.gl/grfDP에서 받을 수 있다).

비레드햇 시스템에서의 설치

http://www.r-project.org/로 가서 CRAN을 클릭하고, 자신이 살고 있는 지역과 가까운 다운로드 지역을 선택한 후, 시스템에 적합한 바이너리를 선택한다.

A.18 RHIPE

RHIPE는 R과 하둡 사이의 연동을 개선해주는 라이브러리다.

8장에서는 하둡과 RHIPE를 연동하는 자세한 방법을 다루고 있다.

추가 정보 얻기

표 A.19 도움되는 자료

설명	URL
RHIPE 깃허브 페이지	https://github.com/saptarshiguha/RHIPE
RHIPE 문서	http://saptarshiguha.github.com/RHIPE/

의존성

하둡 클러스터 내 각 노드는 다음 컴포넌트를 필요로 한다.

- RHIPE는 프로토콜 버퍼 버전 2.4 이상을 필요로 한다. 프로토콜 버퍼를 빌드하고 설치하는 법은 A.7 절을 참고하자.
- R이 설치돼 있어야 한다. R의 설치 설명은 A.17 절을 참고하자.

CentOS에서의 설치

아쉽게도 Rhipe는 R 패키지를 빠르게 내려받게 설치하는 데 사용하는 크랜(CRAN)과 연동되지 않는다. 다음 설명은 CentOS 5.7에서 테스트했다.

이 설치 과정은 모든 하둡 노드 및 Rhipe를 사용하는 모든 클라이언트사이드 노드에서 수행해야 한다.

https://github.com/saptarshiguha/RHIPE/에서 RHIPE를 내려받는다.

```
$ sudo -s
$ export PKG_CONFIG_PATH=/usr/local/lib/pkgconfig
$ export HADOOP = <your Hadoop installation directory>
$ export HADOOP_LIB = $HADOOP/lib
$ export HADOOP_CONF_DIR=$HADOOP/conf
$ /sbin/ldconfig
$ cat << EOF > /etc/ld.so.conf.d/Protobuf-x86.conf
/usr/local/lib
EOF
$ R CMD INSTALL Rhipe_<version>.tar.gz
```

Rhipe 설치를 테스트한다.

```
$ R
> library(Rhipe)
------------------------------------------------------
| IMPORTANT: Before using Rhipe call rhinit()        |
| Rhipe will not work or most probably crash         |
------------------------------------------------------
```

A.19 RHadoop

RHadoop은 R과 맵리듀스를 연동하기 위해 레볼루션 애널리틱스에서 개발한 오픈소스 툴이다.

8장에서는 하둡과 RHadoop을 연동하는 법이 자세히 나와 있다.

추가 정보 얻기

표 A.20 도움되는 자료

설명	URL
RHadoop 프로젝트 페이지	https://github.com/RevolutionAnalytics/RHadoop
RHadoop 다운로드 및 필요한 의존성	https://github.com/RevolutionAnalytics/RHadoop/wiki/Downloads
필요 의존성을 포함한 rmr 위키	https://github.com/RevolutionAnalytics/RHadoop/wiki/rmr
RHadoop 위키	https://github.com/RevolutionAnalytics/RHadoop/wiki
RHadoop 튜토리얼	https://github.com/RevolutionAnalytics/rmr2/blob/master/docs/tutorial.md

의존성

하둡 클러스터 내 각 노드에 다음 컴포넌트가 필요하다.

- R 설치 설명은 A.17 절에서 볼 수 있다.
- 세 개의 R 패키지가 설치돼 있어야 한다. RJSONIO(0.95-0 이상을 권장), itertools, digest

```
$ sudo -s
$ R
> install.packages("RJSONIO")
> install.packages("itertools")
> install.packages("digest")
> install.packages("rJava")
```

rJava를 설치하는 도중 에러가 생긴다면 rJava 설치를 진행하기 전에 JAVA_HOME을 설정하고 R을 재설정해야 한다.

```
$ sudo -s
$ export JAVA_HOME=/usr/java/latest
$ R CMD javareconf
$ R
> install.packages("rJava")
```

rmr/rhdfs 설치

이 설치 과정은 모든 하둡 노드 및 rmr/rhdfs를 사용하는 모든 클라이언트사이드 노드에서 수행해야 한다.

RHadoop은 세 가지 패키지 버전으로 제공되지만 여기서는 맵리듀스 및 HDFS와 R과의 연동 기능을 제공하는 rmr 및 rhdfs 패키지에 집중한다. RHadoop의 또 다른 패키지는 HBase 연동을 위한 rhbase다.

https://github.com/RevolutionAnalytics/RHadoop/wiki/Downloads에서 rmr 및 rhdfs의 다운로드 링크를 클릭한다. 그런 다음 아래 명령을 실행한다.

```
$ sudo R CMD INSTALL rmr_<version>.tar.gz
$ sudo R CMD INSTALL rhdfs_<version>.tar.gz
```

rmr 패키지가 제대로 설치됐는지 테스트한다.

```
$ R
> library(rmr)
Loading required package: RJSONIO
Loading required package: itertools
Loading required package: iterators
Loading required package: digest
```

A.20 머하웃

머하웃은 예측적 분석 프로젝트로, 일부 알고리즘은 JVM 내 구현체 및 맵리듀스 구현체를 모두 제공한다.

머하웃을 하둡과 연동하는 자세한 방법은 9장에서 다루고 있다.

추가 정보 얻기

표 A.21 도움되는 자료

설명	URL
머하웃 프로젝트 페이지	http://mahout.apache.org/
머하웃 다운로드	https://cwiki.apache.org/confluence/display/MAHOUT/Downloads
머하웃 위키	https://cwiki.apache.org/confluence/display/MAHOUT/Mahout+Wiki
머하웃 알고리즘	https://cwiki.apache.org/confluence/display/MAHOUT/Algorithms

머하웃 설치

머하웃은 하둡 클러스터에 접근할 수 있는 노드에 설치해야 한다. 머하웃은 클라이언트사이드 라이브러리이며 하둡 클러스터에 설치할 필요가 없다.

머하웃은 tarball로 패키징돼 있다. 대부분의 리눅스 운영체제에서는 다음 지시를 따르면 된다.

https://cwiki.apache.org/confluence/display/MAHOUT/Downloads에 있는 머하웃 다운로드 페이지에서 'official release' 링크를 클릭하고 현재 배포판(이 책은 0.6 버전을 대상으로 테스트했다)을 선택한다. 머하웃 배포판 tarball을 내려받고 다음 명령을 실행한다.

```
$ cd /usr/local
$ sudo tar -xzf <path-to-mahout-tarball>

$ sudo ln -s mahout-distribution-<version> mahout

$ sudo chown -R <user>:<group> /usr/local/mahout*
```

편의상 MAHOUT_HOME 환경 변수를 설치 디렉터리로 내보내기 위해 ~/.bash_profile을 업데이트하는 게 좋다. 다음 명령은 명령행에서 이 작업을 수행하는 법을 보여준다(같은 명령을 배시 프로필 파일로 복사할 수도 있다).

```
$ export MAHOUT_HOME=/usr/local/mahout
```

부록 B
하둡 내장 인그레스 및 이그레스 툴

이 부록에서는 네임노드의 임베디드 HTTP 서버, 후프, REST 기반 HDFS 프록시를 비롯한 HDFS에 대한 내장 읽기/쓰기 메커니즘을 살펴본다. 이를 통해 독자들은 하둡에서 기본으로 제공하는 툴을 이해하는 데 도움될 것이다. 데이터 인그레스 및 이그레스에 대한 고수준 기법과 접근 방식은 2장에서 다루고 있다.

B.1 명령행

명령행 인터페이스(CLI)를 사용하면 HDFS로 파일을 쉽게 복사하고 가져올 수 있다. put 및 get 옵션을 사용하면 이에 필요한 작업을 모두 수행해준다. put 옵션은 다양한 파일 소스를 지원하고 표준 입력과도 연동할 수 있으므로 copyFromLocal 옵션보다 유용하다. 예를 들어 표준 입력을 읽어서 HDFS에 파일을 쓰려면 다음과 같이 하면 된다.

```
$ echo "the cat sat on the mat" | hadoop fs -put - /stdin-example.txt
$ hadoop fs -cat /stdin-example.txt
the cat sat on the mat
```

또, 복사가 완료된 후 소스를 제거해야 하는 인그레스/이그레스에 적합한 moveFromLocal 및 moveToLocal 옵션도 있다.

B.2 자바 API

하둡에는 파일시스템 클래스가 있는 org.apache.hadoop.fs 패키지가 있다. FileSystem 클래스는 HDFS용 DistributedFileSystem 클래스를 비롯한 여러 구현체를 갖춘 추상 클래스다. 이 클래스는 생성, 열기, 삭제 같은 기본적인 파일시스템 작업을 노출한다. 2장에서는 자바를 활용해 HDFS에 대한 읽기/쓰기를 하는 예제를 볼 수 있다.

B.3 파이썬/펄/루비에서의 쓰리프트 활용

아파치 쓰리프트는 오픈소스 클라이언트-서버 RPC 프로토콜 라이브러리다. 하둡은 쓰리프트 서버 및 파이썬, 루비, 펄을 비롯한 다양한 클라이언트 언어용 바인딩을 지원하는 공헌 프로젝트(HADOOP-3754 지라 티켓을 통해 공헌)을 갖고 있다. 그림 B.1에서는 쓰리프트 HDFS의 인터페이스 아키텍처를 보여준다.

쓰리프트 클라이언트, 쓰리프트 서버, 네임노드 컴포넌트는 모두 별도 호스트에 존재할 수 있다. 하지만 편의상 쓰리프트 서버는 네임노드와 같은 노드에 위치시키는 게 좋다. 쓰리프트 인터페이스는 자바 이외의 프로그래밍 언어에서 HDFS에 접근해야 할 때 도움이 된다. 쓰리프트 HDFS 인터페이스를 사용하는 과정은 두 단계로 진행된다. 먼저 서버를 실행하는 단계와 파일시스템 작업을 수행할 클라이언트를 작성하고 실행하는 단계다.

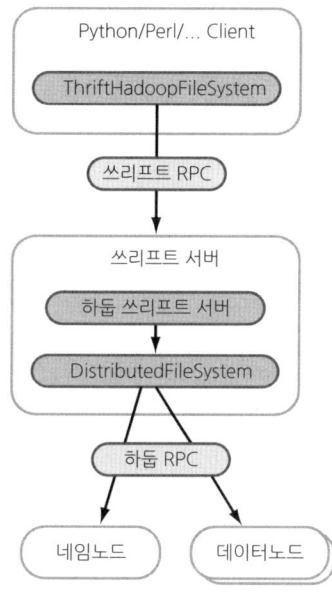

그림 B.1 쓰리프트 클라이언트 및 서버 HDFS 아키텍처

RPM 형태의 CDH에는 쓰리프트를 실행하는 데 필요한 JAR가 모두 들어 있지는 않으므로 필요한 내용이 모두 들어 있는 CDH tarball을 (https://ccp.cloudera.com/display/DOC/CDH+Version+and+Packaging+Information에서) 내려받아야 한다. 그런 다음 의사 분산 호스트상의 디렉터리에 tarball의 압축을 푼다. 쓰리프트 서버를 실행하는 스크립트도 있지만 이 스크립트는 동작하지 않으므로 직접 스크립트를 작성해야 한다. CDH tarball 디렉터리의 상대 경로 내 ./src/contrib/thriftfs/scripts에 start_thrift_server_cdh.sh 파일을 생성한다. 이 파일의 내용은 다음과 같이 채운다.

```
$ cd <CDH_TARBALL_DIR>/src/contrib/thriftfs/scripts
$ cat start_thrift_server_cdh.sh
#!/bin/sh

TOP=../../../..

CLASSPATH=$CLASSPATH:$TOP/*
CLASSPATH=$CLASSPATH:$TOP/lib/*
CLASSPATH=$CLASSPATH:$TOP/src/contrib/thriftfs/lib/*
CLASSPATH=$CLASSPATH:$TOP/contrib/thriftfs/*
```

```
CLASS=org.apache.hadoop.thriftfs.HadoopThriftServer

java -Dcom.sun.management.jmxremote -cp $CLASSPATH $CLASS $*
```

start_thrift_server_cdh.sh 스크립트를 생성한 후에는 이 스크립트를 실행 파일로 만들고 서버를 실행한다.

```
$ chmod +x start_thrift_server_cdh.sh
$ ./start_thrift_server_cdh.sh
Starting the hadoop thrift server on port [51322]...
```

이제 서버가 실행 중이므로 클라이언트사이드를 공략할 차례다. 여기서는 HDFS 내 파일을 간단히 읽는 작업을 수행하기 위해 쓰리프트에서 생성한 HDFS 클라이언트 API를 사용하는 간단한 파이썬 스크립트를 작성했다. 이 스크립트는 http://goo.gl/MYqFZ에 있는 깃허브를 통해 내려받을 수 있다. HDFS에서 로컬 디스크로 복사하는 작업을 수행하는 메인 파이썬 함수는 다음 코드에서 볼 수 있다.

```python
def get(self, hdfs, local):

    output = open(local, 'wb')

    path = Pathname();
    path.pathname = hdfs;
    input = self.client.open(path)

    # hdfs 파일의 크기 파악
    filesize = self.client.stat(path).length

    # hdfs에서 한 번에 1MB 바이트씩 읽음
    offset = 0
    chunksize = 1024 * 1024
    while True:
        chunk = self.client.read(input, offset, chunksize)
        if not chunk: break
        output.write(chunk) offset += chunksize
        if (offset >= filesize): break

    self.client.close(input)
    output.close()
```

파이썬 클라이언트를 실행할 때는 서버가 시작하면서 표준 출력에 덤프한 쓰리프트 서버 포트를 지정해야 한다. 여기서는 HDFS에 파일을 쓴 다음 쓰리프트 파이썬 클라이언트를 사용해 이를 다시 로컬 파일시스템으로 복사한다.

```
$ echo "the cat sat on the mat" | hadoop fs -put - /stdin-example.txt
$ python ./hdfs-get.py --port 51322 \
--source /stdin-example.txt --dest /tmp/stdin-example.txt
$ cat /tmp/stdin-example.txt
the cat sat on the mat
```

이로써 작업이 성공한 것을 볼 수 있다.

쓰리프트 서버를 사용할 때는 HDFS에 추가 간접 레이어를 더한다는 단점이 있다. 이 말은 읽기/쓰기가 그만큼 느려진다는 뜻이다. 아울러 쓰리프트 서버가 HDFS와의 상호작용을 모두 처리하므로 쓰리프트 클라이언트를 데이터노드에서 실행할 때 클라이언트사이드의 데이터 로컬리티를 모두 잃게 된다.

src/contrib/thriftfs/scripts/hdfs.py에 있는 하둡 소스 코드를 보면 파이썬에서 쓰리프트와 연동하는 더 많은 예제를 볼 수 있다.

B.4 하둡 퓨즈

하둡은 FuseDFS라는 컴포넌트를 제공한다. 이 컴포넌트는 HDFS를 사용자 공간 내 파일시스템(FUSE)을 통해 HDFS를 리눅스 볼륨을 마운트해준다. 그림 B.2에서는 FuseDFS의 아키텍처를 보여준다.

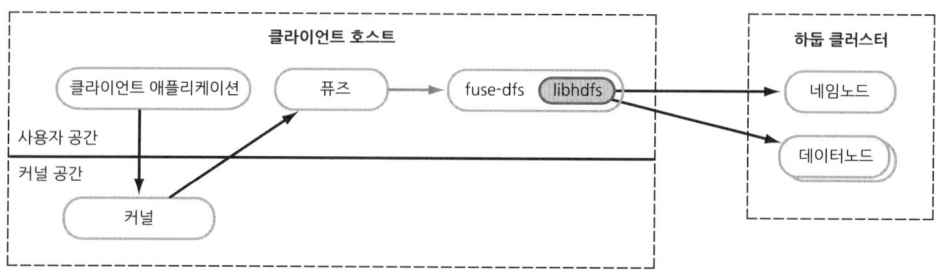

그림 B.2 HDFS 퓨즈 아키텍처

FUSE는 사용자 공간 파일시스템이므로 클라이언트 애플리케이션과 HDFS 사이에 홉이 많다.

우선 FuseDFS를 설치해야 한다.

```
$ sudo yum install hadoop-0.20-fuse
```

/app/hdfs-fuse에 HDFS를 마운트하려면 다음과 같이 해야 한다.

```
$ mkdir /app/hdfs-fuse
$ hadoop-fuse-dfs dfs://localhost:8020 /app/hdfs-fuse -d
```

이제 일반 파일시스템 유틸리티를 사용해 HDFS와 상호작용한다. 하둡 FUSE를 모두 사용하고 나면 hadoop-fuse-dfs 애플리케이션을 죽이고 디렉터리를 언마운트할 수 있다.

```
$ umount /app/hdfs-fuse
```

하둡 퓨즈는 편리하지만, 일반적인 사용에 하둡 퓨즈를 추천하지 않을 수밖에 없는 이슈들 때문에 빛이 바랜다. 주된 이슈는 성능 및 일관성과 관련이 있다. 하둡 퓨즈는 사용자 공간에서 실행되며 클라이언트와 실제 HDFS 연산 사이에 많은 레이어를 포함하므로 속도가 느리다. 아울러 랜덤 쓰기를 수행하는 툴이나 애플리케이션의 사용을 지원할 수 없다. 또, 파일을 쓸 경우 향후 읽기에서 앞서 쓴 내용을 읽을 수 있다는 보장이 없으므로 HDFS보다 훨씬 열악한 일관성 모델을 갖고 있다. 파일을 HDFS에 쓰고 바로 읽었을 때 아무 내용도 없는 것처럼 보이는 다음 예제에서도 이와 같은 현상을 확인할 수 있다.

```
$ echo "asdadafsdfasgsfg" > alex; cat alex
$                     ← 파일이 비어 있는 것으로 보인다.          HDFS에 파일을 쓰고 이를 표준 출력에 바로 첨부하려고 시도한다.
$ cat alex
asdadafsdfasgsfg    ← 1~2초 정도 기다린 후 cat 명령을 다시 보내면 파일의 내용을 볼 수 있다.
```

결론적으로 하둡 퓨즈는 재미있는 아이디어이기는 하지만, 배포 환경에서 아직 사용할 수 있는 준비가 안 돼 있다고 할 수 있다.

B.5 네임노드 임베디드 HTTP

HTTP를 활용해 HDFS에 접근하면 HDFS에 접근해야 하는 호스트에 HDFS 클라이언트 코드를 설치해야 하는 부담이 없어진다는 장점이 있다. 아울러 HTTP는 보편적이며 많은 툴과 대다수 프로그래밍 언어에서 HTTP를 지원하는 만큼 HDFS에 대한 접근이 그만큼 쉽다.

네임노드에는 임베디드 제티 HTTP/HTTPS 웹 서버가 있다. 이 서버는 Secondary NameNode가 이미지를 읽고 병합하게 하는 데 사용된다. 또, 이 서버는 distCp 같은 유틸리티가 하둡 버전이 다를 때 클러스터 간 복사를 활성화하기 위해 사용하는 HTFP 파일시스템도 지원한다. 이 서버는 몇 가지 작업을 지원하며 읽기 작업(HDFS 쓰기는 지원하지 않는다)만 지원한다. 웹 서버는 그림 B.3에서 볼 수 있다.

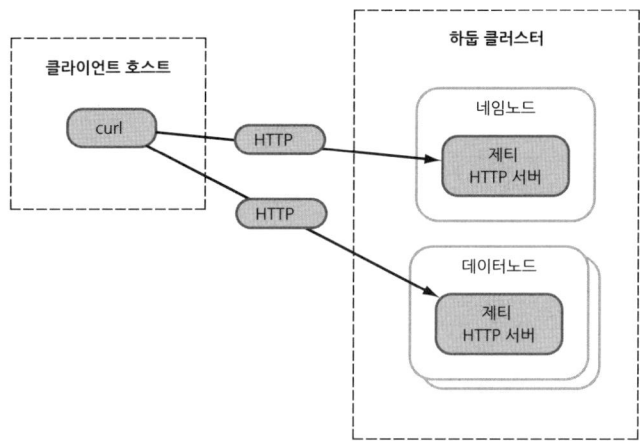

그림 B.3 네임노드 임베디드 HTTP 서버

그림 임베디드 HTTP 서버에서 할 수 있는 기본적인 파일시스템 작업을 살펴보자. 다음은 클라이언트 HTTP 유틸리티인 curl을 사용해 디렉터리를 나열하는 법을 보여주는 예제다.

```
$ hadoop fs -mkdir /nn-embedded        ◀── 이 예제에서는 HDFS에 디렉터리를 생성한다.

$ echo "the cat and a mat" | hadoop fs -put - /nn-embedded/test.txt
                                                                    ◀── HDFS 디렉터리에 작은 파일을 생성한다.

$ curl \    ◀──  ❶
   http://localhost:50070/listPaths/nn-embedded?ugi=aholmes,groups

<?xml version="1.0" encoding="UTF-8"?> <listing time="2011-10-
   30T23:52:45+0000" recursive="no"
   path="/nn-embedded" exclude="\..*\.crc" filter=".*"
   version="0.20.2-cdh3u2">
     <directory path="/nn-embedded"    ◀──  ❷
       modified="2011-10-30T23:52:39+0000"
       accesstime="1970-01-01T00:00:00+0000"
       permission="drwxr-xr-x"
       owner="aholmes"
       group="supergroup"/>
     <file path="/nn-embedded/test.txt"
```
◀── 이 엘리먼트는 파일을 나타낸다.

```
            modified="2011-10-30T23:52:39+0000"
            accesstime="2011-10-30T23:52:39+0000"
            size="23"
            replication="1"
            blocksize="67108864"
            permission="-rw-r--r--"
            owner="aholmes"
            group="supergroup"/> </listing>
```

❶ 디렉터리 내용을 나열하기 위해 curl 명령을 내보낸다. HDFS 권한 검증상의 이유로 URL에 사용자명이 포함된 것에 주의하자.

❷ 응답에는 두 개의 자식 엘리먼트가 있는 listing 엘리먼트가 있다. 이 중 첫 번째 엘리먼트는 디렉터리를 나타낸다.

임베디드 HTTP 네임노드 서버를 통해 파일도 내려받을 수 있다. 다음 예제에서는 앞 단계에서 업로드한 파일(/nn-embedded/test.txt)을 내려받는다.

```
$ wget \
 http://localhost:50070/data/nn-embedded/test.txt?ugi=aholmes,groups \
   -O test.txt
$ cat test.txt
the cat and a mat
```

파일레벨 작업과 관련해 현재 임베디드 HTTP 서버에서 지원하는 작업은 이게 거의 전부다.

이 서블릿 구현체에서 재미있는 점은 실제 파일 다운로드를 파일의 첫 번째 블록을 포함하는 데이터노드 중 하나로 리다이렉트한다는 점이다. 그럼 이 데이터노드는 전체 파일을 클라이언트로 스트리밍한다.

HTTP 인터페이스로 할 수 있는 작업이 몇 가지 더 있다. 이를테면 fsck를 통해 파일시스템의 문제를 조회할 수 있고, 쿼터 제한, 크기 등과 같은 디렉터리에 대한 통계 정보를 반환하는 contentSummary도 있다.

```
$ curl http://localhost:50070/fsck?ugi=aholmes,groups
.Status: HEALTHY
  Total size:    1087846514 B
  Total dirs:    214
  Total files: 315
  Total blocks (validated):       1007 (avg. block size 1080284 B)
```

```
    Minimally replicated blocks:     1007 (100.0 %)
    Over-replicated blocks:          0 (0.0 %)
    Under-replicated blocks:         360 (35.749752 %)
    Mis-replicated blocks:           0 (0.0 %)
    Default replication factor:      1
    Average block replication:       1.0
    Corrupt blocks:                  0
    Missing replicas:                3233 (321.05264 %) Number of data-nodes:    1
    Number of racks:                 1

$ curl http://localhost:50070/contentSummary/?ugi=aholmes,groups
<?xml version="1.0" encoding="UTF-
8"?> <org.apache.hadoop.fs.ContentSummary length="23" fileCount="1" directoryCount="1"
quota="-1" spaceConsumed="23" spaceQuota="-1"/>
```

이들 세 작업을 함께 활용하면 HDFS에서 정보를 읽을 수 있지만, 이 정도가 할 수 있는 작업의 거의 전부다.

B.6 HDFS 프록시

HDFS 프록시는 HDFS에 대한 웹 앱 프록시 프론트엔드를 제공하는 하둡 contrib 내 컴포넌트다. 임베디드 HTTP 서버와 비교해 이 컴포넌트의 장점은 접근 제어 레이어를 둔다는 점과 다양한 하둡 버전을 지원한다는 것이다. 이 컴포넌트의 아키텍처는 그림 B.4에서 볼 수 있다.

HDFS 프록시는 네임노드에 있는 임베디드 HTTP 제티 서버를 활용하므로 이 절에서 앞서 본 것과 동일한 주로 파일 읽기만을 지원할 수 있다는 제약이 있다. HDFS 프록시를 설치하고 사용하는 자세한 방법은 https://issues.apache.org/jira/secure/attachment/12414644/hdfsproxy.pdf에서 볼 수 있다.

B.7 후프

후프는 그림 B.5에서 볼 수 있는 것과 같이 HDFS에 대한 접근 기능을 제공하는 REST, JSON 기반의 HTTP/HTTPS 서버다. 현재 하둡 HTTP 인터페이스와 비교해 후프의 장점은 읽기뿐 아니라 쓰기도 지원한다는 점이다. 후프는 클라우데라에서 기존 하둡 HTTP 서비스를 완전히 대체하기 위해 개발한 프로젝트로, 하둡으로 공헌될 계획 중에 있다. 후프는 2.x 하둡 배포판에 포함될 예정이다(https://issues.apache.org/jira/browse/HDFS-2178 참고).

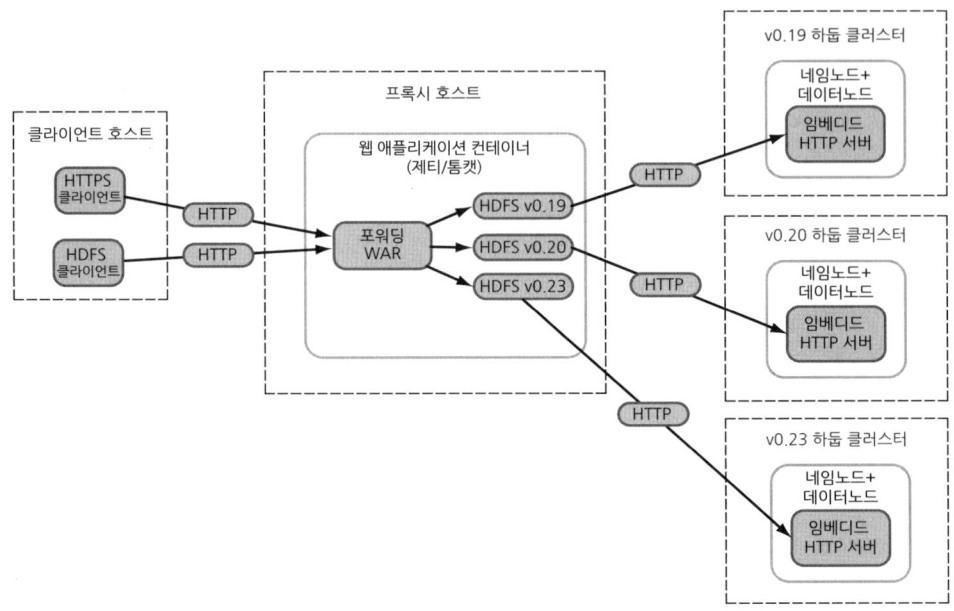

그림 B.4 HDFS 프록시 아키텍처

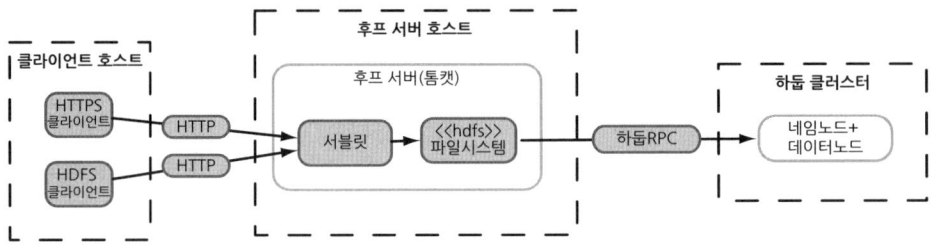

그림 B.5 후프 아키텍처

설치 방법은 https://github.com/cloudera/hoop에 있는 문서를 통해 알 수 있다. 후프 서버를 실행하고 나면 curl을 이용해 간단히 파일시스템 명령을 수행할 수 있다[1]. 그럼 디렉터리를 생성하고, 파일을 쓴 다음, 디렉터리 내용을 나열하는 기본적인 파일시스템 조작을 차례로 수행해보자.

---

1 전체 REST 연산은 http://cloudera.github.com/hoop/docs/latest/HttpRestApi.html에 문서화돼 있다.

```
$ curl -X POST\         ◁─────── /hoop-test 디렉터리를 생성한다.
   "http://localhost:14000/hoop-test?op=mkdirs&user.name=aholmes"
{"mkdirs":true}


$ url="http://localhost:14000/hoop-test/example.txt"
$ url=$url"?op=create&user.name=aholmes"
                                        /tmp/example.txt 로컬 파일을 /hoop-test/example.txt에 쓴다.
$ curl -X POST $url \     ◁─────
   --data-binary @/tmp/example.txt   \
   --header "content-type: application/octet-stream"


                                  /hoo-test의 디렉터리 내용을 나열한다. 방금 전에 생성한 파일이 보인다.
$ curl -i\
"http://localhost:14000/hoop-test?op=list&user.name=aholmes"   ◁─────
[{
   "path":"http:\/\/cdh:14000\/hoop-test\/example.txt",
   "isDir":false,
   "len":23,
   "owner":"aholmes",
   "group":"supergroup",
   "permission":"-rw-r--r--",
   "accessTime":1320014062728,
   "modificationTime":1320014062728,
   "blockSize":67108864,
   "replication":3
}]


$ url="http://localhost:14000/hoop-test"
$ url=$url"?op=delete&recursive=true&user.name=aholmes"

$ curl -X DELETE $url     ◁─────
{"delete":true}           /hoop-test를 재귀적으로 삭제한다.
```

후프는 HDFS 프록시와 마찬가지로 클라이언트와 HDFS 사이에 홉을 추가하며, 자바 HDFS 클라이언트를 사용할 수 있는 데이터 로컬리티를 방해한다. 하지만 후프는 HDFS 프록시와 비교해 큰 발전을 이뤘다. 즉, 후프에서는 자바 HDFS 클라이언트를 사용하므로 쓰기 또한 지원한다는 장점이 있다.

B.8 WebHDFS

하둡 버전 1.x와 2.x에 포함된 WebHDFS는 HDFS에 대한 REST/HTTP 읽기/쓰기 접근을 지원하는 전혀 새로운 하둡의 API다. 그림 B.6에서는 WebHDFS가 기존 HDFS HTTP 서비스와 더불어 공존한다는 사실을 보여준다.

여기서는 WebHDFS를 사용해 디렉터리를 생성하고, 이 디렉터리에 파일을 쓴 다음, 끝으로 파일을 제거한다. WebHDFS는 기본적으로 비활성화돼 있을 수도 있다. WebHDFS를 활성화하려면 hdfs-site.xml에서 dfs.webhdfs.enabled를 true로 설정한 후 HDFS를 재시작해야 하면 된다.

우선 HDFS 내에 /whdfs 디렉터리를 생성해야 한다. 표 B.1에서는 제공할 수 있는 URL 구조와 선택 파라미터를 보여준다.

표 B.1 디렉터리 생성을 위한 WebHDFS의 선택 파라미터

선택 파라미터	설명
permission	디렉터리 권한의 8진수 코드. 예를 들어 HDFS의 기본 권한은 세 자리 8진수인 755로, 이는 -rwxr-xr-x와 같다.

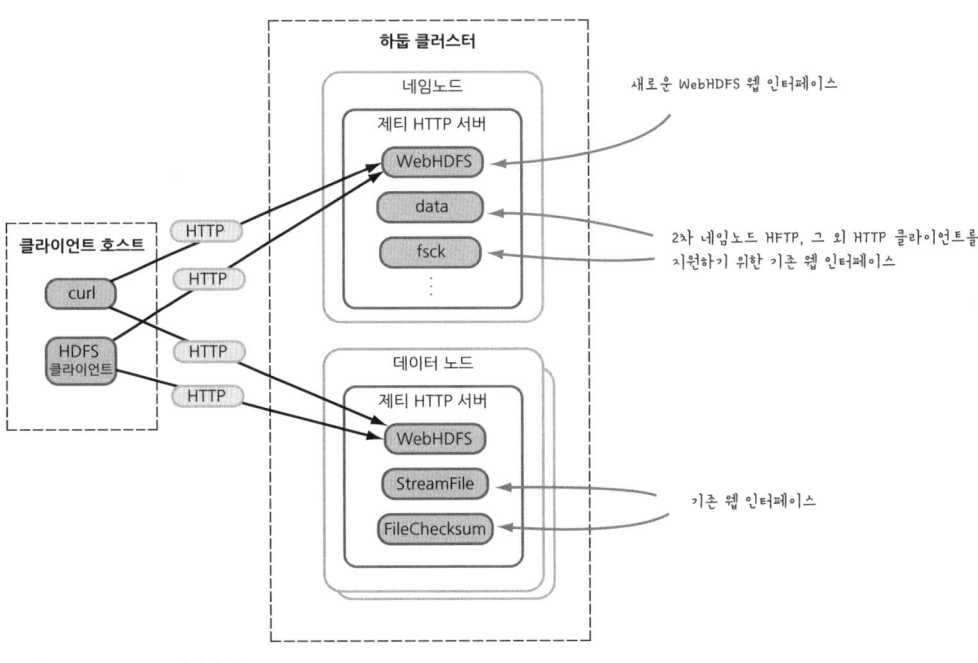

그림 B.6 WebHDFS 아키텍처

배시 셸, URL, 앰퍼샌드

배시에서 URL을 사용할 때는 주의해야 한다. 배시에서 앰퍼샌드(&)는 백그라운드에서 프로세스를 실행하는 데 사용하는 제어 문자다. URL에는 종종 앰퍼샌드가 들어가므로 URL은 항상 큰따옴표로 감싸는 게 좋다.

여기서는 선택 권한을 지정하지 않고 디렉터리를 생성한다.

```
$ curl -i -X PUT "http://localhost:50070/webhdfs/v1/whdfs?op=MKDIRS"

HTTP/1.1 200 OK
Content-Type: application/json
Transfer-Encoding: chunked
Server: Jetty(6.1.26)

{"boolean":true}
```

다음으로 새로 생성한 /whdfs 디렉터리 안에 test.txt라는 파일을 생성한다. 표 B.2에는 파일을 생성할 때 사용할 수 있는 옵션이 정리돼 있다.

표 B.2 파일 생성에 사용할 수 있는 WebHDFS 선택 파라미터

선택 파라미터	설명
overwrite	같은 이름의 파일이 이미 존재한다면 어떤 행동을 수행할지 여부. 유효한 값은 true 또는 false.
blocksize	파일의 HDFS 블록 크기(바이트)
replication	파일 블록의 복제 개수
permission	파일 권한의 8진수 코드. 예를 들어 HDFS의 기본 권한은 세 자리 8진수인 755로, -rwxr-xr-x와 같다.
buffersize	쓰기를 다른 데이터노드로 스트리밍할 때의 내부 버퍼 크기

이번에도 아무 선택 인자도 지정하지 않고 명령을 실행한다. 파일 생성은 두 단계 절차로 진행된다. 먼저 네임노드에게 파일을 생성하고 싶다는 의사를 전달해야 한다. 그럼 네임노드는 데이터노드 URL에 대한 HTTP 리다이렉트로 응답하는데, 실제 파일 내용을 쓸 때는 이 URL을 사용해야 한다.

```
$ curl -i -X PUT \     ◀────────── 파일을 생성하고 싶다는 의사를 네임노드에게 알린다.
"http://localhost:50070/webhdfs/v1/whdfs/test.txt?op=CREATE"

HTTP/1.1 307 TEMPORARY_REDIRECT
```

```
Location: http://localhost.localdomain:50075/     ←——— ❶
webhdfs/v1/whdfs/test.txt
?op=CREATE&user.name=webuser&overwrite=false

Content-Type: application/json
Content-Length: 0
Server: Jetty(6.1.26)


$ echo "the cat sat on the mat" > /tmp/test.txt    ←——— 로컬 파일시스템에 작은 파일을 생성한다.

$ url="http://localhost.localdomain:50075/webhdfs/v1/whdfs/test.txt"
$ url=$url"?op=CREATE&user.name=webuser&overwrite=false"  ❷

$ curl -i -X PUT -T /tmp/test.txt $url     ←——— 파일 내용을 데이터노드에 쓴다.
HTTP/1.1 100 Continue

HTTP/1.1 201 Created
Location: webhdfs://0.0.0.0:50070/whdfs/test.txt
Content-Type: application/json
Content-Length: 0
Server: Jetty(6.1.26)

$ hadoop fs -cat /whdfs/test.txt    ←——— HDFS cat 명령을 사용해 파일의 내용을 본다.
the cat sat on the mat
```

❶ 응답은 파일을 실제 쓸 때 사용할 데이터노드 URL이 있는 location 필드가 담긴 HTTP 임시 리다이렉트다.
❷ 데이터노드 URL을 구성한다(이 책에서는 한 줄에 URL이 다 들어가지 않는다).

APPEND도 같은 방식으로 진행된다. 먼저 네임노드로부터 데이터노드 URL을 얻은 다음 첨부된 데이터를 데이터노드로 전달한다. APPEND에 사용할 수 있는 옵션은 생성 작업과 같다. 자세한 내용은 표 B.2를 참고하자.

```
$ curl -i -X POST \
   "http://localhost:50070/webhdfs/v1/whdfs/test.txt?op=APPEND"
HTTP/1.1 307 TEMPORARY_REDIRECT
Location: http://localhost.localdomain:50075/webhdfs/v1/whdfs/test.txt
?op=APPEND&user.name=webuser
Content-Type: application/json
Content-Length: 0
Server: Jetty(6.1.26)
```

```
$ url="http://localhost.localdomain:50075/webhdfs/v1/whdfs/test.txt"
$ url=$url"?op=APPEND&user.name=webuser"

$ curl -i -X POST -T /tmp/test.txt $url
HTTP/1.1 100 Continue

HTTP/1.1 200 OK

$ hadoop fs -cat /whdfs/test.txt
the cat sat on the mat
the cat sat on the mat
```

다음으로 디렉터리의 내용을 모두 나열해보자.

```
$ curl -i "http://localhost:50070/webhdfs/v1/whdfs?op=LISTSTATUS"
{
  "HdfsFileStatuses": {
    "HdfsFileStatus": [
      {
        "accessTime":1322410385692,
        "blockSize":67108864,
        "group":"supergroup",
        "isDir":false,
        "isSymlink":false,
        "len":23,
        "localName":"test.txt",
        "modificationTime":1322410385700,
        "owner":"webuser",
        "permission":"644",
        "replication":1
      }
    ]
  }
}
```

파일 상태 연산을 수행하면 파일이나 디렉터리에 대한 통계 정보가 반환된다.

```
$ curl -i\
    "http://localhost:50070/webhdfs/v1/whdfs/test.txt?op=GETFILESTATUS"

{
```

```
    "HdfsFileStatus": {
      "accessTime":1322410385692,
      "blockSize":67108864,
      "group":"supergroup",
      "isDir":false,
      "isSymlink":false,
      "len":23,
      "localName":"",
      "modificationTime":1322410385700,
      "owner":"webuser",
      "permission":"644",
      "replication":1
    }
}
```

끝으로 whdfs 디렉터리의 내용을 재귀적으로 삭제한다.

```
$ curl -i -X DELETE \
  "http://localhost:50070/webhdfs/v1/whdfs?op=DELETE&recursive=true"

HTTP/1.1 200 OK
Content-Type: application/json
Transfer-Encoding: chunked
Server: Jetty(6.1.26)

{"boolean":true}
```

WebHDFS는 HTTP를 통해 HDFS에 대한 리치 클라이언트사이드 접근을 가능하게 해주는 데 있어서 큰 발전을 이뤘다.

B.9 분산 복사

하둡은 distCp라고 부르는 하둡 클러스터 사이에서 데이터를 복사해주는 명령행 툴을 갖고 있다. 이 툴은 맵리듀스 잡에서 복사를 수행하는데, 이때 매퍼가 한 파일시스템에서 다른 파일시스템으로 데이터를 복사한다.

다음 예제에서는 같은 클러스터에서의 복사를 보여준다. 같은 하둡 버전을 실행하는 클러스터 사이에서 복사하려면 소스 및 대상 네임노드 URL을 가리키게끔 URL을 변경하면 된다.

```
$ hadoop fs -mkdir /distcp-source
$ echo "the cat sat on the mat" | hadoop \
  fs -put - /distcp-source/test.txt
$ hadoop distcp hdfs://localhost:8020/distcp-source \
              hdfs://localhost:8020/distcp-dest
$ hadoop fs -cat /distcp-dest/test.txt
the cat sat on the mat
```

distCp의 좋은 점 중 하나는 다양한 하둡 버전끼리도 데이터를 복사할 수 있다는 점이다. 이를 지원하기 위해 distCp는 네임노드 및 데이터노드 HTTP 인터페이스를 사용해 소스 클러스터에서 데이터를 읽는다. 하둡 HTTP 인터페이스는 쓰기를 지원하지 않으므로 distCp를 서로 다른 버전의 클러스터 사이에서 사용할 때는 반드시 대상 클러스터 상에서 실행해야 한다. 다음 예제에서는 source 인자에서 스키마로 hftp를 사용하는 것을 볼 수 있다.

```
$ hadoop distcp hftp://source-nn:8020/distcp-source \
              hdfs://localhost:8020/distcp-dest
```

하둡 버전 1.x과 2.x에서는 쓰기를 지원하는 WebHDFS HTTP 인터페이스를 제공하므로 distCp를 어떤 클러스터 상에서 실행해야 하는지에 대한 제약이 더 이상 없다.

distCp는 FTP도 소스로 지원하지만, 아쉽게도 HTTP 소스를 지원하지는 않는다.

B.10 WebDAV

웹 기반 분산 제작 및 버전 관리(webDAV)는 RFC 4918(웹 분산 제작 및 버전 관리(WebDAV)를 위한 HTTP 확장)에서 정의한 대로 파일 협업 기능을 제공하는 일련의 HTTP 메서드다. 2006년 HDFS에 이 기능을 추가하기 위한 지라 티켓(HDFS-225)이 열렸지만 아직 HDFS 배포판에는 커밋되지 않았다.

https://github.com/huyphan/HDFS-over-Webdav에 있는 깃허브 프로젝트에서는 WebDAV를 하둡 0.20.1을 대상으로 실행 중이라고 설명하고 있다.

B.11 맵리듀스

맵리듀스는 HDFS에 데이터를 집어넣을 수 있는 멋진 메커니즘이다. 아쉽게도 distCp를 제외하면 외부 소스로부터 데이터를 가져올 수 있는 내장 메커니즘이 없다. 그럼, HTTP 엔드포인트에서 데이터를 가져온 맵리듀스 잡을 작성하는 법을 살펴보자.

```java
public final class HttpDownloadMap
    implements Mapper<LongWritable, Text, Text, Text> {
...
  public static final String CONN_TIMEOUT = "httpdownload.connect.timeout.millis";

  public static final String READ_TIMEOUT =
      "httpdownload.read.timeout.millis";

  @Override
  public void configure(JobConf job) {
    conf = job;
    jobOutputDir = job.get("mapred.output.dir");        // HDFS의 잡 출력 디렉터리를 가져온다.

    taskId = conf.get("mapred.task.id");                // 모든 태스크 사이에서 고유한 잡의 태스크 ID를 가져온다.

    if (conf.get(CONN_TIMEOUT) != null) {               // 커넥션 타임아웃을 가져오거나 타임아웃이 없다면 기본값을 사용한다.
      connTimeoutMillis = Integer.valueOf(conf.get(CONN_TIMEOUT));
    }
                                                        // 읽기 타임아웃을 가져오거나 기본값을 사용한다.
    if (conf.get(READ_TIMEOUT) != null) {
      readTimeoutMillis = Integer.valueOf(conf.get(READ_TIMEOUT));
    }
  }


  @Override
  public void map(LongWritable key, Text value,
                  OutputCollector<Text, Text> output,
                  Reporter reporter) throws IOException {
    Path httpDest =                    ❶
        new Path(jobOutputDir, taskId + "_http_" + (file++));

    InputStream is = null;
    OutputStream os = null;
    try {                                               // 커넥션 객체를 생성한다.
      URLConnection connection =
        new URL(value.toString()).openConnection();
      connection.setConnectTimeout(connTimeoutMillis);
      connection.setReadTimeout(readTimeoutMillis);     // 읽기 타임아웃을 설정한다.
      is = connection.getInputStream();
      os = FileSystem.get(conf).create(httpDest);
```

```
      IOUtils.copyBytes(is, os, conf, true);
    } finally {
      IOUtils.closeStream(is);
      IOUtils.closeStream(os);
    }

    output.collect(new Text(httpDest.toString()), value); ❷
  }
}
```
← HTTP 바디의 내용을 HDFS 파일에 복사한다.

❶ URL 내용을 쓸 때 사용할 파일에 대한 경로를 생성한다. 이 파일은 잡 출력 디렉터리에 생성하고, 맵 태스크가 여러 URL을 대상으로 호출될 수 있으므로 고유 태스크 ID와 카운터를 연계해 사용한다.
❷ 서로 상관 관계를 알 수 있게 HDFS 내 URL 파일의 위치와 내려받은 URL을 내보낸다.

이 맵리듀스 잡을 실행한 후 잡이 완료된 다음 HDFS의 내용을 살펴보자.

```
$ echo "http://www.apache.org/dist/avro/KEYS
http://www.apache.org/dist/maven/KEYS" | \
hadoop fs -put - /http-lines.txt
```
← 내려받으려는 URL 목록이 있는 파일을 HDFS에 생성한다.

```
$ hadoop fs -cat /http-lines.txt
http://www.apache.org/dist/avro/KEYS
http://www.apache.org/dist/maven/KEYS
```
← 파일의 내용을 확인한다.

```
$ bin/run.sh com.manning.hip.ch2.HttpDownloadMapReduce \
   /http-lines.txt /http-download
```
← 입력 파일 및 출력 디렉터리를 지정해 맵리듀스 잡을 실행한다.

```
$ hadoop fs -ls /http-download
/http-download/_SUCCESS
/http-download/_logs
/http-download/part-m-00000
/http-download/task_201110301822_0008_m_000000_http_0
/http-download/task_201110301822_0008_m_000000_http_1
```
← 잡이 완료된 후 잡 디렉터리의 내용을 나열한다.

```
$ hadoop fs -cat /http-download/part-m-00000                    ← ❶
/http-download/task_201110301822_0008_m_000000_http_0 http://www....
/http-download/task_201110301822_0008_m_000000_http_1 http://www....

$ hadoop fs -cat /http-download/<filename in part-m-00000>      ← ❷
pub   1024D/A7239D59 2005-10-12
```

```
Key fingerprint = 4B96 409A 098D BD51 1DF2  BC18 DBAF 69BE A723 9D59
uid        Doug Cutting (Lucene guy) <cutting@apache.org> ...
```

❶ 한 매퍼의 메타데이터 파일을 본다. 이 파일의 첫 번째 필드는 URL의 HDFS 위치이고, 두 번째 필드는 내려받은 URL이다.
❷ part-m-00000에 들어 있는 파일명 중 하나의 내용을 본다.

이 구현체에 대해 몇 가지 설명하자면 다음과 같다. 이 구현체는 distCp와 달리 투기적 실행으로부터 안전하다. 그 이유는 항상 태스크 시도를 토대로 출력값을 쓰기 때문이다. 여러 매퍼를 실행하려면 별도의 입력 파일을 생성하면 별도 매퍼를 통해 각 파일이 처리된다. 커넥션 및 읽기 타임아웃은 httpdownload.connect.timeout.millis 및 httpdownload.read.timeout.millis 설정을 통해 지정할 수 있다.

지금까지 HDFS에 데이터를 집어넣고 가져올 수 있는 하둡의 다양한 내장 메커니즘을 살펴봤다. 여기서 다룬 주제는 모두 저수준이므로 이들 메커니즘을 사용할 때는 인그레스 및 이그레스를 관리하는 스크립트나 코드를 작성해야 한다.

부록 C
HDFS 해부

하둡을 사용할 때는 데이터를 어떻게 관리할지 현명한 판단을 내릴 수 있게 HDFS에 대해 잘 이해하고 있어야 한다. 이 부록에서는 독자들이 HDFS가 내부적으로 어떤 일을 하는지 좀 더 잘 이해할 수 있게 HDFS가 어떤 식으로 파일을 읽고 쓰는지 보여준다.

C.1 HDFS란?

HDFS는 구글 파일 시스템(GFS; Google File System)을 따라 모델링한 분산 파일시스템이다. 구글 파일 시스템에 대한 자세한 정보는 2003년 논문[2]을 통해 발표됐다. 구글의 논문에서는 다양한 주요 아키텍처적 및 설계적 속성을 강조하고 있는데 이 중 가장 재미있는 것으로는 네트워크 입/출력(I/O)를 줄이기 위한 최적화, 데이터 복제가 일어나는 방식, 전체적인 시스템 가용성 및 확장성 등이 있다. 이 논문에서 공개된 것 외에는 GFS에 대해 많은 정보가 알려지지 않았지만, HDFS는 구글 논문에서 설명하고 있는 GFS의 복제본[3]에 거의 가까운 수준이다.

HDFS는 읽기 및 쓰기 스트리밍을 위한 최적화된 파일시스템이다. HDFS는 데이터 로컬리티(클라이언트와 가장 가까운 데이터를 읽고 쓰는 능력) 개념과 대용량 블록 크기를 도입해 네트워크 I/O 및 디스크 찾기로 인한 과부하를 피하려고 설계됐

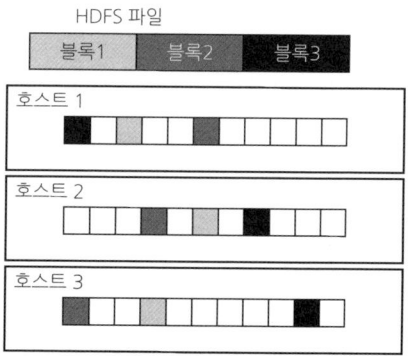

그림 C.1 세 블록을 차지하는 단일 파일과 여러 HDFS 저장 호스트 사이에서의 블록 분산 및 복제 예시

---

2 http://research.google.com/archive/gfs.html을 참고하자.
3 구현 언어 측면에서는 둘이 서로 다르다. GFS는 C로 작성됐고 HDFS는 주로 자바로 작성됐다. 하지만 HDFS에서도 핵심적인 부분은 C로 작성됐다.

다. HDFS에서 파일은 하나 이상의 블록에 저장되며, 각 블록은 보통 64MB 이상이다. 블록은 가용성 및 내고장성을 위해 클러스터 내 여러 호스트 사이에서 복제된다(그림 C.1 참고).

HDFS는 체크섬 파일시스템이기도 하다. 각 블록은 자신과 관련한 체크섬을 갖고 있으며, 체크섬과 블록의 내용이 bit rot처럼 서로 일치하지 않으면 이 정보는 HDFS 마스터로 보내진다. HDFS 마스터는 배드 블록의 새로운 복제 생성과 훼손된 블록의 삭제 같은 작업을 조율해준다.

0.20.X 이상에서의 변화

2.x 배포판에서는 마침내 네임노드에 대한 고가용성(HA; High Availability) 지원 기능이 포함될 예정이다.

아울러 2.x에서는 SecondaryNameNode를 대체하기 위한(SNN은 여전히 존재하지만) 백업 노드와 체크포인트 노드가 추가된다. 체크포인트 노드는 SecondaryNameNode와 같은 기능을 수행한다. 즉, 네임노드로부터 현재 이미지 파일 및 향후 수정본을 내려받고 이를 서로 병합해 새로운 이미지 파일을 생성한 후 이 이미지를 네임노드로 업로드한다. 백업 노드는 체크포인트 노드의 수퍼셋으로, 체크포인팅 메커니즘을 제공하고 그 자체로 네임노드 역할도 한다. 이 말은 주 메인노드가 다운되더라도 백업 네임노드를 사용해 바로 시작할 수 있다는 뜻이다.

C.2 HDFS가 파일을 쓰는 방식

HDFS가 파일을 어떤 식으로 쓰는지 알고 나면 HDFS에 대한 지식도 그만큼 넓어지고 데이터 및 클러스터에 대해 현명한 결정을 내리거나 데이터를 처리하는 방식을 결정하는 데도 도움이 된다. 우선 명령행 인터페이스를 사용해 로컬 디스크에서 HDFS로 파일을 복사해보자.

```
$ hadoop -put /etc/hadoop/conf/hdfs-site.xml /tmp/hdfs-site.xml
```

다음으로 자바에서 같은 효과를 달성하는 법을 살펴보자.

```
public class StreamToHdfs {
  public static void main(String... args) throws Exception {
    Configuration config = new Configuration();      ❶

    FileSystem hdfs = FileSystem.get(config);        ❷

    OutputStream os = hdfs.create(new Path(args[0])); ❸

    IOUtils.copyBytes(System.in, os, config, true);  ❹
```

```
        IOUtils.closeStream(os);
    }
}
```

❶ 새 설정 객체를 초기화한다. 기본적으로 이 객체는 클래스패스에서 core-default.xml과 core-site.xml을 로드한다.
❷ 기본 설정을 사용해 파일시스템에 대한 핸들을 가져온다. 파일시스템은 HDFS인 경우가 대부분이다.
❸ HDFS 내 파일에 대한 스트림을 생성한다. 이 과정에서 네임노드와 통신해 HDFS의 첫 번째 블록에 쓸 때 사용될 데이터노드 세트를 결정하기 위해 왕복 통신이 필요하다.
❹ 로컬 파일의 내용을 HDFS에 있는 파일로 복사한다. 각 블록을 채우고 나면 네임노드와 통신해 다음 블록을 집어넣을 데이터노드를 판단한다.

앞의 코드 예제는 단순히 예시 목적이다. 실제라면 이 코드를 하둡 유틸리티 클래스인 org.apache.hadoop.fs.FileUtil을 호출하는 코드로 바꿔야 할 것이다. 이 클래스에는 파일을 복사하는 복사 메서드와 더불어 다른 일반 파일시스템 작업용 메서드가 있다.

클래스패스 설정을 잊지 말자

앞의 예제를 실행할 때 하둡 설정 디렉터리가 클래스패스에 포함돼 있지 않으면 하둡은 모든 설정에 대해 기본 설정을 사용한다. 기본적으로 fs.default.name은 file:///로 설정돼 있다. 이 말은 HDFS가 아니라 로컬 파일시스템을 저장에 사용한다는 뜻이다.

이제 CLI와 자바를 사용해 파일을 복사하는 법을 배웠으니 HDFS가 내부적으로 어떤 일을 하는지 알아보자. 그림 C.2에서는 HDFS에서 파일을 쓸 때 사용되는 컴포넌트와 이들 컴포넌트 사이의 상호작용을 보여준다.

파일시스템의 결정

앞에서 파일시스템이 추상화돼 있다고 언급한 바 있다. 따라서 하둡이 첫 번째로 하는 일은 파일 쓰기를 수행할 때 사용할 내부 파일시스템을 판단하는 것이다. 파일 시스템은 URI인 fs.default.name에 설정된 값을 살펴보고 이를 통해 스키마를 추출함으로써 판단한다. HDFS 파일시스템의 경우 fs.default.name의 값은 hdfs://namenode:9000와 같은 형태가 되며, 이때 스키마는 hdfs다. 스키마를 추출하고 나면 fs.[스키마].impl 설정값을 읽어 구체적인 파일시스템 인스턴스를 생성한다. 이때 [스키마]는 실제 스키마를 뜻하는데, 이 경우 스키마는 hdfs다. core-default.xml을 살펴보면 fs.hdfs.impl이 org.apache.hadoop.hdfs.DistributedFileSystem으로 설정된 것을 볼 수 있는데, 바로 이 클래스가 우리가 사용할 실제 파일시스템이다.

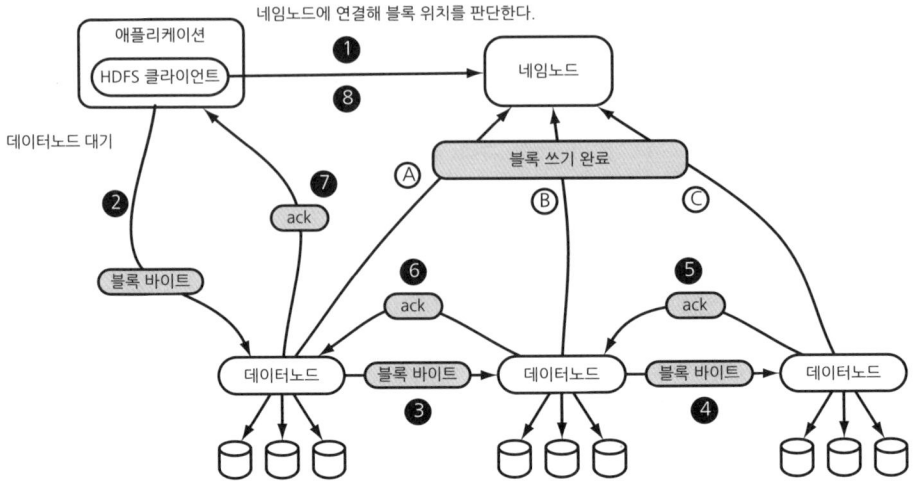

그림 C.2 HDFS 데이터 쓰기 흐름

블록 위치 판단을 위한 네임노드 연결

하둡의 DistributedFileSystem 클래스는 파일 쓰기를 수행할 때 네임노드와 데이터노드 사이의 모든 통신을 관리하기 위해 DFSClient 인스턴스를 생성한다. DFSClient는 블록 크기(dfs.block.size), 복제 인자(dfs.replication) 등 다양한 설정 항목을 읽는다. 또, 하둡의 1단계 그림 C.2에서 본 것처럼 투명한 RPC 메커니즘을 사용해 네임노드에 대한 커넥션을 설정한다[4,5].

HDFS는 하나 이상의 블록에 파일을 저장하므로 블록별로 네임노드에 문의해 블록의 데이터를 어떤 데이터노드가 보관하는지 판단한다. 블록에 어떤 데이터노드를 사용해야 할지 결정할 때 네임노드는 클라이언트가 데이터노드에서 실행되는 경우 먼저 로컬 노드를 선택하려고 시도한다. 노드의 우선순위는 다음과 같이 결정된다.

1. **로컬 디스크**: 네트워크 I/O는 많은 연산을 필요로 하므로 네트워크 I/O보다 로컬 디스크에서 읽는 것을 항상 선호한다.
2. **랙-로컬**: 일반적으로 랙에 속한 노드 사이의 네트워크 속도가 서로 다른 랙 사이의 노드 통신보다 더 빠르다.
3. **기타**: 데이터가 별도 랙에 있는 경우. 이때는 세 노드 중 I/O가 가장 느려진다(일반적으로 클라이언트와 데이터 사이의 추가적인 네트워크 홉 때문에).

---

4 2.x 이전 하둡은 내부적으로 컴포넌트들이 서로 통신할 때 자체 RPC 메커니즘을 사용했다. 이 RPC 메커니즘은 자바의 프록시 메커니즘과 단순 마샬링 프레임워크(Writable과 자바 원시 타입을 마샬링하는)를 결합한 것이다.
5 하둡 2.x에서는 하둡의 커스텀 RPC 프레임워크가 프로토콜 버퍼로 대체됐다. 자세한 내용은 https://issues.apache.org/jira/browse/HDFS-2058 을 참고하자.

랙 인지(rack-aware) 환경에서 네임노드는 적어도 한 개의 복제본이 다른 복제본과 다른 랙에 복제되게끔 한다. 복제값을 높게 설정한 경우에는 한 개의 랙에 지나치게 많은 복제본이 생기는 것도 차단해준다. 블록의 데이터노드 목록은 클라이언트에 가까운 순서대로 정렬되어 클라이언트로 반환된다. 이 말은 클라이언트가 데이터노드에서 실행되는 경우 로컬 데이터노드에 먼저 쓴다는 뜻이다.

하둡에서 랙을 인지하게 하는 방식은 두 가지가 있다. 먼저 구현할 수 있는 자바 인터페이스인 DNSToSwitchMapping이 있다. 또 다른 방법으로는 topology.node.switch.mapping.impl을 설정해 하둡이 여러분의 설정을 사용하게 할 수 있다. 좀 더 단순한 방식으로는 스크립트를 작성하고 이 스크립트를 네임노드에서 지정하는 방식이 있다. 이 스크립트의 위치는 topology.script.file.name을 통해 설정할 수 있다. 자세한 내용은 ScriptBasedMapping을 참고하자. 다음 코드는 셸 스크립트를 작성하는 법을 보여주는 간단한 예제다.

```bash
#!/bin/bash4
# fetch_rack.sh

declare -A rack_map
#        -A option declares associative array.

rack_map[10.0.0.2]="/datacenter-dallas/rack1"
rack_map[10.0.0.3]="/datacenter-dallas/rack1"
rack_map[10.0.0.4]="/datacenter-dallas/rack2"

default_rack=10.0.0.1

if [ $# -eq "0" ]; then
  echo $default_rack
else
  result="
  for i in $*; do
    result="$result ${default_rack[$i]}"
  done
  echo $result
fi
```

데이터노드에 쓰기

HDFS는 파이프라이닝을 활용해 복제 쓰기를 달성한다. 클라이언트가 네임노드로부터 데이터노드 목록을 받으면 클라이언트는 블록 데이터를 첫 번째 데이터노드로 스트리밍한다(그림 C.2의 2단계). 그럼 이 데이터노드는 다시 데이터를 다음 노드(그림 C.2의 3단계)로 스트리밍하고, 이 과정은 데이터가 모든 데이터노드로 전달될 때까지 계속된다(4단계). 데이터노드로부터의 인정(acknowledgement)은 반대 순서로 파이프라이닝된다. 마지막 데이터노드가 패킷 처리를 완료하고 나면 이 데이터노드는 ack를 이전 데이터노드로 보내고, 이 과정은 클라이언트에 도달할 때까지 계속된다(5, 6, 7 단계). 클라이언트는 블록에 대해 전송한 모든 ack를 수신한 후에야 다음 블록 쓰기를 계속 진행한다. 각 데이터노드가 블록을 로컬에 쓰는 작업을 완료하면 블록은 임시 저장소에서 영구 저장소로 옮겨지고, 각 데이터노드는 비동기적으로 네임노드에게 블록 저장 사실을 알린다(A, B, C 단계).

끝으로 모든 블록을 쓴 후 클라이언트가 스트림을 닫으면 네임노드는 파일과 관련한 블록을 영속화해야 한다는 알림을 받게 된다(마지막 8단계).

이처럼 HDFS가 파일을 쓰는 방식을 차례로 살펴보면 HDFS의 내부를 이해하는 데 큰 도움이 되며, 데이터 및 환경과 관련한 결정을 내리는 데도 도움이 된다. 여기서는 HDFS 컴포넌트가 어떻게 동작하고, 서로 어떻게 통신하는지 살펴봤다. 또, HDFS가 파일 블록을 저장할 위치를 어떤 식으로 결정하는지도 배웠고, 랙을 인지하게끔 클러스터를 설정하는 법도 배웠다. 이제 HDFS가 파일을 쓰는 법을 이해했으니 파일을 읽는 방식도 알아보자.

C.3 HDFS가 파일을 읽는 방식

보통 파일을 쓰는 것보다 파일을 읽는 경우가 훨씬 많다. 따라서 HDFS에서 파일을 읽는 방식을 이해하는 것도 중요하다. 그럼 먼저 CLI를 사용해 파일의 내용을 읽는 법을 살펴보자.

```
$ hadoop fs -cat hdfs-site.xml
```

자바에서는 파일을 읽는 작업이 좀 더 복잡하지만 여전히 간단하다.

```
public static void main(String... args) throws Exception {

  Configuration config = new Configuration();
  FileSystem hdfs = FileSystem.get(config);
  InputStream is = hdfs.open(new Path(args[0])); ❶
```

```
    IOUtils.copyBytes(is, System.out, config, true);  ❷
    IOUtils.closeStream(is);
}
```

❶ HDFS의 파일을 기반으로 스트림을 연다. 이 과정에서 네임노드로 요청을 보내야 한다. 그럼 네임노드는 파일의 처음 10블록에 대한 상세 정보를 클라이언트로 다시 보내준다.

❷ 파일의 내용을 읽은 후 표준 출력에 쓴다. 처음 10블록을 읽고 나면 다음 10블록에 대한 상세 정보를 반환받기 위해 네임노드에 다시 요청한다.

파일 읽기를 위한 하둡 컴포넌트 사이의 상호작용은 그림 C.3에 자세히 나와 있다. 여기서는 HDFS에서 파일을 읽는 것과 관련한 상호작용을 보여준다.

블록 위치 판단을 위한 네임노드 연결

쓰기에서 보듯 DFSClient에는 네임노드와 데이터노드 사이의 통신과 관련한 클라이언트사이드 로직이 모두 있다. 기존 HDFS 파일에 대한 스트림이 요청되면 DFSClient는 DFSInputStream을 생성하고, DFSInputStream은 그림 C.3의 1단계에 나온 것처럼 파일의 첫 10블록에 대한 메타데이터를 네임노드에게 묻는다. 블록별로 네임노드는 클라이언트와 가까운 순서대로 데이터노드를 정렬한다. 이때 로컬 데이터노드 같은 물리적 호스트를 네트워크 I/O 부담이 있는 원격 데이터노드보다 더 선호한다. 랙-로컬 데이터노드 또한 서로 다른 랙 상의 노드보다 선호한다.

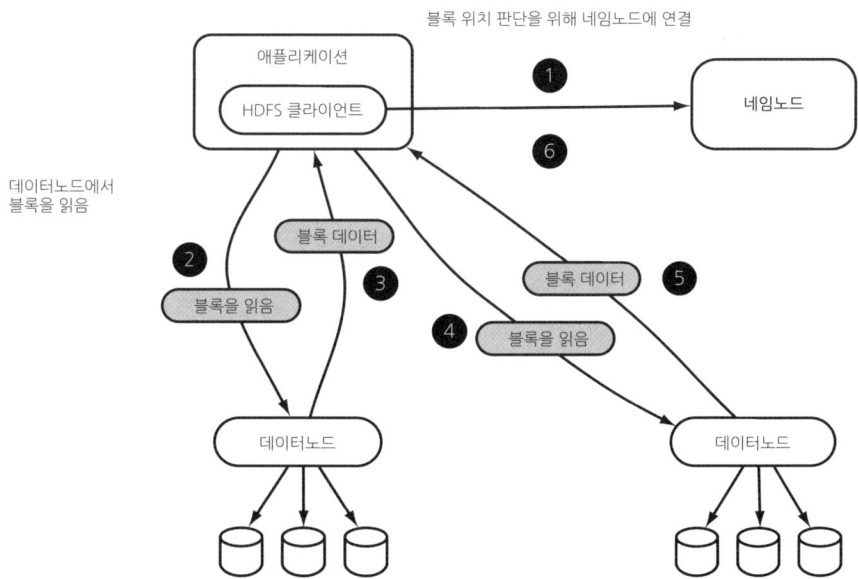

그림 C.3 파일 읽기를 위한 HDFS 상호작용

데이터노드로부터 읽기

클라이언트가 네임노드로부터 블록 목록을 수신하면 클라이언트는 블록별로 첫 번째 데이터노드를 선택하고 해당 데이터노드에서 스트림을 연다(그림 C.3의 2단계). 클라이언트가 스트림으로부터 바이트를 요청하면 DFSInputStream은 블록의 끝에 도달할 때까지 데이터노드의 스트림을 읽는다(그림 C.3의 3단계). 그런 다음 데이터노드와의 커넥션을 닫고, 다음 데이터노드에 대한 같은 과정을 반복한다(4, 5단계). 파일이 10블록보다 크다면 다음 10블록에 대한 상세 정보를 다시 한 번 네임노드에게 묻고(6단계), 파일의 블록을 모두 읽을 때까지 이 과정을 계속한다.

이제 HDFS에서 데이터를 어떻게 읽는지 이해했으니 HDFS가 로컬 읽기에 최적화돼 있고, 이런 특징이 분산 시스템에서 매우 중요한 특징이라는 점을 잘 이해할 수 있을 것이다. 맵리듀스는 이 지식을 활용해 맵이 네트워크가 아닌 로컬 디스크에서 데이터를 읽을 수 있게끔 특정 노드에서 맵 태스크의 실행을 예약한다[6]. 아울러 이 지식은 여러분 애플리케이션의 아키텍처에 대한 결정을 내릴 때도 활용할 만하다.

---

[6] 맵리듀스가 로컬에 모든 데이터를 갖고 있는 노드에서 맵 태스크 실행을 예약할 수 있는지 여부는 다양한 요인에 의해 결정된다.

부록 D
최적화된 맵리듀스 조인 프레임워크

이 부록에서는 4장에서 사용한 두 개의 조인 프레임워크를 살펴본다. 첫 번째 프레임워크는 리파티션 조인 프레임워크로, org.apache.hadoop.contrib.utils.join 패키지에 있는 하둡 조인 구현체에서 필요로 하는 메모리 부담을 줄여준다. 두 번째로 살펴볼 프레임워크는 복제 조인을 수행하는 프레임워크로, 여기서는 조인하는 데이터셋 중 작은 데이터셋을 캐싱할 수 있게 해준다.

D.1 최적화된 리파티션 조인 프레임워크

하둡 contrib 조인 패키지에서는 키의 모든 값을 메모리에 로드해야 한다. 그럼 메모리 부담 없이 리듀스사이드 조인을 구현하려면 어떻게 해야 할까? 이 최적화 기법에서는 크기가 가장 작은 데이터셋을 캐싱하고, 큰 데이터셋 내 데이터를 순회하며 조인을 수행한다. 이 과정에서 리듀서가 큰 데이터셋보다 먼저 작은 데이터셋으로부터 데이터를 받을 수 있게 맵 출력 값 데이터를 2차 정렬한다. 그림 D.1에서는 개선된 리파티션 조인을 보여준다.

그림 D.2에서는 일반 프레임워크와 예제 구현체 클래스의 두 부분으로 나뉜 클래스 다이어그램을 보여준다.

조인 프레임워크

여기서는 조인 코드를 하둡 contrib 조인 패키지와 유사한 방식으로 개발한다. 이 절의 목적은 모든 데이터셋과 연동할 수 있는 범용적인 리파티션 조인 메커니즘을 개발하는 것이다. 지면상 여기서는 패키지의 주요 요소에 대해서만 강조한다.

먼저 OptimizedDataJoinMapperBase 클래스부터 살펴보자. 이 클래스의 목적은 한 데이터셋을 작은 데이터셋으로 분류하고, 출력 키와 값을 생성하는 것이다. 먼저 매퍼 생성 시점에 호출되는 configure 메서드부터 살펴보자. 이 메서드의 목적은 리듀서가 두 데이터셋을 구분할 수 있게 각 데이터셋에 라벨을 지정하고, 처리 중인 입력 분할 값이 작은 데이터셋인지 큰 데이터셋인지 판단하는 것이다.

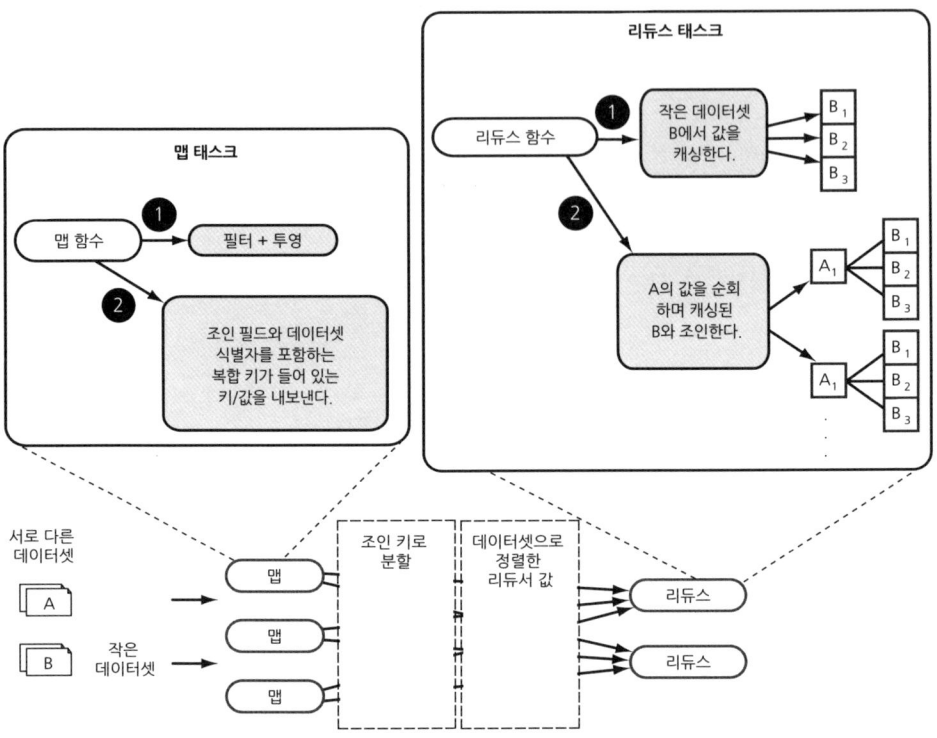

그림 D.1 리파티션 조인의 최적화된 맵리듀스 구현체

```
protected abstract Text generateInputTag(String inputFile);     ← 데이터셋을 나타내는 고유 식별자를 반환하는 추상 메서드

protected abstract boolean isInputSmaller(String inputFile);    ← 현재 데이터셋이 가장 작은 데이터셋인지 판단하는 추상 메서드

public void configure(JobConf job) {
  this.inputFile = job.get("map.input.file");                   ← 입력값 분할 파일명을 읽는다.

  this.inputTag = generateInputTag(this.inputFile);             ← 입력 분할 값에 대한 논리적 식별자를 저장한다.

  if(isInputSmaller(this.inputFile)) {                          ← 이 데이터셋이 더 작은지 여부에 대한 결과를 저장한다.
    smaller = new BooleanWritable(true);
    outputKey.setOrder(0);
  } else {
    smaller = new BooleanWritable(false);
```

```
    outputKey.setOrder(1);
  }
}
```

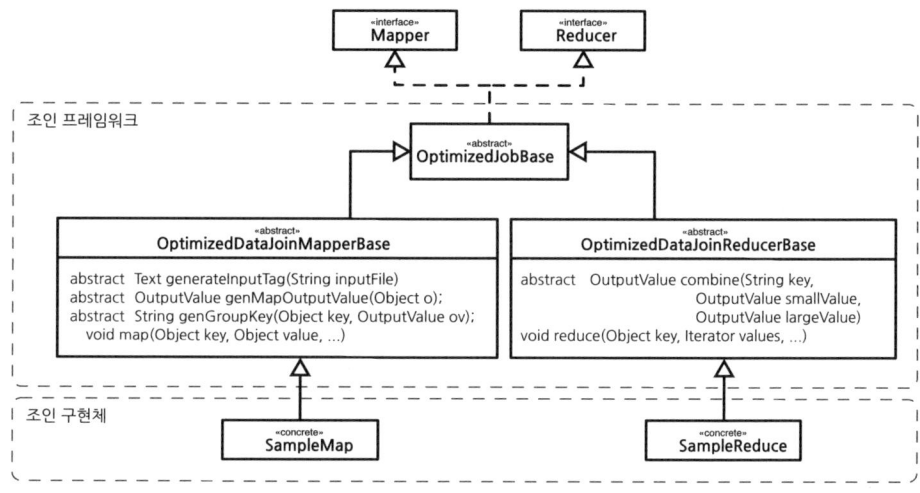

그림 D.2 프레임워크의 메인 클래스와 예제 구현체를 보여주는 클래스 다이어그램

map 메서드는 먼저 구현 클래스에 OutputValue 객체를 처리할 것을 요청한다. OutputValue 객체에는 구현 클래스에서 조인에 사용하려는 값(또는 최종 출력값에 포함시키려는)과 값이 작은 데이터셋으로부터 왔는지 여부에 대한 불리언이 들어 있다. 그런 다음 map 메서드는 구현 클래스에게 조인에 사용할 키를 처리하게 하는데, 이를 통해 맵의 출력 키가 생긴다.

```
protected abstract OptimizedTaggedMapOutput       ◀── 맵 출력값을 반환하는 추상 메서드
    generateTaggedMapOutput(Object value);
protected abstract String generateGroupKey(Object key,
            OptimizedTaggedMapOutput aRecord);    ◀── ❶

public void map(Object key, Object value,
            OutputCollector output, Reporter reporter)
            throws IOException {
  OptimizedTaggedMapOutput aRecord =
    generateTaggedMapOutput(value);               ◀── 맵 출력값을 생성한다.
```

```
    if (aRecord == null) {
      return;   ← NULL이 반환되면 이 레코드를 버린다.
    }
                        작은 데이터셋에서 값이 왔는지 나타내는 출력값을 업데이트한다.
    aRecord.setSmaller(smaller);   ←
    String groupKey = generateGroupKey(aRecord);   ←
                                    맵 출력 키에 해당하는 그룹 키를 조회한다.
    if (groupKey == null) {
      return;   ←
    }         NULL이 반환되면 이 레코드를 버린다.

    outputKey.setKey(groupKey);
    output.collect(outputKey, aRecord);   ←
  }                              키/값을 내보낸다.
```

❶ 맵 출력 키를 생성하는 추상 메서드. 조인을 위해 데이터를 그루핑하는 데 사용된다.

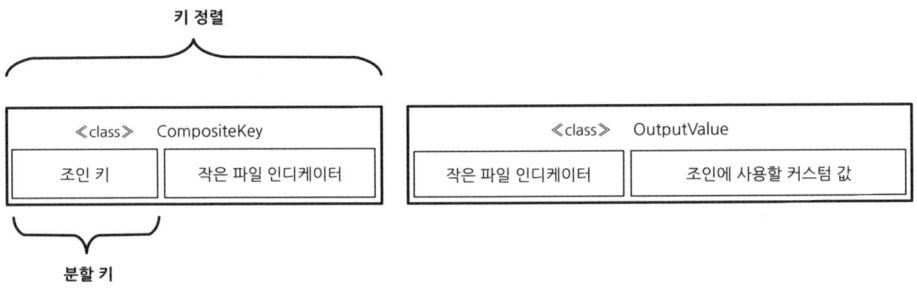

그림 D.3 맵 출력 키와 값

그림 D.3에서는 맵에서 내보낸 복합 키와 값을 보여준다. 2차 정렬은 조인 키를 토대로 분할하지만 대신 전체 복합 키를 사용해 단일 조인 키에 대해 모든 키를 정렬한다. 복합 키에는 데이터 소스가 작은 파일에서 왔는지 여부를 가리키는 정수가 들어 있으므로 이를 통해 큰 파일의 레코드보다 먼저 작은 파일의 레코드 값을 리듀서로 전달할 수 있다.

다음으로 리듀서를 살펴보자. 여기서는 큰 파일 값보다 작은 파일 값이 리듀서에 먼저 도착하는 게 확실하므로 작은 데이터셋의 모든 값을 캐싱한 다음 큰 데이터셋의 값을 보기 시작하면 각 값을 캐싱된 값과 조인할 수 있다.

```
  public void reduce(Object key, Iterator values,
                     OutputCollector output, Reporter reporter)
      throws IOException {
```

```
      CompositeKey k = (CompositeKey) key;                    작은 데이터셋에서 캐싱한 값을 저장할 수 있는 구조를 생성한다.
      List<OptimizedTaggedMapOutput> smaller =
          new ArrayList<OptimizedTaggedMapOutput>();

      while (values.hasNext()) {
        Object value = values.next();

        OptimizedTaggedMapOutput cloned =
            ((OptimizedTaggedMapOutput) value).clone(job);
                                                              맵리듀스 코드에서 향후 리듀서 값을 저장하는 데 재사용되므로 값을 복제한다.
        if (cloned.isSmaller().get()) {
          smaller.add(cloned);
        } else {                        작은 데이터셋에서 온 값을 캐싱한다.
          joinAndCollect(k, smaller, cloned, output, reporter);
        }                                                        큰 데이터셋에서 온 값을 조인한다.
      }
    }
```

joinAndCollect 메서드는 두 데이터셋의 값을 병합한 후 내보낸다.

```
protected abstract OptimizedTaggedMapOutput combine(        ←── ❶
                        String key,
                        OptimizedTaggedMapOutput value1,
                        OptimizedTaggedMapOutput value2);


private void joinAndCollect(CompositeKey key,
                        List<OptimizedTaggedMapOutput> smaller,
                        OptimizedTaggedMapOutput value,
                        OutputCollector output,
                        Reporter reporter)
     throws IOException {
   if (smaller.size() < 1) {
     OptimizedTaggedMapOutput combined =            ←── ❷
       combine(key.getKey(), null, value);
     collect(key, combined, output, reporter);

   } else {
     for (OptimizedTaggedMapOutput small : smaller) {
       OptimizedTaggedMapOutput combined =          ←── ❸
         combine(key.getKey(), small, value);
```

```
            collect(key, combined, output, reporter);   ← ❹
        }
    }
}
```

❶ 데이터셋 값을 조인하고 리듀서에서 내보낼 값을 반환하기 위해 구현해야 하는 추상 메서드
❷ 작은 데이터셋에서 아무 데이터를 수집하지 못했더라도 combine 메서드를 호출하면 구현체는 아우터 조인을 수행한다.
❸ 작은 데이터셋 값별로 큰 데이터셋 값과 병합한다.
❹ NULL이 아닐 경우 합쳐진 레코드를 내보내는 collect 메서드를 호출한다.

이로써 이 프레임워크의 주요 내용을 모두 다뤘다. 4장에서는 이 프레임워크를 사용하는 법을 볼 수 있다.

D.2 복제 조인 프레임워크

복제 조인은 맵사이드 조인으로, 가장 작은 데이터셋을 모든 맵 호스트로 복제한다는 사실에서 그 이름이 유래했다. 복제 조인의 구현체는 단순하며 척 램의 하둡 인 액션에서 볼 수 있다.

이 절의 목적은 모든 데이터셋에 사용할 수 있는 범용적인 복제 조인 프레임워크를 개발하는 것이다. 여기서는 동적으로 분산 캐시의 내용이 입력 분할 값보다 큰지 판단해 이 경우 맵 입력값을 캐싱하고 매퍼의 cleanup 메서드에서 조인을 실행하는 최적화 기법도 제공한다.

이 프레임워크의 클래스 다이어그램은 그림 D.4에서 볼 수 있다. 추상 조인 클래스를 제공하는 대신 여기서는 KeyValueTextInputFormat 및 TextOutputFormat과 바로 연동하고, 각 파일의 첫 번째 토큰이 조인 키라고 가정하는 조인 구현체(GenericReplicatedJoin)를 제공한다. 하지만 이 조인 클래스를 상속해 다른 입력 및 출력 형식을 지원할 수도 있다.

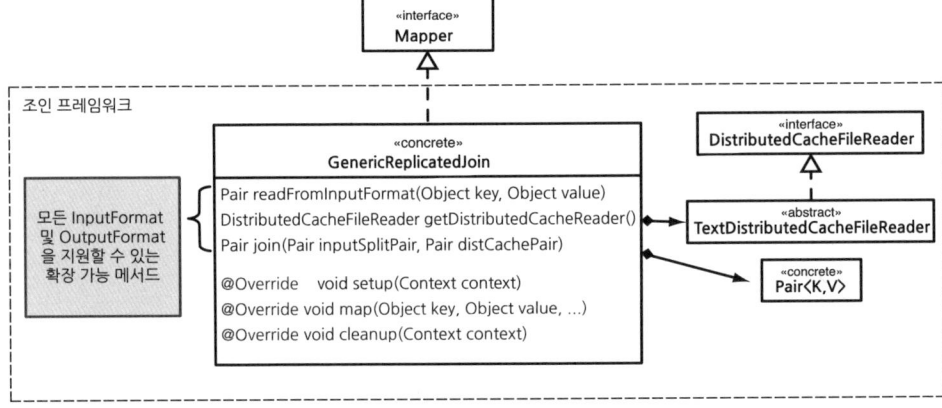

그림 D.4 복제 조인 프레임워크의 클래스 다이어그램

그림 D.5에서는 조인 프레임워크의 알고리즘을 보여준다. 매퍼 setup 메서드는 맵의 입력 분할 값이 분산 캐시보다 큰지 판단한다. 이 경우 이 메서드는 분산 캐시를 메모리로 로드한다. map 함수는 setup 메서드가 캐시에 로드됐는지 여부에 따라 조인을 수행하거나 키/값 쌍을 캐싱한다. 입력 분할 값이 분산 캐시보다 작은 경우 맵 cleanup 메서드가 분산 캐시에 있는 레코드를 읽고 맵 함수에서 생성한 캐시를 사용해 레코드를 조인한다.

Job.Driver
1: **add small data set to the Distributed Cache**

Map.Setup
1: $distCacheSmaller \leftarrow distCacheFileLenghts < inputSplitSize$
2: **if** $distCacheSmaller$ **then**
3: $\quad smallDatasetHash \leftarrow distributedCache$

Map.Map(key, value)
1: **if** $distCacheSmaller$ **then**
2: $\quad$ **for all** $smallData \in smallDatasetHash$ **do**
3: $\quad\quad combined = combine(value, smallData.value)$
4: $\quad\quad$ **if** $combined \neq NULL$ **then**
5: $\quad\quad\quad emit(key, combined)$
6: **else**
7: $\quad smallDatasetHash = smallDatasetHash \cup \{(key, value)\}$

Map.Cleanup
1: **if** $distCacheSmaller = false$ **then**
2: $\quad$ **for all** $largeData \in distributedCache$ **do**
3: $\quad\quad$ **for all** $smallData \in smallDatasetHash$ **do**
4: $\quad\quad\quad combined = combine(smallData.value, largeData.value)$
5: $\quad\quad\quad$ **if** $combined \neq NULL$ **then**
6: $\quad\quad\quad\quad emit(smallData.key, combined)$

그림 D.5 최적화된 복제 조인을 위한 알고리즘

GenericReplicatedJoin에서 setup 메서드는 맵 초기화 시점에 호출된다. 이 메서드에서는 분산 캐시의 파일 크기가 입력 분할 값보다 작은지 판단하고, 작을 경우 해시맵으로 파일을 로드한다.

```
@Override
protected void setup(
    Context context)
    throws IOException, InterruptedException {

  distributedCacheFiles = DistributedCache.getLocalCacheFiles(
      context.getConfiguration());
```

```
    int distCacheSizes = 0;
    for (Path distFile : distributedCacheFiles) {
      File distributedCacheFile = new File(distFile.toString());

      distCacheSizes += distributedCacheFile.length();
    }
```
분산 캐시에 있는 파일의 전체 크기를 센다.

```
    if(context.getInputSplit() instanceof FileSplit) {
      FileSplit split = (FileSplit) context.getInputSplit();

      long inputSplitSize = split.getLength();

      distributedCacheIsSmaller = (distCacheSizes < inputSplitSize); ❶

    } else {
      distributedCacheIsSmaller = true;          ❷
    }

    if (distributedCacheIsSmaller) {
      for (Path distFile : distributedCacheFiles) {
        File distributedCacheFile = new File(distFile.toString());
        DistributedCacheFileReader reader =getDistributedCacheReader();   ❸
        reader.init(distributedCacheFile);

        for (Pair p : (Iterable<Pair>) reader) {
          addToCache(p);
        }
        reader.close();
      }
    }
  }
```
각 레코드를 로컬 해시맵에 추가한다.

❶ 입력 분할 값이 파일로부터 왔다면 분산 캐시 파일이 입력 분할 값의 길이보다 작은지 판단한다.
❷ 입력 분할 값이 파일로부터 오지 않는다면 입력 분할 값의 길이를 알 수 없으므로 분산 캐시가 더 작다고 가장한다.
❸ DistributedCacheFileReader가 분산 캐시 파일에서 레코드를 읽게 하는 메서드를 호출한다.

map 메서드는 setup 메서드가 분산 캐시를 캐싱하는지 여부에 따라 행동이 달라진다. 분산 캐시가 메모리에 로드된 경우에는 맵 메서드로 제공된 튜플을 캐시와 조인한다. 그렇지 않은 경우에는 cleanup 메서드에서 나중에 사용하기 위해 맵 튜플을 캐싱한다.

```
@Override
protected void map(Object key, Object value, Context context) throws IOException,
    InterruptedException {
  Pair pair = readFromInputFormat(key, value);

  if (distributedCacheIsSmaller) {
    joinAndCollect(pair, context);
  } else {              ◀──────── 맵 튜플을 분산 캐시와 조인한다.
    addToCache(pair);   ◀
  }                              맵 튜플을 캐싱한다.
}

public void joinAndCollect(Pair p, Context context) throws IOException,
    InterruptedException {
  List<Pair> cached = cachedRecords.get(p.getKey());
  if (cached != null) {
    for (Pair cp : cached) {
      Pair result;
      if (distributedCacheIsSmaller) {       ◀────── ❶
        result = join(p, cp);
      } else {
        result = join(cp, p);
      }
      if (result != null) {
        context.write(result.getKey(), result.getData());    ◀
      }                                        조인 결과가 NULL 객체가 아니면 객체를 내보낸다.
    }
  }
}

public Pair join(Pair inputSplitPair, Pair distCachePair) {    ◀────── ❷
  StringBuilder sb = new StringBuilder();
  if (inputSplitPair.getData() != null) {
    sb.append(inputSplitPair.getData());
  }
  sb.append("\t");
  if (distCachePair.getData() != null) {
    sb.append(distCachePair.getData());
  }
  return new Pair<Text, Text>(
      new Text(inputSplitPair.getKey().toString()),
```

```
        new Text(sb.toString()));
}
```

❶ 예측할 수 있는 순서대로 레코드와 함께 조인 메서드가 호출되게 한다. 입력 분할 값의 레코드가 먼저 호출되고, 이어서 분산 캐시의 레코드가 호출되게 한다.
❷ 조인 기본 구현체. 다른 InputFormat 및 OutputFormat 클래스를 지원하기 위해 오버라이드할 수 있다. 여기서는 값을 문자열 형태로 결합한다.

map 메서드로 모든 레코드를 전달한 후, 맵리듀스 프레임워크에서는 cleanup 메서드를 호출한다. 분산 캐시의 내용이 입력 분할 값보다 크다면 맵 함수의 입력 분할 값 튜플 캐시와 분산 캐시에 보관한 레코드를 조인하는 작업을 이 메서드에서 수행한다.

```
@Override
protected void cleanup(
    Context context)
    throws IOException, InterruptedException {
  if (!distributedCacheIsSmaller) {
    for (Path distFile : distributedCacheFiles) {
      File distributedCacheFile = new File(distFile.toString());
      DistributedCacheFileReader reader =
          getDistributedCacheReader();

      reader.init(distributedCacheFile);
      for (Pair p : (Iterable<Pair>) reader) {
        joinAndCollect(p, context);
      }
      reader.close();
    }
  }
}
```

끝으로 잡 드라이버 코드에서는 분산 캐시로 로드해야 할 파일을 지정해야 한다. 다음 코드는 단일 파일은 물론 맵리듀스 잡의 결과가 있는 디렉터리에도 사용할 수 있다.

```
Configuration conf = new Configuration();

FileSystem fs = smallFilePath.getFileSystem(conf);

FileStatus smallFilePathStatus = fs.getFileStatus(smallFilePath);
```

```
  if(smallFilePathStatus.isDir()) {
    for(FileStatus f: fs.listStatus(smallFilePath)) {
      if(f.getPath().getName().startsWith("part")) {
        DistributedCache.addCacheFile(f.getPath().toUri(), conf);
      }
    }
  } else {
    DistributedCache.addCacheFile(smallFilePath.toUri(), conf);
```

이 프레임워크에서는 분산 캐시나 입력 분할 값의 내용 중 하나를 메모리에 캐싱할 수 있다고 가정한다. 이 프레임워크의 장점은 분산 캐시와 입력 분할 값 중 더 작은 것을 자동으로 캐싱해준다는 점이다.

'맵리듀스에서의 로그 처리를 위한 조인 알고리즘 비교[7]' 논문에서는 분산 캐시의 내용이 입력 분할 값보다 큰 경우 이 접근 방식을 좀 더 최적화한 방식을 볼 수 있다. 이 최적화 기법에서는 분산 캐시를 N개의 파티션으로 나누고, 마찬가지로 맵 튜플을 N개의 해시테이블로 나눠 캐싱한다. 이런 방식을 통해 매퍼의 cleanup 메서드에서 좀 더 최적화된 조인을 수행한다.

복제 조인의 단점은 각 맵 태스크가 시작 시점에 분산 캐시를 읽어야 한다는 점이다. 앞 단락에서 참조한 논문에서 제안하는 최적화 기법에서는 같은 호스트에 존재하는 입력 분할 값을 단일 분할 값으로 합치도록 FileInputFormat 분할을 오버라이드해 분산 캐시를 메모리에 로드해야 하는 맵 태스크의 개수를 줄이는 방식을 제안하고 있다.

끝으로 하둡은 맵사이드 조인을 수행할 수 있는 org.apache.hadoop.mapred.join 패키지를 기본으로 제공한다. 하지만 이 패키지를 사용하려면 두 데이터셋의 입력 파일을 정렬한 후 동일한 파티션으로 분산해야 한다. 그러면 조인 메커니즘을 수행하기 전에 상당한 양의 전처리가 필요하다.

---

[7] http://pages.cs.wisc.edu/~jignesh/publ/hadoopjoin.pdf 참고

찾아보기

[기호]

2차 정렬	220

[A-Z]

CRC	57
DBInputFormat	86
DBOutputFormat	86
ethtool	304
Explain	502
FileInputFormat	130
FILTER	507
FoF 알고리즘	348
full 아우터 조인	457
gnuplot	307
HBase	39
HBaseExportedStockReader 클래스	109
HDFS	30
HiveQL	449
HPROF	313
ILLUSTRATE	501
InputFormat	128, 191
JSON	56, 126, 141
json-simple 파서	144
K-평균	422
LIMIT	500
LineReader	131
LineRecordReader	131
LoadFunc	471
LocalJobRunner	548
LZO	261
LzoJsonInputFormat	142
LZOP	161, 261
MRUnit	537
MTTF	296
OpenCSV	186
OutputFormat	133, 191
PostgreSQ	102
R	374
RecordReader	128
RecordWriter	133
ReservoirSamplerRecordReader	233
RHadoop	374, 375, 393
Rhipe	374, 375, 389
R + 스트리밍	375
SAMPLE	501
sar	304
SerDe	140
syslog파일	64
TableInputFormat	109
TextInputFormat	128
TextOutputFormat	128
UDF	449
XML	56, 126, 135
ZFS	249

INDEX

[ㄱ- ㅎ]

계층적 클러스터링	430
고속 커넥터	101
구글 파일 시스템	29
그래프	336
그래프 반경 추정	348
그런트	469
그루핑	225, 461, 480
긍정 오류	364
나이브 베이즈	409
너치	29
네임노드	36
노드	62
다익스트라 알고리즘	339
단위 테스트	534
댕글링 페이지	362
데이터노드	36
데이터 불균형	269, 460
듀플렉스	303
딕셔너리	150
레드햇	40
레이턴시	59
리듀서	46
리듀스사이드 조인	210
리스트	150
리파티션 조인	202, 454
마샬링	126
마스터	62
맵리듀스 잡	28
맵사이드 조인	209
머하우	140, 398
멱등성	56
멱등적 내보내기	116
무공유 모델	32
버키팅	449
복구 가능성	57
복제 조인	209, 458, 508
복합 키	222
분류기	398, 408
분산 파일시스템	29
블룸필터	336, 363
빅 데이터	28
빅톱	40
사용자 기반 추천	403
샘플링	200, 232
세미조인	210, 460
스내피	41, 178, 253
스내피 압축 코덱	97
스쿱	93
스쿱(Sqoop)	55
스큐(skew) 조인	508
스크라이브	59, 60
스크라이브(Scribe)	55
스키마 진화	109
스테이지 계획	463
스트리밍	490
스팸	408, 409
슬레이브 노드	73
슬로프 원 추천	406
시퀀스파일	98, 147
쓰리프트	148

[찾아보기]

아우터 조인	201	주키퍼	35, 72
애브로	56, 148, 174	지도 학습 알고리즘	409
언마샬링	126	최단 경로 알고리즘	336
에이전트	62	추천	398
에이전트 노드	68	추크와	59
에이전트 소스	68	추크와(Chukwa)	55
에이전트 싱크	69	출력값 버케팅	70
엘리펀트 버드	142	출력 엣지	358
역다중화	59	취합	56
영역 핫스포팅	123	취합 함수	480
오른쪽 아우터 조인	456	친구의 친구(FoF) 알고리즘	336, 348
왼쪽 아우터 조인	456	캐노피 클러스터링	430
우지	73	캐스케이딩	530
우지의 조율기 엔진	80	커넥터	94
유클리드 거리	400	커베로스	39
이그레스	54	컬렉션	514
이너 조인	201	컬렉터	62
인그레스	54	크런치	512
인바운드 엣지	358	크런치 파이프라인	513
인접 리스트	337, 338	크롤 데이터	38
인접 매트릭스	337, 338	클라우데라	40
임베디드 주키퍼	72	클러스터링	398
입력값 분할	129	하향식 클러스터링	430
자동 장애 극복	69	테스트 주도 개발	535
잠재 디리클레 할당	430	텍스트	126
장애 극복 옵션	69	투영	316, 477
정렬	200	파일 슬러퍼	73
정확성	57	퍼지 K-평균	430
조율기잡이	80	페이지랭크 알고리즘	336, 355
조인	200, 492	프로토콜 버퍼	147

INDEX

플룸	59
플룸(Flume)	55
플룸 노드	65, 67
플룸 데몬	65
플룸 마스터	65
플룸 셀	65
피그	39, 41, 467
피그라틴	467
피기뱅크	196
피어슨의 상관 분석	401
필터	477
필터링	211, 316, 478
하둡	28
하이브	39, 41, 435
하이브 조인	454
항등 매퍼	155
항목 기반 추천	403
햄	409
협업 필터링	399
혼동 행렬	420